精选轿车故障快速诊断排除 400 例

刘建民 左 建 主编

金盾出版社

内 容 提 要

本书精选了汽车维修高手的典型实修案例400例，传授常用轿车故障快速诊断排除的技能技巧。全书共分4章，第1章概述，总体介绍了轿车故障快速诊断程序、方法、技巧及注意事项。第2、3、4章分别介绍了发动机、底盘、车身电控部分所遇到的各种故障及其快速诊断与排除。全书均以故障实例为基础，详解各种故障原因、检查（测）以及快速诊断排除方法，适合汽车维修、驾驶和售后服务等人员阅读。

图书在版编目（CIP）数据

精选轿车故障快速诊断排除400例/刘建民，左建主编．— 北京：金盾出版社，2017.8
ISBN 978-7-5186-1281-9

Ⅰ.①精…　Ⅱ.①刘…②左…　Ⅲ.①轿车—故障诊断②轿车—故障修复　Ⅳ.①U469.110.7

中国版本图书馆CIP数据核字(2017)第115579号

金盾出版社出版、总发行
北京太平路5号（地铁万寿路站往南）
邮政编码：100036　电话：68214039　83219215
传真：68276683　网址：www.jdcbs.cn
封面印刷：北京军迪印刷有限责任公司
正文印刷：北京军迪印刷有限责任公司
装订：北京军迪印刷有限责任公司
各地新华书店经销
开本：787×1092 1/16　印张：21.75　字数：537千字
2017年8月第1版第1次印刷
印数：1～4000册　定价：69.00元

（凡购买金盾出版社的图书，如有缺页、倒页、脱页者，本社发行部负责调换）

前　言

任何车辆在使用中都会发生这样或那样的故障，只是来临时间的早与迟而已，俗语说，人食五谷滋百病，轿车也一样，使用多了出故障也是自然规律，关键是故障发生后如何快捷有效地诊断排除，这是维修工作者关心的首要问题。本书以轿车故障诊断排除为中轴线，以社会上保有量大的十余个车系的典型故障为例，全方位多角度深入浅出地介绍了如何通过故障现象找出故障原因，并检查（测）诊断和有效排除故障的方法技巧。

本书取材源于维修高手的先进经验总结，以及我们在一些汽车维修中心收集的现场资料，经过淘洗、筛选、整理，使之系统条理化，简明扼要地为读者指点迷津、暗解疑团，达到拓宽维修思路，扩充知识视野，提高维修工效之目的。

书中资料翔实，文字通俗易懂，图文并茂，实用性强，特别适合新老汽车维修工、驾驶及售后服务人员阅读。

本书由刘建民、左建主编，参编者还有刘业福、杨芳华、秦鹏、肖军梅、杨永香、刘扬、李国庆、刘芳、李蛟、刘华等同志。在编写过程中，提纲曾征询过多家汽车维修中心工程师的宝贵意见，也借鉴参阅过部分汽车专家学者的有关著作，在此特向为本书提供帮助的同仁表示衷心的感谢！

由于编者经验及知识局限，书中恐有疏误或不妥之处，诚请读者、专家、学者不吝指正。

作　者

目　录

第1章　概　述 … 1
1. 电控汽车故障检查诊断的程序与步骤 … 1
2. 电控汽车维修保养13招 … 1
3. 检查诊断轿车故障勿忘搭铁线"捣鬼" … 6
4. 电喷发动机异响故障的诊断方法与技巧 … 11
5. 轿车故障快速诊断排除妙招 … 15
6. 汽车安全气囊系统故障的检查与维修 … 20
7. 传统诊断方法在轿车维修中的应用 … 22
8. CAN数据总线故障易发生在哪些部位 … 23
9. 多路传输系统故障如何诊断排除 … 25

第2章　电喷发动机故障诊断排除 … 27
1. 北京现代索纳塔轿车冷机起动困难·喷油器电磁线圈发难 … 27
2. 北京现代索纳塔轿车发动机无法起动·曲轴信号盘变形 … 27
3. 北京现代索纳塔轿车冷机不易起动·插针弯曲 … 27
4. 北京现代途胜轿车发动机无法起动·人为故障 … 28
5. 北京现代索纳塔轿车发动机冷机难起动·水温传感器损坏 … 31
6. 北京伊兰特轿车行驶中熄火无法起动·插接器不给力 … 31
7. 北京现代起亚轿车发动机难起动·进气支管破裂 … 33
8. 北京伊兰特轿车行驶动力不足·ECU搭铁不良 … 33
9. 北京现代2.0L轿车行驶加速迟钝·油电路故障并发 … 35
10. 北京现代索纳塔轿车怠速抖动·进气温度传感器故障 … 35
11. 北京欧蓝德轿车油耗过高·低劣高压导线起祸端 … 36
12. 北京现代起亚轿车冷机怠速不稳热机加速不良·点火器故障 … 38
13. 韩国大宇轿车发动机热机不易起动·EGR阀开度过大 … 38
14. 韩国大宇贵族轿车冷机起动困难·洗车惹的祸 … 39
15. 韩国大宇蓝龙轿车发动机起动困难·排水管堵塞惹的祸 … 39
16. 韩国大宇轿车发动机不易起动·清洗节气门未跑高速 … 40
17. 韩国现代轿车怠速不稳·调整不当惹祸 … 40
18. 韩国现代轿车动力下降·维护种祸根 … 42
19. 韩国大宇王子轿车怠速不稳冒黑烟·燃油压力调节器膜片损坏 … 42
20. 韩国大宇轿车急加速时"回火放炮"·分电器不良 … 44
21. 上海大众波罗轿车检修发动机后不能起动·装配错误惹的祸 … 45
22. 上海大众波罗轿车发动机冷机起动困难·积炭是祸 … 46
23. 上海大众波罗轿车发动机怠速不稳·气门液压挺杆作怪 … 47

24. 上海大众波罗轿车发动机转矩功率不足·节气门体过脏 ················· 47
25. 上海大众波罗轿车发动机 ECU 屡次被烧·电路负载过大 ················ 48
26. 一汽大众宝来轿车发动机冷机起动困难·进气门积炭过多 ··············· 49
27. 一汽大众宝来轿车发动机起动困难·防盗系统作怪 ····················· 49
28. 一汽大众宝来轿车发动机冷起动抖动·燃油质低 ······················· 50
29. 一汽大众宝来轿车发动机怠速运转波动·点火线圈老化 ················· 51
30. 一汽大众宝来轿车发动机抖动熄火·氧传感器之过 ····················· 51
31. 一汽大众宝来轿车发动机冷热机时都抖动·再循环阀积炭 ··············· 52
32. 一汽大众宝来轿车发动机无规律抖动·支脚凑热闹 ····················· 52
33. 一汽大众宝来柴油轿车行驶无规律"发闯"·N239 电源线"外伤" ········ 53
34. 一汽大众宝来轿车打开点火开关后挂不上挡·制动灯熔丝作怪 ··········· 53
35. 一汽大众宝来轿车发动机严重亏机油·油封变形 ······················· 54
36. 一汽大众宝来轿车行驶中出现有高速低挡感·线束不良 ················· 54
37. 大众宝来 A4(1.8T)轿车高速不高·胶管脱落 ························· 55
38. 大众宝来 1.8T 轿车行驶加速发抖·点火线圈作祟 ····················· 56
39. 一汽大众宝来轿车冷机加速发动机"放炮"·线束"外伤" ·············· 56
40. 一汽大众宝来轿车水温表偶尔不动·G2 断路 ························· 57
41. 一汽大众宝来轿车高速行驶后气缸盖后端漏水·水泵接头闯祸 ··········· 57
42. 一汽大众宝来轿车行驶无力油耗还高·熔丝 S243"寿终" ··············· 58
43. 大众宝来轿车发动机舱突然有"哒哒"异响·水泵卡死之过 ············· 58
44. 一汽大众宝来 A4 轿车行驶时底盘有"嗡嗡"异响·机件变形 ··········· 58
45. 一汽大众宝来轿车行驶加速有"噌噌"的异响·增压器使坏 ············· 59
46. 大众宝来 1.8T 轿车发动机第 4 缸点火线圈屡烧·ECU 故障 ············ 59
47. 一汽大众捷达轿车大修发动机后起动困难·凸轮轴正时链安装不当 ······· 60
48. 大众捷达轿车发动机不易起动·电脑热稳定性变差 ····················· 62
49. 大众捷达 GIX 轿车蓄电池一夜电量跑光·大灯开关捣鬼 ················ 63
50. 大众捷达轿车熄火后不能再起动·主继电器在"添乱" ················· 63
51. 一汽大众捷达(柴油)轿车发动机难起动·预热阀密封不良 ·············· 66
52. 一汽大众捷达轿车急加速时进气管"回火"严重·高压导线不良 ········· 67
53. 一汽大众捷达轿车发动机冷机偶尔发抖·J220 捣鬼 ···················· 68
54. 大众捷达轿车开空调时发动机温度过高·风扇控制器"作梗" ··········· 69
55. 一汽大众捷达轿车冷却液耗量过多·缸盖变形起祸端 ··················· 70
56. 一汽大众捷达轿车急加速无力·综合故障并发 ························· 70
57. 一汽大众捷达轿车发动机怠速时"啪、啪"异响·失效机油"添乱" ····· 72
58. 一汽大众捷达 CIX 轿车冷机怠速抖动严重·气门挺柱漏油 ·············· 72
59. 大众捷达轿车发动机怠速"缺缸"·进气道砂孔使坏 ··················· 73
60. 大众捷达轿车发动机怠速不稳·喷油器工作不良 ······················· 73
61. 大众捷达王轿车发动机怠速运转抖动·维修出来的故障 ················· 74
62. 大众捷达轿车发动机怠速不平稳·"病根"在氧传感器 ················· 74

63. 大众捷达柴油机轿车加速无力冒蓝烟·油品质低与失保 …………………… 75
64. 一汽大众捷达轿车发动机冷却液"沸腾"·回液管路堵塞 ………………… 75
65. 一汽大众捷达轿车发动机"发烧"·起动继电器断路 ……………………… 75
66. 大众捷达轿车发动机常"开锅"·风扇高挡继电器"寿终" ………………… 76
67. 一汽大众捷达轿车发动机气门发响·机油添加剂惹祸 …………………… 76
68. 一汽大众捷达轿车发动机气门异响·劣质机油造成 ……………………… 77
69. 一汽大众速腾轿车发动机无法起动·E-BOX 安装不当惹祸 ……………… 77
70. 一汽大众迈腾轿车发动机有时起动困难·转速传感器安装拧紧力矩不够 … 77
71. 上海大众帕萨特 B5 型轿车冷机难起动·温度传感器无信号 …………… 78
72. 上海大众帕萨特 B5 型轿车冷机起动困难·进气质量信号失常 ………… 79
73. 上海大众帕萨特 B5 型轿车自动熄火无法再起动·N80 锁卡 …………… 79
74. 上海大众帕萨特 B5 型轿车起动发动机难着车·防盗系统作祟 ………… 80
75. 上海大众帕萨特 B5 型轿车行驶中突然熄火·导线搭铁 ………………… 80
76. 上海大众帕萨特 B5 型轿车怠速"游车"·氧传感器失常 ………………… 81
77. 上海大众帕萨特 B5 型轿车油耗高冒黑烟·筛网堵塞 …………………… 81
78. 上海大众帕萨特 B5 型轿车发动机怠速抖动·进气管漏气 ……………… 82
79. 上海大众帕萨特 B5 型轿车怠速忽高忽低·炭罐电磁阀常开 …………… 83
80. 上海大众帕萨特 B5 型轿车发动机怠速偏高·机油太多惹祸 …………… 83
81. 上海大众帕萨特 B5 型轿车发动机怠速丢失·节气门之过 ……………… 84
82. 上海大众帕萨特 B5 型轿车大修后加速无力·正时装配错误 …………… 84
83. 上海大众帕萨特 B4 型轿车发动机无最高转速·霍尔传感器作怪 ……… 85
84. 上海大众帕萨特 B5 型轿车发动机转速上不去·正时装配失准 ………… 86
85. 上海大众帕萨特 B5 型轿车加速不良·排泄不畅 ………………………… 87
86. 上海大众帕萨特 B5 型轿车行驶加速无力·漏气起祸端 ………………… 87
87. 上海大众帕萨特 B5 型轿车最高车速下滑·净化器内网堵塞 …………… 88
88. 上海大众帕萨特 B5 型轿车大修发动机后工作异常·新的不等于好的 … 89
89. 上海大众帕萨特 B5 型轿车发动机温度过高·水泵起祸端 ……………… 89
90. 上海大众帕萨特 B5 型轿车换冷却液后温度过高·系统有空气造成 …… 90
91. 上海帕萨特 B5 型轿车热机时机油报警·更换曲轴有误 ………………… 90
92. 上海大众帕萨特 B5 型轿车发动机机油耗损严重·N75 电磁阀积炭过多 … 92
93. 上海大众帕萨特 B5 型轿车突然排烟异常·氧传感器 S29 共同使坏 …… 93
94. 奥迪 V6 型轿车发动机不能熄火·插头短路虚接 ………………………… 94
95. 奥迪 A6 型轿车起动发动机时严重抖动·惹祸的是油封 ………………… 95
96. 奥迪 A6 型轿车 EPC 报警发动机抖动·清洗或换件 ……………………… 96
97. 奥迪 A6 型轿车机油位/温度传感器灯偶尔发亮·传感器"生病" ……… 96
98. 奥迪 A6 型轿车发动机故障警告灯点亮·插头张冠李戴 ………………… 97
99. 奥迪 A6L 型轿车发动机怠速抖动喘气·螺母松动 ……………………… 99
100. 奥迪 A8L 型轿车发动机有规律的抖动·氧传感器使坏 ………………… 99
101. 奥迪 A6L 型轿车起动发动机后电风扇常转·LIN 线搭铁短路 ………… 99

102. 红旗 CA7220E 型轿车因振动而起动不着车·KS 故障 …… 100
103. 红旗 CA7200 型轿车冷机不易起动·24 号熔丝烧断 …… 101
104. 红旗轿车发动机起动困难·继电器"老化" …… 101
105. 红旗轿车发动机有时起动困难·传感器间隙失调 …… 102
106. 红旗轿车发动机不易起动·水珠惹祸 …… 102
107. 红旗明仕轿车自动熄火无法再起动·插头松动 …… 103
108. 红旗 CA7200 型轿车突然熄火无法再起动·ECU 故障突发 …… 104
109. 红旗牌轿车行驶中熄火不能再起动·熔丝熔断 …… 105
110. 红旗 CA7220E 型轿车发动机冷机难起动·温度传感器失准 …… 105
111. 红旗牌轿车发动机怠速时高时低·三极管过载烧毁 …… 105
112. 红旗明仕轿车发动机怠速不回落·没基本设定 …… 107
113. 红旗世纪星轿车发动机怠速运转不稳·ECU 插脚接触不良 …… 108
114. 红旗牌轿车发动机怠速居高不下·缺失调整 …… 109
115. 红旗牌轿车发动机怠速过高·PCV 阀失效 …… 110
116. 红旗牌轿车发动机冷机易熄火·插头脱落 …… 111
117. 红旗世纪星轿车行驶中自动熄火·回路烧损 …… 111
118. 红旗牌轿车低速滑行间歇性熄火·仪表信号错误 …… 112
119. 红旗牌轿车空挡滑行偶尔熄火·线丝作怪 …… 114
120. 红旗牌轿车间歇性熄火·空气流量计"病态" …… 114
121. 红旗牌轿车间歇性熄火·继电器"烧伤" …… 115
122. 红旗牌轿车发动机工作时偶尔喘振·导线磨损 …… 116
123. 红旗 CA7220E 型轿车发动机振动·维修不及时 …… 117
124. 红旗牌轿车不能基本设定·ECU 内部线路故障 …… 118
125. 红旗牌轿车发动机怠速游车冒黑烟·空气流量传感器故障 …… 118
126. 红旗牌轿车发动机连杆弯曲·空滤器进气口偏低 …… 119
127. 红旗牌轿车行驶达不到最高车速·车速传感器不良 …… 120
128. 上海通用凯迪拉克轿车自动熄火后难起动·保护开关离岗 …… 120
129. 上海通用凯迪拉克轿车怠速过高·传感器失效 …… 121
130. 上海通用凯迪拉克轿车发动机起动困难·ECU 信号失准 …… 121
131. 上海通用凯迪拉克轿车发动机怠速自动熄火·分缸线作怪 …… 122
132. 上海通用凯迪拉克轿车加速回火放炮·燃油通路梗阻 …… 122
133. 上海通用别克轿车加速不良·TPS 烧蚀 …… 123
134. 上海通用别克凯越轿车无规律熄火·CKP 信号线故障 …… 123
135. 上海通用别克凯越轿车发动机温度居高不下·冷却风扇低速继电器"发病" …… 124
136. 上海通用赛欧轿车发动机无法熄火·TCM 引脚粘连 …… 125
137. 上海通用别克轿车间歇性熄火·防盗电路板烧损 …… 127
138. 上海通用别克轿车更换变速器后发动机无法起动·人为故障 …… 128
139. 上海通用别克 GL8 型轿车发动机自动熄火·TCM 模块故障 …… 131
140. 上海通用别克威驰轿车加速回火放炮·喷油器线圈短路 …… 132

141. 上海通用别克君威轿车发动机不能起动·防盗系统作梗 ········· 133
142. 上海通用别克君威轿车发动机无法起动·维修操作不当生事端 ········· 133
143. 上海通用雪佛兰轿车过夜之后发动机不易起动·点火开关作怪 ········· 136
144. 上海通用雪佛兰轿车发动机排冒黑烟·排气受阻 ········· 137
145. 上海通用别克世纪轿车发动机冒蓝白色烟·油压调节器内膜破裂 ········· 138
146. 长安福特蒙迪欧轿车偶尔起动困难·传感器"脚伤" ········· 139
147. 长安福特蒙迪欧轿车冷机起动困难·调节器密封圈损坏 ········· 140
148. 长安福特蒙迪欧轿车热机起动困难·单向阀损坏 ········· 140
149. 长安福特蒙迪欧轿车熄火后不易起动·喷油器滴油 ········· 141
150. 长安福特福克斯轿车熄火后再起动不易·起动机担责 ········· 141
151. 长安福特蒙迪欧轿车起动不易着火·发电机漏电 ········· 141
152. 长安镭蒙轿车大修发动机后无法起动·装配出来的故障 ········· 142
153. 长安福特蒙迪欧轿车发动机怠速游车·搭铁"假搭" ········· 142
154. 长安福特嘉年华轿车发动机怠速过高·ECU 发难 ········· 143
155. 长安福特蒙迪欧轿车抬起加速踏板便熄火·气门漏气露端倪 ········· 143
156. 长安福特轿车油耗明显增多·氧传感器之错 ········· 144
157. 奔驰 S320 型轿车发动机热机难起动·燃油压力调节器"伤残" ········· 144
158. 奔驰 500SEL 型轿车发动机大修后不能起动·人为故障 ········· 144
159. 奔驰 300E 型柴油机轿车发动机无法起动·修出来的故障 ········· 145
160. 奔驰轿车发动机怠速不稳·燃油运输受阻 ········· 145
161. 奔驰 S320 型轿车发动机运转抖动严重·喷油器工作不良 ········· 146
162. 奔驰 C220 型轿车发动机冷机起动易熄火·未做学习设定 ········· 146
163. 奔驰 600SEL 型轿车加速不良·点火控制单元内部程序错乱 ········· 147
164. 奔驰 S320 型轿车行驶中高速上不去·空气流量计不良 ········· 148
165. 奔驰 S320 型轿车跛行·变速器电路板"寿终" ········· 149
166. 奔驰 S320 型轿车冷车行驶加速无力·行驶自学习值调整不到位 ········· 149
167. 奔驰 320SEL 型轿车怠速不稳加速无力·接错管路 ········· 151
168. 奔驰 600SEL 型轿车发动机怠速不稳·搭铁线连接之错 ········· 152
169. 奔驰 S320 型轿车发电机发电量不稳·绝缘老化线路搭铁 ········· 153
170. 宝马 5 系轿车发动机不能起动·机油油位传感器内部短路 ········· 155
171. 宝马轿车发动机冷机起动困难·祸起定时开关 ········· 156
172. 丰田雷克萨斯 ES300 型轿车突然熄火无法起动·正时带"寿终" ········· 156
173. 丰田雷克萨斯轿车发动机无怠速·小小螺钉捣乱 ········· 157
174. 丰田雷克萨斯轿车发动机怠速起伏波动·祸起老化的正时带 ········· 157
175. 丰田雷克萨斯轿车发动机怠速居高不下·节温器失效 ········· 158
176. 丰田雷克萨斯轿车发动机怠速高位运转·节气门之过 ········· 159
177. 丰田雷克萨斯轿车发动机抖动而熄火·松动的低压线捣鬼 ········· 159
178. 丰田雷克萨斯轿车起步易熄火·步进电机线束作怪 ········· 160
179. 丰田雷克萨斯轿车发动机间歇性抖动·废气阀发卡 ········· 160

180. 丰田雷克萨斯轿车发动机运转抖动·正时带跳齿 …… 161
181. 丰田雷克萨斯轿车尾气污物超标·维修添的麻烦 …… 162
182. 丰田雷克萨斯轿车冒黑烟·击穿的功率管捣乱 …… 162
183. 丰田雷克萨斯轿车三元催化转换器烧红·点火线圈使命终结 …… 163
184. 丰田雷克萨斯轿车车内焦煳异味·搭铁线引起 …… 164
185. 丰田威驰轿车发动机不能起动·点火器损坏,搭铁线松动 …… 165
186. 本田轿车发动机突然熄火无法起动·接脚开裂 …… 167
187. 广州本田雅阁轿车发动机熄火再起动困难·主继电器不给力 …… 168
188. 广州本田雅阁轿车发动机不易起动·EGR 阀损坏 …… 168
189. 广州本田轿车行驶中熄火无法再起动·点火模块不良 …… 169
190. 广州本田雅阁轿车发动机难起动·淹缸 …… 169
191. 广州本田雅阁轿车发动机偶尔不易起动·燃油通路不畅 …… 170
192. 广州本田雅阁 2.3L 轿车起动困难·电控真空开关电磁阀漏气 …… 171
193. 广州本田飞度轿车发动机偶尔熄火·CVT 性能不良 …… 172
194. 广州本田雅阁轿车发动机抖动严重·搭铁线虚接惹祸端 …… 174
195. 广州本田雅阁轿车怠速不稳·EGR 阀作梗 …… 177
196. 广州本田雅阁 2.4L 轿车行驶动力不足·VTEC 油压过低 …… 177
197. 广州本田雅阁轿车行车油耗高·人为故障 …… 178
198. 广州本田雅阁轿车发动机怠速过低·挡尘网积炭过多 …… 179
199. 广州本田雅阁轿车 MAP 烧毁·维修出来的故障 …… 179
200. 广州本田雅阁轿车换气缸垫后向外喷水·螺孔存机油之过 …… 179
201. 广州本田雅阁轿车发动机剧烈喘气·插头张冠李戴 …… 180
202. 东风日产轿车低温时发动机起动困难·喷油时间开关断路 …… 180
203. 东风日产轿车发动机怠速不良·中央高压电缆受损 …… 180
204. 东风日产蓝鸟轿车发动机转速很难提升·ECU 不良 …… 181
205. 东风日产尼桑轿车发动机间歇性工作异常·传感器搭铁脚"弄假" …… 181
206. 东风日产轿车发动机转速提高而行驶车速反降·密封不严 …… 182
207. 东风富康轿车发动机无法起动·活性炭罐堵塞 …… 183
208. 东风富康轿车发动机不能起动·点火模块"寿终" …… 183
209. 东风富康轿车起步易熄火·驾驶习惯不良 …… 184
210. 东风富康轿车 F2 熔丝易烧·线束"外伤" …… 186
211. 东风凯旋轿车行驶车速提不高·油压传感器损坏 …… 186
212. 东风雪铁龙轿车发动机加速不良·空滤器泥土覆盖 …… 188
213. 东风雪铁龙轿车发动机提速缓慢·搭铁线不良 …… 188
214. 东风雪铁龙轿车发动机"开锅"·风扇电阻失效 …… 189
215. 迈腾轿车为何无法起动·J393 损坏 …… 191
216. 迈腾轿车发动机起动困难·低压燃油泵压力过低 …… 192
217. 迈腾轿车起动困难伴随故障灯点亮·高压油泵故障 …… 193
218. 迈腾轿车发动机冷却液温度偶尔过高·风扇控制单元损坏 …… 195

219. 迈腾轿车行驶加速无力偶有顿挫感·低压油泵杂质堵塞 195
220. 迈腾轿车行驶加速无力·N276调节阀机械故障 196

第3章 轿车底盘故障诊断排除 197

1. 大众速腾轿车离合器打滑·源于铁套缺失 197
2. 大众速腾轿车挂不上挡·总泵不给力 198
3. 大众捷达王轿车挂挡行驶便嗯车·线束接地不良 198
4. 大众捷达王轿车行驶换挡车辆闯动·氧传感器故障 199
5. 大众捷达轿车变速杆出现异响·ECU终结使命 199
6. 大众捷达轿车更换制动总泵后制动不良·非正宗配件 200
7. 大众捷达G1X轿车ABS制动作用过早·靶轮形变 200
8. 大众捷达轿车ABS制动系统工作异常·粉尘熔丝作怪 201
9. 大众捷达轿车ABS指示灯无规律亮灭·制动间隙过小 202
10. 大众捷达轿车行驶向右跑偏·右下摆臂变形 202
11. 大众捷达轿车后轮抱死·停驶出来的故障 202
12. 大众捷达轿车ABS制动功能丢失·焊点开裂 203
13. 大众捷达王轿车ABS故障灯偶尔点亮·传感器性能下降 203
14. 大众捷达王轿车ABS制动警报灯不亮·熔丝接触不良 204
15. 韩国现代轿车转向发响·保养缺失油液不足 204
16. 北京现代索纳塔轿车制动时发动机易熄火·调整不到位 204
17. 上海大众波罗(POLO)轿车转向沉重·J500发难 205
18. 上海通用别克轿车ABS系统"罢工"·电磁阀导线脱落 206
19. 上海通用雪佛兰鲁米娜轿车行驶加速不灵·真空软管断裂 206
20. 上海通用雪佛兰鲁米娜轿车行驶无高速·点火线圈不使力 207
21. 上海大众帕萨特轿车动力转向异响·滤网堵塞 208
22. 奥迪A6L型2.8轿车挂D挡不起步·外部过滤器堵塞 209
23. 奥迪A6L型轿车起步延长3s·J540编号错误 210
24. 奥迪A6型轿车冷车制动不良·电动真空泵不使力 211
25. 奔驰轿车换转角传感器后ESP和ABS灯亮·游丝线断 211
26. 宝马7系轿车无法挂挡·SZL开关损坏 213
27. 宝马7系轿车自动变速器打滑·零部件磨损严重 214
28. 宝马轿车自动变速器间歇性进入失效保护·防盗系统的电磁干扰 214
29. 宝马7系轿车转向沉重费力·车身控制模块故障 215
30. 丰田雷克萨斯轿车电控动力转向沉重·电磁阀卡滞 215
31. 丰田雷克萨斯轿车制动力弱·信号线连接松动 216
32. 丰田雷克萨斯轿车TRC作用很弱·液压泵故障 217
33. 丰田雷克萨斯轿车TRC功能失效·ECU损坏 218
34. 丰田雷克萨斯轿车行驶加速发闯·分缸线张冠李戴 220
35. 丰田雷克萨斯轿车行驶加速不良·变速器油温信号失真 220
36. 丰田雷克萨斯轿车行驶高速丢失·老化密封圈罪魁 221

37. 丰田雷克萨斯轿车行驶急加速不良·调整缺位 …………………………………… 222
38. 广州本田雅阁轿车不能自动换挡·控制模块进水惹祸 …………………………… 224
39. 广州本田雅阁 2.4L 轿车变速杆锁定"P"挡·涉水闯祸 ………………………… 225
40. 广州本田雅阁轿车挂倒挡要加大油门·主轴磨损严重 …………………………… 225
41. 广州本田雅阁轿车挂 P 挡熄火·锁销开关不到位 ………………………………… 225
42. 广州本田雅阁轿车挂倒挡时发动机熄火·变矩器不良 …………………………… 226
43. 广州本田雅阁轿车行驶跑偏·导向梁变形 ………………………………………… 226
44. 广州本田雅阁轿车制动报警灯时亮时灭·制动主缸故障 ………………………… 226
45. 广州本田雅阁轿车转向沉重·润滑调整缺失 ……………………………………… 227
46. 广州本田雅阁轿车前轮毂轴承异响·编码器装反 ………………………………… 227
47. 广州本田雅阁轿车 ABS 泵异响·空气入侵 ……………………………………… 227
48. 广州本田雅阁轿车显示 1 号故障码·系统气体为主因 …………………………… 228
49. 广州本田雅阁轿车 ABS 装置失效·油管泄漏,缺油 …………………………… 230
50. 广州本田雅阁轿车 ABS 故障灯常亮·微动开关捣乱 …………………………… 231
51. 广州本田雅阁轿车转向费力跑偏·球头发卡 ……………………………………… 232
52. 广州本田飞度轿车转向系异响·按三种情况检排 ………………………………… 232
53. 广州本田飞度轿车换前轮轴承后 ABS 灯常亮·轴承装反 ……………………… 233
54. 广州本田飞度轿车 ABS 功能失效·粉尘袭击 …………………………………… 233
55. 广州本田飞度轿车 SRS 故障灯突然闪亮·SRS ECU 发难 …………………… 235
56. 东风富康轿车自动变速器锁挡·热变量电磁阀不良 ……………………………… 235
57. 东风富康轿车变速杆不易从 P 挡拔出·制动灯开关损坏 ……………………… 236
58. 东风富康 1.6L 型轿车制动时车身抖动·制动毂起祸端 ………………………… 237
59. 东风富康轿车后悬架无弹性·零件磨损惹祸 ……………………………………… 238
60. 迈腾轿车电子驻车制动器无紧急制动·通道不匹配 ……………………………… 238
61. 迈腾轿车行驶中突然尖叫声从何而来·机油油气分离器膜片破裂 …………… 239

第 4 章 车身电控故障诊断排除 ……………………………………………………… 240

1. 一汽大众速腾轿车发动机怠速时电子扇常转不停·水泵作梗 ………………… 240
2. 一汽大众速腾轿车右后视镜转向灯不灭·右侧车门控制单元"寿终" ………… 241
3. 一汽大众速腾轿车开空调暖风却出冷风·V159 内部断路 …………………… 241
4. 一汽大众速腾轿车仪表板挡位指针偶尔异常·插脚松动 ……………………… 243
5. 一汽大众奔腾 B70 型轿车天窗不工作·车身控制单元损坏 …………………… 243
6. 一汽大众奔腾 B70 型轿车燃油表不工作烧坏 BCM·插接器接触不良 ……… 244
7. 一汽大众奔腾轿车遥控器失效车门无法开闭·内部自放电过快 ……………… 245
8. 一汽大众迈腾轿车 EPC 灯报警·ECU 内部故障 ……………………………… 246
9. 北京现代伊兰特轿车空调出风口关闭不严·变形的联动杆作怪 ……………… 247
10. 北京现代索纳塔轿车 ABS 警告灯常亮·接脚虚焊 …………………………… 247
11. 北京现代索纳塔轿车车速里程表失效·传感器损坏 …………………………… 248
12. 上海大众波罗轿车 EPC 灯常亮·节气门污染 ………………………………… 248
13. 上海大众波罗轿车制动灯常亮·与 EPC 有关 ………………………………… 249

14. 上海大众波罗轿车转向灯常亮·助力转向控制单元不匹配 …………………… 249
15. 上海大众波罗轿车组合仪表偶尔不显示·仪表内搭铁"假搭" …………………… 250
16. 上海大众波罗轿车空调不制冷·控制单元编码有误 …………………… 251
17. 大众途锐轿车转向灯开关工作异常·电网控制单元作祟 …………………… 252
18. 大众开迪轿车电子动力控制灯雨天"耍赖"·线束"外伤" …………………… 253
19. 大众宝来轿车空调没暖风·螺旋柱体损坏 …………………… 254
20. 大众宝来轿车空调制冷效果不良·压扁的密封圈作祟 …………………… 254
21. 大众宝来轿车打开空调鼓风机异响·塑料薄膜惹祸 …………………… 254
22. 大众宝来轿车冷却风扇常转不停·S16 熔断 …………………… 255
23. 大众宝来轿车发动机机油报警灯常亮·针脚接触不良 …………………… 255
24. 大众宝来轿车水温警告灯报警·风扇叶被塑料膜阻击,熔丝烧断 …………………… 256
25. 大众宝来轿车诊断仪无法进入电控各系统·K 线搭铁虚接 …………………… 256
26. 大众宝来轿车倒车灯为何常亮·线路短路 …………………… 256
27. 大众宝来轿车充电指示灯常亮·电磁干扰 …………………… 257
28. 大众宝来轿车防抱死 ABS 制动灯常亮·ABS 总成"内讧" …………………… 258
29. 大众宝来轿车防抱死 ABS 制动灯不灭·搭铁螺钉动摇 …………………… 258
30. 大众宝来轿车 SRS 故障灯常亮·编码新旧不一 …………………… 260
31. 大众宝来轿车拔出点火开关钥匙收音机不关机·电路图熔丝位置之错 …………………… 261
32. 大众宝来轿车车速里程表不转动·线束故障 …………………… 261
33. 大众宝来轿车多功能显示器显示两道杠·虚假的接触 …………………… 262
34. 大众宝来轿车雨刮器只有慢速·控制单元插接松动 …………………… 263
35. 大众捷达轿车开空调无冷风·S42 熔断 …………………… 263
36. 大众捷达轿车空调压缩机工作无规律·J13 故障 …………………… 265
37. 大众捷达轿车空调断续工作·水温传感器"病了" …………………… 265
38. 大众捷达轿车散热风扇没高速挡·空调风扇控制器故障 …………………… 267
39. 大众捷达轿车车内异味·装饰操作惹祸 …………………… 267
40. 大众捷达轿车制动灯 EPC 常亮不灭·开关质量差 …………………… 268
41. 大众捷达轿车发电机充电指示灯不亮·电刷磨损 …………………… 269
42. 上海帕萨特 B5 型轿车空调不制冷·综合症并发 …………………… 269
43. 上海帕萨特 B5 型轿车行驶中空调冷气突然"溜号"·转换插头松脱 …………………… 270
44. 上海帕萨特 B5 型轿车机油压力灯、安全气囊灯同时报警·气囊控制单元故障 …… 270
45. 上海大众 CC 轿车安全气囊报警灯常亮·F138 的复位环损坏 …………………… 270
46. 奥迪 A6 轿车空调不制冷·链路短路 …………………… 272
47. 奥迪 A6 型轿车打开空调开关压缩机不工作·12 号针脚烧断 …………………… 272
48. 奥迪 A6L 型轿车组合仪表 EPC 灯报警·踏板开关变量异常 …………………… 273
49. 奥迪 A6L 型轿车打开电视没图像电话无法连接·J533 网关故障 …………………… 273
50. 奥迪 A6L 型轿车收音机 CD 机放音乐时不连续·改动光缆惹祸 …………………… 274
51. 奥迪 A6 型 1.8T 轿车遥控器失灵·制动开关作祟 …………………… 274
52. 红旗 CA7203 型轿车开空调发动机怠速便降低·21 号熔丝烧断 …………………… 275

53. 红旗 CA7180 型轿车空调无暖风·插错真空管 ………………………………… 275
54. 红旗 CA7180 型轿车空调出风分配不均·鼓风机控制开关接触不良 ……… 276
55. 红旗世纪星轿车空调"怠工"·线缆磨破 ………………………………… 276
56. 红旗 CA7180AE 型轿车前照灯既无远光也无近光·点火开关作祟 ………… 277
57. 红旗 CA7180 型轿车防抱死 ABS 制动灯不亮·继电器不合作 ……………… 278
58. 红旗轿车发动机热机加速时转速表跳动·转速传感器故障 ………………… 279
59. 红旗世纪星轿车 ABS/SRS 指示灯常亮·故障综合"病症" …………………… 280
60. 上海通用别克赛欧轿车 ABS 灯常亮·新半轴货不真 ………………………… 280
61. 上海通用凯迪拉克轿车 TCS 故障灯常亮·EBTCM 供电熔丝烧断 …………… 281
62. 上海通用别克轿车发动机故障灯偶尔点亮·8403 集成块问题 ……………… 282
63. 上海通用别克君越轿车室外温度显示偏低·J120 不"卫生" ………………… 283
64. 上海通用别克 GS 轿车空调鼓风机不转动·点火开关虚接 …………………… 284
65. 上海通用别克轿车空调间歇性不制冷·压力开关卡滞 ……………………… 284
66. 上海通用别克 GL8 轿车空调不制冷·二极管被击穿 ………………………… 286
67. 上海通用别克 GS 轿车空调压缩机离合器"罢工"·C120 损坏 ……………… 287
68. 上海通用别克陆尊轿车发动机故障灯常亮·C305 插头"水灾"惹祸 ……… 288
69. 上海通用别克轿车行驶时 ABS 指示灯亮·油位开关故障 …………………… 289
70. 上海通用凯越轿车中控门锁失效·205 插头进水生锈短路 ………………… 290
71. 上海通用别克凯越轿车防盗系统无鸣叫信号·行李箱锁芯损坏 …………… 291
72. 上海通用别克君威轿车洗车后仪表显示异常·熔丝受潮虚接 ……………… 294
73. 上海通用雪佛兰轿车发动机故障警告灯不时报警·人为制造干扰源 ……… 295
74. 上海通用别克凯越轿车燃油表始终处于缺油位·ECU 损坏 ………………… 295
75. 福特林肯轿车行驶稳定控制故障灯闪亮·S152 接点断开 …………………… 297
76. 长安福特福克斯轿车红色警告灯点亮·未写入旧模块编码,针脚虚接 …… 298
77. 长安福特蒙迪欧轿车制动时前照灯指示灯点亮·G300 线松动 …………… 298
78. 福特林肯城市轿车制动 ABS 指示灯常亮·触点烧蚀 ………………………… 299
79. 宝马 7 系轿车发动机转速表失灵·线束断开维修惹祸 ……………………… 299
80. 宝马 5 系轿车 SRS 警告灯点亮·座椅占用识别传感器不良 ………………… 300
81. 宝马 5 系轿车中控门锁失灵·设置问题 ……………………………………… 301
82. 宝马 7 系轿车雨刮器失灵·自身故障 ………………………………………… 302
83. 宝马 X5 轿车遥控器工作异常·更换后窗玻璃不当 ………………………… 303
84. 奔驰 S500 轿车空调工作不连续·蒸发器电阻作梗 ………………………… 303
85. 奔驰轿车空调制冷异常·过量制冷剂作祟 …………………………………… 305
86. 奔驰 S430 轿车 ESP 警告灯异常闪烁·转向定位失准 ……………………… 306
87. 奔驰 S320 轿车 BAS/ASR 灯失效·BAS 模块受水灾 ………………………… 308
88. 奔驰 600SEL 轿车 ASR 灯间歇性点亮·副 DK 电机中间轴齿轮卡滞 ……… 308
89. 奔驰 S600 轿车 ASR 灯点亮·按故障码指示分而治之 ……………………… 309
90. 奔驰轿车遥控器不解锁·钥匙失效 …………………………………………… 310
91. 丰田雷克萨斯轿车多个故障灯点亮·触点"分家" ………………………… 313

92. 丰田凯美瑞轿车ABS系统报警·屏蔽网受到破坏 ……………………………………… 314
93. 广州本田雅阁轿车开空调压缩机不吸合·ECU故障 …………………………………… 315
94. 广州本田雅阁轿车空调无法开启·温控开关失效 ……………………………………… 316
95. 广州本田雅阁轿车换防冻液后无暖风·方法不当生"气阻" …………………………… 317
96. 广州本田雅阁轿车前照灯远光常亮·继电器开关粘连 ………………………………… 317
97. 广州本田雅阁轿车变速器挡位指示灯闪烁·随意串联开关惹祸 ……………………… 319
98. 广州本田雅阁轿车天窗不能开启·二极管"寿终" ……………………………………… 319
99. 广州本田雅阁轿车喇叭时响时不响·47号熔丝烧蚀 …………………………………… 320
100. 广州本田雅阁轿车点火钥匙无法拔出·锁芯故障 …………………………………… 320
101. 广州本田轿车发动机故障灯偶尔点亮·线束接触不良 ……………………………… 321
102. 广州本田飞度轿车左侧转向灯不亮·接线松动 ……………………………………… 321
103. 广州本田飞度轿车开空调发动机怠速不稳·保养缺失 ……………………………… 322
104. 广州本田轿车燃油表失准·标记安装之错 …………………………………………… 323
105. 东风日产轿车小灯不亮·线路改动之过 ……………………………………………… 324
106. 毕加索轿车转向灯危险警告灯同时闪烁·惯性开关水灾 …………………………… 325
107. 凯旋轿车倒车雷达失效·A2插脚后缩变形 …………………………………………… 326
108. 东风日产风度轿车打开点火开关空调自动"上班"·风扇控制器损坏 ……………… 328
109. 东风日产蓝鸟轿车开空调发动机转速抖动下滑·导线断路缺缸 …………………… 328
110. 东风日产尼桑轿车电子风扇常转·集成脚烧蚀 ……………………………………… 329
111. 迈腾1.8TFSI轿车排气系统警告灯点亮·进气管开裂 ………………………………… 329
112. 迈腾轿车行驶中EPB故障警告灯为何会亮·E538损坏 ……………………………… 330

参考文献 …………………………………………………………………………………………… 331

第1章 概 述

1. 电控汽车故障检查诊断的程序与步骤

(1) 外观目视

外观目视检查,就是汽车维修人员对发动机的暴露在外边的容易看见的故障进行检查,以便为更细致的检查作好准备。目测检查一般包括以下几个方面:一是检查空气滤清器,查看滤芯及周围是否有脏物杂质或者其他污染物,必要时更换滤芯;二是检查真空软管是否破损老化,检查真空软管所经过的渠道和接头是否恰当;三是检查电子控制系统导线的连接情况是否良好,有无松动、断开和脱落现象;四是检查每个传感器和执行器是否有明显的损伤;五是检查发动机在运转工况下进排气支管及氧传感器处是否有泄漏现象,对目视检查出的明显故障,应该及时排除,需要更换新品的应更换新品。

(2) 基本检查方法

基本检查是监测发动机非电控部分故障的重要手段,也是进一步检查电控系统故障的前提条件。基本检查主要包括基本怠速检查和基本点火正时检查与调整。在进行基本检查调整时,必须使发动机水温达到正常温度(80℃以上),同时,应该关闭车上所有的附加电气装置,如空气调节器、除霜器等。并且应该在水箱风扇未动作时执行检查与调整,以免电风扇动作的电源消耗,影响怠速调整的准确性和正确性。由于电喷发动机电控部分大多采用直接点火系统(DIS),其基本点火角度大多为固定式的,无法也无须再作调整,但点火正时的检查和调整是不可少的作业项目。

(3) 善于区别对待

对于不同车型进行基本检查的方法步骤不尽相同,但它们所要求的都是为了保证数据在规定的范围之内,检查调整应该按照车型说明书进行。例如,在对日本丰田公司的雷克萨斯轿车进行怠速检查时,要求冷却水温度正常、关掉空调电源开关、变速杆置于"N"挡位、转速表信号接柱接诊断插座的"IG(-)"接头,置转速表于"四缸"挡。且怠速范围当进气温度高于10℃时为600~700r/min;低于10℃时转速范围为750~850r/min。而美国通用公司的汽车,还需要跨接诊断接头使系统进入场地维修模式状态(Field Service Mode),才能实施怠速基本检查。

电喷发动机与传统化油器式发动机故障的外部特征基本相同,如发动机无法起动,行驶加速动力不足,电控发动机表现形式上也并无特别之处,但在检测诊断方法和检查部位上都是有原则性的区别。使用的工具仪器也不相同,检测程序方法则都是由简到繁,由表及里等。

(4) 维修诊断方法合理灵活采用

在排查诊断汽车或电喷发动机故障时,也可采用传统的故障检查诊断的某些程序、方法、技巧,特别是检查一些外围的连接、机械性的硬性故障时更为有用。

其实,维修方法技巧的运用,正如医生用药,好的医生用药得当很快可把病治好恢复健康,而用药失当就没有效果,甚至把人害了。

2. 电控汽车维修保养13招

掌握汽车电控系统故障维修时的一些技巧和操作要求,对提高汽车维修质量,快捷排查故障,降低维修费用十分有利。那么,电控汽车在维修上有哪些特殊的操作技巧与要求呢?下面进行分析。

(1) 点火开关处于 ON 接通挡时不能拆除蓄电池连接线

在维修电控汽车时,当点火开关处于 ON 接通挡,无论发动机是否正在运转,此时绝不可拆下蓄电池的连接线或熔丝。因为突然断电将使电路中的线圈产生自感电动势而出现很高的瞬时电压(有时高达 7000V 以上),从而使电子控制器(ECU)及相关的传感器等微电子器件严重受损。除蓄电池的连接线外,其他凡是与蓄电池电压相同的电气装置的导线,只要点火开关处于接通 ON 位置,也都不能随意拆除。否则,也会使相关的传感器、ECU 烧坏。这些电气装置包括:点火系统、怠速控制步进电机、ECU 的可编程只读存储器 PROM、喷油器、空调及其他电磁离合器、ECU 的某些连接线等。

例如,某企业在维修一辆宝马轿车发动机振抖故障时,速查判定为发动机有 1 个缸不工作,决定采用断缸法来确定不工作的气缸。但在操作时,维修者不是采用断火,而是采用拔喷油器线束的方法令其断油。当拔下第 1 缸喷油器线束后,发动机转速有所下降,接着又拔下第 2 缸喷油器线束,此时发动机便熄火了,而且再也无法起动。最后确诊为因喷油器断油时拔下线束插头而产生瞬时过高电压而烧坏了 ECU,造成上千元的经济损失。

(2) 先读取故障码再进行维修作业或拆卸蓄电池连接线

对于电控汽车蓄电池连接线,在没有读取 ECU 所记录的故障之前是不允许拆卸的,否则将产生严重后果。因为电控发动机的 ECU 都具有记忆功能。该系统在运行过程中出现故障时,ECU 会存储对应的故障码。维修人员在进行电控发动机维修和故障排除时,可以利用电控发动机的故障自诊断系统通过故障诊断插座读取故障码,进而查找故障原因和故障部位。若在读取故障码之前贸然拆下蓄电池连接线(或拔掉电源熔丝),由于中断了 ECU 的电源,存储在其随机存储器中的故障码便会自动消除。再想获得故障信息(故障码),就必须重复(再现)故障发生时的工作状况和环境条件(比如:特定范围的发动机转速及负荷、发动机的水温、进气温度以及有关传感器的某种工况等)。显然,这是非常麻烦和费时的。对于有故障但发动机仍能运行的车辆,虽然麻烦和费时,但通过一定方法,仍能获得故障码;可对于根本无法起动的发动机,这样操作后就再也无法获得故障码了,也就失去了一个很重要的故障判断信息。因此,在维修电控汽车之前应按要求先读取电控单元(ECU)记录的故障码,然后才能进行其他的维修作业或拆除蓄电池连接线,以免不慎丢失故障码和其他信息(如防盗音响信息等)。因此,在维修电控发动机前应按要求先读取故障码,然后才能进行其他的维修作业或拆除蓄电池连接线。

(3) 利用高压电火花检查故障方法

在检查电控汽车发动机的电子点火系统有无高压电火花时,千万不可沿用检查传统式点火系统的"划火法"(或刮火法)。否则,由于过电压或过电流,将在划火过程中损坏电子点火系统中的电子元件,甚至损坏 ECU。

在做高压试火时,最好用绝缘橡胶夹夹住高压线。如果直接用手接触高压导线,易造成电击。而产生电击时,试火者必会把高压导线丢脱,这往往造成高压回路处于开路状态。点火系统次级线路在开路时可达到最高次级电压,最高电压可比点火电压高 3~4 倍,在这种高压下,点火系统高压回路容易烧蚀。应将高压导线插入一备用火花塞,再将火花塞搭铁,从火花塞电极间隙观察跳火情况。在发动机起动和运转时,不要用手触摸点火线圈以及高压导线、分电器等,以免被高压电所击。

用逐缸断火法来检验个别缸的工作情况时,应将断火缸高压线端搭铁,即用断路法而不是用开路法断火,否则,会产生最高次级电压而烧坏线路。

(4) 检修电控汽车燃油系统之前要卸压

电控燃油喷射式发动机,为了便于再次起动,当发动机熄火后,燃油管路内仍保持着较高的燃油压力(一般在 140～150kPa),因此在对电控发动机燃油系统进行速查故障和维修时,特别是在拆卸燃油管道,进行检修或更换燃油滤清器、电动燃油泵、喷油器等部件时,应该先释放掉燃油管道内的残余油压,避免松开燃油管道接头时大量燃油高速喷出,造成人身伤害或引发火灾。即便是检测油路压力,在接入油压表之前也应卸压,然后再接表进行测量。检测结束拆下油压表前也应卸压(切不可忘)。油路卸压具体操作是:

① 起动发动机怠速运转。
② 在发动机运转中拔下电动燃油泵继电器(或拔下电动燃油泵电源插头)。
③ 待发动机自行熄火后再转动点火开关,起动发动机 2～3 次,燃油压力即可完全释放。
④ 关闭点火开关,装上电动燃油泵继电器(或插上电动燃油泵电源插头)。

(5) 检修电控汽车燃油系统故障之前要拆卸蓄电池连接线

由于电控汽车燃油喷射系统的燃油泵均采用电动泵,如检测系统压力时没有拆除蓄电池连接线,就有可能在检修过程中接通电动燃油泵电路。使电动燃油泵工作,高压燃油会从拆开的燃油管路中以高压高速突然喷出,造成人身伤害或引发火灾。因此,在对电控汽车燃油系统进行故障检修作业之前,应拆下蓄电池连接线或熔丝。其方法是:先将点火开关置于 OFF 挡位,再拆下蓄电池连接线或熔丝;当燃油系统检测或修理装置(如燃油压力表等)接入燃油管路后,若需用蓄电池电源对其测试时,也必须先关闭点火开关,再接入蓄电池,然后再打开点火开关(否则将可能产生电火花而引起火灾)。特别提醒的是:当燃油系统速查检修作业完毕之后,在拆除燃油检测装置之前,同样必须关闭点火开关,然后再拆下蓄电池连接线,方可执行拆卸燃油检测装置作业。

(6) 使用油物料必须慎重

① 燃油。电控汽车必须使用高标号的无铅汽油(装备三元催化转换器的汽车必须使用 93 号以上的无铅汽油),这是保证尾气排放达标的首要条件。含铅汽油中的铅、硫元素燃烧后生成铅化物、炭烟和焦油等,容易堵塞三元催化转换器的载体,或者覆盖在催化器表面,造成三元催化转换器失效。

另外,要及时添加、补充汽油箱中的汽油,使存油量始终保持在汽油箱容量的 40% 以上。因为许多车型的电动汽油泵安装在汽油箱内,汽油箱存油太少不利于电动汽油泵的散热和润滑。电喷发动机的转速高、压缩比大,发动机罩下的温度高达 100℃ 以上,加上汽油处在封闭的油路系统中,受热传导和热辐射的作用,汽油容易挥发,若汽油箱存油过少很容易产生"气阻"。

② 机油。电控汽车必须使用高品质的机油,即 API SF 级或 SF 级以上的机油。低等级机油对三元催化转换器的危害来自于所含的磷和锌。磷在机油中的含量大约为 1.2g/L,经过发动机的高温作用后,它以磷酸铝、焦磷酸锌等化合物形式存在,粘附在催化剂表面上,容易造成三元催化转换器失效。若机油中含有的硅化合物过多,燃烧后生成二氧化硅(SiO_2),会使氧传感器"中毒"失效。非厂家推荐的机油添加剂慎用。

③密封胶。维修发动机时不能使用硅密封胶,这是由于硅胶中含有醋酸,若硅胶应用在有机油流动的部位,其中的醋酸蒸发,进入曲轴箱,经过废气再循环系统又进入气缸,最终经过排气管排出而损坏氧传感器,表现在氧传感器的顶端工作面呈白色,俗称"硅中毒"。

④密封圈。各接合处的密封垫圈均为一次性使用件,不得重复使用,特别是喷油器处的O形圈。橡胶密封件不能沾染汽油,可以涂凡士林。切记不可用水冲洗 ECU 和其他电子装置。

此外,若燃油管接口处漏油,不能采用密封胶封堵、棉纱缠绕或胶布包裹等办法处理,因为电喷系统的供油压力很高,此类方法不能解决漏油问题,还可能引起其他的不良后果。

(7)对安装调整有严格的要求

①有关螺栓的拧紧力矩。例如,新捷达 GEX 轿车的爆燃传感器安装在气缸体的进气侧,其固定螺栓的拧紧力矩规定为 20N·m。如果拧紧力矩过大或者过小,爆燃传感器都会产生错误的爆燃电压信号。如果该信号中断,在全负荷时各气缸的点火提前角都向后推迟 15°左右,将造成发动机加速无力、油耗升高和排气管冒黑烟等故障。

②火花塞间隙。电喷发动机的火花塞间隙一般都在 1.0mm(例如红旗 CA7220E 轿车 CA488-3B2 型发动机的火花塞间隙为 0.9~1.1mm)左右,而化油器式发动机的火花塞间隙只有 0.95mm 左右。如果电喷发动机的火花塞间隙调得太小,随着发动机工作时间的增加,火花塞会因积炭等原因引起发动机怠速抖动,或者出现熄火现象。

(8)掌握各车型的故障保护模式

现代电控汽车设置了若干独特的故障保护模式,因此要认真阅读维修手册,掌握和熟知这些保护模式的部位和功能,否则出现的故障将无法排除。

①使油路的惯性开关(又称防撞开关)复位。一辆福特轿车,因突遇深沟制动不及而使车辆剧烈振动,造成发动机熄火,重新起动运转几秒后发动机又熄火,再也起动不了。检查汽油箱油量充足,点火电路也正常。

但是松开喷油器的进油管接头泵油,却没有汽油流出,说明油路在某处断开。原来,该车在汽油滤清器与电动汽油泵之间安装有惯性开关。当车辆发生剧烈振动时,惯性开关会自动关闭油路,防止汽油泄漏,从而起到保护作用。又如富康 AL 轿车,为了防止车辆受到猛烈撞击时汽油泄漏引起火灾,在右翼子板上安装了燃油系统惯性开关。当车辆受到猛烈撞击时,惯性开关的触点自动弹开,切断了汽油供应,以免引起火灾。

因此,凡是这类汽车发生剧烈碰撞或振动后,都要用手按一下惯性开关的复位按钮,使油路的惯性开关复位,否则油路不通,发动机无法起动。

②对于奥迪 V6 等发动机,当正时传动带折断或跳齿后,发动机的转速传感器、判缸传感器和霍尔传感器不能发出同步信号,此时发动机 ECU 停止发送点火指令和供油指令,因此不产生高压电火花,同时 ECU 停止向喷油器输送喷油的脉冲信号,使发动机不能起动。丰田车系在正时传动带折断后,如果发动机能够维持运转,就会激活发动机故障灯线路,同时点火信号中断。因此,在检测此类电控汽车时,应当考虑到故障保护模式是否在起作用。

(9)在电控汽车上实施电焊必须切断 ECU 电源或拆下 ECU

电控汽车维护修理各工种作业要相互协调合作,如钣金工作业施焊之前要通知电工(或维修工)拆卸 ECU。若在没有拆下 ECU(或没有切断 ECU 电源)的情况下就对电控汽车进行电焊作业,就会因电焊时的大电流而烧坏车上的电子元件或 ECU。例如,一辆捷达轿车在行驶途中(长途),因底板断裂在路边店施焊,焊接后发动机无论如何也起动不着车,经技术鉴定ECU烧坏而不能起动。在进入高温烘漆房之前也应拆除ECU。

(10) 插头不可随意拔下防止人为故障产生

在电控汽车维修读取故障码时,经常会出现多个故障码,这便是有些人过于相信电控系统ECU出现故障概率低的缘故,而多数故障是由于插接器接触不良造成的。此话本身是正确的,但少数人却错误地理解了,特别是驾驶人,当车辆有故障时,或故障指示灯点亮,随意在点火开关在ON位,甚至在发动机运转过程中,便将一些元件的导线插头拔下又再插上,殊不知每这样做一次或每拔下一个传感器的插头,ECU便会记录一个故障码。有少数维修人员在速查故障时,也往往采用断开其插头的方法作试验检查,这样也会记录故障码,这些故障码通常称之为人为故障码。由于人为故障码与真实故障码混在一起,给维修带来难度,所以要注意区分,防止误导。

如新捷达GEX轿车,在拔下冷却液温度传感器导线侧插接器的情况下起动发动机,但是未能起动,即使接着安装好冷却液温度传感器的导线侧插接器,也会无法起动发动机。只有对发动机ECU重新进行基本设定后,发动机才能正常起动运转。因此,当没有VAG1551故障阅读仪时,不能在拔下冷却液温度传感器导线侧连接器的情况下起动发动机,以免造成不必要的麻烦。

(11) 不可使用阻抗过小的检测工具仪器

在对电控系统进行检测时,为避免电控系统由于过载而损坏,不可使用阻抗过小的检测工具。因为电子控制系统中,ECU与传感器的工作电流通常都很微小,所以,与之相应的电路元器件的负载能力也比较小。在对其进行故障检查时,若使用输入检测工具不当,则可能造成元器件因过载而损坏。

①不可使用试灯对电子控制系统的传感器、ECU进行检测(包括对其接线端子的检查)。

②除了某些车辆的测试程序中特殊说明者外,一般不可使用指针式万用表检测控制系统各部分的电阻,而应该用高阻抗的数字式万用表(10MΩ以上)或者是电控汽车专用检测仪表进行检测。

③在装有电子控制系统的汽车上,严格禁止用搭铁试火或拆线刮火的方法对电路进行检查判断故障操作。

(12) 清除故障码的方法选择

在对电控发动机维修完毕后,必须将存储在ECU中的原故障码清除掉,才算维修完毕。若不清除ECU中存储的故障码,发动机故障虽已被排除,但故障码却仍在ECU中储存着,驾驶室仪表板上的故障指示灯仍将点亮,驾驶人不知道车辆是有新的故障码,还是旧故障码。只要给其断电,随机存储器便会"忘记"其存储内容,从而达到清除故障码的目的。对大多数电控发动机而言,拆下蓄电池连接线或拆下通往ECU的熔丝,保持断电30s以上即可清除掉ECU中存储的故障码。但是有些发动机则不适用这种拆卸电源的方法清除故障码,因为车辆防盗、音响、石英钟等的内存(包括防盗密码)也是存储在随机存储器中的,采用断电消码便会将这些内存也一起清除掉,从而导致音响锁码等。

一般来说,应按该车的维修手册所指示的方法清除故障码,不可随意拆除蓄电池连接线。常见车系的故障码读取和清码方法见表1-1。

表 1-1　常见车系的故障码读取和清码方法

车系	读取方法	显示方式	故障码清除方法
日产车系	跨接插座	故障灯	特定程序
	电脑上"TEST"开关	电脑上显示灯	
丰田车系	跨接连线	故障灯	拆下蓄电池负极
本田车系	跨接	故障灯	拆下蓄电池负极
	电脑上灯和专用开关	点火挡时灯闪烁次数或灯亮的数量	
马自达车系	跨接指示灯	灯闪烁次数	特定程序
大宇车系	跨接导线	故障灯	拆下蓄电池负极
三菱车系	跨接指示灯	灯闪烁次数	拆下蓄电池负极
五十铃和欧宝车系	跨接	故障灯	拆下蓄电池负极
大发车系	跨接	故障灯	拆下蓄电池负极
通用车系	跨接导线	故障灯	拆下蓄电池负极
	空调控制板按键	显示屏显示	特定程序
克莱斯勒车系	点火开关通断	故障灯	拆下蓄电池负极
福特车系	跨接显示灯	闪烁次数	拆下蓄电池负极
宝马车系	点火开关点火挡	故障灯	拆下蓄电池负极
奔驰车系	百分比表	摆动状态	特定程序
	跨接显示灯	灯闪烁次数	特定程序
奥迪车系	跨接导线	故障灯	特定程序
	跨接显示灯	灯闪烁次数	特定程序

(13)电控单元的设定和"学习"

①电控单元有一个"学习"和适应的过程。有一辆奔驰S280轿车,出现自动变速器换挡冲击,最高车速只能达到70km/h的故障。更换被水浸蚀的自动变速器ECU后进行路试,发现降挡仍然不顺,由2挡降到1挡时的冲击比较明显。这是由于自动变速器ECU是刚更换的,开始阶段它执行的是原自动变速器的换挡习惯,需要一个学习和适应驾驶人的驾驶风格过程。换句话说,新换的自动变速器ECU要慢慢适应驾驶人的驾驶习惯,并且加以"记忆",使换挡逐渐转入正常。因此换件和修理后,车辆暂时出现不顺畅的现象是不足为奇的,在此期间不要急忙去更换零件。

②需要对控制系统进行基本设定和匹配。在维修过程中,除了要对节气门体进行基本设定外,装备有电子防盗系统的汽车,如果车钥匙损坏、丢失或需要增加新的钥匙,必须按照维修手册的要求进行钥匙编程,以便让系统能够识别。否则,用新的钥匙将无法起动发动机,同时防盗指示灯闪烁。

3. 检查诊断轿车故障勿忘搭铁线"捣鬼"

众所周知,汽车上将蓄电池负极与车身的金属部分相连接,因此负极通常称为搭铁线。搭铁线在汽车电路中却起着重要的作用,因为搭铁状态的好坏直接影响着汽车电器工作的稳定性。在汽车维修工作中,查找搭铁不良故障,一般都要耗费大量的时间。在检测维修工作中这方面的问题,是绝不可忽视的。

(1)搭铁线的类型及功能

①主搭铁。在汽车上,搭铁线是构成电路回路的一部分,但有时候会发现大量的电器元件,就靠仅有的1、2根搭铁线来传递电流,这是因为对于电子线路,很多是数字信号及高精度的模拟信号电路,如果搭铁线有接触不良故障时,就相当于在电路中串联了一个接触电阻R一样,就可能会使高精度的信号值失真。因此,只有非常良好的搭铁线才能达到要求,所以在很多含有电子设备的线路中,有意识地装了少量的非常良好的搭铁线(即主搭铁线)。并且在搭铁线的两端还使用了特殊形状的搭铁线连接端子、垫片和紧固螺钉,对部件的线路也给予了特殊的考虑。

主搭铁线如果出现故障将影响很多线路,而不只是一条线路工作不正常,因此维修人员在故障诊断排查时必须考虑主搭铁线是否发生故障,以免瞎猜乱测或更换一些价格昂贵的电器元件,造成浪费和经济损失。

②备用搭铁线。备用搭铁线是指已经有了主搭铁线的同一电路的第2甚至第3的搭铁线。它是基于安全和性能的考虑。最简单的例子是电子控制器ECU电路。附加搭铁线不仅是备用搭铁线,而且还可以改善某些具有复杂电子电路部件的搭铁状况,也就是说,如果没有这一条看似多余的备用搭铁线,虽然能勉强工作,但电路的性能就会退化或者不稳定,使器件工况出现异常。

③防静电用搭铁线。对于汽车方面的静电而言,它的危害主要有两个方面:一是汽车上较精密的电子及无线电设备;二是汽车上的驾驶人及乘员。为了减小汽车静电的危害,设计师们在汽车上装了很多防静电搭铁线来解决这一问题。常见的防静电搭铁线主要安装在以下部位。

a. 由于车轮产生大量静电,因此有些汽车甚至在燃料系统的周围加装防静电搭铁线。在这一部位的防静电搭铁线,如果不注意是看不见它的。

b. 由于汽车内驾乘人员袖口附近、衣物(化纤材料)及座椅等处都会产生静电,因此在底座内安装防静电搭铁线,人们可能会看不见它。

c. 为了消散加油时积聚的电荷,在燃油油箱加油口处安装有防静电搭铁线,因为加油口加油时有大量的燃油蒸汽。所以,拆下任何维修口处的搭铁线后,一定要记住把它重新接好。如果加油口处的防静电搭铁线损坏了,应先装一条跨接线作为临时防静电搭铁线,且在防静电搭铁线未装上前,不要将其拆下。

d. 当安装电子组件时,特别是在仪表板下面安装时维修人员身体应搭铁。因为维修人员身体向工作的位置滑动时,特别是沿着轿车的内饰件向仪表板下的工作位置滑动时,人体会产生大量静电。

(2)搭铁线故障诊断排除方法技巧

①断路故障。断路故障就是电流的通路受阻,不能形成电流回路。平常工作中所说的搭铁不良故障,大多是指搭铁线断路故障。根据实际工作中的情况,按电流的流通状态可以分为完全断路和电流通道受阻(主要是接触不良)两种状况。完全断路,一般是导线断开、连接端子锈蚀、搭铁导线根本没有与车身搭铁几种情况。对于这类故障,其搭铁线完全失去了作用,严重时可能导致电器不能工作或较明显的工作不良。通常情况下都能通过目视检查发现故障,如果通过目视检查不能发现故障,可以进行电阻值的测量进行判断。对于电流通道受阻或接

触不良故障,主要是接头松动或锈蚀,可通过振动或拉动线束观电器工况有无变化来判断。

②短路故障。

a. 线路搭铁端短路。线路搭铁端即用电器之后的线路。线路搭铁端出现短路故障的诊断比较麻烦。因为很多用电器都在搭铁端用开关控制,如果短路点是在手开关或其他控制开关之前甚至是开关本身短路,驾驶人将不能断开用电器。用电器不能断开时,一般都从用电器开始进行诊断,先断开用电器的搭铁线路,如果线路断路(例如灯熄灭或电机停转),说明故障出现在线路的搭铁端。然后对照电路图沿着电路依次检查每个连接点。对于在搭铁的一端开关,可用欧姆表或电池检测灯等检查其是否短路。如果开关在断开位置电路仍然是导通的,说明开关短路,应予以更换。

在实际维修汽车时,为了节约时间,特殊情况下可用跨接布线法,即在可以确定哪根导线出了故障时,将这根导线两端断开,在两个相应端头间接一根跨接导线,将其敷设在配线的外面,但要注意其敷设的导线必须是在无保护的条件下能够避免损坏,这样做只是绕过了故障部位,而不是检查了这个部位。例如,车身螺钉穿透了配线,而且仍然在原来的位置上,很有可能其他线路已经被损坏,不久就可能引起故障,所以必须根据情况决定是否进行更彻底的换线修理。

b. 线路馈电端短路。线路馈电端是指在电机、灯、电磁线圈等用电器前面的线路。线路馈电端短路通常是由于导线绝缘层损坏引起的短路故障。

造成导线绝缘层损坏的原因有:在安装某些车身零件时固定螺钉拧得太紧;安装导线品质差,导线太松,绝缘层内进入液体物导致变质;绝缘层与发动机灼热的零件(如排气支管)靠得太近而被烧穿,或被车身金属的锋刃割破磨破,或与车身部件间摩擦磨损等。此类故障大多数损坏部位可较容易看见,但并不是所有的损坏部位都能直接看见,因为有的损坏部位可能藏在门内或内饰嵌后面或线束包扎之内。

而今新款轿车上的线束密集而复杂,对于不易看见的短路故障是很难发现的。其诊断方法可用万用表进行电压、电阻的测量,也可用检测灯和专用蜂鸣器来检查短路。

为安全起见,在检查前可用干电池取代汽车上的12V蓄电池作电源。因为出现短路故障时通常要烧毁熔丝或熔断器,所以在检查时首先将已打到电压挡或欧姆挡的万用表或欧姆表或电压表的红表笔接到断路熔丝的负荷端,黑表笔接车身搭铁部位,然后从熔丝座开始沿着线束移动手指,扭捏、抖动、摇晃线束(用手每次移动检查的导线长度为10～20cm)。当手触到短路部位时,万用表或欧姆表或电压表的读数应回到0(或接近于0)。若用检测灯和专用蜂鸣器检查短路,此时检测灯亮,蜂鸣器发出蜂鸣声即为故障点。

如果线束的安装较隐蔽,用上述方法不能对短路部位进行检查,它至少可以帮助确定短路位置是否在壁板的后面或地毯的下面等。对处于壁板后面的线束短路故障,只要认真地检查,就可用短路检测器找到与线束短路非常接近的部位,从而可避免为了接近导线束而拆掉所有部位的壁板造成费工费时。

(3)电路搭铁不良引发汽车故障实例四则

①有一辆桑塔纳GSi型轿车,在行驶12.5万km时出现夜间行驶换挡时发耸、加速不良,而日间行驶又一切正常的故障现象。

维修检验员试车时,不开启灯光行驶基本正常。但打开前照灯2～3min后便感到发动机加速不良,并发出"突突"的异响声,变换挡位出现车辆耸动现象,证明驾驶人所报故障属实。

检查故障时发现发动机怠速运转,空挡着火时打开前照灯,加速性能尚属正常,由此初步判断故障可能与灯光线路或振动有关。接着检测发动机发电量,结果发电量为13.8～14V。然后检查前照灯线路是否存在间歇性搭铁不良的地方,结果也没发现异常,灯光亮度也正常。这时将测试表笔的负极接在发电机上、电压为14V,测前照灯灯座上的火线为12.8V,再测前照灯的负极柱时,测量表显示为2V。原来发动机机体与前照灯回路上的负极线间存在2V的电压差,从而导致ECU内部发出错误的指令,以"病态"运行,判断故障就在发动机ECU搭铁不良。因驾驶人急行车,只好在发动机与车身之间暂接一根临时搭铁线如图1-1所示,试车故障排除,并告知驾驶人应尽快到修理厂检修排除此故障,拆除临时接线。

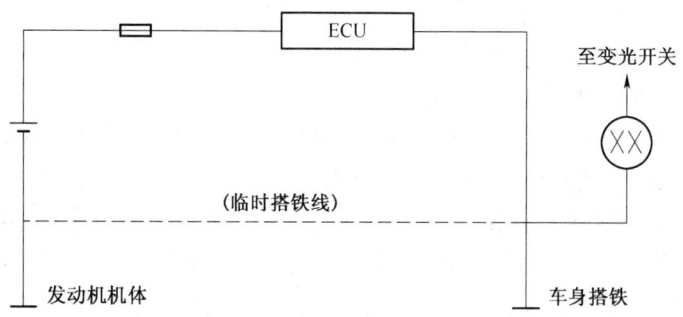

图1-1 修复临时搭铁线示图

②上海通用别克GS轿车打开空调发动机就熄火,该车空调系统控制方式为CJ4。

接受该车维修后,首先起动发动机进行检验,打开空调开关,挂入挡位时,发现发动机转速表指针来回摆动,并逐渐出现发动机熄火症状。当踩下加速踏板,使发动机转速保持在2500r/min,然后迅速提高发动机转速或迅速抬起油门踏板,发动机转速表指针会突然回落到零,即出现失速现象。

当用TECH2仪器检查PCM的故障存储时,发现有DTCP1610与车身控制单元失去通信、DTCP1602与制动器/牵引力控制单元失去通信、DTCP1626防盗/燃油启用信号丢失。分析故障含义,并未指出是哪个部件出现了故障或问题,但从故障码信息分析看出二级串行数据Class2线可能存在问题,从而导致了连接在数据线上的控制单元丢失数据。

影响二级串行数据的常见原因有控制模块的数据线或与故障诊断仪连接的数据线损坏,或搭铁不良,或受到干扰,或控制单元的电源电压的变化量过大等。而造成开空调时发动机熄火的原因也有很多,那么该车的熄火故障与二级串行数据线之间存在必然的联系吗?当用TECH2观察发动机运行时的数据流,而且重点检查了怠速电动机的控制步数,均未见异常。根据维修实践,搭铁不良是引起二级串行数据线故障的常见原因。在检查全车的主要搭铁点时,发现位于变速器壳体处的G117/G113搭铁点固定螺钉松动了,判断此为故障点。

当紧固好此搭铁线后进行试车,使用空调发动机不再出现熄火故障。空调压缩机离合器和动力系统控制单元通过相同的搭铁点搭铁,当空调压缩机离合器吸合时,通过搭铁点的电流增加,如果搭铁点虚接或松动就会产生较大的电压降,从而干扰了二级串行数据的正常工作,出现上述故障现象。

点击:搭铁不良是很多非正常故障的真实原因,尤其是依靠壳体搭铁的传感器和控制单元,如果发生搭铁不牢时,则很可能导致控制单元对执行器的错误指令。

③有一辆2011年生产的沃尔沃(VOLVO)S80型轿车,装备2.5T型发动机、55-50SN型

自动变速器，行驶 13 万 km，在行驶中出现转向沉重的故障现象。

该轿车装备有电子动力转向系统。先将车辆举升起来，检查 4 轮定位数据是否符合标准，轮胎气压是否过低，前悬架各处的连接是否正常，转向机构的各连接球头是否有松旷、锈蚀等。通过一系列的检查，确认机械部分基本正常。

接下来检查电气部分。首先使用沃尔沃原厂检测仪 VADIS 读取系统故障码，发现没有"电子动力转向系统"检测选项。查看电路图得知动力转向控制模组（PSU）只是个 6 线继电器，它受控于中央电子模组（CEM）。

CEM 与 PSU 间只有 1 根信号线，为 PSU 提供车速信息，从而控制不同车速下的方向助力大小的执行单元是动力转向伺服阀。该阀的作用是根据行驶速度在 PSU 内调节动力转向伺服阀的电流，速度越大，伺服阀的电流越小。

通过此原理可知，PSU 给动力转向伺服阀提供了 12V 的电压信号，但检测该阀时却没有电压。为了验证判断，人为地给动力转向伺服阀施加了 12V 电压，立刻发现转动转向盘变得很轻松；断开电压，转向又变得很重。至此，故障原因可以基本确定，就是动力转向伺服阀没有接收到 PSU 提供的 12V 信号电压。PSU 位于驾驶人的制动踏板的上方。

在对 PSU 进行测量时发现也没有 12V 的供电电压，从电路图可知 PSU 的供电是 CEM 提供的，中间通过一个 15A 的熔断器，检查发现熔断器熔断。当重新更换一个 15A 的熔断器，故障现象消失，但转动了几圈转向盘感觉转向又沉重了，检查发现熔断器再次熔断。

通过上述检查分析判断，造成该车转向沉重的根本原因是通往动力转向伺服阀的线路短路。接着检测动力转向伺服阀的电阻值，测量结果该阀的电阻值只有 0.01Ω（标准电阻值应为 8~15Ω）。当更换动力转向伺服阀装复试车，转向性能恢复正常，故障排除。

④有一辆长安福特福克斯 2.0L 轿车，装备自动变速器，车辆在熄火 20min 后重新起动时发动机无法起动。

经检查发现，该车起动时起动机不运转。检查蓄电池电量充足，起动继电器工作正常，F13 熔丝完好，变速器挡位信号正常。分析怀疑起动机有问题，于是拆下起动机将其在蓄电池上搭接，起动机运转正常。此时再用万用表检查蓄电池到起动机的线路，发现该线路发生断路现象。经仔细观察，发现该线束靠近蓄电池极柱处的熔断器熔断，如图 1-2 所示。经查阅维修资料，得知这是一个 150A 的熔断器。根据该

图 1-2 熔断器示图

熔断器多次熔断的情况，可以判定起动机内部存在着内部短路的情况。

在更换起动机和新线束后，故障彻底排除。

点击：国外汽车十分重视电气系统的搭铁问题，单双线并存，重要电气设备集中搭铁。国产新款轿车，如切诺基、桑塔纳等也是如此，有的车辆蓄电池的正负极都直接接在起动机上，蓄电池负极还有接汽车机械部分的搭铁线，各机械部分之间也设有辫型连线。尽管如此，也一定要重视对这些连接处连线的检查，因为它们的脏污、锈蚀、松动是不可避免的，都可能造成搭铁不良而引起故障或事故。

4. 电喷发动机异响故障的诊断方法与技巧

从目前我国使用的轿车来说,大部分为国产新型轿车,少部分为进口轿车。诊断汽油发动机异响的方法有仪器诊断(如图 1-3 所示)和经验诊断两种方法。用仪器诊断发动机的异响,主要根据异响的频率、振幅、相位等加以判断。这种方法比较准确、迅速、受主观影响小。但由于诊断仪器的通用性差,价格昂贵,诊断项目偏少等原因,使用的范围不广,大多仍采用经验诊断法或经验与仪器诊断相结合的方法,电喷发动机多采用仪器诊断。

用经验法诊断异响故障应按现代汽车发动机异响规律和异响特点加以诊断。汽油机和柴油机一样,由于制造水平的提高,故障率相对降低,异响的种类也大为减少,异响的范围越来越集中。主要异响有爆燃、漏气、液力挺杆响、链条响等。这些异响的发生,在很大程度上与使用维修有关。若发动机经过大修或中修,由于修理和检测设备不健全,修理方法不当,备件质量差,发生异响故障也就相对增多。

(1)发动机异响诊断技巧

①曲轴正时链条响。有些轿车的配气机构

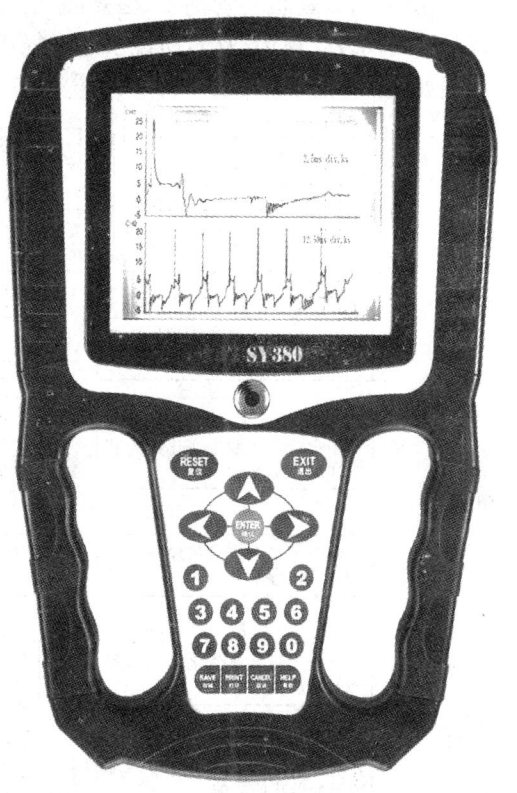

图 1-3　SY380 汽车故障电脑诊断仪

用链条传动,使用中若链条磨损,同样会出现异响,它的响声特征是:当发动机以怠速运转,在正时齿轮盖处能听到不间断、有节奏的"哒、哒"声。这种响声近似敲击声,随转速提高,声响减弱,油门由中速急减至怠速时,响声更加清晰,冷机时较轻,热车稍重,打开加机油口盖响声更为明显。

产生正时链条响的原因有:链条磨损松旷、链轮轮齿有损伤,链条紧链器工作面磨损及柱塞推杆发咬,机油压力低引起润滑不良,通往紧链器油道堵塞等。

在使用中,若发现正时链条响应拆开正时齿轮盖检查。检查各部件磨损情况以及紧链器油道有否堵塞,磨损较轻的零部件可修复继续使用,磨损较重的需进行更换。重新装上链条后注意紧链器调整链条松紧度的方法。

②曲轴正时齿形皮带响。现代轿车发动机配气机构大多采用齿形皮带来传动。在使用中若不能定期检查,调整其松紧度也会出现异响。异响特征是:当发动机低速运转时,在发动机上部偏前,有一种类似气门脚响的声音,随着转速提高响声减弱或杂乱;冷机、热机变化不大;当手触摸到正时齿轮盖时,手指有振动的感觉。产生正时齿形皮带异响的原因有,正时齿形皮带磨损过甚、变松、变长。

使用中若发现正时齿形皮带有异响,应拆下检查。拆开正时齿轮盖,检查齿形皮带耐油合成橡胶有无裂纹、缺口、脱胶,尼龙织物是否拉毛。齿形带良好,只需重新调整齿形皮带的松紧度即可排除声响。调整时只需按照要求的松紧度调整,但不要过紧,过紧了会加速齿形带的磨损,同时又会产生一种像蜜蜂齐鸣的声音。

使用中,若发动机起动不了,检查油、电路都正常,这时故障大多发生在齿形皮带上。因齿形皮带过松而发生跳齿故障,所以引起配气正时错乱,也就发动不着了。曲轴正时齿轮异响故障诊断如图1-4所示。

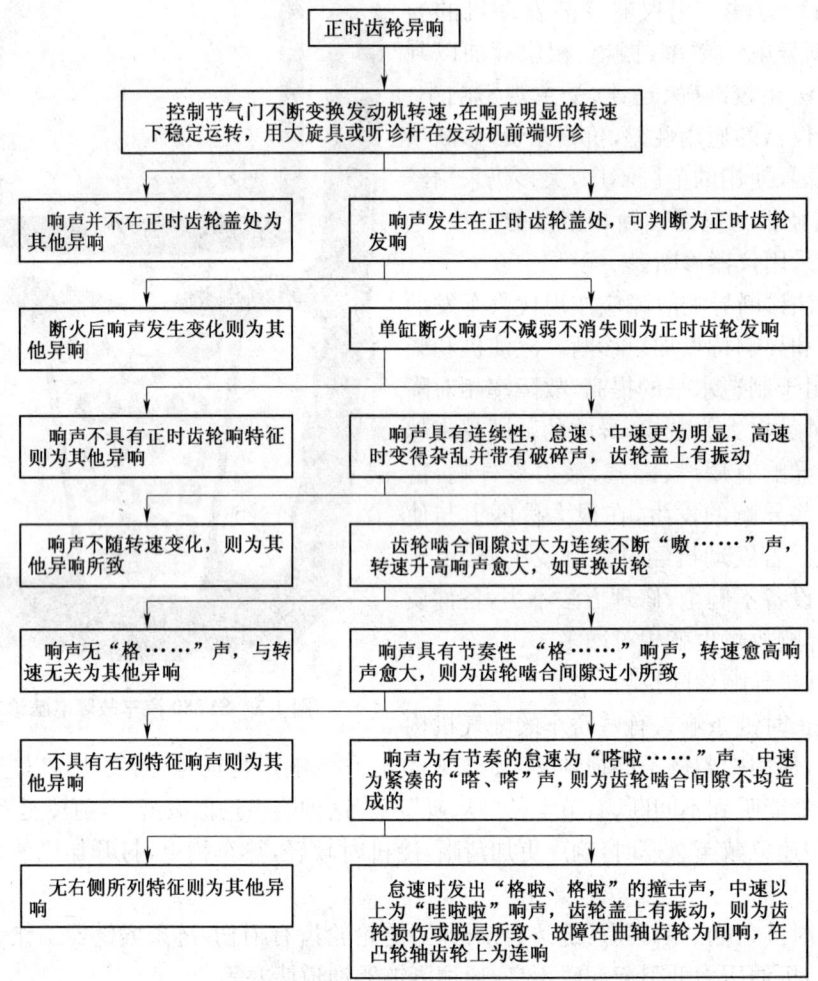

图1-4 曲轴正时齿轮异响故障的诊断

③气缸窜气响。气缸窜气响往往与活塞敲缸声相似,是一种清脆有节奏的金属敲击"当、当"声,但较敲缸的声音小些,怠速时稍高,急加速时明显。当窜气严重时,揭开加机油口的盖子或观察曲轴箱排废气口(现代轿车一般看不见排废气口),有大量的气体脉动地窜出(轿车可拆开气门室盖上的胶管观察)。若单缸断火试验,窜气减轻。若在异响严重的缸内加注少许机油,窜气瞬时减弱。

气缸窜气响往往与拉缸有关。造成拉缸的原因多数由于活塞烧损或缸套与活塞配合间隙过大,活塞环磨损或断裂而引起。窜气严重且机油耗量增大时,应及时解体检查与修理。

④爆燃响。爆燃声响类似气门脚"嗒嗒……"的响声。由于新型轿车发动机大都使用液压挺杆,不会发生气门脚间隙过大的响声,实际是一种爆燃声,用旋具断火时不起作用。这种响声多由于使用了低标号燃油所致。要排除这种故障,必须更换符合要求的高标号燃油。这种

异响在切诺基车上最明显。若临时买不到符合规定的燃油,则应对点火正时进行适当调整。

⑤真空胶管漏气声。现代轿车的空调或助力器等附件都需利用进气支管的真空度来工作,所以在进气支管和助力器中,下部通过真空胶管与所用部件联接。在使用中,由于真空胶管老化松动、脱落及变形,在怠速运转时,发动机上部便会听到一种"咝咝"的漏气声,随着转速的提高,声音逐渐消失;冷机、热机响声无变化。同时,发动机在怠速运转时,还伴有"突突"声响,有些附件因真空度不够而不工作,响声虽小但有隐患。

上述故障原因是由于真空胶管松动、脱落后,因发动机运转产生真空,在真空管接头处有较大的吸气而产生气流的响声。排除这种故障的方法比较简单:检查真空软管、管接头处有无老化变形、龟裂、脱落,若有损坏应更换新件。

(2)电子控制系统检修技巧

①电子控制器(ECU)是精密器件,虽然许多故障现象都可能与 ECU 有关,但其故障率很低,因此不要轻易处置 ECU,更不要随便打开 ECU 盖。

②电路断路或接触不良是电子控制系统常见的故障,除了某些线路断脱、插接器松动等故障可以用直观法检查外,须用高阻抗万用表检测有关测量点的电压和电阻来判断故障部位,不能用刮火的方法检查线路是否通断。因为在刮火时,电路中的自感线圈产生的瞬间电压会击穿电子元件。

③在点火开关接通的情况下,不要进行断开任何电器设备的操作,以免电路中产生的感应电动势损坏电子元件。当断开蓄电池时,须注意以下几点:

a. 必须关闭点火开关。

b. 检查自诊断故障代码是否存在。

c. 牢记带防盗码的音响设备的密码。

④蓄电池断开装复后,如果出现发动机工作状况不如以前时,先不要随便更换零部件,因为这种情况可能是由于蓄电池断开后,将 ECU 的"学习修正记忆"消除的缘故。待发动机运行一段时间,ECU 自动建立修正记忆后,发动机工作不良状况会自动消失。

⑤在对车辆进行电弧焊修理作业时,一定要断开 ECU 与蓄电池的连接。若在靠近 ECU 处进行焊接修理时,应将 ECU 盒移走。

(3)电子点火系统诊断检修技巧

①在发动机起动和运转时,不要用手触摸点火线圈以及高压导线、分电器等,以免被高压电电击。

②在高压试火时,应用绝缘橡胶夹夹住高压线,不能直接用手拿高压线,以防电击。同时,用逐缸断火法来检验各缸工作情况时,应将断火缸高压线一端搭铁。否则,将会产生次级高电压而烧坏线路。

③点火正时对发动机工作影响很大,因此,发动机工作不良,或发动机拆修后,不要忽视对点火正时的检查。

④在检查点火信号发生器(曲轴位置传感器)时应注意以下几点:

a. 对于磁感应点火信号发生器,在打开分电器盖时,注意不要让垫片、螺钉之类的金属掉入其中;检查导磁转子与定子之间隙时,要用无磁性塞尺,并注意不要硬塞强拉。

b. 对于光电式点火信号发生器,不要轻易打开分电器盖,在确实需要打开检查时,要防止尘土进入。

在更换分电器总成时,要保证其原来的安装位置,否则将影响点火时刻的精度。

⑤电子点火系统故障的检查诊断过程可按图1-5所示进行。

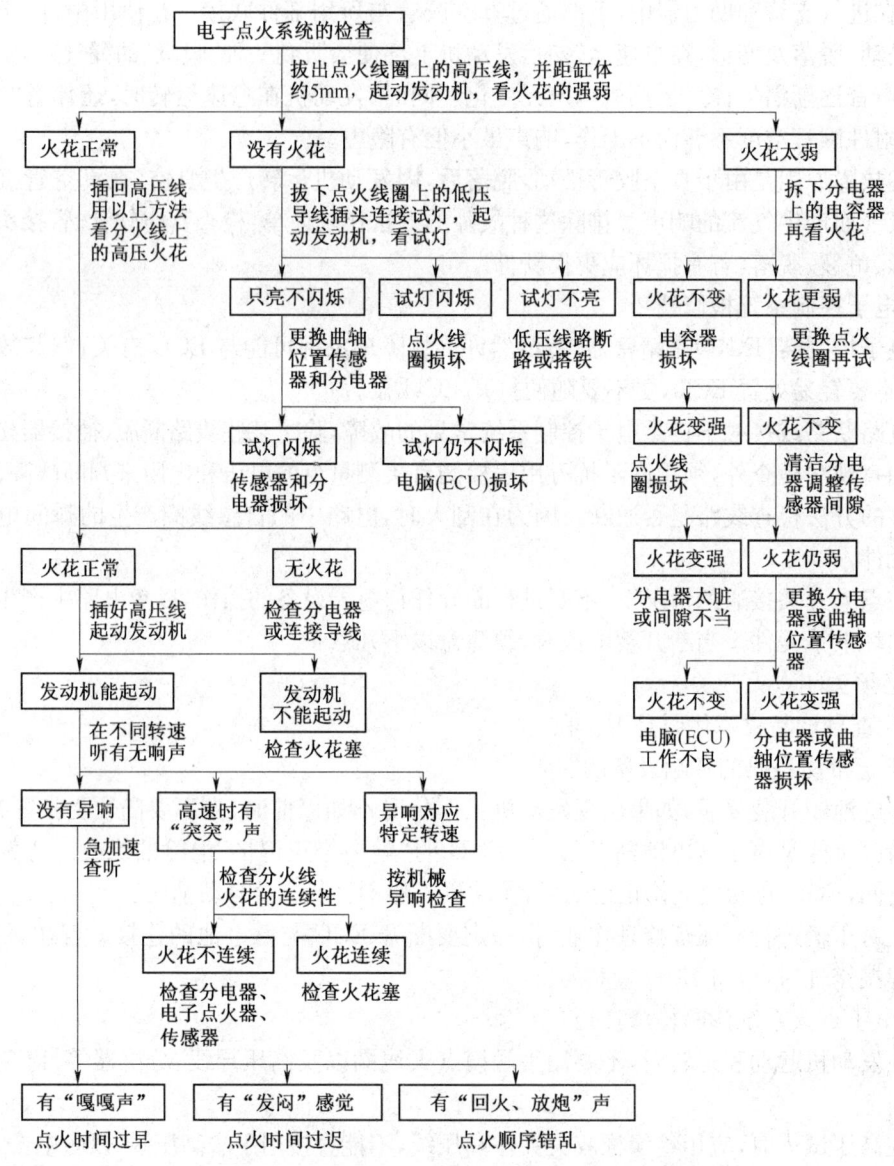

图1-5 电控汽油喷射发动机电子点火系统的检查诊断过程

(4)燃油喷射系统诊断维修技巧

①对于电控燃油喷射系统来说,进气系统漏气对发动机工作的影响远比对化油器式轿车的影响大。因为在电控燃油喷射式发动机上,漏气量不经空气流量计计量,对空燃比的影响很大。因此,遇有发动机工作不良时,应注意检查空气流量计、节气门体、辅助空气阀、急速稳定阀及废气再循环阀等有无松动,空气软管及其接头有无破损、漏气。

②发动机熄火后,输油管中还存有一定压力的燃油,因此在拆卸油管时应防止燃油喷出所造成的危险。

③输油管路中的密封垫圈为一次性的,装回时应重新更换,切勿重复使用。

④安装喷油器时,注意不要损坏新更换的O形圈,以免影响喷油器密封性。安装时,应用燃油先润滑O形圈,切勿采用机油和齿轮油等润滑。

⑤在检查喷油器喷油性能时,一定要清楚喷油器是高电阻型还是低电阻型。高电阻型的电阻一般为 $12\sim14\Omega$,可以直接接蓄电池来进行喷油器喷油性能试验。但低电阻型喷油器电磁线圈的电阻一般只有 $2\sim3\Omega$,直接接蓄电池会因电流过大而烧坏喷油器,须采用专用连接器与蓄电池连接。若采用普通导线,则需串联一个 $8\sim10\Omega$ 的电阻。

⑥空气流量传感器为精密部件,对发动机工作性能影响很大。在拆下空气流量计时要稳拿轻放,不要解体空气流量计,以免损坏或影响其检测精度。清洁空气流量计时,只可用水或清洗液冲洗。

⑦空气流量计上的调整螺钉是用于调整怠速时一氧化碳的含量。一般情况下不应去动它,调整不当将会引起发动机的动力下降,油耗增加。

⑧水温传感器长期使用后,性能会发生变化,使水温信号发生错误,这会对燃油喷射、点火时间及燃油泵的工作等造成不良影响。而水温传感器这种性能参数的改变(并非短路或断路)往往不被自诊断系统所识别。因此,当发动机工作不正常(如不能起动、怠速不稳、油耗增加等),而故障自诊断系统又未指示水温传感器故障代码时,不要忽略对水温传感器的检查。

⑨检修氧传感器时,注意不要让氧传感器跌落碰撞其他物体。更换时,一定要用专用的防粘胶刷涂螺纹,以免下次拆卸困难。

5. 轿车故障快速诊断排除妙招

(1)发动机起动困难的诊断

发动机起动困难有两种类型,一是在长期使用中发动机的起动性能慢慢地变坏,起动所需的时间越来越长;二是发动机的起动性能一直很好,在某一天突然变坏。发动机慢性变坏的原因大都是蓄电池性能不好,使起动机转矩力不足,发动机转速很低,需要很长时间才能起动起来。这时只要更换蓄电池就能解决此问题。

如果发动机的起动性能一直很好,在某一天突然变坏,很可能是点火系统或燃油系统有故障,如火花塞、分火线、点火线圈等有故障,或燃油泵、喷油器、汽油滤芯等有故障。要解决这些问题需要有一定的专业技术才能自己动手,如果自己不行,最好去维修厂检查维修。电喷发动机转动正常但不能起动故障快速诊断如图1-6所示。

(2)发动机怠速不稳的诊断

发动机怠速不稳的原因很多,而且大多数是自己没法解决的问题,不过了解一下可以在修车时做到心里有数。现在的轿车发动机都是电子控制燃油喷射型的发动机,怠速不稳的原因一般有:喷油嘴太脏、汽油压力调节器损坏、汽油泵有故障、汽油滤清器太脏、废气再循环阀太脏、火花塞有故障、分缸线损坏等。有时由于发动机过热也会造成怠速不稳,这是由于发动机磨损太多而引起的,需要动大手术才能修好。不过平时经常注意不要让水温过高,这种现象就不会发生。

(3)轿车加速性能差的检查

轿车加速性能差的原因很多,一般可以从以下几个方面去检查:

①供油系统。应查燃油泵的性能是否下降;燃油滤清器是否太脏;燃油压力调节器有没有故障;喷嘴是否太脏等。

②进气系统。如空气滤清器的滤芯、节气门阀体废气再循环阀等严重脏污,也会影响汽车

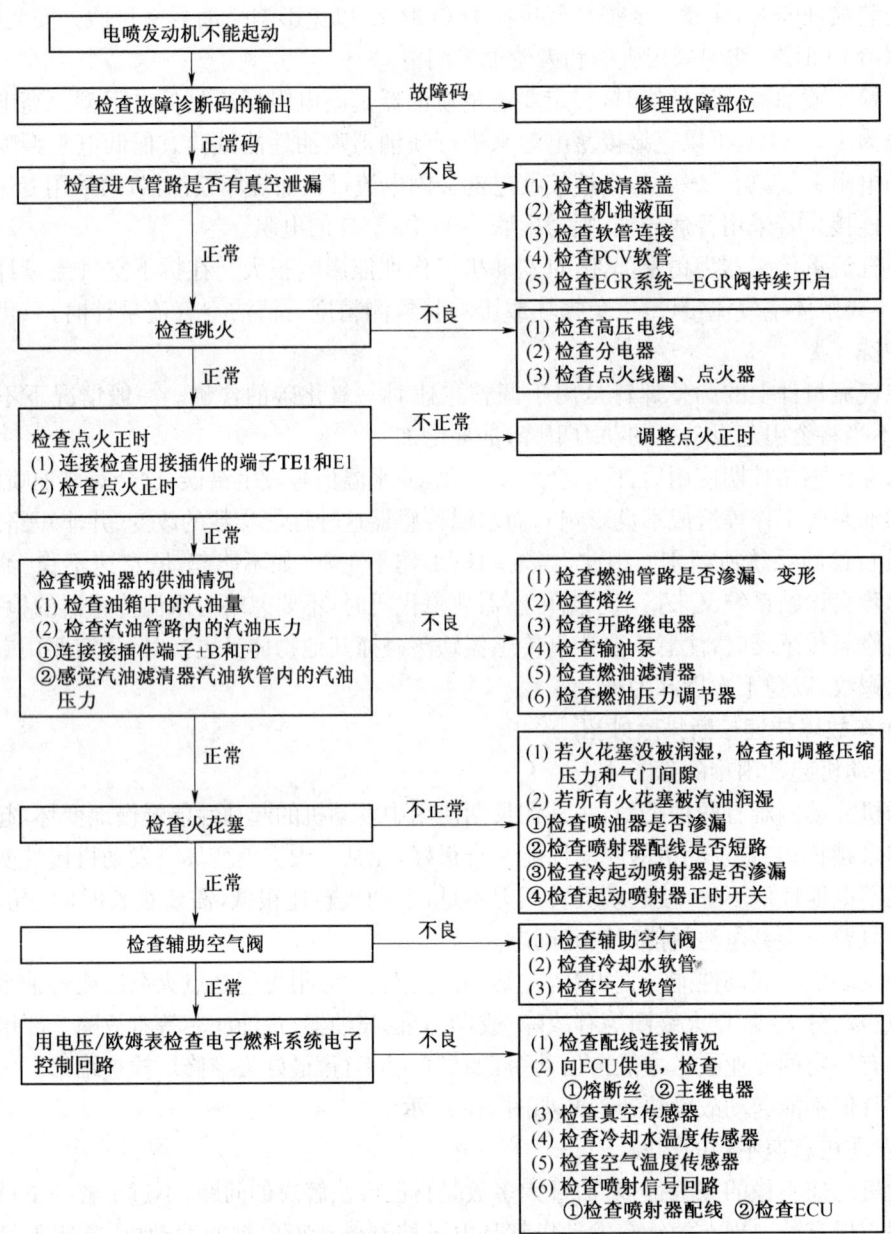

图 1-6 电喷发动机转动正常但不能起动故障诊断

的加速性。

③点火系统。如火花塞严重积炭或分火线性能不好，将直接导致发动机的动力下降，从而使汽车的加速性能变差。

(4)排气噪声急剧增大的诊断

在正常情况下，轿车的排气噪声都很小，如果感到自己的爱车排气噪声很大，很明显是汽车不正常，其原因大都是排气管或消声器发生了漏气现象，有可能是排气管接口垫损坏而漏气，也有可能是排气管或消声器出现腐蚀洞孔而漏气。这时，只要换掉漏气的部件就可以解决该故障了。如果只是排气管接口垫漏气，排气噪声不会很大的，可以查看排气管接口垫上是否粘附了黑色的排气烟粒:如有,则是排气管接口垫漏气;若没有,则排气管接口没有漏气。

(5)排气管滴水的诊断

很多人以为排气管滴水是发动机有故障了,其实这是不完全对的。排气管有一点滴水是好事,这说明发动机工作情况良好,因为只有燃料在发动机里充分燃烧才会产生水分。如果排气管里的水成串流下的话,那就是发动机有问题了,而且问题较大,因为这很可能是发动机的水道和气缸垫穿通了。发生这种现象时,一般排气管还会冒出很多水汽——不过这种现象很少发生。

(6)高速行驶时转向盘抖动的诊断

轿车在高速行驶时,特别是车速达90km/h左右时,就会出现转向盘抖动。通常这种现象都出现在特定的车速范围内,高于这个车速或者低于这个车速时,这种现象就会消失。引起这种故障的原因大都是车轮的动平衡不好,而且一般是前轮的动平衡不好。解决这个故障的最简单的方法是把前后轮对换一下,或者到轮胎店把两个前轮的动平衡校好。必要时可作四轮定位检查,找到故障原因。

而今,有些轿车采用VSA车辆稳定性控制系统,可主动化解转向过程中的潜伏危机,如图1-7所示。

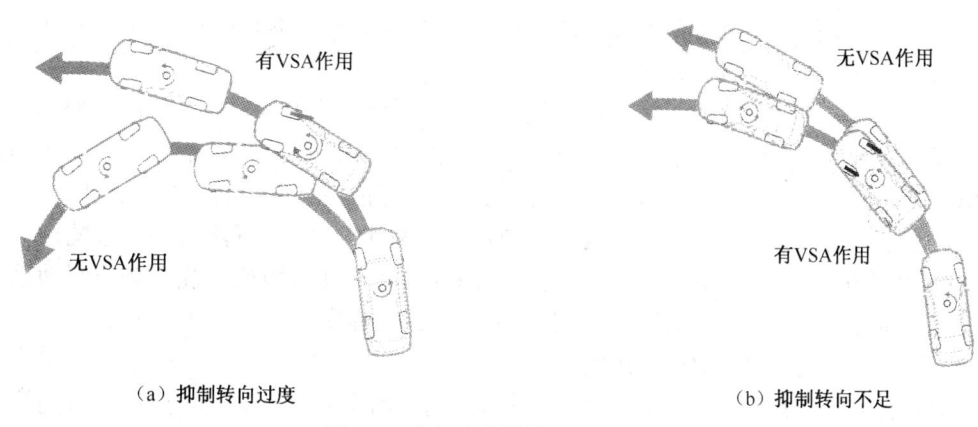

(a) 抑制转向过度　　　　　　　　(b) 抑制转向不足

图1-7 车辆稳定性控制 VSA 系统

(7)转向偏重的诊断

现在的很多轿车都装有转向助力装置,但有时会觉得转向偏重(和平时正常时相比较)。发生这种现象的原因一般是由于转向助力泵油严重缺少,同时还可以听到"嘶嘶嘶"的响声。这时应该马上按标准加转向助力泵油,同时应尽快到修理厂去检查缺油的原因,并修理,千万别勉强使用,否则会造成转向助力泵损坏。另外,如果两前轮的轮胎气压不足时,也会使转向偏重。此外,也有必要对真空助力器系统性能的检查。

(8)电控自动变速器检修技巧

①电控自动变速器故障诊断的特点,就是要首先确定故障在电路部分还是机械部分,如果故障灯亮,即可认为故障的电路部分,否则在机械部分。

②汽车修理时,应关闭点火开关,即转到"LOCK"位置,应在蓄电池负极接柱脱开20s以上时,才能进行电控系统的检修。

③更换油封、修理阀体及电磁阀时,应尽量放掉变速器油。在拆卸螺母和传感器时,应尽量使用专用工具。安装时,应按规定力矩拧紧。

④自动变速器零件精度都比较高,拆卸后各种试验都无法进行,只有待全面检修装复后才能进行试验,因此拆卸修理之前必须全面检查。

⑤自动变速器零件拆卸修理时,每次最好只拆卸维修一个零部件组,待该组装配好后再检修另一组,以免装错,所有被分解的零件应用变速器油或煤油清洗干净,装配时还应吹干,并用压缩空气吹油道和油孔,切勿使用抹布。

⑥更换新的制动器和离合器的摩擦片前,应在变速器油中至少浸泡 15min。所有拆卸过的密封垫片和密封胶圈,均应更换新的,装配时应涂上变速器油。

⑦阀体检修拆装时,注意拆装方法,以免阀体上的球阀脱落而不知安装位置,各个控制阀及弹簧应小心拆装,拆卸时千万不要碰刮控制阀表面。

⑧变速器拆装完毕往车上安装时,要确保液力变矩器安装到位。并对变速器进行必要的检查和调整后才能开车试行。

(9)电控防抱死系统检修技巧

①电控防抱死系统的电子控制装置故障率很低,因此,电子控制装置的故障大多数并不是电子元器件的问题,而是线路连接不良或部件脏污所致。如故障代码提示传感器故障,应首先检查传感器的各个连接点接触是否良好,有无锈蚀等。

②对于具有蓄能器的制动防抱死系统,在对其液压系统进行维修作业时,应首先使蓄能器卸压,以免高压制动液喷出伤人。

③由于制动防抱死系统的正常工作必须以原制动系统的完好为基础,因此,对原制动系统的维修应正常进行。更换制动衬块时,在压回活塞之前应先拧开制动钳的放气螺钉,否则油缸中的积垢可能被压入,造成元件失效。而回流的油液还可能使电子控制装置得到错误的信息,使制动防抱死系统实施保护而关闭。在维修或使用过程中,如需要对液压制动系统进行排气时,应按照有关车型使用说明的规定程序进行。因为装有制动防抱死系统与普通制动系统的放气程序可能有些不同,不能盲目照搬原制动系统的放气程序。

(10)防抱死系统(ABS)故障隐患的诊断

对于装有 ABS 的汽车,要了解其技术状况,除驾车时勤看 ABS 指示灯外,还可用简单快捷的方法诊断 ABS 是否存在故障,以便及早将其故障隐患消除。

①凭感觉。车辆行驶中,若踩下制动踏板时没有拱脚的感觉,即为 ABS 失效。大家都知道,ABS 系统是由轮速传感器、ECU(电脑)和制动压力调节器组成,一旦制动压力调节器损坏,制动液就不能按照 ECU 的指令进行工作,故踩下制动踏板时,脚下没有向上拱的感觉(即感觉不到 ABS 的点刹运动)。此时,应首先检查制动压力调节器。经验表明,这种情况多为制动压力调节器出了故障。

②看拖印。装有 ABS 的车辆在紧急制动时一般不会在路面上留下很长的拖印。若紧急制动时车轮出现长距离平移,即为 ABS 产生故障。因为 ABS 系统若工作正常,会通过 ECU 对制动力进行控制,以防止车轮被制动器抱死。若出现长距离平移滑动,则须请有一定技术条件的厂点进行检修。

(11)制动时制动器鸣响的诊断

有人认为制动时制动器鸣响不是故障,因为制动时制动片和制动盘相互摩擦就会发出响声。其实不然,制动时制动器鸣响肯定有故障,因为制动片和制动盘的摩擦声是比较轻的,很难听到。所以,当你在制动时听到鸣响时就应该注意:如果是制动片刚换过或者是换了没几天的,那么肯定是由于制动片太硬的缘故,要么是质量差的伪劣产品,你应该马上到给你换制动片的修理厂去要求重新换一副制动片。如果是很长时间没有换过制动片的,那么肯定是制动片已经磨到极限了,应该马上到修理厂去换制动片,千万别拖时间,否则制动盘会被损坏,那就得花较大代价了。

(12) 制动跑偏的诊断

制动跑偏是指在制动时如果手不握紧转向盘的话,汽车会向一边跑偏。引起这种现象的原因一般有:单侧前轮的制动分泵漏油或发卡、单侧的横拉杆球头松旷、单侧的前轮制动片磨损太多、单侧的悬架系统有故障等。如果制动时,汽车有时向左、有时向右跑偏的话,很可能是两侧的横拉杆球头都很松旷,或两侧的悬架系统都有故障等。有这种情况时,最好到修理厂去检修,越早越好,千万别勉强使用,以免造成大的事故。

(13) 雨天轮胎容易打滑的诊断

如果汽车只要在雨天行驶,轮胎就很容易打滑,其原因肯定是轮胎磨损严重,使轮胎花纹的沟槽变浅,排水不好,在轮胎和地面之间形成水膜而很容易使轮胎打滑。如果在汽车紧急起步时,轮胎频繁地出现轻微打滑,则说明轮胎的磨损也很严重了,在高速公路上高速行驶时,很可能发生水膜滑移现象,这是很危险的,应该立刻换轮胎。一般来说,当轮胎的花纹沟槽深度不到 1.6mm 时,就应该更换轮胎了。

(14) 雨刮喷水器不喷水的诊断

如果很长时间没有用过雨刮喷水器,有时候会发现雨刮喷水器不喷水了。这时,首先应检查一下雨刮喷水壶里有没有清洗液,如果没有清洗液,可以加好清洗液后再试试。如果有清洗液,那么再检查喷水电动机是否工作:把喷水电动机上的喷水管拔下来,打开雨刮喷水开关,看是否有水喷出来。如果没水喷出来,那么有可能是喷水电动机坏了,或者是喷水电动机的熔丝坏了。如果你知道自己车的熔丝盒所在的位置,可以自己检查熔丝的好坏。如果熔丝完好,那么就是喷水电动机坏了。如果有水直接从喷水电动机处喷出来,那么有可能是喷水嘴堵塞了,可以用大头针通一下。

(15) 检查减振器好坏的简单方法

减振器的作用是迅速衰减车身所受的冲击和振动,提高汽车的行驶平顺性。目前在一般的悬架系统中应用最多是液力减振器,所以平时判断减振器好坏的最简单的方法是看其是否漏油。如果漏油,则该减振器已坏,应该尽快更换。另外,如果汽车在通过不平整的路面时,车身的摇摆幅度明显增大时(专业人员才可以察觉到),则说明减振器已坏。

(16) 空调系统简易检测方法

打开空调没有冷风时,可以作以下简单的检查,以便掌握问题是否严重。首先检查是否有制冷剂;找到制冷剂加注口,把加注口中间的气门芯压下去。如查加注口中没有制冷剂喷出来,说明空调系统中的制冷剂已经漏光,需要到修理厂去检修,并要求修理厂找出泄漏的地方修好它。如果加注口中有制冷剂喷出,则再检查空调压缩机是否工作,主要是查看压缩机电磁离合器是否工作:当打开空调开关时,压缩机电磁离合器吸合应发出"嗒"的声音;或者直接查看压缩机电磁离合器的吸盘是否旋转。如果压缩机电磁离合器不工作,则可能是制冷剂不够量或者是系统中的电路部分有故障。如果压缩机电磁离合器是工作的,再查看一下电子风扇是否运转:如果不转,先解决这个问题;如果电子风扇是运转的,那有可能是空调压缩机有故障。一般空调系统有问题最好到修理厂去检修。

(17)借仪表盘上的指示灯判断故障

汽车仪表盘上有很多指示灯可以反映发动机工作情况的好坏,所以平时开车时应该经常注意看一下仪表盘。

仪表盘上的指示灯有两种:一种是黄色的,用来提醒我们应该尽快去修理厂检查维修,比如发动机故障指示灯、燃油指示灯、ABS指示灯等。这些黄色的指示灯亮起时,汽车一般还能行驶,但是必须马上去修理厂检修。另一种是红色的指示灯,用来警告我们必须停车熄火,比如机油压力指示灯、充电指示灯、安全气囊指示灯、制动液指示灯等。这些红色的指示灯亮起时,必须马上停车熄火,向修理厂求助。

(18)油耗急剧增加怎么办

很多车主都会关心燃油消耗量的大小。油耗和轿车的使用方法及汽车的工况有关。在正常使用时,每个月的油耗应该差不多,如果汽车的油耗突然剧增,大都是汽车的某部分有故障。为了查明原因,首先应回忆一下用车时有没有不正常的情况,如行李箱中是否有重物,再检查一下轮胎的气压是否过低。如果以上事项都没问题,那么很可能是汽车本身有故障,可以查看一下排气管是否冒黑烟、怠速是否太高、空气滤芯是否太脏。不管这些问题存在与否,这时,应该送到修理厂去检修。

(19)汽车灯光系统的检查

①如果两个前大灯都不亮,应该检查大灯熔丝、继电器、大灯开关;如果两个前大灯的远光灯或者近光灯都不亮,应该检查远光灯或者近光灯的熔丝和继电器以及变光开关;如果两个前大灯的远光灯或者近光灯一个亮一个不亮,那么不亮的那个应该是灯泡坏了,换个灯泡就可以解决问题了。灯泡接触不良的情况除外。

②小灯一般有4个,前后各两个,如果4个小灯都不亮,那么应该检查小灯熔丝及小灯开关;如果只有一个小灯不亮,那么不亮的那个应该是灯泡接触不良或灯泡坏了。

③转向灯一般有4个,前后各两个,如果4个转向灯都不亮,那么应该检查转向灯熔丝及转向灯开关,还有闪光继电器,如果左边有一个转向灯(前面的或后面的)的灯泡坏了,那么在你向左打开转向开关时,汽车仪表盘上的转向指示灯的跳动频率会增快,而向右打开转向开关时,指示灯的跳动频率不变。灯泡接触不良的情况除外。

④制动灯一般有2个,安装在车尾,如果2个制动灯都不亮,那么应该检查制动开关及制动灯熔丝;如果只有1个制动灯不亮,那么不亮的那个应该是灯泡接触不良或灯泡坏了。

6. 汽车安全气囊系统故障的检查与维修

据统计,在汽车相撞时,气囊可使乘员头部受伤率减少25%,面部受伤率减少80%左右。

(1)诊断安全气囊时须知

①安全气囊系统的故障征兆难以确诊,所以诊断代码就成为故障排除时最重要的信息来源。在排除故障时,脱开蓄电池之前,务必检查诊断代码。

②维修工作务必在将点火开关转到LOCK位置并从蓄电池负极端子拆下电缆20s或更长一些时间后才能开始。如果不按正确的步骤进行,系统可能会发生故障且有可能在维修过程中气囊突然打开。

③即使只发生轻微碰撞而安全气囊未打开。也应对前安全气囊传感器和转向盘衬垫进行检查。

④中央安全气囊传感器总成含有水银,更换之后,不要将换下的旧零件毁掉,当报废车辆

或只更换安全气囊中央传感器总成本身时,应拆下中央安全气囊传感器总成,并作为有害废物处理。

⑤应使用高阻抗(至少 $10k\Omega/V$)伏特/欧姆表来诊断电路系统的故障。

⑥手持安全气囊时,不要使气囊和盖指向身体;放置于工作台或其他表面时,要使微调盖朝上;展开安全气囊时,需戴手套和安全眼镜。

⑦只要与安全气囊有关的检修,必须在安全气囊系统正确拆除后进行,安装时不要试探任何连接处。

⑧传感器定向是气囊系统发挥正常功能的关键,并将其恢复原来位置,配线作业要十分小心,在作业前必须使气囊系统拆除。

⑨检修完成后,不能急于将安全气囊系统接入电路,应先进行电气检查。

(2)安全气囊的解除与装复

对安全气囊系统进行检查和更换元件的作业之前,必须对系统进行解除处理,以避免发生气囊的误爆。

①解除驾驶人侧气囊步骤:

a. 拆下蓄电池负极电缆。

b. 卸下气囊组件与转向盘的紧固螺母。

c. 拆下驾驶人侧气囊组件插接器。

d. 短接时钟弹簧接气囊组件的线端,使系统仍保留有自诊断功能,最后接上蓄电池负极电缆。

②解除副驾驶侧气囊步骤:

a. 拆下蓄电池负极电缆。

b. 打开手工具箱并完全翻下来。

c. 拆下副驾驶侧气囊插接器。

d. 短接线束侧的气囊线端。

e. 重新接上蓄电池负极电缆。

③检查维修后系统的装复工作:

a. 拆下蓄电池电缆。

b. 除去时钟弹簧的跨接线,接上驾驶人侧气囊插接器。

c. 按保养手册的说明将驾驶人侧气囊装到转向盘上,调准位置并加以固定。

d. 除去插接器上的跨接线。

e. 接上副驾驶侧气囊插接器,合上手工具箱。

f. 接上蓄电池负极电缆。

g. 查验保养提示灯工作是否正常。

④安全注意:

a. 安全气囊组件要采用原厂包装,用货舱装运,不得与其他危险品一起运输。

b. 安全气囊组件的检查与拆装须由专业人员承担。

c. 对安全气囊系统的任何作业均应先拆下蓄电池电缆,等待 30s 以上,待控制器中的电容完全放电后再进行。

d. 不要使该系统的部件受到 85℃ 以上的高温。

e. 该系统组件和控制器要避免受到磕碰和振动。

f. 对该系统的电气测试要待系统安装好后才可进行,切不可用万用表测量气囊引发器的电阻,以免造成气囊误爆。

g. 不得擅自改动安全气囊系统的线路和元件。

h. 在转向盘和副驾驶侧气囊部位不可粘贴任何饰物或胶条。

(3) 检查维修中的安全措施

① 拆卸安全气囊时。在拆卸安全气囊时,应将缓冲垫(软面)朝上,上面不可叠置任何物品。气囊存放的地方温度不可高于 93℃,湿度也不可过高。气囊不可用清洗剂清洗,不准涂润滑油,只能用布或湿布擦拭。

② 时针弹簧。多功能开关内的时钟弹簧是由 2 个载流的弹簧线圈组成,该部件不能修理,切勿拆开,如有故障更换整个部件。往转向柱上安装转向盘时,要前轮回正,使 H 转向柱和时钟弹簧间的配对标记对正,而后安装。拆卸转向机构时,要将前轮回正并取下点火钥匙,否则有可能损伤时钟弹簧,或使气囊打开。安全气囊展开后,时钟弹簧要更换。

③ 线束和插接器。气囊系统的线束和插接器一般套有特殊颜色的套管,借以与其他系统线束相区别。维修时一般不要损坏插接器。检修电焊作业前,要拆开转向柱下多功能开关附近的气囊插接器,以防插接器失去安全功能。"现代"汽车的乘员和驾驶人气囊充电器侧的插接器中还带有短路条,拆开插接器时,短路条将驾驶人和乘员气囊组件的电路短路,防止在进行气囊保养作业中气囊错误打开。因此,在维修"现代"汽车安全气囊时,不但要注意不能损坏插接器中的短路条,还要注意不要让油、水、酸、碱侵入。

④ 控制器。不允许对控制器进行敲击、跌落、振动或酸碱、油水的侵蚀。如发现有凹陷、裂纹、变形或生锈,要更换新件。切勿对控制器使用欧姆表检测,只能用专用仪器。控制器在安装时一定要将安装方向与其上的标定方向一致。

(4) 安全气囊维修后应进行电气检查

用一只 12V 的小灯泡代替气囊接入电路,以下情况小灯泡均不闪亮为正常。

a. 接通点火开关。

b. 起动发动机。

c. 汽车行驶至车速超过 80km/h 时,紧急制动。

d. 在崎岖道路上行驶,或设置常见障碍,如路面有砖头等,高速驶过。

安全气囊系统维修工作完成后,进行安全气囊系统报警灯的检查,报警灯正常方能使用。

7. 传统诊断方法在轿车维修中的应用

所谓传统诊断方法,就是不使用任何的仪器、仪表等辅助设施和电子设备,对车辆故障进行人工诊断的方法。在汽车维修中最常用的直接诊断有"看、闻、听、问、试"等方法。

(1) 通过观察或看了解轿车的使用情况

① 观察、检查仪表板上故障灯"亮"或"熄"的状态,如果灯光熄灭,可基本判断出是电控系统的故障,或是机械系统的故障。例如,一辆富康 Ex—1 轿车怠速抖动,加速性能不良,油耗大,仪表灯显示正常。通过检查发现,其空气流量导流网积尘严重,清洗后加速性能恢复正常。

② 常规的"五油、三液、一媒"的检查要给予足够重视,即对透平油、机油、自动变速器油、转向助力油、齿轮油、制动液、冷却液、刮水清洗液以及冷媒的检查。绝大部分高级轿车上仪表灯全部用英文显示,如 wash fluid(清洗液)灯亮,应检查清洗液和储存器内液面,添加后即可消

除该警报灯亮。如一辆奥迪 A6 2.8L 轿车 ABS 灯点亮,车主连忙前往奥迪 A6 维修中心检修,经检查发现就是制动液容器内的液体低于警戒线,补充完制动液后,故障即排除。

③通过观察、检查车用液体的品质,来判断故障。例如,一辆广州本田雅阁轿车的自动变速器油液变紫,而且有少量的混浊物,此时行车中动力不足,起速过慢。因此根据油液的颜色可断定故障的原因是自动变速器的故障而不是发动机动力不足,拆油底壳,检查证明判断是正确的,之后更换油液,故障排除。

④通过检查各种线路来判断故障。一辆东风雪铁龙轿车左前轮不升也不降,而其他三轮传动正常。检查发现该车左前空气弹簧减振器排气阀线断开,接通线路后左前轮活动恢复正常。在看的过程应该结合分析、与各相关系统联系起来看或检查,切勿走马观花。

(2) 通过"问"掌握车辆故障的现象情况

驾驶人对自己驾驶的车辆情况最为了解,这是判断故障的第一手资料。一般高级轿车驾驶人对车辆的重视程度甚高,所以说他们提供的情况是重要的。如一辆北京切诺基 4.0L 吉普车,加速性能差,并且起动困难、耗油量大、排气管冒黑烟。通过询问得知,该车已运行 12 万 km,除进行机油和三滤维护外,没有进行过其他的项目作业;该故障从出现至今已行驶 1 万 km,故障不断加重,排气冒黑烟更严重,因此断定火花塞间隙太大,拆检发现两电极间隙接近 2.5mm,更换火花塞后,故障排除。

(3) 合理利用"闻"来判断故障点

通过对油液的"闻"可知油液的品质及该系统基本的工作情况。通过对发动机的排放气体的闻,可以感觉发动机的工作情况,从而为故障判断提供指导。如一辆桑塔纳 GSi 轿车,怠速不稳,且急加速抖动严重。通过对排放气体气味的分析,认为是高压线有时断火,更换后,故障排除。"闻"在维修中比其他手段用得相对较少,但也十分重要,运用恰当在故障判断上可起到事半功倍的效果。

(4) "听"也是诊断故障常用的方法

在汽车维修中"听"这一方法也很重要。一要弄清故障的部位,分清响声的类型,现在的故障分析中,较多的是机械故障,如果找不准故障部位,维修中就会走许多弯路。如果是发动机故障,就不能判为是自动变速器故障。如一辆上海帕萨特轿车热车后有轻微的响声,由于该车搭载的是自动变速器,无法用踩下离合器踏板的方法来判断故障的部位。经过听诊,最后拆检发现 6 缸连杆轴承间隙过大造成发动机异响。

(5) 路试车了解轿车的运行状况

以前的维修人员,只从事修理,对车辆维修完毕后的情况没有一个感性认识,对故障的认识深度不够,对故障的判断准确性差。试车应该成为维修人员的基本技能。通过试车可以学到许多书本上没有的知识。如自动变速器的维修。在修竣后无负荷运转正常,有负荷时很可能挂挡后车辆不能行驶、高速断火与换挡发闷,制动时方向发抖等,如没有切身的感觉,就会使故障的判断蒙上一层面纱,造成判断故障时的犹豫和不肯定。因此,试车可以给我们的维修工作带来灵感,加快对故障的排除。

8. CAN 数据总线故障易发生在哪些部位

(1) CAN 数据总线故障类型

CAN 数据总线故障有三类,即电源系统引发的系统故障;多路信息传输系统的节点故障和多路信息传输系统的链路故障。

无论是链路故障、还是挂在总线上的任何一个节点出现故障,都可能对其他控制单元产生影响,使其不能正常工作。因此,在排除数据总线 CAN 故障时,不能局限于提示的故障部位,还要考虑对总线上其他电控单元的影响。

当数据总线 CAN 网络的电阻不正常时,故障点一般在链路上,例如网线断路、短路或搭铁(搭铁的网线与车身上任意一点的电阻为 0Ω);当 CAN 网络的电阻正常、而电位不正常时,一般是因 CAN 上电控单元(包括网关 BSI)的供电不正常所引起,此时应当重点检查电控单元的供电和搭铁。如对大众轿车进行自诊断检测,读取故障码,然后进行故障码诊断,确定故障的具体部位,并排除故障。

> **点击**:由于链路贯通每个节点,而且布线范围很广,查找起来比较困难,所以在排查故障时应当先排查节点故障,在确认各节点正常之后,再排查链路故障。

(2) CAN 总线故障常表现为多个仪表显示失常

在许多情况下,CAN 数据总线系统的故障好似"一粒老鼠屎搅坏一锅羹"。当 CAN 网络出现故障时,仪表盘上通常会有多个仪表显示失常,因为这些仪表所依赖的信息需要通过 CAN 网络先传递到组合仪表控制单元。另外,如果 CAN 网络出现故障,一般伴有电子防盗系统的故障,这是因为钥匙应答器、BSI、发动机控制单元之间的防起动信息必须通过 CAN 网络传递。

有一辆奥迪 A6 2.4L 轿车,行驶中 ABS 警告灯点亮,随即仪表盘上所有的指示灯熄灭,发动机熄火,无法再起动。进行高压跳火试验,没有高压电火花,但是用试灯检查,发现点火线圈中有低压电,说明控制电路有问题。将示波器与 1 只喷油器的控制线路连接,起动发动机,发现喷油器控制信号的波形不正常。发动机无火、无油,说明电控系统有问题,于是连接故障诊断仪 V.A.G1551,在发动机系统读到以下故障信息:CAN 数据总线缺少来自 ABS 的信息;CAN 总线有故障;发动机 ECU 锁止;电子节气门指示灯(K132)有故障。在变速器系统读到以下故障信息:CAN 缺少来自 ABS 的信息;CAN 有故障。在仪表系统读到以下故障信息:发动机 ECU 锁止;CAN 数据总线损坏,发动机 ECU 没有通信,变速器 ECU 没有通信。在 ABS 系统读到以下信息;CAN 有故障。该车的 CAN-H 线为红/黑色,CAN-L 线为红/灰色。自动变速器 ECU 的端子 58 及端子 60,仪表 ECU 的端子 29 及端子 30,ABS ECU 的端子 19 及端子 18 分别连接在 CAN-H 线和 CAN-L 线上。在正常情况下,端子 60、端子 30 与端子 18 相通,而端子 58、端子 29 与端子 19 相通。但是用万用表检测的结果,表明端子 60、端子 30 和端子 18 不相通。接下来查找线路不相通的原因,发现位于发动机 ECU 后面红色的 CAN 数据总线插接器松动。将其连接牢固,清除故障码,然后试车,故障被排除。

(3) 电控单元损坏一般不影响 K 线传输功能

目前,多数车型的 CAN 数据总线故障不会影响 K 线的传输,但上海大众帕萨特 1.8T 轿车是个例外,该车利用诊断座的 K 线(端子 7)与故障诊断仪进行数据交换,但诊断仪的数据读取速率较慢,而 CAN 数据总线的数据传输率比较快。为了实现自诊断功能,需借助网关(组合仪表)对 CAN 总线电控单元的数据进行处理,而后再传输到诊断座上,因此,CAN 数据总线的控制单元出现故障,会影响到 K 线的数据传输,其结果是全车所有的电控单元都可能无法进行自诊断,即故障诊断仪无法与诊断座进行通信联络。

(4) CAN 数据总线故障码有时"风马牛不相及"

例如,别克君越轿车无法起动,有时更换暖风通风控制模块就好了。如一辆宝马 X5 轿车,采用 E53 底盘,发生空气悬架指示灯点亮的故障。由于缺乏数据总线诊断仪,采用"隔离法",将可疑的控制模块从总线插接器上逐一断开,补户线的数据传输速率比较快,然后观察故障现象的变化,结果发现是晴雨传感器的导线磨破,对该导线进行包扎和装复后,故障被排除。空气悬架系统与晴雨传感器,两者风马牛不相及,现象与故障原因之间完全没有联系,所以不能采用逻辑推理的方法来诊断 CAN 数据总线系统的故障。

9. 多路传输系统故障如何诊断排除

(1) 电源系统所引起的系统故障

多路信息传输系统的核心部分是含有通信 IC 芯片的电控模块 ECM,电控模块 ECM 的正常工作电压在 10.5～15.0V 的范围内。如果电源系统提供的工作电压低于该值,就会造成电控 ECM 出现短暂的停止工作,从而使整个车辆多路信息传输系统出现短暂的无法通信的现象。例如:一辆上海别克轿车,行驶里程 13 万 km,在行驶过程中时常出现转速表、里程表、燃油表和水温表指示为零的现象。

当用 TECH2 扫描工具(计算机故障诊断仪)读取故障码中各个电控模块均没有当前故障码,而在历史故障码中竟出现多个故障码。其中:SDM(安全气囊控制模块)中出现 U1040——失去与 ABS 控制模块的对话;U1000——二级功能失效;U1064——失去多重对话;U1016——失去与 PCM 的对话;IPC(仪表控制模块)中出现 U1016——失去与 PCM 的对话;BCM(车身控制模块)中出现 U10000——二级功能失效。

经过故障码的读取可以知道,该车的多路信息传输系统存在故障,因为 OBD-II 规定 U 字头的故障码为车辆的多路信息传输系统的故障码。通过查阅上海别克轿车的电源系统的电路,如图 1-8 所示,从图上可以知道,上述电控模块共用一根电源线,并且通过前围板。由于故障码为间歇性的,断定为这根电源线发生间歇断路故障。修复故障排除。

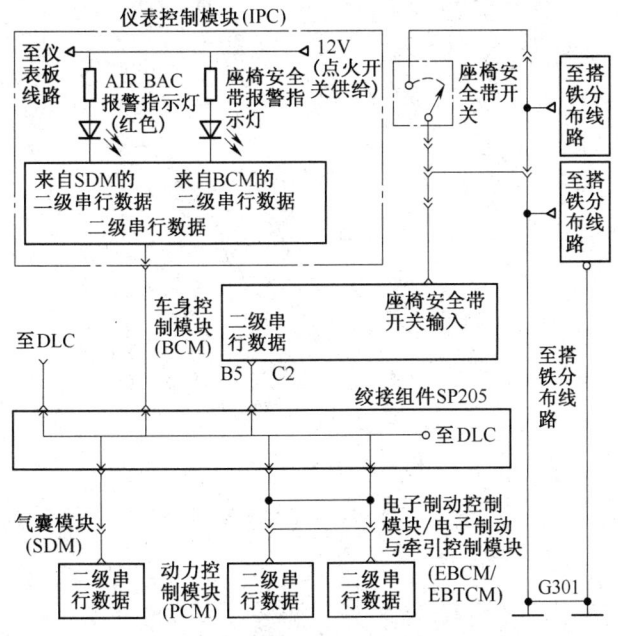

图 1-8 上海别克轿车的多路传输系统

(2) 多路信息传输系统的节点故障

节点是多路信息传输系统中的电控模块,因此节点故障就是电控模块 ECM 的故障。它包括软件故障即传输协议或软件程序有缺陷或冲突,从而使多路信息传输系统通信出现混乱或无法工作,这种故障一般成批出现,且无法维修。硬件故障一般是由于芯片或集成电路故障,造成多路传输协议(即点到点信息传输协议)的多路信息传输系统无法正常工作。对于采用低版本信息传输系统,如果有节点故障,将出现整个车辆多路信息传输系统无法工作。

(3) 多路信息传输系统的链路故障

当多路信息传输系统的链路(或通信线路)出现故障,如:通信线路的短路、断路以及线路物理性质变化引起的通信信号衰减或失真时,都会引起多个电控单元无法工作或电控系统错误动作,使多路信息传输系统无法工作。判断是否为链路故障时,一般采用示波器或专用光纤诊断仪来观察通信数据信号是否与标准通信数据信号相符。

> 点击:通过对以上三种车辆多路信息传输系统故障的分析,可以总结出该系统一般诊断步骤为:
> ① 了解该车型的多路传输系统特点(包括传输介质、几种子网及汽车多路信息传输系统的结构形式等)。
> ② 多路信息传输系统的功能,如有无唤醒功能和休眠功能等。
> ③ 检查电源系统是否存在故障,如交流发电机的输出波形是否正常(若不正常将导致信号干扰等故障)。
> ④ 检查多路信息传输系统的链路是否存在故障,可采用替换法或跨线法进行检查、检测来确定。
> ⑤ 如果是节点故障,只能采用替换法进行检测测定。

第2章 电喷发动机故障诊断排除

1. 北京现代索纳塔轿车冷机起动困难·喷油器电磁线圈发难

(1)故障现象

一辆北京现代索纳塔(SONATA)轿车装备 2.0L 电喷发动机,在冷车起动发动机时需要 4~5 次才能起动,起动后发动机怠速尚平稳,但发动机温度正常时便出现抖动现象,而且排气管又发出"突突"的声响,起步行驶有发冲现象,行驶加速无力,最高车速只能达到 90km/h 左右。

(2)故障诊断排除

首先进行路试确认故障属实,用现代专用故障检测仪调取故障码,无故障码显示。经分析认为该车故障点可能在点火系统,最大可能是存在某缸工作不良问题。

接着用数字万用表测量分缸线和点火线圈的电阻,在标准范围内。拆下 4 只火花塞检查,未发现问题。当发动机温度正常后,用手触摸点火模块,感觉并不烫手,点火模块也没有什么问题。检查燃油系统。测量该系统压力和流量,分别为 320kPa 和 1.5L/min,属于正常范围。再逐缸进行断油试验,当断开第 3 缸喷油器电源时发现,发动机转速没有明显下降,用试灯检查喷油器的供电电路,正常。因此,可以推断该缸喷油器工作不良。

把第 3 缸喷油器拆下,发现喷嘴上有较多的积炭,检测其电磁线圈发现已烧坏。当更换第 3 缸喷油器,并对其余 3 个缸的喷油器也进行清洗后装复,起动发动机试车,起动顺利,运转平稳,动力强劲,一切恢复正常,故障排除。

2. 北京现代索纳塔轿车发动机无法起动·曲轴信号盘变形

(1)故障现象

一辆北京现代索纳塔轿车(4 缸电喷发动机,型号 DOHC),该车熄火后,发动机便无法起动。

(2)故障诊断排除

首先检查高压火花,无高压火花。用 OBDⅡ诊断仪诊断,故障码为 P0335 和 P0202。P0335 的含义是曲轴位置传感器有故障,P0202 含义为第 2 缸喷油器电路有故障。更换曲轴位置传感器,试车,起动顺利,但行驶了一段时间后,故障再次发生。于是决定打开齿轮盖进行彻底检查,发现正时带已经老化,有两个齿已经掉了。再检查曲轴位置传感器,发现曲轴的信号盘有明显的磨痕。把曲轴位置传感器从发动机上拆下检查,发现内侧也有很深的磨痕。曲轴信号盘和曲轴位置传感器二者之间应有一定间隙,而该机由于曲轴信号盘变形(正时带断裂而致变形),引起两者的摩擦,造成了曲轴位置传感器的再一次损坏。更换新的信号盘和曲轴位置传感器,试车起动发动机顺利,反复试验起动功能恢复正常,故障排除。

3. 北京现代索纳塔轿车冷机不易起动·插针弯曲

(1)故障现象

一辆北京现代索纳塔(SONATA)轿车,装备 4 缸电喷发动机。该车行驶 6.2 万 km 后,出现发动机冷车不易起动,起动后运转抖动,但待温度升高后工作才正常的故障现象。

(2)故障诊断排除

首先采用发动机故障自诊断系统,读取故障码表明为水温传感器故障。水温传感器的作用是:ECU根据水温传感器的电信号,改变每次的喷油量,以满足发动机在各种工况下对喷油量的不同要求。在起动发动机时,供给过浓的混合气,有利于发动机的起动;当发动机温度升高后,水温传感器的电信号发生变化,ECU据此变化,降低每次的喷油量,形成较稀薄的混合气,达到经济运行。一旦水温传感器工作失准,就不能供给所需要的混合气,所以造成冷车时发动机不易起动的故障现象,当发动机温升正常后,则可正常工作运行。

当检查该故障车的水温传感器时发现其插针扭曲变形,因而造成接触不良,从而失去水温传感器正确的电信号输出。当将其插针仔细校正后使之接触良好插入,再次起动发动机试验,起动恢复正常,故障排除。

4. 北京现代途胜轿车发动机无法起动·人为故障

(1)故障现象

一辆四轮驱动的北京现代途胜越野车,装备2.0L型号G4GC发动机、手动挡变速器,累计行驶里程约7万km。车辆正常行驶时,发动机突然熄火,再次起动不着火。据驾驶人介绍,该车因事故曾就近到某修理厂检修,并对比更换曲轴位置传感器及动力控制模块PCM。

(2)故障诊断排除

电喷发动机的ECU只有在供电、搭铁均良好的条件下,才能正常工作。发动机的供电包括常电源,即从蓄电池有一条线路直接通到发动机ECU,不受点火开关控制;另外还包括受点火开关控制的ON/ST电源,该电源同时给发动机ECU提供点火开关工作状态信号。当发动机缺失常电或者ON/ST电源,发动机都不能起动。

首先,连接北京现代专用的Hi-Ds Scanner故障诊断仪,点火开关在ON位置。当欲进入"发动机系统"时,故障诊断仪显示"通信不良",即诊断仪无法进入发动机电控系统,同时,诊断仪也无法进入ABS、4WD(四驱)及其他电控系统。

起动发动机,起动机能够带动发动机正常旋转,用高压分线试火,无火花,同时,喷油器不喷油。关闭点火开关,然后转到ON位置时,听不到主继电器、燃油泵继电器吸合的声音,也听不到燃油泵转动泵油的声音。

北京现代各款发动机电控系统的工作原理大同小异,该车G4GC发动机ECU电路图(部分)如图2-1所示。ECU的端子1(ECU搭铁)及端子2(传感器搭铁)通过搭铁点G29搭铁;蓄电池的正极通过ECU易熔丝(30A)连接到端子3,为ECU的常电源;蓄电池的正极通过IGN易熔丝(30A)连接到点火开关的常电接线柱,经过点火开关连接到ON/ST接线柱,再通过熔丝33(10A)连接到端子22,为ECU的ON/ST电源(提供点火开关的ON/ST信号)。当发动机电控系统工作正常,点火开关转到ON位置时(无转速信号输入),ECU的端子22接收到点火开关的ON信号,ECU通过端子67控制主继电器的线圈,同时通过端子69控制燃油泵继电器的线圈各搭铁3~5s,从而使主继电器及燃油泵继电器闭合3~5s,因此,可以听到燃油泵(燃油泵、燃油滤清器、燃油压力调节器等为整体式,内置于燃油箱内)连续泵油3~5s。当点火开关转到ST挡时(有转速信号输入),ECU通过端子67及端子69控制主继电器及燃油泵继电器等连续闭合。

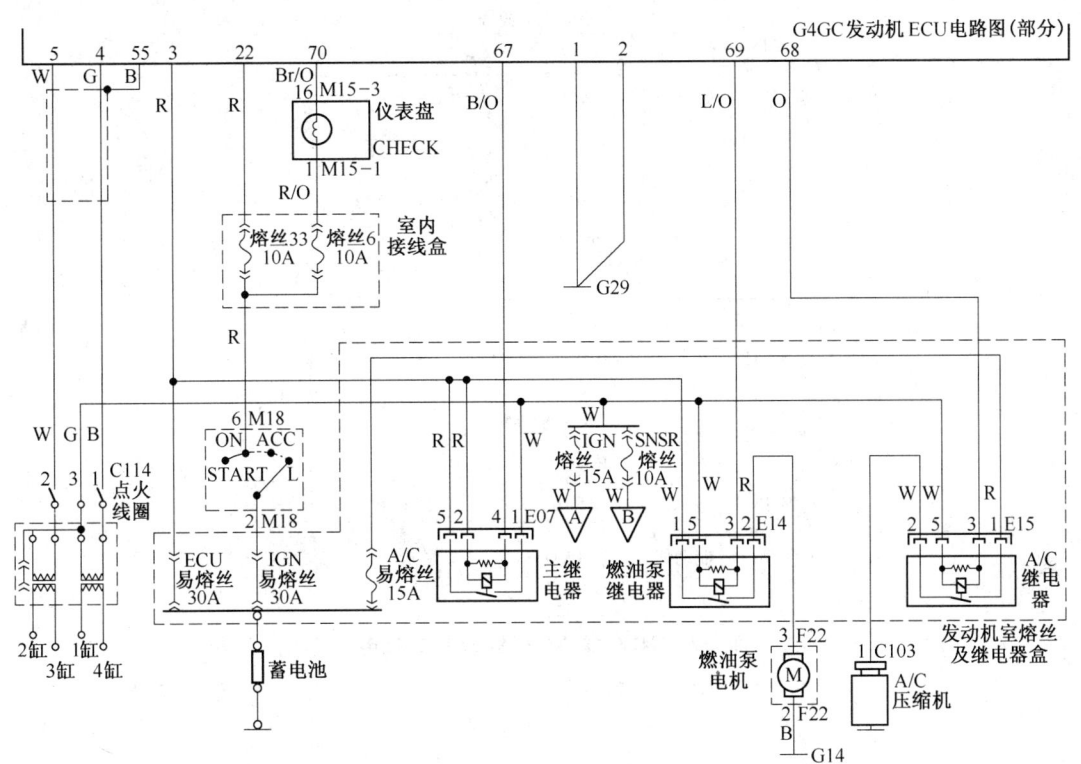

图 2-1　北京现代途胜汽车 G4GC 发动机 ECU 电路图（部分）

参照上述 G4GC 发动机电控系统的工作原理，考虑到该车的故障现象，怀疑 ECU 电路或者 ECU 本身可能存在故障。因此前已对比更换过 ECU，故障依旧，决定从检查 ECU 电路入手。

打开发动机室继电器和熔丝盒，首先，检查 ECU 易熔丝（30A）、IGN 易熔丝（30A）及 A/C 熔丝（15A）及插接情况，正常。接着检查 ECU 的搭铁电路，关闭点火开关，分离 ECU 的插接器，用万用表分别测量 ECU 线束侧插接器的端子 1 及 2 和车身搭铁之间的电阻值均小于 0.3Ω，上述检查，说明 ECU 的搭铁电路正常。然后，检查 ECU 的常电源，分离 ECU 插接器，测量 ECU 线束侧插接器的常供电端子（端子 3）的电压为 12.61V，未见异常。最后检查 ECU 的 ON/ST 电源（端子 22），点火开关置于 ON，测量 ECU 线束侧插接器的端子 22 的电压为 0，明显不正常，按理应为电源电压。检查熔丝 33（10A），发现已烧坏，更换同型号的熔丝后，发动机马上能够顺利起动。发动机怠速运转大约 3min 后，突然熄火，发现熔丝 33 再次烧断。熔丝 33 的连接电路如图 2-2 所示。

点火开关置于 ON/ST 位置时，熔丝 33 迅速烧毁，说明其连接电路有搭铁或者短路之处，查找故障部位，当检查至车速传感器时，发现车速传感器的插接器（C146）已部分烧毁而熔化。车速传感器的电路图如图 2-3 所示。

车速传感器为霍尔式，有 3 个接线端子，端子 2 接熔丝 33，为电源端；端子 1 通过搭铁点 G27 搭铁；端子 3 为信号输出端。车速传感器输出信号为仪表盘车速表、ECU、自动空调控制模块及时间信息控制模块所共用。更换车速传感器及线束侧的插接器后，插上插接器，顺利起动发动机，熔丝 33 正常。试车，一切工作正常，故障排除。

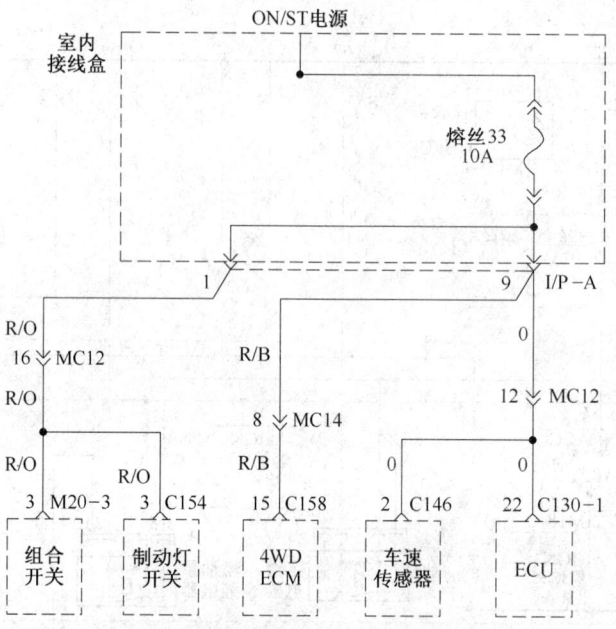

图 2-2　G4GC 发动机熔丝 33 的连接电路

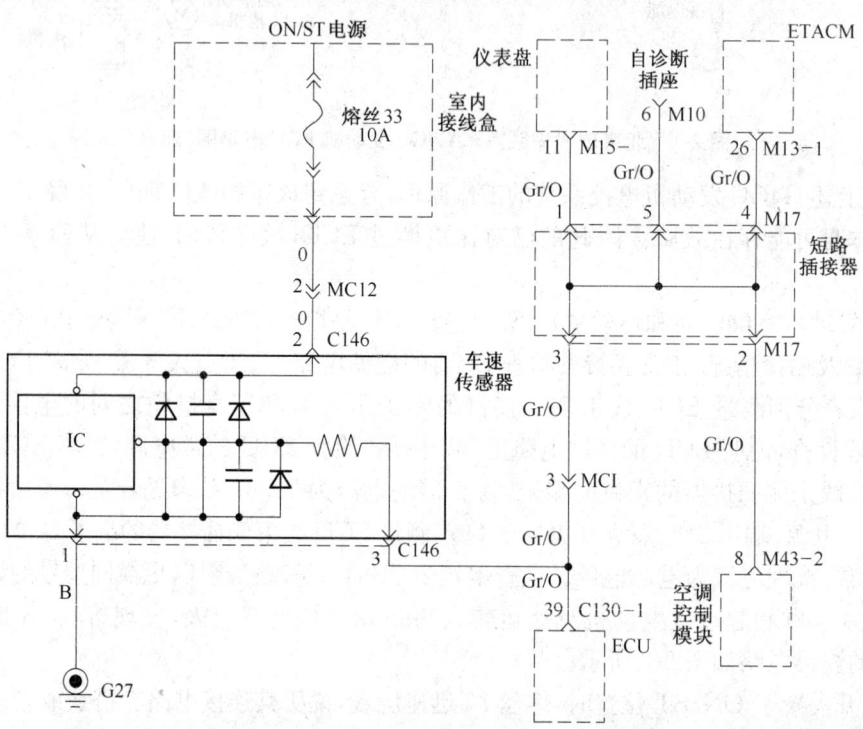

图 2-3　北京现代途胜汽车车速传感器的电路图

> **点击**：该车是由于交通事故，在修复发动机及变速器总成时，出现插接器插接错误，从而造成了车速传感器短路，使熔丝 33 烧毁，造成车辆正常行驶时，由于 ECU 突然接收不到 ON/ST 信号，从而使主继电器、燃油泵继电器断开，造成发动机突然熄火；再次起动，高压线无火及喷油器不喷油，使发动机无法起动。

5. 北京现代索纳塔轿车发动机冷机难起动·水温传感器损坏

(1) 故障现象

一辆北京现代索纳塔(SONATA)轿车,行驶 12 万 km 时出现发动机冷机起动很困难的故障现象,但当另接一电源导线至电动燃油泵时,发动机便可顺利起动。

(2) 故障诊断排除

① 另接一电源导线到电动燃油泵,发动机冷机可顺利起动,由此可判断发动机本身及 ECU 系统没有故障,而故障在电动燃油泵电路或有关传感器方面。

② 检查电动燃油泵继电器熔丝及其电路,继电器与 ECU 的线束插接器是否有松动或损坏。

③ 测量燃油泵继电器相应接线端子的电压是否在规定范围值内,如有异常应更换新件。

④ 检测发动机冷却液温度传感器,因为 ECU 是根据冷却液温度传感器输出的电压信号来判断发动机温度的,进而提供冷机最佳空燃比的混合气。如果冷却液温度传感器损坏,也会导致冷机不易起动故障。当用万用表(或多功能表)测试其在各温度下的电阻值时,发现与标准值差异较大,故此判断冷却液温度传感器已损坏,应更换新件。

⑤ 检查中还发现,电动燃油泵继电器线路也有磨破之处,于是更换了继电器及冷却液温度传感器,试车顺利起动,且工作正常,故障排除。

6. 北京伊兰特轿车行驶中熄火无法起动·插接器不给力

(1) 故障现象

一辆北京伊兰特(EL-ANTRA)轿车,装备 1.6L 电喷发动机,行驶 8.5 万 km,在正常行驶中停车熄火 30min 后,再次起动发动机时,却无论如何也无法起动。

(2) 故障诊断排除

检查确认故障后,首先连接 Hi-Ds Scanner 故障诊断仪,点火开关在 ON 位置,当欲进入"发动机系统"时,故障诊断仪显示"通信不良",即诊断仪无法进入发动机电控系统。伊兰特 1.6L 发动机电控系统电路图(部分)如图 2-4 所示。接着对电路系统进行检查,打开发动机室继电器和熔丝盒,检查 ECU 熔丝(20A)及插接情况,正常。点火开关在 ON 位置,听不到发动机控制继电器(主继电器)、燃油泵继电器吸合的声音,也听不到燃油泵及怠速控制阀转动的声音。

上述现象明显不正常。正常情况下,点火开关在 ON 位置(发动机 OFF),发动机 ECU 通过端子 67 控制发动机控制继电器(主继电器 E42)的端子 4 搭铁约 3s 左右,ECU 通过端子 69 同时控制燃油泵继电器(E49)的端子 3 搭铁约 3s 左右,使燃油泵(燃油泵、燃油滤清器、燃油压力调节器等为整体式,内置于燃油箱中)旋转 3s 左右,同时 ECU 通过端子 78、80(图中未标注),使怠速控制执行器(占空比控制双线圈旋转滑阀式)开度至最大,然后根据冷却水温度(主参数)、进气温度(辅助参数)等参数使怠速控制执行器的滑阀关闭至合适的角度。

拔下发动机控制继电器、燃油泵继电器,并分别将其短接,点火开关在 ON 位置,燃油泵马上旋转起来,怠速控制执行器响一下,但不连续。上述检查说明燃油泵正常,起动时,燃油泵不泵油,故障在燃油泵控制电路。由于 ECU 故障率低,决定重点检查 ECU 电路。

检查 ECU 外部电路。首先进行搭铁电路检查,ECU 的端子 1、2 通过导线搭铁(共同的搭铁点为 G22),用一根导线的一端连接蓄电池的负极,用万用表测量导线的另一端与搭铁点间的电阻值为 0.3Ω,说明 ECU 的搭铁电路良好。接着进行 ON/ST 电源检查,关闭点火开关,

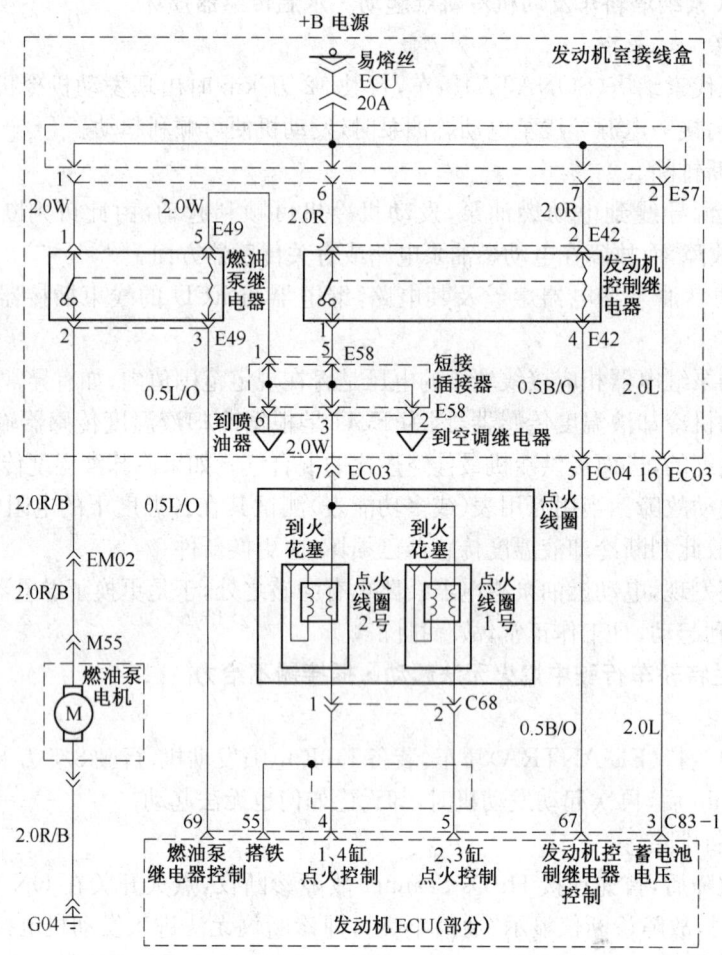

图 2-4　北京伊兰特 1.6L 发动机电控系统电路图(部分)

拆下 ECU 的线束插接器,ECU 的端子 22 为 ON/ST 电源,点火开关在 ON 位置,用万用表测量 ECU 线束侧插接器的端子 22 的电压为 12.1V,说明 ECU 的 ON/ST 电源良好。最后进行 ECU 常电源检查,ECU 的端子 3 接蓄电池的电源,用万用表测量 ECU 线束侧插接器的端子 3 的电压为 0,上述检查说明 ECU 无常电源。

参照电路图,ECU 的端子 3 的电路为:蓄电池正极、蓄电池连接线(20R)、发动机室继电器和熔丝盒、ECU 熔丝(20A)、短接插接器(E57)的端子 5 到端子 2、经过导线插接器(EC03)的端子 16,通过导线(2.0L)连接至 ECU 的端子 3。用万用表依照上述线路测量电压,短接插接器(E57)的端子 5 和端子 2 的电压均为 12.1V,正常。拆下导线插接器(EC03),测量端子 16,无电压。检查发现导线插接器(EC03)的端子 16 处已产生很多铁锈,导致虚连接,使 ECU 的端子 3 无常电。

由于 ECU 无常电,起动发动机时,虽然有 ON/ST 电源,但是 ECU 无法进行系统自检,从而不能控制发动机控制继电器(主继电器)、燃油泵继电器闭合,使燃油泵无法供油;同时也无法控制点火线圈搭铁,使起动时火花塞无火,从而造成发动机无法起动故障。更换插接器(EC03)后试车,发动机顺利起动、运转正常、故障排除。

7. 北京现代起亚轿车发动机难起动·进气支管破裂

(1) 故障现象

一辆北京现代起亚轿车，装备 2.0L 电喷发动机，在使用中出现发动机不易起动的故障现象，起动后排气管冒黑烟，怠速运转不稳，燃油耗也明显增加。

(2) 故障诊断排除

检查故障时，拆下四个火花塞，发现其电极发黑，并沾附有油渍，因此判断该故障是混合气过浓所致。接着对油路进行检测，拆下油管，装上油压表，测量怠速时油压为 245kPa；拆下燃油压力调节器上的真空管，油压为 294kPa，用大力夹住回油管，油压升至 490kPa 以上。经过以上检测，表明油压正常。

在排除油路故障的可能性后，接着对气路进行检测。首先对空气滤清器及节气门体进行清洗，结果故障仍然存在。经过分析，怀疑 ECU 接收到的进气量信号有问题。因为在 D 型燃油喷射系统中，把进气量变成电信号并且提供给发动机 ECU 的是进气压力传感器。该传感器用位于进气支管后端的一根真空管连接装在机体上。它是根据进气支管中真空度的大小来判断进气量的。对该传感器进行检测，发现其信号不能随发动机转速的变化而变化，并且很不稳定。这可能是真空管路有问题。检查结果发现在真空管与进气支管后端的连接接头处有一道裂纹，该裂纹随发动机工作时的抖动而忽大忽小，由此判断这就是造成该传感器信号不正确的原因所在。更换新的真空管，装复试验，测试信号恢复正常，发动机也能正常起动，各工况正常，故障排除。

8. 北京伊兰特轿车行驶动力不足·ECU 搭铁不良

(1) 故障现象

一辆 08 款北京伊兰特轿车，装备 G4ED（采用 CVVT 技术）1.6L 电喷发动机，行驶 12.5 万 km 时，出现发动机故障灯点亮，行驶动力明显下降，正常行驶易熄火，百 km 油耗增高 2L 多的故障。

该发动机采用了连续可变气门正时系统（只改变配气相位，不能改变气门升程），简称 CVVT 系统。CVVT 系统由 VVT 机油控制阀、VVT 机油滤清器、VVT 执行器及其他传感器、ECU 等组成。VVT 机油滤清器通过缸盖油道向 VVT 机油控制阀供油；发动机控制模块 ECU 根据发动机的转速、负荷等参数控制滑阀式的 VVT 机油控制阀，向 VVT 执行器的气门正时提前油室或气门正时滞后油室供油；VVT 执行器根据供给的油压直接改变排气凸轮轴的相位，通过链条传动，间接改变进气凸轮轴的配气相位，使进气门正时连续变化。

(2) 故障诊断排除

首先用北京现代专用的 HI-DS SCANER 故障诊断仪读取故障码，读到故障码两个：P0118、P0012。故障码 P0118 的含义为冷却水温度传感器信号电压高。该传感器为三线式，2# 端子接仪表盘；1# 端子为信号线，接发动机 ECU 的 77# 端子；3# 端子为搭铁线，接发动机 ECU 的 35# 端子。拆下冷却水温度传感器放到盛水的烧杯中（放一个温度计）并用电炉子加热，测量 1# 端子与 3# 端子间的电阻值随温度变化情况，测量值如表 2-1 所示。

检测冷却水温度传感器的信号电路，关闭点火开关，分离冷却水温度传感器插接器；点火开关置于"ON"，测得该传感器线束插接器 1# 端子和搭铁间的电压为 4.9V。上述传感器阻值测量及信号电路测量未见异常，说明冷却水温度传感器正常，该车的故障应与冷却水温度传感器无关。

表 2-1　冷却水温度传感器电阻值测量结果

序号	温度	标准值	测量值
1	20℃	2.31~2.59kΩ	2.48kΩ
2	40℃	1.15kΩ	1.17kΩ
3	60℃	0.59kΩ	0.60kΩ
4	80℃	0.32kΩ	0.31kΩ

故障码 P0012,其含义为"A"凸轮轴位置正时延迟过大,即在诊断条件下,初始目标角与实际角的差值大于 3°且 10 次以上,ECU 记录该故障码。针对该车故障进行如下检查:

①VVT 机油控制阀的检查。在室温下测量 VVT 机油控制阀的阻值为 7.4Ω,正常值为 6.9~7.9Ω,在正常范围之内;连接故障诊断仪,点火开关置于"ON",用"执行器检查"功能检查 VVT 机油控制阀,能够听到电磁阀的"咔嗒声"。上述检查说明 VVT 机油控制阀正常。

当拆下滤网式 VVT 机油滤清器时,发现滤网上粘了许多胶质的杂质。由于 VVT 机油滤清器滤网上粘了许多胶质的杂质,虽然 VVT 机油控制阀正常工作,但是送至 VVT 执行器的机油压力不足,使进气门的实际气门正时提前角和气门正时滞后角较初始目标角差值大于 3°,发动机 ECU 记忆故障码 P0012。拆下气门室盖发现也有较多的积炭。

再用"威力狮"清洗了发动机,更换了机油及机油滤清器,清洗机油滤清器及 VVT 机油滤清器,用故障诊断仪清除故障码后试车,驾驶人反映动力明显恢复。和驾驶人协商,再行车一天(大约行驶 400km 左右),测量一下燃油消耗,同时,观察行车中发动机是否有熄火现象。一天后,该车行驶 423km,驾驶人反映动力性及燃油消耗完全恢复正常,但是在挡位正常行驶时仍然熄火 2 次。用故障诊断仪读取故障码,无故障码。至此,只能按照常规的油、电路故障检查。

②燃油系统的检查。该车燃油系统采用无回流方式,燃油泵、燃油滤清器、燃油压力调节器都内置于油箱中。采用燃油泵断电而运转发动机的方式释放燃油系统的压力,在供油软管和燃油总管之间接燃油压力表,起动发动机后,测量的油压值为 350kPa,关闭发动机后,压力表的读数能够维持约 6min。上述测量数值符合标准值。检查喷油器电路,清洗喷油器,均未见异常。

③发动机电控系统的检查。为该车发动机电控系统输入信号的传感器有:冷却水温度传感器(热敏电阻式)、节气门位置传感器(可变电阻式)、曲轴位置传感器(霍尔式)、凸轮轴位置传感器(霍尔式)、爆燃传感器(电压型)、三元催化转换器前后各一个加热式氧传感器(氧化锆式)、进气压力及温度传感器;控制器有喷油器、点火线圈(单缸独立点火)、炭罐电磁阀、怠速电磁阀、VVT 机油控制阀等。用示波器测量点火波形正常,测量曲轴位置传感器、凸轮轴位置传感器的波形正常,测量其他传感器的电阻值、电源电路、搭铁电路、信号电路等项目,均未发现故障。

④曲轴凸轮轴正时的检查。检查曲轴、凸轮轴正时情况,正常。

检查到此,怀疑发动机 ECU 电路及 ECU 本身存在故障。关闭点火开关,分离 ECU 的插接器,点火开关置于"ON",测量 ECU 插接器的常供电端子(82#端子)的电压为 12.5V,未见异常;再检查 ECU 搭铁电路,参照电路图,ECU 的搭铁端子共 3 个,分别为 2#端子(搭铁点为 G19)和 51#、73#(搭铁点为 G20),分离 ECU 的插接器,用万用表分别测量 ECU 插接器的

$2^{\#}$、$51^{\#}$、$73^{\#}$端子和车身搭铁之间的电阻值均小于0.5Ω，正常；当故意晃动ECU线束及搭铁点G19、G20线束时，再次测量上述阻值，突然发现阻值增大到接近500Ω。

上述检查，表明该车发动机控制模块ECU的搭铁处有时接触不良，表面接触电阻过大，会时而造成发动机突然熄火的故障。将搭铁线拆下，再将搭铁点处用砂纸仔细打磨，使其完全露出金属表面，重新紧固搭铁线，试车，故障完全消除。

> 点击：VVT系统能否正常工作除取决于电控系统以外，还与机油压力是否正常有关。在发动机保养中除定期更换机油、机油滤清器外，推荐每2万km左右，清洗VVT机油滤清器，确保VVT系统能正常工作。现代汽车的性能越来越完善，电控系统更加复杂，搭铁点越来越多。当搭铁电路接触不良时，会使相关的系统有时工作不良，因此，在汽车维修中应充分重视搭铁电路可能引发的故障。

9. 北京现代2.0L轿车行驶加速迟钝·油电路故障并发

(1) 故障现象

驾驶人介绍一辆北京现代2.0L轿车故障时说，该车行驶总跑不起来，尤其是急加速时，感觉提速很迟钝，超车特别困难。

(2) 故障诊断排除

根据维修实践，该型车的燃油泵很容易损坏，所以先做了油压测试，怠速时汽油压力为300kPa，急加速时油压有所上升。而后又带着油压表上路试车，发现在故障出现时油压有所下降，指针指示250kPa左右。由此认为是油路故障。经过更换新燃油泵和汽油滤芯后路试，发现故障现象并没有明显好转，又接上油压表路试，此次油压非常正常，可是仍加速迟钝。

随后用二极管试灯调取故障代码，即将点火开关打开，一端接1号插头，另一端接12号插头(检测接头位于仪表板下方的熔丝盒内)，输出为正常代码。然后用红盒子(scanner)检测仪路试并在故障出现时锁定数据流。回来后接上打印机，把当时锁定的数据打印在一页单子上，仔细分析数据，发现当时发动机转速为2215r/min，可是怠速开关却处于闭合状态。也就是说，当节气门打开时，电脑仍然收到怠速状态的信号，所以此时电脑没有加速加浓的喷油量调整，故而造成急加速时混合气过稀，致使加速迟钝。

现代四缸2.0轿车的怠速触点位于怠速执行电动机的端部，靠其端部的搭铁实现电信号的转变。检查时用万用表电阻挡，一支表笔搭铁，另一支表笔与怠速电机后部电机位置传感器插头的第三根线相接。关闭发动机，用手扳动节气门，此时表针应指示无穷大；当节气门全关时，表针应指示0.5Ω以下，否则为怠速触点损坏。我们用此方法测量了该怠速电机，果然怠速触点常闭，因该配件不可修复，所以购一新的怠速电动机总成，更换后故障彻底排除。

> 点击：该车故障的原因应该说是燃油泵和怠速电动机的综合故障。维修后我们做了一个试验，把该怠速电机装在正常的现代车上，加速性能明显不如从前。因此维修电喷车时，应注意油路、电路的每一个环节，凡是可能引发故障的地方都要仔细分析和处理，切不可认为一种症状只有一个病因。

10. 北京现代索纳塔轿车怠速抖动·进气温度传感器故障

(1) 故障现象

一辆装有电控多点燃油喷射系统的北京现代索纳塔轿车，在使用中出现发动机怠速抖动严重的故障现象。

(2)故障诊断排除

检修时,先将万用表拨到直流50V挡,把红表笔接在故障自诊断插座多点喷射诊断端子上,把黑表笔接在故障插座搭铁端子上,再闭合点火开关,随后该车的故障码将会显示,反映到万用表上就是指针有规律地间断性摆动。第一次摆动的次数即是故障码十位数的数字,间隔5～6s后,第2次摆动的数字即为故障码的个位数字,再间隔15s后,显示下一个故障码……当所有的故障码显示完毕后,又将重复显示。万用表上显示该车的故障码依次是11,12,13,14,21,25,41,42,对照该车的故障码,表示故障部位分别是氧传感器,空气流量传感器,进气温度传感器,节气门开度传感器,发动机冷却液传感器,进气支管压力传感器,喷油器,燃油泵。但究竟哪个部位是造成该车怠速不稳的根本原因,还得逐个去排除。

首先检查氧传感器,其方法是:先起动发动机,使冷却液温度升至80℃～95℃,然后拆下氧传感器,并在接头和搭铁间接一只数字式电压表(电压表红表笔接氧传感器接头,黑表笔搭铁),再使发动机转速上升,观察电压表的指示,这时电压表指示为0.6～0.8V,说明氧传感器正常。

装复氧传感器,再检查空气流量传感器,其方法是:先拆开空气流量传感器总成接线盒,再在空气流量传感器总成接线盒的3号端子(即空气流量传感器信号输出端子)和6号端子(即空气流量传感器信号搭铁端子)间接上一只电压表,然后使发动机运转,并观察电压表的指示。正常情况下,当发动机转速为3000r/min时,电压表应指示为2.7～3.2V,因实际测量结果超出正常范围不明显,所以继续检查进气温度传感器总成接线盒的4号端子(即空气温度传感器信号输出端子)和6号端子(即空气流量传感器总成搭铁端子)间接上一只欧姆表,并观察欧姆表的指示,空气流量传感器总成接线盒四号端子与六号端子间的电阻值即是进气温度传感器的电阻值,其值应随进气温度的变化而变化。结果显示实际电阻值偏高,说明进气温度传感器有故障。由于该车进气温度传感器装在空气流量传感器总成上,因此更换空气流量传感器总成。更换后,故障消除。

> 点击:进气温度传感器是用来探测进气温度的电阻式传感器,ECU根据来自空气流量传感器总成接线盒4号端子输出的进气温度信号控制发动机的喷油量。该车由于进气温度传感器有故障,影响了发动机的喷油量,因此怠速不稳。
>
> 需指出的是,故障排除后,还应清除储存器中的故障码,其方法是:先将点火开关置于OFF挡,使发动机熄火,接着拆下蓄电池任一端电缆,等待15s后,故障码就会清除。

11. 北京欧蓝德轿车油耗过高·低劣高压导线起祸端

(1)故障现象

一辆2008款北京欧蓝德汽车,装备4G64型发动机,该车刚行驶1.3万km,在使用中出现发动机动力不足,燃油消耗量过高的故障现象。

(2)故障诊断排除

接车检查故障,在试车中加速发动机,反应迟缓无力,而且在加速的同时,排气管中还出现"突突"的声响,尾气中有较浓的生汽油味,怠速运转不稳。根据维修实践经验初步判定发动机缺缸。接着做断缸试验发现1、4缸工作不良。

根据该车发动机点火系统电路(图2-5)可以看出,该款轿车发动机共有两个点火线圈,1、

4缸共用一个点火线圈1,2,3缸共用一个点火线圈2。因为该车的1、4缸工作不良,所以应该是点火线圈1没有工作。断开点火开关,拔下2个点火线圈上的多孔插头,然后打开点火开关,用试灯进行电路测试,在检查电源供电电路时,用试灯测试点火线圈1的多孔插头中的第1脚白色线,试灯不亮,再测试点火线圈2的多孔插头中的第1脚白色线,试灯点亮,这说明从插头A-14到点火线圈1的白色线有断路现象。

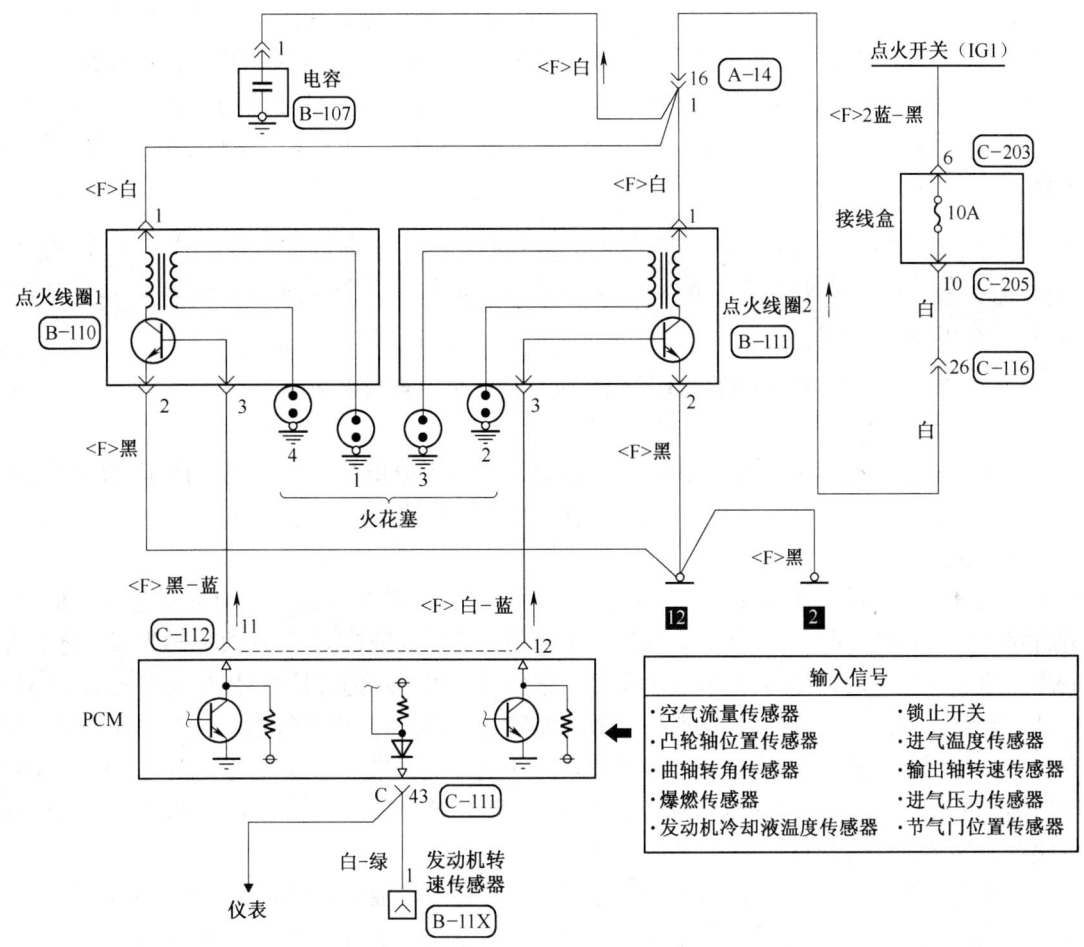

图2-5 北京欧蓝德轿车发动机点火系统电路

顺着点火线圈1的线束检查,一直检查到插头A-14,并没有发现线束有什么地方磨破或者受到了挤压,难道是在线束内部有断路吗?因为点火线圈的线束是与发动机的其他线束捆扎在一起的,将线束全部拆开比较麻烦,于是用电工专用刺针,一端连接在试灯上,另一端的刺针沿着点火线圈1的线束穿刺寻找。当用刺针穿刺在点火线圈1的多孔插头中的第1脚白色线上时(距离插头约2cm的地方),试灯点亮了,再把刺针穿刺在距离多孔插头稍近一点的部位时,试灯又不亮了,这说明就是此处断路了。

仔细查看线路的这个部位,线路的外皮没有丝毫损坏的痕迹,但是用手捏感觉里面根本没有铜芯线。于是用剪刀从这个部位将线剪断,果然,里面一根铜丝都没有,线路外皮内侧呈现黑色,从线路外皮表面根本看不出来,应该是线路烧蚀留下的痕迹。重新接好此线,再测量点火线圈1的多孔插头中的第1脚白色线,试灯点亮了。关闭点火开关,插好插头,起动发动机,没想到还是和以前一样，发动机怠速依然抖动。再细查还是点火线圈1不工作，拔下多孔插头，打开点火开关，用试灯测试多孔插头中的第1脚白色线，试灯能够点亮，这证明电源线路已经正常了，怀疑是发动机控制单元没有触发信号送过来。于是用发光二极管连接在多孔插头第3脚的黑-蓝色线路中，起动发动机，二极管闪烁，这说明发动机控制单元有正常的触发信号送过来，那么就只剩下地线和点火线圈了。

又将试灯的一端夹在蓄电池正极柱上，用另一端去测试点火线圈1的多孔插头中的第2脚黑色线，试灯不闪烁。经再检查第2脚黑色线的情况与第1脚白色线的情况相同，也是在距多孔插头约2.5cm处，和第1脚白色线大体同样部位，线路里面没有铜丝了，也按上述同样方法处理修复好线路。试车，起动发动机顺利，怠速运转也平稳、不抖动了，加速有力，故障终于排除。

> 点击：导致该车故障的原因恐怕是制造厂家用料有误，产品质量与用料密切相关，因为该车基本上是新车(只行驶1.3万km)，如果在生产流程中多加检测或全数检测，也许会把故障消灭在生产过程中。

12. 北京现代起亚轿车冷机怠速不稳热机加速不良·点火器故障

(1)故障现象

一辆北京现代起亚轿车装置直列4缸发动机，采用无分电器点火方式。该车使用时间不长，发生加速不良故障，特别是热车时加速有时会熄火，且冷车时怠速不稳。

(2)故障诊断排除

首先对该车进行检查。变速杆置于"P"挡和"N"挡时，踩加速踏板时有时提速还可以，但进行路试时，轿车表现出加速不良。用修车王对该车进行故障检测，显示故障码为氧传感器有故障。消除故障码后再读码，系统显示正常。根据故障码提示内容检查，发现氧传感器的加热组件已断路。更换一个新件后，怠速抖动故障排除，但其他故障现象依旧。拔下空气流量计和空气压力传感器插接器，加速还是未得到改善。测量空气流量计电压，怠速时为1.2V，加速时电压随之上升；真空压力传感器怠速时电压为1.5V，加速时电压也随之增大；检查节气门位置传感器无异常，点火提前角为12°，也正常。

接下来从最基本的工作开始，先清洗了喷油器。检查汽油滤清器时发现里面很脏，更换一新的汽油滤清器。检查油压时发现，怠速时油压为0.28MPa，但急加速时油压下降至0.23MPa左右。正常情况下，加速时油压应该上升，更换一新的油泵，在原地试车，无论是缓加速还是急加速都正常。但路试一段时间后，又出现加速不良现象。此时检查油压无异常，只有回厂继续检查。

为什么原地试车没有问题，路试就出现问题呢？是不是某些元件的热稳定性较差。带着这个疑问再去路试，当故障再次出现时，将矿泉水洒在点火器上，再加速，车辆反应正常。为了证实确实是点火器热稳定性不良，继续试车，当故障出现时，再用矿泉水冷却点火器，果然故障现象不再出现，据此判断点火器性能不稳定。更换新的点火器装复后，再次路试，车辆加速性能恢复正常，故障排除。

13. 韩国大宇轿车发动机热机不易起动·EGR阀开度过大

(1)故障现象

一辆韩国大宇轿车，在使用中出现发动机冷机时起动正常，而热机时则不易起动，起动后怠速也不稳定,加速不良的故障现象。

(2)故障诊断排除

①根据故障现象分析,故障可能是发动机废气再循环EGR阀工作不良或损坏所致。

②EGR阀是通过真空控制阀来打开或关闭,达到以少量废气进入进气支管,与新鲜混合气一起进入气缸。一般是当轿车加速发动机转速达到1800r/min以上时,产生的真空使EGR阀开启,使少量(约5%)废气回流。如果EGR阀开度过大,则因废气回流量过大而破坏了气缸内的空燃比,将引起发动机怠速不稳,加速不良、热机起动困难故障发生。

③将EGR阀上端的真空软管拔下,再把EGR阀真空软管接头口堵塞住,试起动发动机能顺利起动,但怠速和加速故障依旧。更换一只新的EGR阀后,试起动发动机顺利起动,工况正常,故障排除,证明原EGR阀完全失效了。

14. 韩国大宇贵族轿车冷机起动困难·洗车惹的祸

(1)故障现象

一辆韩国产大宇贵族ESPERO2.0CD型轿车,装备2.0L直列四缸顶置凸轮轴MPFI多点燃油电喷发动机。该车在使用中停车2～3天后发动机便出现起动困难的故障现象。该故障曾在维修4S店修过四次,但故障终未排除。

(2)故障诊断排除

首先用解码器调取故障为24,其含义为转速传感器信号不良,但检查转速传感器电阻值及线路又属正常。清码后解码器显示系统正常,路试也没异常。可停放2天后又出现起动困难故障,再调码仍为转速传感器故障。此时驾驶人介绍,该转速传感器是才新换的。分析认为,更换了转速传感器没解决问题,原因可能出在ECU上了,找到ECU,拔下插头,发现插头处有水已腐蚀。对插头进行处理后清码,再试车,一切正常,故障排除。

> 点击:该案例故障,是驾驶人在洗车时,喜欢用过猛的水冲洗发动机,猛水冲进ECU插头上,久之便产生了此故障。

15. 韩国大宇蓝龙轿车发动机起动困难·排水管堵塞惹的祸

(1)故障现象

一辆韩国产大宇蓝龙轿车,行驶5.6万km,在正常行驶中发生突然熄火,再次起动困难。在检查中更换过电动燃油泵和继电器,经4～7次才勉强起动着车,但运转不足10min又熄火。

(2)故障诊断排除

多次尝试将发动机起动,倾听发动机运转声响及加速性尚可(凭经验觉得),因此排除了机械方面的一些故障。

接着用元征431ME检测仪调码,其码显示为:电动燃油泵继电器和活性炭罐电磁阀故障。该车已更换过电动燃油泵及继电器,为何仍显此码呢?初步判为虚码。而炭罐电磁阀故障不会影响到发动机的起动,再次清码,重新检查发动机的燃油供给与高压火花的强弱。检查结果燃油压力为280kPa,正常。火花塞可发出强烈的蓝色火花。发动机又可以起动,难道该车发生的是间歇性故障?进行路试表明,在平整的柏油路上行驶时,车辆运行正常,在颠簸的路面上行驶时,发动机故障指示灯便不停地快速闪烁,同时发动机加速不良,而且发动机故障指示灯闪烁时长时短,好像又在闪烁故障码。于是重新读取故障码,所显示的故障码与原来的相同。再检查ECU熔丝和电源继电器,均未发现异常。经过分析决定先检查ECU的线路。

在检查发动机线束时发现,在前排乘客座椅下,发动机线束的一个插接器浸泡在水中,多条导线都已生满铜锈,而其中一条是发动机 ECU 的主电源线,已经处于半接通状态。只要稍有振动,该线就频繁地通断,从而引起发动机故障指示灯闪烁。如果该线断开的时间稍长,就会造成发动机熄火,甚至无法起动。究其积水的原因是:空调系统蒸发器的排水管被污物堵塞,导致冷凝水倒流入室内。

疏通排水管路,修复好线束插接器,起动发动机便自如了,故障排除。

16. 韩国大宇轿车发动机不易起动·清洗节气门未跑高速

(1)故障现象

一辆大宇王子轿车,在使用中出现起动发动机时需踩下加速踏板才能着火,放松加速踏板则会马上熄火,且发动机怠速时抖动厉害,排放尾气有呛人的汽油味,排气管内有"突突"的声响。

该车曾在一家修车店进行过常规维护保养。在维护时用发动机免拆设备清洗了燃油系统,用清洗剂清洗了节气门体,并更换了 4 个火花塞、三滤和机油,之后便出现了该故障。为排除该故障,修理店曾换过进气压力传感器、水温传感器,并对燃油系统拆检多次,但故障依旧。

(2)故障诊断排除

经直观检查各管路、线路连接尚属正常,拆检 4 个火花塞,发现 4 个火花塞头部均发黑。测试火花塞工作正常,高压火花输出强烈。连接解码器进行诊断,仪器显示"33"号故障码,该故障码的含义是进气支管绝对压力传感器信号电压过高。将节气门开启角度调至发动机 800r/min 的模拟转速时,经测量进气压力传感器的输出电压为 3.8V。连接示波器测量氧传感器信号,其电压在 0.5V 以下频繁变化,显示稀混合气状态。

鉴于该车故障发生在维护保养之后,结合上述检查,认为节气门可能关闭不严,影响了实际混合气的进入量。ECU 通过进气压力传感器得到的信号是需要加浓,而从氧传感器反馈的信号还是稀,所以 ECU 继续控制加浓混合气,从而出现该故障。造成进气支管压力过高的主要原因有以下几项:真空管泄漏、进排气门升程不足、进排气门关闭不严、排气系统堵塞。根据故障现象分析,进排气门关闭不严的可能性极大,经测量气缸压力,发现 1、2 缸的气缸压力明显低于标准数值。该车在维护保养时清洗过节气门体,清洗剂将节气门体下方和进气道内的污物和积炭冲刷掉后,当大颗粒的积炭通过进气门口时,被卡滞在气门的工作面上,造成了气门关闭不严。在对节气门体或进气道进行清洗后,可能会出现怠速不稳加速不良等现象,(因进、排气门口处有轻微卡滞),只要车辆运行一段时间或几天后故障会自动消失。

> 点击:对车辆进行路试,并以高速行驶约 15~30min 后,停车检查,故障自动消失。这也是使用免拆设备清洗燃油系统后要跑一段高速的缘由。

17. 韩国现代轿车怠速不稳·调整不当惹祸

(1)故障现象

一辆韩国现代轿车,在使用中出现发动机怠速抖动不稳,经常会自行熄火,特别是开空调时更加明显。经初步检测,发动机着车后,转速在 500r/min 左右,开空调时仅有大约 300r/min,由于转速过低,发动机剧烈抖动,显然怠速提速的功能没有工作,发动机加速还可以,故障灯也没点亮,看来属于一般的怠速问题。

(2)故障诊断排除

首先拔下怠速电机的插接器,测量线束侧,如图 2-6 所示,在点火开关"ON"时,2 脚有

13V 的电压,在发动机运行时进行测量,从怠速开始加速,2、3 脚之间有明显的 14V 电压出现,加速后再回到怠速,1、2 脚之间也同样有明显的 14V 电压出现。这表明发动机 ECU 提供了控制信号给怠速电机,电脑控制部分基本正常。

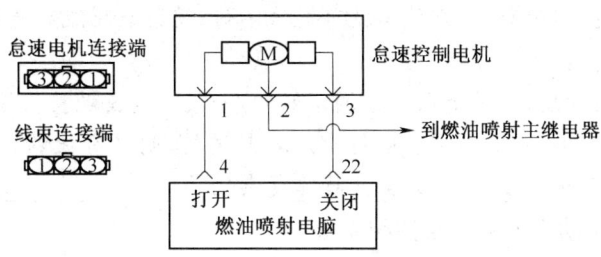

图 2-6 怠速电机控制电路

再按照图中电路,分别测量怠速电机 1、2 及 2、3 端的直流电阻,均约为 14Ω,与维修资料上的数据完全符合。根据其工作原理,直接给怠速电机的 1、2 及 2、3 接线端供电,有火花,怠速电机没有任何反应,拆下怠速电机,给其通电,工作十分正常。进一步拆下怠速控制总成,发现是怠速电机所驱动的蜗轮锈死,于是加注一些润滑剂,去除锈迹,使其灵活。装车,怠速正常了,约 800r/min。但是一打开空调,转速依然下降到 500r/min 左右。重新起动发动机时,把手放在怠速电机上,可以明显地感觉到怠速电机在工作。

为进一步查找故障原因,拿来红盒子,连接在诊断座上,准备看一下数据流再说。遵照红盒子的要求,首先输入了该车的 17 位编码的第十位"T",然后输入第八位"M"。此时红盒子要求与车上的 OBD-Ⅱ接口相连接,可是无论怎样查寻,也没有在该车上找到 OBD-Ⅱ的接口,而只有现代原车的 12 针接口,想到输入 17 位编码是正确的,于是想强行进入,可是红盒子却始终没有能够与 ECU 相连接。正在一筹莫展时,忽然想到 OBD-Ⅱ的接口一般是较新的车才配备,而该车的接口只有原厂 12 针的,只能采用较老的车自诊断,赶紧使用 1995 年的类似的车来试,结果居然没有任何提示就直接进去了。查看诊断结果没有故障码存在,数据流似乎也没有什么异常,反复观察怠速电机的开度,发现其开启步数在刚起动时从大约 60 步很快增加到 104 步左右,这时的怠速稳定在约 800r/min,可是接通空调后,怠速电机的开度在稍有减少后又回到 104 步,而此时的怠速却只有 500r/min 多。显然,是怠速电机的开度已经达到极限,无法再进一步提高怠速转速了。

有了此依据,对症下药就简单了。首先拆下节气门,进行清洗,但装上后变化不大。于是,准备使用人工调节怠速,使怠速电机能够有一个正常的工作范围。需要注意的是,该种车型的节气门设计比较特殊,有两个地方可以调整节气门的开度,使怠速发生变化。一个是普通的怠速调节螺钉,在调整该螺钉的同时,节气门位置传感器位置同时变化;另一个是节气门开度调整螺钉,在调节时,只是节气门的开度独自变化,节气门位置传感器则不产生变化。所以,一般不要直接调节怠速螺钉,以免当节气门位置发生较大变化时,有可能使节气门位置传感器脱离怠速位置,引起发动机电脑放弃转速控制,造成新的故障,反而更调不好。

在发动机冷却水温度已经达到正常的工作温度后,并且关闭掉所有的用电设备情况下,接上诊断仪,一边在数据流中观察怠速电机的开度,一边调整节气门的开度。随着节气门的开度加大,怠速电机的开度在减少,发动机的转速却一直在约 800r/min 保持不变(这同时说明 ECU 对怠速的控制十分正常),一直调到怠速电机的开度在约 50 步时为止,此时的怠速电机具有了很大的自由控制空间,这时开启空调,发动机的转速不仅没有下降,反而还上升了大约100r/min。最后,锁死节气门调节螺钉。经驾驶人试车,一切正常,故障排除。

> 点击:①看似一个简单的怠速问题,可是解决过程却迂回曲折。以上启示我们:使用仪器要灵活运用,不要生搬硬套,否则该车就可能修不好;观察数据流更是要细心,着重注意故障的相关部位,并且要会综合分析。
>
> ②急速时节气门开度,应该是原厂就调试好的,一般不需要调整。该车估计是在其他厂修理时,作了不正确的调整,因为调整螺钉是用漆封过的,明显有被调整过的痕迹。而不明原理地胡乱调整,无助于修理工作,只会使故障复杂化。

18. 韩国现代轿车动力下降·维护种祸根

(1) 故障现象

一辆韩国现代(HyUNDA1)轿车,装备1.5L电喷发动机,行驶4.8万km后出现发动机怠速不良,排气管放炮冒黑烟,加速很迟钝,动力明显下降的故障现象。

(2) 故障诊断排除

先检查供油系统,其供油压力正常。再检查点火系统,点火正时,高压火花强劲正常。接着检测气缸压力时,发现第2缸压力明显偏低,火花塞工作不良,发动后用一听诊器在缸体中、上部听有异响,低速明显,但不是气门响,估计是活塞环折断,后经拆检证实。按技术要求更换装复后,发动机反而发动不着了,按上述的方法一项一项地检查,机械部分一切正常,分析认为故障可能发生在电喷系统。在检查其外部连接关系时发现,曲轴箱强制通风系统中连接空气滤清器的管子与调压器回油管接错,由此造成回油管中的油不经原回油管回到汽油箱,而是流进了空气滤清器中,由于回油太多,油经过支管又流到了燃烧室,并经进、排气孔渗进了曲轴箱,致使燃烧室混合气过浓。将两根管调换并更换机油后,发动机恢复正常,故障排除。该车故障排除后,据驾驶人说故障是在维护保养后才发生的,实际是自己造成的故障。

19. 韩国大宇王子轿车怠速不稳冒黑烟·燃油压力调节器膜片损坏

(1) 故障现象

一辆韩国大宇王子轿车,在行驶15万km时出现发动机怠速工作不稳、发抖;在急加速时冒黑烟;发动机热起动困难;冷却风扇频繁转动、暖风不热;油耗增加。

(2) 故障诊断排除

首先调取故障码,用发动机故障诊断仪进行检测时未发现有故障码存在。然后对该车发动机控制单元数据流进行观测发现:发动机怠速工况下,喷油脉冲为4.2ms;进气支管真空度以绝对压力表示为44kPa;OS显示值始终大于500mV;混合气状态显示为浓;水温传感器(CTS)显示水温为70℃。根据初步诊断,着手进行了一系列维修。

①通过拔下各缸喷油器插头发现3缸不工作,4缸工作不理想。用听诊器对各缸喷油器进行听诊发现:各缸喷油器都工作,这说明喷油器线路正常,喷油器电源线良好,搭铁线也良好。根据以上检测,初步断定3缸不工作、4缸工作不良的原因可能是它们的缸压太低。

②拆下各缸火花塞,对各缸进行缸压检测发现:1缸缸压为1050kPa;2缸缸压为1000kPa;3缸缸压为700kPa;4缸缸压为900kPa。由于各缸气缸压力差异较大,判断3缸气缸密封有问题,可能原因有:3缸气门因积炭或烧损而关闭不严;3缸活塞环对口或有损伤;3缸的缸壁有类似拉痕的损伤或者失圆度、圆柱度超差等;3缸与4缸之间的气缸垫有损伤,密

封不好。所以只有拆下缸盖作进一步的检测。

拆下缸盖，并未发现气缸垫有损坏的地方，只发现活塞头部及3、4缸火花塞头部的积炭较严重；将缸盖的工作平面彻底清理干净后，用塞尺对其平面度进行测量，发现3缸与4缸在直径最近相邻部位有0.10mm的变形；3缸、4缸的气门密封良好。拆检结果表明：气缸垫没有损坏，气缸盖的变形较小，3缸气门密封性也较好，都不足以使3缸的气缸压力为700kPa。

③将4个缸的活塞全部拆下，对活塞、活塞环及气缸壁进行仔细的检查发现：除了活塞头部及活塞环槽部位有些积炭外，并没有发现有活塞环损坏或活塞环对口的现象，对活塞环的弹性进行检测发现，弹性也较好，另外通过测量气缸发现，各个气缸的失圆度及圆柱度皆在标准范围内。

综上检查，气缸垫完好无损，气缸盖也良好，气门密封良好，活塞、活塞环、气缸壁都完好，然而3缸的缸压为何如此低？

④静下心来对该车各种重要元器件进行细致的检查发现：3缸、4缸喷油器关闭不严，尤其是3缸喷油器有较严重的"尿油"现象。分析认为：正是因为3缸、4缸喷油器关闭不严，造成了3缸、4缸混合气过浓。由于3、4缸喷油器有"尿油"的现象，混合气燃烧不充分，剩余的燃油将缸壁与环之间形成的油膜冲刷干净，造成了3缸、4缸缸压较低，混合气过浓、燃烧不充分，形成了发动机排气冒黑烟。

⑤给3缸、4缸各更换一个新的喷油器，然后再将缸盖、活塞重新装好，试车发现，故障依然存在，必须重新诊断。

通过再次分析检测得到的发动机控制单元数据流发现有这样一个信息，混合气一直处于过浓状态。导致混合气过浓的原因有以下几种：喷油器关闭不严，存在"尿油"现象；发动机控制单元控制失调，导致喷油脉冲过宽；燃油压力过高；燃油压力调节器膜片损坏，导致回油压力过高或不回油，而燃油直接从油压调节器的真空管吸入进气管。

第一种原因已经排除掉了，更换喷油器后，故障依然存在。发动机控制单元控制失调缺少有力的证据，因为发动机控制单元所进行的各项其他控制皆正常。输油压力经检测也在标准范围内。接下来只好对燃油压力调节器进行仔细检查，将燃油压力调节器上的真空管拔下，用传统的"嘴吸真空法"检测，并没有感觉到油压调节器的膜片有异常。如果燃油压力调节器的膜片只有轻微的损伤，用传统的"嘴吸真空法"是不能够检查出来。因为必须借助很大的真空吸力。再次用真空吸力器对燃油压力调节器的膜片进行检测，发现膜片上方不能形成真空，这就说明燃油压力调节器的膜片已损坏。在没有将真空管插到进气管的情况下，将点火开关打到"ON"位，这时发现燃油从油压调节器上的真空管喷出，当真空管插到了进气管上时，就不容易发现这种喷油现象。更换一个新的燃油压力调节器，重新试车，故障得以彻底排除。

> 点击：燃油压力调节器膜片损坏，为什么会造成3缸不工作，4缸工作不理想呢？我们从燃油压力调节器的工作原理作一分析。燃油压力调节器工作原理如图2-7所示。喷油关系式如下：
>
> 当 $\Delta P_x + P > F$——回油
>
> 当 $\Delta P_x + P < F$——不回油
>
> 当 $\Delta P_x + P = F$——回油阀维持在一定开度

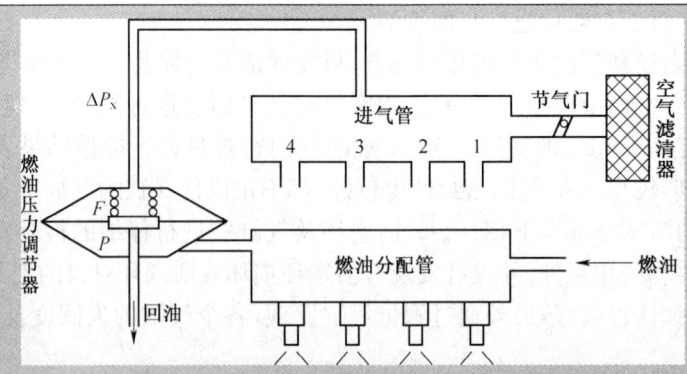

图 2-7 大宇王子轿车燃油压力调节器工作原理图
F—燃油压力调节器中回位弹簧的弹力　ΔP_x—燃油压力调节器中膜片上方真空吸力
P—输油管中燃油压力

因为 3 缸喷油器关闭不严,尤其是燃油压力调节器膜片损坏,导致了燃油直接由燃油压力调节器膜片室经真空管喷入进气管,况且进气管的真空管接口处距离 3、4 缸较近,距离 3 缸最近,这就导致了绝大部分的燃油经 3 缸进气门吸进了 3 缸,少部分燃油被吸进 4 缸。这样 3、4 缸燃烧室中存在了过浓的燃油混合气,导致了 3、4 缸火花塞积炭严重,点火性能变差,混合气燃烧不充分,剩余燃油将 3、4 缸缸壁油膜严重冲刷,大大降低了活塞环与缸壁之间的密封性,气缸压力降低,所以导致了 3 缸不工作,4 缸工作不理想,使得发动机工作不稳,排气管突突声,并且有大量的黑烟排出。由于混合气过浓,造成了发动机热车起动困难,装在水箱上的冷却风扇温度开关已坏,则导致了冷却风扇频繁转动,使发动机温度上升不起来,并增大了喷油脉冲宽度。发动机温度低,则暖风不热,喷油脉冲宽度加大,同样也造成了混合气过浓,导致黑烟的产生。

20. 韩国大宇轿车急加速时"回火放炮"·分电器不良

(1) 故障现象

一辆韩国大宇轿车,发动机怠速有时正常,有时不正常,缓加油时顺畅,急加速时"回火放炮",踩加速踏板后有时会熄火。发动机运转时仪表板上的发动机故障指示灯亮。

(2) 故障诊断排除

韩国大宇轿车点火系控制电路如图 2-8 所示。首先读取故障码。将点火开关置于 ON 位,发动机不运转,用跨接线跨接在故障诊断插座 A 端子和 B 端子,根据仪表板上的发动机故障指示灯闪亮的次数读得故障码 12 和 23。12 的含义为无转速信号,静态检测,无转速信号当然是正常的。23 表示进气温度传感器信号电压太高。将点火开关置于 OFF 位,拔掉 1 号熔断器 10s 后清除故障码,再次读取故障码,发现只有故障码 12,说明发动机电控系统正常。

接着用微机故障检测仪读取发动机电控系统的数据流。发现点火提前角在怠速时正常,点火提前角为 8°,缓慢踩加速踏板时点火提前角会增大,发动机基本正常;但急加速时点火提前角减小为 0°(松开加速踏板后点火提前角会增大),并且伴随有"回火放炮",或熄火现象;熄火后发动机无法起动,此时若转动分电器使点火提前少许,发动机又能起动。

检查点火系统。由于故障为发动机加速时"回火放炮",所以就检查点火正时及分缸线有无问题,检查结果均正常。检查点火线圈的绝缘电阻为 ∞,一次侧电阻为 $0.35 \sim 0.40\Omega$,二次侧电阻为 $7.5 \sim 9.5\text{k}\Omega$;点火模块的点火线圈拾取器线圈绝缘电阻为 ∞,线圈电阻为 $100 \sim$

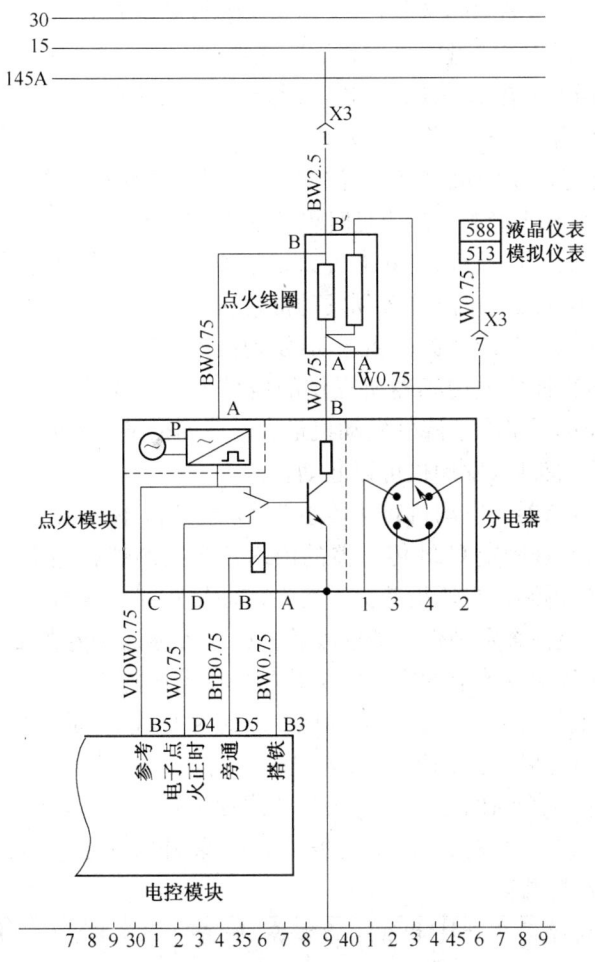

图 2-8 韩国大宇轿车点火系控制电路

500Ω。以上数据说明点火系统没有问题。但是在检查分电器时发现，凸轮轴位置传感器的触发轮是通过过盈配合固定在分电器轴上的，而用力转动触发轮时触发轮与分电器轴有轻微的打滑现象。当缓加油时，触发轮与分电器轴不打滑，但急加速时，由于惯性的作用，触发轮与分电器轴相对滑转，从而造成加速时点火提前角减小，松加速踏板点火提前角增大的现象，由此判断这是该车的故障点。于是更换分电器总成，试车，发动机急加速"回火放炮"故障现象完全消失，故障排除。

21. 上海大众波罗轿车检修发动机后不能起动·装配错误惹的祸

(1) 故障现象

一辆两厢波罗（POLO）乘用车，排量1.4L，发动机型号 BCC，发动机管理系统为 Magneti Marelli 4MV，手动挡，行驶10万 km。因交通事故，车前端遭到重创，经过修理厂维修，但始终不能起动。

(2) 故障诊断排除

维修过程中，该车已换了 ECU、五六个传感器（进气压力传感器、凸轮轴传感器等）、上凸轮轴及壳体总成，发动机依然不能起动。

连接 V. A. G1552 故障诊断仪，打开点火开关，进入 01-02，检测到故障码 18044——Data

bas drive no message from Airbag CU,含义为从气囊控制单元数据总线处没得到信号。此故障对起动不会有影响,而且转向盘中根本就没装气囊。

将点火线圈取出插上火花塞并使其搭铁,火花塞的点火能量较弱;拔出油泵喷嘴试喷,有油喷出;测试气缸压力,只有 7.5bar(1bar=100kPa)。分别在各火花塞孔内注入一些机油,气缸压力上升至 10.5bar。再起动发动机,依然无法起动,而且进气管内有"扑、扑"回火声和排气管内"嘣、嘣"的"放炮"声音。根据经验判断应是时规齿轮断齿后导致点火不正时而引发点火紊乱。

该故障现象与曲轴位置传感器失效的现象很相似。曲轴位置传感器失效后,发动机控制模块不能精确确认曲轴气缸上止点位置和发动机转速,导致无法起动。因为POLO车升级了电控系统,即使拔掉曲轴位置传感器也能起动:发动机控制单元J448就进入紧急运行状态,控制单元J448会根据凸轮轴位置传感器所提供的信号来计算发动机转速并确定凸轮轴位置。为保护发动机,其电控单元采取了降低发动机最大转速的措施。此时,决定拔掉曲轴位置传感器试试看,拔掉传感器插头后,发动机可以起动。

接下来检查转速传感器。发动机转速传感器(G28)的传感器触发轮集成在曲轴后密封法兰中。拆下变速器后,发现固定 G28 传感器的内六角螺栓的螺孔内有外六角工具断头,正好与螺栓平面平齐已无法拆卸。当用梅花扳手套在前曲轴皮带盘螺栓上,顺时针慢慢转动发动机到气缸上止点位置,经检查发现传感器触发轮上的参考标记与传感器垂直扫描位置有 28 个齿(应为 14 个齿)。而且触发轮上的安装定位孔与传感器刚好对齐。可能是以前的维修人员在安装该传感器轮时把其安装定位孔当成标记。以此为准,导致标记差异,由传感器对此扫描出错误曲轴位置信号,传到发动机 ECU,凸轮轴位置信号与曲轴位置信号发生了信号冲突,导致无法起动。后经更换 1 个新的曲轴密封法兰和曲轴位置传感器,将触发轮面上的定位孔与密封法兰上箭头记号(右下角)对齐,用工具缓慢压入,装好密封法兰定位螺栓,再将其附件以及变速器复装,试车,故障排除。

点击:该故障的排除得益于技术信息的掌握,如果没有掌握POLO车升级电控系统的相关信息,可能还不很容易解决问题。所以无论修什么车,都要及时掌握车辆的技术信息和控制特性。这样,故障诊断的思路就非常明确,故障排除就非常容易了。

其次,该车的故障是维修人员所造成的人为故障。为什么会出现这样的人为故障呢?关键是在进行维修作业的时候没有按照相应的技术规范进行作业;维修人员在安装该传感器(G28 传感器)轮时把其安装定位孔当成标记。可以肯定地说,哪个是安装定位孔,哪个是安装标记,在维修手册上写得非常清楚,出现这样的问题,不是维修人员水平不行,而是维修人员没有按照规范的作业步骤进行维修作业,从而导致故障的发生。如果维修人员严格按照技术规范进行维修作业,这样的故障是不会发生的。

22. 上海大众波罗轿车发动机冷机起动困难·积炭是祸

(1)故障现象

一辆上海大众波罗轿车,装备 1.4L 电喷发动机,该车刚行驶 1200km,便出现冷机起动困难的故障现象,起动后发动机又抖动严重。驾驶人讲该车只作代步工具使用。

(2)故障诊断排除

接上 V.A.G1552 故障诊断仪对发动机各数据进行检测,各数据均在正常的限制范围内。判断该车电脑方面的各传感器等数据是正常的,机械方面的故障可能性比较大。

经分析认为,该车很少跑高速,又属于新车,故障可能与气门积炭严重有关,对可能造成发动机缺缸的因素一一进行检测。V.A.G1552故障诊断仪显示点火线圈和喷油器工作正常；对各缸火花塞进行试火测试，火花塞工作正常；测量气缸压力，发现有两个缸的气缸压力低于标准值。新车造成气缸压力低主要是由于进排气门封闭不严。这就更进一步确定不易起动与气门积炭有关。用内窥镜观察气门，发现进排气门尤其是进气门上胶质和积炭特别多。由此确定，故障正是由于积炭使气门封闭不严，燃烧不充分造成的。该车积炭和胶质已经非常严重，用免拆清洗已经不能彻底清除了，所以需拆气缸盖清洗积炭。

当拆开发动机气缸盖发现积炭已经相当严重，将积炭清除后，重新装配，再次起动（此时为冷车状态），一次即可着车，发动机也不抖了，故障排除。

> 点击：该车故障主要是由于在市区里走走停停造成的。特别在凉车时积炭和胶质变硬，使气门封闭不严，不易着车。如城市中的路况不好，经常堵车，再加上有时用的汽油质量不过关，很容易造成积炭。所以建议驾驶人应添加轿车厂家推荐的牌号汽油，且偶尔到郊外跑一跑高速，因在高速状态下积炭和胶质可以烧掉排除，从而避免类似故障发生。

23. 上海大众波罗轿车发动机怠速不稳·气门液压挺杆作怪

(1) 故障现象

有一辆大众波罗(POLO 1.4L)16气门发动机，手动变速器，行驶里程6.5万km。近来出现发动机怠速不稳，加速发抖，易熄火故障。该车之前已在其他修理厂对油路、喷油器清洗过，研磨过气门，更换过火花塞、点火线圈、更换过发动机控制单元，但故障依旧没有排除。

(2) 故障诊断排除

首先利用故障诊断仪对发动机控制单元读取故障码，表明是1缸、2缸失火故障。清除故障码，起动发动机，怠速不稳，转速在450～600r/min之间抖动。通过断电检查，发现第2缸不作功，第1缸工作不良现象。调换火花塞与点火线圈，无效果。把喷油器放在发动机外面，起动时喷油器雾化良好，燃油压力290kPa（正常值约为300kPa），油、电没有发现可疑问题。在发动机正常工作温度时测量气缸压力：第1缸1350kPa；第2缸1500kPa；第3缸与第4缸为1030kPa（正常值为1000～1050kPa）。由此看出，各气缸压力值相差太大（320～470kPa），正常相差应不大于300kPa。那么为什么第2缸在有油、有电和有足够的缸压下没有作功？第1缸又为什么工作不良？难道皮带正时不正确？但检查后正时准确。剩下只有凸轮轴、气门与气门液压挺杆对压缩比有影响。拆开气门室盖后，测量凸轮轴升程，正常（进/排：8.65mm、8.45mm），气门杆高度一致，检查液压挺杆发现，第1缸排气门的两个液压挺杆没有压力（造成排气门过早关闭排气不完全），第2缸的进气门也是两个液压挺杆没有压力（可燃混合气吸入气缸时进气门太迟打开，过早关闭不利于作功）。更换气门液压挺杆，清除故障码，起动发动机，怠速运转正常，达到800r/min，加速有力不发抖，故障排除。

> 点击：该车故障的出现使维修工费了不少时间和精力，也更换了不该换的零件，但故障没有排除又找不到故障的部位。发动机怠速稳定性能除了应有油、有电、有气缸压力这些主要因素，其他如正时不准确、气门不密封、缸垫漏气、气门调整不当、气门液压挺杆出现问题、活塞环与气缸窜气、活塞连杆变形弯曲等都会引起发动机怠速不稳。

24. 上海大众波罗轿车发动机转矩功率不足·节气门体过脏

(1) 故障现象

一辆上海大众波罗(POLO)1.4L轿车，在使用中出现发动机转矩功率不足，而且EPC指示灯也时亮时灭的故障现象。

(2) 故障诊断排除

首先根据故障现象使用 V.A.G1552 故障诊断仪检测出故障码为 17550,其含义是未达到测定负荷水平值,即发动机转矩和功率没有达到规定的值。POLO 轿车发动机的负荷是由 EPC 装置控制的,EPC 取代了传统的节气门拉索,驾驶人踩动加速踏板,加速踏板带动加速踏板位置传感器。驾驶人操纵的加速踏板位置传感器实际上是两个输出信号电压呈同向线性输出的电位计 G185 和 G79。两个电位计输出的电压信号被送给发动机控制单元 J537,J537 经运算后,驱动节气门体中的节气门定位电动机 G186,G186 带动节气门转动,达到预定的转速。这样,发动机的转矩和功率便得到了有效的控制。同样,安装在进气管上的进气压力传感器测量发动机是否达到规定负荷,节气门电位计将预定的节气门位置信号反馈给 J537。为了安全和可靠,节气门位置传感器设有两个电位计,电位计的电压输出呈反向输出。发动机负荷的测定由进气压力传感器完成。阅读故障记录,没有节气门体和加速踏板等传感器和执行元件的故障,也没有进气压力传感器的故障,说明以上元件电路正常。

用 V.A.G1552 故障诊断仪进入 01—8—060 读取数据流,检查节气门体匹配正常,重新做一次匹配,故障仍然出现,说明该故障也不是由于节气门体不匹配造成的。当拆下节气门体,检查节气门机械部分是否有故障时,发现节气门体过脏。经分析认为,由于节气门体过脏,使节气门体开关运动受阻,导致节气门达不到预定的开度,也就达不到所要求的负荷值,从而造成该车上述故障现象。当清洗节气门体并重新匹配后,试车,EPC(电子油门警告灯)灯工作正常,路试车动力显著增加,故障排除。

25. 上海大众波罗轿车发动机 ECU 屡次被烧·电路负载过大

(1) 故障现象

一辆上海大众波罗(POLO)轿车,装备 1.6L 发动机。该车在使用中出现发动机转速总提不起来,将加速踏板踩到底,发动机转速也只能维持在 1000r/min 左右。

(2) 故障诊断排除

该车因为带有电子节气门控制的发动机控制系统,加速踏板和节气门之间没有机械连接。在检查发现、仪表板上 EPC 灯亮(电子油门),踩加速踏板时发动机转速无反应。踏板的位置由踏板行程传感器监测并在踏板模块中将踏板行程信息转换为电信号输入发动机的 ECU。"EPC"灯亮,根据以往维修经验,对节气门本体进行了清洗,结果故障依旧。对与发动机有关的线路和传感器进行了检查,也没有发现问题。用 V.A.G1552 故障诊断仪检查,发现加速踏板位置传感器、进气温度传感器、进气压力传感器、冷却液温度传感器等信号过强。于是判断是 ECU 损坏。更换了 ECU(型号:06A、906、032JC)并匹配后重新发动试车,一切正常,车辆交驾驶人使用。

可是好景不长,两个月后该车又发生上述故障,故障特征与上次完全相同。再用 V.A.G1552 故障诊断仪检查,发现无法进入 ABS、动力转向助力控制单元等其他系统。于是怀疑是否某线束上的原因把 ECU 烧坏了。随即更换了全线束(6Q1 971 043∧)和 ECU 后试车,结果又将 ECU 烧毁。拆开损坏的 ECU 检查,发现 ECU 的 54#脚向内的线路板上有一条线已烧断,因为 54#脚向外相通或相关的是发动机上冷却液温度、踏板行程、废气再循环电位计等四个传感器。而这四个传感器及线路均用配件替代法检查过,没有发现问题。线路板上这条线之所以烧断,是因为电流大并且是从外向内进的,所以,决定更换新的 ECU、发电机和废气再循环阀。试车正常,再交驾驶人试用。过了8天又把ECU烧坏。

经制造厂家对屡烧坏ECU的分析,ECU61#针脚,IPM接地线烧毁。初步断定电子节气门体内部线路短路或连接电子节气门体的线束互相短路。按要求更换节气门本体及ECU,试车又把ECU烧毁了。后经技术专家分析试验,认为ECU损坏是电流负载过大所造成。围绕这个结论,进行了再次彻底的检查,原来是:安装在发动机右侧排气支管上的氧传感器与ECU之间有一段线束,这股线束的附近就是空调系统的铝质低压管。这股线束已被此管磨破,但线与线之间并没有相碰,即发生相互短路或搭铁,而是有时受汽车振动、加速、制动的影响,装在发动机上的排气支管会后倾,轻微位移,尽管概率很小,但还是把氧传感器工作的12V线,搭在铝质空调管上。通过此管,又将12V线的电传递给氧传感器的低压信号线(与ECU连,小电流,即46#引脚)。此大电流从46#引脚进,绕过ECU内部线路从54#引脚出,终将ECU烧毁。根据上述分析,又更换了ECU、氧传感器及线束,并进行匹配后,再路试,加速性能恢复,跟踪6个月,信息反馈一切正常,故障排除。

26. 一汽大众宝来轿车发动机冷机起动困难·进气门积炭过多

(1)故障现象

一辆一汽大众宝来(BORA)1.6L自动挡轿车,行驶5.6万km,在使用中出现早上冷机起动发动机时十分困难,而热机时起动尚好的故障。

(2)故障诊断排除

采用故障诊断仪V.A.G1552检查,没有故障码出现,起动时起动机转速正常。用V.A.G1318检测燃油压力也属正常值。

此车曾有时早上起动后发动机有明显的抖动现象,1~2min之后一切正常,热车起动比较正常。分析认为可能是进气门积炭过多而吸收部分燃油,导致起动时混合气过稀,致使早晨(特别是寒冷天气)无法起动。

发动机混合气必须经过进气门进入燃烧室,但总有少部分汽油会附着于进气门上,发动机的高温又使汽油中无法完全燃烧的碳氢化合物、石蜡、胶质等被烧成焦炭物,再加上如果喷油器有积污的情况,喷出的汽油雾化状态不佳,汽油与空气混合不均匀,会增加积聚于进气门上的汽油量,因为积炭有吸收汽油的特性,所以这层积炭会吸收汽油再形成积炭,如此恶性循环,使进气门上的积炭过多,以致气门无法紧闭密封,使发动机无法运转。另外,使用劣质汽油也是积炭产生的原因之一。

将进气管拆下,在积炭上喷化油器清洗剂,使积炭自行软化,而后清除干净再装复试车,起动特别是早晨冷车起动十分顺利,并转入正常运转,故障排除。

27. 一汽大众宝来轿车发动机起动困难·防盗系统作怪

(1)故障现象

一辆一汽大众宝来(BORA)轿车,行驶5.2万km,在使用中出现发动机起动不着车故障。

(2)故障诊断排除

据驾驶人介绍,购车时已无PIN码,于是只好进入发动机地址码查出14位识别码和17位底盘码,进而通过一汽大众Elsa系统查出PIN码。用V.A.G1551专用故障诊断仪检查,屏幕显示故障为ECU被锁死。再检查组合仪表,发现组合仪表线路板有烧蚀迹象,但ECU尚无异常。由此分析认为是与组合仪表一体的防盗控制器出现故障,从而导致发动机无法起动。又从驾驶人处了解到,该车的卖车者,为减少已行驶里程而调整过里程表,从而造成了防盗器的损坏。

大众宝来(BORA)轿车的防盗系统采用大众系列第三代防盗系统,它的结构非常先进。奥迪、帕萨特、高尔夫等轿车上也装备这种发动机防盗系统,防盗系统自身发生故障的概率是极低的。

第三代防盗器的特点是:发动机ECU是防盗器的一部分,发动机ECU与仪表控制单元必须录入底盘号,即车辆17位身份证号;防盗器控制单元与仪表控制单元为一体,它们共用地址码"17";防盗系统传递方式是用CAN线进行数据传递;钥匙与防盗器的固定码+SKC(计算公式)码必须一致;防盗器与发动机ECU的编码+SKC(计算公式)码必须一致;更换仪表盘后,本车防盗密码不改变;更换发动机ECU,须进入发动机ECU登录防盗密码,拷贝底盘号完成自适应;防盗密码在售车时不交给用户,须向生产厂家查询。

由于第三代防盗器更先进,所以在维修方面要求也就更复杂。不仅要使用专用诊断仪,而且还有一定的程序步骤来控制。无论是仪表控制单元、数据总线控制单元,还是防盗器控制单元,都有专门的程序步骤进行自适应。例如,更换组合仪表总成就需要按规定程序来进行操作,进行两个过程的自适应设定。

该故障车需要换组合仪表,然后进行自适应设定,即组合仪表与发动机ECU的自适应:进入地址17→功能10→通道50→输入本车PIN码→显示车辆底盘号→按"Q"键确认→指示灯熄灭并出现确认信号。组合仪表与钥匙的自适应:进入地址码17→功能11→输出PIN码,然后进入功能10→21通道→输入钥匙数量→退出到地址码状态→关闭点火开关。

装配第三代防盗器的组合仪表是不允许拆解修理的,更不允许随便调里程表。即使更换新的组合仪表,都有一定的程序步骤控制。在购买新仪表时要按原零件号购买,而且还要向制造公司提供本车底盘号、原防盗器生产编号查询本车防盗密码,阅读原仪表盘的控制单元编码,询问本车自上次保养后已行驶里程、已行驶天数等数据,然后按一定的程序步骤进行自适应。这一点读者要注意。

该故障车在更换组合仪表,并进行两个自适应设定后,试车,发动机便能顺利起动了,故障排除。

28. 一汽大众宝来轿车发动机冷起动抖动·燃油质低

(1)故障现象

一辆一汽大众宝来(BORA)轿车,装备1.8L发动机,自动变速器,刚行驶0.9万km。在正常使用中出现冷起动发动机后抖动严重,甚至要熄火,行驶加速时发动机动力又不足,而且燃油消耗量增大的故障。

(2)故障诊断排除

根据故障现象,采用常规诊断方法,首先测量气缸压力,四个气缸的压力差别不大,且均达到车辆出厂技术标准1.15MPa;配气相位正确;燃油压力怠速时为250kPa,拔下燃油压力调节器上的真空管,燃油压力立即上升至310kPa(稳定),说明燃油系统压力正常;清洗四个喷油器并更换四个火花塞后,故障没有排除。

在发动机冷却液温度正常(95℃)时,用尾气分析仪检测发现,HC、CO、CO_2和O_2的体积分数分别为$563×10^{-6}$、6.3%、10.7%和4.5%。根据检测结果分析认为发动机燃烧不好。

又从影响燃烧的相关因素分析,最直接的燃油品质应首先考虑,燃油品质是影响发动机正常燃烧的重要因素。于是从燃油箱中取出一些燃油(50mL),又在正规加油站购买97号汽油

10L,同时也取出 50mL,把两种汽油分别置于量杯中进行比较,发现该车原使用的汽油呈浑浊的茶红色,而买来的汽油呈透明的淡淡的茶黄色,据此认定该车的燃油品质存在问题。然后将该车的燃油泵系统进行清洗后并加注购买的 97 号汽油,试车,上述故障现象完全消失。用故障检测仪读取动态数据,测量数据块的第 33 组数据中的氧传感器信号电压在 1.5V 上下变化非常快,再用尾气分析仪检测发现,HC、CO、CO_2 和 O_2 的体积分数分别为 0、0、16.5% 和 0.8%,说明该车燃烧是正常的。动力性也恢复,故障排除。

> 点击:该车故障是因为想省钱而导致的。驾驶人原以为购新车花费了一大笔资金,因而就打算在使用中省些钱,加注燃油也就一直在路边小的加油点加注,结果就造成上述故障的发生。使用车辆省钱无可非议,但要讲究合理科学才对。

29. 一汽大众宝来轿车发动机怠速运转波动·点火线圈老化

(1)故障现象

一辆一汽大众宝来轿车,装备 BJH 1.6L 发动机,在发动机怠速时,有时会出现突然抖动的现象,当转速升高至 1200r/min 后,行驶则会出现加不上速的情况,过 5~6min 后,故障又会自动消失。

(2)故障诊断排除

首先用 V.A.G1551 专用故障诊断仪进行检查,显示故障码 16556,查手册故障码含义为混合气过浓,发动机 ECU 已根据氧传感器的这一反馈信号,将混合气调节到最稀值,但仍不能使尾气中的氧含量达到正常值。因故障出现时会有像缺缸的现象,即有一个缸不工作或工作不良。再用 V.A.G1551 读取数据流 014 和 015,无失火记录。检测中发现故障不出现时数据均在正常范围,故障出现时混合气的调节值则在 -30%~-10% 之间变化,这说明混合气过浓,可能是某个缸不工作,于是决定用断缸实验来确定,将各缸的高压线拔松之后等故障出现时逐一拔下各缸高压线,结果发现 1、3、4 缸工作正常,2 缸不跳火。由于该发动机采用的是静态高压分配双火花闭磁路点火系统,两个缸共用一个点火线圈,同时点火,因为 3 缸工作正常,所以可以排除线束故障,故障原因很可能是点火线圈内部损坏,导致 2 缸有时缺火,可燃混合气未经燃烧便被排入排气管,导致氧传感器信号过大,发动机控制单元错误地认为是混合气太浓,进入喷油量减少的调节,但调节至最稀的极限仍不能达到空燃比为 14.7:1 时的效果,所以产生一个混合气过浓的故障码。更换点火线圈后试车,一切正常,故障排除。

30. 一汽大众宝来轿车发动机抖动熄火·氧传感器之过

(1)故障现象

一辆一汽大众宝来轿车,装备 1.6L AGN 发动机,手动挡变速器,行驶 9 万 km。在使用中刚起动时一切正常,但着车 8~10min 后出现发动机抖动,继而便熄火,熄火后马上又能起动发动机的故障现象。

(2)故障诊断排除

首先用金奔腾解码器进入系统读取故障码,显示屏无码输出。读取数据流,发现氧传感器电压值在 0~0.3V 之间变化,由此确定是混合气过稀。混合气过稀的主要原因有:进气量过大、喷油量过小。经检查进气系统均属正常,而且空气流量计测出的空气质量也在正常范围内。于是怀疑喷油量过小,检查喷油器喷油也正常。起动发动机,再用解码器读取数据流,车辆正常时喷油脉宽也正常,但当发动机要熄火时,喷油脉宽却比正常时大。这样看来喷油量实际上比正常大,混合气应该过浓,但氧传感器反馈回来的信息却显示混合气偏稀,难道 ECU

出现问题?经分析,如果氧传感器出现故障,始终反馈给 ECU 混合气稀的信息,ECU 接受了这个错误的信息,就会加大喷油脉宽,从而加大混合气的浓度,如果混合气过浓便造成发动机熄火。于是将车升起,拔下氧传感器插头,用万用表测量氧传感器的外围线路均正常。又起动发动机工作也正常,由此判断氧传感器损坏,当更换新件后起动发动机,一切工况恢复正常,故障排除。

31. 一汽大众宝来轿车发动机冷热机时都抖动·再循环阀积炭

(1)故障现象

一辆一汽大众宝来(1.8L)轿车,装备发动机型号 BAF,自动变速器,冷车起动后发动机抖动严重,热车仍然有些抖动。

(2)故障诊断排除

采用 V.A.G1551 故障诊断仪检查发现有一个故障码为 16787,该码表明是废气再循环阀 N18 故障。废气再循环系统是一种机内净化装置,主要目的是降低尾气 NO_x 排放量。对于柴油发动机(如宝来 TDI)在怠速、中小负荷时将一定量的废气引入燃烧室参与燃烧,全负荷时不起作用。而汽油发动机则只在中小负荷时将一定量的废气引入燃烧室参与燃烧,怠速、全负荷时不起作用。BAF 发动机的 EGR 系统是将废气再循环电磁阀 N18 与机械阀合而为一,直接由发动机 ECU 控制,并且在同一个壳体内还有一个 G212 废气再循环电位计,如图 2-9 所示为 1.6L 发动机废气再循环(EGR)系统,用来检测废气再循环的开度,如果阀门卡住,则阀门的不正常开度信号就会被 G212 传到 ECU,ECU 就会输出相应的故障信息。拆下废气再循环阀总成,检查发现锥形的阀门上积炭较厚,导致阀门关闭不严、漏气,使得发动机怠速时抖动。

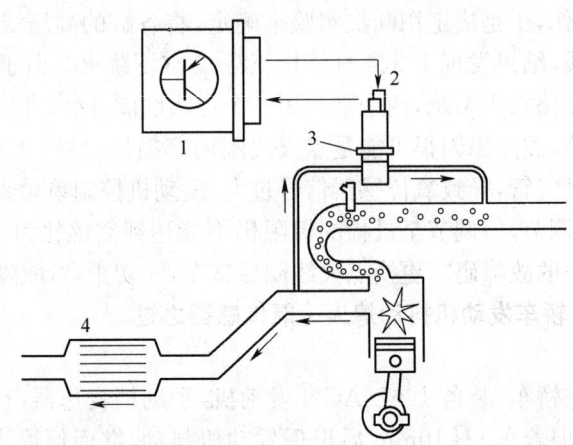

图 2-9 宝来轿车 1.6L 发动机废气再循环(EGR)系统
1. 发动机 ECU 2. 废气再循环电位计 G212 3. 废气再循环电磁阀 N18 与机械阀 4. 三元催化转换器

彻底清洗废气再循环阀,重新安装,并做废气再循环阀的基本设定(01-04-077),使发动机 ECU 识别出废气再循环阀的最大和最小开度后,试车,故障排除。

32. 一汽大众宝来轿车发动机无规律抖动·支脚凑热闹

(1)故障现象

一辆一汽大众宝来(1.6L)轿车,装备手动挡变速器,使用中出现怠速时发动机有明显的无规律抖动,隔几秒钟抖动一下,行驶时各工况均正常。

(2) 故障诊断排除

一般来讲,发动机怠速抖动的原因很多,主要是:发动机机械故障,如各气缸压力低;进气系统故障,如进气管漏气,进气门背部及进气管内积炭过多等;发动机控制系统故障,如水温、进气温度信号不正确,线路故障等;点火系统存在故障,如火花塞积炭过多或间隙不正确,高压线漏电,点火线圈损坏等;供油系统故障,如喷油器内部积炭过多造成喷油器关闭不严或堵塞等;发动机及变速器支座损坏,如支座漏油导致支座缓冲减振的效果降低等。

检查发动机无故障记忆,查数据流发现数据都正常,测气缸压力正常。更换高压线、点火线圈及火花塞,故障依旧,之后换上 4 个新的喷油器仍然无效,最后将怀疑的目标锁定在发动机支脚上,用发动机吊架钩起发动机一侧,使发动机支脚不受力,结果坐在车内感觉不抖了,拆下发动机侧的发动机支脚,检查发现发动机支脚内的油已流干了。当更换新的支脚后试车发动机抖动不明显了,但还是有轻微抖动,于是按要求进行支点校正,如图 2-10 所示,按规定力矩要求紧固螺栓后试车,一切正常,故障排除。

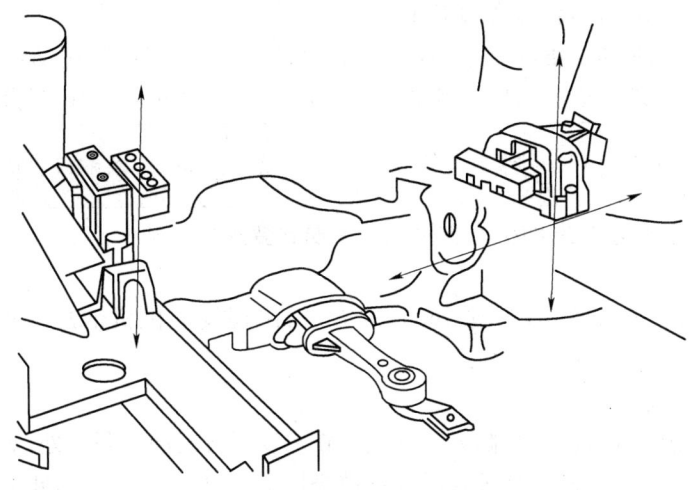

图 2-10 宝来轿车发动机支脚支点校正

33. 一汽大众宝来柴油轿车行驶无规律"发闯"·N239 电源线"外伤"

(1) 故障现象

一辆一汽大众宝来柴油轿车,在行驶过程中频繁出现无规律"发闯"的故障现象。

(2) 故障诊断排除

首先用 V.A.G1552 故障诊断仪读取故障码为 19561,查资料其含义是可变进气支管翻板转换阀(N239)电路断路或对地短路。用 V.A.G1552 故障诊断仪对 N239 进行执行元件测试,结果 N239 工作正常。接着检查 N239 外部电路,也没发现问题。由于该车故障是在行驶过程中才会出现,于是在发动机运转(原地)时有意晃动相关线束,此时发现在晃动线束时,可变进气支管翻板真空控制单元时开时闭。于是拆开 N239 线束外的绝缘层检查,发现其中有两根电源线的绝缘层都已经磨破,造成车辆在行驶时有瞬间短路现象,判断此处为故障点。将 N239 的电源线包扎绝缘好装复试车,故障排除。

34. 一汽大众宝来轿车打开点火开关后挂不上挡·制动灯熔丝作怪

(1) 故障现象

一辆一汽大众宝来轿车,装备 1.8T 发动机,在使用中发现打开点火开关,踩下制动踏板后换挡杆按钮按不下去,换不上其他挡位,而只能在不开点火开关之前先按下换挡杆按钮,然后再开启点火开关起动发动机,最后挂上挡抬起制动踏板方能起步行驶。

(2)故障诊断排除

该轿车设计意图是汽车发动必须踏下制动踏板才允许将变速杆从 P 挡或 N 挡移出,避免了由于未踩下制动踏板(制动)而直接挂挡,发生车辆冲出引起事故。

该车变速杆锁止电磁阀 N110 控制变速杆按钮,打开点火开关,N110 的正极得到 12V 电压,N110 的负极由 ECU 将 29 针与地接通,N110 吸合,换挡杆按钮按不动,即换挡杆被锁死。换挡杆按钮不被锁的条件是:

不打开点火开关,N110 不吸合,变速杆按钮不被锁住。

打开点火开关,N110 通电锁止。但踩下制动踏板,制动信号进入 ECU 的 15 针,ECU 会将 29 针与地连接断开,N110 释放,按钮可按下。

N110 释放不开的故障原因可能是:踩下制动踏板后,N110 的负极不能与地断开;由于 N110 的锁止机构是塑料件,容易变形卡滞。

该车经检查发现制动灯熔丝已被熔断,从而导致 ECU 接收不到制动灯信号,故使 N110 电磁阀的负极总是与地接通。当更换制动灯熔丝后,试车一切正常,故障排除。

> 点击:在维修该车型时,遇到此故障应先检查制动灯是否亮,以缩短排除故障时间。

35. 一汽大众宝来轿车发动机严重亏机油·油封变形

(1)故障现象

有一辆一汽大众宝来轿车,行驶 16.6 万 km 后出现发动机机油总耗量大,严重亏损的故障。

(2)故障诊断排除

根据驾驶人描述故障现象,维修人员仔细检查未发现有机油渗漏之处,观察排气管有轻微的蓝烟排出,故认为缺失的机油是进入燃烧室被烧掉了。由于急于用车,我们建议驾驶人经常观察发动机机油尺油位。车辆又行驶 1750km 后返回服务站,驾驶人反映在这期间曾补加了近 2L 机油。维修人员进行检查,当拆下火花塞时,发现火花塞有严重的积炭。测量气缸压力,3 缸压力低于正常值。拆下缸盖检查发现,3 缸活塞顶部及燃烧室、气门座圈有大量的积炭,当拆下 3 缸的进、排气门油封时,发现其中进气门油封有严重的变形。

由于该气门油封变形,导致密封不严,从而造成烧机油现象发生。更换气门油封,装复试机,加大油门时排气管不冒蓝烟。此后对该车进行电话跟踪,未出现不正常机油缺少现象,即故障排除。

36. 一汽大众宝来轿车行驶中出现有高速低挡感·线束不良

(1)故障现象

有辆刚行驶 1.5 万 km 的一汽宝来(1.8L)轿车,装备自动变速器,行驶中在车速较高时出现发动机转速突然升高的现象,车辆可以继续前进,但是车速却不高,如同低挡高转速行驶的故障现象。

(2)故障诊断排除

检查中发现有两个故障码:01192(变矩器锁止离合器机械故障)和 00297(变速器转速传感器 G38 不真实信号)。由此分析故障原因可能为变速器转速传感器 G38 损坏或其线路损坏，G38 作用是获得大太阳轮转速信号，推迟点火提前角，在换挡过程中控制片式离合器和制动器油压，并和车速传感器 G68 及节气门位置传感 G69 一起确定换挡时刻。因其没有替代信号，变速器进入应急状态，变速器从 4 挡降为 3 挡行驶，所以出现发动机转速上升的现象。用万用表检查发现 G38 电阻为 0.87kΩ，在正常范围(0.8~0.9kΩ)，这说明传感器正常，再检查传感器至控制单元之间导线，结果发现传感器插头 2 号脚到控制单元 21 号脚断路，检查线束外观无破损，这说明故障原因是线束内部断路。于是决定更换线束总成，并且做 01M 自动变速器的基本设定后，起动发动机进行路试，行驶性能恢复正常，故障排除。

37. 大众宝来 A4(1.8T)轿车高速不高·胶管脱落

(1)故障现象

一辆宝来 A4(1.8T)轿车，装备 01M 自动变速器，行驶里程为 9 万 km。该车发动机工作噪声很大，最高车速只能达到 100km/h。

(2)故障诊断排除

根据故障现象，用 V. A. S5051 故障诊断仪对该车自动变速器进行故障码读取，结果无故障码显示。读取发动机控制单元故障码，故障存储器分别显示是 17963(含义是增压压力过大)和 17705(含义为识别到涡轮增压器至节气门间压力差)。

根据故障码的含义，先打开发动机盖，发现从涡轮增压器调节阀 N75 到发动机进气支管的橡胶管脱落及连接进气支管切换阀的管接头脱落。由于连接进气切换阀的管接头脱落，大量增压空气从脱落处冲出，引起很大的噪声；又由于从涡轮增压器调节阀 N75 到发动机进气支管的橡胶管脱落，导致大量未经计量的空气从脱落处进入发动机进气支管，造成混合气过稀，因此发动机加速无力。分析认为，可能是从涡轮增压器调节阀 N75 到发动机进气支管的橡胶管先脱落，致使在怠速情况下，旁通阀不能打开，增压过大，使进气管路中的压力偏高把进气支管切换阀的管接头冲脱落了。

把脱落的橡胶管及管接头清洁后重新紧固，用万用表检查涡轮增压器调节阀 N75 以及进气支管切换阀供电电源、搭铁和导线电阻，没有发现异常。清除故障码，外出路试，故障排除。

点击：目前采用涡轮增压系统的车辆增多，维护保养情况不一，一般应按下列要求维护。
①检查润滑油的品质，观察有无机械杂质和黏度变化。
②检查空气滤清器到涡轮增压系统进口之间的管路接头是否完好可靠，进油管有无损坏和节流情况，各连接处螺栓有无松动。
③定期更换发动机机油，通常发动机每工作 150~250h 或行驶 5000km 后，应更换机油，使用环境条件恶劣应提前更换。若使用汽油含硫量为 1.0%~1.5%时，行驶里程在 2500km 时应更换机油。
④发动机每工作 100~200h 时，应清洗空气滤清器，若车辆行驶在多风沙尘土环境中还应缩短清洗时间。若发动机出现加速不良或功率下降动力不足时，应检查旁通阀是否处于打开位置，节气门阀体是否过脏等。
⑤检查冷却管路有无泄漏或节流现象。

38. 大众宝来 1.8T 轿车行驶加速发抖·点火线圈作祟

(1) 故障现象

一辆宝来 1.8T 手动挡豪华配置的新车,该车加速无力,挂低速挡行驶有明显座车现象,原地空加速发动机抖动,转速不稳。

(2) 故障诊断排除

首先用故障诊断仪 V.A.G1552 对该车进行自诊断,宝来车的自诊断插座位于空调操作面板和烟灰盒之间,有一装饰护板,检测时需要向后拉下护板。连接 V.A.G1552 诊断仪,输入地址码 01(发动机电子系统)通过功能 02(查询发动机控制单元故障)读出该车发动机电控系统存在两个故障码,分别是 16684 和 16685,16684 为发动机控制系统识别出燃烧中断;16685 为发动机控制系统识别出 1 缸燃烧中断。宝来 1.8T 车的发动机,为四缸多点喷射、各缸独立点火线圈。当某缸工作出现断火、发动机 ECU 可识别出燃烧中断、并存储故障码。通过 V.A.G1552 功能 08(读取数据)中的第 14、15、16 显示组还可以查询具体某一缸的断火次数,用来帮助判断故障。显示组 14 中的第三区,为各缸断火次数总和,规定值是 0~5 次;显示组 15 中的第一、二、三区分别是第一、二、三缸的断火次数,规定值是 0;显示组 16 中的第一区为四缸断火次数。规定值也为 0。当出现燃烧中断故障码后,原因可能是某缸喷油嘴故障,也可能是某缸点火系统问题,如火花塞或点火线圈(宝来车各缸独立点火线圈无高压线,所以不存在高压线故障)。该车故障码显示为 1 缸燃烧中断,由于是新车火花塞和喷油嘴出现故障的可能性不大,问题可能是点火线圈。

用 V.G.G1552 进行检查,在发动机怠速状态下,输入 01 地址码(发动机电子系统)进入功能 08(读取数据)第 14、15、16 显示组,此时查看各缸点火中断数据,显示 1 缸中断次数一百多次,说明故障就是 1 缸点火线圈有问题,导致该车加速无力发抖,并且有座车现象。当更换 1 缸点火线圈,故障排除,运行正常。

39. 一汽大众宝来轿车冷机加速发动机"放炮"·线束"外伤"

(1) 故障现象

有一辆一汽大众宝来(BORA)轿车,装备 1.6L 发动机,在使用中出现冷机加速时发动机有时抖动严重,而且伴随"放炮"声的故障现象。

(2) 故障诊断排除

在检验确认故障后,首先给该车更换了氧传感器,当时故障消失,可是过了一段时间后故障依旧。再次检修时,发现高压线损坏。将它更换后,用示波器、故障诊断仪检测发动机电控系统没有故障,发动机加速性能良好。本以为故障已经排除,便交车了,可没过几天该故障又一次出现。这次更换了节气门流量计,虽然故障现象有所改善,但效果不理想。

宝来轿车发动机控制系统采用的是 BOSCH 公司的 MOTRONIC 系统。维修时除了注意一些常规检查外,还应注意电子油门 ME7.5 系统,因为有时电子变阻器出现偶发性断点(特别是冷车时)会造成信号失真导致喷油量混乱。另外,也不能忽视汽油品质对车辆的影响。因为有些汽油的胶质在冷车时会轻微堵塞喷油器,车一热故障就消失。

前述更换氧传感器、高压线后故障消失,但没过多久故障再现,是因为只解决了表面问题,并没有找到真正的故障点。如高压线损坏,有些时候是因为某缸混合气过稀导致点火电压过高所致,而在维修中则易被修理工忽视,此时换了新件也是没用的。

其实对于这种故障,如果有条件,在故障出现时可使用点火示波器观察各缸的点火波形,通过此种方法可以确定故障是由哪一缸引起的。找到问题后就要从油、电及进气等方面检查。看混合气的配比是否正确,点火能量是否够,缸压是否正常,排气背压是否合格。如果检查结果均正常,就要对发动机有关的线路进行全面的检测。因为在冷车的时候出现偶发性中断,这些线不论是供电线还是信号导线都会影响发动机的工作。

随后,对该车的线路进行全面检查发现,在氧传感器的插头端部的线束中有一根破皮的线搭铁,经处理后,起动发动机进行试车,故障现象消失,一切恢复正常。

40. 一汽大众宝来轿车水温表偶尔不动·G2断路

(1)故障现象

一辆一汽大众宝来轿车,装备1.6L电喷发动机,在使用中出现水温表有时不动的故障现象。

(2)故障诊断排除

起动发动机,确实看到水温表没有指示,检查冷却系统工作又正常。用V.A.S5051诊断仪读取信息,发动机系统无故障存储,水温数据为99.5℃时风扇启动,因为捷达、宝来轿车的水温(冷却液温度)传感器都是四线制的(除老车型外),简单地说,水温传感器中的G62是给ECU提供信号用来修正喷油量的,而G2则是给组合仪表提供指示信号的。现在能检测到水温信号,只是水温表无指示。于是进入组合仪表地址17检查,发现存有一个故障码为:传感器G2断路。这种情况下可能是水温传感器损坏或是组合仪表及线路问题,而水温传感器是较易损坏的元件,因此更换了水温传感器,结果水温表指示正常,故障排除。

41. 一汽大众宝来轿车高速行驶后气缸盖后端漏水·水泵接头闯祸

(1)故障现象

一辆一汽大众宝来轿车(1.8T),手动变速器,在一次行驶中从高速公路上下来后出现水温高,仪表报警,打开发动机罩检查发现缸盖后的水管接头漏水的故障现象。

(2)故障诊断排除

拆下5通水管接头检查,发现接头与缸盖接合面密封圈内槽多处已断裂,因此接头无法压住密封圈,导致冷却液在此泄漏。更换新的5通接头后,连接V.A.G1551故障诊断仪试车,V.A.G1551显示水温已达105℃,但散热风扇1挡仍不工作。正常情况位于散热器左下角的热敏开关(F18)控制散热器风扇1挡在92℃~97℃时接通,水温降到84℃~91℃时断开,2挡在99℃~105℃时接通,91℃~98℃时断开。用手触摸散热器上下水管,发现上水管温度很高,而下水管温度却不高,这说明冷却液在散热器中流动量少或不流动,一般原因是节温器打不开或水泵失效,冷却液总在发动机内部循环,也就是所谓的小循环,而不经过散热器,这样散热器上的热敏开关处温度总上不去,达不到风扇1挡的工作温度。该车在高速行驶时由于迎面风的冷却效果很好,发动机温度仍保持在正常范围,一下高速由于车速低,迎面风的冷却作用没有了,所以发动机水温急速升高而报警。更换节温器后原地试车,用手触摸散热器上下水管,发现上水管温度很高,下水管温度仍然不高,这就可以判断故障点很可能是水泵有问题。

拆下正时皮带及水泵检查,发现水泵上有好几个叶片已断裂,由此造成水流量减小,水温升高。由于水管接头是固定在缸盖上的,因温度过高而炸裂,最终导致冷却液泄漏故障出现。更换水泵及水管接头(5通)后试车温度正常,故障排除。

42. 一汽大众宝来轿车行驶无力油耗还高·熔丝 S243"寿终"

(1) 故障现象

一辆一汽大众宝来轿车，装备 1.6L 电喷发动机，在使用中出现行驶无力、超车困难且燃油耗还高的故障现象。

(2) 故障诊断排除

首先连接 V.A.G1551 故障诊断仪检查发动机，结果有 5 个故障码输出，包括 16486，其含义为空气流量传感器 G70 信号偏小；17523，前氧传感器加热电路对地短路；17525，后氧传感器加热电路对地短路；17833，活性炭罐电磁阀 N80 对地短路；17843，二次空气喷射泵继电器 J299 对地短路。这 5 个故障都不是偶然性故障，全都是永久性故障。

经分析认为，同时出现这么多故障的可能性是极少的，所以怀疑可能是某同一个故障点（如线路接地）引起的。于是查看该车电路图，发现上述几个元件都由熔丝 S243 供电，进而拔下该熔丝发现已烧断，更换熔丝 S243(10A)后试车，发动机动力恢复，故障排除。

43. 大众宝来轿车发动机舱突然有"哒哒"异响·水泵卡死之过

(1) 故障现象

一辆已行驶 10 万 km 的宝来轿车，在正常行驶时发动机舱里突然出现几声"哒、哒"的异响，随之发动机便熄火了，并且再也无法起动着车。

(2) 故障诊断排除

首先拆下正时齿形带罩盖检查时，发现正时齿形带已连续有 20 个齿脱落，而且邻近的几个齿的齿根与皮带已裂开。由于正时齿形带用来带动水泵，在检查水泵时发现水泵也转不动，由此表明故障是水泵轴承损坏或卡死所致，即水泵被卡死，导致正时齿形皮带齿断裂脱落。由此连带造成配气正时错乱，而使活塞上行，将气门撞击变形，最终导致发动机熄火无法起动的故障出现。

拆下气缸盖，更换已变形的气门、正时齿形带及张紧器、水泵，并按工艺要求修理换件装复试车，发动机顺利起动，进行必要调整，使故障排除。

> 点击：宝来轿车的使用经验表明，该型轿车水泵的使用寿命一般为 8.5 万～9.0 万 km，所以用户一般在行驶 8 万 km 后就应更换正时齿形皮带和张紧器，同时也将水泵更换新的，则可避免上述故障在行驶中出现。

44. 一汽大众宝来 A4 轿车行驶时底盘有"嗡嗡"异响·机件变形

(1) 故障现象

有一辆一汽大众宝来 1.8T 手动挡轿车，刚行驶 5000km 时，车速在 60km/h 以上时底盘会发出一种严重的"嗡嗡"异响声，在空挡滑行时异响更为明显可见。

该车在 4100km 时发生过一次交通事故，左前轮被撬过，用肉眼能看到左侧下支臂被撞变形。修复时把下支臂更换了，可是"嗡嗡"的异响声依然没有排除。

(2) 故障诊断排除

根据驾驶人对车辆的使用和故障情况介绍后，用四轮定位仪进行检测，左前轮外倾角为 25′，与标准值相差太大，而且也超过了最大公差范围。判断该车左前转向节可能因事故发生了变形，因为转向节与前轮轴承紧配合，转向节和左前轮轴承定位检测数据正确，于是确定更换转向节，当更换件装复后进行路试车，行驶平稳异响消失，故障排除。

45. 一汽大众宝来轿车行驶加速有"噌噌"的异响·增压器使坏

(1)故障现象

一辆一汽大众宝来汽车,装备1.8T型发动机,手动挡变速器,在使用中出现加速行驶时发出一种"噌噌"的异响声,当放松加速踏板后,异响更为明显。

(2)故障诊断排除

首先用V.A.G1552故障诊断仪进行检测,无故障码显示。进行路试时发现发动机转速升高到3000r/min以上时异响便出现,当抬起加速踏板后异响便短暂停顿一下,然后就又出现"噌、噌"的异响声,很像是物体高速运转发出的声音。

经过分析,判断故障原因可能是涡轮增压器内部损坏,如其叶片蹭击壳体,导致运转时产生的异响声。于是拆卸涡轮增压器,结果发现增压器叶片果然已断裂。更换新的涡轮增压器,装复后试车,故障排除。

46. 大众宝来1.8T轿车发动机第4缸点火线圈屡烧·ECU故障

(1)故障现象

一辆09款大众宝来1.8T轿车,行驶12万km后出现发动机第4缸的点火线圈屡烧的故障现象。驾驶人抱怨市场买的点火线圈质量不佳,但更换原厂件也易出现类似故障。

(2)故障诊断排除

首先确认故障,起动发动机不着车,经检查发现发动机第4缸的点火线圈已烧坏。故障发生时发动机抖动严重,无法正常行驶,夜间可观察到排气管烧得通红,发动机内部有"哗啦、哗啦"异响。更换第4缸的点火线圈和火花塞,发动机运转平稳,但5~6天后,第4缸点火线圈又会被烧坏。为什么屡烧4缸点火线圈? 分析可能的原因有:4缸点火线圈搭铁不良、4缸点火线圈相线不良、4缸点火线圈控制线不良以及发动机ECU故障。首先,仔细查看电路图,如图2-11所示。点火线圈1脚是从J271多点喷射继电器(428)出来的点火相线。点火线圈2、4脚是搭铁线。点火线圈3脚是从发动机ECU来的控制线。

接着检查搭铁线。用万用表一端接蓄电池正极,另一端接点火线圈2脚或4脚,测得的电压为12.56V,说明搭铁线正常。再检查点火相线。万用表一端接点火线圈1脚,一端接蓄电池负极,接通点火开关,测得电压为12.54V,说明点火线圈1脚点火相线正常。检查第4缸点火线圈3脚,接通点火开关,测得电压为2.5V。检查1、2、3缸点火线圈3脚处的电压分别为0.07V、0.05V、0.07V。经对比,发现4缸点火线圈3脚处的电压太大。为进一步确定故障部位,检查4缸点火线圈3脚与发动机ECU的脚T121/94间的导线,导线电阻为0.5Ω,正常,且无短路、断路现象。初步判定故障在发动机ECU。找到发动机ECU的搭铁脚T121/2,利用万用表的二极管检查功能,将红表笔连接发动机ECU的脚T121/94,黑表笔连接发动机ECU的搭铁脚T121/2,测得0.613V的电压。而红表笔分别连接发动机ECU的脚T121/95、T121/102、T121/103,无电压显示。进一步说明发动机ECU内部控制4缸点火的晶体管被击穿。利用V.A.S 5051示波功能,检查发动机ECU控制4缸点火的波形紊乱不清,而1、2、3缸点火波形完全正常。通过波形观察分析:4缸没有成形矩形波,且输出的基准电压为2.5V(标准在0V),更进一步说明发动机ECU内部有故障。更换发动机ECU,故障排除。为了避免发动机ECU损坏,又重点加强搭铁点的维护清理,尤其是流水槽发动机ECU的搭铁点。装复试车,发动机运转正常。

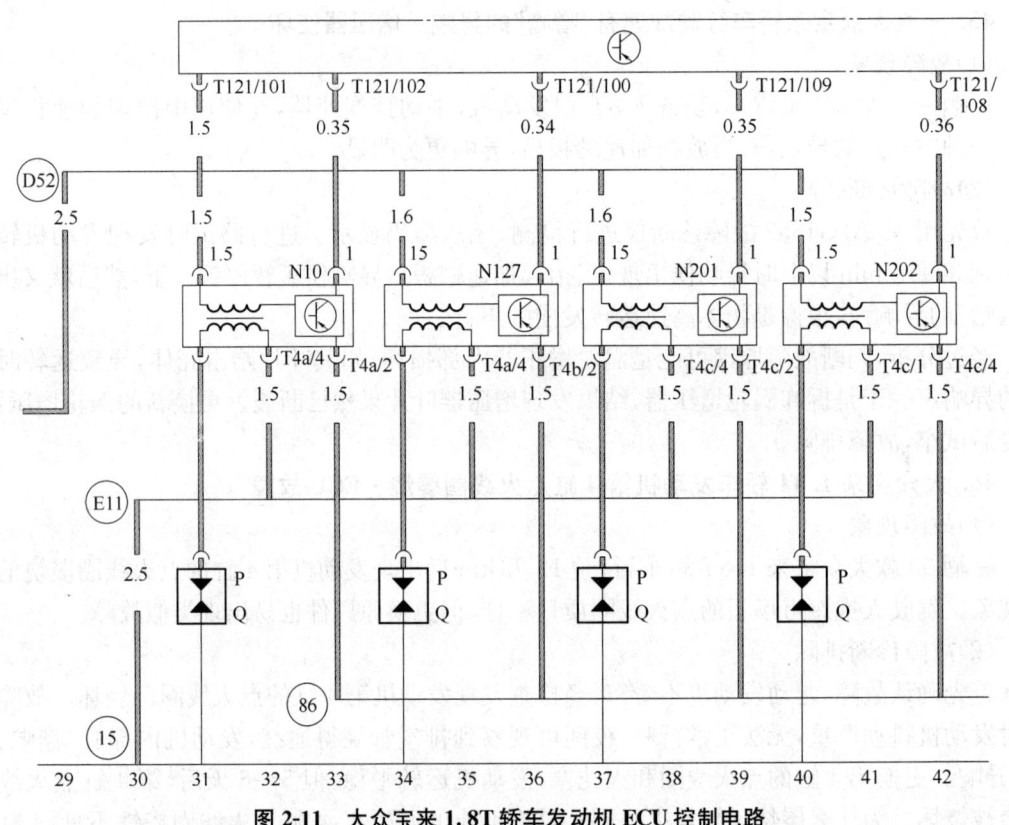

图 2-11 大众宝来 1.8T 轿车发动机 ECU 控制电路

> 点击:此案例表明维修现代新款汽车时,示波器的作用不可小视,同时查阅相关资料也是十分重要的一个环节。

47. 一汽大众捷达轿车大修发动机后起动困难·凸轮轴正时链安装不当

(1)故障现象

一辆一汽大众捷达 5 气门轿车,因烧机油厉害而进行发动机大修后出现起动困难的故障,但发动机故障指示灯不点亮。

(2)故障诊断排除

发动机起动困难,说明发动机电路、油路、气路和机械装置基本正常;发动机故障指示灯不亮,说明发动机控制单元(ECU)没有故障码存储,即各主要传感器、执行器和 ECU 工作基本正常。询问修理工,得知各项测试参数基本正常(跳火测试正常,各缸缸压接近 0.9MPa,燃油压力约 270kPa,点火提前角为 10°左右),由此可见,发动机的基本工作条件已经具备。

根据以往的维修经验,捷达 5 气门发动机的配气正时安装错误时,会出现发动机起动困难的现象。但检查配气正时一般需要拆解发动机,工效较低。

对于现代电控汽车而言,发动机 ECU 是利用曲轴位置传感器、凸轮轴位置传感器等来检测曲轴和凸轮轴的位置,以确定正确的喷油时刻和点火时刻,曲轴位置传感器、凸轮轴位置传感器信号不准,也会导致发动机 ECU 监测的配气正时(相位)不正确,从而引起发动机运行故障。

电喷发动机的曲轴位置传感器和凸轮轴位置传感器都是通过正时带或链条连接的,曲轴位置传感器和凸轮轴位置传感器信号具有严格的相位关系。据此可知,通过检测曲轴位置传感器和凸轮轴位置传感器的信号波形,在不拆解发动机的情况下就可以准确判断配气正时是否正确。

金德 K60 是一种集故障诊断和汽车专用示波器为一体的手持式多功能诊断仪,具有 2 路示波器功能,采样速度最大可达 20MHz,而且能够记录、存储波形,非常适合进行汽车波形的检测分析。用金德 K60 进行曲轴位置传感器和凸轮轴位置传感器信号测试的步骤如下:

① 将曲轴位置传感器和凸轮轴位置传感器信号分别输入到金德 K60 的 CH1、CH2 通道。

② 在初始界面上选择通用示波器,在通用示波器界面选择手动,通道选择 CH1 和 CH2。

③ 分别调整"位置"参数,使 CH1 和 CH2 的位置处于屏幕上下方向的中间位置。

④ 打开点火开关,利用起动机带动发动机运转 10s 左右,分别调整示波器的"时间"和"电压"参数,使曲轴位置传感器的波形基本可以看清楚,得到如图 2-12a 所示波形,然后保存波形,关闭点火开关(此步骤需要反复多次)。

⑤ 对保存的波形的"时间"和"电压"参数进行进一步调整,得到如图 2-12b 所示的波形。

⑥ 波形分析:图 2-12c 所示是正常状态时的曲轴信号波形和凸轮轴信号波形,由图可见,正常状态时在凸轮轴信号的下降沿(虚线)后将会出现 2 个曲轴(信号齿)信号波形,然后接着出现曲轴 1 缸上止点(2 个缺齿)信号。从图 2-12b 所示可见,在凸轮轴信号的下降沿后只出现了 1 个曲轴信号波形,然后接着出现曲轴 1 缸上止点信号,这表明凸轮轴或曲轴的正时安装位置有误。

接下来首先检查曲轴正时同步带的安装,发现安装正确。解体发动机,检查凸轮轴正时链的安装情况,发现 2 个标记之间只有 15 个链辊。查阅维修手册,正常情况应为 16 个链辊,如图 2-13 所示。将 2 个标记之间调整为 16 个链辊,按工艺要求装复试车,发动机起动恢复正常,故障排除。

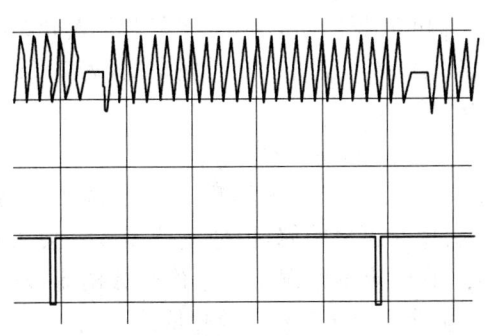

(a) 起动机带动发动机运转时的曲轴、凸轮轴信号波形

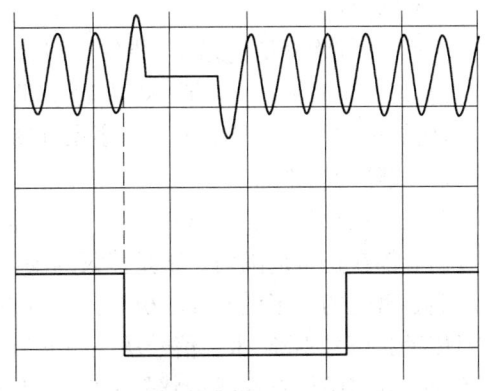

(b) 波形参数调整后的曲轴、凸轮轴信号波形

图 2-12 用金德 K60 示波器检测曲轴位置传感器和凸轮轴位置传感器波形

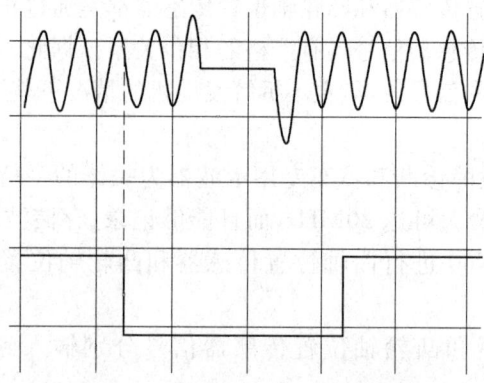

(c)正常状态的曲轴、凸轮轴信号波形

图 2-12　用金德 K60 示波器检测曲轴位置传感器和凸轮轴位置传感器波形(续)

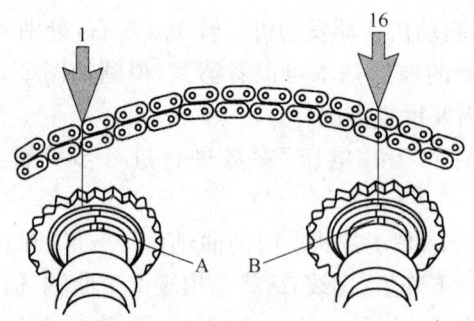

图 2-13　链轮上第 1 个链节和第 16 个链节的位置

> 点击：现代电控汽车是机电一体化的产物，通过传感器、执行器波形的检测可准确地判断故障，示波器是一种重要的维修辅助工具手段，具有工作效率高、劳动强度低、节约工时的特点，特别是对曲轴正时和凸轮轴正时进行检查时，更具有极高的效率。

48. 大众捷达轿车发动机不易起动·电脑热稳定性变差

（1）故障现象

一辆 09 款大众捷达轿车，装备 ATK1.6L 发动机和 5 速手动变速器，该车驾驶人介绍故障时说，近两个月油耗高，有时熄火后立即起动困难。该故障在热车时出现率高，若等 5min 左右，便能正常起动。驾驶人去过多家维修店都没查出问题。

（2）故障诊断排除

首先确认故障，反复起动、熄火一切正常。连接 V.A.G1552 故障诊断仪，无故障码输出。读数据流都在正常范围内。于是建议驾驶人在故障出现时再来检修，但他坚持多试一会儿故障可能会出现的。正说着发动机熄火了再不能起动。在熄火的情况下迅速检测数据流，发现水温传感器信号不准，水温信号从 90℃突变到 36℃，更换水温传感器后故障依旧。

根据电路图检查水温传感器 G62 与发动机 ECU 之间的连接正常，无短路或断路现象。轻晃动水温传感器的插头，温度就有变化。更换水温传感器插头，水温显示正常。维修工认为故障已排除了，可经反复试车，故障又再现。经观察发现，在发动机不能起动时无论如何加油门都没有任何着车的迹象，倒像是没油没电似的，根据这个现象做了以下检查维修。

①连接汽油压力表检查燃油压力,结果压力 2.4bar(1bar=0.1MPa),保持压力 10min 内不低于 2.0bar,在不起动时检查油压 2.5bar,燃油压力正常。

②检查火花塞,不潮湿也没汽油味。据此判断喷油器没有喷油。

③检查喷油器控制信号,将 V.A.G1527B 二极管电笔连接到 1 缸插头触点上,起动发动机,二极管不闪烁。在 2、3、4 缸重复检查,二极管也不闪亮。将电笔一端接地,另一端接燃油泵继电器控制的 1 缸插头触点 1,起动发动机,二极管闪亮。由此判断发动机 ECU 没有给出喷油器的搭铁控制信号。

④检查发动机转速传感器 G28,连接 1598/31,用 V.A.S5051 故障诊断仪的示波器检查波形,结果波形正常。

⑤根据电路图检查发动机 ECU 的供电、接地都属正常。经分析认为发动机 ECU 可能存在问题。

⑥于是更换同规格 ECU 试验,起动发动机正常,做自适应、节气门匹配,试车每次都能顺利起动,故障排除。

> 点击:本案例是一个综合性故障,其主因是发动机 ECU 的热稳定性变差。对排除这类故障,应抓住故障出现的时机,利用手中的工具和资料,进行理性的分析和检查,这样,故障就比较容易排除。

49. 大众捷达 GIX 轿车蓄电池一夜电量跑光·大灯开关捣鬼

(1) 故障现象

一辆一汽大众捷达 GIX 型轿车,晚间收车正常入库,第二天早晨无法起动,检查蓄电池一点电能也没有了,不知是何原因?

(2) 故障诊断排除

在确认故障的检查过程中,偶然发现该车在点火钥匙拔掉的情况下,如果打开空调开关,鼓风机可以运转,而在正常情况下,关闭点火开关后,再把空调打开应不起作用。通过电路图分析,鼓风机的火线从触点卸荷继电器而来,而正常情况,点火开关关闭后,触点卸荷继电器应不吸合,该故障只能说明触点卸荷继电器在点火开关关闭的情况下吸合了。拔下点火钥匙,再拔下触点卸荷继电器,鼓风机停了。为什么点火开关关闭后触点卸荷继电器会吸合呢?进一步从电路图上分析,触点卸荷继电器的控制端从点火开关通过一黑黄色线得电,通过中央继电器盒搭铁,是被控端吸合。而大灯开关照明线路的火线也从该黑黄线得电,通过大灯开关的搭铁线接地,大灯开关照明灯在打开点火开关的情况下点亮。

该故障只可能是大灯开关内部有短路的地方,使通往大灯开关的火线与大灯开关照明线路的黑黄色线接通,造成关闭点火开关后,触点卸荷继电器的控制端仍有电,使继电器吸合。将该车大灯开关更换后,故障排除。

> 点击:由于大灯开关内部短路,该故障的另一现象是在关闭点火开关的情况下,大灯开关照明灯仍然处于点亮状态,所以驾驶人及维修工作者在发现此现象后,应注意检查大灯开关,避免造成蓄电池电量跑光或过度放电现象发生。

50. 大众捷达轿车熄火后不能再起动·主继电器在"添乱"

(1) 故障现象

一辆大众 09 款捷达 CIF 前卫轿车,装备 BJG 型发动机,行驶 3 万 km。该车在高速公路上行驶时,发动机突然出现自动熄火,且无法再起动的故障现象。

(2)故障诊断排除

首先,分析导致发动机不能再起动的原因。电控燃油喷射式发动机在设计上具有很多的起动性能,电控燃油喷射系统的一般故障通常不会导致发动机不能起动,如果发动机不能起动且无起动征兆,一定是点火系统、燃油系统、控制系统和机械部分4者之中的1个或1个以上完全丧失了功能,因此,在检查诊断和排除故障时应重点检查以上所述的4个方面的问题。

具体原因主要有以下几点:油箱中无油;起动时节气门全开;电动汽油泵不工作;喷油器不工作;油路压力过低;点火系统故障;正时皮带断裂;气缸压缩压力过低;ECU或发动机搭铁不良;防盗系统故障。首先利用故障诊断仪V.A.G1552读取发动机故障码,结果发现故障诊断仪不能与发动机控制单元(J220)进行通信,因此怀疑发动机ECU出现故障。更换一块同型号的发动机ECU后试车,故障依旧,且V.A.G1552故障诊断仪还是不能与发动机ECU进行通信,说明故障不是由发动机ECU引起的。

经分析认为,V.A.G1552与发动机ECU不能通信,可能是诊断插座与V.A.G1552插头连接不良造成的,因此决定暂不去理会,而先检查一下其他系统。该车点火线圈控制电路如图2-14所示。

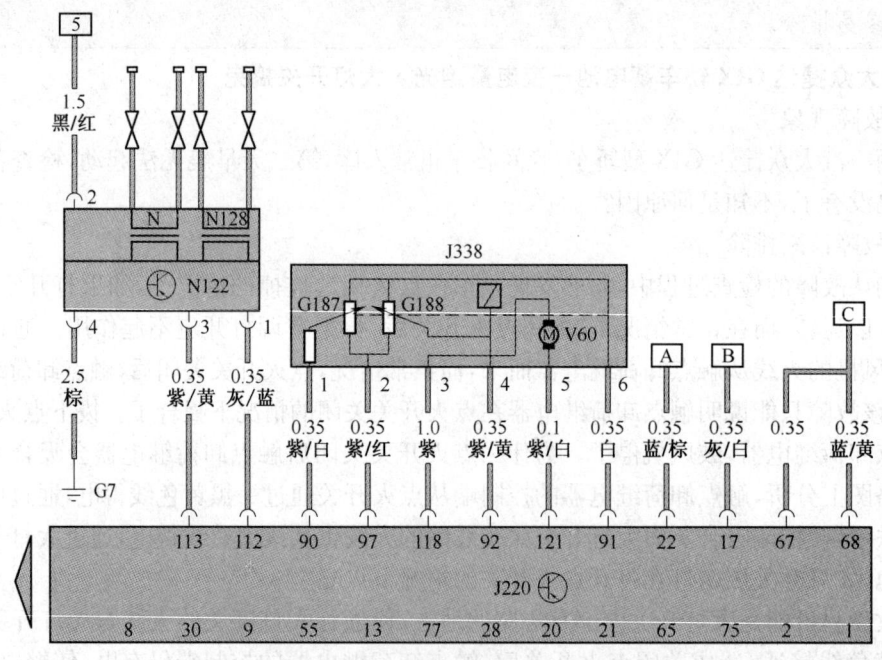

图2-14 大众捷达CIF前卫轿车点火线圈控制电路

A—转速信号 B—K/W线 C—空调压缩机

J220. 发动机ECU J338. 节气门控制单元 N、N128. 次级点火线圈
N122. 点火控制模块 G7. 接地点(前流水槽左侧)

①跳火检查。拔下1缸的分缸高压线,在1缸分缸高压线上套装1个工作正常的火花塞,将火花塞的旁电极搭铁,起动发动机,发现火花塞不跳火。检查低压线路,发现在点火开关打开时点火控制模块2号脚没有12V电压,说明点火初级线圈没有电压。

②油压检测。拆下进油管,发现油管中没有汽油喷出,说明油管内没有油压。

③燃油泵工作电压检查。拆下燃油泵插头,起动发动机,检查燃油泵插头正极线的电压,发现没有电压(正常情况下应有12V电压),说明燃油泵没有工作。

④燃油泵继电器(J17)检查。该轿车燃油泵控制电路如图2-15所示。首先打开点火开

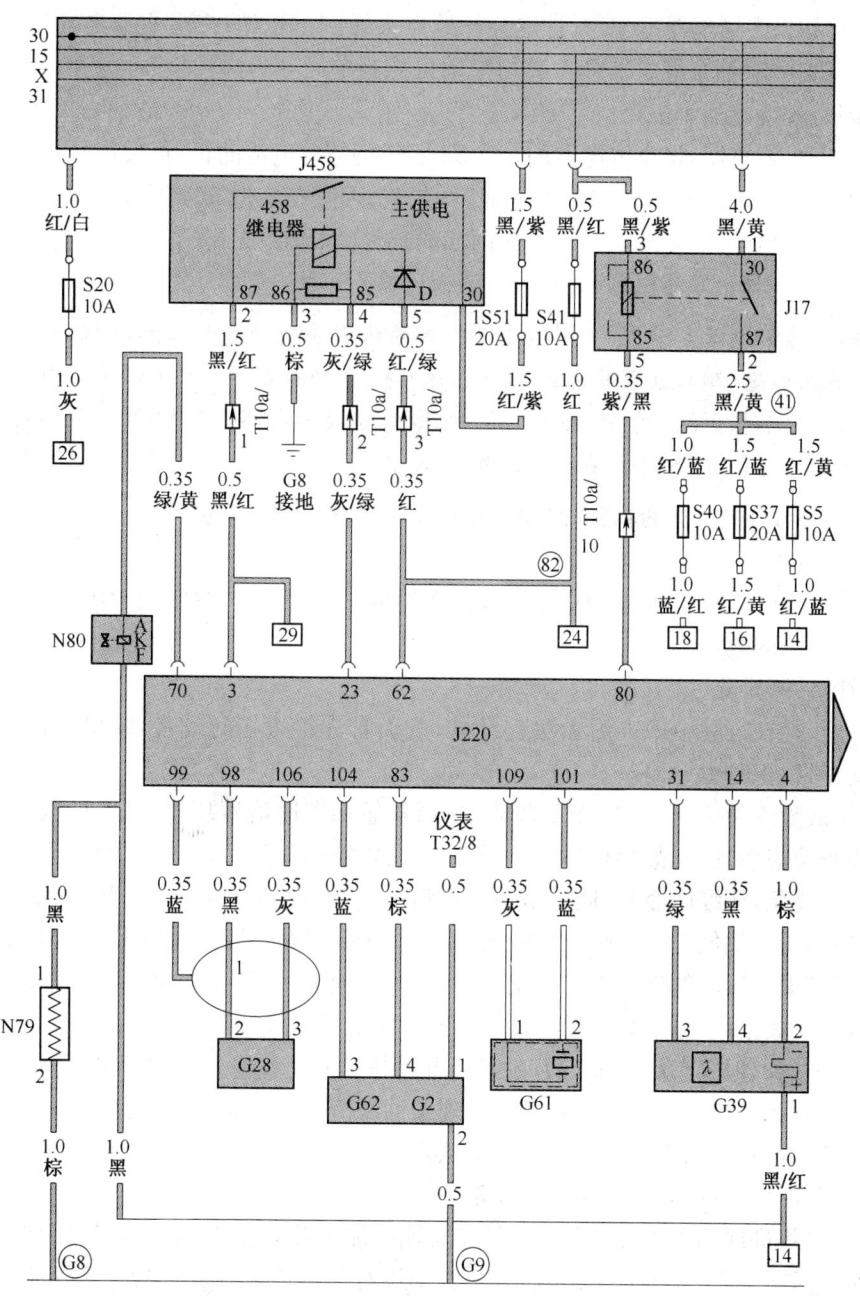

图 2-15　大众捷达 CIF 前卫轿车主供电电路和油泵控制电路

J220. 发动机 ECU　J458. 主供电继电器　J17. 油泵继电器　G28. 发动机转速传感器　G2. 冷却液温度传感器(仪表)　G62. 冷却液温度传感器(发动机)　G61. 爆燃传感器　G39. 加热型氧传感器　N79. 曲轴箱通风加热电阻　N80. 活性炭罐电磁阀　T10a. 10孔插头(蓝色,继电器支架上)　⑧. 接地点(左前翼子板A柱下)　⑨. 接地点(气缸盖上)　⑱. 喷油器(N30、N31、N32、N33)　⑯. 电动燃油泵(G6)　⑭. 加热型氧传感器(G39)

关,用二极管试灯检查油泵继电器的86#脚、30#脚和85#脚,均有12V电压。用导线将85#脚直接搭铁,油泵继电器工作正常,说明85#脚到发动机控制单元内部的搭铁线路可能有问题。

根据以上检查结果,结合该车电路,可以得出两点结论:一是点火初级线圈的火线来自继电器(J458),如果主继电器不工作,肯定会导致点火线圈不工作;二是主继电器还控制油泵继电器的85#脚搭铁(油泵继电器85#脚与发动机控制单元80#脚连接)。至此,可以肯定该车的故障原因是主继电器不工作。

接着拔下主继电器,将主继电器的86#脚、85#脚与蓄电池的正、负极连接,用万用表电阻挡检测主继电器30#脚与87#脚是否导通,结果发现不导通,这就充分证明了主继电器已损坏。拆开主继电器外壳,发现其吸合线圈内部的焊脚脱焊,使线圈不能正常产生电磁力吸合触点。更换主继电器后,发动机顺利起动,故障得到排除。

> 点击:在维修电喷发动机时,应尽量使用新的维修手册资料和工具,诊断故障时应按电路图逐步进行检查(测),直至找到故障点。该车的发动机ECU和点火线圈均由主继电器控制供电,当发动机ECU的3#脚无12V电压时,将使其内部线路失控,油泵继电器回路断路,从而导致燃油泵、喷油器和点火线圈均不工作。

51. 一汽大众捷达(柴油)轿车发动机难起动·预热阀密封不良

(1)故障现象

一辆一汽大众生产的捷达CDX轿车,该车行驶8.1万km,在使用中出现熄火后再次起动发动机很困难的故障。

(2)故障诊断排除

该故障车是在行驶中熄火后无法起动的,故而首先检查正时皮带,结果无掉齿和浸油现象,张紧度正常,正时也无偏差。

接着用故障诊断仪V.A.G1552调阅故障码,显示车速信号超差/偶发性故障码(发动机系统)。检查防盗系统,无故障码输出。将发动机故障码消除后起动发动机。起动机转动有力,但没着火迹象,凭维修经验,似乎喷油器不喷油。拆检柴油滤清器,发现进油管无油流出,柴油滤清器内所存油低于能被高压泵吸入的底线,于是向柴油滤清器内重新加注柴油,并从高压泵回油管和喷油器两处进行人工排气,当两者均有油流出后连续两次起动,都能着车。在怠速工况下,观察数据流,显示数据无异常。判断该车故障是加油不及时或更换柴油滤清器时未加注柴油造成的。但着车约5min后,发动机开始抖动并随着熄火,而再无法起动。

再拆开柴油滤清器上的预热阀检查,发现柴油滤清器内又无油了,而且从油箱过来的进油管也无油,于是怀疑进油管有漏油之处。又从发动机舱检查到油箱,并将油浮子拆出,观察是否因油质不好而堵塞进油滤网,结果无异常。

最后分别将进回油管直接连接,并在进油管中加了几层滤纸,而回油管路则把预热阀取消,重新排气后起动车,立刻着车了,而且一直都没有出现熄火现象。为什么油管装在柴油滤清器上就不能正常泵油呢?怀疑原车柴油滤清器密封不良,漏气,于是换了一个新柴油滤清器,可装上后故障又出现。由于进油管没有漏油、漏气的地方,判断为故障是由装在柴油滤清器上的预热阀引起,如果是预热阀密封不良,可能引起吸不上油。按照推测换了一个新阀,再起动车一下就着,而且起动也很顺利。

最后检验旧的预热阀,堵住阀上的两个孔,通过另一个孔吹气,发现从管的根部有气排出,原来此阀在多次更换柴油滤清器时已造成损坏,但从外观上却不好辨别。

> 点击:该车更换新预热阀后,故障排除。值得注意的是,该阀上的两道密封胶圈也是不可重复使用的,否则将造成破损而漏气,亦会出现发动机加速无力、起动困难等故障。

52. 一汽大众捷达轿车急加速时进气管"回火"严重·高压导线不良

(1) 故障现象

一辆一汽大众捷达前卫轿车,使用中当急加速时进气管产生严重回火,即发出"砰砰"的"放炮"声。

(2) 故障诊断排除

一般来讲,进气管"放炮"声,大多是由点火系统故障所造成。捷达前卫轿车点火系统无分电器,点火正时亦无须人工调整。检查四根分缸线顺序,没有插错。接着检查点火系统,试着更换了一组高压线,发动机不再回火,说明分缸线有问题。为找出是哪个缸高压线不良,把更换下来的高压线再逐一更换回去,结果发现第 1 缸分缸线不良。测量 1 缸缸线的阻值,为 5.5kΩ,正常;检测 1 缸点火波形并进行分析,故障为高压线绝缘不良、耐压不够所致。这是国产高压线的常见故障,在其他国产车上也遇到过。

捷达前卫轿车点火系统电路及工作原理如图 2-16 所示,该点火系统采用两个双火花点火线圈,分别给 1、4 缸和 2、3 缸点火,最佳点火时刻由发动机 ECU 控制。发动机 ECU 依据各传感器的信号及 ECU 内部存储的点火波形,通过精确计算确定点火时刻。

从图 2-16 所示可以看出点火线圈初级一端接 15 号接柱(正极),另一端接 ECU 的 112 端子,ECU 通过 112 端子控制点火线圈初级的通断,在点火线圈次级感应出高电压,击穿火花塞电极间隙,产生电火花。由于在点火线圈次级的两端接有两个火花塞,故称双火花点火线圈,如图 2-17 所示,两个火花塞串联。实际上,ECU 并不直接控制点火线圈初级电流的通断,ECU 将控制信号输出给功率组件,由功率组件控制点火线圈初级电流的通断。功率组件是点火终端能量输出极,是一个发热体,其故障率比其他电气元件要高,为便于散热和维修,将终端能量输出端集成在点火线圈内。功率组件还控制点火线圈初级电压和电流,控制初级电压,可防止次级电压过高,烧损高压元件;控制初级电流,可使点火能量稳定,防止高速时点火能量变低导致缺火或火花弱,还可防止低速时初级电流过大烧坏点火线圈。

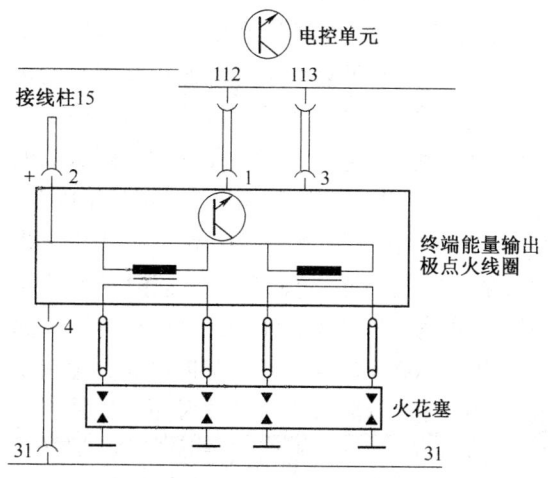

图 2-16 捷达前卫轿车点火系统电路

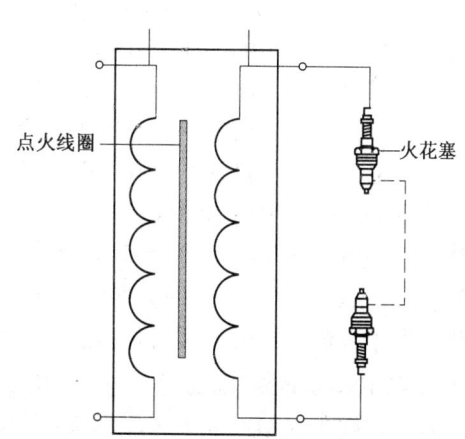

图 2-17 双火花点火线圈工作原理

这种两缸共用一个点火线圈的点火要求点火必须一致,即必须保证一个缸为压缩上止点,另一个缸为排气上止点。若1缸为压缩上止点,4缸为排气上止点,则1缸内的高压火花点燃缸内可燃混合气,4缸内的高压火花是废火。因为此时1缸压力高,混合气流度大,击穿火花塞电极间隙需要较大的能量和较高的电压,而4缸的点火能量极小,可视为电流短路,这样能量大部分集中在1缸的火花塞上,只有1缸能正常点火。2、3缸工作原理与此相同。

从该车来看,当发动机急加速时,缸内混合气浓度增大,压力增高,需要更高的点火能量和电压。因1缸高压线损坏,当到达1缸压缩上止点进行高压点火时,高压线因不能承受点火高压而被击穿漏电(与机体),则1缸缸内无火,可燃混合气未被点燃,当发动机运转至4缸压缩上止点时,1缸位于排气上止点,由于1缸内不是燃烧后的废气而是可燃混合气,因而1、4缸同时点火,1缸内未燃烧的混合气此时被点燃,又因为排气上止点时进排气门有一定的叠开角,燃烧着的气体从1缸进气门窜入进气管,造成进气管回火,并发出"砰砰"的"放炮"声。更换第1缸高压线后,起动发动机检验,放炮声完全消失,故障排除。

53. 一汽大众捷达轿车发动机冷机偶尔发抖·J220捣鬼

(1) 故障现象

一辆一汽大众捷达伙伴轿车装备 BJG 发动机,电控单元为 OOHS7005 版本。在使用中出现冷车时发抖,而加速有"坐"车的现象,故障发生具有偶然性。热车后各工况变正常。

(2) 故障诊断排除

根据检验确定故障后,按照一汽大众技术资料提示,用 V.A.S5051 故障诊断仪进行软件升级,发动机控制单元软件版本号改为 OOHS7010,燃油自适应工作完成后,第2天早晨起动,故障依旧。检查发现发动机怠速仅为 850r/min,无快怠速工况,发动机转速上下波动,排气管有不规则的"突突"声,类似缺缸现象。

接着连接 V.A.S5051 故障诊断仪,读取故障码内容为"第1缸喷油器信号回路故障"。用 03 功能测试,第1缸喷油器没有反应。再用 V.A.S1527 测试灯跨接在第1缸喷油器的插头上,怠速运转时试灯不闪烁(正常时应闪烁)。测量喷油器上有 12V 驱动电压。是何原因导致第1缸喷油器没有接地信号呢?找来2根大头针,分别插入第1缸和第2缸的喷油器接地控制线,用1根导线把2根大头针连接起来,这样就把发动机控制单元 J220 输送给第2缸的接地信号,"嫁接"在第1缸喷油器的信号线上,此时第1缸喷油器工作正常,表明故障在第1缸喷油器 N30 的线路有虚接或断路故障,如图 2-18 所示;或发动机控制单元 J220 中控制第1缸的功率三极管或附属电子元件性能失常,从而导致 N30 搭铁不可靠。于是又连接专用发动机控制单元检测盒 V.A.G1598/31,把它串联在发动机控制单元 J220 及控制线路中间。检测盒上共有 121 孔,第 88 孔为第1缸喷油器 N30 的搭铁信号线测试孔。将 V.A.S1527 测试灯的正极接蓄电池正极,负极接 88 孔,在第1缸喷油器 N30 不工作时,V.A.S1527 测试灯不闪烁,则证明发动机控制单元 J220 出现故障。因为 V.A.G1598 中的 88 孔是直接从 J220 中引出来的线,假如怠速运转时,V.A.S1527 测试灯能闪烁,第1缸喷油器 N30 还是不工作(信号线不能搭铁),那么一定是 J220 中的 88 孔端子线路至第1缸喷油器 N30 之间的线路有虚接、断路故障。由于故障具有偶发性特征,运转一会儿后,在热车状态,故障一直没有再出现。遂拔下 J220 电控单元的插头,测量第 88 端至第1缸喷油器 N30 的线路,没发现断路及短路故障。

第二天冷车起动发动机又出现发抖现象,怠速仅为 850r/min。此时又连接 V.A.G1598/31,同时用 V.A.S1527 测试灯检测 88 孔,结果试灯不闪烁,从而判断发动机控制单元 J220 为

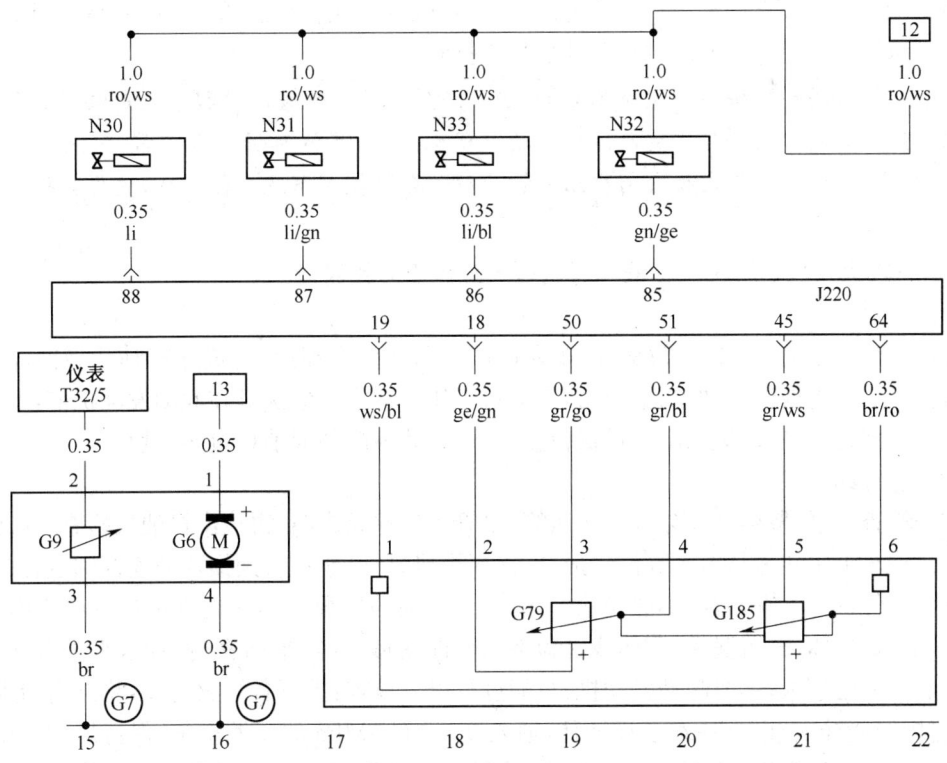

图 2-18 大众捷达伙伴轿车用发动机控制单元检测盒检测

ws. 白色　sw. 黑色　ro. 红色　br. 棕色　gn. 绿色　bl. 蓝色　gr. 灰色　li. 紫色　ge. 黄色
J220. 发动机控制单元　G6. 油泵　G9. 油位传感器　G79. 油门踏板位置传感器1
G185. 油门踏板位置传感器2　N30. 1缸喷油器　N31. 2缸喷油器　N32. 3缸喷油器
N33. 4缸喷油器　G7. 前流水槽左侧

该车故障点。

更换新的发动机控制单元J220,装复后试车,冷车怠速为1100r/min,运转平稳,而热车后怠速为800r/min,其他一切正常,故障终于排除。

54. 大众捷达轿车开空调时发动机温度过高·风扇控制器"作梗"

(1) 故障现象

一辆大众捷达GTX轿车,该车已行驶8.5万km,在使用中出现打开空调时发动机水温过高的故障现象。

(2) 故障诊断排除

根据故障现象分析,该车在怠速时水温正常,打开空调后,水温急剧上升。初步怀疑是冷凝器过脏造成散热不良,于是打开前中网查看,冷凝器很干净,但此时水温已经达到110℃,而风扇依然是低速运转。正常情况下,在水温达到105℃时,风扇就应该高速运转。将发动机熄火后(点火开关处于点火位置),打开空调开关,用一根导线短接空调高压开关,此时能听到风扇继电器吸合的声音,但风扇不转。用试灯检测风扇插座接头,当短接时风扇电源有电。进一步怀疑风扇损坏,但是更换一新风扇后在高速挡也不转。再次短接高压开关,用万用表检测风扇高速挡电压,仅为8V。到此时,可以确定风扇控制器出现故障,确认此为故障点。风扇控制器中的继电器控制风扇高速运转,而继电器供电端是双温开关和空调高压开关共同控制的,当水温达到指定温度或空调高压开关接通时电源给继电器供电使触点闭合,风扇高速挡工作,此时风扇高速运转。更换新的风扇控制器后故障排除。

> **点击**:该车的故障排查应该是不难的,但是工作人员在维修的过程中还是错误地更换了风扇,不能不为之惋惜。该车的故障根据故障现象分析,其他时候水温正常,仅仅是在开空调之后水温高,所以首先应该分析得出的就应该是散热控制系统性能不良,这样排除故障思路就非常清晰了。

55. 一汽大众捷达轿车冷却液耗量过多·缸盖变形起祸端

(1) 故障现象

一辆一汽大众捷达 CL 型轿车,该车在使用中因缺少冷却液,造成连杆轴承烧蚀,缸垫冲坏的机件事故。更换连杆轴承、缸垫后,发动机工作正常了。但次日在起动发动机前,发现(头天刚加满)膨胀箱的冷却液已降至最低位置以下,显然为冷却液消耗过多(量)。

(2) 故障诊断排除

首先检查水泵、散热器、膨胀箱、暖风管、水管等处并无渗漏;再拔出机油尺检查,发现机油内有水。该车上次故障是由于高温造成的,该次维修时,可能只看到损坏的连杆轴承、缸垫,而没对其他部位进行检查,所以不能排除缸体、缸盖受损的情况。油底壳进水的主要原因有:缸垫冲坏、漏水;缸体、缸盖漏水;缸体或缸盖平面翘曲变形,气缸平面密封不严,水进入气缸等。此时油底壳内已进水,不能起动发动机,只能进行以下检查:拆下各缸火花塞,将缸内的水清除干净;将内窥镜插入缸内,各水道口堵住,通入 0.3~0.5MPa 的压缩空气,保持压力 5min,观察各缸内情况。发现 2、3 缸有水珠从缸套上部滴下,这说明气缸无损坏。气缸盖的裂纹一般出现在气门座圈及火花塞螺孔之间,所以判断气缸盖无裂纹,下一步检查缸垫和缸体、缸盖有无变形。拆下缸盖,发现缸垫变形不大均匀;检查缸盖的平面度,其最大允许偏差为 0.1mm,而该车的偏差为 0.2mm,果然是缸盖严重变形。该车故障因高温持续时间过长,引起缸盖变形,但却忽视了对缸盖平面度的检查。更换缸盖后,将发动机装复,故障排除。

56. 一汽大众捷达轿车急加速无力·综合故障并发

(1) 故障现象

一辆一汽生产的 09 款大众捷达轿车,装备 01M 自动变速器,行驶 13.5 万 km,该车出现发动机有时急加速不良,急加油门时,发动机转速最高到 2300r/min,同时油耗增加的故障现象。

(2) 故障诊断排除

询问驾驶人后,首先验证故障现象。反复试车,故障未出现。连接 V.A.G1552 故障诊断仪读取故障码为 00561、01165。00561 表示混合气自适应超过自适应界限逐渐减少,01165 表示节气门控制单元 J338 基本调整错误。在怠速状态下读取数据流,发现节气门开度为 11°(标准值 2°~5°)。曲轴每转一周的喷油时间 2.4ms(接近上限,标准值为 1.3~2.5ms),吸入的空气量为 4.6g/s(接近上限,标准值为 2.0~5.0g/s)。清洗节气门,匹配成功,同时清理了空气滤芯。再次连接 V.A.G1552,无故障码存储。在怠速状态下读取数据流,发现节气门开度为 2°,曲轴每转一周的喷油时间 1.8ms,正常,吸入的空气量为 3.1g/s,正常。

再次试车时,发动机又出现急加速不良的故障,重新连接 V.A.G1552 故障诊断仪,无故障码存储。读取数据流发现怠速状态下数据流正常,缓加油门也正常。但是一急加油门发动机转速达到最高 2300r/min。同时观察空气流量计的空气量最高才能达到 10.6g/s(正常情况下空气量能达到 42.0g/s），喷油时间短。根据数据流分析判断，空气流量信号不对。根据经验，初步判断空气流量计失效。取下空气流量计的插头，让发动机处于应急状态，故障依旧（按常规，此时急加速不良状况应有所好转）。更换一个空气流量计，发现故障依旧。由以上情况分析，原车空气流量计可能没有失效。又换上原车的空气流量计。

然后，根据图 2-19 所示电路图，检查空气流量计与控制单元间的线路 3 与 T80/12、4 与 T80/11、5 与 T80/13 的电阻为 0.3Ω，且对正极、对搭铁无短接现象，经测量线路正常。于是更换了控制单元，但是故障依旧没有排除。

这时又听驾驶人反映换挡杆有点热，那么是不是三元催化器坏了？检测得到，急速时，真空表显示为 49.5kPa，急加油发动机转速在 2000r/min 时，真空度能到 0。所以猜测可能排气有堵塞。为进一步确定故障，利用万用表测温探头进行测量，发现三元催化器前部的温度为 198℃，三元催化器后部的温度为 214℃，温度相差 16℃，说明排气系统正常。为明确三元催化器是否有故障，拆下三元催化器测试检查后故障依旧，因此排除了排气系统产生故障的可能。进一步分析采取以下方法：

①连接汽油压力表检查汽油压力：首先打开点火开关，检查预压 3.0bar（1bar = 10^5Pa），保持压力 10min 不低于 2.0bar。怠速油压 2.5bar。急加油燃油压力能达到 3.0bar，取下油压调节器上的真空管燃油压力能达到 3.0bar，说明燃油压力正常。

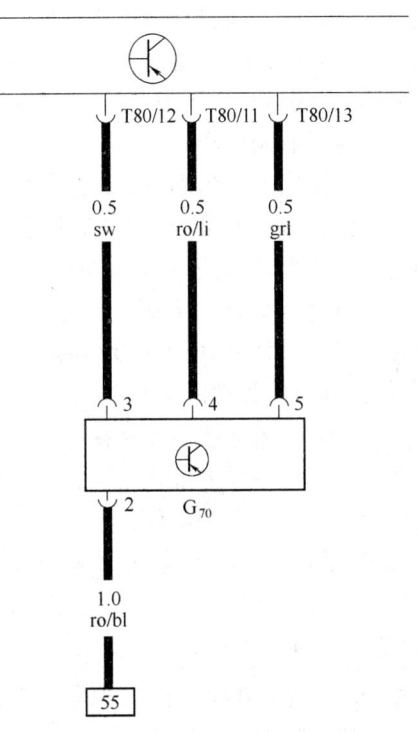

图 2-19 捷达轿车控制单元与空气流量计之间的电路

②检查气缸压力：拆下火花塞，观察电极的颜色正常，说明火花塞工作正常。量取气缸压力 1~4 缸分别为 11.4bar、11.6bar、12.1bar、12.6bar。标准压力 11~13bar，4 缸与 1 缸压力差为 1.2bar，小于 3.0bar，说明气缸压力正常。同时在拆装时，发现点火高压线已经老化，车辆已经行驶 13.5 万 km 但火花塞没有更换过。更换了火花塞、高压线，故障依旧。

③检查正时标记：旋转曲轴，观察正时标记正确，皮带无爬齿现象。

④检查气门头部积炭：电喷发动机由于喷油器喷油正好喷到进气门头部，当汽油品质不佳时很容易造成进气门头部积炭过多。在急加速时，喷油器长时间喷油，有一部分汽油会被节气门头部积炭吸收，造成进入气缸的混合气偏稀，从而导致急加速不良。拆下进气管，发现进气管内与进气门头部积炭过多，用自制钩型工具清理积炭，故障不能排除。

⑤检查喷油嘴：在进气管上拆下完整的燃油分配器及全部喷油器，放入量杯 VAG1349/2B 中，起动发动机，观察喷油嘴的雾化情况，发现 1 缸、4 缸喷油嘴雾化情况差，清洗喷油嘴，雾化、喷油量正常。故障依旧。

⑥检查节气门位置传感器：连接 V.A.G1552 故障诊断仪，打开点火开关，进入 01 发动机地址，选 08 功能 001 数据组的第三区节气门开度信号，轻踏、急踏油门，观察 V.A.G1552 故障诊断仪显示屏上的节气门开度也在变化，初步判断节气门没问题。

⑦检查发动机转速传感器 G28 信号：连接 VAG1598/22，利用 V.A.S5051 故障诊断仪的示波功能检查 G28 波形，G28 正常。

⑧更换一个正常的点火线圈，故障依旧。

有火有油，进排气系统正常，气缸压力正常，还有什么原因能造成急加速不良呢？忽然想到机油压力过高能造成急加速不良。于是检查该车机油滤芯，发现机油滤芯是副厂件。心中豁然开朗，更换机油滤芯后，车辆急加速正常。但试车故障再次出现。连接机油压力表VAG1342 测量机油压力，怠速 2.5bar，2000r/min 时能达到 4.5bar，说明机油压力正常。我们知道捷达王有两个凸轮轴，排气凸轮轴通过链条驱动进气凸轮轴，机油压力通过链条张紧器调节链条的张紧度。当拆下链条张紧器时，发现过滤机油小滤网已被油泥堵死，清洗装车，故障依旧。回顾以上的检查过程，发现还有一项没检查到，那就是搭铁线。彻底清理流水槽搭铁线与蓄电池前部的搭铁线，故障依旧。

这时有个维修工又取下空气流量计的插头，发动机进入应急状态，急加速有力。这样说明原车空气流量计失效，重新更换新的空气流量计故障排除。为了进一步确定故障的具体原因，又反过去验证，当把流水槽搭铁线拧松时，故障再现，说明搭铁不良是该故障的具体原因之一。

> 点击：该车故障是个综合性故障，造成该车故障的根本原因是空气流量计失效和搭铁不良，这是有多个原因造成相同故障现象的案例。先前的检查中更换了空气流量计，发现故障现象不能排除，就轻率地判断空气流量计没有失效，换上原车的空气流量计。在后面检查中忽略了搭铁线的检查，造成整个维修工作的复杂化。希望在今后的维修工作中加强搭铁线的检查，避免不必要弯路。同时加强综合故障的分析判断能力，以适应现代汽车维修的需要。

57. 一汽大众捷达轿车发动机怠速时"啪、啪"异响·失效机油"添乱"

(1)故障现象

一辆一汽大众捷达轿车，在使用中出现起动发动机怠速运转时，在发动机上部有一种清脆的"啪、啪"异响声，提高发动机转速异响声变得较杂乱，随之出现行驶动力不足现象，停车检查又未发现异常。

(2)故障诊断排除

首先检查各电气系统均属正常，接着测量发动机怠速时的点火提前角为 8.5°，将其调整至 6°，试车异响仍然存在。于是检查发动机机油存量也属正常。但用手捻机油和新机油比较，感到有些过稀感觉，又连接表检测机油压力，结果只有 62kPa，怠速时，与该机标准比较属于偏低过大。分析也认为机油品质下降过多，发动机温度升高后机油黏度太低，致使发动机怠速时润滑系统各部泄压过大，特别是使液压挺杆内不能建立起足够的油压，从而导致发动机气门产生异响。于是决定放出旧机油并进行清洗后，加注规定牌号新机油，起动发动机试验，异响声大为降低，待运转 1min 后完全消失，路试车发动机动力恢复正常，故障排除。

58. 一汽大众捷达 CIX 轿车冷机怠速抖动严重·气门挺柱漏油

(1)故障现象

一辆一汽大众捷达 CIX 型轿车，装备 ATK 型发动机和手动变速器，行驶 15 万 km 后出现，每天早晨冷机起动 2~3s 内发动机怠速运转抖动十分严重，最低怠速只达 400r/min 左右，有时甚至会熄火。但经过 3~5s 后故障现象将逐渐消失，而且一天之内也不再发生类似故障，若重新起动发动机，上述故障现象也不会再出现。

(2)故障诊断排除

维修人员听过驾驶人介绍故障后,采用故障诊断仪读取故障码,结果无码输出。检测了冷却液温度传感器属正常,清洗了节气门体、进气支管、进气门和喷油器,更换了曲轴位置传感器和点火开关总成,清洁打磨了所有的搭铁点,前后折腾了40多天(反复检测、试用),故障仍然没有排除。可在检查中发现一种怪现象,在更换了机油和机油滤清器之后,故障现象有所减轻。于是彻底清洗了润滑系统,更换了气门的液压挺柱,故障终于被排除。

对换下来的液压挺柱进行检查发现,挺柱磨损特别严重而漏油。分析认为,轿车停放一夜之后,液压挺柱内的机油泄漏太多,在早晨冷机起动的2~3s内来不及补充,使其长度缩短,造成进气门的升程变短,从而进气不充分,因而发动机的怠速转速过低,甚至出现熄火。当发动机起动运转几秒钟后,或重新起动一次,液压挺柱内充满机油后,所以故障现象逐渐消失。

点击:该案例是一个典型的没有事先进行常规检查而使维修过程大费周折的例子。如果在常规检查时发现机油油质下降或不良或存量不足,可能排除故障快捷多了。事实证明,首先进行常规检查在维修电喷汽车时也有相当大的实用价值的,是避免走弯路的有效方法之一,然而常规检查往往又被一部分同行所忽略。

59. 大众捷达轿车发动机怠速"缺缸"·进气道砂孔使坏

(1)故障现象

一辆新款大众捷达 GT 轿车,装备 AHP 型发动机,起动发动机怠速运转很不稳定且抖动严重,行驶加速不良,有类似发动机"缺缸"的感觉。

(2)故障诊断排除

验证故障时,首先用 V.A.G1551 故障诊断仪读取故障码,结果无故障码显示。接着测量数据块 08 的 099 组,观察氧传感器的控制值,最高可达 25%,由此表明发动机燃烧不良,混合气过稀,造成发动机怠速时抖动;用断油法检查各缸的工作情况,未发现其他问题。测量各缸的压缩压力,每缸均在 1.06MPa 以上,判断发动机无机械故障。

检查进气系统发现有"嘘嘘"的漏气声,用一片小纸板遮住空气流量计的一部分,使进气量减少,发现发动机抖动有所减轻,由此确认混合气过稀。再仔细检查,终于发现进气道靠下侧处有个小砂孔,由此孔可进入一部分空气,造成了混合气过稀。当用铝焊条补孔后,起动发动机试验,怠速运转平稳,抖动消失,故障排除。

点击:进气管漏气,可造成混合气过稀,是导致发动机怠速抖动不稳的主要原因。本例中小砂孔的产生可能是与制造疏忽失检有关。

60. 大众捷达轿车发动机怠速不稳·喷油器工作不良

(1)故障现象

一辆大众捷达轿车,装备 BJG 型发动机,行驶 9.5万 km,使用中在发动机怠速工况下出现抖动,尤其打开空调时抖动更为严重的故障现象。

(2)故障诊断排除

首先进行试车检查,发动机有轻微抖动,坐在驾驶室里感觉为类似共振的抖动;打开空调抖动变得很严重,急踩油门时有"敲缸"的声音。这种现象很显然是混合气过稀或点火强度不够造成的,不像是共振造成的,因为共振不会影响发动机性能。接下来用 V.A.S5051 故障诊断仪检测 ECU,未测出故障。怠速观察数据流第一组数据的三区,氧传感器的数值在 7%~

8%变化;第二组数据的二区数值在20%～23%之间变化,三区的喷油脉宽数值在4.1ms;发动机转速没有太大的异常。

从喷油脉宽和氧传感器的数值分析,喷油量显然比正常的大,但是氧传感器还是显示偏稀,说明油路有阻塞或油压过低的故障。观察发动机负荷要比正常的18%左右大,检查火花塞间隙正常;试火时有强烈的火花,而且尾气也没有异味,说明点火正常,由此认为故障原因还是在油路方面。造成混合气过稀的原因主要有:燃油泵油压不足;油压调节器堵塞;喷油器积炭过多;喷油器本身故障造成喷油过少。

根据上述检查和原因分析,首先检测燃油压力为2.4bar($1bar=10^5Pa$),加油瞬间也能达到3bar的压力,但是捏住回油管时压力还是3bar,证明油泵的压力还是有点问题。更换油泵后故障略有好转。检查油压调节器没有异物阻塞,观察喷油器发现有积炭沉积,于是清洗了喷油嘴,试车还是抖动但急加速"敲缸"的情况消失了。接下来用断缸法检查喷油器,当断到第3缸时发动机变化不是很大,拆下喷油器进行喷油试验,与其他喷油器进行比较发现喷油量很小,当更换3缸喷油器,再起动发动机时,怠速运转平稳顺畅,其他一切正常,故障排除。

点击:第3缸的喷油器工作不良,会使此缸功率偏低,这样ECU会以增加喷油量来弥补这部分功率的缺失而使发动机保持一个恒定值。此时的发动机负荷数值随即增大,然而喷油量的增大没有使内部存在故障的喷油器给此缸直接的能量补偿,使混合气偏稀,导致发动机怠速抖动的故障现象发生。

61. 大众捷达王轿车发动机怠速运转抖动·维修出来的故障

(1)故障现象

一辆大众捷达王轿车,在使用中出现发动机加速不良,而且怠速抖动严重的故障现象。

(2)故障诊断排除

检验时发现故障表现类似发动机缺缸,但做断缸试验和检查火花塞及高压线,又未发现有异常。再读取数据流发现氧传感器调节变化波动较大,因此对该车检测气缸压力,其值均在标准范围。询问驾驶人故障的起因和时间得知,该车两天前因气门室垫漏机油换了一个新垫,同时换了一组火花塞,当天使用并没故障,故障是第二天行驶中突然出现的。根据这个介绍,重新拆解了进气支管,发现2缸进气连接胶座并未完全套在进气支管上,有一小半胶座被压变形,凹进进气支管,判断这就是引起怠速抖动的根源。由于该胶座安装不正确,造成2缸有大量空气涌入,致使2缸燃烧失常,所以表现为缺缸现象。更换新的进气连接胶座,按正确要求装复试车,怠速运转平稳,其他一切正常,故障排除。

62. 大众捷达轿车发动机怠速不平稳·"病根"在氧传感器

(1)故障现象

一辆大众捷达5气门发动机轿车,在使用中出现发动机怠速不稳的故障。

(2)故障诊断排除

首先用V.A.G1551诊断仪读取故障码,显示故障码的含义为空气流量计故障,但检查空气流量计电路时均正常。用替换法更换空气流量计后试车,故障现象依旧。又进行全车数据流检测,发现氧传感器信号电压变化频率很缓慢,判断氧传感器为故障点,于是更换氧传感器。试车,发动机怠速恢复正常,故障排除。

63. 大众捷达柴油机轿车加速无力冒蓝烟·油品质低与失保

(1) 故障现象

一辆大众捷达柴油轿车,在使用中出现加速无力,越急加油就越无力,轻轻加油还可以带上负荷挂上挡,但速度较慢,而且排气管冒出大量的蓝烟。

(2) 故障诊断排除

经专业技师用电脑检测,发现喷油量发火时间都非常正常,起动着火也无异常,路试检测发现急加速状态下,喷油量供应不上,再检查燃油系统,发现此车用的燃油非常浑浊。经驾驶人介绍,该车是在一个小加油站加的油,该故障已经出现十多天了,在这次加油后越来越严重。最后才到服务站来维修。

经过了解,维修站由此准确判断:该车是因为高压泵供油发卡,而且长时间不正规保养,加上使用不合格柴油,才造成此车现在的故障。维修站对该车高压泵进行了专业的维修处理,并彻底清洗油道,加注厂家推荐燃油,试车动力更胜以前,故障排除。

64. 一汽大众捷达轿车发动机冷却液"沸腾"·回液管路堵塞

(1) 故障现象

一辆一汽大众捷达轿车,装备 ACR 型发动机,在使用中出现发动机冷却液沸腾的现象。

(2) 故障诊断排除

首先检查冷却液储量属正常液位,起动发动机,让其怠速运转,发现 4～5min 后(正常需要 7～9min),冷却液温度即达 85℃～90℃。检查发动机工作情况,当冷却液温度达 90℃时,冷却风扇开始以低速运转,当达到 105℃时,冷却风扇以高速运转。上述检查表明该车冷却系统散热正常,同时也排除了冷却液泵及节温器发生故障的可能性。

经分析认为,储液缸盖上的限压阀是控制冷却系统内部压力的,该限压阀发生故障,也会影响系统压力的升高,于是更换此缸盖,但更换后故障依旧。接着检查储液罐回液管,发现该管严重堵塞,因此造成了冷却液循环不畅,出现发动机冷却液沸腾故障。更换此回液管后,故障得到排除。

65. 一汽大众捷达轿车发动机"发烧"·起动继电器断路

(1) 故障现象

一辆一汽大众捷达(JETTA)轿车,在使用中出现发动机冷却液储量正常,但冷却液温度警报灯闪烁、动力下降、发动机"发烧"的现象。

(2) 故障诊断排除

首先检查散热器及连接管路,没有发现冷热不均匀现象。起动发动机,并运转到冷却液温度警报灯闪烁时为止,发现散热器风扇只有低速挡而没有高速挡,由此判断散热器风扇控制电路有故障。

一汽大众捷达轿车发动机冷却液温度控制电路如图 2-20 所示。根据该控制电路,风扇有静止、低速和高速 3 个挡位。当发动机罩内环境温度达到 70℃时,70℃温度开关闭合。当发动机不工作时,若 70℃温度开关闭合,则自动接通散热器风扇的低速挡。热敏开关是一个双温开关,安装在发动机冷却水套上,当发动机冷却液温度达到 96℃时,接通散热器风扇的低速挡;当冷却液温度达 105℃时,接通起动继电器,散热器风扇以高速挡运转。

拔下散热器风扇热敏开关上的接线插座,用导线连接红色线接柱与白色线接柱,散热器风扇可按低速挡转速运转;再用导线连接红色线接柱与红黑色线接柱,听不到起动继电器动触点被

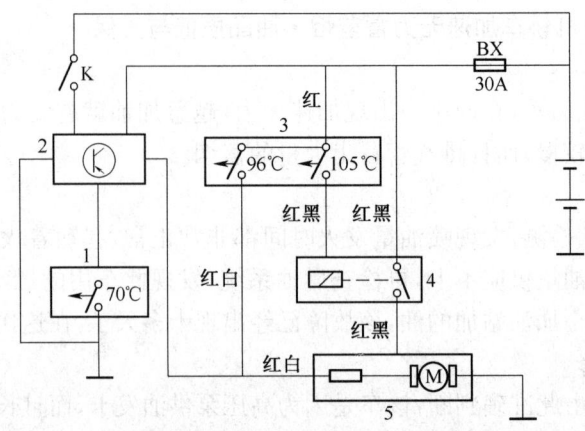

图 2-20　大众捷达(JETTA)轿车发动机冷却液温度控制电路
1. 70℃温度开关　2. 控制单元　3. 热敏开关　4. 起动继电器　5. 散热器风扇

吸合的声音；又从 30A 熔丝 BX(图 2-20)处接一根火线与风扇插头中的红黑线接柱相连，风扇可按高速挡转速运转，由此判断起动继电器线圈断路，散热器风扇是良好的。

更换新的起动继电器后，起动发动机试验，散热器风扇有了高速挡，运转中发动机温度恢复正常，警报灯不再闪烁，一切正常，故障排除。

66. 大众捷达轿车发动机常"开锅"·风扇高挡继电器"寿终"

(1)故障现象

一辆捷达轿车，装备 ACR 发动机，在使用中出现发动机冷却液温度偏高，冷却液经常因温度过高而沸腾，即出现"开锅"，同时伴有溢出现象。

(2)故障诊断排除

首先询问驾驶人，冷却液中是否掺加了水或者其他物质以及是否更换过冷却液，驾驶人说："到目前行驶了 4 万 km，冷却液还是原车的。前两天突然出现'开锅'现象，冷却液减少，买一瓶原车相同冷却液补充一些，此外从没加过别的东西。"检查该车急速时，冷却液温度基本正常，当温度达到 90℃～95℃时，风扇开始以低速挡工作，很快达到 100℃以上。随着负荷的加大，水温仍有上升的趋势并导致发动机出现"开锅"现象。停车检查，发现风扇不以高速挡工作，只以低速挡工作。在如此高温情况下，风扇仅以低速挡工作是达不到快速散热目的的，因此出现发动机冷却液温度偏高、"开锅"等故障现象。

分析主要故障原因有：①双温度热敏开关高温挡故障，处于常断状态。②风扇高速挡继电器损坏。③有关线路断路故障。

首先将热敏开关高温挡用导线短接，即将红线与红/黑线短接，检查风扇是否工作。如果工作，表明双温度热敏开关损坏，需要换。短接后该车风扇高速挡并不工作，这样可以排除双温度热敏开关故障可能性。然后将红线与红/黑线继续短接，测量风扇高速挡继电器插头红/黑线与接地点电压值，测得结果为 12.4V，该线路无故障；测量高速挡继电器插头红线与接地点电压值，测得结果为 12.4V，该线路无断路处；测量高速挡继电器插头红/白线与风扇插头红/白线之间电阻值，阻值为 0.3Ω，该线路也无断路处。这时可以确定故障原因为风扇高速挡继电器损坏。更换风扇高速挡继电器，试车，发动机冷却液温度正常，故障排除。

67. 一汽大众捷达轿车发动机气门发响·机油添加剂惹祸

(1)故障现象

一辆一汽大众捷达 GIX 型轿车，行驶 9.5 万 km，出现发动机急速运转时，气缸盖上部有

"嗒、嗒"清脆金属敲击声,高速运转时声音杂乱的故障现象。

(2)故障诊断排除

据驾驶人介绍,该车在机油中加入某添加剂后不久便出现异响。根据经验,判断异响是气门声,用听诊器仔细听,各气门都有异响。检查机油压力正常。放出机油,发现比正常机油稠,放置一会儿后,下层的机油更稠。更换新机油后试车,发现异响变小,特别是高速时噪声明显减小。拆下气门室发现气缸盖表面上有一层油泥。再装上气门罩,放出机油,用机油道清洗设备清洗后,加注新机油试车,故障排除。

68. 一汽大众捷达轿车发动机气门异响·劣质机油造成

(1)故障现象

一辆一汽大众捷达CT轿车,行驶10万km,发动机怠速运转时,出现缸盖上部有"嗒嗒"清脆金属敲击声的故障现象。

(2)故障诊断排除

首先测量点火提前角为8.5°将其调整至正常值6°,但异响依旧。检查机油油面正常。用手捻机油能感觉到机油太稀,黏度不够,检查机油压力,怠速时比正常值低60kPa(0.6bar),怀疑是机油质量差,高温时黏度低,造成怠速时润滑系各部泄压较大,液压挺杆内不能建立足够油压,从而产生异响。清洗润滑油道,更换规定牌号机油后试车,响声比原来减小,运转一会后异响完全消失,动力性也恢复正常,故障排除。

69. 一汽大众速腾轿车发动机无法起动·E-BOX安装不当惹祸

(1)故障现象

有一辆大众速腾轿车,发动机号是BWH037110,在使用中出现发动机无法起动,而组合仪表板上的动力转向ESP灯常亮的故障现象。

(2)故障诊断排除

根据故障现象首先用V.A.S5051故障诊断仪检测,发现不能进入各控制单元。根据电路图,检查各熔丝正常,J533(数据总线诊断接口)的供电搭铁及到诊断接口上的通信线路正常。于是怀疑J361(Simos控制单元,在排水槽中部)有问题,拔掉J361插头,检查J361时发现没有供电,T121/3插脚没有15号正电。根据电路图检查,此插脚由SB13(25A)熔丝供电。检查时发现SB13、SB14、SB21等都有电,说明发动机的供电继电器J271正常,问题在SB13熔丝后的插头至T121/3之间的线路。用万用表检测该段线路(红/绿线)成断路状态,此时用手按了下E-BOX盒发现线路有导通,有15号正电。而发动机也能顺利起动。那么故障点应该在E-BOX盒的内部线路,拆下E-BOX(发动机舱左侧)发现T40/22脚内部针脚有点松动,进一步检查发现E-BOX盒的安装不正确。

安装E-BOX盒上下面装配时,应先将其固定螺栓拆除,待两部分装复到位时,再用螺栓固定,直接用螺栓拧进去会造成位置的偏差。修复E-BOX盒插脚后检查试验,发动机可正常起动自如,即故障排除。

70. 一汽大众迈腾轿车发动机有时起动困难·转速传感器安装拧紧力矩不够

(1)故障现象

一辆一汽大众07款迈腾轿车,装备EA888 1.8TFSI燃油直喷发动机,在使用中出现高速抖动厉害,加速时又无力,发动机有时起动困难的故障现象。

(2) 故障诊断排除

首先，对发动机进行起动试验，点火起动尚属正常，无明显的抖动和熄火现象出现，再用 V.A.S5052 故障诊断仪检测读取故障码，结果没有故障码输出，又用示波器查看点火波形正常，因此排除了点火系统的故障。检查高压燃油泵工作是否正常，油压传感器给出的信号在 200bar($1bar=10^5Pa$)左右，属于正常值范围。由于该车是新车，机械故障的概率很低，怀疑故障出在电路系统。接着起动发动机（正常）进行路试。用 V.A.S5052 故障诊断仪读取故障码，无故障码显示。但当转速增加到 3212r/min 时，V.A.S5052 故障诊断仪突然出现转速传感器故障码，此时产生个疑问，为什么起动发动机有时正常而有时又不正常呢？为什么高转速时会出现故障码？分析原因，很可能是由于发动机线束与 ECU 接触不良造成的。重新插一下线束，但故障依旧。用欧姆表检测线束中转速传感器的线路，显示通路；又用欧姆表检查转速传感器，电阻值显示在正常范围之内。看来不是转速传感器的故障。重新装好转速传感器，清除故障码进行路试，故障排除。据此分析，问题应在转速传感器的螺栓拧紧力矩不够，造成接触不良，使信号传递有时中断，从而引起发动机抖动、加速无力的间歇性故障。

> 点击：在对故障维修的时候，对于间歇性故障应进行跟踪试验，以免误判或走弯路。对故障诊断仪给出的故障信息不能完全依赖，应当深入分析，究其原因的根本所在。其实，在有转速传感器故障码的状态下，应如何进一步确定故障部位？检测什么参数可以快速发现故障点、确定故障性质？最理想的方法是什么呢？应是检测传感器的工作结果。什么是传感器的工作结果呢？即传感器输出的信号波形是否正常。只要利用示波器在图 2-21 所示中的①和②处分别检测转速传感器的信号波形，便可以确定故障是线路部分接触不良或损坏，还是传感器本身损坏或安装不良造成。这样故障点就可以快速确定了。

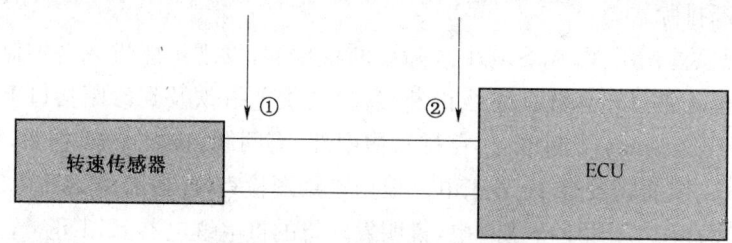

图 2-21 示波器检测位置示意图

71. 上海大众帕萨特 B5 型轿车冷机难起动·温度传感器无信号

(1) 故障现象

一辆帕萨特 B5 型轿车，装备 1.8L AEP 直列四缸电喷发动机，行驶里程 13 万 km，出现冷车时起动困难，需反复 3~6 次才能起动，此后需要反复的次数越来越多，而热车时起动相对容易一些，有时偶尔熄火，再次起动后一切正常。

(2) 故障诊断排除

首先用 V.A.G1552 故障诊断仪读取故障码。连接 V.A.G1552 故障诊断仪，打开点火开关，输入地址码 01—02，读出故障码为"16500/SP"。其含义为冷却液温度传感器 G62 信号不可靠，属偶发性故障。输入地址码 01—02—05，清除故障码，过一段时间再次读取故障码，无故障码输出。

检查燃油系统。首先对燃油系统进行泄压，拔下熔丝架上的第 28 号燃油泵熔丝，起动发动机直至发动机熄火，再起动 2~3 次，直至发动机无法起动。拆下喷油器附近的进油管，连接燃油压力表。插上燃油泵熔丝，起动发动机至发动机正常运转，读取燃油压力表上的读数，其压力为 350kPa。拔下燃油压力调节器的真空管，燃油压力表上升至 400kPa，重新插上真空管，压力又下降至 350kPa，逐渐加油，油压在 280~350kPa 之间波动，说明油泵供油量和油压调节器没有问题。

待机等待 10min 后，读取压力表数值为 150kPa（标准值应大于 200kPa），说明燃油供给系统有泄漏现象。检查油管及喷油器的密封性，未发现管路或接头处有问题。拆下喷油器，用超声波清洗机检查喷油器的雾化、喷油量及喷油脉冲，都未发现异常。根据以上检查，怀疑油泵单向阀有问题，更换了一只同型号的新油泵，再进行油压检查，10min 后的油压能保持在 240kPa，试车一切正常。

驾驶人使用 3 天后该车再次出现热车熄火问题，重新起动后又一切正常。再次进行全面检查，分缸线跳火及油泵供油都很正常。连接 V.A.G1552 诊断仪读取发动机故障码，仍为"16500"，但这次不带"/SP"标记。按"0"和"8"键，选择"读取数据块"功能，按"Q"键确认后显示屏上显示：

读测试数据块	帮助
显示组号码输入×××	

按"0"、"0"和"3"键，选定"显示组 3"，按"Q"键确认后显示屏上显示：

读测试数据块 3	→		
810r/min	13.9V	75℃	39.1℃

让发动机继续起动，观察显示区 3 的数值（75℃）上升但不连续，有中断现象，判断此为故障点。更换冷却液温度传感器后，再用 V.A.G1552 诊断仪读取数据块功能检测，一切正常。经以上处理后，该车再未出现上述故障现象，即故障排除。

72. 上海大众帕萨特 B5 型轿车冷机起动困难·进气质量信号失常

（1）故障现象

一辆上海大众帕萨特 B5 GLi 型轿车冷车起动不着车，但起动机运转正常，若用脚稍点住油门踏板，连续起动几次，可将发动机起动进入运行工况。

（2）故障诊断排除

首先，采用 V.A.G1552 故障诊断仪的 08 功能对数据块进行检查，未发现其他异常情况。经询问驾驶人，了解到该车已行驶 2 万 km，没换过空气滤芯。打开空气滤清器，只见滤芯粘满尘土，将其更换并对管路进行清理。再次用 V.A.G1552 故障诊断仪清除故障码。根据对故障现象的分析，可能是空气流量计热膜上黏附了粉尘，造成进气质量信号失准所致。用压缩气体对热膜清洁后，试起动一次成功，又反复起动，每次都能顺利起动，证明故障排除。

73. 上海大众帕萨特 B5 型轿车自动熄火无法再起动·N80 锁卡

（1）故障现象

一辆上海大众帕萨特 B5 型 1.8T 轿车，该车行驶里程 7 万 km。在行驶中出现发动机自动熄火，且每次熄火后，要起动 5~7 次发动机才可着车，最后发动机出现起动不着的故障现象。

(2) 故障诊断排除

先用大众 V.A.G1552 故障诊断仪对该车进行故障检测，结果无故障码显示。拆检汽油滤清器发现很脏，于是进行更换，并对该车进行了油路、电路保养。完工后进行试车，路试中行驶正常，未出现发动机自动熄火现象。当使用 4 天后，该车在等红绿灯时又出现几次发动机自动熄火现象。于是将车再次进行检查，发现炭罐电磁阀 N80 有动作声。先对炭罐电磁阀 N80 进行检查，检查步骤如下。

用 V.A.G1552 故障诊断仪进入 01—03 进行执行元件自诊断功能检查，此时控制单元会对喷油器、炭罐电磁阀 N80、凸轮轴调整阀 N205 等执行元件进行激活，使其工作。当检测到 N80 时，N80 发出了咔嚓的工作声音，说明 N80 能工作。

检查 N80 是否能正常关闭。首先将电磁阀 N80 上通向活性炭罐的软管拔下，将一辅助管子插到电磁阀 N80 空出的接管上，接着用 V.A.G1552 故障诊断仪对其进行激活并向管子中充气（向节气门控制部件方向），电磁阀 N80 必须打开或关闭，检查结果发现，电磁阀 N80 不能关闭而处于常通状态，判定电磁阀 N80 已卡死，对其进行更换。路试，一切正常，故障完全排除。

74. 上海大众帕萨特 B5 型轿车起动发动机难着车·防盗系统作祟

(1) 故障现象

一辆上海大众帕萨特 B5 GSi 型轿车停放一段时间后，出现起动发动机只维持 2s 便熄火，着不住车的故障。

(2) 故障诊断排除

根据故障现象，很明显可以看出车辆是进入了防盗状态，但电子防盗装置指示灯却没有闪亮。首先使用故障诊断仪 V.A.G1552 读出故障码为 17，然后进入 02 功能查询故障，在没有查到故障的情况下，考虑到钥匙可能被外界磁场消磁，判定为防盗控制单元损坏。由于该车型的防盗控制单元与组合仪表合为一体，组合仪表不允许解体修理，只能更换仪表总成。更换仪表总成，试车，起动顺利，故障排除。

75. 上海大众帕萨特 B5 型轿车行驶中突然熄火·导线搭铁

(1) 故障现象

一辆上海大众帕萨特 B5 型 1.8L 轿车，该车装备 5V4 缸电喷发动机，在行驶中出现突然熄火，而且再起动十分困难的故障。

(2) 故障诊断排除

首先检查燃油泵的工作情况，开闭点火开关，在燃油箱处听不到燃油泵运转的声音；拔下四线式插头，用万用表电压挡测量两侧的两根线，在点火开关接通的瞬间和起动时均无电压。查该车电路图，该车点火系统和燃油泵电源均由 32 号熔丝提供，该 32 号熔丝位于驾驶人侧仪表左下方，检查其为 20A 熔丝且已熔断，换上新熔丝后可以起动发动机，但试车时熔丝又一次被熔断。

再换上一新熔丝试车时，发动机加速抖动厉害，怠速不稳，与缺缸现象相似。揭开发动机上罩盖，卸下点火线圈作断火试验，发现第 2 缸不工作。经检查该缸火花塞有油迹，换上一个新火花塞第 2 缸还是不工作。该车采用独立点火方式（每缸一个点火线圈），每缸 4 根线，共 16 根线在一根大线束中包裹着。正准备换点火线圈时，不经意碰了一下点火线圈主线束。此时，气缸盖气门室罩处有一处冒火，随即 32 号熔丝又熔断了，发动机同时熄火。经检查，原来是点火线圈大线束中有3根线金属外露,其中1根与缸体处搭铁(短路)而使该熔丝熔断。该处多次短路也使第2缸点火线圈烧毁,造成2缸不工作。把该裸露处包好,给第2缸换一新点火线圈后试车,该车加速顺畅有力,即使在颠簸路上和高速行驶也无熄火现象,熔丝不再熔断,故障彻底排除。

> **点击**:该车32号熔丝(S232)熔断,更换后再次熔断,可以说故障基本上已经找到了,但是维修人员却是在检查中偶然发现气缸盖气门室罩处有一处冒火,随即32号熔丝又熔断了,同时发动机熄火,这样才找出故障的真正原因所在,该故障排除难免有些碰运气了。其实检查到32号熔丝(S232)熔断,首先应该想到熔丝熔断是由于电流过大导致的,那么说明32号熔丝(S232)所在的线路中存在短路故障。此时只要认真阅读一下该车的电路图,就可以发现S232熔丝的电路走向。分析电路可知,S232(20A)熔丝和发动机控制单元J220的1#脚供电以及点火线圈N_1、N_2、N_3、N_4的供电(1#脚)直接相连,这样就可以理所当然地直接检查点火线圈N_1、N_2、N_3、N_4的线束,只要排除线路短路问题,故障即可排除。由此可见,电路图的识读和充分利用可以帮助快速准确地找到故障点,关键的问题是一定要很好地读懂电路。建议大家在电路图的利用上下些工夫。其实该案例操作者已经阅读了电路图,但没有充分利用电路图去帮助检查故障,也就是说电路并没有完全发挥其作用。

76. 上海大众帕萨特B5型轿车怠速"游车"·氧传感器失常

(1)故障现象

一辆帕萨特B5(1.8L)轿车,在使用中出现怠速"游车"现象。该车曾在一家修理厂更换过空气流量计,清洗过节气门和喷油器,故障略有好转,但发动机怠速始终不稳,"游车"仍然存在。

(2)故障诊断排除

检查试车中发现此车怠速不稳,再细心观察,转速在850~900r/min之间波动,但波动的时间较长。进一步检测油压、缸压、正时火花等均工作正常,检测真空度为55kPa,也正常。用诊断仪检测无故障码输出,读取数据流发现氧传感器数据变化缓慢,喷油脉宽在2.5ms上下变化,转速也随之上下缓慢变化,其他各数据均在标准范围之内。特别注意观察节气门的开度,始终为4°,没有变化,从而排除进气量调节不当的原因。从数据流中所发现的问题可以肯定,氧传感器信号变化缓慢(标准变化频率为10s左右,变化大于8次)是其失效的特征。取下氧传感器检查,为棕黑色,的确失效。

怠速"游车"现象是一种较常见的故障,但它所发生的原因及部位却较难判断。无论何种原因,其根本是燃烧做功在有规律地变化,这种燃烧做功的变化一般为混合气的量值忽大忽小,另一种为混合气的浓度在不断忽浓忽稀,该车的"游车"正是混合气浓度随着氧传感器信号在改变。更换一只新的氧传感器后试车,故障排除。

77. 上海大众帕萨特B5型轿车油耗高冒黑烟·筛网堵塞

(1)故障现象

一辆上海大众帕萨特B5型(1.8L)轿车,在使用中出现燃油耗量高,且排气管冒黑烟的故障现象。

(2)故障诊断排除

检查分析:初步分析认为该故障应是发动机燃烧不良或混合气过浓所致。经拆检4个火花塞,发现其头部呈黑色。进行缸压测试,4个气缸压力均在正常范围内。通过对4个点火线圈及火花塞做跳火实验,发现有强烈的蓝色火花。一系列基本测试表明,该车点火系统、发动机械部分基本工作正常。

测量燃油系统压力为420kPa,明显高于标准数值350kPa。造成燃油压力偏高的原因通常为燃油压力调节器、燃油泵或回油管异常。拆检发现燃油压力调节器筛网已经严重堵塞。为了彻底解决油路问题,随后清洗燃油压力调节器、燃油泵滤网和汽油箱,并更换了汽油滤清器。起动发动机再次测量燃油系统压力,发动机怠速运转时其数值为350kPa,当拔下燃油压力调节器软管时油压上升至410kPa,均为正常数值。试车发现,发动机冒黑烟现象已经彻底排除。

78. 上海大众帕萨特 B5 型轿车发动机怠速抖动·进气管漏气

(1)故障现象

有一辆上海帕萨特 B5 GSi 型 1.8T 轿车,行驶里程1万km,使用中发动机在冷车和热车时均出现怠速抖动,其他工况下运转性能良好。

(2)故障诊断排除

首先使用 V.A.G1552 故障诊断仪对发动机电控燃油系统进行检查,显示1缸和2缸有偶然点火中断现象。根据图2-22所示电路图检查1、2缸的点火线路,线路连接正常。检查了相关的传感器都正常。起初判断为1、2缸点火器故障(该车采用四缸独立点火,每个气缸都有一个集成点火驱动模块、点火线圈和缸线的点火器)。但更换1、2缸的点火器后,故障依旧。

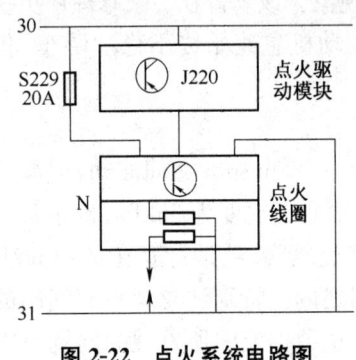

图 2-22 点火系统电路图

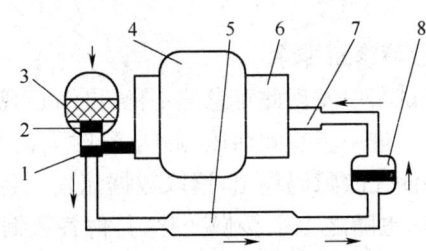

图 2-23 进气系统示意图
1.涡轮增压器 2.空气流量传感器 3.空气滤清器 4.发动机
5.进气管路 6.进气支管 7.节气门体 8.冷却器

故障另一种可能就是1、2缸混合气燃烧不良。通过检查,空气流量传感器数值在正常范围。用汽油压力表测量在怠速工况时的压力稳定在350kPa,说明油压也正常。接下来检查发动机进气系统是否漏气,对如图2-23所示各个接口的连接情况进行检查,连接良好。

对发动机进气系统进行如下试验:拆下电子节气门进口处之前的进气管路,使空气由电子节气门进口进入。同时,拔掉空气流量传感器插头,以免其错误信号影响发动机的运行。然后起动发动机怠速运行,用纸板堵死节气门进口,发现发动机并不熄火仍然运行。以上试验证明进气支管存在漏气。随后又检查了接在进气支管上的真空软管,分别拔掉软管,堵死进口。当对1、2缸分别进行这项操作时,发动机重复出现抖动。仔细观察发现软管上像有裂纹,用纸条放在裂纹处,纸条被吸附,最后判断是这里出现轻微的漏气。更换新的软管,故障终于排除。

> 点击：该故障是由于1、2缸进气管路出现漏气造成混合气燃烧不良，从而触发点火中断信号的假象。在维修时不能仅靠故障码的信息分析。同时，在检查进气系统时，应拔掉空气流量传感器插头，以免其错误信号影响发动机的运行。

79. 上海大众帕萨特B5型轿车怠速忽高忽低·炭罐电磁阀常开

(1) 故障现象

一辆上海帕萨特B5型轿车，该车行驶7.8万km时出现发动机怠速不稳的故障，当猛踩加速踏板怠速抖动稍好一些，不知原因何在？

(2) 故障诊断排除

首先用V.A.G1552故障诊断仪读取故障码，无故障码显示。检查常规点火系统，未发现任何问题。检查燃油压力、怠速油压、加速变化油压和熄火后的保持压力，均正常。

用检测数据流的方法，观察各元件性能的变化。进入08—07数据块，第二区域显示0.10V，此值为氧传感器电压，正常情况应在0.1~0.9V，用人为加浓混合气的办法试验氧传感器，结果电压可以上升到0.9V，说明氧传感器无故障，由此也可证明该故障是由混合气过稀引起。接着对引起混合气过稀的系统及部件进一步检测。阅读数据块08—02，第四区域显示2.0g/s，此值显示的是空气流量计测量的空气流量，正常情况应在2.7g/s左右。更换空气流量计，故障仍未排除。

根据对08数据块的阅读及更换的元件分析，氧传感器和空气流量计问题不大。由于数据块显示的是实测值，氧传感器电压低，说明混合气过稀，此刻应对进气系统进行检查。检查进气系统，未发现漏气的地方。检查活性炭罐真空系统时，发现活性炭罐电磁阀常开。正常情况下，活性炭罐系统不工作，电磁阀应该是关闭的。活性炭罐是用来收集汽油箱内燃油蒸气的装置，同时又是汽油箱通向大气的通道。当发动机加速和转速较高时，活性炭罐电磁阀打开位置，不受发动机ECU控制，多余的空气就可以直接通过活性炭罐及管路进入进气管，而不经过空气流量计的测量，由于活性炭罐电磁阀的常开，混合气变稀，使发动机功率不足，怠速抖动。更换活性炭罐电磁阀后，发动机怠速不稳的故障排除。

> 点击：通过本案例故障的排除可以看出，进气管路及进气支管漏气对发动机怠速运转的影响很大，尤其是活性炭罐及电磁阀的故障，由于比较隐蔽，在修理中容易被忽视，应引起注意。排除此故障，走了一些弯路。以后遇到此情况，在检查进气系统是否漏气的同时，不妨就先检查一下活性炭罐与电磁阀的工作情况。

80. 上海大众帕萨特B5型轿车发动机怠速偏高·机油太多惹祸

(1) 故障现象

一辆上海大众帕萨特B5型轿车，行驶4.8万km，只做过例行保养，没进行过维修。在使用中出现发动机怠速不稳，怠速偏高的故障。怠速时踏下少许加速踏板时，发动机转速不随之升高，油耗较大；行驶中自动变速器有换挡冲击感，动力性感觉正常。

(2) 故障诊断排除

先用诊断仪读取故障码，故障码为17916，其含义是怠速自适应达到上限。用诊断仪清除该码后，再次发动，又读得此码，按照维修手册的说法，该故障的原因是：进气系统堵塞。检查空气滤清器良好。无堵塞现象，检查进气管，也无堵塞。故障原因可能出在节气门上。

接着用诊断仪读取有关节气门的测量数据块。进入显示组001，发动机转速测量值为

1150～1230r/min(标准值为820～920r/min)，发动机负荷为2.85～3.05ms(标准值为1.00～2.50ms)；节气门角度6°(标准值为0°～5°)，点火提前角8°(标准值为5.24°～14.25°)。

根据测量的数据块和故障现象，很容易判断这是因为节气门开度过大造成的故障。因节气门开度过大，使得节气门组件中怠速开关打开，这样ECU认为现在不是怠速，增加了喷油时间，造成怠速过高。发动机控制出现偏差，带来了自动变速器换挡发生冲击。拆下节气门体，果然节气门和节气门体上有较多油泥，清洗后，装到发动机上作基本设定后，怠速也稳定在850r/min，故障现象排除。

该车使用50来天后此车又来修理，故障现象照旧。再次清洗节气门体，故障再次被排除。问题是节气门体为什么会这样快就脏污了。首先检查PCV阀，PCV阀正常。接着检查机油平面，发动机机油平面过高，高于上限9mm左右，放去多余的机油，上述故障不再出现。

> **点击：**排除故障后询问驾驶人，他说为避免烧坏曲轴连杆轴承，他经常使发动机曲轴箱机油保持在高位以上5～10mm，故出现上述故障。

81. 上海大众帕萨特B5型轿车发动机怠速丢失·节气门之过

(1) 故障现象

一辆上海大众帕萨特B5型轿车，在使用中出现发动机怠速丢失，稍微放松加速踏板发动机就会发生熄火的故障现象。

(2) 故障诊断排除

首先起动发动机验证故障特征。起动发动机后观察仪表盘上发动机转速表读数，发现发动机没有快怠速。按照正常情况，在刚起动发动机时，即使是热机，发动机的转速也应该在1200～1600r/min，然后再降至正常怠速转速830r/min左右。拆下空气滤清器的进气软管，检查节气门体，发现节气门上有很多油污，怀疑节气门体过脏，导致节气门轴发卡，怠速控制阀无法控制发动机怠速转速。于是拆下节气门体进行彻底清洗，然后将节气门体装复，却出现发动机怠速转速为1300r/min居高不下的现象。对该起故障进行分析认为，只要给发动机ECU进行重新编码问题一般会得到解决。抱着试试看的想法，用金德K81故障检测仪进入奥迪大众车系，查看该车发动机ECU的版本和编码，发现其编码为00002，用金德K81故障检测仪的控制单元编码功能将发动机ECU的编码改为00002。起动发动机后发现发动机的快怠速转速为1500r/min，然后转速慢慢降至800r/min，本以为上述故障排除了，但连续让发动机几次急加速后，其怠速转速又恢复至1300r/min，仍是居高不下。用金德K81故障检测仪对发动机ECU进行重新编码的方法行不通，看来问题只能通过发动机ECU自适应功能进行解决了。于是用金德K81故障检测仪进入发动机系统，然后读取数据流，查看06组2显示区的显示值，该值为发动机ECU怠速自适应值，正常应为0.95～1.05。首先拔下空气流量传感器后通往进气软管的废气再循环软管，使之漏气，由于混合气过稀，发动机的怠速转速会降低，然后每隔十几秒钟轻踩一次加速踏板，06组2显示区的数值一点一点地降低，直至该数值降为0.95，最后使发动机熄火，对节气门体进行一次基本设定。装回拆下的废气再循环软管后起动发动机试车，怠速恢复正常，故障排除。

82. 上海大众帕萨特B5型轿车大修后加速无力·正时装配错误

(1) 故障现象

一辆帕萨特B5型轿车大修后，使用中出现行驶加速无力，发动机在怠速时有轻微抖动的现象。

(2)故障诊断排除

先用诊断仪读故障码,显示故障码为 16487(G70 空气流量传感器故障)和 00515(G40 凸轮轴位置传感器故障)。更换上述两传感器后,清码试车,空气流量传感器的故障码被清除,而凸轮轴位置传感器的故障码依旧存在,故障也没有明显好转。

针对诊断仪给出的信息,对凸轮轴位置传感器相关线路进行仔细的检查,结果一切正常。既然故障码内容中的相关元件都正常,那么可以断定发动机加速无力与凸轮轴位置传感器本身没有关系,但令人矛盾的是 00515 故障码无论如何也不能被清去,于是怀疑发动机 ECU 有故障,更换后还是没能解决问题。但是该车刚被大修过,从理论上分析动力性应该没有问题,围绕故障特征对影响发动机动力性的其他方面进行彻底的检查。清洗喷油器、节气门体、空气流量传感器,更换火花塞、高压线对比试验,故障仍未能解决。测量缸压和点火正时都没有发现问题。

随着故障检查的深入,使用真空表测取发动机真空度,只有 50kPa,比理论上最低标准值少 10kPa,这一检测结果说明,问题依旧在发动机上。那么,真空度究竟能反映出什么问题?怠速真空度能反映出一台发动机进气系统的密封性、点火性能的好坏(早、晚、强、弱)和空燃比的大小。进气管的最高真空度对应的必然是最好的密封性、最佳的点火性能和最佳空燃比。一般发动机怠速都能达到 60kPa 以上,当然不同的发动机对应不同的怠速真空度。在日常维修作业中,如果遇到加速无力的症状,可能有发动机的原因,也可能是变速器的故障,可直接用真空表先测取不同工况下的真空值,尤其是怠速真空值,这样就会确定检修方向。另外,用真空表测取真空度,也可排除发动机怠速不稳、怠速过高或过低等其他故障。

该车从真空表指针在 50kPa 摆动可以看出故障可能在两个方面:一是点火过迟;二是配气相位错齿。由于已检查过点火时间正常。于是主要针对配气正时进行检查,检查时注意,不仅要看正时皮带是否错齿,更抓住"十六节链棍"这个关键点。拆下正时皮带盖,检查正时皮带记号的准确性,没有错齿现象。

该发动机是双凸轮轴、5 气门,曲轴通过正时皮带连接排气凸轮轴,排气凸轮轴后链轮在缸盖后方,通过链条连接进气凸轮轴链轮,在链条中间装有油压控制的油压张紧器。

打开气门室盖,发现该车进气凸轮轴链轮键槽与排气凸轮轴链轮键槽在 12 点位置时,正好少一节链棍,而正常应保证两键槽之间有十六节链棍,这样配气相位就改变了,凸轮轴位置传感器就在进气凸轮轴的前方,由于其传输给 ECU 的信号始终有偏差,当 ECU 检测到这个常有的错误后就会给出凸轮轴位置传感器的故障码。

调整链条再校对正时,装复所拆零部件后试车,发动机加速有力,运转正常,故障排除。

83. 上海大众帕萨特 B4 型轿车发动机无最高转速·霍尔传感器作怪

(1)故障现象

有辆上海帕萨特 B4 型轿车,装备 AEP 型发动机,在使用中出现发动机加速不良,最高转速不超过 2800r/min 的故障现象。

(2)故障诊断排除

①采用 V.A.G1552 专用故障检测仪读取故障码显示故障的含义为"霍尔传感器 G40 信号超出范围"。

②读取测量数据块 08、07 组,结果显示第一、第二区的数据流分别在 30~15 和 8~45 之间波动,而正常的数据应为 59、60 和 5、6。

③拧松霍尔传感器固定螺钉,扭动外壳,观察07组数据流的变化,结果是无论转动到任何位置,均不能显示其标准值。

④检查霍尔传感器与J220的连接导线,没有断路或短路现象。拆下J220进行检测也没有发现腐蚀或烧蚀的现象。于是判定为霍尔传感器失效。

⑤更换一只同规格新的霍尔传感器,将其调整到标准值,起动发动机试车,转速迅速提升,行驶动力倍增,故障排除。

> 点击:霍尔传感器信号为发动机工作的原始信号之一,ECU没有内存替代功能,有时霍尔传感器信号发生故障时没有故障码显示,诊断排查故障时应注意这一点。

84. 上海大众帕萨特B5型轿车发动机转速上不去·正时装配失准

(1) 故障现象

一辆上海帕萨特B5型轿车,装备1.8L发动机,自动变速器。该车发动机在原地试验加速尚属正常,但起步行驶发动机就没力了,有时起步还困难,加速踏板踩到底,转速上升至3000~4000r/min时,车辆又会突然出现蹿动的现象。

(2) 故障诊断排除

①利用专用故障检测仪V.A.G1552读取故障码。显示为00515,含义是霍尔传感器对正极断路/短路或对搭铁短路。清码后,再次起动后此故障码依然存在。

②测量霍尔传感器。1号、3号端子为5V,拔下插头,2号端子对搭铁是12V,霍尔传感器正常。

③检查正时皮带,正常。

④此时在原地加速时听不见进气支管切换阀工作声音,切换机构不工作。检查进气支管切换阀,发现切换机构磨损,更换切换阀和切换传动机构后,切换阀工作正常。但故障现象及故障码00515仍存在。

⑤据驾驶人介绍,该车一年多前换过一次进、排气凸轮轴链条调节器,而且换了以后发动机动力性就变差,但没有现在这样明显,也就没管它。

⑥检查凸轮轴链条调节器及凸轮轴链轮和链条的安装,因为该型发动机的凸轮轴链轮和链条安装有专门要求,如不遵守,就会导致凸轮轴正时不当,而凸轮轴正时不当不仅影响发动机性能和动力,还会导致霍尔(凸轮轴位置)传感器信号失准。

⑦凸轮轴及链条应按以下方法正确拆装:

a. 拆卸前用工具3366固定住凸轮轴正时调节器,如图2-24a所示。

b. 凸轮轴上的"□"标记应与轴承盖上的"△"记号对准,如图2-24b所示。

c. 清洁轴承盖上箭头对面的凸轮轴链条和链轮,并用记号彩笔标出安装位置如图2-24c所示。两箭头或彩笔标记之间的间隔应当为16个链销。但应注意,排气凸轮轴上的缺口相对链节销1要略微向里安装。

d. 重新安装旧链条时,应使1和16链销对齐原来做的标记。此时应当用旋具把凸轮轴正时调节器往上调到最高,以便预紧链条。否则会安装不正确。

⑧装好后,再次检查有关标记,应符合"b"和"c"中要求,一定是16个链节销。当凸轮轴上记号与轴承盖记号间的链销是17个时,起动和怠速都正常,但在1500~2500r/min时加速迟钝,且发动机无力;当凸轮轴上记号与轴承盖记号间的链销是15个时,发动机起动困难,怠速抖动。同时排气凸轮轴上缺口(标记"□")与链节销的位置应完全如图2-24c所示。

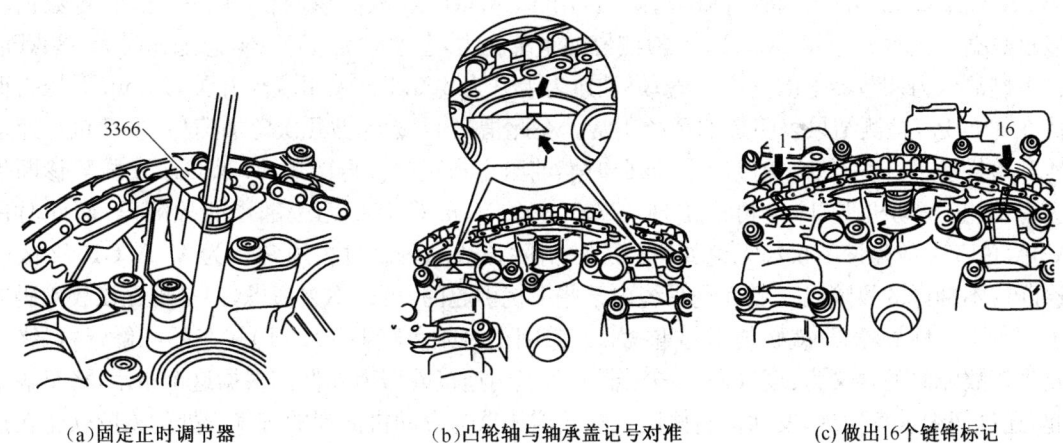

(a) 固定正时调节器　　　(b) 凸轮轴与轴承盖记号对准　　　(c) 做出16个链销标记

图 2-24　上海帕萨特 B5 型轿车发动机凸轮轴正时调节机构

⑨拆开该车气缸盖罩后,果然发现进气凸轮轴上的"□"记号与轴承盖上的"△"标偏了一点。按如上方法将凸轮轴与轴承盖上的记号对准并装好链条后,故障排除,故障码随之清除。

85. 上海大众帕萨特 B5 型轿车加速不良·排泄不畅

(1) 故障现象

有一辆 2010 款上海帕萨特 B5 型轿车,在使用中出现加速不良,急加速时发动机转速滞后严重,且转速达到 3000r/min 后很难继续上升的故障现象。

(2) 故障诊断排除

首先用"修车王"故障诊断仪进行检测,显示正常。然后对燃油压力、各缸工作压力、火花塞、空气流量传感器、喷油器电阻、点火正时、配气相位分别进行了检测,均正常。再用真空表检测进气支管的真空度仅为 45kPa,有时可达 55kPa,但很快又会降到接近零(标准值为 58～68kPa)。急加速时,真空度由 45kPa 急速下降到 15kPa 以下,同时真空表指针也随节气门的急速变化出现较大波动(正常应在 67～87.4kPa 之间灵敏摆动)。接着拆下排气支管后试车,急加速均正常,发动机转速也能达到标准值,故障现象消除。再检测进气支管真空度,急速时能达 65kPa,且表针较稳定,说明故障点就在排气管。拆下三元催化转换器,发现各媒孔内已被积炭堵塞。在排气系统堵塞的情况下,气缸内燃烧后的废气不能全部排出缸外,这样当气缸进行下一进气行程时,就会受到缸内废气的冲击,从而引起气缸进气量的下降,出现真空度低于标准值且波动很大,急加速时下降明显的现象。

更换新的三元催化转换器试车,发动机工作正常,故障排除。

86. 上海大众帕萨特 B5 型轿车行驶加速无力·漏气起祸端

(1) 故障现象

一辆上海帕萨特 B5 型轿车,使用 AWL 型发动机,带废气涡轮增压器。该车在使用中出现有负荷时加速无力,最高车速只能达 110km/h 的故障现象。

(2) 故障诊断排除

由驾驶人介绍故障并确认后,先用 V.A.G1552 故障诊断仪检测,显示发动机控制系统存在三个偶发性故障码:01165—节气门基础调整不当;00561—混合气自适应超过下限;11705

(V.A.G1552无翻译)。将故障码清除后，用V.A.G1552故障诊断仪测量数据块，各数据块显示数据均正常。用V.A.G1318检测燃油系统压力，怠速时为350kPa，急加速时为380kPa，拔下燃油压力调节器上的真空软管；燃油压力上升为400kPa；关闭点火开关，10min后压力保持在320kPa，检测结果表明燃油系统正常。在此情况下，原地做几次急加速后，发动机怠速运转开始抖动，然后发动机慢慢熄火，而此时燃油压力却正常。再次用V.A.G1552故障诊断仪进行检测，发动机ECU中再次出现17705这个V.A.G1552无法翻译的故障码，而此时用V.A.G1552故障诊断仪却无论如何也无法清除该故障码。过去通常认为V.A.G1552故障诊断仪不翻译的故障码一般都是系统内某些干扰引起的，可以不去考虑，但是现在该故障码成了一个永久性故障码，就必须引起重视。经查阅上海帕萨特B5(1.8T)轿车的维修资料，终于查到该故障码的含义为：废气涡轮增压器或节气门连接处压力降低。根据这个指示，将车辆举起，通过仔细观察发现，发动机右侧废气涡轮增压器与发动机前围的进气管处的橡胶软管在连接废气涡轮增压器一端的卡子松脱，从而造成漏气。

将橡胶软管复位并将松脱的卡子装好，起动发动机进行路试，车速恢复正常，故障排除。

87. 上海大众帕萨特B5型轿车最高车速下滑·净化器内网堵塞

(1)故障现象

一辆上海大众帕萨特B5型轿车在近两月使用中出现车速最高只能到140km/h的故障，故障出现前，有时能跑180km/h。

(2)故障诊断排除

故障检查：首先进行发动机空负荷试车，油门逐步踩到底并保持，发动机最高转速可达5700r/min，逐步会降至5300r/min左右。根据故障现象，车辆跑不起高速的主要原因是发动机动力不足。于是检查进、排气系统，无泄漏；测量汽油压力为3.5bar，加速到5000r/min时还能保持3.3bar，符合原厂要求；测量气缸压力，四个缸都在11bar以上，各缸压差不超过1bar，标准值为9～14bar。

接上V.A.G1552故障诊断仪检查发动机ECU，没有故障码存储。读数据流，怠速时都在标准范围内。加速时空气流量计显示进气量增大，加速到5300r/min时空气流量计显示为50g左右。

经过多辆车测试5000r/min时约为18g，而且油门根本不需要踩到底，松开油门来回踏下，进行急加速空气流量计瞬间最高显示不超过60g，在正常情况下瞬间最高可以达到100g左右。因该车进气量和正常情况相差甚远，所以仔细观察氧传感器的工作情况，都在标准范围内。因维修条件不能分析尾气，从而决定代换空气流量计测试一下，结果没有改变。

进一步分析，可能是排气系统故障，在检查中发现在急加速时涡轮增压压力调节单元不工作，此压力调节单元应该在空负荷时急加速会瞬间工作。它是由涡轮增压器运转自身产生的压力，再由ECU控制增压压力限制电磁阀(N75)来控制的。断开电磁阀N75的电线插头，急加速使涡轮增压器运转自身产生的压力直接控制压力调节单元，还是不工作。检查电磁阀N75及控制线都正常，由此确定涡轮增压器本身或排气动力不够造成了该现象。

结合上述情况，拆开涡轮增压器和催化净化器之间接口，向净化器方向吹气，发现通道不是很畅通的。拆下来看到净化器内网上有一层杂质覆盖，且网的边缘和铁壁连接处脱落。更换催化净化器，转速表指针可轻松达红区，路试速度在200km/h以上，故障排除。

> 点击:本案例中催化净化器不是完全失效,所以从氧传感器上不容易发现问题,如果从尾气分析喷油时间上检查应该更容易查到故障。该车型涡轮增压器和催化净化器是直接连接在一起的,而涡轮增压器工作时的温度极高,如果燃烧不完全的排除物滞留在催化净化器上,高温加上排气压力是很容易损坏催化净化器的。

88. 上海大众帕萨特 B5 型轿车大修发动机后工作异常·新的不等于好的

(1) 故障现象

一辆上海大众 2008 款帕萨特 B5 型轿车,因发动机烧机油进行了大修。大修后,维修人员试车时发现,该发动机的转速忽高忽低,运转不平稳,运转一会儿有时发动机熄火,熄火后略等一会儿再起动又会重复上述现象。

(2) 故障诊断排除

首先用大众/奥迪 V.A.G1552 故障诊断仪对其读取故障码,仪器显示 01165 码—节气门控制单元 J338 基本设定错误。消除故障码后,用 V.A.G1552 故障诊断仪对节气门控制单元重新进行匹配后再试车。起初,发动机怠速运转平稳。路试一段时间后,发现踩下油门时,发动机的转速并不升高,反而降低,最终熄火了。再用 V.A.G1552 故障诊断仪读出故障码 00513—发动机转速传感器 G28 故障。用万用表检测发动机转速传感器的电阻,其阻值是 880Ω,正常。为了保证故障诊断的准确性,将车开回修理厂后用示波器连接到该传感器上测试,在检测过程中,不停地抖动其线束,结果波形没有变化。波形正确,说明线路正常。

在机械部分正常的前提下,发动机无法起动或熄火的故障原因无非就是"无油"和"无火"。而其中影响点火的主要因素是发动机转速传感器(即曲轴位置传感器),但根据上面的检查现在可以排除其发生故障的可能性即"无火"的原因不存在。而对另一方面"无油",特别是运转一会儿"无油"的情况,则油路控制系统发生故障的可能性比较大,其中特别易发生故障的是汽油滤芯和汽油泵。询问维修人员,维修人员说大修时将汽油滤芯和汽油泵都更换了新件,绝对不是它们的故障。为了验证判断,于是接上了汽油压力表。经检测得知,怠速时油压为 250kPa,加速时为 300kPa,而且熄火后能保持很长的一段时间,看来好像油路也无故障。用万用表测量油路控制线路也正常,无连接插件松动、氧化和锈蚀现象。接着将压力表接在车上进行路试,出现故障时,踩下油门发现,油压不但不升高,反而越来越低,当油压降到很低时,发动机熄火了。至此该车的故障点找到了,那就是电动汽油泵有故障。更换汽油泵后故障排除。

> 点击:在判定汽油泵有故障的时候,修理人员坚信不疑地说这个新油泵不会有问题。但千万别忘:新的不等于好的。应该认识到现在的汽修配件市场鱼龙混杂,这更需要维修企业和技术人员去辨别了。

89. 上海大众帕萨特 B5 型轿车发动机温度过高·水泵起祸端

(1) 故障现象

一辆上海大众帕萨特 2009 款轿车,在行驶 10.5 万 km 时出现怠速时冷却液温度过高,怠速时达 110℃(仪表指示)。如驾车行驶,冷却液温度表指示在 90℃左右。

(2) 故障诊断排除

首先检查节温器,节温器在冷却液温度 84℃时开启,98℃时全开,正常。为降低冷却液温度,维修人员没将节温器装上,加水后试车,故障依旧。检查风扇传感器,在冷却液温度表指示近 90℃时低速转动,当冷却液温度表指示 100℃以上时高速转动,断定风扇及控制元件均无问题。随后将散热器进行清洗,拆开散热器,其内部无堵塞现象,到此故障点没找到。

在没开空调、不装节温器的情况下,用红外线测温仪测试。3min后散热器上水管温度达到80℃,下水管76℃,风扇开始低速转动;6min后散热器上水管温度达到95℃,下水管89℃,风扇开始高速转动。但冷却液温度继续上升,到最高时散热器上水管表面温度达到105℃,加上水管内外温差10℃,实际冷却液温度可达115℃,冷却液温度表指示也在110℃以上。此时尝试将发动机转速提高到1500r/min,3min后冷却液温度降到90℃,风扇低速转动。将发动机转速降到800r/min,冷却液温度立即升高,由此看来该车故障是由于水循环造成的。分析认为故障点可能在水泵工作性能方面。

接着排除水道内空气,因症状没有消失,故试着将该车水泵更换,装复节温器后起动发动机,怠速打开空调,30min后冷却液温度表指示在90℃。用测温仪测试,散热器上水管温度82℃,下水管68℃,风扇一直低速运转正常,故障排除。

90. 上海大众帕萨特B5型轿车换冷却液后温度过高·系统有空气造成

(1) 故障现象

一辆上海大众帕萨特B5型轿车,在更换发动机冷却液后出现温度过高的现象。

(2) 故障诊断排除

上海大众帕萨特B5型轿车,采用ANQ发动机,更换冷却液后应进行放气操作,否则冷却液不足会导致发动机冷却系统温度过高。判断该故障车加液后未进行放气操作。

放气操作方法是:将取暖器上高处那根冷却系连接软管(在发动机防火墙处)拔出一些,直至露出小孔,在冷却系膨胀水箱加液口处接上一个专用工具,目的是提高水位,加冷却液时直至取暖器处有液体流出即为足量。

91. 上海帕萨特B5型轿车热机时机油报警·更换曲轴有误

(1) 故障现象

有一辆上海帕萨特B5型(1.8T)轿车,行驶12万km时出现发动机热机时机油灯报警并发出蜂鸣声,有时怠速运转时也会出现类似故障。该车一年前曾维修过一次。

帕萨特1.8T发动机润滑系统油路较普通发动机复杂,其结构如图2-25所示。来自机油泵的机油首先要经过机油冷却器、机油滤清器,然后再分成5路分别进入发动机曲轴、活塞、凸轮轴、液压挺杆和发动机外涡轮增压器。该车机油泵是由曲轴通过链条直接驱动的,链条由弹簧张紧机构保持一定的张紧度。机油泵使用的是转子式机油泵,在机油滤清器内还装有一个旁通阀(作用是当滤清器堵塞时,旁通阀打开,没有被滤清的机油仍能输送到各润滑点,避免机件的损坏)。

(2) 故障诊断排除

首先对该车的故障进行验证,发现冷车起动后一切正常,热车后稍加油门机油灯就闪烁。当把机油压力开关上的信号线接地后机油灯会熄灭,检查机油压力开关没有发现问题,但当发动机转速升至4000r/min时,机油灯不时闪烁并发出短时的警告声。从此现象来看,机油压力方面存在问题。用V.A.G1551故障诊断仪进入17-08-002(17组合仪表控制单元)读取数据流3区机油压力偏低;003组3区显示机油温度100℃、2区显示机油油位也正常。

导致机油压力报警有两方面的原因:一是电气方面的,对安装在机油滤清器支架上的160kPa开关及其线路方面的,在检查时发现冷车怠速时进行检查没有发现问题;二是机油压力,发动机2000r/min时压力为200kPa,4000r/min时机油灯闪烁并报警。热车后怠速时机

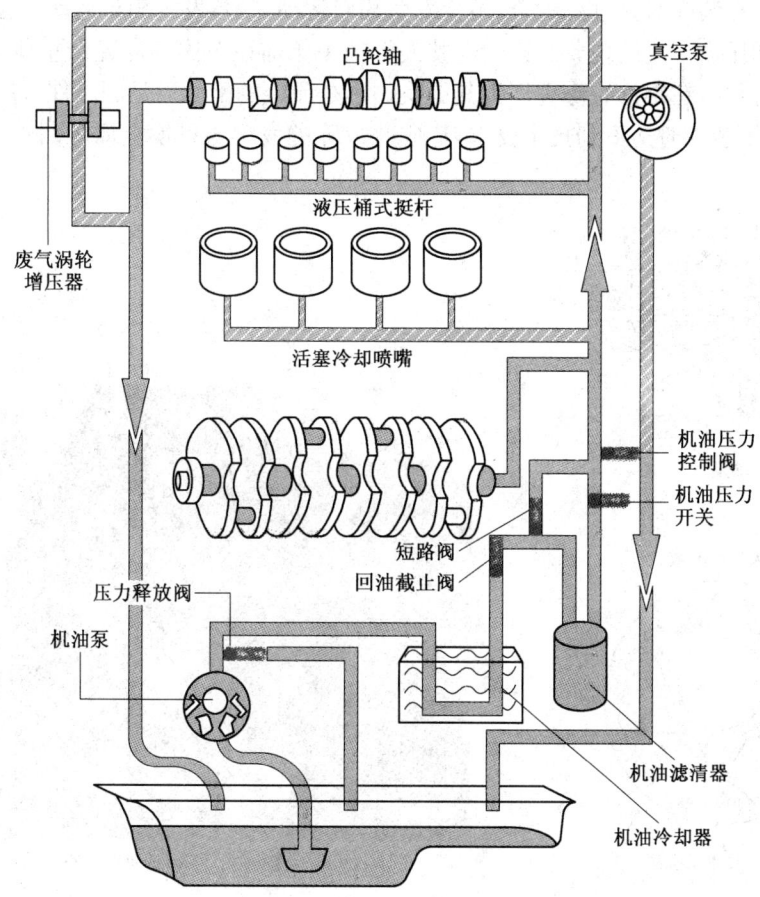

图 2-25 帕萨特 B5 1.8T 发动机润滑系统油路

油压力 140kPa，怠速时机油压力是正常的。

对油底壳、机油集滤器进行检查和清洁并更换了机油泵和机油滤清器，试车故障依旧。分析造成机油压力低的机械原因有：

① 油底壳内机油存量过少；

② 机油泵磨损大造成泵油压力不足；

③ 机油滤清器前管内有堵塞或脏物；

④ 机油油路中有泄漏之处；

⑤ 机油品牌选择不当，黏度等级不正确。

在检查发动机曲轴和轴瓦时发现轴瓦有轻微的磨损，处理曲轴并更换轴瓦，疏通缸体上的油道，试车故障依旧。查阅相关资料，在润滑系统中部分有以下提示：若在机油中发现大量的金属切屑或颗粒时，必须仔细清理油道，更换机油冷却器和机油滤清器，否则会严重损坏发动机。想到检查的内容唯有机油冷却器没有检查，于是拆下此件更换新品，试车故障依旧。究竟什么原因造成机油压力低呢？机油泵是新品，油路清洗过应该没有问题，难道是机油泵的驱动齿轮出现故障？帕萨特 B5 的机油泵是由曲轴的齿轮链条驱动的，机油泵驱动机构如图 2-26a 所示。拆下机油泵用手拉动机油泵驱动链条，竟然有一点转动，难道故障在此？拆下曲轴仔细研究其前端的驱动齿轮，发现用力时它和曲轴有一定的转动量，如图 2-26b 所示。正常情况下驱动齿轮和曲轴在装配时是过盈配合,不会发生相对运动,一旦发生相对运动就会使机油泵在高速时产生泵油压力不足的现象。询问驾驶人得知一年前该车因油底壳严重碰坏,更换过曲轴,进一步了解得知,在维修时修理厂为其更换的不是原厂的配件而是副厂件。副厂曲轴不带驱动齿轮,修理工装配时达不到技术要求,造成此故障的发生。更换上原厂曲轴,装车后试车故障排除。

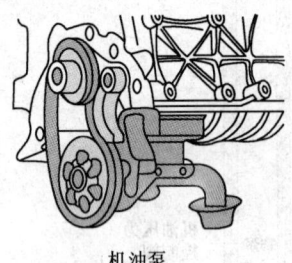

机油泵

齿接触区域

(a)机油泵驱动机构

(b)帕萨特B5 1.8T曲轴实物图

图 2-26　PASSAT 轿车机油泵驱动机构及曲轴实物

92. 上海大众帕萨特 B5 型轿车发动机机油耗损严重·N75 电磁阀积炭过多

(1)故障现象

有一辆 2009 款上海大众帕萨特 1.8T 轿车,在正常使用中出现发动机加速不良且机油耗损严重的故障现象,在某路边店进行大修后,故障依旧。

(2)故障诊断排除

根据故障特征,先用 V. A. G1552 故障诊断仪查询故障,发现有含义为"增压压力过高"的故障码。是什么原因会使发动机的 ECU 存储该故障码呢?询问驾驶人得知,该车发动机大修后,在加速不良的故障仍未解决的情况下,该路边店就贸然将三元催化转换器打通,更换了涡轮增压器和增压压力传感器(位于增压空气散热器上方),但是故障没有丝毫的好转。

根据驾驶人讲述的经过,看来是没必要再对三元催化转换器、涡轮增压器本体及增压压力传感器进行检查了,那么应该从哪下手去排除故障呢?首先根据增压压力的管路走向,确认除了中冷器有可能堵塞外,其他管路都不大可能。对中冷器用化油器清洗剂进行清洗,但在清洗过程中未发现任何杂质。用压缩空气将中冷器吹干后装复试车,故障依旧。

由于相关执行元件可以进行自诊断测试,接着用 V. A. G1552 故障诊断仪对该车发动机系统执行元件进行动作测试。结果发现除了位于涡轮增压器附近的增压压力限制电磁阀 N75 不动作外,其他部件工作正常。将增压压力限制电磁阀 N75 拆下,发现上面有很多积炭,确认是积炭过多造成该电磁阀的机械卡死。用化油器清洗剂清洗后,接上该电磁阀插头,开启 V. A. G1552 故障诊断仪的执行元件自诊断测试功能,动作完全正常。装复后试车,一切正常。该车出厂后在 2 个多月的行驶中,多次回访车主,得知故障现象没有再出现过,确认故障已排除。

> 点击:实际上,在处理排查这个故障的过程中,走了一些弯路。首先应该想到的是充分利用现代汽车电控系统故障诊断仪的各项功能。在用故障诊断仪的各项数据或参数进行确认后,再进行必要的拆检和换件处理,否则将会费时费力走弯路,这一点希望读者在工作过程中加以注意。

93. 上海大众帕萨特 B5 型轿车突然排烟异常·氧传感器 S29 共同使坏

(1)故障现象

一辆上海帕萨特 1.8T 轿车,行程 5 万 km,突然出现排气管冒黑烟现象,且随发动机负荷的增大而加重,油耗也明显增加,并伴有轿车动力不足,发动机运转不平稳,加速过渡不圆滑,时有发冲感的现象。

(2)故障诊断排除

用修车王电脑检查仪检测,先后显示 01247、01262、16486、16518 和 16519 等 5 个故障码。其中 01247 的含义为活性炭罐电磁阀 N80 对地短路、对正极短路或断路,可能的原因除线路问题外,也可能是 N80 损坏。先用便携式万用表测量电磁阀插座两端子之间的电阻值,在规定范围(22~30Ω)内,说明电磁阀没有损坏。接着检测该阀的供电情况。拔下电磁阀的线束插头,把二极管检测灯串接在插头接电源的端子与发动机机体(搭铁)之间,然后接通起动机,此时检测灯不亮,说明该阀的供电电路断路。经查电路,活性炭罐电磁阀由 30 电源线(直接与蓄电池连接的常火线)经燃油泵继电器 J17 与熔丝 S29 提供 12V 电源,且氧传感器加热器 Z29 与活性炭罐电磁阀 N80 是同一条供电线路。不过氧传感器加热器还受其控制继电器 J208 控制。

查阅前面显示的其他故障码的含义,16518 和 16519 都与氧传感器有关。其中 16519 的含义为加热器加热元件的电路有故障,可能原因为断路或短路;16518 的含义是氧传感器没有工作,可能原因除线路上的问题和氧传感器损坏(失效)外,还有氧传感器加热器没加热。从氧传感器的工作原理分析,这两个故障码的出现是相关联的:氧传感器不工作,是因氧传感器没有加热引起的。氧传感器在发动机混合气闭环控制过程中,相当于一个浓稀开关。它根据混合气空燃比变化向发动机 ECU 输送脉冲宽度变化的电压信号,而氧传感器输出信号的强弱与工作温度有关,氧传感器加热器正是因为保证氧传感器适宜的工作温度而设置的。当加热器的加热元件电路有故障(断路或短路)时,氧传感器就有可能不工作。根据这一分析,活性炭罐电磁阀和氧传感器加热器的供电电路可能有断路或短路故障。

因该车供油系统中,由燃油泵继电器供电的电动燃油泵和 6 只喷油器工作都正常,说明燃油泵继电器没有损坏,所以可能性最大的是熔丝 S29 熔断引起的故障。拔下 S29 检查,果然发现该熔丝已熔断。换上新的熔丝后,再用修车王电脑检测仪检测故障码,结果 5 个代码除 16518 外全都不再出现。为了弄清其中的原因,查阅了故障码 01262 和 16484 的含义。前者是增压压力控制电磁阀(又称进气压力控制电磁阀)的故障,后者是空气流量计故障。增压压力控制电磁阀和空气流量计在维修手册提供的电路图中虽然都没有找到,但在该手册燃油喷射系统的检测部分,却清楚地表明它们同样是通过燃油泵继电器在供电的。而在燃油泵继器的两条输出电路中,有一路是通过熔丝 S27 向 6 个喷油器供电的;另一路有两个分支,其中一个分支通过熔丝 S13 向电动燃油泵供电,剩下的一个分支就是由熔丝 S29 控制的供电电路。第 2 次检测故障码的结果,恰恰说明了增压压力控制电磁阀、空气流量计与活性炭罐电磁阀和氧传感器加热器都是同一条供电线路。由此可见,第 1 次检测时显示的 5 个故障码都是因熔丝 S29 熔断引起的。

那么,为什么更换熔丝 S29 后,故障码 16518 仍没有消除呢?根据这一代码的含义及其可能原因,拔下氧传感器的线束插头,用万用表测量插头端子 1 和端子 2 之间的电阻值,符合规定要求,说明加热器的加热元件没有断裂。再把二极管检测灯串接在发动机机体(搭铁)与线束插头端子 1 之间,检测加热器的供电情况。接通起动机短期运转,结果二极管检测灯能点亮,说明氧传感器供电正常,怀疑氧传感器已损坏(失效)。换上一个新的氧传感器后,故障码 16518 不再出现,发动机工作完全恢复了正常,故障排除。

> **点击**:从以上故障现象和检测结果可以看出:该车排气管冒黑烟的故障,主要是因氧传感器没有正常工作造成的。当氧传感器出现故障时,发动机 ECU 接收不到氧传感器的脉动电压信号来调节混合气浓度,发动机只能以开环控制方式继续运转而不能工作在最佳状态,排气中有害气体的含量将增加,最明显的外在表现就是排气管冒黑烟。而造成氧传感器不工作的原因,除加热器因供电线路断路而不能加热外,还有氧传感器本身的"中毒"或脏污问题。该车在更换了熔丝 S29 后,只是排除了加热器不能加热的问题,直至更换了氧传感器后,才彻底排除了因氧传感器失效而产生的故障。该车的其他故障现象,如发动机运转不平稳、加速过渡不圆滑和油耗明显增加等,则是氧传感器和增压压力控制电磁阀、空气流量计,以及活性炭罐电磁阀不起作用对发动机工作的综合影响,所以在更换熔丝 S29 和失效氧传感器后,上述故障现象完全消除。

94. 奥迪 V6 型轿车发动机不能熄火·插头短路虚接

(1)故障现象

一辆奥迪 V6 型轿车,在对底盘进行过大修理后出现发动机不能熄火,即使将点火开关钥匙扭回到"OFF"位置,发动机仍然继续运转,仪表显示为发动机正常运转状态。断开蓄电池负极线,发动机仍能继续运转,后来误拔下电子风扇熔丝,发动机开锅后电子风扇不转,随后发动机熄火。

(2)故障诊断排除

首先起动发动机后将点火开关置于"OFF"位置,发动机仍运转,拔下燃油泵熔丝后,发动机才熄火。发动机故障灯无故障显示,接着做如下检查。

①检查点火开关。拆下组合仪表,拔下点火开关插头,发动机仍不能熄火而继续运转。检查插头与点火开关均属于完好状况,由此表明故障点在其他部位。

②检查点火开关控制火线(即 15 号火线)是否存在短路。在关闭点火开关情况下,发动机仍继续运转,逐个拔下 15 号控制的电气设备的熔丝,发现有 5 个熔丝拔下时发动机熄火,它们分别是:喷油器、点火线圈、燃油泵和车载电话的两个熔丝(30 号火线 5A,15 号火线 10A)。但只有车载电话的两个熔丝拔下后,发动机熄火与点火开关关闭现象一致,另三个熔丝拔下发动机虽能熄火,但仪表显示与点火开关置于"ON"时相同,为发动机不运转状况。

③检查点火开关插头。在检查时发现只要拔下车载电话熔丝时,插头的 15 号线无 12V 电压,判断故障有可能在车载电话系统。但该车没有安装车载电话,后询问驾驶人得知,此车

为刚修复的事故车,有很多功能没有恢复。经进一步检查,在后排座的垫子下面找到了车载电话线束及控制器插头,同时发现垫子下面满是喷漆作业时留下的污水和腻子粉,插头就浸在其中。该车点火开关控制电路如图 2-27 所示。

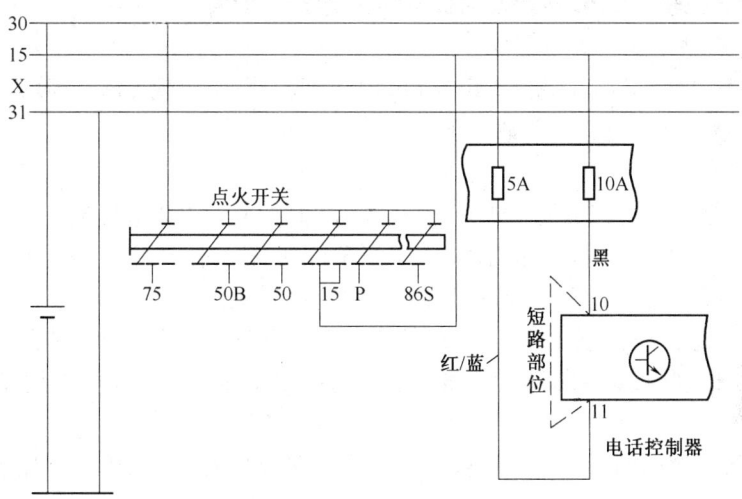

图 2-27 奥迪 V6 轿车点火开关控制电路

进一步检查发现点火开关插头已经损坏,且在插头处黑色的 15 号线和红/蓝色的 30 号线短路连接到一起。判断该插头可能是在钣金作业和喷漆作业中损坏的,后浸在污水中虚接引起短路。把短路连接处分开,并恢复所有的熔丝后,起动发动机试验,起动熄火操控正常,故障排除。

> **点击**:值得注意的是,发动机正在运转时是不可断开蓄电池负极线的,否则将使发电机由于失去蓄电池这个稳压装置而瞬间电压猛升很多(高),烧毁发电机和车上的其他电器及电控系统,特别是现代电控汽车更是忌讳这种做法。断电应按电控汽车维修有关须知操作。

95. 奥迪 A6 型轿车起动发动机时严重抖动·惹祸的是油封

(1)故障现象

一辆 2011 款奥迪 A6 型 1.8T 自动挡轿车,在使用中出现每天早晨冷机起动时发动机有 10~15s 的严重抖动现象,随后才运转正常,但怠速及行驶中无此故障。如果停放时间较短,即使是冷机状态,起动也没有抖动感觉。

(2)故障诊断排除

首先用故障诊断仪读取故障码,结果无码输出。接着根据维修该车型的经验,清洗了节气门体、喷油器及进气通道,但未见效果。用尾气分析仪在怠速及高怠速测量尾气均在正常值范围之内。随后更换了点火线圈、火花塞、水温传感器直至发动机 ECU,都没有解决问题。

更换了许多零件也未解决问题后,维修工并没有急于再拆卸部件,而是先根据故障现象进行分析,认为故障点并不一定是怠速控制有问题,最可能的原因是喷油器放置较长时间后有滴漏现象或机油漏到火花塞上,导致点火不良而抖动;而在发动机起动后,火花塞上的油在 10~15s 内挥发,使发动机运转正常。为验证分析是否正确,把火花塞擦拭干净后起动至正常温度,然后熄火放至第二天早上。这时拆下四个火花塞,果然发现 1 缸、4 缸的火花塞已经湿了,但仔细观察火花塞上残留的是机油而不是汽油。分析应该是缸盖中的机油经气门油封沿气门导管流到火花塞上。将火花塞擦拭干净后再起动,冷车并不抖动。将缸盖分解,更换气门油封并重新研磨气门,装复后试车,故障现象消失,即故障排除。

96. 奥迪 A6 型轿车 EPC 报警发动机抖动·清洗或换件

(1) 故障现象

一辆奥迪 A6 型轿车,在行驶 12.5 万 km 时,行驶过程中出现 EPC 故障警报灯点亮,发动机抖动严重,加速踏板控制失效的故障现象。

(2) 故障诊断排除

该故障现象通常发生在奥迪(AUDI)A6 型 1.8T 车上。出现故障时,如将发动机熄火后重新起动发动机,则 EPC 故障警报灯不亮,但汽车行驶一段时间后该灯又会亮,同时会出现发动机剧烈抖动,转速保持在 1500r/min 左右,踩加速踏板无效。用 V.A.S5051 故障诊断仪或 V.A.G1551 故障诊断仪读取故障代码,则可读得 7 个或 11 个故障代码,其含义多为节气门位置传感器断路、加速踏板位置传感器断路和节气门控制单元损坏等。产生故障的原因及排除方法如下。

① EPC 系统线路断路或短路。一般很难确认断路或短路的具体部位,因此只能更换发动机控制线束。

② 节气门控制单元损坏(步进电动机损坏或节气门位置传感器脏污)。通常可先清洁节气门位置传感器,如故障现象不能消除,则再更换节气门控制单元。

③ 插接器因锈蚀而断路或短路。发动机 ECU 插接器产生锈蚀的现象较多,一般只要予以清洁处理即可排除故障。

④ EPC 故障警报灯指示正常,EPC 系统工作正常,但发动机 ECU 内储存有表示 EPC 故障警报灯 K132 断路或短路故障代码,无法予以清除。由于 EPC 故障警报灯指示正常,EPC 系统工作也正常,所以 EPC 系统线路不会有问题,故障原因一般为组合仪表损坏或发动机 ECU 损坏,且前者为多,更换相应的部件即可排除故障。

97. 奥迪 A6 型轿车机油位/温度传感器灯偶尔发亮·传感器"生病"

(1) 故障现象

一辆奥迪 AUDI A6 型 1.8T 轿车,在使用中出现仪表板上的机油油位/温度传感器偶尔点亮的现象,而其他性能正常。

(2) 故障诊断排除

首先检查仪表板上机油温度表的状态,发现不管在什么时候油温总是在最低点,而用红外线非接触式温度计测量油底壳的温度,已经达到了 74℃,此时机油温度应该已经在 80℃ 以上。由此看来仪表的油位/温度指示系统确实有故障。

该型轿车的油位/温度指示系统由仪表板、装在油底壳上的油位/温度传感器及连接仪表板和传感器的导线 3 部分组成,如图 2-28a 所示。油位/温度信息由传感器通过导线以脉冲宽度调制信号的形式连续不断地传递到仪表板,仪表对信号进行分析计算后将油温信息显示在仪表上,而油位信息则用于低油位警告灯开启的依据。除此之外,油温、油位的信息还用于仪表对燃油消耗量及行驶里程的计算以及保养间隔里程及时间的确定。

从图 2-28a 可知机油油位/温度传感器上共有 3 根导线,分别为正极线、搭铁线和信号线。仪表在信号线上输出一个大约 11V 的高电位,传感器控制接地产生脉冲宽度调制信号,标准信号波形如图 2-28b 所示。其中第 1 部分是传感器对油位传感器进行瞬间加热的脉冲信号，加热的时间取决于机油的温度,加热的目的是为了根据传感器冷却时间来判断机油油位。传感器进入冷却阶段(第 3 部分)后,冷却时间的长短与机油的油位基本成一定比例关系,冷却时间越短说明机油油位越高,时间越长说明机油油位越低,对油位的判断误差不会大于±3mm,冷却时间在 200～1000ms 之间。机油温度是传感器直接测量出来的,温度信号是通过脉冲信号(第 2 部分)来进行传输的,信号脉宽在 25～85ms 之间。

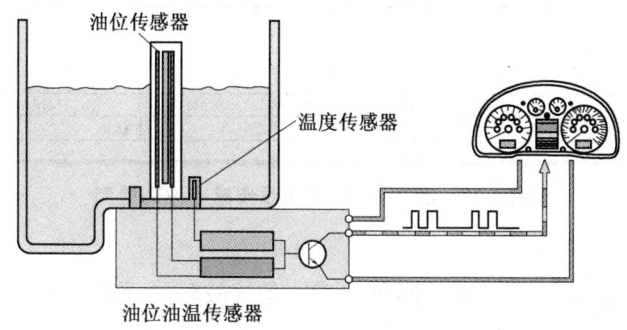

(a)油位/温度指示系统

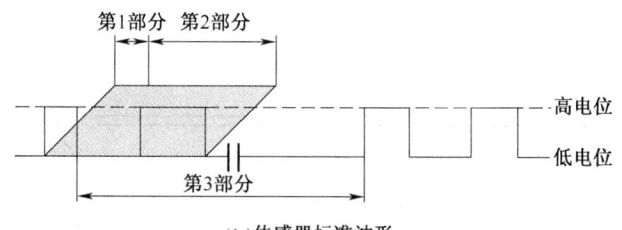

(b)传感器标准波形

图 2-28 奥迪 A6 轿车机油油温指示系统及波形

仔细研究工作原理,判断该车的故障点可能是线路故障,机油油位/温度传感器故障,仪表板故障或供电搭铁故障。于是将传感器插头拔下,然后打开点火开关检测插头侧的 3 个接脚,其中 1 号脚是正极供电端,点火开关在"ON"位时应有蓄电池电压,2 号脚是搭铁端,3 号脚是仪表板信号线,打开点火开关时由仪表板发送大约 11V 的触发信号。但检测结果 3 个接脚都没发现异常。由此排除了线路、供电及搭铁有故障的可能性。

在关闭点火开关的情况下将插头插回传感器,示波器接入信号线端和搭铁端。在正常情况下,打开点火开关后示波器上应显示与图 2-28b 所示相同的波形,但实际检测到的波形则如图 2-29 所示,与 b 图基本一致。接着起动发动机待油温升至正常时,采用红外线温度计测量发动机油底壳油温已升至 70℃,而示波器上却显示仍为冷车时温度,由此判断故障点在机油油位/温度传感器。

更换新的传感器后试验,机油油位/温度传感器故障指示灯工作正常,故障得到排除。

98. 奥迪 A6 型轿车发动机故障警告灯点亮·插头张冠李戴

(1)故障现象

一辆奥迪 A6 型轿车,配备 2.8L ATQ 发动机全时 4 轮驱动,共行驶 3 万 km,出现发动机故障警告灯点亮,行驶中无不良感觉;清除故障码后,次日早晨又会点亮。

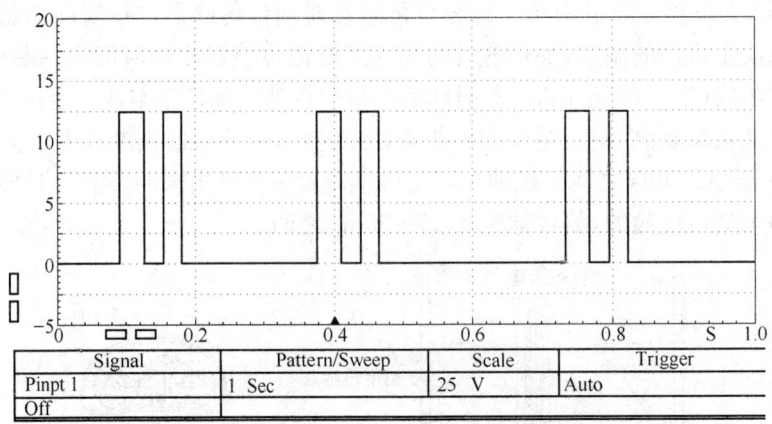

图 2-29　奥迪 A6 轿车油温传感器波形检测

(2)故障诊断排除

检查时连接 V.A.G 1552 故障诊断仪并读取系统故障码,发现有故障码 P1423 和 P1411,含义分别为右列气缸和左列气缸二次空气喷射流量不足。清除后再一次读取故障码发现系统正常。ATQ 发动机二次空气喷射系统结构如图 2-30 所示。

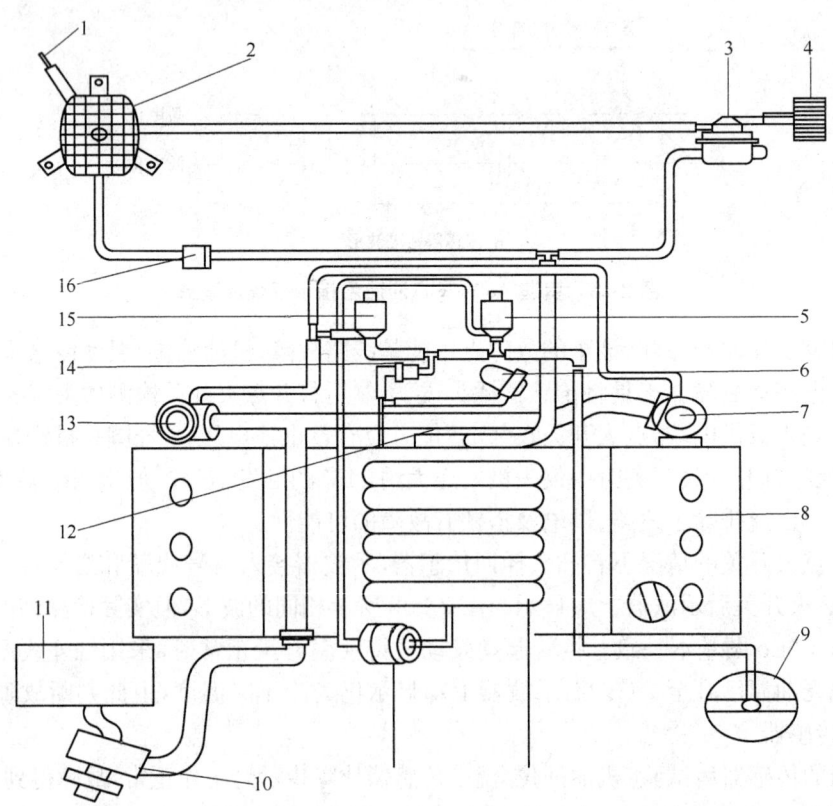

图 2-30　奥迪 A6(美规)轿车发动机二次空气喷射系统结构简图

1.通风管,通往油箱　2.活性炭罐　3.泄漏侦测泵 V144　4.空气滤清器　5.进气支管共振进气开关阀　6.油压调节器
7.左二次空气喷射执行阀　8.发动机　9.真空罐　10.二次空气喷射泵 V101　11.空气滤清器
12.节气门体　13.右二次空气喷射执行阀　14.单向阀　15.二次空气喷射开关阀　16.炭罐电磁阀 N80

奥迪 ATQ 发动机二次空气喷射的起动条件,必须在水温位于 -10℃~45℃ 时工作,超过 45℃ 后将会停止二次空气喷射,也就是说当车辆处于热车时无法让故障现象再现。于是采用一个 2.5kΩ 的电阻插在水温传感器上来"骗"发动机 ECU,让其控制二次空气喷射泵的工作,但结果是二次空气喷射泵正常转动,而发动机故障灯也再一次点亮,读取到的故障码仍旧是 P1423 和 P1411。再检查,发现进气管上的真空管凌乱不堪,错插了好几根。按照图将所有真空管正常插接到位后,故障现象依旧。将通往二次空气喷射阀的真空管拔下,发现在二次空气喷射系统工作时根本没有真空,这一下查到故障根源了。用 V.A.G1552 故障诊断仪的元件测试功能测试二次空气喷射系统开启阀,发现该阀不动作,但在其附近却依然听到"嗒、嗒"声,原来是共振进气开关阀在动作。对照线路图时发现两个插头插错了,将插头对调插入后,起动发动机试车,警告灯不再点亮,故障排除。

99. 奥迪 A6L 型轿车发动机怠速抖动喘气·螺母松动

(1) 故障现象

一辆奥迪 A6L 型 2.0T 轿车,行驶 6.5 万 km 出现发动机怠速抖动,并伴随喘气的故障现象。

(2) 故障诊断排除

首先用诊断仪检测发动机系统没有任何故障码输出,接着查找是否有漏气之处,并更换了废气压力限制阀,故障没有排除。怀疑喷油器工作不良或有堵塞,于是又清洗了喷油器,故障依旧。进一步分析是否存在外部设备负荷不稳的干扰,首先想到的是发电机,断掉发电机的电源线后故障消失,判定是发电机带来的负荷不稳定。此时驾驶人反映该车一直处于亏电状态,接着检查蓄电池,发现其负极电缆的螺母是松的,由此导致发电机负荷的不稳定,致使发动机怠速抖动喘气故障发生。紧固螺母并进行补充电后故障排除。

100. 奥迪 A8L 型轿车发动机有规律的抖动·氧传感器使坏

(1) 故障现象

一辆奥迪 A8L 型 3.2 轿车,行驶 2.5 万 km 时出现发动机有规律性的抖动,并伴有轻微喘气,冷机时工作正常,当水温达到 60℃ 以上时故障出现。

(2) 故障诊断排除

最初分析故障点可能在进气系统有漏气之处,但经仔细检查未发现有渗漏的可疑点,并先后更换了空气流量计、节气门、水温传感器,但故障依旧没排除。在检查中无意间发现在进气管道上方喷清洗剂时,抖动现象可立刻停止,有人认为是混合气过稀,其原因可能是进气漏气或氧传感器信号错误,接着读取数据流发现氧传感器无动作,判断此为故障点。更换新的氧传感器后试车,发动机恢复正常,故障排除。

101. 奥迪 A6L 型轿车起动发动机后电风扇常转·LIN 线搭铁短路

(1) 故障现象

一辆奥迪 A6L 型轿车,在使用中出现起动发动机后电风扇便常转,同时空调又不出风、鼓风机并不工作的故障现象。

(2) 故障诊断排除

从该车故障现象来看,两个故障之间并没有直接的联系,鼓风机属于空调系统,而电子风扇则隶属发动机管理系统。以往奥迪车型由电子风扇控制器根据空调压力开关和温控开关直接控制电子风扇的运转和高、低挡的接通,而新款 A6L 则采用网络结构对此过程进行控制。

奥迪 A6L 型轿车的网络连接拓扑图如图 2-31 所示，仔细分析则会发现两者之间的联系。

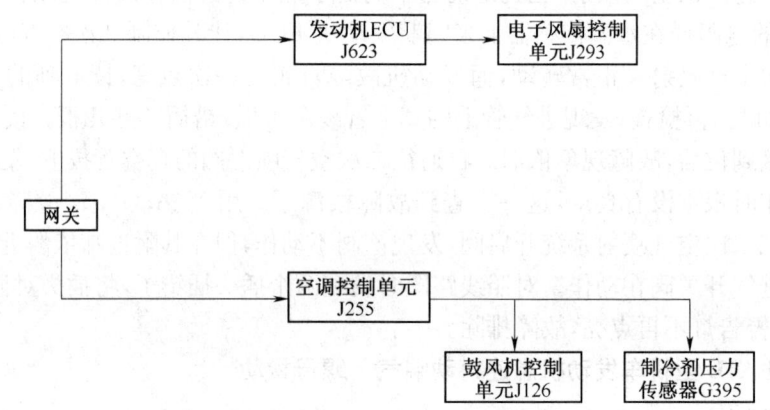

图 2-31　奥迪 A6L 型轿车的网络连接拓扑示图

　　电子风扇控制单元 J293 是根据发动机 ECU J623 的指令来控制电子风扇是否工作以及电子风扇的转速。同样发动机 ECU 也要计算冷却液温度信号和空调压力信号，但奥迪 A6L 型轿车不再采用温控开关和压力开关，而是从冷却液温度传感器直接获得温度信号。那么空调系统的状态又如何得知呢？空调控制单元 J255 采用了 LIN 线，即本地数据总线与鼓风机控制单元 J126 和制冷剂压力传感器 G395 相并联，J255 将 G395 得到的压力值通过舒适总线、网关和动力总线传给了发动机 ECU J623，再由 J623 根据此压力结合冷却液温度对电子风扇进行控制。

　　通过上述介绍，再回到该车故障，现象之一为鼓风机不转，就可以假设因为鼓风机控制单元的损坏导致同样连在 LIN 线系统上的所有数据都不能正确传输。因此，空调的压力状态也无法经网络正确传输给发动机 ECU，于是将重点放在对鼓风机控制单元 J126 及 LIN 线的检查上。经检查，LIN 线电压搭铁短路，拔掉鼓风机控制单元 J126 后 LIN 线信号正常，修复短路故障排除。

102. 红旗 CA7220E 型轿车因振动而起动不着车·KS 故障

（1）故障现象

　　一辆红旗 CA7220E 型轿车，装备 CA488 型电喷发动机，在正常行驶中发动机突然发生强烈的振动后，又勉强行驶约 25km 便自动熄火，再次起动就无法着车了。

（2）故障诊断排除

　　①利用该车电控系统的自诊断功能进行检测。连接好 V.A.G1551/3，选择查询故障记忆"02"功能，屏幕显示两组故障码：00524（爆燃传感器）；01259/ps（汽油泵继电器输出故障，为偶发性故障）。

　　②引发爆燃的主要原因有：点火时刻过早；气缸压缩比增大；发动机温度过高过热；气缸积炭过多；长时间低速大负荷运行；进气温度及压力过高；选择汽油牌号过低或含水量超标有杂质等。

　　③该车在发动机缸体进气侧的 1、2 缸之间装有一个压电陶瓷式爆燃传感器（ks），发动机产生爆燃时的压力冲击波造成的缸体振动及异响，经 ks 的压电作用将其转化为相应频率的电信号，并传送给发动机 ECU，ECU 据此测知发动机发生了爆燃以及爆燃的强度，并向点火系

统发出指令,修正点火提前角度,即推迟点火时刻,从而抑制爆燃的产生。

④据检查,发现该车的 ks 已损坏,因此中断了电信号输出。汽车勉强行驶是进入了"跛行回家"状态,汽车在爬坡超车时,由于负荷增大而自动熄火。

⑤拔下 ks 插头,检测 1 号端子与 2 号端子之间的电阻值,其值为无穷大,属于异常,应更换。拆开气缸盖检查,其缸壁及燃烧室内有大量积炭和结焦,2、3 缸火花塞电极烧熔,1 缸活塞裙部有轻度裂纹。对查出的以上故障进行排除。

⑥对产生汽油泵继电器输出故障码的原因分析如下。汽油泵继电器位于中央配电盒内,受发动机 ECU 的控制。当点火开关置于"ON"位时,ECU 即向继电器发出电信号,使继电器激磁,此时蓄电池电流从激磁触点流向汽油泵继电器,汽油泵开始工作。如果 ECU 在 2s 内收不到曲轴位置传感器的信号,便发生指令使汽油泵继电器失磁断电,汽油泵停止工作,发动机因无汽油而自动熄火。

⑦由于该车发生爆燃时的强烈振动,发动机曲轴可能有短暂的停转现象,导致汽油泵继电器失磁,从而出现偶发性故障。

⑧调整好汽油泵继电器,清除故障码,将点火开关置于"ON"位,将故障诊断插座的两个端子用熔丝短接,故障指示灯开始闪烁,输出故障码为 12(系统正常),拆下熔丝,故障码被清除。

⑨检查各电器线路及装置正常无误后,试起动发动机,一次性顺利起动,各工况运转正常,故障排除。

103. 红旗 CA7200 型轿车冷机不易起动·24 号熔丝烧断

(1)故障现象

一辆红旗 CA7200 型轿车,在使用中出现冷车起动困难,每次需 10 多次,发动机才能着火运转,但只要起动后工作一切正常。该故障经过 5~6 次维护修理,终未将故障彻底排除。

(2)故障诊断排除

故障检查时,采用修车王检测,无故障码显示。测量燃油压力,在怠速时为 0.25MPa,属正常。拆下火花塞检查,发现火花塞电极上很干燥,由此判断发动机在冷车起动时,喷油量不足。检查冷却液温度传感器信号也属正常。

根据该车有关资料得知,该发动机在冷起动时有一个起动加浓信号。读取数据流,发现发动机在冷车起动时,该信号一直处于 OFF 状态,而该信号的电源是经过熔丝盒内的第 24 号熔丝提供的,检查发现该熔丝已熔断。更换新熔丝后,试起动发动机,冷车可一次起动成功,反复试车,原故障特征完全消失,故障排除。

104. 红旗轿车发动机起动困难·继电器"老化"

(1)故障现象

一辆装备尼桑 V6 型发动机的红旗世纪星轿车,曾出现在长途行车后熄火再次起动很困难,但若停 15min 后又能起动的故障现象。然而此次行车后熄火却再也不能起动着车了,是何原因?

(2)故障诊断排除

将故障专用诊断仪 V.A.G1551 连接到车上,无故障码输出;拔下高压导线做跳火试验,无高压电火花产生;用万用表检查各传感器,发现空气流量计和曲轴位置传感器均没有电压信号输出,于是判断故障可能发生在熔丝、电路连接或继电器上。经检查,电路连接良好,熔丝盒外观也完整,但有几个熔丝在点火开关开启位置时没有电源电压。将继电器拆下检查,当手触摸到标号 007 的继电器时,感到温度很高(十分烫手),由此判断故障是由继电器引发的。

因为 007 号继电器是经点火开关控制向点火线圈、空气流量计、曲轴位置传感器等元器件供电的,当 007 号继电器出现故障或损坏时,便造成发动机不易起动或起动困难。当车辆行驶一定距离后发动机熄火就更难起动了。但停歇一定时间(如 15min 以上)后又可发动,则是由于停车后继电器逐渐冷却便又可导通。当该故障扩大到一定程度时,就会造成 007 号继电器即使冷却了也无法再导通,发动机便不能再起动。更换一只新的 007 继电器后,发动机就能顺利起动了,故障排除。

105. 红旗轿车发动机有时起动困难·传感器间隙失调

(1)故障现象

一辆红旗 CA7180AE 型轿车,在使用中出现发动机有时起动很正常,可有时需要数次才能起动的故障。

(2)故障诊断排除

据驾驶人介绍,该车以前曾更换了点火开关、点火线圈、主继电器及分电器,也对相关线路和配气正时进行了检查,还换过汽油泵,喷油器做过人工清洗,凸轮轴位置传感器(位于分电器内)曾做过检查,但故障却始终未排除。

用 V.A.G1551 故障诊断仪做故障诊断,ECU 无故障内容输出。这种间歇性故障,ECU 一般很难捕捉到,故不会存储有故障码。根据故障现象分析,推断其原因可能是因为缺火而造成的。为慎重起见,首先还是对油路进行了检查。连接燃油压力测试表,起动发动机,怠速工况下系统油压为 250kPa,拆下油压调节器的真空管为 300kPa,关闭点火开关 10min 后保持压力也达到 200kPa 左右,并没有异常现象。再一次起动发动机,拔下高压线试火时,发现高压火时有时无。众所周知,作为电喷发动机的点火系统,控制点火的主控制信号主要来自凸轮轴位置传感器和曲轴位置传感器。忽略已做过检查的凸轮轴位置传感器,重点对曲轴位置传感器进行检查。该传感器为霍尔效应传感器,与装在飞轮上的靶轮配合,控制喷油时间和点火正时。用示波器对该传感器进行分析,发现波形时有时无,看来故障是由曲轴位置传感器而引起的。但更换后,故障排除。剩下的可能是曲轴位置传感器与靶轮的间隙不正常造成的,该间隙正常值为 1mm±0.5mm,间隙过大或过小,不仅会影响传感器输出信号的大小,而且会影响传感器输出信号的相位。在拆传感器时发现间隙达到 1.8mm,超过了允许误差,重新装配时按 1.2mm 调整。经试车,故障排除。

106. 红旗轿车发动机不易起动·水珠惹祸

(1)故障现象

该红旗轿车装备 20 阀的 AHP 型捷达发动机,在使用中出现起动困难现象,但当拔下霍尔传感器插头又重新插上时,发动机又能起动着车了。

(2)故障诊断排除

开始怀疑是霍尔传感器发生了故障,便将传感器拆下,发现里面有较多污垢,以为是太脏了信号不好,便先清洗了一下,装复试验,结果能顺利起动发动机。反复每次都能着车,至此以为故障排除了。将车交给驾驶人使用了一个星期一切都正常。可到第 8 天故障又重新出现,发动机起动困难又如上次。摇动霍尔传感器的插头,又可起动。以为是插头松了,正在推想思考之时又熄火了。再次起动便没有任何起动征兆。

经测量霍尔传感器的电压为电源电压值,属正常。试更换新的霍尔传感器,结果仍不能起动发动机。接着更换点火模块,还是无法起动。又测量点火线圈的电源,也属正常。检查高压线没有高压火花,其可能存在问题的元器件包括:曲轴转速传感器、ECU、点火模块、霍尔传感器、电路线束等。于是决定从曲轴转速传感器着手进行仔细检查。拆下曲轴转速传感器(在机油滤清器旁边)。传感器表面并不脏,用万用表检测其阻值为920Ω,属正常(该传感器为磁感应式)。又检测 ECU 端传感器的电压值为 3.3V(断开传感器插头后检测),而传感器的电压一般应为 12V、5V 或无电压,不会是 3.3V,由此判断电路还是存在问题。

接着在杂物箱右下方找到发动机 ECU,拔下其插头,发现插头上有进水的痕迹,先把水用压缩空气吹干净,再用毛刷把水锈清理掉,顺便测量了曲轴转速传感器的线束,均正常。刚才插头上的水滴正好在曲轴转速传感器的插脚处,推测可能是水珠引起的短路。之后装复试车,发动机很顺利地起动了,由此表明该车故障是水珠惹的祸。于是顺着线束往上查找,终于发现水是顺着线束流下来的。在导流板下方找到漏水小孔后,用密封胶补封好,并将线束中的水擦干包扎好,再试车,发动机顺利起动,反复多次试验,每次都能着车,故障排除。

107. 红旗明仕轿车自动熄火无法再起动·插头松动

(1)故障现象

一辆红旗明仕轿车采用 488 发动机,该款车型发动机除保留了西门子技术的电控系统外,同时还增加了带钥匙芯片识别变换式防盗控制系统,该系统与普通大众车系的 1mmobilizer(禁止非法动)系统完全相同,也可以使用大众的诊断仪检测故障。该车在行驶途中突然自行熄火再也无法起动。

(2)故障诊断排除

首先检查了油压、气缸压力等,均在正常范围内。又重新校对点火正时,更换了火花塞、高压线、分电器、点火线圈、ECU,但故障一直不能排除。不过在维修过程中,发动机曾经可以起动,只是会立即熄火(估计应该是防盗被激活了),随后,发动机不能够起动,主要原因是没有高压电火花。根据以上情况,首先接上诊断仪,打开点火开关,进入发动机系统,进入"02"读取故障码得到:00515 凸轮轴位置传感器(G40);00516 节气门怠速位置开关(F60);17978 发动机 ECU 被防盗器控制单元锁闭三个故障码。

其中,确实有防盗被激活的信息,但试起动,却没有任何一点着车的征兆。众所周知,西门子的防盗系统即使被激活,ECU 也会在起动时给出短暂的点火和喷油信号。因此,是可以着一下车的。记录下所有的故障码后,全部加以清除。再从基本的检查开始,拔下高压线,起动发动机,没有高压火花出现。用二极管试灯检查点火模块,测量从 ECU 的第 6 脚来的点火控制信号,在起动时也没有该信号出现,再用试灯一端接正电源,另外一端接在凸轮轴位置传感器信号端,在起动时有明显的闪烁;用同样的方法,检测曲轴位置传感器,由于频率较高需要仔细地观察,结果有相应的信号出现,证明有传感器提供给发动机 ECU 的基本信号。又检查了 ECU 的电源电压、接地电阻等,均在正常范围内。再加上发动机 ECU 与诊断仪之间通信正常,也说明提供给 ECU 的电源应该正常,检查发动机 ECU 输出给传感器的 5V 工作电压也正常。进一步起动时,直接在 ECU 一侧的第 6 脚测量点火控制信号,确实没有信号出现。反复几次起动,重新读取故障码,试图从中找到提示,而检测中又有一个新故障码出现:即 17746 凸轮轴位置传感器(G40)断路或者短路对正极。

由于分电器是修理厂刚更换的,再次检查凸轮轴位置传感器及其信号,依然是正常的,清除故障码后再也没有出现,估计是在检查中人为造成虚假故障码。因在起动时测量控制单元提供给喷油器的信号属正常,唯一缺少的就是点火信号,显然是 ECU 的相关内部电路出现故障。用数字万用表测试,发现 ECU 控制点火模块的引脚对地是短路的,而该条导线经过检查是正常的。

故障确定后,读出原车的 ECU 软件 coding 版本号 00000,更换一块新 ECU,读到其 coding 版本号为 00001,将其更换为 00000,再进入防盗系统"25",选择"02"清除所有的故障码,再进入"10"调整,输入"00"清除所有的自适应值保存,退出后试起动,仍然没有任何一点要着车的征兆。检查结果还是没有高压火花出现,再用二极管试灯检查 ECU 控制线,此时已经有了 ECU 发出的十分明显的点火控制信号,只是点火线圈依旧没有高压火花产生,进一步检查点火线圈的 12V 供电和接地线也是正常的,显然点火线圈已经损坏。既然再次判定点火线圈已经损坏,决定再次更换一个新的原装点火线圈试验,安装好后试起动发动机一次着火成功。由于检修中多次长时间起动,在只有喷油,而没有点火的情况下,常常会把火花塞淹死,从而使起动困难,并很快熄火。但是已经能够再次起动,现在的故障特征、故障性质已经发生了根本的变化,发动机运行的基本条件已经具备。

有了正常的点火,下面的检修工作,需要从另外一个方面入手了。从目前的特征上看,熄火的原因应该就是防盗起作用,已经与发动机本身没有太大的关系了。

再次用诊断仪进入"01"发动机系统,发现有两个一样的故障码重复排列在一起:17978-发动机 ECU 被防盗控制单元锁闭。

由此确认就是防盗被激活,用诊断仪选择地址码"25"进入禁止非法起动系统,读取故障码,得到:01176-Key 07-00-signao to low,点火钥匙芯片信号太低;01176-Key 65-10-Unauthorized-Intermittent,未被授权的点火钥匙-间歇性故障。

当把它们全部清除后,再试,仍旧不能够起动;再读故障码依然有:01176-Key 07-00-signao to low,点火钥匙芯片信号太低。在准备测量识读线圈时,从防盗模块上拔下识读线圈插头时,发现该插头是松的,没有插到位,于是重新将其插好,清除故障,再次试起动,发动机一下子就着车了,熄火再试,均能够顺利地着车运行,再也没有出现熄火灭车的现象。

由于更换了 ECU,当发动机充分预热后,再进入"01"发动机系统,在"02"中清除所有的故障码,在"10"中清除所有的自适应值,再进入通道"04"选择"001"进行节气门匹配。至此,终于将该车上述故障彻底排除。

108. 红旗 CA7200 型轿车突然熄火无法再起动·ECU 故障突发

(1)故障现象

一辆红旗 CA7200 型轿车,一次正在高速行驶时,发动机突然熄火,经检查各电气线路连接正常,无松脱断路现象,但无论如何再起动,都没有任何着火迹象。

(2)故障诊断排除

经检查,该车无故障码显示,无高压火花,蓄电池电压为 12.8V,属正常;用起动机带动发动机旋转,无着火征兆;接通点火开关,测量燃油压力为 286kPa,也属正常;用万用表检查曲轴传感器电阻,无断路现象,曲轴位置传感器固定良好,间隙正常。由于该机是突然熄火,判断故障原因还在电路方面,故决定对 ECU 进行检查。检查发现 ECU 连接处有明显被水浸过的痕迹,脱开 ECU 插接器,发现 ECU 上的接线端子已有多处被氧化。其中有两个端子已从 ECU 脱出,有一根还是连接 ECU 的主要接地线,由此导致 ECU 发不出起动指令,发动机也就不能起动。更换新的发动机控制器 ECU 后,发动机起动顺利,故障排除。

109. 红旗牌轿车行驶中熄火不能再起动·熔丝熔断

(1)故障现象

一辆红旗 CA7180A2E 型轿车,行驶 12 万 km,平时使用十分得心应手,但在一次正常行驶中停车后发动机熄火,再也无法起动。

(2)故障诊断排除

根据该车故障现象进行检查,发现起动机能带动发动机正常运转,但并无起动征兆。拔掉分电器中央高压线进行跳火试验,发现无高压火花。据驾驶人介绍,该车前一天曾因发动机不能起动而更换了点火线圈总成,此次正常停车后再次起动时,却发现发动机不能起动。

该车的点火系统采用霍尔式分电器点火,点火放大器与点火线圈组装为一体。由于检测中发现无高压火,因此首先对点火线圈的供电及点火信号进行检测。打开点火开关,拔掉 3 针点火线圈线束插头,用万用表电压挡对其供电测量,量得其中两脚的电压为 12.3V,属正常。接着用一发光二极管对点火信号进行测试,结果发现在起动时发光二极管并不闪烁,由此说明 ECU 并未发出点火信号给点火放大器,而点火信号的产生,主要来自于霍尔传感器所输送给 ECU 的信号。所以,又开始对分电器上的霍尔传感器进行检测,由于霍尔传感器必须有相应的电压才能产生信号,因此,用万用表电压挡对霍尔传感器的电压测量,结果发现无工作电压。那么是 ECU 未工作还是线路断路呢?带着疑问,又拔掉热线式空气流量传感器线束插头,经过测量,该插头上同样无电压,同时发现就在反复打开点火开关过程中,似乎未听到有燃油泵工作的声音。由此判断,故障可能出在 ECU 或主继电器中。

本着由简到繁的工作思路,先检查主继电器是否工作,拆下左副仪表板,在转向盘左下侧找到主继电器,在打开点火开关的同时,用手触摸主继电器是否有吸动的感觉,结果主继电器并未工作。会不会是主继电器的熔丝熔断呢?由此,打开挡风玻璃左下方的熔丝盒盖,按照盒盖上的说明找到主继电器熔丝(第 12 号位置,15A),将其拔出观察,发现该熔丝已经熔断。

更换相同规格的熔丝后,打开点火开关,便可听到燃油泵工作起动的声响,同时,发动机顺利着车起动,故障排除。

110. 红旗 CA7220E 型轿车发动机冷机难起动·温度传感器失准

(1)故障现象

一辆红旗 CA7220E 型轿车,在使用中出现发动机冷机时难起动、起动后怠速不稳,暖机过程中抖动严重的故障现象。

(2)故障诊断排除

首先用 V.A.G1552 故障诊断仪进行故障检查,没有故障码。测量数据块,发现进气温度正常,而冷却液温度与仪表板冷却液温度表显示出入太大,初步判断此为故障点。分析可能是冷却液温度传感器有问题。因为发动机 ECU 仅能对各传感器的对地短路、对正极短路、断路进行检测;而传感器的实际曲线与特性曲线有偏离时,ECU 便不能进行正确的判断,从而会产生错误的喷油时间调整,使喷油量偏离实际水温时的喷油量,造成空燃比不正确。更换冷却液温度传感器后,冷机试起动顺利,怠速平稳,暖机时无抖动,故障排除。

111. 红旗牌轿车发动机怠速时高时低·三极管过载烧毁

(1)故障现象

一辆红旗 CA7220E3 型轿车怠速不稳,时高时低且无法调整,打开点火开关后,保险盒内有异响。

(2) 故障诊断排除

检查故障时,起动发动机怠速高达1000r/min。首先利用修车王检查,无故障码存储。开空调AAC的显示步数有所提高,但实际发动机转速没有提升,采用修车王工作支持诊断模式下ACC阀"开度调整"工作项目进行AAC阀调整,使步进电机全闭,调整基本怠速(理论600r/min),无论怎样调,转速一直下不来,当用手钳将通往AAC阀的进气软管钳住,怠速立即下降甚至熄火。证明怠速过高是因AAC阀处进气过多造成。据驾驶人介绍,已试换过AAC阀,但没排除故障,只好另加装一套空调怠速真空提升装置。

打开点火开关,听到熔丝盒内有继电器"吧嗒、吧嗒"响声,寻声查去是燃油泵继电器响。拔下再插上响声消失。重新打开点火开关3~5s后,"吧嗒"声再次响起。查看如图2-32所示可知,燃油泵继电器线圈只受控于ECCS18号插脚。当拆下ECCS检查时,发现插针因进水已腐蚀生锈,遂判定继电器响是因ECCS18号插脚内部对地短路引起,AAC阀无法调整也可能是因ECCS腐蚀引起的。试换一新ECCS,转速没有变化,继电器响声依旧,决定将AAC阀故障放置一边,着重处理继电器响的故障。燃油泵继电器在点火开关打开但不能起动时,预工作3~5s后停止,然后,分电器中的曲轴位置信号输入ECCS中并转换成电压信号,控制ECCS的18号插脚搭铁,燃油泵继电器连续工作。此故障在更换新ECCS后也不见效,说明有曲轴位置信号作用于ECCS而且是不连续的,造成ECCS18号插脚断续搭铁。拔下分电器插头,响声立即消失,证明判断正确,分电器有问题。在测量分电器3号插头时,显示没有组合继电器(ECCS继电器、空调继电器合二为一)提供的12V电源。将插头插上,重新打开点火开关,几秒后响声再次响起,此时测3号插头,间断出现12V电压,频率与油泵继电器响声相同。拆下下护板检查组合继电器,终于找到原因所在。原来是人为造成的故障——因组合继电器损坏,又一时买不到,修理工便将组合继电器取消,绕过组合继电器将ECCS继电器输出端接到油泵继电器输出端,另加装一空调继电器。因此,打开点火开关3~5s后,油泵继电器停止工作无输出电压,分电器则因突然断电,遂产生一次脉冲曲轴信号给ECCS,这一脉冲信号影响,ECCS18号插脚搭铁一次,油泵继电器再次吸合,分电器又因突然加电,再次产生一脉冲曲轴信号给ECCS,如此循环,造成油泵继电器"吧嗒、吧嗒"响,拔下油泵继电器再插上响声消失,是因为分电器3号插脚没有突变电压产生不了脉冲信号。恢复线束加装007号组合继电器,油泵继电器不再响了。

怠速过高无法调整,应该是系统漏气或怠速电机及相关线路存在问题。仔细检查了AAC阀座后的空气切断阀,符合技术要求,能随水温升高而关闭,进气道、真空管路、曲轴箱通风系统均正常,不存在漏气、卡滞现象。断开电机线束插头,测量供电端,有12V电压,AAC阀至ECCS控制端的连线,阻值均低于0.5Ω,线束正常,对检修多次的AAC阀重新测量(因试换后怠速高调不出)电阻值小一倍。如此推算电流会增加一倍,新ECCS有因而烧毁的可能。打开电脑板可闻到一股淡淡的烧焦味。依线路板查出AAC阀四组线圈各由一贴片小功率三极管直接驱动,相对应关系为:

AAC阀1号插脚连ECCS4号插脚由三极管T321驱动;

AAC阀3号插脚连ECCS4号插脚由三极管T323驱动;

AAC阀4号插脚连ECCS5号插脚由三极管T322驱动;

AAC阀6号插脚连ECCS15号插脚由三极管T324驱动。

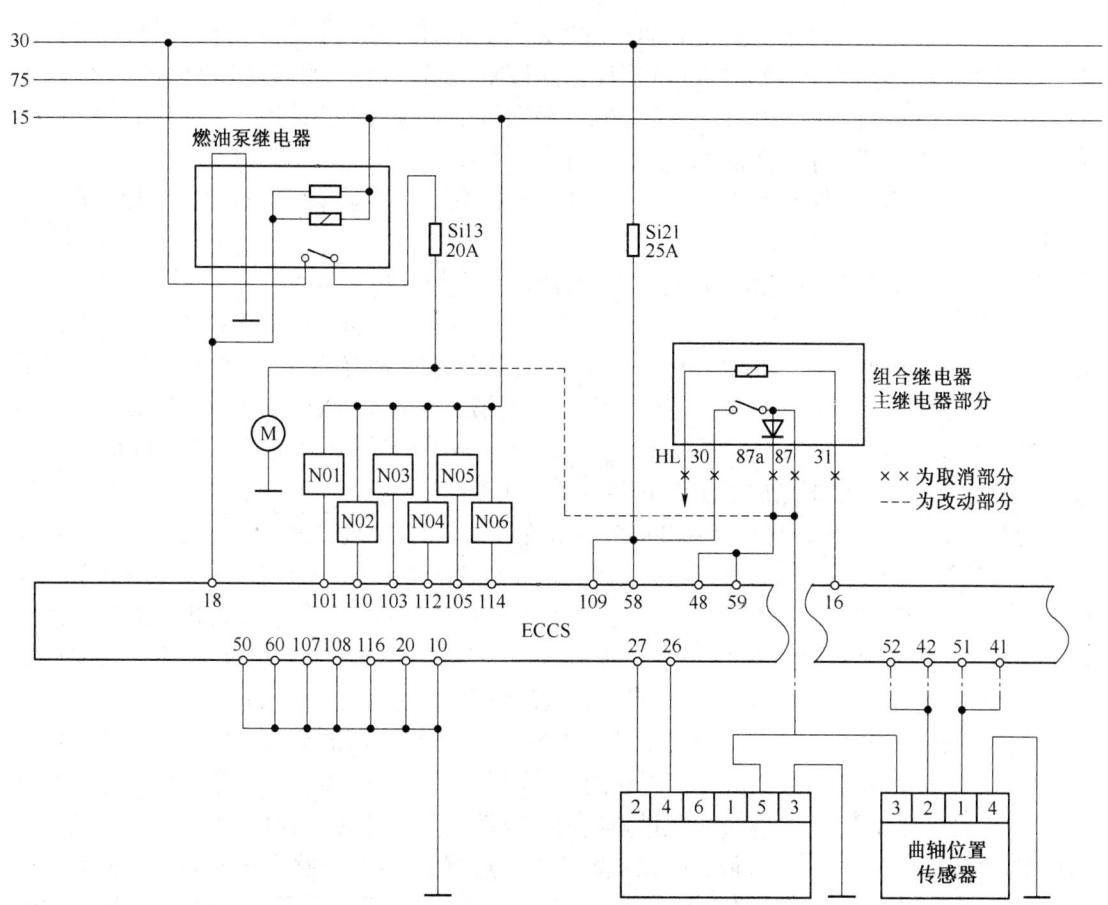

图 2-32 红旗 CA7220E3 型轿车燃油泵继电器电路

四只三极管的控制信号来自集成块 IC15(HC273),测三极管 T324 烧毁断路。可见造成怠速不良根本原因在于 AAC 阀匝间短路,致使 ECCS 驱动三极管过载烧毁。因三极管的控制信号正常,开空调时,AAC 阀的开启步数仍可正常显示在诊断仪上。如仅单独更换 AAC 阀,由于缺少一组驱动电流,产生不了使阀体连续旋转的交变磁场,故怠速不可调整。

当在旧 ECCS 上拆下同一型号三极管焊上,更换新的 AAC 阀,重新调整怠速,转速稳定在 700r/min,故障彻底排除。

112. 红旗明仕轿车发动机怠速不回落·没基本设定

(1)故障现象

一辆红旗明仕Ⅱ代轿车,在使用中出现发动机怠速低且换挡易熄火故障;在清洗节气门体后,又出现怠速在 1400~1600r/min 之间不回落且喘气的故障现象。

(2)故障诊断排除

红旗轿车节气门清洗后往往会造成怠速居高不下或喘气,其原因是 ECU 记忆自适应值(数据 6 组 3 区显示)过高,已达到极限 1.15。由于 ECU 程序无自动清除自适应值,即使做基本设定也改变不了节气门开启角度。一般处理方法有 3 种:

①更改编码,原编码 0000 改 0001。实践证明此方法不可取,更改编码后故障特征暂时消失,但数据 6 组 3 区显示的自适应值并未改变,行驶一段时间之后故障现象又将再次出现。

②通过ECU重新学习怠速,记忆新的自适应值。具体做法是松开进气软管使其漏气,或断开一个气缸的喷油线束,或将CO电位计调到极限,强制混合气变稀转速回落到正常怠速值。此时,每十几秒快速开启关闭节气门一次,反复动作直至自适应值由1.15降到1.0以下,0.95为最佳。完成学习后清除故障记忆,重新作基本设定。

③更换新ECU重作基本设定。此法快捷但成本高,往往在第二种方法失效的情况下才用。

连接V.A.G1552故障诊断仪,起动车辆,阅读数据块。显示节气门开度9°~12.5°,发动机负荷20%,喷油脉宽4.08ms,自适应值1.15。在维修过程中询问驾驶人说清洗节气门之前除换挡易熄火外无其他异常现象,由此可确定节气门没问题,故障原因是节气门过脏未及时清洗导致控制单元记忆自适应值过高达到极限。采用第二种方法,修正节气门自适应值。经过一番努力自适应值调到0.9,怠速也稳定在860r/min,节气门开度为3°,发动机负荷变为13%。数据调到这种状况已属于正常范围,故障应排除了。

道路试车30min,发动机转速在2000r/min左右摘挡时,出现转速表回落慢。缓加速使发动机转速升至1800~2000r/min时松开加速踏板,转速表先停顿一下再上升100~200r/min后缓慢回落,故障诊断仪V.A.G1552也显示转速先上升一下再回落。首先怀疑由部分工况转入怠速工况时混合气配比不当,检查了曲轴箱通风系统、燃油蒸发系统,均正常。又先后更换了点火线圈、油压调节器控制单元、节气门体,故障仍未能排除。

根据驾驶人反映是清洗节气门后出现的故障,要求再换一新的节气门体试验。凭直觉节气门体没问题,但问题确是在清洗后出现的,决定拆开节气门侧盖看个究竟。用故障诊断仪V.A.G1552做基本设定,怠速电机通过减速齿轮驱动扇形齿轮转动,由初始位置运动到极小的位置,再运动到极大的位置,最后回到初始位置。重复做几次,总感觉从最大位置回到初始位置行程过大,这样由部分工况进入怠速工况时行程大,节气门关闭缓慢,势必造成转速回落慢。如果设法缩短由最大位置回到初始位置的行程,改变ECU记忆的节气门初始位置、最小位置、最大位置的值,那么转速将回落得快些。琢磨很长时间,摸索出齿轮运动规律,将4~6mm的旋具垫入适当位置,反复做基本设定,逐渐加大角度,前提是保证数据1组4区第一位显示0(1为存在故障)。设定完成后起动发动机试车,慢加速至1800r/min后松加速踏板,转速正常回落没有停顿现象,经使用证明此车故障彻底排除。

> 点击:一般来讲,清洗节气门后转速回落慢故障多发生在红旗明仕Ⅱ代车辆上,而明仕Ⅱ代车型,即使更换ECU或节气门也无济于事,这是与ECU版本有关,但用上述方法也可排除类似的故障。

113. 红旗世纪星轿车发动机怠速运转不稳·ECU插脚接触不良

(1)故障现象

一辆红旗世纪星(CA7202E3)轿车,在使用中出现发动机怠速运转不稳抖动,加速不良、运转声发闷的故障现象。

(2)故障诊断排除

首先使用TL-800故障诊断仪检测,显示为节流阀位置传感器有故障。节流阀位置传感器是怠速控制中的一个主要部件,它是一个滑线电位计,用来测量节流阀开度变化率,将节流阀开度转换成电压信号输入ECU。ECU根据该信号识别怠速、部分负荷、全负荷和加减速工况,用于控制喷油和怠速等。由于它的脏污或线路故障,引发怠速抖动、运转不稳的故障较常见。

红旗 CA7202E3 型轿车的怠速调节由节流阀体完成,节流阀体由节流阀位置传感器、怠速节流阀位置传感器、怠速开关、怠速直流电动机和一整套齿轮驱动机构组成。发动机怠速运行或冷车运行及开启空调或动力转向时,怠速直流电动机经一套齿轮驱动机构推动节气门,使其开度增大,以提高发动机带负载能力;相反,在怠速下减载时,节气门的开度减小,以免发动机失速,保证发动机怠速运转稳定。

于是对节流阀位置传感器进行检查:拔下节流阀位置传感器插头,测量其电阻正常。再从节流阀位置传感器插头端测线路电压 1 号端子(ECU48)有 5V 电压属正常,3 号端子(ECU30)搭铁正常;2 号端子(ECU56)无电压,而在正常情况下应该有 9~12V 电压,由此表明节流阀位置传感器的信号线有故障。在检修中已换过两个 ECU,所以这次重点是检查线路。检测 ECU56 脚到节流阀位置传感器 2 号端子之间的线路,线路畅通不搭铁,说明线路没有故障。

在 ECU 插头连接的情况下测 ECU56 脚(节流阀位置传感器脱开)。用万用表笔接触 ECM56 脚,IG 接通,但没有电信号。当用万用表笔使劲往里插时,这时万用表显示大约有 12V 电压。由此判断就是 ECU 插脚跟插座接触不良导致故障的发生。

将 ECU56 脚从插座上退出,处理后重新安装,再测电压正常。从节流阀位置传感器端测电压,也完全正常。插上节流阀位置传感器插头,用 TL－800 故障诊断仪清除故障码。起动发动机顺利,怠速运转平稳,加速有力,发动机性能恢复正常,故障排除。

114. 红旗牌轿车发动机怠速居高不下·缺失调整

(1)故障现象

一辆红旗 CA7180AE 型轿车,在正常行驶中出现发动机熄火故障,送修理厂检查诊断为节气门太脏所致故障,于是便清洗节气门后起动发动机进行试车,熄火问题解决了,但又出现发动机怠速在 1200r/min 上下游动,怠速居高不下的故障现象,不知是何原因?

(2)故障诊断排除

根据故障现象,在怠速情况下连接故障诊断仪 TL－800,选择读取测量数据 08 功能,进入显示组 006。查看 006 组中的第三个值,显示为 1.15。该值是怠速自适应调节值,在正常情况下应为 1.00。但发动机 ECU 中存储的自适应调节值并没有进行修改,仍旧为 1.15,这样节气门开度依然较大,导致发动机出现怠速过高的现象。如果没有办法使自适应调节值回落,那么只能采取更换发动机 ECU 的办法来解决。而更换器 ECU 又会使用户难以承受。如果在清洗节气门体后怠速过高,可用故障诊断仪的电脑编程功能把发动机 ECU 的编码(00000)改为(00001),或重新做基本设定即可。

为了不更换发动机 ECU,就必须使怠速自适应调节值自学习,其具体方法是:首先将空气流量计后面的进气软管卡箍松开,使进气软管和空气流量计之间漏进大量空气。由于混合气过稀,怠速会低下来。通过控制漏进的空气量,使怠速保持在 860r/min 左右(正常怠速值),这样发动机 ECU 就会开始新的怠速自适应值。

再连接故障诊断仪 TL－800,在阅读测量数据块 08 功能下,进入显示组 006,再观察 006 组中的第三个值,每隔十几秒轻点一下加速踏板,第三个值(怠速自适应调节值)就会随着轻点油门次数的增加一点一点下降。每次下降幅度大约 0.02,直至降到 0.95 为最佳。最后再对节气门进行一次基本设定,然后把进气软管装好,重新起动发动机,怠速便会正常。

在发动机 ECU 进行自学习的过程中,由于人为增加了进气量造成混合气过稀,在发动机 ECU 中会存储相关故障,应将其消除。有时也会因怠速不稳,造成自学习过程中怠速自适应调节值上下起伏变化,这时应持续进行上述的操作步骤,直到怠速自适应调节值调到 1.00 以下为止。

消除故障码后,不再闪烁故障码,则表明故障完全排除。

115. 红旗牌轿车发动机怠速过高·PCV 阀失效

(1) 故障现象

一辆红旗 CA7200AE 型轿车,在使用中出现低速行驶发冲现象,而最高车速也只能达到 130km/h。检查时发现怠速高达 1200r/min 无法调降下来。该车故障发生后清洗过节气门阀、喷油器,更换过空气流量传感器、发动机 ECU,但故障仍没排除。

(2) 故障诊断排除

① 用故障诊断仪 V.A.G1551 进入 01 发动机系统的 02 功能区,读取故障码为 0515,其含义为分电器信号错误。再进入 08 功能 007 组中的第 1、2 项 CMP(凸轮轴位置传感器)信号下降沿位置和上升沿位置不正确,此时发动机转速只能提高到 4200r/min。

② 拧松分电器固定螺钉并转动分电器,将 CMP 信号下降沿出现点和上升沿出现点调至 60 和 8(仪表显示值),此时转动节气门,发动机转速可到 6000r/min 以上。

③ 再进入 08 功能 001 组中的 3 项 CO 值电压为 2.2V(仪器显示值),再用尾气分析仪测量 CO 值为 0.2%左右。将 CO 值调至 1.4%左右时,进行路试车最高车速可上得去,即车速过低现象排除,但发动机怠速仍在 1200r/min 左右。

④ 再用 V.A.G1551 检测无故障码显示。再进入 08 功能 003 组中的第 3 项节气门开度角为 2°,第 4 项怠速执行器(怠速步进电机)位置为 10%,节气门在此开度下怠速不可能达到 1200r/min。

⑤ 将发动机熄火后用 04 功能中的 001 组对节气门进行基本设定时,节气门却发出"喀喀"的响声,由此声音判断为不接受基本设定。更换节气门后才完成基本设定,但上述故障仍然存在。

⑥ 用 V.A.G1551 故障诊断仪进入 08 功能 006 组中的第 3 项,显示怠速自适应值 0.94。一般此值是很难达到的,或许是节气门未做基本调整,以及在高怠速下发动机 ECU 自适应的运行结果。

⑦ 更换发动机 ECU,做消除自适应试验,更换 ECU 后的自适应值为 1.00,基本设定后,起动发动机,故障依旧。再查看 08 功能 003 组中的第 2 项发动机负荷已达 20%。通常怠速时发动机负荷不可能有这么高,判断可能是空气流量传感器偏差太大,从而增大了喷油量,造成发动机怠速过高(1200r/min)而降不下来故障。换上一只新的空气流量传感器,检查线路连接也正常,起动发动机试验,故障仍存在。

⑧ 分析所检测到的数据,从发动机怠速转速达到 1200r/min 和负荷为 20%;节气门开度角为 2°,怠速电机位置 10%,都表明有较多空气进入气缸,并且是经过空气流量传感器计量的。另一方面节气门开度角只有 2°,这又表明有一部分空气未经过节气门。于是用旋具将节气门完全关闭为 0°,此时发动机并不熄火而仍保持在 800r/min 左右运转,由此证明确有一条与节气门并联的空气道。经过进一步检查发现是曲轴箱强制通风控制阀 PCV 阀失效所致。更换 PCV 阀后试车,故障现象全消失。又进行简单调试,发动机怠速控制在 860r/min 左右,

负荷为14%,节气门开度角为3.5°(是将原ECU和空气流量传感器装回调试的),各项数据均属正常值,故障排除。

116. 红旗牌轿车发动机冷机易熄火·插头脱落

(1)故障现象

一辆装备CA488-3型电喷发动机的红旗CA7200E3轿车,在使用中出现发动机冷机起动后立即熄火,热机起动怠速又过高的故障现象。

(2)故障诊断排除

据故障现象,初步考虑是因冷机怠速过低所致。于是在发动机起动后立即踩下加速踏板,使发动机工作负荷在2000r/min左右,预热后松开加速踏板,使用"修车王"数据监测功能查看AAC辅助空气控制阀步进电机开启步数,显示为15步,属正常。按下"利用"功能测试项中的AAC阀测试,显示结果如下:0步,1000r/min(而正常值应为600r/min);25步,1020r/min(正常值为1100r/min左右);102步,1040r/min(正常值为1600r/min左右)。由上述数据判断AAC阀出现故障,可能是AAC阀卡住或内部线圈断路,使它不能按照ECU的指令工作。更换一只新的AAC阀后,故障依旧,故怀疑为电路连接故障。将AAC阀从进气支管上拆下,接好插头,将点火开关扭至1挡后,再关闭,AAC阀推杆没有动作。查看电路图,AAC阀是一个6脚插头:插脚2、5为供电端,通过21号熔丝与蓄电池相连接,插脚1、3、4、6为信号控制端,分别与ECU连接。用万用表测量插脚2、5对地电压,都为"0",但21号熔丝电压正常,熔丝完好。从电路图分析,可能是AAC阀电源线与中央电控板插接器脱落,此插头为M30ac。打开中央电控板底座,发现该插头脱落。

重新插好AAC阀电源线的插头,发动机冷机起动自如,各工况正常,故障排除。

117. 红旗世纪星轿车行驶中自动熄火·回路烧损

(1)故障现象

一辆装备尼桑V6发动机的红旗世纪星轿车在行驶中出现自动熄火故障,而且再也起动不着。

(2)故障诊断排除

该轿车点火系统采用尼桑系列点火方式,即光电式点火系统,它是以在分电器内装的曲轴位置传感器CPS为点火信号,靠发动机ECU控制切断低压回路电流而产生高压电火花点燃气缸混合气。

故障检查时,首先拔下中央高压线(距缸体5~7mm)试火,用起动机带动发动机运转时高压线端并无跳火,于是判断为点火系统故障。用数字万用表20V量程,量取曲轴位置传感器的工作电压为0,证明曲轴位置传感器根本没有工作电压,考虑到曲轴位置传感器与空气流量计共用同一继电器(主继电器)供电,于是拔下空气流量计的插头,量取工作电压,也一样不存在12V工作电压。因此判断是主继电器没有工作或已损坏,而致使两传感器的工作电压不能正常供应电。为证明这一点,从交流发电机电枢线上直接引出一根火线送到曲轴位置传感器的12V工作电压线上,再次起动发动机,能够起动。

接下来查找故障根源——主继电器,它应该安装在仪表盘后侧,转向闪光器的旁边,但当拆下仪表盘时,并没有找到它。只好又拆下驾驶侧下护板内的副继电器架,看到一个继电器是散吊在上面的,并没有被固定。由于这个继电器壳上的标识和电路图上的标识完全一样,所以认定它便是发动机控制系统的主继电器。取下之后,从中甩出了一些水滴,于是又将其壳体打开,清除了余下的积水,用数字表量取继电器工作线圈的阻值,显示为无穷大,证明此线圈已处于断路状态,不能使用。于是人为地用一根导线将继电器两触点接通,再试起动,能发动着,因此,更换了一个主继电器,但更换之后,主继电器仍不动作。再检查,原来这个主继电器的搭铁回路受 ECU 控制,只得又从乘客侧脚窝处取出发动机 ECU,打开一看,控制主继电器搭铁回路的地方已有明显的烧痕,而其上的电子元件均为高密度压缩元件,无法更换,那么,只能更换 ECU 了吗?考虑到此 ECU 价格昂贵,有没有什么别的办法可以不换呢?从电路图上查找,发动机 ECU 除控制主继电器搭铁回路外,还控制燃油泵继电器搭铁回路,于是将主继电器搭铁回路线从中截开(稍留下一截为以后更换 ECU 时有接线处),接到燃油泵继电器搭铁回路上,如图 2-33 所示,用电眼睛 431ME 故障诊断仪调取故障码,显示为 55,表示系统一切正常,证明这样改接是可以的,既简单又可行。起动发动机试验,一切工况正常,故障排除。

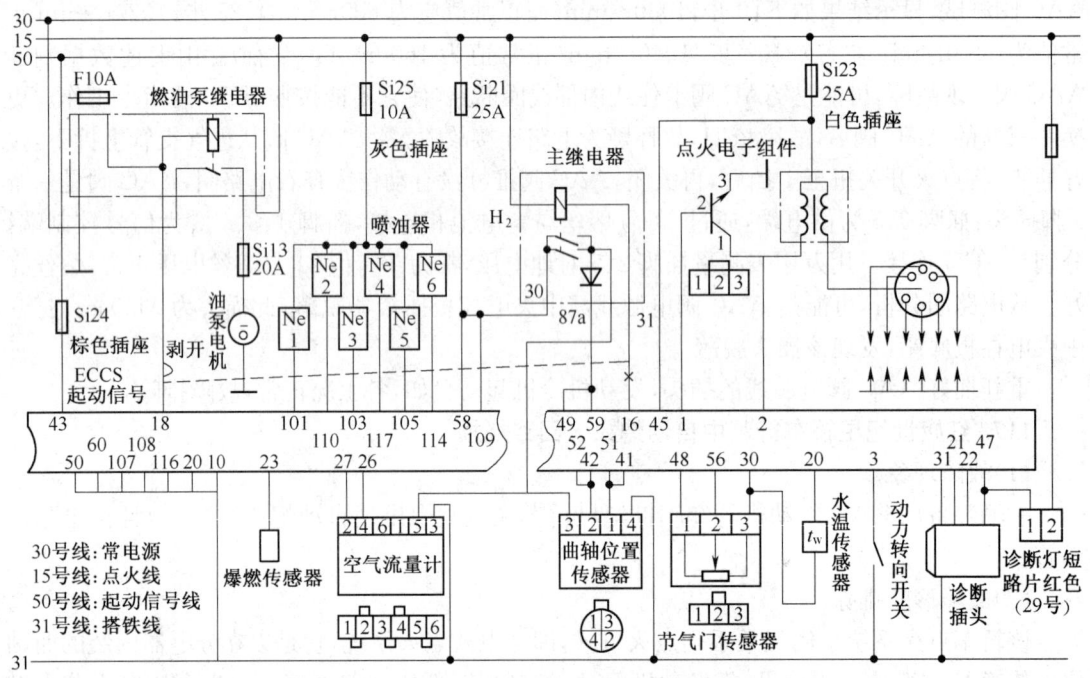

图 2-33 红旗世纪星轿车点火系统控制电路

点击:改动方法是将控制燃油泵回路的 18 号线剥开一小段,将主继电器线圈控制回路(标志为 31)16 号线剪断并接到 18 号线上,如图中虚线所示。

本案例故障根本原因在于装车时,主继电器没固定好而跌落在下面,致使雨水渗入造成短路而烧坏继电器,进而烧损发动机 ECU。

118. 红旗牌轿车低速滑行间歇性熄火·仪表信号错误

(1) 故障现象

一辆采用日产 VG20 型发动机的红旗 CA7200E3 型轿车,已行驶 13 万 km。该车低速滑行时偶尔熄火。该故障已在其他维修站维修过,试换过发动机 ECU、节气门位置传感器、怠速电机、空气流量计、分电器总成、汽油泵,保养过油、电、气等系统,但未能排除故障。

(2) 故障诊断排除

低速试车,在倒车、拐弯、减速等丢油门滑行时确会偶尔熄火,且可立即起动。而原地怠速运转时发动机无熄火现象,只是转速偏低,但运转平稳。用诊断仪检查无故障码,其主要数据见表2-2。数据中节气门位置传感器信号偏低,动力转向开关信号不正常。这两项均会造成滑行和转向时发动机的转速过低甚至可能熄火。于是先动手把这两个故障排除掉,并解决急速偏低的问题。拔下动力转向开关两线插头,经测量得知分别为5V电源线和搭铁线。将两线短接后,仪器显示动力转向开关打开,同时急速也由630r/min升至720r/min,说明线路正常。转动转向盘时测量开关始终不通,说明开关已损坏。更换开关后,该问题解决。检查节气门位置传感器,缓慢踩下油门踏板时,其信号能连续变化,说明传感器正常,可能是维修站装复后未调整。于是松开固定螺母将其调整为0.46V。再用诊断仪进入"急速阀调整"模式停止急速阀的控制,用一字旋具旋转急速阀上的急速调节螺钉,将发动机基本急速调为600r/min,退出"急速阀调整"模式恢复急速反馈控制,此时急速升至720r/min,空气流量信号1.0V,喷油脉宽2.8ms,点火提前角20°,急速电机步数,已正常。

表2-2 该车主要数据

项 目	数 据
急速转速	630r/min
水温	90℃
节气门位置传感器	0.2V
空气流量信号	0.9V
点火提前角	20°
急速电机步数	25
喷油脉宽	2.6ms
氧传感器	0.3~0.8V
动力转向开关	off

当这几项排除后试车,仍然有熄火现象。经多次试车发现故障只在行驶中出现,分析认为故障与车速信号或挡位信号有关。低速时多次观察诊断仪上挡位信号,挂挡时显示"off",空挡时显示"on",正常。为验证车速信号故障的可能性,就拔下车速传感器插头继续试车,结果不再熄火。回厂拆下传感器(舌簧开关式)检查,发现其两线接线柱上有绿色铜锈,应是插头进过水生锈造成接触不良。将锈蚀处理干净后装复并试车,这次车速表指针指示准确正常,也不熄火了。但当车速达到80km/h时又出现了新情况——偶尔加油无反应并伴有车身闯动现象。观察诊断仪,发现故障出现时喷油脉宽会从8ms降为0ms,再看诊断仪上的车速信号已达190km/h,原来是ECU接收到过高的车速信号后执行了限速断油功能。该车型的车速信号是由舌簧开关产生脉冲开关信号,输入仪表后驱动车速表和里程表,再由仪表计算处理后转换为电压信号,并经仪表黑色插头(26针)的2号线传到发动机ECU的53号脚,行驶时53号脚正常电压应为0.5~1.5V。经检查高速时53号脚的电压确实过高,这说明仪表有故障,其内部信号处理器向ECU发送了错误的车速信号,这才是本车所有故障现象的根源。而传感器接触不好使得输入信号忽高忽低更加不稳定,在低速挡滑行时信号偶尔突变为零,ECU就会执行减速断油功能造成发动机熄火;高速时信号过高则限速断油造成闯车。

电话询问驾驶人,除了熄火是否还有高速发闯的现象,驾驶人说有过一两次,但车速指针则一直正常。向驾驶人通报了维修情况,并建议他更换仪表,但驾驶人表示不想换仪表,要求我们想其他的办法解决。无奈只好将ECU53号线剪断不用,经多次低、中、高速路试行,车均正常,原熄火发闷等故障不再出现,至此维修工作结束。

> **点击**:其实我们修车就像医生看病,需要"望、闻、问、切"才能更快更好地找出病因。如果一开始就打电话询问驾驶人详细的故障现象,或者一开始就进行路试,就能及早发现还有"高速发闷"这一线索,也就能很快地找到故障点了。我想那个维修站可能也和我一样犯了没有"问"的错误,思维局限在低速熄火上,以致费时费力却无功而返。

119. 红旗牌轿车空挡滑行偶尔熄火·线丝作怪

(1) 故障现象

一辆红旗7200AE型轿车,装备488电喷发动机,在行驶中当空挡滑行时偶尔出现熄火现象,并伴有怠速不稳的症状。该车行驶12万km。

(2) 故障诊断排除

根据经验判断,该故障是由于节气门体过脏造成的。于是对节气门体进行清洗。然后用故障诊断仪V.A.G1551对节气门体进行基本设定,起动后试车发现熄火现象消失,但怠速不稳,转速表指针依旧上下游动。

那么是不是因为节气门体没有被彻底清洗干净而造成的呢?重新拆下来检查,没有发现问题,于是更换了一只好的配件进行试验,但并没有多大变化。用诊断仪做故障诊断,也无故障内容传出,看来问题并非完全在节气门体上。

为排除电路方面出现问题的可能性,首先拔下各缸缸线,做跳火试验,没有发现漏电及工作不正常现象。但拆下火花塞检查发现间隙已超过了规定标准。在征求驾驶人的同意之后,对该件进行了更换,顺便又对相关电路及真空管进行了检查。在确认无问题的情况下着车试验,故障仍然没有明显变化。

作为电控车,一般满足三方面的要求就可以正常工作,即点火系统、控制系统与燃油供给系统无故障。考虑到油路方面才清洗过不久,应该不会有多大问题。用示波器对各缸喷油器做动态喷油测试,发现各缸喷油器开启时间基本一致,峰值变化正常。到此为止,基本上可以排除是电路及油路这两方面的故障。最后的关注点自然而然地转移到了控制系统上。

红旗7200AE型轿车采用的是德国西门子控制管理系统,该系统为开环供油方式,进气系统采用热膜式空气流量传感器检测发动机各种状况下吸入的空气质量信息。如果该传感器发热体过脏,势必会造成发热体与空气流温差不恒定,破坏惠斯通电桥的平衡,从而影响该传感器向ECU提供正确的电压信号,使得进气量不准,影响发动机怠速的正常工况。

于是对空气流量传感器进行检查,发现在发热体处有一根细小的线丝,当对其清洗干净后装复试车,故障被彻底排除。

> **点击**:通过本案例,可以看出在为电控车做故障诊断时,不可单一方面的考虑问题,要避免盲目换件,同时要弄清各传感器的作用及工作原理,对故障点做认真分析。当然,这与实际工作中不断学习是分开的。

120. 红旗牌轿车间歇性熄火·空气流量计"病态"

(1) 故障现象

一辆红旗CA7220E型轿车,在使用中出现间歇性熄火,但熄火后又能迅速地起动发动机,只是起动后无论是踩下加速踏板或抬起加速踏板均很快熄火,此时仪表板上的故障报警灯不闪烁。当用 V.A.G1551 专用故障诊断仪检查时,诊断仪显示无故障码。该车采用热膜式空气流量传感器。

(2) 故障诊断排除

进一步检查时发现,当拔下空气流量传感器接线插头时,发动机起动后却能运行,但怠速不稳、加速不良且仪表盘上的故障灯闪烁报警。原来,该电喷系统的 ECU 自诊断功能只能识别空气流量传感器线路是否适中或断路故障,却不能识别空气流量传感器的错误信号,致使发动机起动后熄火。当拔下传感器接线插头时,由于 ECU 可识别此故障,ECU 便自动用节气门位置信号代替空气流量信号,使系统进入自救回家的跛行状态。因此,发动机能运行,但运转性能不好,故障灯也报警。将点火开关置于"OFF"位置,传感器线路插座 3 号端子与 1 号端子间的电压读数应为蓄电池供电电压,若无电压或读数偏差太大,应按电路图检查线路。检查线路时,将点火开关置于"OFF"位置,测量 ECU 插座 4 号端子与传感器 2 号端子、ECU 插座 26 号端子与传感器插座 4 号端子间的电阻,均应小于 1.5Ω,而 ECU 插座 4 号端子与传感器插座 3 号端子间的电阻值应为∞,否则应按电路图查线。

将点火开关置于"OFF"位置,拆下空气流量传感器,将传感器插头 3 号与 12V 蓄电池正极连接,4 号与蓄电池负极连接,用数字万用表测量插头 2 号与 1 号端子间的电压(读数应为 0.03V),用 450W 电吹风紧靠传感器入口向传感器内吹风(用冷气挡),1 号、2 号端间的电压应为 2.3±0.1V。将吹风机缓慢向后移动,以上电压值应逐渐减少。当吹风口与传感器入口相距 200mm 时,电压应为 1.5±0.1V。若测量的结果与上述值差距较大,说明空气流量传感器损坏。本例更换空气流量传感器后,故障排除。

121. 红旗牌轿车间歇性熄火·继电器"烧伤"

(1) 故障现象

一辆红旗 CA7220E3 型世纪星轿车,装备 VG20E 型电喷发动机,在使用中出现间歇性熄火故障现象。熄火后立即起动发动机,有时可顺利起动而有时却无法再起动,但只要关闭点火开关等待 5~8min 后又可顺利起动。该故障在检修中曾更换过燃油泵、分电器、点火线圈、点火放大器及火花塞等零件,故障始终没有排除,近来熄火故障发生得越来越频繁了,有时每天要出现 5~8 次之多。

(2) 故障诊断排除

该车发动机点火系统控制电路如图 2-34 所示。首先验证故障,进行路试车,刚行驶 18km 时发动机突然自动熄火了,再也不能起动,检查发现没有高压电。拔下点火线圈上的插头,用试灯测试 1 脚黑/白色导线,试灯能够点亮。拔下点火放大器上的插头,用试灯测试 1 脚黄色导线,起动发动机,发光二极管并不闪烁,由此表明发动机 ECU 没有给出点火信号。难道是发动机 ECU 没有收到曲轴位置传感器的信号吗?于是拔下分电器上的曲轴位置传感器插头,用试灯测试第 3 脚绿/黄色导线,试灯没有点亮。又从发动机电控系统局部电路(图 2-35)中可以看出,第 3 脚电源是由 007 继电器中发动机 ECU 主继电器提供的。007 继电器内部包括发动机 ECU 主继电器、空调继电器以及 2 只二极管。插好拔下的插头检查主继电器时,驾驶人在车内起动了一下发动机居然起动着车了。由此分析认为故障与主继电器密切相关。先检查 20 号熔丝属于正常,拆下转向盘下护板,可清楚看到继电器支架的 007 主继电器,如果再次熄火也便于检查。因此再次试车,这次刚好行驶 9.5km 发动机便熄火了。马上检查曲轴位置传感器第 3 脚上没有电源信号,将试灯的一端插在第 3 脚内,轻轻拍打 007 继电器,结果发现在拍打继电器的同时试灯可一闪一闪发亮,因此判断 007 继电器为故障点。接着拆下 007 继电器并撬开外壳检查,发现在电路板上面有 3 个焊点已经因过热烧蚀了,由此确定车辆间歇性熄火的根源所在。当更换 007 继电器后进行试车,再没有出现上述故障现象,故障排除。

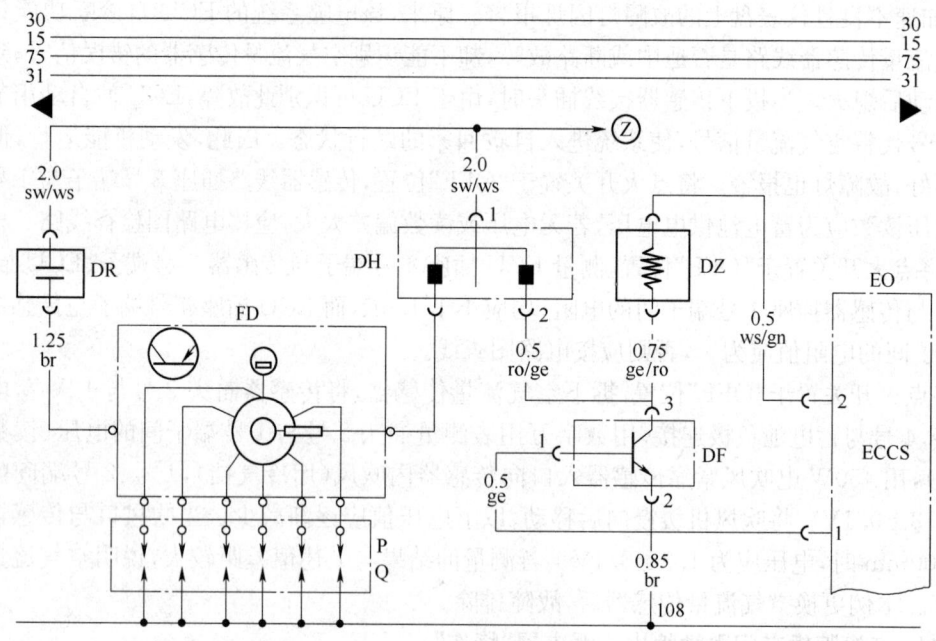

图 2-34　红旗世纪星轿车发动机点火系统线路

DF—点火放大器　DH—点火线圈　DR—电容　DZ—电阻　FD—分电器
P—高压线　Q—火花塞　Ⓩ—接 S23 熔丝　⑩⑧—接地(发动机线束)

点击:红旗世纪星轿车 007 继电器不良或损坏而导致发动机间歇性熄火故障的频率较高,遇此类型故障,007 继电器是检查的重点。

122. 红旗牌轿车发动机工作时偶尔喘振·导线磨损

(1)故障现象

一辆红旗 CA7220E 型轿车,发动机慢加速、急加速运转平稳,正常行驶时偶尔有喘振现象,急加速或转弯时故障现象明显。

(2)故障原因检查诊断排除

首先检查正时带位置及松紧度均正常;起动发动机,发动机运转较平稳,加速时,发动机略有抖动,感觉像断火。用专用诊断仪 TL—800 检查,发现有一个故障码 00515,其含义是凸轮轴位置传感器信号错误。经测量数据块 07 组,发现凸轮轴传感器信号上升、下降的位置值不对,于是转动分电器使其达到正常数值,并消除故障储存,然后进行路试。开始时运转正常,动力尚可,但经过弯路时,发动机又出现喘振现象,动力下降,观察仪器显示凸轮轴信号上升、下降的位置数值不能稳定,且变动量大,查询故障储存,未发现故障码。停车检测凸轮轴位置信号又恢复正常,考虑到此故障现象突然出现,又突然消失,很可能是线路问题。凸轮轴位置传感器和曲轴位置传感器共用一根导线通过控制器接地,故障很可能就在这两个部位。

当检查到曲轴位置传感器时,发现连接导线有破损部分,判断为故障点。曲轴位置传感器

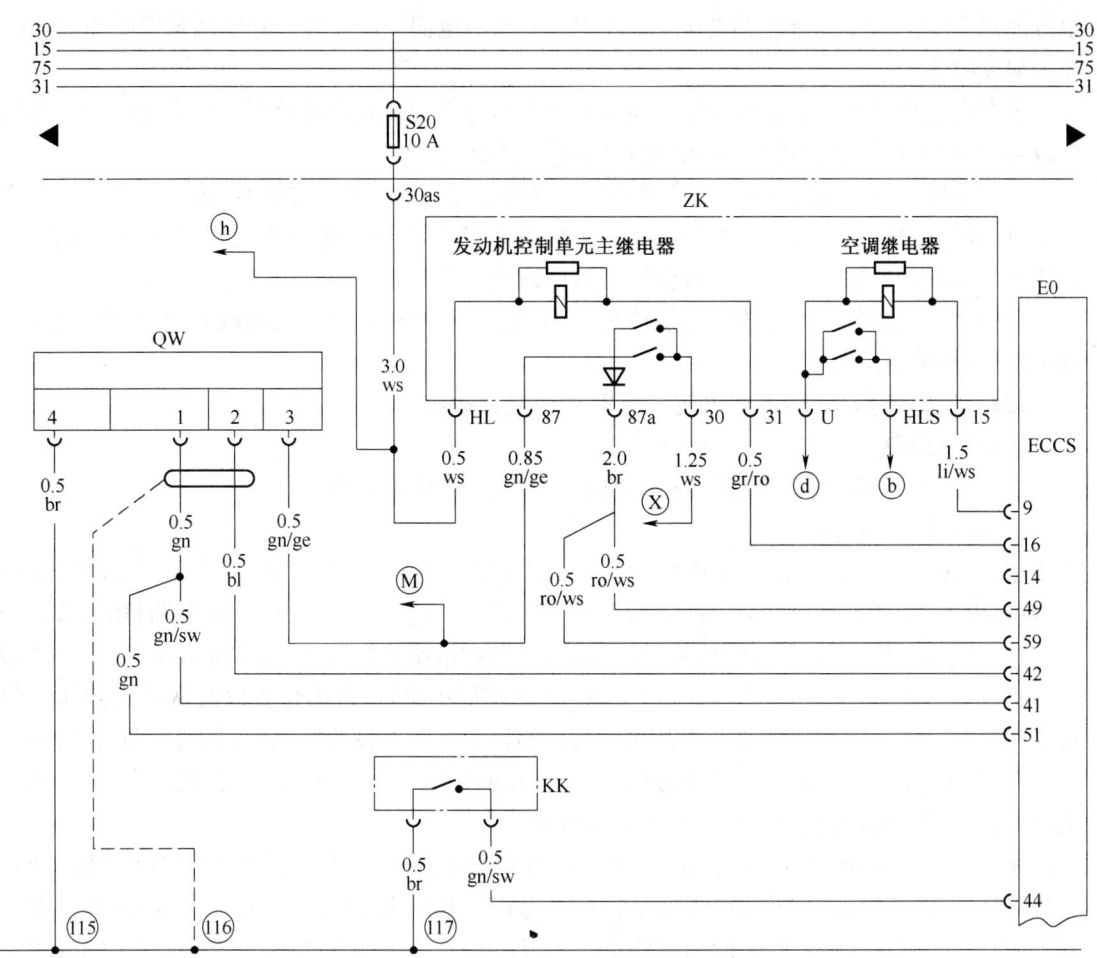

图 2-35　红旗世纪星轿车发动机电控系统局部线路

KK—空挡开关　QW—曲轴位置传感器　ZK—007 组合继电器　ⓑ—接二极管正极
ⓓ—接中央配电盒 J75al(S17 熔丝)　ⓗ—接发电机 S 端　Ⓜ—接空气流量计第 5 脚
Ⓧ—接中央配电盒 M30ac　⑮、⑯、⑰—接地(发动机线束)

安装在变速器壳体前端,连接导线较长,与传动部件接近,当车辆运行时,导线与传动部件接触,逐渐被磨破,引发故障。用绝缘胶布缠裹破损导线,然后进行路试,故障现象消失,即故障排除。

123. 红旗 CA7220E 型轿车发动机振动·维修不及时

(1)故障现象

一辆红旗 CA7220E 型轿车行驶 15 万 km,近来在行驶中出现发动机有较严重强烈的振动声,动力也下降的故障现象。

(2)故障诊断排除

根据故障现象分析,结合维修该车型的经验判断,该车发动机的振动声很可能是爆燃故障所致。为了进一步确诊故障点及原因所在,首先利用该车自诊断功能进行检测。将 V.A.G1551/3 故障诊断仪接入驾驶室内的诊断通信接口,在快速数据传递下,输入地址码"01",选择发动机电控系统,按"Q"键确认后,选择查询故障记忆"02"功能。稍后,屏幕显示两组故障码00524（爆燃传感器故障）、01259/PS（油泵继电器输出故障），其中油泵继电器输出故障为偶发故障。

该车在缸体进气侧1缸和2缸之间装有一个压电陶瓷式爆燃传感器KS，由于该传感器发生故障，中断了信号输出，轿车进入"跛行回家"状态运行。

拆下爆燃传感器插座，测量1号端子与2号端子之间的电阻，其阻值不为∞。接下来检查发动机，各气缸均有不同程度的磨损，其中1缸最为严重，气缸内壁有大量积炭和结焦，估计是使用了劣质汽油所致；火花塞电极已被烧熔，活塞裙部也出现裂纹。

分别对上述部位及零件进行修复或更换，装复所拆零件后，起动发动机顺利，运转正常，振动声消失，故障排除。

124. 红旗牌轿车不能基本设定·ECU内部线路故障

（1）故障现象

一辆红旗CA7180AE型轿车，在行驶中出现发动机怠速不稳。

（2）故障诊断排除

用V.A.G1551故障诊断仪检测发动机ECU，显示故障为"未基本设置"，消除故障码，进入"基本设置"功能地址码"04"，输入"01"组号进行基本设置。系统在进行基本调整时，节流阀在怠速直流电动机驱动下，其开度从"最初始位置"到"最小位置"，然后到"最大位置"，再从"最大位置"返回到"最初始位置"。发动机ECU将该阀最小位置、最大位置以及从最大到初始位置之间等距分的三点位置一起存在其相应的存储器中。基本设置完成后，起动发动机，打开空调A/C开关，发动机运转完全正常，路试车也没其他故障。但当车辆出厂行驶60km后，只要关闭点火开关，再起动就又会出现上述故障现象。

该车装有主继电器，ECU供电是由该继电器控制的。当点火开关置于"ON"位置时，ECU利用内部积存的电能经其ECU插座的8号端子到继电器的86A号端子，使该继电器延迟失磁，ECU则在这短暂的时间内将停机时刻现场数据存入ECU的存储器中，该车的故障原因可能是ECU没有把先前所进行的基本设置数据存储下来所致。

短接30号端子（蓄电池）和87号端子（电源），使其常有电，然后灭火，再起动发动机，反复多次怠速均正常。检查主继电器86A端子在发动机熄火时是否有电，结果无电压。这说明ECU内部线路有故障，导致灭火时，ECU的8号端子无电压输出，使主继电器不工作，ECU无法保存原怠速基本设置状态。当更换一只新的ECU装复后，试车一切正常，故障排除。

125. 红旗牌轿车发动机怠速游车冒黑烟·空气流量传感器故障

（1）故障现象

一辆红旗CA7200E型轿车，在使用中出现发动机怠速不稳且游车，有时在2000r/min居高不下，加速不良，尾气有汽油味。当时已经诊断出为空气流量传感器损坏，并换上一个新的，但更换后出现排气管冒黑烟严重，且根本加不起速。

（2）故障诊断排除

为确认故障原因，仍将该车原空气流量传感器装复。用金德PC2000故障诊断仪进入发动机系统，诊断仪首先显示ECU版本号为3601011 S1MOS4S 9020 CODING 00001 WSC00257。

读取故障码为"00523空气流量传感器对地短路"。用万用表检测如图2-36所示空气流量传感器上的四根线,电源搭铁都正常,但信号线在 0.3V 不变化。拆开空气流量传感器,明显看到空气流量传感器的热膜已经损坏并脱落。故障原因很明确,但驾驶人说新的也不行,于是再次换上那个编号相同的空气流量传感器,果然排气管冒出了严重黑烟,整个车间充满了刺鼻的汽油味,此时测空气流量传感器的信号线,怠速为 1.6V,2000r/min 时超过 3V,电压在变化,可为什么这么大的黑烟呢?用 PC2000 再次进入发动机系统,清除原来的故障码,诊断仪显示"系统正常"。进入动态数据流测试输入通道"02",怠速时第一区显示怠速 900r/min;第二区显示喷油脉宽为 10ms,"03"通道第二区发动机的负荷为 30% 左右,第三区节流阀开度为 10°。换上新件后抖动现象更加严重,排气管发出失火时的"突突"声。拆下新的空气流量传感器,换上旧的空气流量传感器时和原来的故障相同但黑烟消失了。再次诊断时"02"通道喷油脉宽为 4ms,第三区节流阀开度为 7°。怀疑还有其他故障存在,但匹配节气门体后,仍不见好转。那么,是节气门体坏了还是发动机 ECU 有问题,一时不知道换什么才好。静下来思考,当发动机 ECU 接收不到空气流量传感器信号时,怠速喷油脉宽为 4ms,而当 ECU 收到空气流量传感器信号时怠速喷油脉宽上升到 10ms,凭着多年的修车经验,怀疑是新更换的空气流量传感器有问题,于是另取一只新的空气流量传感器更换,并重新匹配节气门体,起动试车,怠速平稳,加速有力,此时测空气流量传感器电压,怠速为 0.8V,2000r/min 为 1.6V 左右,怠速时"02"通道第三区喷油脉宽为 2ms 左右,"03"通道第二区负荷 10%,第三区节流阀开度 5°,各项数据都在标准范围,故障排除。

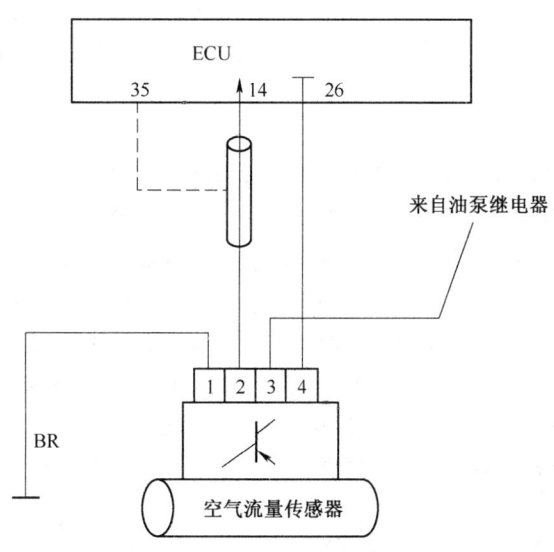

图 2-36 空气流量传感器电路

点击:对更换的第 1 只空气流量传感器检测表明为劣质品,所以换上反而冒黑烟还加重原故障。这说明在汽车维修中配件的选择是十分重要的一环!

126. 红旗牌轿车发动机连杆弯曲·空滤器进气口偏低

(1)故障现象

一辆红旗 CA7220 型轿车,在一次大雨天行驶中通过一个大水坑时,发动机突然自动熄火了,重新起动发动机时,起动机转动十分费力,之后曲轴也不能转动了。于是用他车拖着起动,此时，发动机便出现明显的抖动现象，排气管也有"突突"声，发动机内有金属敲击声。

(2) 故障诊断排除

根据故障发生的过程分析判断，该车发动机内部很可能出现机械故障，由于消声器中发出有节奏的"突突"声，说明个别缸工作不良；经用气缸压力表检测，发现两个缸的压力偏低；拆下发动机油底壳检查，原来该两缸的连杆已弯曲。

该车型底盘较低，空气滤清器进气口在发动机舱内前左下方，由于其位置偏低，且开口向前，轿车过水坑时，水即从进气口被吸进气缸，致使发动机突然熄火；与此同时，因正处于压缩行程气缸的进、排气门全部关闭，进入缸内的水便无法排出，而水又是不可压缩的，所以起动时即因阻力太大而显得运转无力；而当用拖车的办法强制发动机运转时，由于活塞无法上行，便把连杆压弯，从而出现一系列故障现象。

更换弯曲的连杆，并对其余连杆进行校正检查，按工艺要求装复试车，发动机技术状况恢复正常，故障排除。

> 点击：本案例是一起施救措施不当造成的人为故障，如果用人力推出水坑检查，也许故障不会发生，至少不会有那么严重。轿车不能起动应找出故障点排除，千万不可强行拖着起动。雨天驶过积水较深路段要选好路线，避免陷入一些暗水道水坑口，使车辆受损或者发生其他安全事故！

127. 红旗牌轿车行驶达不到最高车速·车速传感器不良

(1) 故障现象

一辆红旗 CA7200E3 型轿车，行车时达不到最高车速；低速行驶时，有耸车现象，耸车严重时，发动机便熄火。

(2) 故障诊断排除

经过路试，确认故障存在。使用"修车王"监测车速信号，发现车速信号不准；耸车时，车速信号瞬间异常，其显示值远远大于里程表显示车速。考虑可能是车速传感器有故障，因为车辆行驶时，变速器输出轴旋转，带动磁环形成磁场，车速传感器感应磁场变化形成车速信号，并将该信号全送给组合仪表，由组合仪表分频电路将车速信号分频处理，保证与实际车速匹配，再传给 ECU。而车速信号是断油控制的重要信号，若该信号不准确，如出现峰值，ECU 就会错误地判断为车速已超过 180km/h，因此控制喷嘴断油，出现耸车现象甚至熄火。更换一新的车速传感器后，耸车现象消失，发动机也不再熄火，高速恢复，故障排除。

128. 上海通用凯迪拉克轿车自动熄火后难起动·保护开关离岗

(1) 故障现象

有一辆通用凯迪拉克轿车，在一次出车中经过约 25km 凹凸不平颠簸的公路行驶后，发动机自动熄火了，再起动十分困难。

(2) 故障诊断排除

首先从电路着手，经检查高压跳火正常，点火时刻正确，于是把故障锁定在燃油供给系统上。

接着对喷油器电磁阀进行检查，将万用表的两表笔分别接触喷油器电磁阀的两线端，观察电压指示情况。该电压是由 ECU 输出的控制信号提供的，正常时它会随节气门的变化而变化，检测结果正常，由此判断燃油喷射装置不存在故障。进一步再检查燃油泵，发现油泵不工作。拆下接线，将车上 12V 电源用专线直接给燃油泵供电，结果其工作正常，表明该泵的电路存在断路。通过分析查找,发现该车燃油泵电路中装设了一个保护开关(即安全保护装置,装在轿车行李箱上方)。该开关的弹簧在车辆受到强冲击时会自动弹开,立即切断燃油泵的电源停止供电。

检查该开关,弹簧果真弹开。按下该弹簧,保护开关又恢复接通供电状态,燃油泵工作恢复正常。试起动,发动机顺利起动,故障排除。

129. 上海通用凯迪拉克轿车怠速过高·传感器失效

(1)故障现象

一辆上海通用凯迪拉克轿车,使用中出现发动机怠速过高,转速可达到2400r/min左右,反复进行调整都无法降下来的故障现象。

(2)故障诊断排除

首先对节气门进行检查,没有发现发卡或关闭不严的现象。接着采用OTC故障诊断仪读取数据流,发现怠速步进电动机步数为85步(怠速正常时应为21~24步),从而判定怠速步进电动机发卡。把怠速步进电动机拆下清洗后装复,故障依旧。用万用表测量怠速步进电动机的电源及其线路,未见异常,而且将A/C开关接通时怠速步进电动机有提速动作,说明其线路正常。换上新的怠速步进电动机,该故障依然存在。再次读取发动机系统的数据流,发现节气门的开度数值在3%~21%之间不断变化,而且此时发动机故障指示灯点亮。用OTC故障诊断仪测得节气门位置传感器有故障。而且用OTC故障诊断仪无法清除故障码,证明该故障的确存在,因而判断节气门位置传感器失效。于是更换新件,再次起动发动机试验,结果怠速转速下降,经过稍微调校,怠速下降到规定范围(约800r/min左右)之内,故障排除。

130. 上海通用凯迪拉克轿车发动机起动困难·ECU信号失准

(1)故障现象

有一辆上海通用凯迪拉克轿车,装备V6 2.8L发动机。在使用中出现起动困难,操控时不灵敏,行驶加速无力,进气支管绝对压力传感器(MAP)数值不正常的故障现象。

(2)故障诊断排除

检测时发现,ECU接受不到MAP传感器的正确信号,加速时用红盒子MT2500检测,发现MAP和TPS(节气门位置传感器)电压约为2V。用电压表测量ECU、MAP和TPS传感器输入端,发现实际电压增加。怀疑ECU的A/D转换器出现故障。

因为ECU的输入信号有两种:一种为数字信号,一种为模拟信号。模拟信号传感器有MAP、TPS、MAT和IAT等。由于ECU中的微处理器只能处理数字信号,上述传感器的模拟信号必须转换为数字信号,因而在ECU板上装有A/D转换器。它的任务就是对传感器信号进行采样,并将这些信号转换为数字信号。ECU根据这些信号进行供油控制和点火控制。通常在点火开关打开,发动机不起动时,红盒子扫描出的正常数值为:TPS传感器电压小于1V,在244m海拔高度时MAP传感器电压大约4.7V。

当A/D转换器出现故障时,用红盒子扫描到传感器电压数值比实际数值低。如在节气门关闭的情况下,TPS传感器的电压为0.78V,MAP传感器的电压为1.9V。这些信号等于告诉ECU目前轿车所处的海拔高度比珠穆朗玛峰还要高。在这一海拔高度氧气非常少,起动时所需的燃油也较少。ECU将按这种情况触发喷油器,此时的混合气很稀,因为实际的氧含量要比ECU所感知的氧气含量高得多。另一种应引起注意的A/D转换器故障是当节气门位于全开位置时,红盒子扫描到的TPS最大电压与MAP传感器在低位时的电压值相同,即使用数字式万用表检测到的数值为正常。如果在发动机起动后发生故障,在怠速时发动机工作将会很正常,这是因为 TPS 和 MAP 传感器电压均较低。TPS 电压大约为 1V,表明节气门为关闭;MAP 传感器电压也大约为 1V,表明进气支管压力低。当发动机在有负载的情况下从停车开始加速,上述两种电压信号的数值随着节气门开度的增大和负载的增加而增加。在大多数情况下,当节气门为全开加速时,TPS 传感器的电压应大于 4.5V,MAP 传感器的电压应接近大气压力传感器电压,这样可提供良好的加速性能和动力。但是,如果 A/D 转换器在 1.9V 时出现故障,ECU 就会认为此时并不要求加速,所以下达给喷油器的喷油量指令为少喷油,造成混合气过稀,在加速时出现加速无力,操作不灵活,或者难以起动。如果加速时间比较长时,还会出现熄火现象,该故障车就属于这种情况。

在出现这些故障时,由红盒子扫描仪读出的电压信号也是变化的,有时为 1.9V,有时为 2.6V,这种故障为间歇性故障,而判断这种故障的最好方法就是使用红盒子扫描仪和 9406 电表读取的数值进行比较,如果两种数值不符,而所有的连接均正常,则需更换 ECU。该车更换 ECU 后,试车正常,故障排除。

131. 上海通用凯迪拉克轿车发动机怠速自动熄火·分缸线作怪

(1) 故障现象

有辆凯迪拉克轿车,装备 5.7L 发动机,在使用中出现发动机怠速时会自动熄火,但仪表板上的"ENGING CHECK"指示灯并不点亮的故障现象。

(2) 故障诊断排除

根据该车发动机怠速自动熄火的故障现象,判断可能是燃油系统出现问题。测量燃油系统压力,低于 0.2MPa,正常值为 0.28~0.35MPa。检查燃油压力调节器和汽油滤清器,没有问题。拆下燃油泵,测量其泵油压力,比正常值(0.55MPa)低,仅为 0.3MPa,这表明故障在燃油泵。更换燃油泵后,测量燃油系统油压,正常。此时试车,发现怠速熄火现象消失,但还是有些抖动。

发动机抖动大多数是由于"缺缸"造成的,于是检查发动机各气缸工作是否正常。拆下各缸的火花塞,发现第 1 缸和第 7 缸的火花塞电极发黑而且有汽油,从而证实第 1 缸和第 7 缸不工作,导致发动机抖动。更换这 2 个气缸的火花塞,故障没有排除,说明不是火花塞的问题。再检查分缸线,发现第 1 缸和第 7 缸分缸线连接火花塞端不跳火。将这 2 缸分缸线分电器端拔下试火,结果均跳火,从而断定这两缸的分缸线断路,将其更换后试车,发动机怠速正常,运转平稳,故障排除。

132. 上海通用凯迪拉克轿车加速回火放炮·燃油通路梗阻

(1) 故障现象

一辆上海通用凯迪拉克轿车,装备 V 型 5.7L 发动机,4L60-E 型自动变速器。该车在使用中出现低速时提速缓慢,加速时发动机有回火"放炮",而加速至 30km/h 以上时又属正常,但起步又表现无力故障现象。

(2) 故障诊断排除

为判断故障是发动机动力不足,还是自动变速器有故障而产生的。首先进行发动机失速试验,结果是:发动机的失速转速在 D 挡时为 2800r/min,在 R 挡时为 2900r/min,说明发动机动力尚好,故障出在自动变速器。接着连接 OTC 故障诊断仪检测自动变速器系统,显示 59、82 和 84 号三个故障码。59 号含义是自动变速器油温传感器电路信号电压高;82 号含义为

1~2挡换挡电磁阀电路故障,84号含义为2~3挡油压控制电磁阀电路故障。为排除历史故障码的干扰,在发动机运转的过程中进行消码,但故障码无法消除。而把点火开关断开,再旋转到 ON 位,故障码可以消掉。但在起动发动机后82号和84号故障码再次出现,说明这两个故障码确实存在。再连接 OTC 故障诊断仪进行路试,发现1~2挡换挡电磁阀一直处于 OFF 不变,说明自动变速器无第1挡和第2挡。

根据检查结果分析,换挡电磁阀或自动变速器电控单元可能出现故障。于是拆下阀体上的换挡电磁阀,检测其电阻值正常。进行通电试验,也没发现异常现象。而在检查其线路时,却发现1~2挡换挡电磁阀线路有断路现象。焊接好断路部位,安装好阀体后试车,结果低速挡提速顺畅。

由于该车加速时有回火现象,为了查找故障原因,用 OTC 故障诊断仪对该车的发动机系统进行检测,无故障码显示。查看数据流,也未发现异常情况。由于发动机加速时回火可能是由于混合气过稀引起的,所以接上燃油压力表测量燃油系统压力,测得该系统的压力为261kPa,正常值应为283~325kPa,有些偏低,把燃油压力调节器上的真空管拔下,燃油压力也仅为310kPa。拆下汽油滤清器进行检查,发现其内部的过滤层已经脱落,晃起来有明显的"咕咚"声。于是更换汽油滤清器,再行试车,发动机动力增强,略加油,转速表马上就指到100km/h 以上,好像换了个发动机似的,即故障排除。

133. 上海通用别克轿车加速不良·TPS 烧蚀

(1)故障现象

一辆上海通用别克轿车,在车速达到80km/h 时,有时会出现加速不良现象。

(2)故障诊断排除

调取故障码显示为"12",表示系统工作正常。在检测进气、排气系统正常的情况下,对节气门位置传感器(TPS)进行测试,发现随节气门开度的增大,输出电压逐渐上升,当开度到70%时,输出电压开始波动,节气门全开时,输出电压还不到3V。拔下 TPS 接头,检测中间端子(信号输出端子)对地电阻,随节气门开度增大而增大到 kΩ 左右,瞬间跃变,时大时小,说明此处滑动电阻有烧蚀现象,接触不良。更换 TPS 后,故障排除。

134. 上海通用别克凯越轿车无规律熄火·CKP 信号线故障

(1)故障现象

有一辆上海通用别克凯越轿车,在行驶中发动机自动熄火,此故障有时是低速熄火,有时在高速行驶时发生熄火,有时是冷车熄火,有时是热车也熄火,即熄火故障完全没有规律性,且熄火后发动机不能立即起动,需停止8~10min 后方可起动着车。

(2)故障诊断排除

首先用 TECH2 故障诊断仪检测发动机电控系统,结果没有故障码显示。检查继电器盒线束、燃油泵线束、发动机后部起动机处的线束、喷油器线束、点火线圈线束和发动机转速传感器插头及线束均没有磨破损坏或接触不良。紧固了蓄电池至车身搭铁线、蓄电池与机体搭铁线、燃油泵搭铁线,又更换了燃油泵,检查相关部件,正常。试车交付使用5天后间歇性熄火故障又重现。因上次检查过了线路、线束、供电与搭铁,并试换了燃油泵,都无效,这次重点检查点火与燃油喷射系统部件,包括点火线圈及曲轴位置传感器等损坏后能造成发动机熄火的部件。在发动机起动运转时,拉动发动机舱内各部件与线束,发动机没有熄火。又将车辆举升起来,起动发动机怠速运转,拉动发动机舱下面各部件与线束,发动机也不熄火。用旋具橡胶手柄端轻敲曲轴位置传感器(CKP),发动机熄火了,表明故障可能是由曲轴位置传感器不良造成的。凯越1.6车型曲轴位置传感器电路如图2-37所示,它是一个电磁式传感器,有三根接线,其1脚(棕色线)与2脚(蓝色线)为电磁线圈的两端,室温下电阻值为600~660Ω,3脚(黑/白线)接地,为屏蔽端,与两根信号线间的阻值为无穷大。断开曲轴位置传感器插头,测量蓝色线与棕色线间的电阻为667Ω,黑色线与蓝色线间的电阻值有时为无穷大,测量结果正常。用旋具橡胶手柄端轻敲曲轴位置传感器,同时测量蓝色线与棕色线间的电阻变为无穷大,由此判断曲轴位置传感器信号线中有间断性断路故障。更换信号线后,试车一切正常,使用70天跟踪调查,未再出现间歇性熄火,故障排除。

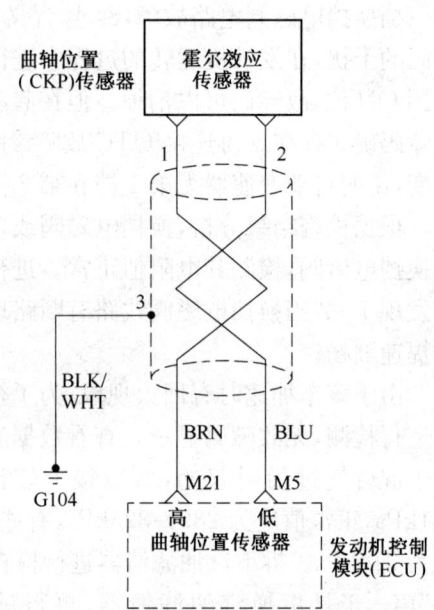

图2-37 别克凯越发动机曲轴位置(CKP)传感器电路

135. 上海通用别克凯越轿车发动机温度居高不下·冷却风扇低速继电器"发病"

(1)故障现象

一辆上海通用别克凯越轿车,装备1.8L T185S型发动机,行驶5.1万km时出现刚起动发动机的急速、加速尚良好正常,但急速时间稍长便出现发动机冷却液温度过高,冷却液温度警告灯点亮,严重时冷却液会从膨胀水箱上盖溢出,同时加速也无力的故障现象。

(2)故障诊断排除

首先采用Tech2故障诊断仪读取故障码,结果没有故障显示。进行常规基本检查,也没有发现异常现象。

经分析,该故障车发动机冷机中速和急速正常,故障点在冷却风扇及控制电路上的可能性较大,冷却风扇的控制电路如图2-38所示。

通过检查,此车的冷却风扇没有高、低速,辅助冷却风扇只有高速没有低速,引起这种故障的原因主要是主冷却风扇或风扇控制电路有问题。为了判断主冷却风扇是否损坏,拔下主冷却风扇插头,直接给主冷却风扇施加蓄电池电压,主冷却风扇高速运转,说明主冷却风扇没有问题,故障原因在风扇控制电路。

上海别克凯越轿车发动机冷却风扇为直流电动机风扇,左、右侧各一个。两个风扇均由发动机ECU控制,在冷却液温度达到一定程度或空调开关打开时,即进入工作状态。当冷却液温度高于一定值或空调管路制冷剂的压力升高至一定值时,ECU控制风扇高速运转,以适应发动机工作的需要。

具体来讲,当冷却液温度超过97℃或空调开关开启时,ECU控制K28搭铁,冷却风扇低速继电器线圈通电,在电磁力作用下继电器常开触点闭合,两风扇低速运转。当发动机冷却液温度超过101℃或空调管路中制冷剂的压力大于1.882MPa时,ECU控制K28和K12搭铁,两风扇高速运转。即K28搭铁时,冷却风扇低速继电器线圈通电,继电器常开触点闭合;K12搭铁时,冷却风扇高速继电器和冷却风扇控制继电器线圈通电,冷却风扇高速继电器常开触点

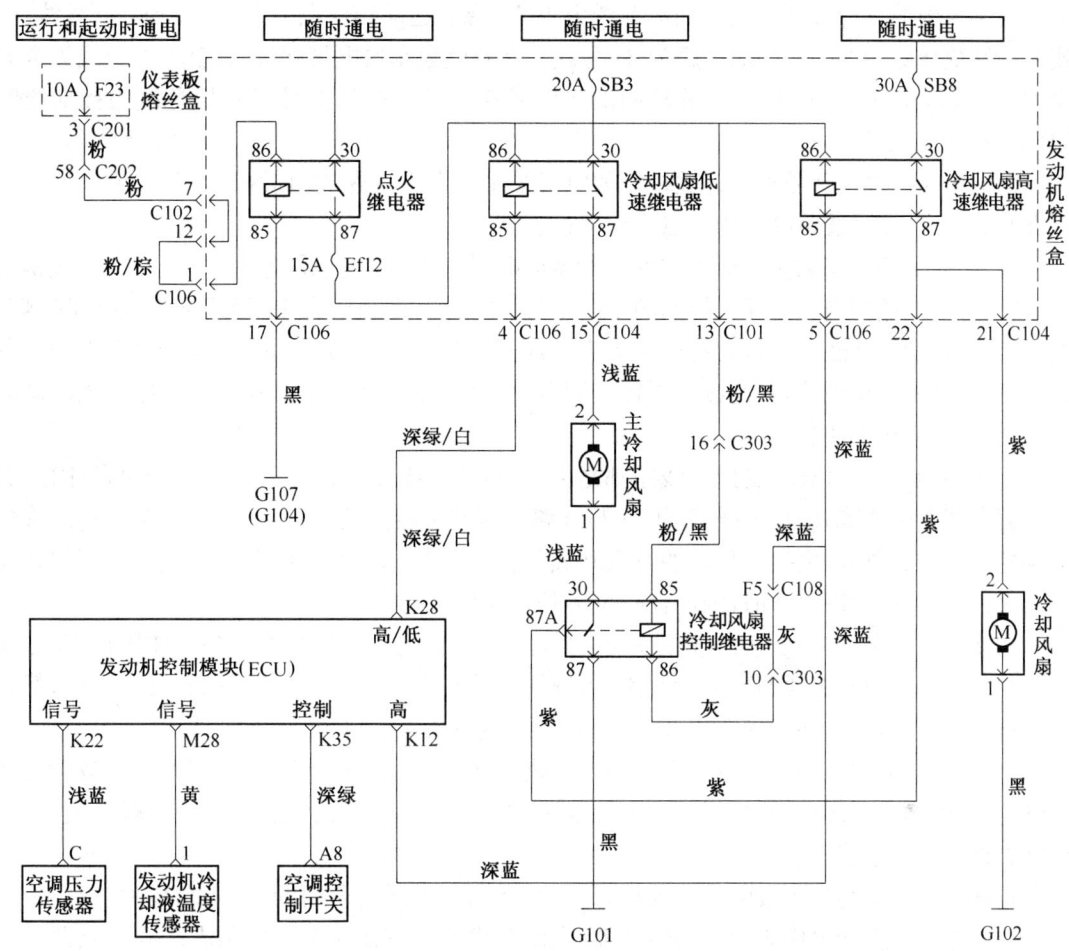

图 2-38 上海通用别克凯越轿车发动机冷却风扇控制电路

闭合,冷却风扇控制继电器触点 30 与触点 87 接通。于是用一根导线的一端与 K28 连接,另一端搭铁,结果主、辅冷却风扇仍不起动,由此判断故障点可能是熔丝 SB3 烧断,或冷却风扇低速继电器损坏。

检查熔丝 SB3 时没发现异常。拔下冷却风扇低速继电器,在低速继电器的 86 与 85 端子上施加 12V 蓄电池电压,用万用表电阻挡检测低速继电器触点 30 与 87 端子之间的电阻为无穷大(∞),由此判断冷却风扇低速继电器已经损坏。

更换同规格新的冷却风扇低速继电器,起动发动机,主、辅风扇在低温和高温时都运转正常,试车冷却液温度也保持在规定控制范围内,故障排除。

136. 上海通用赛欧轿车发动机无法熄火·TCM 引脚粘连

(1) 故障现象

一辆上海通用赛欧 SRV 轿车,配备 AISINAW13 型自动变速器。该车将换挡杆挂入"P"挡、关闭点火开关并拔出点火钥匙后,发动机无法熄火,同时车厢内的 HVAC 系统和车载音响系统的按键背景灯也依然点亮着,而不是随点火钥匙拔出而熄灭。

(2) 故障诊断排除

该车连接+B 电源的常火线为 30 号线,受点火开关控制的电源线为 15 号线,供应空调系统大功率风扇的受点火开关控制的电源线为 15A 号线,起动挡供电线路为专门的 50 号线,车载音响系统线路为 W 线,接地线路为 31 号线。在赛欧轿车的电气配线系统中,红色线为常火线(30 号线),黑色线为受点火开关控制的电源线路(15 号和 15A 号线),棕色线为接地线路(31 号线)。

发动机无法熄火及受点火开关控制的电气线路在点火钥匙拔出后依然工作,说明该车的点火开关电源 15 号线路已不能被点火钥匙控制。

首先,拆下位于左侧仪表板下方的熔断器继电器配电中心盒,将试灯一端连在仪表板钢架处搭铁,另一端探测受点火开关控制的 15 号黑色线,此时发现所有 15 号线路都点亮了试灯。根据全车电气系统配线图可以查到,整个 15 号线路都是从点火开关的 15 号端子引出的。正是由于 15 号线路出现故障,变成了直接与蓄电池连接的常火线,导致发动机电控系统的供电无法切断,发动机无法熄火。

15 号线和 15A 号线等受控制线路都是由 30 号常火线经点火开关转换分配而来,因此点火开关内部发生故障,使得 15 号和 15A 号线路短接的可能性较大。于是,拆下位于转向管柱顶端的点火开关总成,更换一只新的点火开关总成。再次起动发动机,然后关闭点火开关并拔出点火钥匙,但故障现象依旧,因而怀疑可能是车身线路有故障。

从该车的电路图可知,任何挂接在 30 号线路上的电气负载或开关线路与挂接在 15 号线路上的电气负载或开关线路的上游线路(可理解为处在负载或开关的供电端)发生短接,都有可能造成 15 号线路出现不受点火开关控制而常带电的情况。

于是,采用通常检测车辆电气系统漏电的拔下熔断器方法进行检查,一旦切断了故障线路的供电线,就撤去了加在 15 号线路的附加电源,电源没有了,也就无法向其他并联着的 15 号线路支路组提供电能。

将试灯的一端与仪表板的钢架连接,另一端插到点火开关背面的 15 号总线上,依次断开插在熔断器继电器配电中心盒上的熔断器(在没有找到相关故障线路的情况下,试灯会总是亮着的,一旦拔出某个熔断器后试灯熄灭,就说明该条线路是向外提供附加电能的故障线路)。逐一拔下所有熔断器后,终于找到了 2 条熔断器所对应的线路与故障相关,因为拔出这 2 个熔断器中的任何一个都能使试灯熄灭。

这 2 个熔断器分别是位于熔断器继电器配电中心盒内第一排左起的 F2 熔断器和 F5 熔断器。由该车的电气线路图查得,它们是与变速器控制单元(TCM)相连的 2 条线路的熔断器,其中 F2 熔断器所处的电路是与 30 号线连接的给 TCM 存储器供电的线路,F5 熔断器所处的电路也是给 TCM 供电的线路,二者的唯一区别是 F5 所处的线路与受点火开关控制的 15 号线路挂接。

根据 F2 熔断器和 F5 熔断器共同造成故障的这一检测结果分析,F2 熔断器对应的线路本身就与 30 号线路挂接,因此它所带的常电源没有问题;而 F5 熔断器对应的线路上的电源应受点火开关控制,拔出 F5 熔断器后,连接在 15 号总线上的试灯熄灭,说明附加到所有 15 号、F5 号线路支路上的电源都是从 F5 熔断器线路向上逆向传递的。之所以分别拔下 F2 和 F5 后试灯都会熄灭,是因为 F5 的附加电能是从 F2 的常火线上获得的。找到它们相互关系后,根据 TCM 所处的位置找到自动变速器线束,将探针直接插到线束插头的背面测量故障电路。

TCM 线束插头的引脚分布为第 1 排 1~15 号(左起)、第 2 排 16~30 号(左起)、第 3 排 31~45 号(左起),F2 熔断器和 F5 熔断器对应线路分别与 TCM 的 16 号脚和 1 号脚连接。装回先前拔出的 F2 熔断器,在插头和 TCM 连接的情况下,1 号脚引出的线路上有电能输出(点亮试灯)。

由于在线束内部的线路走向上,F2 熔断器和 F5 熔断器的对应线路是缠绕在同一条线束内,由熔断器继电器配电中心盒内引出,经过安装在发动机 ECU 支架处的转接插头 X3 转接到自动变速器线束上的,所以如果它们短接会有两种情况,一是在转接插头 X3 的上游短接,即在从熔断器继电器配电中心盒到 X3 之间的车身线束中短接;二是在转接插头 X3 的下游到 TCM 的这段自动变速器线束中短接。

用 GM 专用的线束修理工具挑出转接插头 X3 中的 3 号引脚(就是 F5 熔断器所在的线路),在 X3 插头连接的情况下,用试灯测量 3 号引脚对应线路上、下游端子的带电情况。测试结果,转换插头 X3 的上游从熔断器继电器配电中心盒来的线路正常,其下游从自动变速器线束来的一端子上带电。

经分析,怀疑 TCM 内部线路短接。于是,在换挡杆前方靠近仪表板右侧的地板内部拆下 TCM 总成,并打开线束连接插头上的防松锁扣,取出 TCM 模块。经仔细检查,发现第 2 排左起第 1 个引脚(16 号引脚)不知何故向后缩进了许多。拆开 TCM 外壳,发现进入 TCM 内部与控制模块印刷线路板焊接的引脚接插件总成的 1 号引脚连线与处于同一列的 16 号引脚连线靠在一起了。

引脚接插件总成是作为 TCM 模块的子系统模块焊接安装到控制模块线路板上的,在外部看到的 3 排引脚,在 TCM 内部是呈空间直角焊接在线路板上的,上、中、下 3 排引脚在空间上每一列都是平行设置的,尽管它们的间距非常小,但在正常情况下,每一列的引脚连线在空间上是不会接触的。由于该车 TCM 引脚接插件总成中的 16 号引脚向后缩进了许多,使得它的引脚连线正好靠在上一排的 1 号引脚的连线上了,这样就相当于将与 1 号引脚和 16 号引脚相连的线路跨接到一起了。

与 1 号引脚相连的正是 F5 熔断器所在的 15 号线路支路,与 16 号引脚相连的正是 F2 熔断器所在的 30 号常火线路。由于 TCM 内部的引脚意外弯曲造成短接,使得蓄电池+B 电源由 F2 熔断器线路短接到 F5 熔断器所在的 15 号线路支路上,并逆向而上,最终分布到整个车身电气系统的 15 号线路支路组上,所以,即使关闭了点火开关,拔出了点火钥匙,仍然有电能持续地向发动机 ECU 提供,导致发动机无法熄火。

更换一只新的 TCM 模块后,经试车,发动机熄火后一切正常,故障排除。

137. 上海通用别克轿车间歇性熄火·防盗电路板烧损

(1)故障现象

一辆通用别克林荫大道轿车,在更换蓄电池后出现起动发动机只能运转 5s 便自动熄火,再次起动也只能运转 5s 便熄火,反复多次均如此。

(2)故障诊断排除

经检验确认故障后,检查喷油器的电源电路及搭铁情况,均良好。更换发动机 ECU,该故障仍未能排除。再次仔细分析其故障现象后认为,造成该故障的原因很有可能是车身防盗系统在起作用。该车采用通用公司的 PASSKEY 防盗系统,其电路如图 2-39 所示。该车的点火钥匙内有一黑色的电阻作为防盗识别标志。将钥匙插入点火开关后,防盗控制单元将此电阻值与其内存的记忆电阻值进行比较,确认数值正确后解除防盗状态,将黑-白色的 A4 线搭铁,使起动机正常工作;同时产生一个信号将深蓝色 A3 线脉冲搭铁,进一步触发发动机 ECU 内的可控硅,使发动机 ECU 正常工作。触发一次后,在不断电的情况下,发动机 ECU 将持续正常工作,如果电源断开后又结合,就需要重新触发,否则发动机 ECU 就处于防盗锁止状态,发动机无法起动。

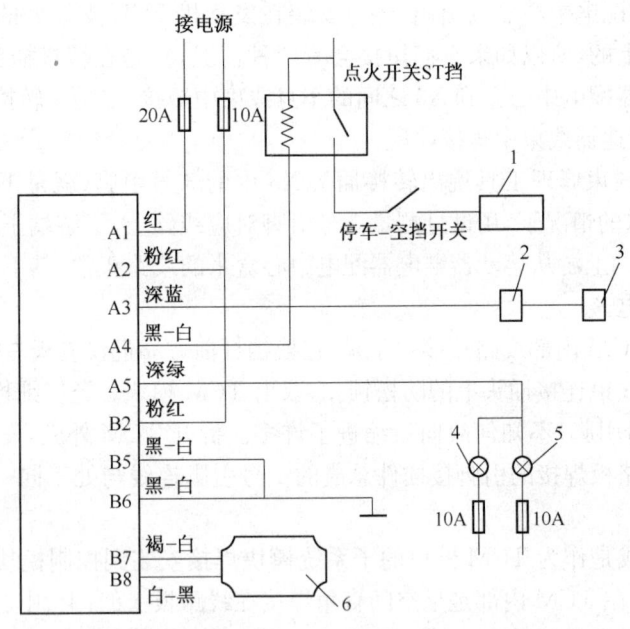

图 2-39 别克林荫大道 PASSKEY 防盗系统电路
1. 起动机电磁开关 2. 发动机 ECU 3. 喷油器
4. 安全指示灯 5. 防盗指示灯 6. 点火钥匙

于是断开防盗控制单元线束侧插接器,并进行测量,发现其线路正常;打开防盗控制单元,发现其内部线路板已严重烧损,更换后故障排除。

该故障车间歇性熄火,其实质就是防盗装置在起作用。当更换蓄电池或 ECU 断过电后,一定要重新设定防盗控制单元的内存电阻,具体方法为:将点火开关置于 ON 位,然后关闭点火开关;拔下点火钥匙,待仪表盘上的"SEGVRITY"指示灯闪亮后插入点火钥匙。

点击:若需废除防盗控制单元的防盗功能,其操作是:

①将 A4 线分别与搭铁线 B5、B6 跨接,这样点火开关位于起位位置时,起动继电器吸合,起动机恢复正常工作。

②将点火开关置于 ON 位,然后用手工的方法将深蓝色的 A3 线间断性搭铁,使之产生脉冲信号,让发动机 ECM 解除防盗状态,并接通喷油器控制线路,使之恢复工作。

③起动发动机,发动机应能正常工作,如果不能正常工作,可以重复第二项操作,直至发动机工作正常。

138. 上海通用别克轿车更换变速器后发动机无法起动·人为故障

(1) 故障现象

一辆上海通用别克 GL8 轿车,维修更换 4T65-E 自动变速器后出现发动机无法起动。

(2) 故障诊断排除

当打开点火开关时仪表板上无挡位显示,防盗指示灯点亮,发动机故障灯只微亮,起动发动机无任何着火征状。使用 TECH-2 专用诊断仪检测无法进入车辆串行数据总线相连的各个模块、呈串行数据总线控制系统瘫痪状态。

该型轿车通信总线控制系统是二级串行数据总线(CLASS-2)，这是相对之前使用的一种 UART(异步接收与传递)串行数据总线而言的，其传输速度是 10.4kb/s，数据系统静止时为 0，启用时 7V。二级串行数据是按脉部宽度调制的，每一位信息都有两种宽度，长或短。在上海通用别克 GL8 中，不同的模块连接在一条串行数据总线上，控制模块之间的通信和检测工具 TECH-2 都是通过这条数据线总线进行的。采用总线控制的车辆，无论是总线网络故障还是连接在总线上的任一模块出现故障都可能对其他控制模块产生影响。发动机前部线束如图 2-40 所示。

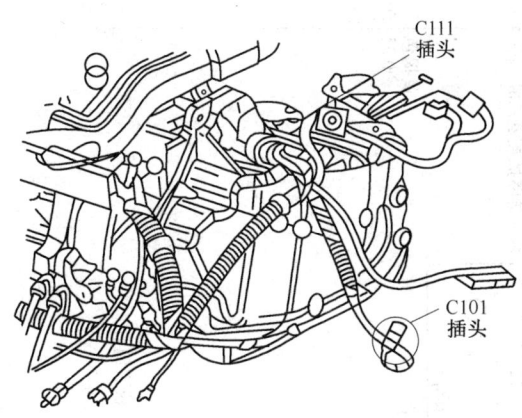

图 2-40　上海通用别克 GL8 车发动机前部线束

根据 CLASS-2 串行数据全部无法通信的现象，确定首先从 CLASS-2 串行数据线开始检查。因为此车刚刚换过变速器，检查变速器连接螺丝处的 G113/G117/G119 搭铁线连接正常，蓄电池电压正常。排除搭铁线故障后，在仪表板左侧找到了数据线组合件 SP205，拔下 SP205 插头，测量 M/K/G/F/E/D/B 端子电压，B 端子是动力系统模块，PCM 电压显示 3.3V，E 端子是 ABS 模块无电压显示，其他端子 0.2～0.4V。用连接线分别连接 A 和 D 端子、A—F 端子、A—G 端子、A—K 端子、A—M 端子，TECH-2 都能和相关模块正常通信联络。TECH-2 不能和 B、E 端子的 PCM 模块、ABS 模块通信。根据在 SP205 处测量 PCM(动力系统控制模块)有 3.3V 电压，怀疑是 PCM 有故障导致的不正常电压，干扰了串行数据的正常运行。

拆下 PCM，换上新 PCM 后，依然不能和 PCM 通信，测量 B 端子电压依然为 3.3V。随后测量了 PCM 模块到 SP205 的数据线，重新查看串行数据链接电路如图 2-41 所示，发现一个重要的线索，不能进行串行通信的 PCM、EBCM 两个模块都经过 C101 插头，如图 2-42 所示。随将重点放在 C101 插头的检查上，当看到 C101 插头又联想到刚刚换的变速器，突然想到，是不是把 C101 插头和变速器插头 C111 互换了？再仔细观察两个插头外部是一样的，把插头互换一试，发动机顺利起动，故障消失。至此故障真相大白，原来是维修工人不细心插错了插头，导致了这一奇怪的故障。

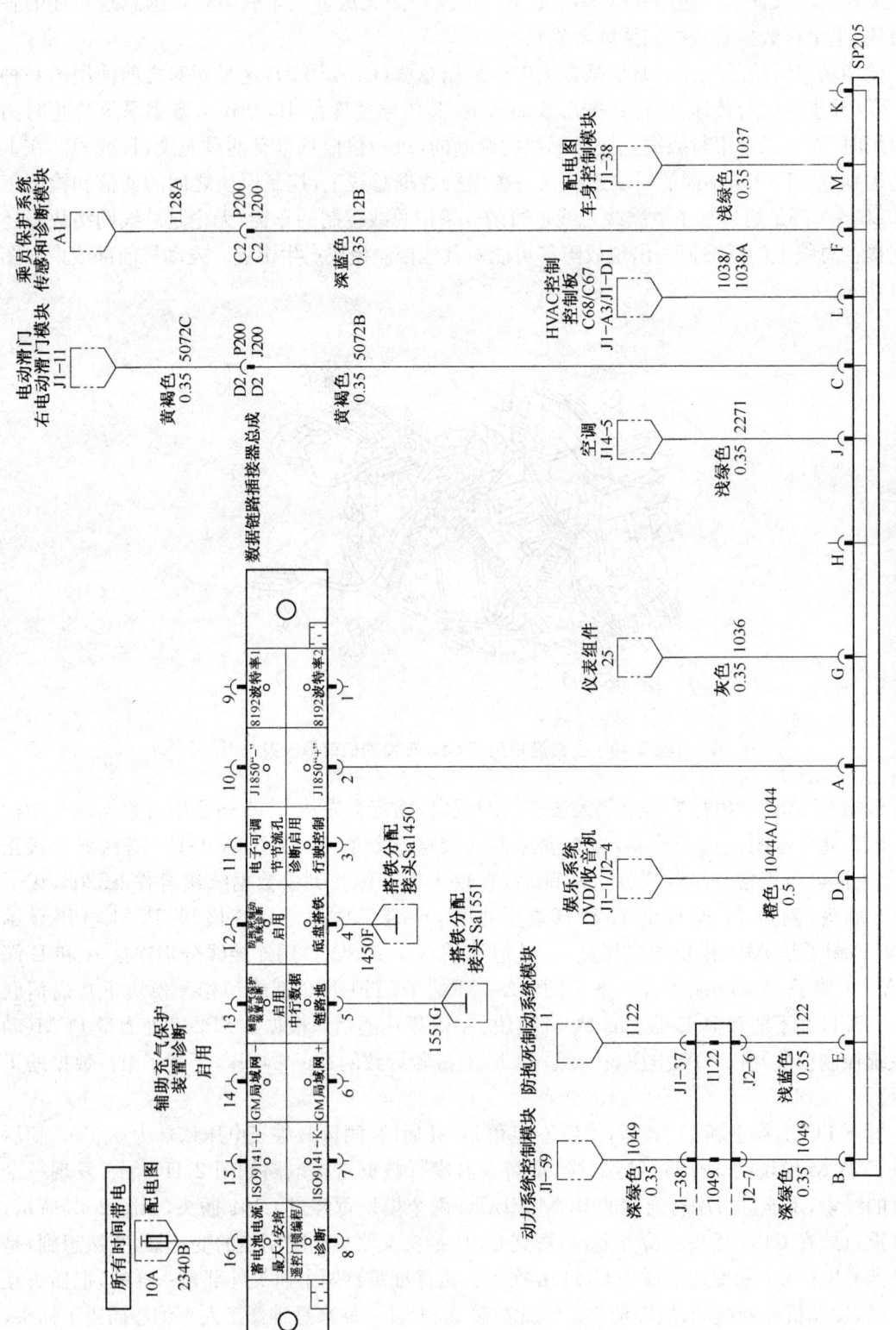

图 2-41 上海通用别克 GL8 轿车数据链接插接器示意图 (DLC)

第 2 章　电喷发动机故障诊断排除

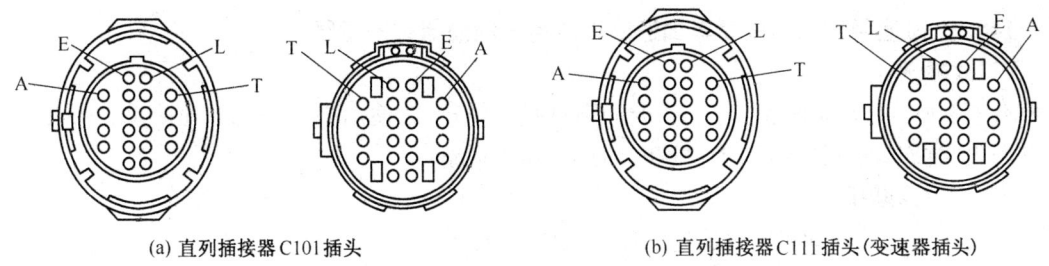

(a) 直列插接器 C101 插头　　　　　(b) 直列插接器 C111 插头（变速器插头）

图 2-42　上海通用别克 GL8 轿车插接器

> 点击：维修总线控制系统故障时，不能只考虑故障的模块或部件，要考虑整个总线上的故障对系统产生的影响，比如总线线路对地、对电源的短路，或者是故障模块发出的不正常电压，还有搭铁线虚接、系统电压不正常等故障都会影响串行数据总线的正常工作。轿车维修工作要细心周到，尽量避免人为故障。

139. 上海通用别克 GL8 型轿车发动机自动熄火·TCM 模块故障

(1) 故障现象

一辆 2011 年生产的别克 GL8 型轿车，据驾驶人反映该车以前一直使用正常。最近，在正常行驶过程中，经常发生发动机自动熄火现象，怠速运转也经常如此。但发动机每次熄火之后，再次起动都比较顺利。

(2) 故障诊断排除

为了验证该车出现的故障，首先接上车博世诊断仪，起动发动机，在怠速状态下读取数据流并检测是否有故障码。结果各种数据与维修手册提供的基本一致且无故障码出现，大约 15min 后，发动机自动熄火，再次起动仍然能顺利起动。

由于是一辆新车，在配气相位、气缸压力方面出现故障的可能性很小，于是决定从发动机油路、电路入手。连接燃油压力表，起动发动机，燃油压力显示 290kPa（规定值为 285～325kPa），发动机熄火后油压也未发生波动，说明燃油系统正常。

分别检查点火线圈、高压线、火花塞，均正常。为了更快地排除故障，用替换法将高压线、点火线圈、火花塞等更换，但故障点还是没找到，说明故障与点火系统元件无关。

在冷静思考后，大家认为该车故障还是在发动机电控部分。由于别克轿车 7X（曲轴位置传感器）信号丢失车辆将无法起动，但 3X 信号中断车辆可以重新起动。拔下 3X 信号插头，重新起动发动机，在发动机怠速运转近 1h 的过程中，车辆没有熄火，故障再没出现，可见发动机熄火故障出现在 3X 信号上。

该车点火系统是 DIS（直接点火系统）形式，安装有 24X 和 7X 两个曲轴位置传感器，点火模块用 7X 信号作为曲轴位置指示，控制点火线圈，否则发动机无法运行。3X 信号是 7X 参考信号至 ICM（点火模块），而由 ICM 产生的脉冲信号送到 PCM（发动机动力控制模块），PCM 利用此信号计算曲轴的位置和发动机转速，如果运行中丢失 3X 信号，发动机会立即熄火，但可再次起动车辆，如果 PCM 未收到该信号会用 24X 信号代替，使发动机继续运行。24X 信号的作用是通过标定转速提供更高分辨率，增加怠速稳定性和低速运行性能。

用万用表检测 ICM 和 PCM 之间的 3X 信号线，未发现短路或断路现象，于是判断 ICM

有故障。更换 ICM 后试车,故障排除。

140. 上海通用别克威驰轿车加速回火放炮·喷油器线圈短路

(1)故障现象

有辆 2009 年上海通用汽车厂生产的别克威驰轿车,在使用中出现急加速时动力不足,且伴有回火"放炮"的故障现象,但怠速时却没有异常现象。

(2)故障诊断排除

1)通常情况下发动机回火放炮的原因主要包括:

①混合气过稀。导致混合气过稀的原因可能是油路或进气系统出现故障。油路故障主要是油压过低和喷油器堵塞,另外喷油量的主控信号源空气流量计和进气压力传感器故障也可能造成喷油量减少;进气系统故障主要是进气支管漏气。

②点火能量不足和点火提前角过大。点火能量不足的原因主要有高压线电阻过大;点火线圈损坏;电源电压不够或火花塞故障。点火提前角过大的原因主要有曲轴位置传感器(CKPS)或凸轮轴位置传感器(CMPS)间隙不合适或松动;发动机爆燃传感器(KS)故障;发动机水温传感器(ECTS)损坏;ECU 损坏。

2)根据以上原因分析,按以下方法步骤进行故障诊断排除:

①首先使用 IT-Ⅱ检测该车点火提前角,结果在怠速和加速工况下均正常。

②然后对其燃油系统进行检测。因为驾驶人说之前在两家修配厂维修该故障时已更换燃油滤清器并清洗喷油器,因此不考虑这 2 方面。之后对燃油压力进行检查,怠速与加速时均正常。采用常规方法对点火系统进行检查均正常。

最后检查进气系统,无漏气现象。拆下进气压力传感器插头试车,发现故障现象大有好转,但仍存在。检查进气压力传感器数据,怠速时为 28kPa,2000r/min 时为 42kPa,均正常。

③因为与该车症状相关的所有原因都已排查,故障点并没找到。之后,重新理顺思路,决定使用示波器对可能造成加速回火的进气压力传感器、曲轴位置传感器、喷油器分别读取波形,结果是进气压力传感器与曲轴位置传感器波形均正常,发现第 3 缸喷油器峰值电压为 25V,明显低于其他 3 个缸(45V 左右),这时可以判断加速回火放炮是由 3 缸喷油器线圈部分短路造成的。为了进一步验证,拆下 4 个喷油器,使用喷油器试验台对 4 个喷油器单位时间内的喷油量进行检测,结果表明第 3 缸喷油器喷油量略少于其他 3 缸。更换第 3 缸喷油器,故障排除。

> **点击**:通过本案例,以下几点应引起维修人员重视。
>
> ①在使用丰田 IT-Ⅱ检测发动机数据流时,已经发现喷油脉宽变长。正常值:水温大于 90℃、转速 650r/min 时应是 1.5~1.8ms 之间,而实际值为 2.0ms,但因为相差不太大所以没有重视。维修中一些微小的差别不能忽视。
>
> ②在维修时不要被驾驶人的话所误导,对于修过多次的车应当重新全面检查。
>
> ③在检测喷油器时由于喷油器线圈电阻值很小,因此不能通过使用万用表检测其阻值来判断短路故障,但可通过测电阻判断其是否断路。
>
> ④在故障诊断时可以采用的方法有很多,但波形分析是故障诊断最直接、最直观的方法,它能直接反映出传感器及执行器的工作情况。很多问题通过波形分析都能迎刃而解,可以说示波器是故障诊断的杀手锏。

141. 上海通用别克君威轿车发动机不能起动·防盗系统作梗

(1) 故障现象

有辆上海通用别克君威轿车,行驶 6 万 km 时出现发动机不能起动的故障现象。驾驶人自检时打开大灯光照度正常、电喇叭音量宏大,仪表指示也属正常,确认蓄电池电量足够,但将点火开关钥匙转至起动挡时,起动机无旋转工作迹象。

(2) 故障诊断排除

使用解码器 Tech2 读取故障码和数据流,结果没有故障码输出,数据流也正常。因此分析认为故障可能是起动机本身故障、ECU 故障、线路故障或防盗系统发生问题等。

再次将点火钥匙从点火位置反复旋转到起动位置时,用手触摸起动继电器,发现继电器没有振动感,由此表明继电器没有工作。使点火钥匙处于供电位置,将起动继电器取下,用试灯测量继电器的 2 个电源针脚,试灯都亮,说明供电正常。用短接线直接将给起动机提供电源的 2 个针脚连接,此时起动机能够工作,但车辆仍不能着车。这说明起动机和起动机的电源线路都正常。将继电器重新插好,将 ECU 连接插头 C2 的 76 号针脚接地,车辆状况和直接短接起动机提供电源的 2 个针脚时一样不能起动,表明起动继电器没有问题。再用试灯测量 ECU 连接插头 C2 的 23 号针脚,试灯亮,说明点火开关能够将发动机的起动信号传送给 ECU。至此可以初步判断是 ECU 或者防盗系统出现了故障,于是更换新的 ECU,进行发动机的 30min 防盗学习,此时发现应该亮起的防盗指示灯"secu—rity"在车辆自检后熄灭了,防盗学习过程不能进行,由此判断是防盗系统出现了故障。用 Tech2 选择进入防盗系统,提示为失去与防盗控制单元的通信,按照如图 2-43 所示线路测量防盗控制单元的电源线和搭铁线均正常,与其相连接的二级数据串行线也正常。至此断定防盗控制单元内部出现了问题,更换新的防盗控制单元,重新进行 30min 的防盗学习后,试起动发动机顺利起动,其他工况正常,故障终于排除。

> 点击:一般情况下防盗控制系统出现故障,则通过数据串行线向其他控制单元发送故障信息,仪表控制单元会点亮防盗警告指示灯"security",而 ECU 会储存故障码(与防盗控制单元失去通信),而该故障车却无这些故障提示,在别克君威轿车中是非常特殊的,今后遇到类似故障维修时应引起注意。

142. 上海通用别克君威轿车发动机无法起动·维修操作不当生事端

(1) 故障现象

一辆 2010 款上海别克君威轿车,搭载 L34 型 2.0L 发动机,匹配 5 挡手动变速器,行驶里程 15 万 km,该车在一次交通事故大修后,出现点火开关转到"起动"位置,仪表板上所有指示灯全部熄灭,且起动机没有反应的故障现象。

(2) 故障诊断排除

验证故障时,起动发动机,发动机无反应,观察仪表防盗指示灯,没有点亮。这说明起动机不转与防盗系统无关。用万用表电压挡测量蓄电池电压,为 12.6V 左右,按喇叭、打开大灯开关,喇叭响亮,大灯灯光符合要求,这就排除了蓄电池电压问题。再用诊断检测设备 TECH2 读取发动机 ECU 和防盗系统故障码,其中发动机 ECU 显示冷却液温度传感器开路故障,防盗控制单元无故障码显示。

初步判断该车故障应该是起动系统故障。于是,拔下起动机电磁开关上与"S"端子连接的插头,点火开关转到"起动"位置,用万用表电压挡检测连接"S"端子的插头与搭铁之间电压,

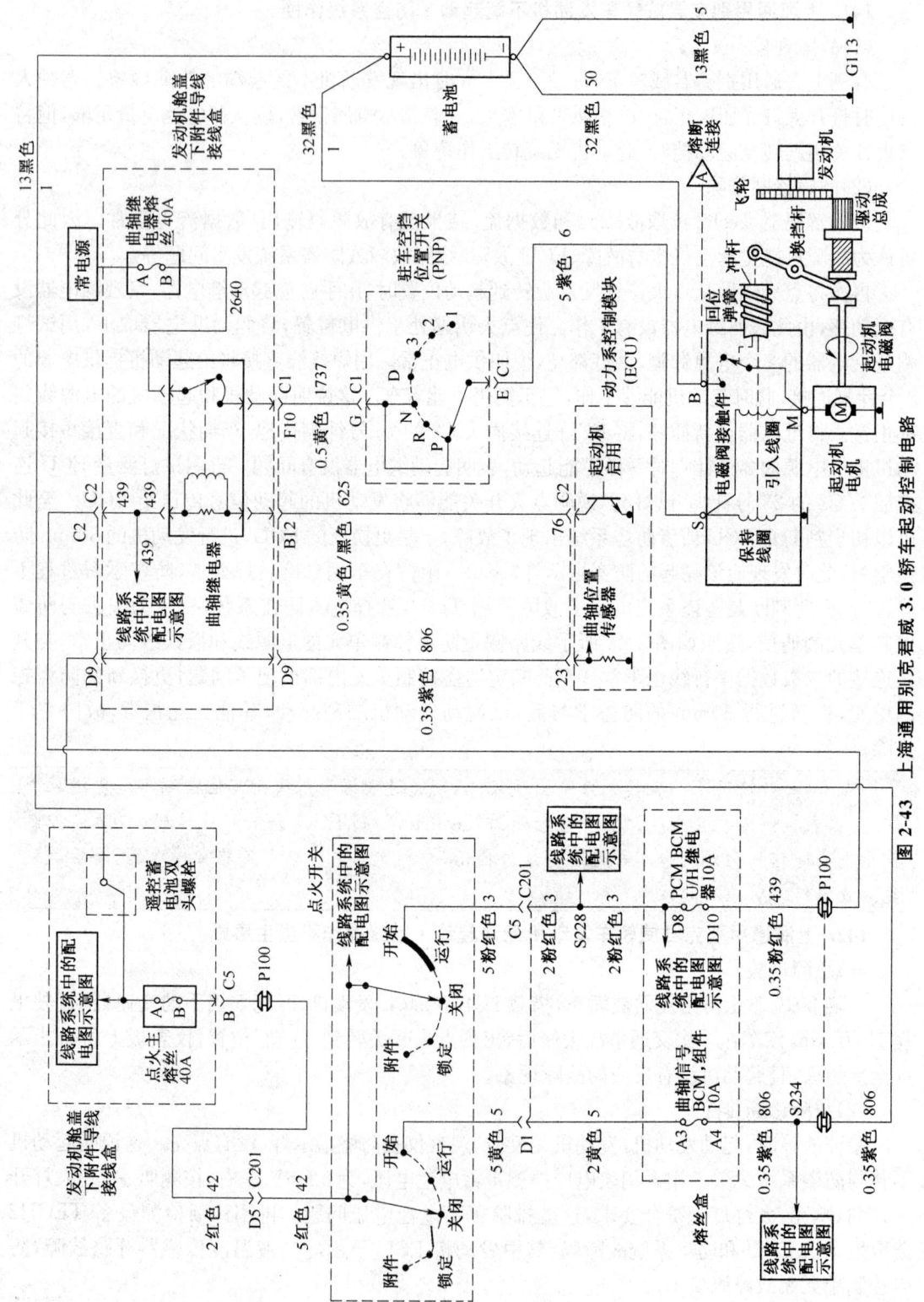

图2-43 上海通用别克君威3.0轿车起动控制电路

电压为0V。这就说明点火开关至起动机电磁开关"S"端子之间的控制线路有问题。

查阅君威轿车起动控制电路得知：点火开关起动挡时，起动机线圈的电流是先经过1个40A的起动熔丝，再经过起动继电器触点，最后到起动机电磁开关"S"端子。拔下起动熔丝检查，发现起动熔丝完好。再次起动发动机，没有听见起动继电器动作声音，拔下起动继电器，用万用表测量起动继电器"85"与"86"端子之间的线圈阻值，结果为86.5Ω，阻值正常。给起动继电器"85"与"86"端子之间施加12V电压，用万用表检测起动继电器"30"与"87"端子之间阻值为0Ω，表明起动继电器无故障。点火开关转至"起动"位置，测量起动继电器插座"30"与"86"插孔与搭铁之间的电压，均为12V左右。

通过以上的检查分析，既然起动熔丝和起动继电器都没有问题，而起动时起动继电器"30"端子与"87"端子不能连接，只能存在一种可能，就是起动继电器"85"端子不搭铁。为此，用万用表欧姆挡测量起动继电器插座"85"插孔在起动时与搭铁之间的阻值，发现阻值为无穷大。再次分析该故障车起动控制电路可以看出，起动机继电器线圈是由发动机控制模块插头S2的29端子控制的。

在起动时，发动机ECU根据2个信号控制起动继电器线圈搭铁，一个信号是来自于点火开关起动挡的12V电压，另一个信号是合法钥匙信号。只有这2个信号同时存在，发动机ECU才控制继电器线圈搭铁。由于防盗指示灯没有一直点亮，并且防盗系统无故障码显示，可以认为钥匙信号应该是合法的。故障原因很可能是发动机ECU不能控制起动继电器线圈搭铁引起的。为验证判断是否正确，将点火开关转到"起动"位置，插上起动继电器，用1根导线把起动继电器"85"端子引出来和发动机体搭铁，起动机带动发动机运转，但发动机还是起动不起来。由此表明故障点出在发动机控制上面。考虑到发动机ECU控制起动继电器是依据2个信号来控制的，而点火钥匙没有问题，只剩下起动信号没有检查。根据起动电路图可知，起动信号是从"起动挡"再经过1个10A熔丝进入发动机ECU J2插头的19端子后，再进入发动机ECU。先从发动机驾驶室右侧找到起动信号熔丝拔下，经检测发现该熔丝已烧坏。更换后试车起动机能带动发动机运转，但还是不能起动。

再进入诊断仪TECH2中的特殊功能，选择燃油系统，按确认键后再选择燃油泵继电器指令，再按接通键使油泵工作。当按下接通键后没有听到燃油泵起动工作的声音，表明燃油泵、燃油泵熔丝和继电器中某个部件可能有故障。经检查熔丝完好，再拔下油泵继电器用万用表检测油泵继电器"85"与"86"端子之间的电阻值，为85.6Ω(正常)。点火开关置于"ON"位，用万用表电压挡检查继电器盒上油泵继电器插孔"87"与"86"端子与搭铁之间的电压，均为12.6V左右。通过检查，发现该车油泵不工作的主要原因是油泵继电器"85"端子不能搭铁引起的，为了验证判断，又做了一个实验，用1根导线把油泵继电器插孔的"86"与"30"直接连接，再把点火开关置于"ON"位，油泵开始工作，这个试验说明该车故障就是油泵继电器"85"端子不能搭铁引起的。再查阅别克君威2.0轿车油路控制电路，从其电路上可以知道油泵继电器"85"端子通过导线与发动机ECU J2插头的11端子连接。从空气滤清器下方取出发动机ECU，用万用表欧姆挡检测油泵继电器插孔的"85"与发动机ECU J2插头的11端子的电阻值，为无穷大，这说明油泵继电器插孔的"85"与J2插头的11端子之间断路，考虑到导线不容易断路，所以先检查油泵继电器插孔背面的导线与金属插片连接情况，发现油泵继电器插孔"85"金属插片与导线脱落，重新把油泵继电器插孔"85"金属插片与导线连接固定，装复继电器盒和发动机ECU插头。起动发动机顺利着车，但着车后不久，冷却风扇就开始运转，用

TECH2 读取发动机控制单元数据流，发现冷却液温度传感器显示-40℃，这说明冷却液温度传感器断路。

检查冷却液温度传感器插头，发现冷却液温度传感器插头上的导线与插头中的金属片同样存在脱落现象。用焊锡重新焊接冷却液温度传感器插头上的导线与金属片，焊接完成后插上冷却液温度传感器插头，清除故障码，重新起动发动机，冷却风扇没有出现一起动就工作现象，故障彻底排除。

> 点击：此车故障应该是维修人员造成的。起动信号熔丝熔断，很可能是维修工在安装该熔丝时没有检查，错把一个熔断了的熔丝装上。继电器插孔"85"金属插片与导线脱落，以及冷却液温度传感器插头上的导线脱落，可能是维修工在拆装继电器盒时，生拉硬拽导致。在此提醒同行在维修作业时，不能生拉硬拽电器部件，特别是拔插头时，不可抓住导线往外拽，应该先解除插头锁止卡子，再抓住插头往外拽。插电器插接器时，应确认插头处到位，若感觉插头阻力太大，应检查原因，以减少人为新生故障。

143. 上海通用雪佛兰轿车过夜之后发动机不易起动·点火开关作怪

(1) 故障现象

有一辆上海通用雪佛兰鲁米娜轿车，装备电喷发动机，平时使用很是得心应手，一次停放一夜之后，第二天便出现发动机不易起动的故障现象。

(2) 故障诊断排除

试起动发动机，从仪表板上的指示灯的亮度可以看到电量明显不足。测量蓄电池电压只有 8V，利用其他蓄电池跨接起动，发动机可以顺利着车。测量发电机发电电压为 13.95V，正常，检查蓄电池充电系统和搭铁线路均正常。使发动机怠速工作一段时间，熄火后再起动，起动机运转有力，发动机可以顺利起动，连续试了几次均能够正常起动发动机，这说明蓄电池充电状态良好。关闭所有用电设备，测量车身并无放电现象。难道是蓄电池自放电吗？驾驶人介绍，蓄电池是 5 个月前更换的，使用没出问题，只是最近一段时间偶尔出现不易起动的现象。当出现发动机无法起动时，仪表板上的"ANTI-LOCK BRAKE"制动防抱死系统（ABS）指示灯有时候会点亮。接着查看该车更换的蓄电池是德尔福免维护蓄电池，而且也是正品，因此不应该在短时间内损坏。为此又使用 OTC 诊断仪检查 ABS 系统，没有故障码存储，只好又回到蓄电池充电系统上。该车的仪表上有电压表可以指示发电量，虽然电压表的显示数值较为具体，但是很少有驾驶人能够注意到发电量是否正常，该车会不会有时候发电量偏低或者不发电呢？于是反复起动发动机，同时观察电压表指示值的变化，多数情况下，起动时电压表指示值下降，在发动机起动后指示值慢慢回升，指示发电量在 14V 左右，与使用万用表测量发电机发电量的测量值基本吻合。只有一次在起动发动机后，电压表的指示值没有回升，而此时仪表板上的"ANTI-LOCK BRAKE"黄色指示灯没有熄灭，故障终于出现了。此时用万用表测量发电机发电量，果然不发电，用 OTC 诊断仪检测 ABS 系统，居然无法进入该系统。

拔下发电机电压调节器上的插头，经检测，其 F 端子上无电压；检查熔丝上也没有电压；打开空调，发现空调系统也不工作。为查出故障点，便查阅该车电源部分电路，如图 2-44 所示。

从电路图中可以看出，对于此种车型，当点火开关处于运行位置（Run）时，输出两路电流，一路粉红色线 S204 电路在起动（ST）和运行位置（Run）一直输出电流，另一路橙色线 300 电路在起动时切断输出的供电电路。S204 电路主要为重要的用电设备（例如动力控制模块和组合

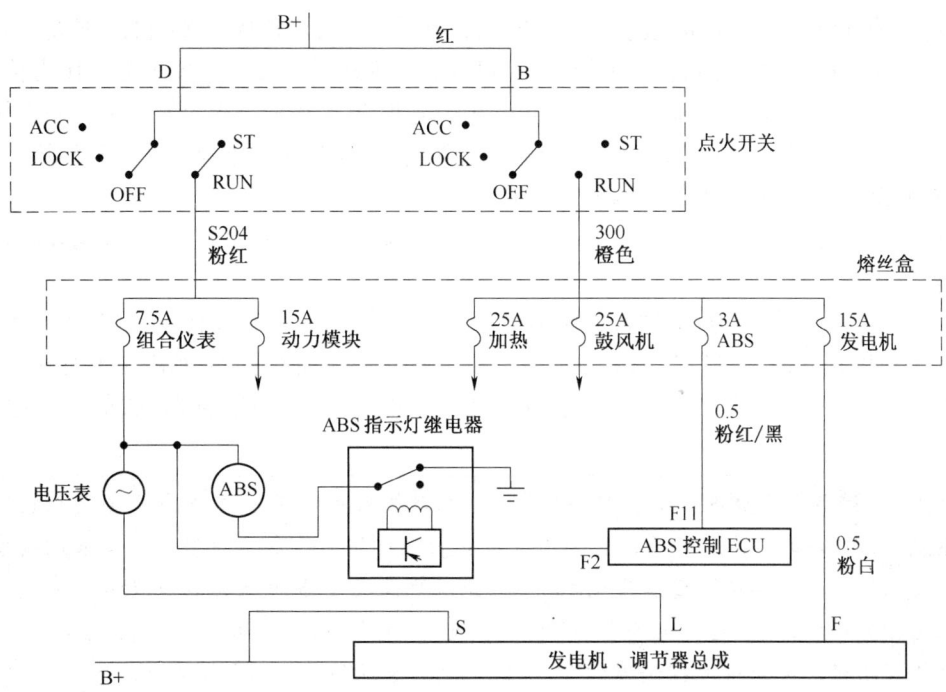

图 2-44 上海通用雪佛兰鲁米娜轿车电源部分控制电路

仪表等)不间断地提供运行电流,而空调、鼓风机以及 ABS 系统等则由橙色线 300 电路只在运行位置供电,也就是说 300 电路是一个励磁电路,在起动时此电路上的用电设备停止工作,目的是保证起动时有足够大的起动电流来起动发动机。

根据该车电路图,测量点火开关上的橙色线 300 电路,发现没有电压。此时转动一下点火开关钥匙,橙色线 300 电路有电压了,ABS 灯也随之熄灭。再向起动方向稍微旋转少许点火开关钥匙,ABS 灯又点亮,橙色线 300 电路上又没有电压了。由此判断点火开关本身存在故障。拆下点火开关进行检查,发现点火开关插脚处有烧蚀的痕迹,线束端子压紧力也不够。更换点火开关并修整线束插接器端子后,试起动发动机顺利着车,经反复试验,每次均能起动,ABS 灯亮灭正常,即故障排除。

> 点击:该车型为了减小起动阻力,电路设计成在起动时断开发电机的励磁电路,使发电机处于空转状态,以利于发动机的起动。当点火开关在起动后返回到 Run 挡时,由于点火开关内部接触不良,导致了橙色线 300 电路无法接通,发电机一直处于无励磁状态,所以发电机不发电,而 ABS 系统也因为得不到电源而无法工作,使 ABS 系统指示灯因为电路一直处于常闭搭铁状态而点亮。此时由于 ABS 系统没有处于激活状态,所以诊断仪器无法进入 ABS 系统。

144. 上海通用雪佛兰轿车发动机排冒黑烟·排气受阻

(1)故障现象

一辆上海通用雪佛兰鲁米娜(LUMINA)轿车,装备 3.1L V6 型发动机,该车已行驶 12 万 km。近来在使用中出现发动机起动困难,行驶加速不良,发动机故障指示灯点亮,排气管冒黑烟的故障现象。

（2）故障诊断排除

排气管冒黑烟一般来讲是混合气过浓所致，于是检查可能造成冒黑烟的一些部位，结果未见异常。又根据其他故障特征，用施耐宝 MT2500 故障诊断仪诊断，显示进气压力传感器有故障。检查系统电压值为 3.3～3.4V（正常值怠速时为 1.0～2.0V，节气门全开时为 4.0～4.5V），而且指针作不规则摆动。再检测系统油压为 1.0kPa（正常值为 1.0～1.5kPa），而且发现没有剩余油压，故判断为油压调节器和电动燃油泵故障。

更换了进气压力传感器、油压调节器、电动燃油泵后，装复清除故障码，起动发动机试车，故障特征仍然存在。

由于更换了进气压力传感器，怠速不稳、排气管冒黑烟故障有好转，也因为更换了电动燃油泵，发动机起动困难也得到解决。但发动机运转起来加油却发闷，判断可能是排气系统不畅，检查三元催化转换器，发现已堵塞严重。于是又更换新的三元转换器，试车一切正常，故障排除。

> 点击：上海通用雪佛兰鲁米娜轿车 V6 型发动机采用的是进气压力检测型电控汽油喷射系统（D 型），如图 2-45 所示。它利用进气支管绝对压力传感器检测进气支管的真空度来检测发动机工作时的进气量和发动机负荷，并以此来决定喷油量和调节发动机怠速。当进气压力传感器损坏后，它传送给 ECU 的信号失真，使 ECU 无法精确计算进气量，以至于不能根据发动机工况正确地控制喷油量，所以就造成怠速不稳，冒黑烟，加速不良等现象。

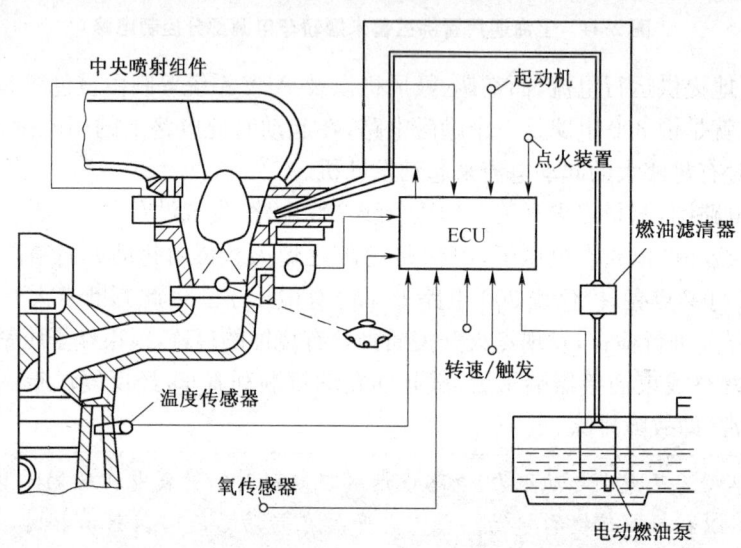

图 2-45　上海通用雪佛兰 V6 发动机燃油喷射系统

145. 上海通用别克世纪轿车发动机冒蓝白色烟·油压调节器内膜破裂

（1）故障现象

有一辆别克（BUICK）世纪轿车，装备 3.3L 发动机，4T60 型自动变速器。该轿车在行驶 9.5 万 km 时出现排冒大量的蓝白色烟雾。

（2）故障诊断排除

检查散热器冷却液量足够，发动机加速时冷却液中也无气泡产生，检查机油颜色属正常。鉴于发动机工况不理想，在驾驶人要求下对发动机进行大修理，之后试车，故障仍未排除。

进一步检查曲轴箱通风系统,通风管内干燥,没有机油由此进入进气总管的迹象。于是拆下节气门体,仔细观察节气门体和进气总管内壁,发现节气门体干燥,但进气总管内壁有明显的油迹,这说明有油从节气门体的后方进入进气总管。在节气门体的后方有几根真空软管,如图 2-46a 所示,其中有一根通往自动变速器的真空油压调节器。

该轿车的 4T60 型自动变速器的油压由发动机节气门后的真空度来调节,真空油压调节器膜片的左侧接发动机真空源,右侧通大气如图 2-46b 所示。发动机的负荷增大,真空度减小,膜片两侧的压力差减小,膜片在两侧压力差和真空膜盒弹力的共同作用下向右移动,通过推杆带动真空油压调节阀向右移,以起到增大变速器油压的作用。发动机负荷增大,输出的转矩增大,变速器油压升高,这样可以防止变速器内换挡执行元件打滑。拔下这根管子,发现管内有油,再检查自动变速器内的油面高度,严重缺油,而真空油压调节器内的膜片破裂,在发动机节气门后的真空度作用下,将自动变速器油(ATF)吸入气缸内燃烧,造成排气管冒出带有蓝色的白烟。更换新的真空油压调节器后试车,发动机排烟正常,故障排除。

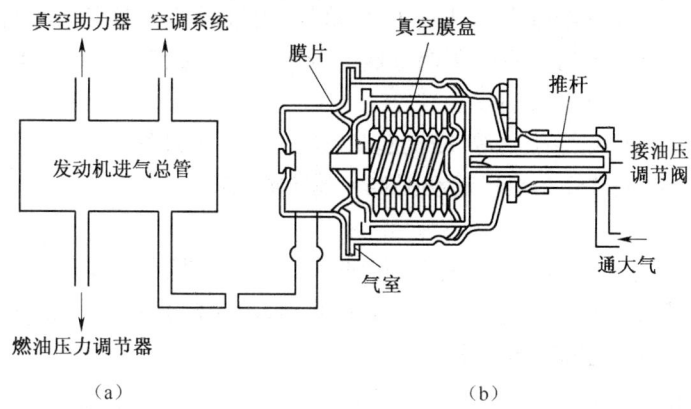

图 2-46 别克世纪轿车发动机真空管路与自动变速器真空油压调节器

> 点击:该案例在没有找到故障真正原因的情况下,就大修发动机是无济于事的,与排除该故障无关。对装有自动变速器轿车的电喷发动机来讲,发动机某些故障,诸如动力不足,散热器喷水,排冒蓝白色烟雾,是与自动变速器或空调工况有关,或许发动机本身并没有故障,这一点维修时应注意。

146. 长安福特蒙迪欧轿车偶尔起动困难·传感器"脚伤"

(1)故障现象

一辆长安福特蒙迪欧(MONDEO)2010 款轿车,行驶 10 万多 km。起动发动机时,出现有时能顺利起动、有时不能起动的现象,并且运行过程中冷却液温度很高。

(2)故障诊断排除

首先考虑是否由于节温器未打开或水泵循环工作不良,造成发动机温度高,难以起动。于是反复在冷却系统找原因,并且换用了新的冷却液温度传感器和节温器总成,但故障仍未排除。经过仔细分析,该车有时能顺利起动,说明各部位基本正常,机械部分无大问题,因此应该检查电控系统。而出现冷却液温度过高并伴随着有时不好起动,肯定与点火时间有关。综合考虑,重点检查各元件有无松动或线头有无连接不良的现象。

经检查,发现位于缸盖下部的曲轴位置传感器内部固定座断裂,造成松动,使点火时间不准。前期维修未能排除故障,是因为在检查时整个传感器的线路未断,各电阻值均正常,加上发动机指示灯未亮,所以造成诊断困难。更换一新曲轴位置传感器后,装复试起动,发动机顺利着火,运行正常,故障排除。

147. 长安福特蒙迪欧轿车冷机起动困难·调节器密封圈损坏

(1) 故障现象

一辆长安福特蒙迪欧 2.0L 轿车,行驶 12 万 km 时,出现冷车起动困难,只有反复起动车辆才可着车的现象。

(2) 故障诊断排除

首先在冷车时,用模拟信号仪模拟低温起动信号来发动,症状有所改善,但不明显。于是检测系统静态油压,此车标准压力为 300~360kPa,熄火 10min 后,冷发动机油压不小于 220kPa,热发动机油压不小于 300kPa 为正常。但是此车在熄火 10min 后,油压远远低于标准值,说明系统存在泄漏。因此将回油管堵住,在 8 号熔丝供电时让油泵运转 5s,观察油压保持情况,发现仍然泄漏。将进油管拆下,回油管仍堵住,用过滤的压缩空气向油道内送入加压燃油,发现系统还是泄漏。同时发现油压调节器上卡簧边缘有油渗出。细查下,原来是燃油压力调节密封圈损坏,导致上述故障的发生。

更换调节器后,再检测油压正常,冷机起动恢复正常,即故障排除。

148. 长安福特蒙迪欧轿车热机起动困难·单向阀损坏

(1) 故障现象

一辆长安福特蒙迪欧(2.5L V6)轿车,行驶 8 万 km 时,该车发动机在正常工作温度下能够正常运转,但只要关闭发动机约半小时后重新起动,发动机就起动困难,并发出"突突突"声音。经多次起动,发动机才能着车运转。

(2) 故障诊断排除

首先用 WDS 故障诊断仪,检查发动机电控部分是否存在故障码。经检查,发动机电控系统无故障码存储。对冷却液温度、进气温度等传感器信号进行动态检测,均在正常范围值之内。故问题根源不在发动机电控系统。

在诊断时,考虑到起动过程混合气的燃烧需要较高的点火能量,拆下火花塞进行检查,发现火花塞电极间隙都较大。更换全部火花塞后重新试车,发现冷车时发动机较容易起动一些,而热车熄火后一段时间仍然处于起动困难状态。结合该车症状仔细分析,故障出现在燃油系统的可能性较大,必须对燃油压力进行检测。取出燃油压力表,连接到供油管路上,起动发动机,测得怠速时燃油压力为 350kPa,属标准范围。当发动机熄火后,燃油系统压力很快便下降到 20kPa 左右,不能保持压力,看来燃油管路中必定存在漏油的地方。经仔细检查,燃油管路及喷油器均无泄漏处,最后查出是燃油泵单向阀已损坏。原来,燃油泵由于长时间使用没有得到及时清洗造成单向阀损坏,导致熄火后油管中的残余燃油返流,使系统压力降低,发动机得不到充足的起动油压,加之发动机舱内温度高,油管内汽油吸收周围热量,由液态变为气态,使燃油供给通道受阻。因此,发动机因缺乏正常的燃油供应而不能正常起动,所以起动困难。随着发动机连续多次起动,油压逐步提高,当达到起动所需油压时,发动机才能着车运转。

更换新燃油泵后,测试熄火后的保持压力为 300kPa,在正常范围内。经试车正常,故障排除。

149. 长安福特蒙迪欧轿车熄火后不易起动·喷油器滴油

(1)故障现象

一辆长安福特蒙迪欧(MONDEO)2.0L轿车,行驶15万km,维修时,驾驶人称该车冷车能够正常起动,而热车起动就十分困难。

(2)故障诊断排除

根据该车故障现象初步判定,混合气过浓往往会造成热车不易起动。由于该故障现象直接与温度有关,因而首先检查了冷却液温度传感器及其控制线路,均属正常。在检查过程中发现,该车热车熄火后立即起动,起动良好,但熄火等候5~8min后,再起动就非常困难。检查燃油系统,接好燃油压力表,起动发动机,压力正常。熄火后再看油压表,发现油压很快下降,断开回油管接头,没有回油,表明漏油点在油泵至喷油器之间。拆下喷油器试验检查,发现喷油器都有不同程度的漏油现象。更换全部喷油器后,试验无论冷热机起动都很正常顺畅,故障排除。

> 点击:电喷发动机冷机起动正常,热机起动困难,导致此类故障的根本原因是混合气过浓,或者由于"气阻"导致混合气过稀。混合气过浓主要检查喷油器是否滴漏、活性炭罐电磁阀是否密封不严、冷却液温度传感器信号是否指示低温、空气流量传感器信号是否失准。"气阻"主要检查燃油压力是否不保压、燃油管路是否有改动。该车故障维护不及时也是值得注意的。

150. 长安福特福克斯轿车熄火后再起动不易·起动机担责

(1)故障现象

一辆长安福特福克斯2.0L轿车,在使用中出现熄火约25min后重新起动时发动机便不易着火进入工作状态的故障现象。

(2)故障诊断排除

检查故障时发现,该车起动时起动机不运转。检查蓄电池存电量又充足,起动继电器工作正常,F13熔丝完好,变速器挡位信号正常。维修者怀疑起动机有问题,于是拆下起动机,将其在蓄电池上搭铁,起动机又运转正常有力。此时再用万用表检查蓄电池至起动机的线路,发现该线路有短路现象。经仔细观察,发现该线束靠近蓄电池极柱处的熔丝烧断了。查阅维修资料,得知这是一个150A的熔断器。根据该熔断器多次熔断的情况,判定起动机内部存在着短路现象。更换新的起动机后,修复检查线束,试验起动发动机一切正常,故障排除。

151. 长安福特蒙迪欧轿车起动不易着火·发电机漏电

(1)故障现象

一辆长安福特蒙迪欧轿车,蓄电池经常亏电,车辆在早晨第一次起动非常难起动,须外接电源才可以起动,蓄电池充电后不到一星期难起动故障又会出现。

(2)故障诊断排除

检查蓄电池观察孔是黑色的,表明蓄电池亏电了。首先对蓄电池进行充电,然后测试。蓄电池状态良好,测试充电电压为13.9V,充电电流为4.0A左右。然而该车这次只行驶6天,停车7h后再试图起动发动机又无法起动了。在热机状态下检查,有时有4.7A左右的放电电流。用WDS检测无故障码,一切正常。当关闭点火开关及所有用电器,用电流表测试寄生电流为0.17A,这与其他同型号车比较,并无差别(0.17A的电流在半小时后会降到0.02A)。除去大约0.17A的寄生电流,还剩4.6A左右的电流。依据这4.6A左右的电流,将所有被怀疑的用电器都断开,漏电读数不见减少;再断开所有大容量熔断器,让发电机彻底冷却,再测试,不再漏电。为验证这一点,将车辆电器电路恢复,起动发动机,发动机能够成功起动。本以为故障就此排除,交车,并告知驾驶人在关闭发动机离开车辆时要记住关闭所有用电器。

但行驶5天后,驾驶人又告之该车无法起动。再次检测,该车寄生电流等均正常。因此怀疑蓄电池有问题,更换了蓄电池。当车辆运行至正常温度,拆掉从蓄电池到连接盒的主电源线,将电流表串联进蓄电池至发电机的电路中,电流表读数为4.6A左右;5~6h后,测试蓄电池电压为11.5V左右,且发动机确实无法起动。由此判断发电机热态时系统存在漏电现象,从而表明系统放电电流过大是由于发电机热态存在短路引起的漏电。重新充好蓄电池并更换发电机后,使用30天未再发生亏电现象,上述故障排除。

152. 长安镭蒙轿车大修发动机后无法起动·装配出来的故障

(1) 故障现象

有一辆长安镭蒙轿车,装备474型发动机,该车使用中出现烧机油现象,于是大修镗缸下缸套,换曲轴。修理装配完工后试车,发动机有着火迹象但就是无法正常起动着车,而故障灯又未点亮。

(2) 故障诊断排除

首先检查汽油压力,静态0.3MPa正常。起动火花蓝白色强烈。缸压检测13~14MPa,也正常。怀疑燃油没有进气缸,在进气管口喷清洗剂后起动,故障依旧。有油有火不着车,一般来说,正时方面有问题。拆检正时皮带,发现皮带错3个齿,装复后起动怠速正常,但加速无力,发动机发出"突突"声响甚至熄火,故障灯不点亮。用专用诊断仪器和ECU连接,只提示曲轴相位传感器故障,检查线路并更换曲轴位置传感器故障依旧。怀疑曲轴不是正厂零件,拆下火花塞,检测1缸标志和活塞上止点位置,基本正确。为进一步检查,将正时壳等附件全部拆下,重新检查正时,这时发现曲轴位置传感器和信号轮之间的间隙达3mm,仔细检查发现,修理工为了防止漏油加了一个厚厚的油底垫,造成间隙增大超出正常间隙0.8~1.2mm。拆除油底垫重新按工艺要求装复,试起动,发动机顺利着火运转,调试加速良好,故障排除。

> 点击:该案例并不是什么深奥的技术问题,完全是没有按照发动机大修作业技术规范进行作业导致的。由于此型号发动机的曲轴位置传感器安装在油底壳上,因此出厂时油底壳和缸体密封靠涂胶保证,不能加垫。修理工对此结构不了解造成传感器和信号轮之间间隙增大,当转速增加时信号错乱甚至丢失,发动机无法正常运转。由此看出对结构原理的学习是一个持续不断的过程。

153. 长安福特蒙迪欧轿车发动机怠速游车·搭铁"假搭"

(1) 故障现象

一辆2011款长安福特蒙迪欧(MONDEO)轿车,在行驶8万km后出现行驶加速不良,怠速又游车的故障现象。

(2) 故障诊断排除

据故障现象分析,造成发动机加速不良的因素有:发动机ECU的电源或搭铁不良;节气门位置传感器损坏;火花塞电火花弱,点火正时不正确;燃油压力低等。而造成发动机怠速游车的因素有:一是怠速电动机损坏或其线路有问题;二是冷却液温度传感器信号失准;三是氧传感器信号不良。

首先用WDS故障诊断仪进行检测,没有故障码显示。检查各分缸线的跳火情况,正常,可以排除高压线和点火线圈的问题。用燃油压力表测量燃油压力,怠速时为0.35MPa,节气门全开时为0.40MPa,拔下燃油压力调节器上的真空管后为0.45MPa。检查各缸喷油器,也都工作正常。测量节气门位置传感器的信号电压,接通点火开关时为0.5V,并且该电压能够随节气门开度的增大而提高,节气门全开时电压为0.93V。接着测量进气支管绝对压力传感器的信号电压,怠速时在0.9~1.5V波动,虽然该电压值在规定范围内,但不稳定,随着发动机转速的升高,电压也随之增大,节气门全开时该电压为3.6V。检查发动机ECU的电源和搭铁状况,均良好。此时操作者的手无意中牵了一下蓄电池与发动机之间的主搭铁线,发现此线固定在前减振器上座处的接头居然掉下来了,遂判断此为故障点。由于该主搭铁线的搭铁不良松脱,使得火花塞的电火花变弱,从而导致上述故障发生。将松脱的主搭铁线接头清除氧化物重新固定牢靠后,试车,故障排除。

154. 长安福特嘉年华轿车发动机怠速过高·ECU发难

(1)故障现象

一辆长安福特嘉年华轿车,累计行驶3.5万km,发动机出现怠速转速过高的故障现象。

(2)故障诊断排除

首先检查节气门拉索和节气门开度是否调整得正常,结果没有发现问题。接着用WDS故障诊断仪进行检测,没有调出故障码。读取数据流,发现喷油器的喷油时间、节气门开度信号、冷却液温度信号和氧传感器信号等数值均在标准范围内。该车的怠速控制阀为旋转电磁阀,其驱动电压为12V,驱动波形为方波。用示波器测量怠速控制阀的驱动波形,发现其驱动电压仅为7V,显然这么低的电压是无法驱动其工作的。测量怠速控制阀的电阻,为18.6Ω,属正常;检查与怠速控制阀相关的线路及其搭铁情况,没有发现问题。直接给怠速控制阀通12V电源,结果该怠速控制阀工作正常。因该车怠速控制阀的驱动电压是由发动机ECU提供的,由此可以判断,发动机ECU有问题。

更换发动机ECU后,起动发动机试验,上述故障排除。

155. 长安福特蒙迪欧轿车抬起加速踏板便熄火·气门漏气露端倪

(1)故障现象

一辆长安福特蒙迪欧(MONDEO)轿车,在使用中出现放松油门踏板发动机便熄火的现象,从而使车辆不能正常行驶。

(2)故障诊断排除

先用WDS故障诊断仪测试,显示怠速电动机故障。清除故障码,ECU重新编程,起动发动机车辆依然熄火。重复测试ECU,依然是怠速电动机故障。经检测,怠速电动机电压为5V,ECU电压、电阻都正常。更换怠速电动机重新试车,车子依然熄火。更换新的ECU并检测各线束搭铁点,在热车怠速时车辆依然熄火。此时把检测的重点放在电路上,但依然不见成效。最终更换了线束、ECU、各个传感器及进气支管,故障依然没有排除。

检查发动机气缸压力值,结果如下:1缸10.8kgf(105.84N);2缸10kgf(98N);3缸11.2kgf(109.76N);4缸为11kgf(107.8N)。从测试值看,压力均基本正常,唯有1、2缸压力略微偏低。由此怀疑,可能1、2缸气门漏气,引起发动机熄火。因为发动机在冷起动时是ECU给发动机喷油加浓信号,而在水温高时ECU不再给加浓信号,此时气门稍微漏气,就有可能引起发动机熄火。根据以上分析,决定拆下缸盖检查气门密封性。拆下气缸盖总成,做气门渗漏测试,发现1、2缸有渗漏现象,3、4缸均良好,这才查出真正原因。更换1、2缸气缸盖总成后,换回误换的旧件修复,试车,恢复正常,故障排除。

156. 长安福特轿车油耗明显增多·氧传感器之错
(1) 故障现象

一辆福特 Mercury 水星轿车,在使用中出现发动机故障指示灯点亮,此时该轿车 100km 油耗明显增高 8%～10%。但故障指示灯 3～5 天又能自动熄灭(正常)。此时段 100km 油耗又能达到额定标准(恢复正常),即故障是偶发性的。

(2) 故障诊断排除

使用 OTC 故障分析仪调取故障码为 172,其含义为混合气过稀。接着查看两种状态下的数据流,发现在发动机故障指示灯亮时,MAF(空气流量)、ECT(冷却液温度)、TP(节气门位置)等信号值均无太大的变化,但 PW(喷油脉宽)比正常时增加了近一倍,氧传感器的信号电压反而降低,而且该传感器的信号电压变化的次数比正常状态要少得多,SFT RIM(短期燃油修正)值增加。

通过比较两种状态下的数据流可知,氧传感器已损坏。因该传感器损坏,不能正常反馈尾气中的氧含量,不能为发动机的 ECU 提供准确的混合气稀或浓的信号,使 ECU 误以为混合气过稀,就增加喷油器的喷油脉宽,致使发动机的实际混合气过浓,轿车 100km 油耗增加。更换氧传感器后,油耗增加的故障排除。

157. 奔驰 S320 型轿车发动机热机难起动·燃油压力调节器"伤残"
(1) 故障现象

有一辆奔驰 S320 型轿车,在使用中出现热机时发动机有时要起动 20s 以上,方可起动着,有时根本就起动不着的故障现象。

(2) 故障诊断排除

经了解得知,该车在一星期前停车熄火后就出现无法起动的故障,将其拖至一家修理厂待维修,该车又能起动了,但随后又出现了上述热机难起动的故障。在那家修理厂更换了空气流量传感器和冷却液温度传感器,但故障依旧无法排除。

根据维修经验,发动机出现冷机起动正常,而热机难以起动的原因多为混合气过浓。导致混合气过浓的原因有:空气流量传感器信号错误;冷却液温度传感器信号错误;燃油压力过高;喷油器漏油等。根据驾驶人讲,空气流量传感器和冷却液温度传感器已经更换过,再仔细检查一遍后,确认上述两个传感器都是好的,现在只能将怀疑重点放在燃油压力和喷油器。测量燃油系统压力,正常。准备拆下喷油器进行检查,当拆下燃油压力调节器,拔下其上的真空管时,发现燃油压力调节器真空管上有汽油。经检查发现燃油压力调节器已经损坏。更换燃油压力调节器后,试起动发动机,冷热机都能顺利起动,故障排除。

158. 奔驰 500SEL 型轿车发动机大修后不能起动·人为故障
(1) 故障现象

一辆奔驰 500SEL 型轿车,在一个规模不小的修理厂大修后,装复发动机,但出现无法起动故障。

(2) 故障诊断排除

检查故障时,首先用解码器读取故障码,结果无故障码输出。检查电路,各线束插接器连接良好,火花塞和点火线圈的高压电正常;燃油压力、喷油器、气缸压力及配气相位都正常;空气流量传感器、凸轮轴位置传感器的信号和 ECU 的供油信号也正常;凸轮轴位置传感器的触发叶轮完好。检查中发现1号曲轴位置传感器和2号曲轴位置传感器插接器相连的线束一样长，是否两插接器插错？于是把两插接器交换插接，发动机居然顺利起动，这说明曲轴位置传感器插接器插错是发动机不着火的根本原因。将两者对调完全插接好后试车，故障排除。

> 点击：本例故障属于人为故障，排除人为故障要善于观察，但更重要的是操作人员要技术熟练，同时防止粗心疏忽，这种故障就可减少或避免发生。

159. 奔驰300E型柴油机轿车发动机无法起动·修出来的故障

(1) 故障现象

一辆奔驰300E型直列6缸柴油机轿车，大修后无法顺利起动着车。用化油器清洗剂喷进气管内，又可以起动着车，但踏下加速踏板加速无力、排气管冒黑烟，怠速时容易熄火。

(2) 故障诊断排除

很明显，该车出现此现象是柴油机喷油正时滞后，一般柴油机的喷油正时应该比汽油机点火正时要提前10°~20°（静态）。但通过调整柴油机喷油高压泵提前喷油正时，故障依旧，所以怀疑喷油泵链条正时不准确。为验证正时相位是否正确，拆下气门室盖、柴油高压泵第1缸油管，打开点火开关，使高压喷油泵油阀处于开通状态。用套筒扳手转动曲轴皮带轮，当曲轴皮带轮位于1~6缸时，上止点刻线对正时规盖上的"0"时，凸轮轴第6缸进排气相位为重叠的角度，第1缸进排气门处于关闭时刻，配气相位此时正确。但柴油高压泵的第1缸出油接头还见不到柴油流出。再继续转动曲轴皮带轮，当第1缸柴油高压泵出现柴油流出时，此时曲轴皮带轮的刻画线已延后30°，此时的喷油时间已不能适应柴油机的着火要求，更不能满足提高动力做功性能。仔细检查，发现在装配柴油高压泵的链条时，错了两个齿位，所以出现此故障。重新校正柴油泵喷油正时链条，使柴油喷油泵在曲轴皮带轮刻画线的前15°~20°时，第1缸高压泵油管接头流出柴油，装复气门室盖及高压泵链盖、油管，起动着车顺利，加速有力，不冒烟，故障排除。

160. 奔驰轿车发动机怠速不稳·燃油运输受阻

(1) 故障现象

一辆奔驰MB100型轿车，维护修理约35天后，在使用过程中出现发动机加速不畅甚至熄火，怠速运转不稳定，故障灯点亮，加速时进气管有回火声，而排气管又有"放炮"的故障现象。

(2) 故障诊断排除

首先用自诊断系统检查，无故障码显示。根据该车故障现象判断，故障原因可能在油路方面。于是接上压力表，测量燃油系统压力。在接通点火开关时，燃油系统压力很快达到335kPa，属于正常范围，但此时燃油压力表的指针来回轻微摆动。起动发动机后，燃油压力很快降到270kPa，而且燃油压力表指针来回摆动的幅度增大，发动机抖动严重。这时对发动机进行急加速，发现燃油系统压力立即降到150kPa，发动机出现回火现象，而且随即熄火。经过分析，决定换上新燃油泵试车，发现上述故障现象仍然存在，于是对燃油系统的压力又进行了测量，发现急加速时，燃油压力表指针来回摆动严重，而且该压力会立即降到200kPa以下。急加速时燃油系统压力不足的原因有以下几个方面：一是燃油泵本身有故障，无法建立足够的压力；二是燃油油路有堵塞的现象；三是燃油油路中，回油量太大，使该系统的压力下降得过快；四是燃油泵线路有故障，如电流太小等；五是喷油器有故障。

根据先易后难的原则进行全面排查。检查燃油系统管路，没有发现有压扁变形的地方，而且拆掉燃油滤清器，用空气压缩机对该管路进行吹气，没有发现有漏气和堵塞的地方；拆掉燃油系统回油管,观察回油量,发现急加速时,回油量很小,而且从燃油压力表读出此时该系统的压力仅为200kPa,说明该系统的压力还未建立起来;接着测量燃油泵线路,该线路也正常。

把燃油泵从燃油管内拆下,接好燃油管路后将其置于一盛满油的盆内,接上燃油泵线束侧插接器,起动发动机试验,这时发现燃油竟从燃油泵的安全阀处回油,而且越加速,回油量就越大。一般来说,引起燃油泵安全阀喷油的原因有以下几个:一是安全阀本身损坏;二是燃油系统有堵塞的现象。由于是新燃油泵,安全阀存在问题的可能性不大,可能还是油路有堵塞故障,只好对燃油系统管路进行更细致的检查。

经仔细检查,终于发现在喷油器支架上的进油管接头内滤网已堵塞。将该滤网清洗后装车,再次对燃油系统压力进行测量。怠速压力为310kPa,急加速时为350kPa,而且燃油压力表指针指示稳定,这说明燃油系统压力已正常。经过20km的路试车,发动机各工况运转正常,故障特征完全消失,故障排除。

161. 奔驰S320型轿车发动机运转抖动严重·喷油器工作不良

(1)故障现象

有辆奔驰S320型轿车,在使用中出现发动机转速达到2000r/min后,若稍微放松加速踏板,发动机马上出现严重的抖动,之后又可恢复基本稳定运转,但加速时明显感到动力不足的故障现象。

(2)故障诊断排除

经检查发现,当出现上述故障时第3、4缸不工作,但若将点火开关置于OFF位后重新起动发动机,则发动机工作又恢复正常。根据维修实践,该型车只要有一缸工作不良,其ECU就会自动切断第3、4缸的喷油,自动加大节气门开度,使进气量增加,同时也增加其他缸喷油器的喷油脉宽,以使发动机在空负荷时能够维持在正常怠速状态。用OB91故障诊断仪对发动机系统进行检测,没有发现故障码,但在观察该系统的数据流时发现,当第3、4缸不工作时,其他缸喷油器的喷油脉宽有所增加。

测量各气缸压力,正常。检查点火正时和各缸的点火能量,也未发现异常情况。检查第3、4缸进气支管,未发现有漏气的地方。因此怀疑第3、4缸喷油器堵塞,在发动机加速时引起混合气混合比不正确,于是将这两只喷油器拆下并进行测试,发现它们确实工作不良。而此时挂挡,则因第3、4缸不工作,发动机动力不足,从而出现严重抖动的现象。当把这两只喷油器用超声波清洗机进行清洗后装复,起动发动机试验,原故障现象消失,故障排除。

162. 奔驰C220型轿车发动机冷机起动易熄火·未做学习设定

(1)故障现象

一辆奔驰C220型轿车(该车采用2.2L发动机),发动机在冷起动后运转一会儿就自动熄火。该车在出现该故障前刚更换过散热器。

(2)故障诊断排除

检查时,起动发动机验证故障现象,确如驾驶人所述,发动机工作一会儿就自动熄火了,接着再次起动发动机,很顺利地着火,但很快就再次熄火。

经查阅有关资料,该车如果拆换过蓄电池或更换过怠速电动机,则必须做学习设定,如不做学习设定就会出现上述故障现象。结合驾驶人所说该车不久前曾更换过散热器这一情况分析,很可能在更换散热器时,维修人员曾把蓄电池电缆拆卸过,之后又未做学习设定,才导致上述故障的。为此,对该车进行学习设定,其具体步骤如下:

①拉起驻车制动杆,将变速器置于P位或N位,直到发动机达到正常的工作温度,使散热风扇运转;

②将变速器换至N位,让发动机怠速运转1min后再换入D位,使发动机怠速运转1min;

③松开驻车制动杆,使加速踏板行程为20%～50%,直到轿车有换挡现象;

④保持加速踏板行程为50%,让轿车行驶一段距离,再慢慢踩制动踏板,直到轿车停驶;

⑤如设定不成功,再进行2～3次即可。

按照上述提示及具体步骤学习设定后,起动发动机多次试验,发动机不再熄灭,故障排除。

163. 奔驰600SEL型轿车加速不良·点火控制单元内部程序错乱

(1)故障现象

一辆奔驰600SEL型轿车,在使用中出现发动机转速在1200～2500r/min时加速不良,怠速时和转速超过3000r/min时一切正常。据驾驶人介绍,该车曾在外地的奔驰特约维修站维修过,先后更换了火花塞、高压线和点火线圈等部件,测量了油压,清洗了喷油器,但故障没有排除。后来发现发动机有烧机油现象,该维修站的修理人员认为车子比较老旧,又烧机油,要想彻底解决问题,必须进行大修。

(2)故障诊断排除

首先打开发动机盖观察其运转情况,发现怠速时运转很平稳;进行急加速和缓加速试验,故障症状不太明显,估计是空负载的缘故。接着进行路试,当发动机转速从1000r/min上升至2500r/min时,确实感觉到行驶无力,急加速时更加明显;当转速超过3000r/min时,马上感觉一切正常了;松开加速踏板时,怠速很平稳。连接OB91故障诊断仪,进入发动机测试挡,结果显示无故障码。

对发动机进行基本检查:测量各气缸压力,均为1029.7～1127.8kPa;检查各高压线的电阻,均在10kΩ左右;检查点火线圈,其一次侧电阻为0.3～0.6Ω,二次侧电阻为8～13kΩ;测试油压,怠速有真空(不拔下油压调节器真空管)时为318.8～353kPa,怠速无真空(拔下油压调节器真空管)时为362.8～411.9kPa,急加速时为411.9kPa左右;清洗各喷油器并测量其电阻值,各喷油器电阻均为14～16Ω。上述检查没有发现异常之处。起动发动机,将转速控制在2000r/min左右,用听诊器检查喷油器是否工作,结果均正常。

检查排气情况,根据排气的气味,判断有烧机油现象;用手感觉排气温度,发现左列发动机的排气温度明显低于右列发动机;仔细观察左列发动机的排气情况,感觉排气不顺畅,有间歇性停顿的现象;右列发动机排气很均匀。根据这种情况,分析认为发动机在2000r/min时左列发动机有工作不良现象。

由于油压是正常的,喷油器又是刚清洗过的,雾化很好,因此怀疑电路方面(点火系统)有故障。重新起动发动机,并将转速稳定在2000r/min左右,拔下左列发动机的高压线进行试火,以判断是哪一缸不工作,结果拔下每一根高压线时发动机转速下降都不太明显,且再插入时也没有转速上升的迹象。对右列发动机进行试火,每拔下一根高压线反应都很明显,说明左列发动机工作确实存在问题。

为了验证故障是否在点火电路上,从左列发动机上拔下一根高压线,连接一只火花塞,再从右列发动机上也拔下一根高压线,同样连接一只火花塞,然后起动发动机,观察两只火花塞的跳火情况。当发动机怠速时,两侧的跳火情况基本一致,当加速到1200r/min时,两只火花塞的火花颜色就有差别了,左列的有些发红,而右列的正常;继续加速时,左列火花塞的跳火情况还在变差,发动机声音也不正常;当加速到 3000r/min 时,左列火花塞的跳火情况突然变得与右列一样了,发动机转速也立即恢复正常。通过上述比较,进一步证明故障在点火系统。连接 OB91 故障诊断仪,进入点火控制系统读取故障码,但故障诊断仪显示系统正常。明明有故障存在,为什么 ECU 不存在故障码呢?

首先怀疑是点火线圈不良,遂更换了一个点火线圈,但起动发动机后故障依旧。接着更换了分火头、分电器盖和火花塞,故障还是没有丝毫改变。

考虑到故障源能影响点火高压,故很可能与控制电压有关。测量左列点火线圈一次侧电压,并与右列进行比较,发动机转速为 2000r/min 时,两者的电压确有差别。该电压是受控于点火控制单元的,会不会是点火控制单元接收了错误的信号,或者点火控制单元本身有故障呢?

检查左列点火控制单元插接器和有关传感器的插接器,没有发现接触不良或氧化的现象;测量左列点火控制单元相关端子的电压,只有点火线圈一次侧搭铁控制端的电压在发动机转速为 2000r/min 时与正常值有些差别,其他的都没有大的差异。

至此,能够证明左列点火控制单元工作是否正常的最有效的方法就是更换一块点火控制单元进行试验。于是,直接把左、右两侧的点火控制单元进行对调,结果原来是左列发动机工作不良,现在变为右列发动机工作不良了,证明故障就在原左列点火控制单元本身。更换新品后,发动机工作恢复正常,故障排除。

点击:该车型装用 M120 型 V12 发动机,它的左、右两列各有一套点火控制单元,类似于两台发动机,它们有着相同的传感器和执行器,所以两边所有的传感器和执行器都可以对调。

点火控制单元内部工作是按一定程序进行的,它接收曲轴位置传感器、冷却液温度传感器、凸轮轴位置传感器、爆燃传感器和进气支管绝对压力传感器等信号,进行取样、放大和处理,并与设定值进行对比,计算出相应的点火闭合角,以此来控制点火线圈一次侧搭铁回路的通/断。

该故障的原因是左列点火控制单元内部程序错乱,造成点火正时也错乱,使发动机在一定的转速范围时产生故障。该车故障发生在左列点火控制单元上,而点火控制单元本身没有设置故障码,这给诊断带来了一定的难度。

164. 奔驰 S320 型轿车行驶中高速上不去·空气流量计不良

(1)故障现象

有辆奔驰 S320 型轿车,行驶过程中换挡时出现发动机转速表指针上下波动,当发动机转速达到 4000r/min 时,车速也达不到 100km/h 的无高速故障现象。

(2)故障诊断排除

根据故障现象分析,该车故障原因可能在变速器和发动机动力输出两个方面。首先利用故障诊断仪对变速器的电控系统进行了检测,但没有发现系统中存在任何故障记忆;之后又分别检查了相关的电磁阀及线路,也没有发现异常。以上的检测结果说明变速器电控系统正常。接着对变速器进行了失速试验,结果变速器在 D、R 挡时的失速转速值均在 1980r/min 左右,由试验结果判断故障点可能是液力变矩器损坏或发动机动力输出不足。一般来讲,变矩器损坏的概率极低,分析认为故障点在发动机方面可能性大。

进一步分析,该车换挡时发动机转速表指针上下波动,其原因是混合气成分不稳定。为观察发动机此时的空燃比,检查了氧传感器的信号电压,结果属于正常。再用万用表检测空气流量计的信号电压,发现无论发动机处于怠速工况还是加速工况,空气流量计的信号电压始终为

1.9V。为此拔下空气流量计的线束插头进行试车,结果此时车辆换挡有力,发动机转速在2500r/min时车速便达到120km/h,变速器能进入高挡。拆下空气流量计进行检查,结果线膜很干净,判断可能内部电子线路损坏。由于空气流量计检测到的是部分负荷时的进气量,导致发动机加速时出现过稀的混合气,而发动机ECU根据节气门开度及发动机转速,判断此时处于大负荷状态就会增加喷油时间;当氧传感器检测到混合气达到合适空燃比时,又以空气量计及发动机转速信号为主要喷油量的参数,此时发动机ECU判断发动机处于小负荷状况减少喷油时间,周而复始出现以上故障。

更换一只新的空气流量计后试车,高速恢复,故障排除。

165. 奔驰S320型轿车跛行·变速器电路板"寿终"

(1) 故障现象

一辆奔驰S320型轿车,在使用中出现所有前进挡均不能进入正常工作状态,即只能处于1挡模式(跛行回家模式)行驶的故障现象。

(2) 故障诊断排除

造成自动变速器仅处于回家跛行行驶的原因有:缺少变速器油液ATF,电控系统线路故障和机械故障等方面。

首先检查了自动变速器油液ATF足量,颜色正常。再用HHT故障诊断仪进行检测、输出故障码含义为:"转速传感器故障"。

该车型采用霍尔传感器,这种传感器工作信号稳定,性能可靠,一般较少发生故障。于是进行外围线路检查,一切正常。再对动态值检测,发现信号线没有信号产生,因此判断ECU没有接收到转速信号,无法确认换挡时机,故进入跛行模式行驶。

按正常的工作规律,欲使转速传感器获得良好的信号,应满足恒压电源,搭铁可靠,信号发生器(转子)与信号拾取器的间隙必须正确。

接着解体自动变速器,拆下阀体,取出电路板,检查发现转速传感器塑料支架已发生断裂,造成电路板损坏,致使信号无法通过而成故障点。

更换新的同规格型号的电路板后,并用专用仪器进行调试合格,再行试车,各挡行驶功能恢复正常,故障排除。

166. 奔驰S320型轿车冷车行驶加速无力·行驶自学习值调整不到位

(1) 故障现象

一辆奔驰S320型轿车配置112 V6型发动机,722.6型自动变速器。该车发动机怠速时轻微发抖,冷车急加速无力。热车后慢加速还可以,转速在800~1500r/min提速最差。曾在特约维修中心检测,已更换了点火高压线和喷油器,问题没有解决。

(2) 故障诊断排除

首先对该车检测燃油油压,将近392kPa属正常。更换一个新的空气流量计,发现发动机工况更差,发动机很难起动,怠速会熄火,加速也无力。

复诊检查,发现此时发动机工况越来越差,轿车上斜坡都很吃力。用D91仪器检测各电控系统,发现发动机ECU有三个故障码:水温信号不良,进气温度信号不良,有失火现象。清码后再试车,故障现象无任何变化。于是怀疑是加速踏板位置传感器不良,再用D91仪器检测发动机数据流,加速踏板位置传感器(霍尔式)安装在加速踏板上方,信号电压POT10.32~4.65V;POT20.15~2.25V,这表示信号正常,发动机系统没有故障码。

再仔细查看其他数据流，突然发现怠速时空气流量计的数值是 52kg/h，而标准是 15～20kg/h，竟然大了 1 倍多，难道是空气流量计有问题？为了慎重起见，用电表测量空气流量计的 5 个引脚，如图 2-47 所示。各脚标准值说明见表 2-3，进气温度传感器温度与电压关系见表 2-4。

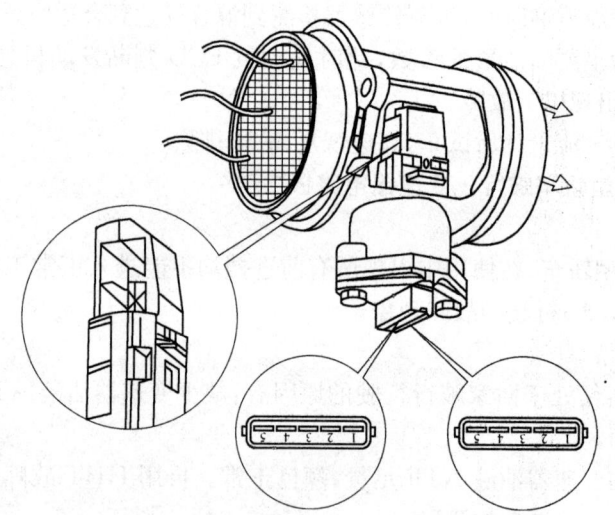

图 2-47 奔驰 S320 型轿车空气流量计示意图

空气流量计的第 5 脚空气流量信号在发动机怠速时的信号电压是 2.10V，加速到 4000r/min 时电压为 3V，和规范差别很大，另外四线信号正常。至此，决定更换空气流量计再作试验。当更换一个新的空气流量计，安装好之后，起动发动机，但故障依旧。系统无故障码，空气流量计数据正常，到底故障原因何在？此时想到新奔驰发动机控制模块有燃油控制自学习特性，是否发动机控制模块以故障模式行驶自学习值没有调整回正常模式呢？

为了清除发动机模块自学习值，必须使发动机控制模块断电，将蓄电池负极拆下等待 3min 后装回，用 D91 仪器重新清除故障码后，起动发动机，怠速正常，加速有力，路试后确认故障排除。

表 2-3 热线式空气流量计引脚说明

引脚	说明	测 试
1	进气温度信号	见附表所示
2	电源回路 87	点火开关 ON 或 RUN：12V
3	搭铁 GND	0V
4	5V 电压	点火开关 ON：5V
5	空气流量信号	怠速 0.9～1.1V，随转速升高电压升高

表 2-4 进气温度传感器温度与电压关系、测量

温度	电阻	电压	温度	电阻	电压
10℃	3.6kΩ	3.1V	40℃	1.17kΩ	1.8V
20℃	2.42kΩ	2.7V	50℃	850Ω	1.4V
30℃	1.66kΩ	2.2V	60℃	600Ω	1.1V

167. 奔驰 320SEL 型轿车怠速不稳加速无力·接错管路

（1）故障现象

一辆奔驰 320SEL 型轿车，行驶 18 万 km 后对发动机进行大修后出现怠速不稳，加速无力，发动机转速提升到 1500r/min 时，排气管冒黑烟，放松加速踏板发动机便出现熄火的故障现象，检测又无故障码输出。

（2）故障诊断排除

检查时，起动发动机运转尚属平稳正常，但运转约 25min 后发动机怠速开始抖动不稳，故障特征逐渐显现。首先用示波器检查，发动机点火正时符合标准，点火波形正常。用 HHT 解码器检查，进行数据流分析：氧传感器电压为 0.8V 以上，判定发动机混合气过浓；喷油脉宽，怠速时为 6.0ms（正常值为 3.0ms 左右），转速增加到 1600r/min 时为 8.0ms（正常值为 4.0ms 左右），可见喷油时间明显过长，属偏浓范围。从以上检查的情况看，有三种可能原因：一是氧传感器故障；二是空气流量计故障；三是冷却液温度传感器故障（冷却液温度喷油量的变化是依靠喷油脉宽信号决定，而喷油量输入信号主要是通过冷却液温度信号来修正的）。因为从检测仪上检测到氧传感器电压信号偏高，所以首先检查氧传感器电压是否有变化。于是引入一部分新鲜空气，发现氧传感器电压变低，说明氧传感器良好。再检查燃油压力，怠速时为 250kPa，正常；急加速时为 300kPa，也正常。怀疑喷油器漏油，拆下喷油器测试，静压试验：压力为 400kPa，时间为 5min，不滴油；喷油正时测试：设定转速为 800r/min，脉宽为 2.5ms，燃油压力为 250kPa，喷油器喷油 3000 次，喷油量为 57mL，同样正常。现在怀疑的目标集中在空气流量计上，检查空气流量计电压为 1.8V，偏高。换上新的空气流量计，故障现象同以前一样。故障发生在何处？此时无意中拆下一根真空管，发动机运转即刻稳定一些，加速时排气管不再冒黑烟，废气检测也合格，把这根真空管堵塞后试车，发动机加速性、稳定性良好，也未熄火。进一步检查发现，这根真空管内有汽油。沿着这根真空管往前找，找到一个电磁阀，再往前在左后轮轮罩内找到一个活性炭罐，发现活性炭罐内装满了汽油。难道燃油箱中的汽油流到了活性炭罐中？根据驾驶人介绍得知，在发动机大修时，清洗过燃油箱。经检查发现燃油箱上的喷油器回油管与汽油蒸气管接错位了。该车燃油箱和活性炭罐的连接管路图如图 2-48 所示。从图中不难看出，如果连接错误，当燃油箱内温度升高、压力增大时，燃油箱内的汽油在压力作用下将流向活性炭罐，并储存在活性炭罐内。活性炭罐电磁阀在发动机转速高于 1500r/min 时由 ECU 控制打开，电磁阀打开后，因进气管的真空吸力会使活性炭罐内的汽油流向气缸并参加燃烧，这就加浓了混合气。进一步检查电磁阀，发现它关闭不严，所以也就影响了怠速。实际上活性炭罐的作用只是收集并储存汽油蒸气。电磁阀的动作由 ECU 控制在适当的时刻打开，使活性炭罐储存的汽油蒸气导入发动机气缸内燃烧，以便降低对空气的污染，起到净化大气的作用。从另一方面来讲，根据发动机 ECU 闭环控制燃油喷射原理可以知道，由氧传感器反馈的闭环控制系统，在监测到混合气过浓时就应该修正混合气，缩短喷油脉宽，减少供油量。但通过氧传感器修正的油量很少，一旦混合气浓度超过某一限度就难以修正。过浓的混合气使发动机怠速运转不稳，ECU 监测到发动机运转不稳，会控制怠速电动机增加进气，同时也会延长喷射脉宽以增加供油量。这就是从解码器上看到的喷射脉宽比正常值高、空气流量计电压偏高的原因。

将接错的两管对调连接正确后，起动发动机试车，一切正常，故障终于排除。

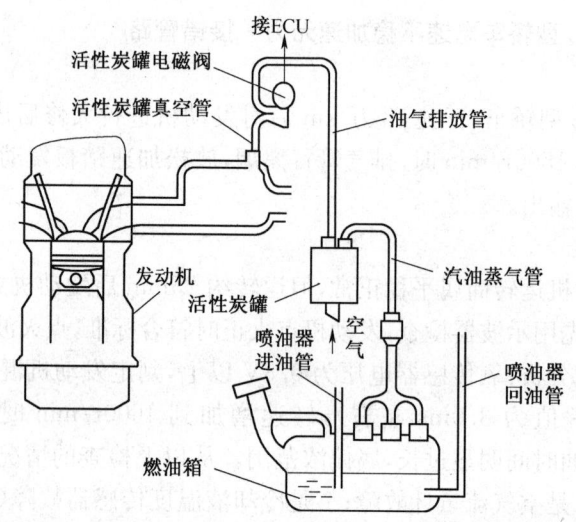

图 2-48 奔驰 320SEL 轿车燃油箱和活性炭罐的连接管路图

168. 奔驰 600SEL 型轿车发动机怠速不稳·搭铁线连接之错

(1) 故障现象

一辆奔驰 600SEL 型轿车在使用中出现怠速不稳、行驶加速不良的故障现象。

(2) 故障诊断排除

路试,升挡和降挡均属正常,由此表明自动变速器没有故障存在。加速不良、怠速不稳故障可能在发动机方面。于是进行各缸工作情况检查,拆下各缸火花塞,发现发动机右侧 6 个气缸的火花塞中心电极、侧电极及绝缘体的端部有黑灰积炭,表明右侧 6 个气缸燃烧不好。左侧 6 个气缸与右侧相比,燃烧很好,火花塞头部呈淡褐色。因此,重点对右侧 6 个缸的高压分线、分火头、分电器盖和火花塞等有关部件进行了检查,都没有发现什么异常,又对喷油器进行了清洗,检查了有关的电缆和线束,结果发动机怠速仍不平稳,加速也没好转,而且排放尾气还很呛人。经过上述检查和分析,该车发动机故障原因可能在电控系统方面。

奔驰 600SEL 型轿车装备 V12 型发动机电控系统,由五个互联的 ECU 组成。其中两个 (N3/2、N3/3) 控制燃油喷射,且各自独立控制;一个 (N4/1) 控制电子节气门/油门系统;两个 (N1/4、N1/5) 控制点火系统,也是各自独立控制。

在检测发动机的过程中,由于拔掉了部分执行器和传感器的插接器,ECU 势必存入一些故障码(虚码),也有一些没有被清除的故障码。因此先消除故障码,然后进行路试,然后读取故障码,故障码为 4 和 27。其中,故障码 4 为空气流量计回路不良,故障码 27 为喷油器回路不良。但检测空气流量计及其线路,又属正常。经对空气流量计线束插头进行处理后,再调故障码,故障码 4 没有再出现,说明原来空气流量计的插接器可能有虚接现象,经过处理后已排除。另外,空气流量计若损坏,大多数情况下发动机会冒黑烟的。

于是决定检查右侧各缸喷油器的电源线,在点火开关置于 ON 位置时,都有电压且电压正常,而且各缸喷油器在不同工况下都工作。决定把 12 个喷油器从发动机进气管道上拆下来,并把它们安装在原车的喷油器输油管架上,接好原车的进、出油管,插好原车的线束,喷油器下面放好盛油的容器,起动发动机,让发动机曲轴转动,观察喷油器的喷油情况。结果发现,右侧各缸喷油器喷出的油束根本不雾化,每缸的喷油量也远大于左侧喷油器的喷油量,且每缸喷射间歇不明显。相反,左侧各缸喷油器的喷油角度和雾化情况比较正常,紧接着调取故障码,仍为 27。

对照电路图 2-49 进行检查,发现控制 4 缸喷油器 Y_4 的搭铁控制线,即从 ECU(N3/3)端子 2 至 Y_4 线束插头的线路为断路。经过认真地查找和测量,根据线色和线径等特征,发现与 Y_4 喷油器座插头连接的搭铁控制线,不知什么原因连到了 3 缸喷油器 Y_3 的搭铁控制线端子 26 上。也就是说,3、4 两缸的喷油器共用一根搭铁控制线,这就使 4 缸喷油器不能正常喷油,吸入该缸的空气基本上未参与燃烧而直接进入排气管,在氧传感器检测到废气含氧量增加后,反馈信号使控制右侧气缸的 ECU(N3/3)增加喷油量,从而造成上述故障。

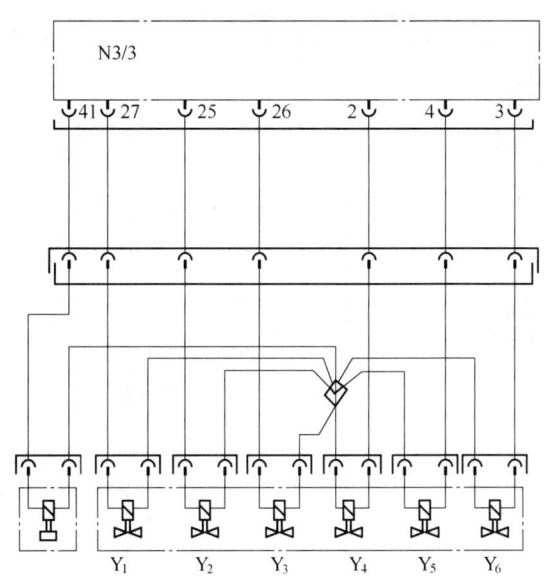

图 2-49　奔驰 600SEL 型轿车发动机右侧气缸喷油器控制系统电路

当把 3、4 缸喷油器搭铁控制线重新恢复到正确位置后,再次清除故障码,此时在缸外做喷射试验,左、右侧喷油完全一样,一切正常。装车后路试证明,怠速相当平稳,而且加速有力,路试略加速车速就升至 100km/h 以上,跟踪使用燃油消耗量也较前减少,故障终于排除。

169. 奔驰 S320 型轿车发电机发电量不稳·绝缘老化线路搭铁

(1)故障现象

一辆奔驰 S320 型轿车,在使用中出现发电机发电不正常,仪表上充电指示灯一会儿亮一会儿灭,造成蓄电池严重亏电。

(2)故障诊断排除

经过修理人员拆检发电机,分解后测试其转、定子线圈,组合二极管,电刷,调节器等元件结果均完全正常。在没有找到故障的情况下,将其重新组装好,总成测试依然正常后安装到车上试用。但驾驶人使用后反映,故障依然存在,发电极不稳定,还有越来越频繁的趋势。又检查了相关电路没有发现异常,再次拆下发电机,还是没有任何故障被发现,怀疑是发电机工作不稳定造成的,准备更换发电机总成。

从相关资料上查到该车的充电线路如图 2-50 所示。检查从蓄电池来的电源充电线路没有问题,接触良好,而从仪表来的充电指示灯线路也就是一条单独的线,测量结果也没有问题。

考虑到充电指示灯线路还兼顾作为其他指示灯的检查功能,有可能会是其他指示灯线路有故障,造成该线路不正常。依照仪表线路图,把它们一一拔掉检查,也没有发现问题。在检查工作进行当中,都发现充电指示灯线路存在对地短路问题,因为此时充电指示灯线已经从发电机上拆下,可是打开点火开关时,充电指示灯居然会亮,这是不应该出现的现象。于是拔下仪表板,断开所有插接器,再次测量充电指示灯线路,其对地电阻极小,用数字万用表测量只有大约 2Ω 的阻值,表明该线路确实已经搭铁。终于确认故障原因,下一步只要找到是什么地方短路,就应该可以排除该故障。

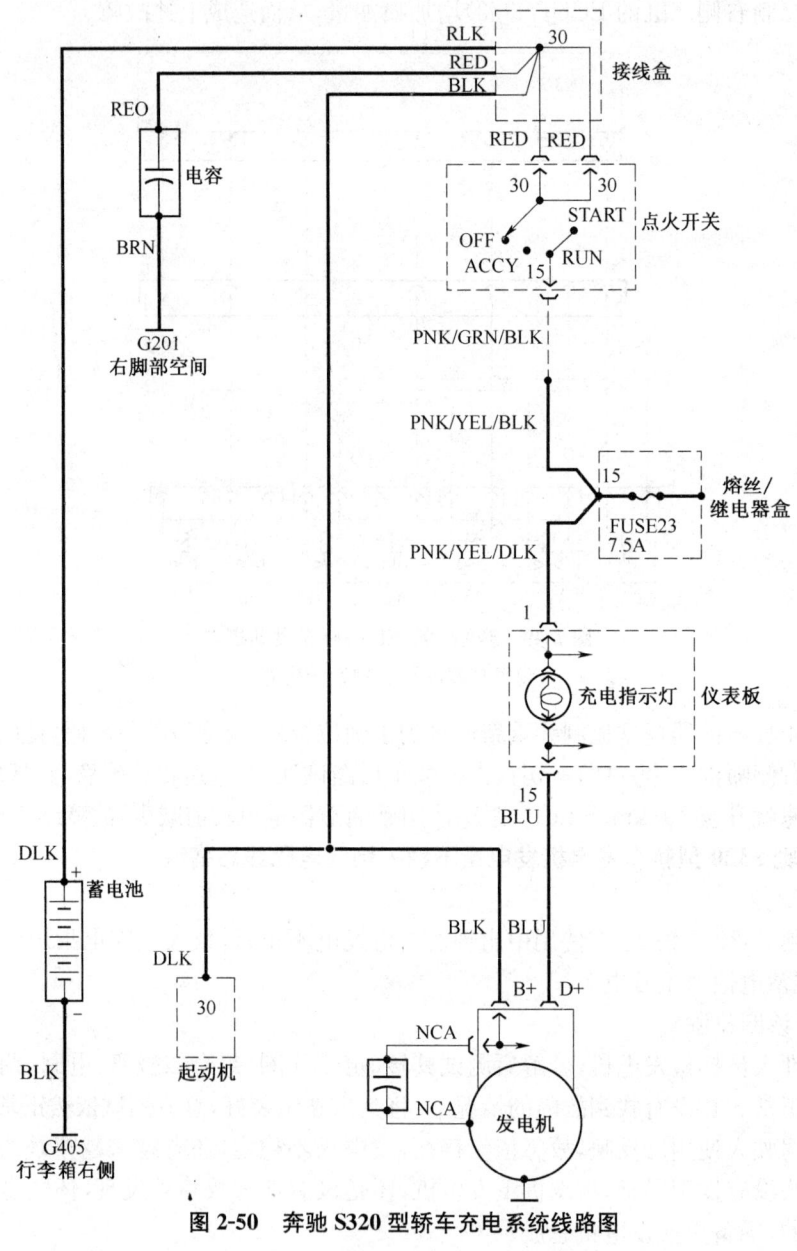

图 2-50　奔驰 S320 型轿车充电系统线路图

然而,由于奔驰车的线路相当规范,一般来说,是不会有什么地方因为被摩擦引起线路短路的,而且也不能够把线束全部拆散来检查,所以在初步目测没有发现明显的短路点后,就使用了一条跳线,准备直接从仪表板接在发电机充电接线柱上,来检查一下还有没有其他的故障存在。在接发电机线时,又发现充电指示灯的那条蓝色导线的塑料绝缘层有一些已经脱落了,再稍稍用手一抹,上面的绝缘层就齐刷刷地全部掉光,完全失去了绝缘的功能。原来该车的线束已经到了必须更换的程度,其绝缘塑料层已经失效,在线束之间发生了间歇性局部短路。由于该线束价格较高,于是就使用了一条跳线,直接连接在仪表板上面的充电灯与发电机之间。试起动,发动机运转正常,仪表指示灯也正常,没有发现其他的短路现象,测量蓄电池电压在13.3V,正常。经过5万km的行驶使用,一切正常,故障排除。

170. 宝马5系轿车发动机不能起动·机油油位传感器内部短路

(1)故障现象

一辆宝马(BMW)5231型轿车,在使用中出现发动机不能起动的现象。

(2)故障诊断排除

检查时首先发现不能起动的原因是变速器挡位不正确,因为无论换挡杆挂进任何挡位,在仪表板上的挡位显示都是"D"挡不变,ECU认为变速器是处于"D"挡,不在"P"或"N"挡,自然不能接通起动机进行起动,因此认为该故障无非是换挡联动机构或者空挡开关出现问题了。

但将该车进行升高检查发现,换挡联动机构并没有问题,用万用表检查空挡开关本身也属于正常,那为什么仪表板总是显示变速器处于"D"挡的位置呢?为了迅速诊断该车故障,用宝马最新故障诊断仪GT-1进行联机诊断,将该机接在位于该车右减振器座附近的圆形诊断接口上,打开点火开关后,发现GT-1故障诊断仪不能自动识别该车型及其装备的所有电控系统,且诊断仪显示总线K15电压(点火开关输出电压)过低,不能正常自动进入识别。按照使用GT-1故障诊断仪的经验,对于宝马车辆,GT-1故障诊断仪是可以自动识别并中文显示该车型的所有基本资料的,包括生产年月、车架、发动机号码及全车所装备的电控系统等。检查了该车的蓄电池电压为正常12.1V左右,再检查圆形诊断接口,发现其16号孔没有点火开关的输出电压。于是打开乘客座对面的储物箱,找到熔丝盒,发现标有Diagnosis Plug(诊断接头)的15号熔丝(7.5A)已经烧断,取出7.5A的备用熔丝安装上去,只听见"啪"的一响,马上烧断,毫无疑问该熔丝的有关电路出现了短路的现象。由于一时之间查不到短路位置,如果逐条线路去检查也很费时间。由于GT-1故障诊断仪本身就带有很多新款宝马车系的有关零部件的位置、检测方法及线路图等,要是该车能连上GT-1故障诊断仪,这个问题应该很快能解决。既然圆形诊断座的16号孔因为15号熔丝短路烧断而不能供电,那就人为供电给它。为了暂时避开短路的影响,也只能采取了"破坏手术",剪断诊断接头16号孔的电线并给其直接接上蓄电池。打开点火开关,发现GT-1故障诊断仪已经顺利连接上了该车进行自动识别,点击快速测试功能进行全车扫描,发现只在发动机和变速器电控系统里有故障码,故障码分别为氧传感器线路故障、变速器电控单元与发动机电控单元之间CAN(局域网)联系故障。用GT-1的故障诊断仪进行快速删除后,各电控系统再无故障码存在。认为还是从故障现象出发进行检修,点击GT-1故障诊断仪内的空挡开关一栏,再点击功能菜单;选择变速器系统文件一栏,出现了空挡开关的有关线路图,通过线路图,发现原来变速器空挡开关的电源供给也是15号(7.5A)熔丝,同时该熔丝还供电给曲轴位置传感器、发动机机油油位传感器、温度开关和诊断接头。这时整个故障的排除显得清晰起来,肯定是和15号熔丝相关的这几个电路出现了短路故障。本着由简到繁和方便的原则,先在15号熔丝供给端子和蓄电池正极之间接上试灯观察,然后逐一断开曲轴位置传感器、温度开关等相关传感器插头,当断开发动机机油油位传感器时,发现试灯熄灭,由此确认发动机机油油位传感器内部短路。更换此传感器后,再装上15号熔丝不再烧断,同时发现仪表板能够根据换挡杆实际位置短暂指示挡位,但却在"P、R、N、D、S、3、2、1"之间不断跳动,这是因为控制单元内部存在错误记忆。松开行李箱内蓄电池的负极端子进行短时断电后再装回,仪表挡位显示一切正常,发动机能够正常起动,故障排除。

171. 宝马轿车发动机冷机起动困难·祸起定时开关

(1) 故障现象

一辆宝马(BMW)轿车,装备6缸发动机,已行驶15万km,在使用中出现热机时起动很顺利,但冷机时起动困难的故障现象。

(2) 故障诊断排除

首先检查冷起动控制电路,拔下冷起动喷油器和热定时开关上的插头,将点火开关转至起起动ON位置,用试灯在喷油器和开关STA接线头上检查电源供电情况,供电正常。然后将喷油器插头插好,用一根导线将热定时开关STJ直接搭铁。将点火开关转至起动挡ON位置时,发动机可顺利起动。由此判断冷起动喷油器定时开关内部触点不能闭合,此故障可用捷达轿车的灯光继电器代替急救,其接线如图2-51所示。每次起动时间以5~8s为宜,待到维修时,更换该车的冷起动喷油器定时开关,便可彻底排除故障。

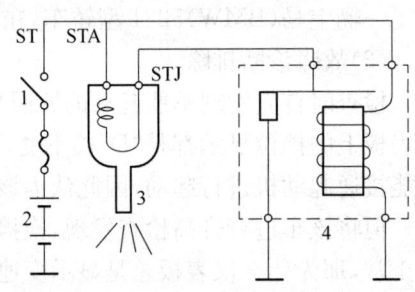

图2-51 宝马轿车继电器的电路连接
1. 点火开关 2. 蓄电池 3. 冷起动喷油器
4. 代用的四脚继电器

172. 丰田雷克萨斯ES300型轿车突然熄火无法起动·正时带"寿终"

(1) 故障现象

一辆丰田雷克萨斯ES300型轿车,行驶15万km,在爬越一个坡道时出现发动机突然熄火的故障,而且无论如何也不能再次起动。

(2) 故障诊断排除

据故障现象,检查起动机运转有力,带动发动机转动速度大约在450r/min以上,但就是怎么也不着车。据驾驶人介绍,故障发生前发动机工作一直很好。

接着打开点火开关,短接诊断插接器内的TE_1和E_1端子,发动机故障报警灯并不闪烁。于是从基本常规的点火和供油方面进行检查,因为是突然熄火的,便对点火系统作为故障点进行重点关注。打开点火开关,听燃油泵有2s的供油声,拔下1缸点火高压线插上一个火花塞,通过发动机缸体搭铁起动发动机(不超过2s),发现火花塞不跳火,再试其他缸也不跳火,于是首先判断点火系统有故障。

点火器既连接电源线,又与点火线圈和发动机ECU连接,且其安装在发动机室靠近左悬挂的地方容易检查。打开点火开关,用试灯测量,点火器的电源线有12V电压,这说明点火系统相关熔丝完好。利用找出的电源线,可以用试灯测试找出搭铁线,再利用连线关系可以找出有一条与点火线圈的初级相连,其余的线是点火信号线和点火确认反馈信号线。用试灯在起动发动机(不超过2s)状态下,测试是否有脉冲信号,结果没有任何一个端子有脉冲信号,于是断定故障原因出在没有点火信号方面。既然发动机ECU没有向点火器提供点火信号,那么问题可能出现在发动机ECU线路及曲轴位置传感器或凸轮轴位置传感器。按照从简到繁、从易到难的原则,先拆下分电器总成,测量曲轴位置传感器及凸轮轴位置传感器的好坏,经测量电阻值都在正常范围内,又测量初级点火线圈的电阻值也正常,且点火气隙没问题。

由于发动机是在正常工作时突然熄火,从经验来看,发动机 ECU 及各元件之间的线路突然发生故障的可能性不大。问题又回到装在分电器内的传感器上,既然其电阻值正常,点火气隙没问题,那么是不是正时皮带断裂使凸轮轴无法驱动转子,传感器不能正常工作。于是先试着转动一下曲轴,观察凸轮轴是否转动,其结果凸轮轴不转。经询问驾驶人得知,该车没有及时更换正时皮带,为此,拆下正时室盖,发现正时皮带已被拉成许多零散的断线。虽然找到了故障原因,但是意识到问题的严重性,因为在正时皮带断裂后,又多次起动发动机,故顶坏气门的可能性存在。

更换一个新的正时皮带,并进行彻底的清洗,起动发动机,逐缸测试气缸压力,都在 1130kPa 以上,于是断定发动机气门顶坏的可能性不大。装复好已经拆过的各个部件,起动发动机顺利着火,怠速平稳,测量其真空度达到 71kPa 且很稳定,然后缓慢加速试车,发动机无异常,故障排除。

173. 丰田雷克萨斯轿车发动机无怠速·小小螺钉捣乱

(1)故障现象

一辆 2009 年款丰田雷克萨斯轿车,长期运行良好,但在没有任何原因的情况下,突然出现高速运行可以维持,却无怠速的故障现象。

(2)故障诊断排除

首先用自诊断系统进行检查,未发现任何故障码。然后对 Δp_x(真空度)进行检测,当节气门打开一半时,发现其值在 0～20kPa 之间大幅度波动;当节气门开大,转速上升时,Δp_x 也随之上升,故障现象极其反常。因此怀疑进气管漏气,但更换管垫后,故障依旧。

测量气缸压力时,发现有一个气缸压力为 0。拆检发动机,发现有一个小螺钉垫在进气门外,影响了进气门的关闭。该故障原因是一般人想不到的,一个小螺钉为何能带来这些危害呢?当一个气缸的进气门被垫起后,在活塞上行时,压缩的气体通过被垫起的进气门将进气管中的真空状态破坏,致使发动机无法维持怠速。而在高速运行阶段,由于进气门大开,进气管真空度降低,其影响力相对减小,能使发动机勉强维持运转。

清除进气门外的小螺钉,并对相应位置的气门和气门座进行修复,重新起动发动机,故障排除。

点击:电控发动机故障产生的原因可能是五花八门,判断时决不能只想到与电脑相关的高科技部分,传统原因的影响有时也是致命的。在判断发动机运行故障时,为了更加准确,检测 Δp_x 应与测量气缸的压力配合进行,否则有可能导致误判。小螺钉如何进入气缸?据驾驶人讲,此故障是在他做过日常维护后产生的,可能是作业时不小心将小螺钉掉入进气道而酿成。

174. 丰田雷克萨斯轿车发动机怠速起伏波动·祸起老化的正时带

(1)故障现象

一辆 2010 款丰田雷克萨斯轿车,使用中变速杆处于 N 挡或 P 挡空负荷加油时,出现发动机怠速极不稳定,转速起伏波动很大,而且发动机故障灯也点亮的现象。

(2)故障诊断排除

首先读取故障码分别为:13、25、26。其中 13 号码含义为凸轮轴位置脉冲信号(G)或发动机转速脉冲信号(NE)异常;25号码的含义为混合气过稀;26号码的含义为混合气过浓。

为避免历史性故障码或错误故障码的干扰,关闭点火开关,拆下EFI熔丝10s以上,消除故障码。尔后再装上EFI熔丝,起动发动机,空负荷加油,重新再读取故障码,仍有13号故障码显示。由此确定13号码与上述故障点关系密切。凸轮轴位置脉冲信号(G)和发动机转速脉冲信号(NE)异常的原因主要有三个:一是曲轴位置传感器和凸轮轴位置传感器的线路或传感器本身有故障;二是正时带跳齿或拉长;三是发动机ECU有故障。

丰田雷克萨斯轿车发动机有一个曲轴位置传感器和两个凸轮轴位置传感器。发动机曲轴每运转一周,曲轴位置传感器就要输出12个发动机转速脉冲信号(NE)至发动机ECU;而发动机曲轴每运转两周,各有一个凸轮轴位置脉冲信号G1和G2分别由两个凸轮轴位置传感器输出至发动机ECU。因而在相邻的G1和G2脉冲信号区间内应有12个NE脉冲信号输入至ECU。ECU则根据输入的G1、G2和NE脉冲信号来确定点火正时、配气正时和喷油正时。由于正时带跳齿,ECU接收到有偏差的G和NE脉冲信号,造成配气正时、点火正时和喷油正时混乱,因而也就产生了上述故障现象。

先检查曲轴位置传感器和凸轮轴位置传感器的线路和电阻。检查线路未发现异常。测量电阻,冷态时曲轴位置传感器和凸轮轴位置传感器的电阻均为835~1400Ω,热态时的电阻为1060~1645Ω,均在标准范围之内,说明两传感器的线路及传感器本身均完好,问题可能出在正时带方面。接着把曲轴带轮和正时护罩拆开,发现正时带比正常位置跳过一齿。再分别检查正时带张紧轮和正时带,发现正时带已老化,需更换。更换好正时带后,重新起动发动机,发动机怠速平稳,故障灯熄灭,故障排除。

175. 丰田雷克萨斯轿车发动机怠速居高不下·节温器失效

(1) 故障现象

一辆丰田雷克萨斯(LEXUS)轿车,在使用中出现发动机怠速保持在1500r/min不能下降,在怠速情况下运行接近1h后才能使发动机转速下降到标准的怠速工况,该车怠速不稳,在行驶过程中踩下制动踏板,偶尔有熄火现象,但有时又一切正常,没有故障码出现。

(2) 故障诊断排除

经过检查,发现怠速电机内部失效,更换怠速电机后出现长时间怠速高,运行0.5h以上方能下降为正常怠速的故障现象。

由于是更换了怠速电机后出现这个故障,而在更换之前没有这样的现象,于是想到该车型在更换了怠速电机以后,是需要进行怠速学习的,也就是要将点火开关打到ON→OFF→ON→OFF→ON,再起动使发动机暖机,或是多起动几次,在道路上行驶一定里程以后则会自动进行怠速学习。在作上述的怠速学习以后,故障消除。可是第二天早上,又出现起动着车了很长时间以后,怠速才能下降为正常怠速。正常以后,未出现不良现象。从仪表上看,水温达到了正常的水温。将怠速电机拆下,开关点火开关,观察怠速电机动作情况,没有发卡的现象,那是什么原因使怠速降不下来呢?从理论上来说,水温是一个重要因素,但仪表显示水温正常。难道是ECU坏了?

于是重新开始查找故障原因,从冷车起动着车到怠速正常,总共要30~60min不等,发动机运转10min以后,仪表水温接近正常水温。但怠速还是很高,不能下降。于是用诊断仪观察水温变化情况,若当怠速下降时,水温都为一固定值,则说明ECU是好的,没有故障;若当急速下降时，水温不一样，则说明 ECU 或是线路故障。测量结果为水温到达 75℃ 时，急速很准时地下降。由此可以看出，问题出在仪表水温和 ECU 感知到的水温传感器水温不同。于是将水温传感器更换，结果出人意料，比原来好一点点，时间比原来有一点缩短。用诊断仪测量，水温升得确实快一点，但这和仪表的水温是没有关系的。于是想到节温器是不是开得太早，拆下一看，节温器失效。更换节温器后 5～10min，水温就达到 75℃，急速也就下降了。经反复试验，都在一定的时间急速达到正常，故障排除。

176. 丰田雷克萨斯轿车发动机急速高位运转·节气门之过

(1) 故障现象

一辆丰田雷克萨斯轿车，在使用中出现发动机急速高达 1500r/min 以上居高不下的故障现象。

(2) 故障诊断排除

利用故障诊断仪查出故障码为 22 号码——水温信号不良，读取数据流发现水温为 39℃，而当前发动机水温已超过 85℃，由此表明水温信号不良。检查水温传感器电阻值为 300Ω，属于正常。检查插头时发现有水锈，造成接触不良。经清除插头后，温度显示正常，但急速转速还是没降下来。而在读数据流时发现，IAC 步进电机在起动时由 125 步逐渐降为 0 步，表明步进电机已完全关闭，急速下已无气流进入进气支管，可为何急速转速又很高呢？经分析认为一是有漏气流存在，这部分漏气流也一定经过空气流量计的检测。能被空气流量计感知的漏气不会是外漏，一定是内漏。于是将检查的重点放在节气门的调整上，查节气门拉线状况属正常。取下节气门进气管，用手电照看，发现边缘有缝隙，重新调整节气门固定螺钉，节气门位置传感器位置，试车故障现象消失，急速转速下降到 750r/min 左右，步进电机步数为 24，一切正常。

> 点击：该车急速过高故障原因有二：一是水温信号错误；二是节气门漏气。由于漏气是主因，如果检查顺序反过来那将是另外一种现象出现。先处理节气门漏气故障，急速转速不会恢复到目标转速，可能还要保持在 900～1000r/min 上，因为冷车信号需要快急速。当再处理水温信号不良时，急速才会真正恢复标准转速。

177. 丰田雷克萨斯轿车发动机抖动而熄火·松动的低压线捣鬼

(1) 故障现象

一辆丰田雷克萨斯(LEXUS)轿车，在使用中出现发动机严重抖动，发动机故障警示灯点亮，行驶中转速表突然下降为零而熄火的故障现象。

(2) 故障诊断排除

①该型轿车发动机采用数字式点火系统，检查点火线圈的低压线插头松动而脱开，将其接上发动机仍不能起动。

②启用该车故障自诊断系统，调取故障码为 14、24、25、26，查阅该车维修手册知其含义分别为：无点火正时或点火确认控制信号；进气温度传感器信号不良；混合气过稀；空燃比过大；混合气过浓、空燃比过小。

③分析初步判断，无点火正时或点火确认控制信号是主要故障点，于是检查点火电子组件到发动机 ECU 的点火正时、点火确认线路，发现点火线圈的低压插头松动，几乎脱落，将插头进行紧固后，起动发动机，运转平稳，不再出现熄火现象，故障排除。

> 点击：该车转速表信号取自点火电子组件接线上的点火线圈低压电源，当此低压线插头出现松动时，转速表指针即会随之波动，以至降为0，而发动机一侧的四个气缸（该车是V8发动机）不工作。此时喷油器电路正常，仍向缸内喷油，发动机ECU便记录下燃油系统的故障码，反映进气系统信号不良，后3个故障码是随故障码14而产生的连锁反应，因而只要排除了点火系统故障后，其他故障码亦会自动消失。

178. 丰田雷克萨斯轿车起步易熄火·步进电机线束作怪

(1) 故障现象

一辆丰田雷克萨斯轿车，在使用中出现发动机怠速运转不稳，动力不足，起步时极易熄火的故障。

(2) 故障诊断排除

根据故障特征，利用故障诊断仪调取故障码为"31"，含义是空气流量计信号不良。该轿车采用卡门式空气流量计。经检测其信号在怠速下为28～32Hz，其平均电压为2.2～2.4V，没有发现不良现象。为慎重起见，更换了空气流量计，但故障现象依旧。随后测量油压及火花均正常。清除故障码后重新试车，再调取故障码，仍为"31"。经过故障码分析，此故障码很有可能是相关码（与其他信号有关）。于是检测了节气门位置传感器信号电压，怠速为0.3V（标准0.5～0.7V），全负荷时为3.5V（标准4.5V），节气门位置传感器信号电压整体偏低，混合气较稀，大负荷动力不足。重新调整传感器的位置，使其信号电压为0.6V，同时注意怠速触点在闭合状态。试车时怠速明显好转，动力性增强，清除故障码后不再出现"31"号故障码，一切正常。但是起步易熄火的问题还没完全解决。在反复试车中发现，只要怠速下挂挡，发动机转速下降，松开离合器起步便易熄火。若是稍踩加速踏板起动时，一切正常；试车时有负荷时无提速。为证明判断，开空调时也是如此，是怠速触点没调好吗？检查正常，同时检测了ECU插头的怠速信号，也正常。为何收到负荷信号不提速呢？是否为步进电机脏卡失控的原因呢？经检查，不脏不卡，怠速下电机有动作。取下步进电机试验，当点火开关打开时，没有伸缩量，关闭点火开关时电机也无动作（正常时为开度最大）。拔下插头检测，四组线圈阻值相同，均为十几欧姆，正常。检测线束插头有火。四组控制插头三组有脉冲信号，其中一组无信号，是ECU控制有问题吗？又测了一下各脚的电阻，无信号的一组插头常接地，电阻为0。

由于怠速步进电机的四组线圈是顺序交替地工作，当有一组线圈常搭铁时，它的磁极不会改变，使转子的永久磁铁被固定在一个位置上。根据怠速转速较稳定来看，步进电机一直停留在怠速工况的开度上，当有负荷信号时，ECU已输出开大步进电机步数的信号，但因步进电机故障而不被执行，故无提速功能，造成起步挂挡时转速下降，动力不足，而使发动机抖动严重易熄火。

沿电线检查，发现此线有一处磨损而搭铁，经修复处理后试验，步进电机工作恢复正常，再行试车，起步易熄火的现象消失，故障排除。

179. 丰田雷克萨斯轿车发动机间歇性抖动·废气阀发卡

(1) 故障现象

一辆丰田雷克萨斯ES300型轿车，装备3VZ-FE型电喷发动机。在使用中出现发动机不定时地偶尔抖动的故障，而且排气管也冒黑烟，故障特征有时会很快消失。该车2个月前进行过发动机大修，但此故障仍没排除。

(2) 故障诊断排除

由于此故障是间歇性的,在各种状态和工况下试车,并没有故障出现,只好做常规检查。拆下火花塞时,发现第 3 缸工作不良,火花塞偏黑。经测量,第 3 缸气缸压力正常,为 1100kPa,高压线阻值正常,为 5kΩ。那么是否为喷油器泄漏呢?于是进行喷油器泄压试验,一切正常。为保险起见,把 2、3 缸喷油器、火花塞对换,其余按常规检查,结果也都在正常范围内。经过两天试验运行的观察,发动机并没有出现异常现象。后又再继续试用观察,故障终于出现,发动机抖动较厉害。拆下火花塞检查,依然是 3 缸的火花塞偏黑。该车喷射方式是同时喷射,如果喷油量过多,那么 6 个火花塞应该同时变黑,因此,ECU 损坏、信号错误,造成喷油量过多是不可能的,有可能是气门关闭不严或 3 缸混合气不良。之后把尾气分析仪探头插入排气管检测,发现 HC 含量明显偏高,为 $2260 \times 10^{-6} \sim 2478 \times 10^{-6}$,而 CO 含量为 $0.4\% \sim 0.7\%$,为正常。HC 过高表示点火不良,而点火不良可能是点火能量不够,也可能是混合气不良,结合 CO 值不高的原因分析,基本可以确定是混合气不良。这时踩了几次加速踏板,HC 值很快就降下来了,发动机趋于平稳。根据故障现象和废气循环工作的特性,判断废气阀内部发卡的可能性很大,但令人不明白的是,如果怠速时废气阀工作,每个缸都会有故障,为什么单单 3 缸工作不良呢?经检查发现,该车型的废气管是横穿进气管的,而且 3 缸的进气管特别短,废气很有可能最先进入 3 缸,所以 3 缸的工况很差,为了证实这个假设,将废气循环系统堵住,试验故障消失。经过 30 天的实践检验,故障没有再出现。表明废气阀内部发卡,修复后试车,一切正常,故障排除。

180. 丰田雷克萨斯轿车发动机运转抖动·正时带跳齿

(1) 故障现象

一辆雷克萨斯(LEXUS)轿车,在使用中出现发动机加速不良、运转抖动,发动机故障警告灯点亮。

(2) 故障诊断排除

用手工方法读取故障码,结果有 13、22、47 三个故障码。对故障码进行清除,22 号码消失,判为历史性故障码,但 13、47 码仍然存在。

从相关资料得知,该轿车的发动机转速在 1500r/min 以上时,若发动机 ECU 在 0.3s 以上无法获得 NE 或 G_1、G_2 信号时,便会设定 13 号故障码;辅助节气门位置传感器(TPS)线路短路或 IDL2 与 VTA2 端子间电压超过 1.5V,便会设置 47 号故障码。

根据 47 号故障码的提示,先对辅助节气门位置传感器进行检查,经测定该传感器已经损坏。再根据 13 号码的提示,分别对 NE 和 G_1、G_2 传感器及相关线路进行了检查,没有发现异常。后来替换了几个传感器,可故障依旧。

根据目前该车状况分析,问题恐怕就出在 13 号故障码上,因为与其相关的几个信号全部是关键信号。再阅读相关资料,终于发现一个重要提示,如果正时齿带跳齿,也会出现该故障码。于是检查正时,果然发现有一侧正时跳齿。当重新校正正时后,起动发动机,运转平稳,故障灯也自动熄灭,加速有力,故障排除。

> 点击:该车故障根本原因是正时带跳齿,造成 NE 与 G 信号出现混乱错误,发动机 ECU 报了故障码。但如果只是简单地依据故障码提示,只检查电控部分的线路、传感器等是根本无法排除故障的。

181. 丰田雷克萨斯轿车尾气污物超标·维修添的麻烦

(1) 故障现象

一辆丰田雷克萨斯轿车(UCF10)，在使用中出现发动机怠速不稳、加速无力、排气管有放炮声、检测尾气污物超标的故障现象。

(2) 故障诊断排除

先实测 V_F 电压为5V，且在发动机任何转速工况下无变化。从 V_F 分析空燃比一定过高，其理由一是供油压力过高；二是传感器信号要求增供油，使混合气过浓。检测怠速时燃油压力为220kPa属正常。真空传感器信号对空燃比的影响最大，怠速时(进气管负压为650kPa)，PIM～E2 间电压为1.6V。冷却液温度传感器电压是0.4V属正常。但实测尾气中CO浓度高达11%，是什么原因使空燃比变得如此之大呢？

采用自诊断系统检测输出故障码为11，其含义为"开关信号系统故障"，于是对ECU插接器端子上的各开关进行检查，发现节气门连接点不是"ON"状态。测量 VTA(节气门开度)端子电压为2.3V，正常情况下要求 VTA 端子电压应随节气门开度而变化，而该车 VTA 端子电压却保持不变，2.3V电压相当节气门开度为1/4左右。接着检查节气门，发现传感器安装位置有错(上次维修所致)。

将节气门传感器安装正确后，起动发动机运行30min，检测CO浓度下降到1%以下，怠速也从1000r/min下降到800r/min左右，其他正常，故障排除。

182. 丰田雷克萨斯轿车冒黑烟·击穿的功率管捣乱

(1) 故障现象

一辆丰田雷克萨斯轿车，装备 1VZ-FE 型发动机、A34IE 型自动变速器。该车发动机起动困难，中、低速运转时发动机抖动比较严重，行驶中偶尔出现自行熄火现象，仪表板上的故障指示灯有时闪烁，有较浓的汽油味，燃油消耗量很大，排气管内有较多的黑烟排出。

(2) 故障诊断排除

首先利用发动机 ECU 的故障自诊断系统检查发动机控制系统中是否有故障。用跨接线短接 TE1 与 E1 端子，打开点火开关，仪表板上的故障指示灯显示故障码为11、21、26和27。为了判断这几组故障码是否真实，先清除 ECU 中存储的所有故障码，然后重新起动发动机，并让其在低、中、高各种转速下工作一段时间，熄火后重新调取故障码。这时仪表板上的故障指示灯显示故障码11和26。再进行道路试验，在试车过程中汽车存在加速迟缓、发动机抖动及自行熄火等诸多故障，并且仪表板上的故障指示灯有时闪烁。试车完毕，再调取故障码，仍显示4个故障码，说明这几组故障码确实存在。故障码含义分别为：11 表示 ECU 电源电路有瞬间断路现象；21 表示左侧主氧传感器及电路故障；26 表示可燃混合气过浓；27 表示左侧副氧传感器及电路故障。

接着检查 ECU 电源电路中的 EFI 熔丝(20A)及导线，经检查熔丝完好，各连接导线无断路、短路，接头及插接器无松动现象，线路正常。起动发动机，运转一段时间后用手触摸位于2号接线盒中的 EFI 主继电器，感觉很烫手，说明 EFI 主继电器有故障。更换一个新的 EFI 主继电器后起动发动机，并让它工作一段时间后再用手触摸，感觉仅有些微热，说明 ECU 确实因原 EFI 主继电器工作不良而造成供电电源出现瞬间断路现象。

拆下各缸火花塞，发现第3缸和第5缸的火花塞是湿的，其余各缸的火花塞则无此现象。

说明进入第 3 缸和第 5 缸的汽油太多,因混合气过浓而不能着火燃烧。将第 3 缸和第 5 缸的火花塞用电炉烘干后连同其他六个火花塞一起重新装回,插上高压点火线,起动发动机约 20min 后再拆下火花塞检查,发现第 3 缸和第 5 缸的火花塞又被汽油浸湿。这足以说明第 3 缸和第 5 缸的喷油器已失控,使大量液态汽油进入气缸,造成混合气过浓,无法着火燃烧而直接进入排气管,与其他气缸排出的灼热废气混合后呈黑色烟雾状排出。由于排出的废气不正常,时间稍长就会影响氧传感器的正常工作,也容易造成氧传感器故障或失效。

在丰田雷克萨斯轿车发动机控制电路中,对喷油器的控制共分成四组,即第 1、7 缸,第 2、8 缸,第 3、5 缸和第 4、6 缸。该车第 3 缸和第 5 缸的喷油器同时失去控制,而它们正好是同一组。一般而言,同一台发动机中有两个或两个以上的喷油器本身同时失效的可能性很小。据此分析,ECU 对第 3 缸和第 5 缸喷油器控制失效的可能性很大。对第 3 缸和第 5 缸的喷油器进行检查,用数字式万用表测量两喷油器电阻,在 20℃时电磁线圈的电阻值为 14.0Ω(正常值为 13.4~14.2Ω),其电阻值正常。直接用 12V 电源驱动喷油器,可以清晰地听到喷油器针阀动作的冲击声,说明这两个喷油器本身都是好的。用万用表直接检查喷油器线束插头两端子间的电压,当短暂起动发动机时,电压表上的读数约为 12V 的定值(没有脉冲电压信号),这就判明喷油器驱动电路有故障。

起动发动机,用听诊器查听各喷油器的工作情况,发现第 3 缸和第 5 缸的喷油器只有"嘶嘶"的声音,而无喷油器针阀动作的冲击声,至此可以初步判定这两个喷油器工作不正常,并且喷油器针阀是保持常开的。

断开第 3 缸和第 5 缸喷油器的线束插接器,让这两个喷油器不工作,这样,发动机怠速时虽然也抖动,工作不平稳,但几分钟后可以看到排气管内的黑烟逐步减小,最终排气烟色正常,这也证明了排气管内的黑烟是因为上述两个喷油器受驱动电路影响而泄漏造成的。断开 ECU 线束插接器,检查第 3 缸和第 5 缸喷油器共用地线到 ECU 上 40 号端子间的连接导线,检查结果未发现异常。既然第 3 缸和第 5 缸的喷油器及控制线路都是正常的,那么可以肯定 ECU 上对这两个喷油器的驱动电路有问题。

拆下 ECU 后,打开两端的盖板,发现 ECU 内有积水(估计是洗车造成的)。将积水烘干,经过仔细检查并测量有关元件后,发现集成电路板上用于驱动第 3 缸和第 5 缸喷油器的功率晶体管已击穿,另有一只二极管的管脚虚焊。这两处问题,带来的后果是使第 3 和第 5 两个气缸不工作,同时也使燃油主油道油压下降,影响其他喷油器的正常喷油。特别是在刚起动时,因上述两缸喷油器泄漏,使其余各缸的实际供油量减少,造成混合气过稀而不易燃烧,另外,由于发动机缺缸,因而难以起动。

更换 ECU 集成电路上已击穿的功率晶体管,焊好二极管管脚上的虚焊点,装上 ECU,插好线束插接器,装好发动机的其他附件,然后起动发动机。发动机在刚起动的几分钟内排气管排出部分黑色汽油蒸气,以后便逐渐消失,发动机运转十分平稳,抖动现象完全消失。随着发动机冷却液温度逐步升高至正常工作温度,发动机怠速便稳定在 750r/min 左右,接通 A/C 开关后怠速上升至 850r/min,发动机工作恢复正常。清除 ECU 中存储的故障码后进行路试,经过一段距离的试车后再调取故障码,仪表板上的故障指示灯显示正常代码,故障彻底排除。

183. 丰田雷克萨斯轿车三元催化转换器烧红·点火线圈使命终结

(1)故障现象

一辆丰田雷克萨斯轿车,在使用中出现怠速抖动,加速无力且有放炮现象,三元催化转换器发热至烧红(夜间可观察到),排气管冒黑烟,同时故障灯 CHECK 也点亮。

(2)故障诊断排除

倾听驾驶人讲述故障后,对车辆进行检查。首先跨接发动机舱内插接器上的 TE1 和 E1 端子,读取故障码为 26,即空燃比过浓。于是拆下空气滤清器,发现故障现象依旧。接着检查燃油系统汽油压力,检查结果正常,怠速时油压为 255kPa 左右;拆下燃油调压器上的真空软管,油压为 304kPa。拆下各缸火花塞检查各缸的燃烧情况,发现 2、3、5 和 8 缸火花塞均积炭较严重,而 1、4、6 和 7 缸都工作正常。于是对 2、3、5 和 8 缸作点火试验,发现均点火过弱,初步判断控制 2、3、5 和 8 缸点火的第 2 号点火线圈或第 2 号点火器有问题。先简单地将第 2 号点火器与第 1 号点火器对换试验,结果故障现象依旧。再检测第 2 号点火线圈,其初级线圈电阻值为 0.5Ω,次级线圈电阻值为 11kΩ,均符合要求,将第 2 号点火线圈与第 1 号点火线圈对换,则 2、3、5 和 8 缸点火正常,而故障现象却在 1、4、6 和 7 缸出现,由此判断故障点在第 2 号点火线圈。更换第 2 号点火线圈,装复后试车,故障排除。

点击:该车型发动机点火系统由两组点火器和点火线圈组成,第 1 组点火器和第 1 组点火线圈控制 1、4、6 和 7 缸点火,第 2 组点火器和点火线圈控制 2、3、5 和 8 缸点火。本案例中由于第 2 号点火线圈工作不良,造成 2、3、5 和 8 缸点火过弱,混合气不能完全燃烧,与输出的故障码 26 相符。但由于第 2 号点火线圈尚能点火,因而不会输出故障码 15(即第 2 号点火系统故障)。

事后,驾驶人介绍,该车是在对发动机清洗后才出现上述故障的,因此,清洗发动机是造成点火线圈损坏的直接原因!

184. 丰田雷克萨斯轿车车内焦煳异味·搭铁线引起

(1)故障现象

一辆丰田雷克萨斯轿车,在一次行驶中,车内突然出现一股焦煳异味,接着发动机便熄火了,熄火后发动机也无法再次起动。

(2)故障诊断排除

根据故障现象,首先检查发动机室内是否有线路被烧坏,结果没发现可疑之处。再次起动发动机,检查发动机的供油和点火情况,发现供油系统正常,但无高压火花。用元征 X-431 故障诊断仪读取故障码,发动机室内和驾驶室内的诊断插接器都无法和故障诊断仪进行通信。检查发动机室内熔丝盒内各熔丝,正常。由于感觉到焦煳味好像是从驾驶室内散发出来的,接着就重点检查了驾驶室内的线束,结果发现发动机 ECU 的很多线束已经烧结在一起了。拆下发动机 ECU 检查,发现其端子 21 烧蚀严重,与该端子相连的导线已经烧断。查阅资料得知,发动机 ECU 的端子 21 通过导线与诊断插接器的搭铁端子相连。那么是什么原因导致该导线电流过大呢?怀疑发动机 ECU 内部有问题,将发动机 ECU 解体检查,也未发现异常。将发动机 ECU 装复,插上导线侧插接器,并对各插接器端子进行了检查,结果发现发动机 ECU 端子 33 和 34 与车身间的电阻为∞,而发动机 ECU 端子 33、34 应该是搭铁端子,看来问题就是出在这里。

据驾驶人称,该车前段时间由于发动机温度过高,导致气缸垫损坏,更换过气缸垫。于是对气缸盖部分进行检查,结果发现气缸盖上的搭铁线没连接牢固。原来由于该搭铁线没连接牢固,而这根搭铁线就是二次空气进气系统的搭铁线,导致发动机 ECU 端子 21 电流过大,烧断与之相连的导线。

清洁发动机 ECU 端子 21,并将气缸盖上的搭铁线连接牢固后,起动发动机试验,工作恢复正常,故障排除。

185. 丰田威驰轿车发动机不能起动·点火器损坏,搭铁线松动

(1) 故障现象

有辆丰田威驰 GLX-S 型轿车,装备 5A-FF1.5L 型发动机,4AT 型自动变速器,因事故修复后,当将点火开关扭到"起动"位置,有时起动机没有反应,即使偶尔起动机转动工作,但发动机也不能起动。

(2) 故障诊断排除

首先对发动机进行故障自诊断。用导线将车辆的第 3 数据插接器(DTC3)的端子 TC 与 CG 跨接,如图 2-52 所示,打开点火开关,发动机故障警告灯闪烁,显示故障码 14——无点火确认信号(IGF)输送给发动机 ECU,这说明此车点火控制电路有问题。经检查,凸轮轴位置传感器、曲轴位置传感器、点火线圈和线路均属正常。

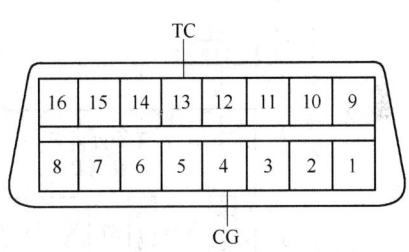

图 2-52 丰田威驰轿车第 3 数据插接器(DTC3)端子

由于起动机不工作,于是决定先排除起动系统的故障。检查起动系统的熔丝,没有发现问题。随后将起动机的电磁开关上 30 号端子与 C 端子短接,起动机能正常工作,这说明故障出在起动机的电磁开关或者控制电路上。用导线把蓄电池正极直接连接到起动机电磁开关 50(S5)号端子上,起动机能正常工作,这说明起动机电磁开关正常,故障出在起动机控制电路上。该车的起动机控制电路如图 2-53 所示。

根据起动机的控制电路可知:起动机继电器是否工作,由自动变速器空挡起动开关、二极管、驻车/空挡位置继电器、起动机切断继电器、防盗控制单元和发动机 ECU 等共同控制。考虑到防盗控制单元和发动机 ECU 不容易出现故障,所以先拆下空挡起动开关、驻车/空挡位置继电器、起动机切断继电器进行检查,均正常。更换防盗控制单元和发动机 ECU 后,故障仍旧。

再次询问驾驶人,驾驶人描述此车发生事故后,曾经在一家修理厂进行过钣金维修。维修后就出现起动发动机时,起动机偶尔没有反应,一旦起动机转动后,发动机能正常起动。但过了一个星期左右,又出现起动机不工作或即使起动机工作,发动机也不能起动的故障。

根据驾驶人的描述分析,此车的故障很可能是偶发性故障,很可能是起动机控制电路中有虚接或接触不良现象。于是,重点对起动机控制系统进行检查。把自动变速器换挡手柄拨到"P"位,点火开关转到"起动"位置,用一根导线一端接驻车/空挡位置继电器端子"1",另一端接搭铁,发现起动机能正常工作。这说明驻车/空挡位置继电器搭铁线有问题。经检查,发现驻车/空挡位置继电器的搭铁线与车身右侧减振块固定螺母松动。重新固定驻车/空挡位置继电器的搭铁线螺母,试车,起动机能正常工作,但发动机还是不能正常起动。再结合上述读取的故障码,更换一个新的点火器,试起动,发动机顺利起动着车,故障排除。

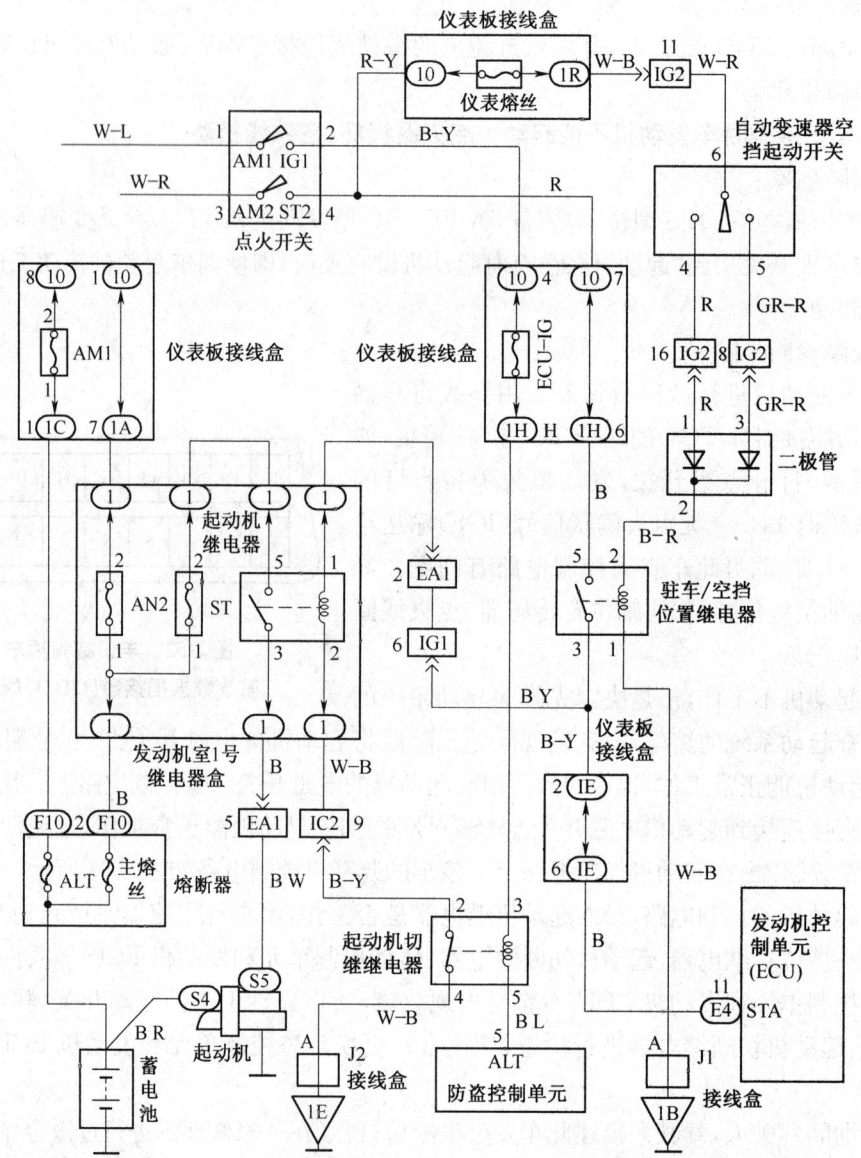

图 2-53 丰田威驰轿车起动机控制电路

点击：该车故障主要是由于点火器损坏和驻车/空挡位置继电器的搭铁线虚接引起的。该车的点火控制电路如图2-54所示。发动机ECU确定点火时，在所希望的点火提前角接通Tr1，并将点火信号（IGT）"1"输出至点火器。因为IGT信号宽度固定不变，点火器触点闭合角控制电路根据发动机转速和前一个循环的点火正时，确定控制电路开始向点火线圈输送初级电流时间，即Tr2的接通时间。点火正时到达后，ECU断开Tr1，输出IGT信号"0"，便断开Tr2，切断初级电流，在次级线圈中产生使火花塞跳火的高压电。由于切断初级电流时所产生的反电动势，点火器将点火确认信号（IGF）输送给ECU。

第 2 章 电喷发动机故障诊断排除

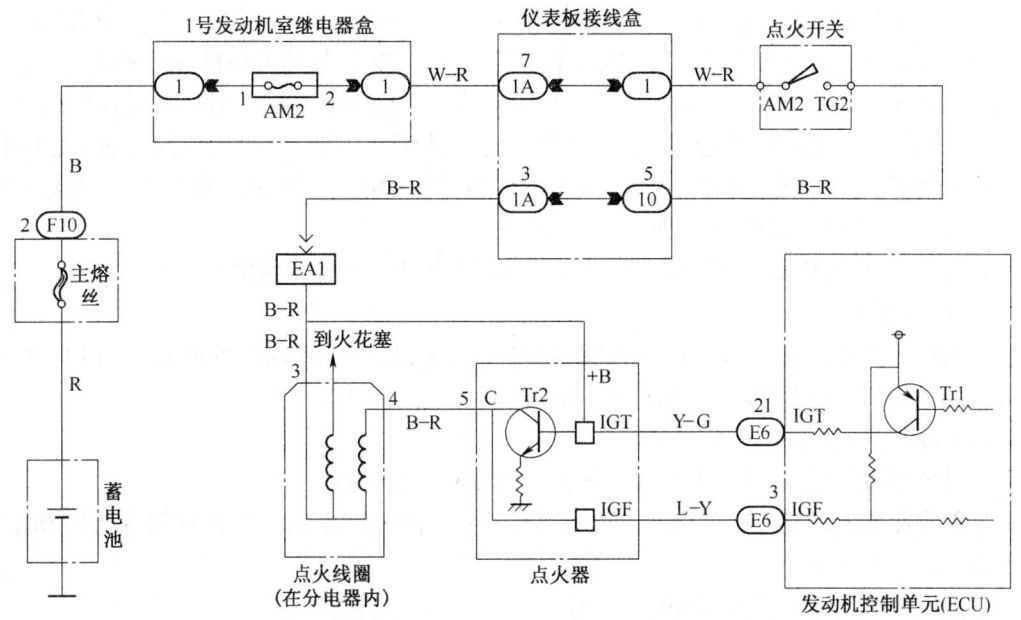

图 2-54 丰田威驰轿车点火控制电路

> 点击：该故障车由于点火器损坏，不能产生 IGT 和 IGF 信号，所以发动机不能起动。又由于该车可能在发生事故时，车身振动造成驻车/空挡位置继电器的搭铁线固定螺母松动，导致驻车/空挡位置继电器不能工作。

186. 本田轿车发动机突然熄火无法起动·接脚开裂

（1）故障现象

一辆本田轿车装备 ER 型发动机，在正常行驶途中发动机突然熄火，之后再也无法起动。经业内人士检查判断可能是因电子控制系统的主继电器损坏所致。

（2）故障诊断排除

本田轿车主继电器的电路如图 2-55 所示。检测时将点火开关置于"ON"起动挡位置，观

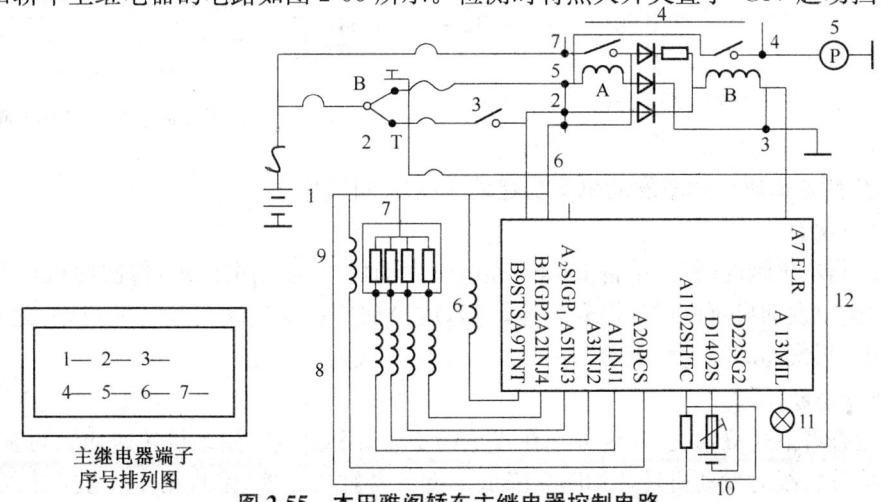

图 2-55 本田雅阁轿车主继电器控制电路

1. 蓄电池　2. 点火开关　3. 离合器踏板开关　4. 主继电器　5. 电动燃油泵　6. 急速空气控制阀　7. 喷油器附加电阻器　8. 喷油器　9. 活性炭罐控制阀　10. 带加热器的氧传感器　11. 发动机故障指示灯　12. 发动机 ECU

察起动火花较强,点火正时也属于正常。但此时用手触摸喷油器,感觉喷油器不动作(没有脉动感)。再用一只 12V 的试灯接在喷油器插接器两端子之间,起动发动机试灯不亮,表明控制电路出现故障。测量喷油器电路电阻部件的电压为 0V,而维修手册介绍此电压应为 12V。由此表明故障原因可能是熔丝、主继电器及其线束存在故障。再进一步查找时,发现主继电器有两个端子的焊接产生裂纹现象,由此导致主继电器不能动作并完成其功能作用。焊接开裂的端子后装复,试起动发动机,顺利起动,故障排除。

187. 广州本田雅阁轿车发动机熄火再起动困难·主继电器不给力

(1) 故障现象

一辆广州本田雅阁 2.0L 轿车,在使用中冷、热车起动正常,加速性能良好,但只要一熄火,再次起动时就可能出现发动机不着火的现象。

(2) 故障诊断排除

针对该车故障现象,进行下列几个操作步骤以查找故障点。

① 首先起动发动机并运转 10min 左右后熄火,马上再次起动,此时出现发动机转动正常,但不着火。

② 读取故障码,无故障码输出。

③ 起动时检查高压电火花,属于正常状况。

④ 接上燃油压力表,冷起动时,燃油压力正常,而当故障发生时油压很低,由此判断是电动燃油泵不工作或工作不良。

⑤ 检查相关熔丝,无异常。再检查控制燃油泵的 PGM-FI 主继电器,也无烧毁现象,如图 2-56 所示。

⑥ 检查各线束线路,无断路、短路故障现象。

⑦ 点火开关接通时,将 PGM-FI 主继电器 1 号脚搭铁,燃油泵仍不工作,而起动时,测量 2 号脚有 10.5V 电压;测量 2 号与 1 号脚的电阻为 26Ω,正常;但 4 号脚却无蓄电池电压,显然是主继电器触点有问题。

更换 PGM-FI 主继电器后,试车顺利起动,反复验证,冷、热车均能正常起动,故障排除。

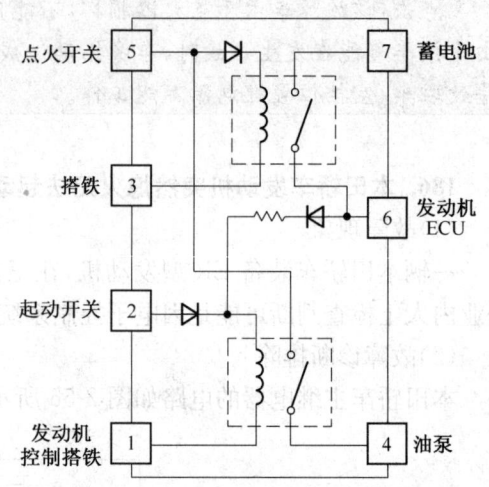

图 2-56 广州本田雅阁轿车 PGM-FI 继电器

188. 广州本田雅阁轿车发动机不易起动·EGR 阀损坏

(1) 故障现象

一辆广州本田雅阁轿车,装备 F22B1 型电喷发动机,在使用中出现:每次冷机且在第一次起动后,加速时发动机可以正常提升转速,但若放松加速踏板发动机运转便抖动,之后约 10s 便自动熄火,再次起动发动机困难,有时要起动 3~5 次才可起动。

(2) 故障诊断排除

首先检查各缸断火情况,发现分别在拔下第 1、4 缸分缸线时发动机转速均无明显变化,拔下第 2、3 缸分缸线时发动机转速均明显降低。拆下各缸火花塞,发现第 1、4 缸火花塞中心电极部分烧蚀,更换全部火花塞后发动机运转状况略有好转。松开加速踏板,大约 2min 后,发动机又抖动,然后熄火。虽然故障指示灯不亮,但还是用 WU-2000C 故障诊断仪调取故障码,诊断仪显示系统正常。随后检查节气门位置传感器、进气支管绝对压力传感器、冷却液温度传感器和有关执行器,以及电源和搭铁情况,均无异常现象。怀疑发动机 ECU 有故障,于是换用同型号轿车的功能正常的发动机 ECU 试验,结果故障依旧。又怀疑废气再循环系统出现故障,在发动机怠速运转时,拔下废气再循环(EGR)电磁阀上的真空管后,发动机抖动现象消失,再将其插回也无任何异常,踩下加速踏板后再松开,故障重现,发动机易熄火。完全将此真空管拔下后却感觉到 EGR 电磁阀内仍有瞬间真空存在。分析认为,正常情况下,在松开加速踏板(节气门位置传感器怠速触点接通时),EGR 电磁阀应通电,切断废气再循环系统的真空,使 EGR 电磁阀关闭,停止废气再循环。而该车则相反,在松开加速踏板后,真空软管中仍有真空存在,致使 EGR 电磁阀不能关闭废气再循环通道,使得废气继续参与再循环造成混合气中废气含量过高,从而导致发动机工作不稳,甚至自动熄火的故障。由此判断 EGR 电磁阀损坏(或卡在开启位置)。更换新的 EGR 电磁阀,装复后试车,故障排除。

189. 广州本田轿车行驶中熄火无法再起动·点火模块不良

(1)故障现象

一辆广州本田轿车,装备 VTEC2.0L 发动机,在正常行驶中发动机突然出现自动熄火故障,多次起动没有一点着火迹象。

(2)故障诊断排除

在检查故障时,连续起动 6 次以上终于起动着车,发动机又基本运行正常,经过试车也没有出现突然熄火的现象,发动机故障指示灯也没点亮。在杂物箱下找到 2P 诊断接头,短接后发动机故障指示灯也没有故障码输出。又用本田车专用诊断仪进行检查,结果显示发动机电控系统一切正常,又试车发动机都能起动。研究认为,应让驾驶人继续使用,等待故障出现。两天后,在行驶中发动机又熄火不能再起动,赶到现场,检测高压跳火试验,发现没有高压电火花。

该车装备的是由发动机 ECU 控制的有分电器的电子点火系统。在分电器中将凸轮轴位置传感器、曲轴位置传感器、1 缸位置传感器及点火控制模块和点火线圈装为一体。经分析,该故障出现后又能变好,在发动机控制模块中也没有故障码存储,说明发动机控制模块没有问题。于是怀疑是由于点火系统有故障,特别可能是分电器中某元件接触不良或性能不稳定造成突发性故障。从发动机上将分电器拆下,分解分电器,用数字式万用表测量初级线圈和次级线圈的电阻值都正常。接着又测量其他三只传感器的电阻值,也都在标准的范围内。剩下的就只有点火控制模块了,从已检查的情况和故障现象分析,由于点火控制模块的热性能不稳定造成故障的可能性很大。因为运行一段时间后发动机温度上升,而分电器又直接与发动机连接,易受温度影响,等发动机停机一段时间后温度下降,点火控制模块恢复了工作能力,发动机又能正常运转工作。

更换一只同样的点火控制模块及分火头(有局部烧蚀),装复后打开点火开关,起动顺利着车。通过长时间行驶使用,故障没有再发生,证明故障排除。

190. 广州本田雅阁轿车发动机难起动·淹缸

(1)故障现象

一辆广州本田雅阁(HONDA ACCORD)轿车,在使用中出现发动机起动困难,在起动发动机时,起动机转速可达到起动标准,发动机曲轴也同时转动,但就是无任何起动征兆的故障现象。

(2)故障诊断排除

①由于驾驶人在试图起动发动机的时候已将蓄电池的电量耗尽,首先更换了一只新的蓄电池,重新起动,故障依旧。

②针对此车装备 CD5 型发动机,双顶置凸轮轴机构,电控燃油喷射系统,分电器点火系统。

a. 首先接上燃油压力表,测量起动时的燃油压力,为 0.25MPa,属正常范围。

b. 拔下 1 缸喷油器插接器,用 LED 测试灯测试喷油器电路,打开点火开关时一端有电压,起动发动机时另一端有接地信号,由此可知,燃油喷射电控喷油器电路在工作。

c. 拔下 2 缸火花塞高压线,连接上火花塞测试,发现起动发动机时无高压火花产生,判断可能是点火系统的故障。

d. CD5 型发动机点火系统将点火线圈、曲轴位置信号、凸轮轴位置信号等都集中在分电器内部,为一体化结构。低压连线外壳为负极,其他只有两根连线,一根是电源连线,另一根是输出转速信号线。测量电源线提供正常的 12V 电压,用示波器测量转速信号输出线,发现无脉冲信号产生,由此可以断定分电器总成出现了故障。更换新的分电器总成后,发动机仍无起动征兆。重新查找点火系统,没有发现问题。

e. 从机械方面检查,当拆下火花塞时发现其上部有大量的汽油,用高压空气吹净火花塞上部的汽油,并插入气缸内吹净内存汽油。再次起动发动机,发现有短时间起动征兆但不能起动,再起动即无起动迹象。拆下火花塞发现电极上又存有大量汽油,估计气缸内和进气支管内仍有残留的汽油。用高压空气再次吹净气缸内和进气支管节气门处,装上四个喷油器连线,再次起动发动机,发动机工作的同时排气管冒出大量黑烟。运转几分钟后,起动发动机正常工作,故障排除。

191. 广州本田雅阁轿车发动机偶尔不易起动·燃油通路不畅

(1)故障现象

一辆广州本田雅阁轿车,行驶 13 万 km 后出现发动机动力不足,偶尔起动困难的现象。

(2)故障诊断排除

首先从分电器盖上拔下点火线圈的高压线,在距气缸盖约 6mm 处用橡胶夹夹住高压线,转动发动机,观察高压火花,可见高压线端产生强烈稳定的蓝色火花,由此表明点火系统及装置无故障。

接着检查油路,拆下并用手按住燃油进油管接口,转动发动机约 4s 左右,此时手感觉油压太低,因为在正常情况下用手是按不住的。接着用 0~414kPa 的燃油压力表进行油压检测,将压力表接进油管路中后,转动发动机约 6s 左右,观察压力表的读数,油压表读数在 120~125kPa 上下摆动。

由技术资料表明,该型车在正常情况下,发动机起动或急速时,其燃油系统压力应为 252kPa,发动机中速或高速运转时,系统压力应在 286~310kPa 以上。经过对比,显然该车系统油压是偏低的,由此判断故障可能发生在燃油供给系统。

于是便顺着油管检查到汽油箱,没有发现明显的故障点。但当拆开电动燃油泵检查时,却发现电动燃油泵进油管口的滤网几乎全被汽油沉积胶质物封住,而油箱底部也沉积一些锈渣。清洗汽油箱及滤网后装复试车,起动发动机顺利,运转加速有力,经路试,发动机动力恢复,行驶正常,故障排除。

> **点击**:本案例故障是由于维护保养不及时,造成燃油系统受阻而引发,同时也表明,保养车辆很重要,这也是延长车辆使用寿命秘诀之一。

192. 广州本田雅阁 2.3L 轿车起动困难·电控真空开关电磁阀漏气

(1) 故障现象

一辆广州本田雅阁 2.3L 轿车,发动机型号为 F23A3。该车在使用中出现发动机起动困难,有时甚至没有一点起动迹象的故障。

(2) 故障诊断排除

广州本田 F23A3 型发动机的分电器内装有点火线圈、点火模组、气缸位置传感器(CYP),如图 2-57 所示。而曲轴位置传感器(CKP)和上止点位置传感器(TDC)都装在曲轴皮带轮附近并共用一个插头(进口本田这两个传感器装在分电器内)。当 ECU 接收 CKP 信号后,输出一个点火脉冲触发信号到点火模组,控制点火线圈点火。如果点火系统没有点火火花,应该先检查 CKP 是否正常,TDC 和 CYP 损坏不会导致发动机不能起动,如果 CKP 信号正常,ECU 应该有点火脉冲触发信号输出到点火模组,否则就是 ECU 或其线路不良。

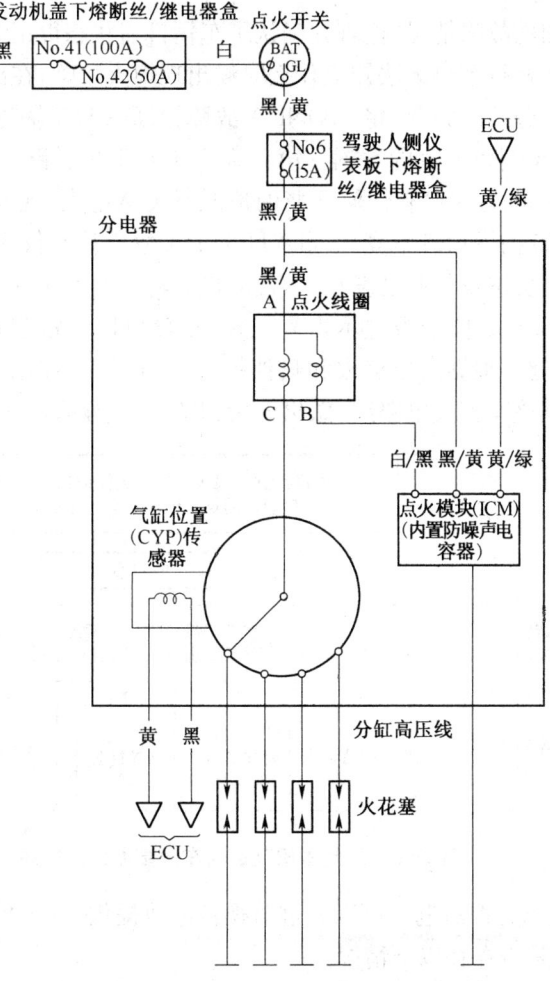

图 2-57 广州本田雅阁轿车分电器控制电路图

对该故障车检修时,修理工首先试高压火,没有火花;接着通过跨接仪表板下方的诊断接头读取故障码,没有记忆的故障码出现;更换分电器总成后,故障仍未排除。

确认发动机不易起动的原因确实是不能点火造成,于是决定检查曲轴位置传感器CKP。首先测量传感器的电阻,电阻值正常(标准值:1850～2450Ω);再测量传感器在起动机运转时检测废气再循环阀工作的异常情况,使发动机故障灯亮起,并储存故障码。本来发生本故障时,ECU内应该储存故障码。但由于电控真空开关电磁阀漏气量较小,位置传感器没检测出来,导致ECU内未储存故障码。更换电控真空开关电磁阀后,故障排除。

193. 广州本田飞度轿车发动机偶尔熄火·CVT性能不良

(1)故障现象

一辆2012款广州本田飞度1.3L轿车,装备无级CVT变速器,行驶里程为6万km时,该车因发生事故,在修复时更换过前保险杠、前照大灯、水箱等零部件,修补过变速器壳体,之后出现发动机有时突然熄火,不能起动发动机,但等过了30～60min后又能起动,也可正常工作。一般情况下市内行驶不会发生上述故障,但到郊外行驶较易出现故障;开始时每个月出现1～2次,而近来故障发生率却越来越高。

(2)故障诊断排除

根据驾驶人介绍的故障情况,检查并确认了车辆目前状态很正常,必须在故障再现后才能做出初步分析。由于在行驶时无法知道什么时候出现熄火故障,在出现故障特征的同时,还要对熄火时的数据进行分析。为此,将HONDA故障诊断仪与车辆连接,使用行车记录仪功能设定,进行路试录取车辆熄火时的数据。第一天上午和下午各路试55km,但故障没有再现。第二天当路试至70km时,在没有任何征兆的情况下突然熄火,观察仪表板上方起动灯闪烁、发动机故障灯不亮、D挡指示灯不亮。同时HONDA故障诊断仪无法通信(断电),不能录取到故障发生的数据。尝试重新起动发动机,发动机能转动但不能着车,检查发现没有高压点火和喷油。大概过了20min,仪表板显示恢复正常,车辆可以正常起动和行驶。从以上故障现象,推断是由电路引起。根据高压点火和喷油控制是由ECU控制的,首先考虑是ECU突然不工作引起。经查阅该车相关电路图,做出分析如图2-58所示,并进行如下检查:

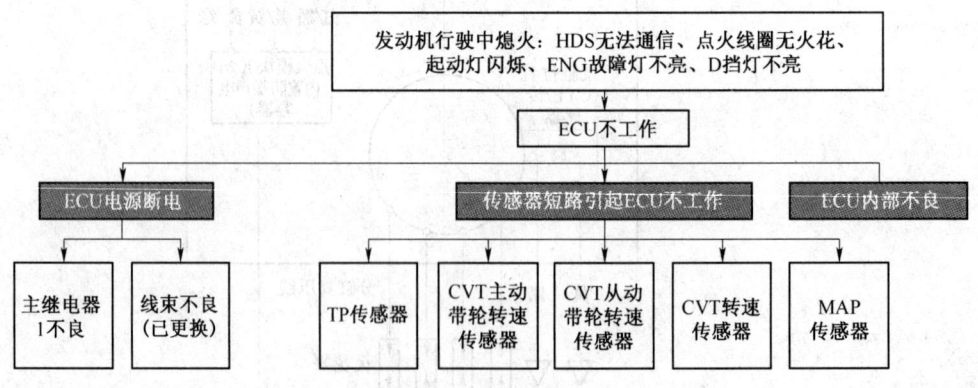

图2-58 广州本田飞度轿车故障原因分析图

①检查ECU电源是否断电。可以通过监视蓄电池提供给ECU的电源来确定,如果没有12V电压,则要检查是否存在以下情况:

a. 主继电器没有电压、不工作、失效。

b. 连接蓄电池、熔丝盒和 ECU 之间的线束接触不良或断路。

② 检查是否传感器短路引起 ECU 不工作。可以在车辆出现故障时,轮流拔出怀疑有故障的传感器的插头来确定故障零件。

③ 如果是 ECU 本身原因引起的,可以通过替换 ECU 进行确认。

但 ECU 本身出现故障的可能性很低,先从 ECU 电源断电和传感器短路引起 ECU 不工作开始查找原因。由于在试车出现故障时 HONDA 故障诊断仪无法与车辆通信,决定使用安装有 PicoScope 示波器软件的手提电脑和通道转换器监视点火信号 A30,如图 2-59 所示。TP 传感器等 5 个传感器供电端 A20、A21 为同一供电电源,如图 2-60 所示;ECU 供电 A2 和 E9,如图 2-61 所示。进行试车,监测到故障再现时的波形如图 2-62 所示。TP 传感器等 5 个传感器供电 A20 红线突然从 5V 降为 0,点火信号同时终止。

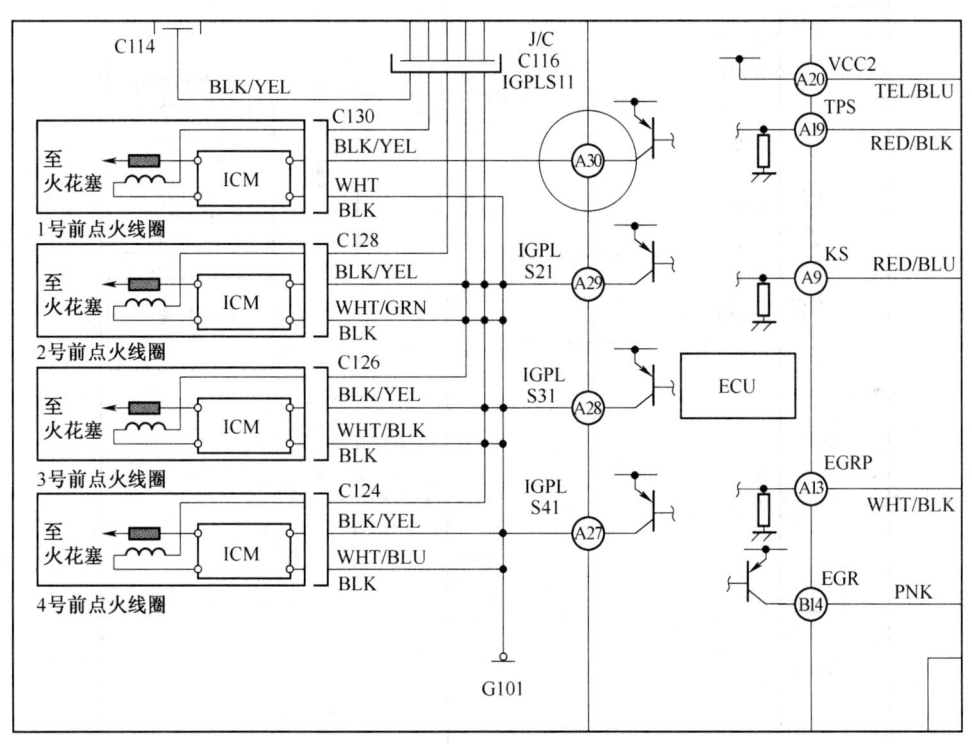

图 2-59　广州本田飞度轿车 ECU 点火信号电路图

根据图 2-60 所示电路,可查到 A20、A21 为 5 个传感器提供 5V 电源。初步推断 TP 传感器、CVT 从动带轮转速传感器、CVT 主动带轮转速传感器、CVT 转速传感器和 MAP 传感器都有可能产生故障。

怎样确定是哪个传感器的问题呢？根据熄火时,发动机不能起动；如果拔掉连接有问题传感器的线束插头后,发动机就能起动。按照此思路,对故障车进行试车。在出现故障熄火后分别依次拔掉 5 个传感器的插头,当拔掉 CVT 主动带轮转速传感器插头后可以顺利起动,插回去后又无法起动,基本确定主动带轮转速传感器不良导致故障。用万用表测量主动带轮转速传感器 3 个端子,发现电源端子与地线短路。将此传感器单独安装到另一辆性能良好的车上,故障再现,从而完全确认是 CVT 主动带轮转速传感器问题引起该车故障。

更换一新的 CVT 主动带轮转速传感器后,试车一切正常,使用 3 个月后由信息跟踪反馈

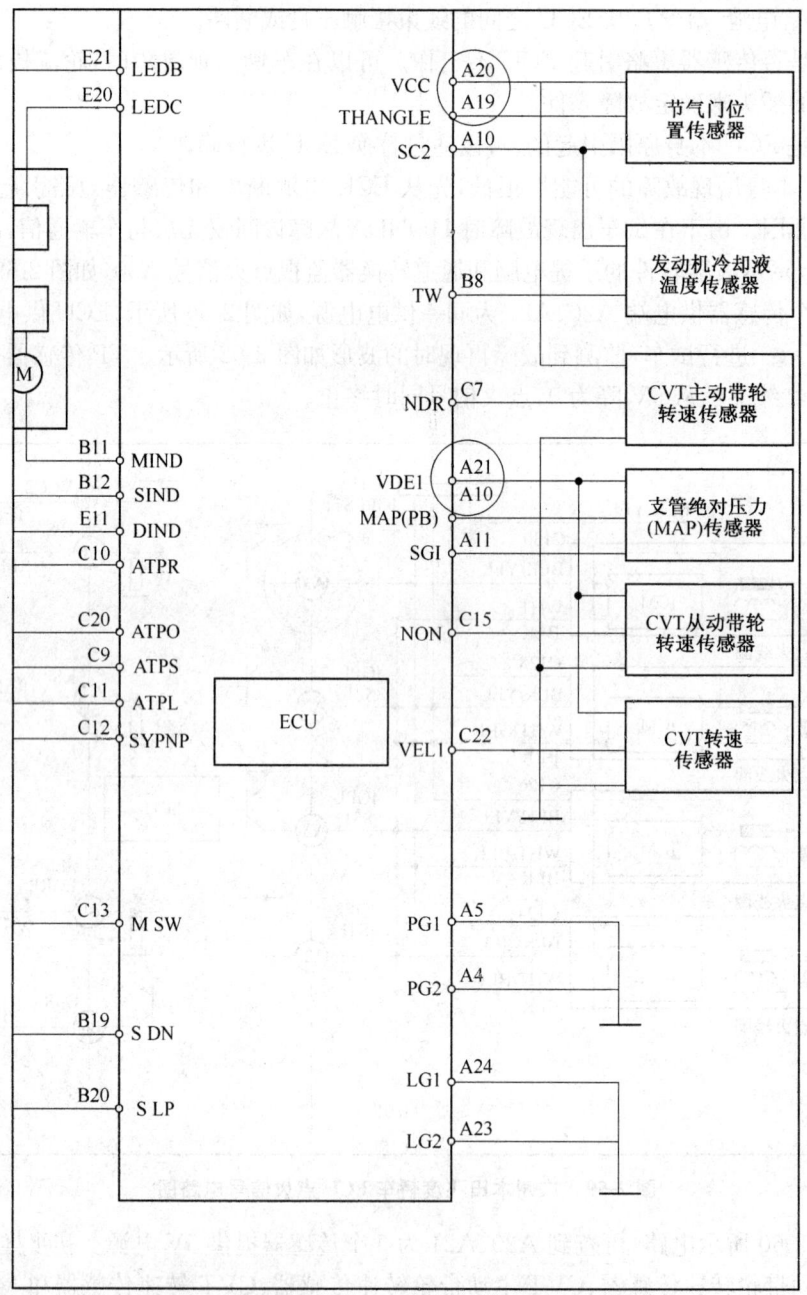

图 2-60　广州本田飞度轿车 ECU 传感器供电电路图

得知,从未出现上述故障现象,即故障排除。

194. 广州本田雅阁轿车发动机抖动严重・搭铁线虚接惹祸端

(1) 故障现象

有一辆广州本田雅阁轿车,该车在行驶 3.1 万 km 时出现急加速或实施制动时发动机运转抖动严重的故障现象。

(2) 故障诊断排除

首先用本田专用故障诊断仪 HDS 对发动机 ECU 进行检测,无故障码。读取数据流也没

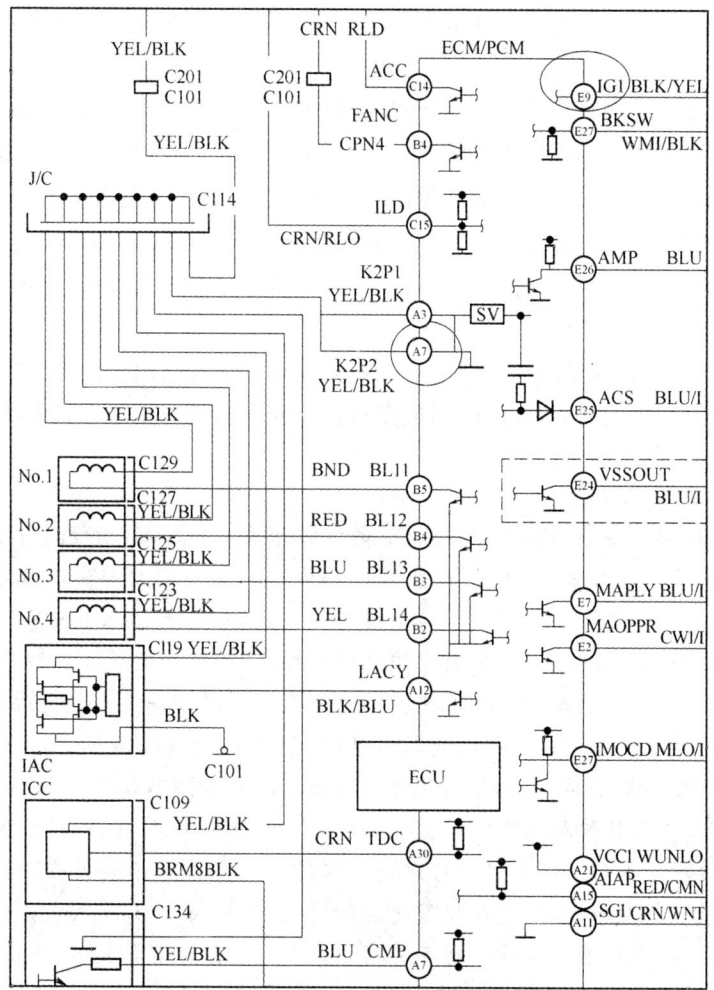

图 2-61 广州本田飞度轿车 ECU 电源电路图

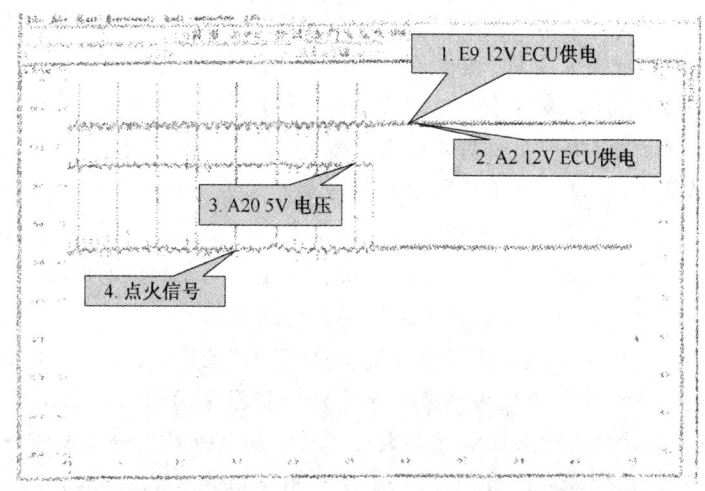

图 2-62 广州本田飞度轿车出现故障时示波器的波形图

有发现异常,且发动机在怠速工况下运转平稳。为了确定故障所在,操作者做了以下常规维修。

对节气门体及怠速阀进行清洗后试车,故障依旧。检查此车火花塞,没有发现异常。随后用油压表检测燃油系统的供油压力正常(正常的燃油压力为 270~320kPa)。该故障只在急加速或制动的时候才出现,根据经验,此故障出在点火系统的可能性较大。由于此车的高压线和点火线圈是一体的,出现偶发故障的概率不高,因此更换了节气门体和怠速电机,但故障依旧。检查线路时,发现位于节气门旁边的进气道上的一搭铁线虚接。将搭铁线重新处理紧固后试车,故障排除。

通过维修资料得知,此处的搭铁线为点火控制模块的地线。由于此处连接不良,当车辆在急加速及制动时发动机前后晃动较大,造成点火控制模块的地线接触不良而断火,导致发动机抖动。

点击:该车故障不复杂,但是从故障排除的过程来看,维修工作者还是费了很大周折,为什么会这样?这其实是对故障"定义"不准确的问题。从该案例的解决过程可以看出,没有给故障一个"准确的定义",而是拿到车后便进行所谓的检测,当然有些检测是必需的,但是检测不能没有目的,不能没有定义。该车的故障现象是"在急加速或踩制动时发动机抖动",这里有两个层面:一个是故障发生在车辆工况急剧变化的时候;一个是发动机抖动。首先界定"发动机抖动"问题,因为"在急加速或踩制动时"仅仅是"发动机抖动"的条件。发动机抖动首先应该检测发动机是否"缺缸",这样的偶发性故障或者动态故障,检测一定要在车辆动态运转的状态下,查看故障状态下的相关数据,如果定义为"发动机抖动"的故障,那么就要在动态状态下检测是否"缺缸"。这时可以使用双通道或多通道示波器检测,对喷油和点火以及主要的信号进行波形检测,看在故障发生的情况下,喷油波形、点火波形(该车虽然采用单缸独立点火方式,火花塞直接连接在点火线圈上,中间无点火高压线,并且点火线圈利用螺栓固定在气缸盖上并用该螺栓作为点火线圈的搭铁,但是现代的点火示波器有专门的检测工具可以检测其波形)、主要传感器信号是否中断,当然也包括点火控制模块对各缸点火线圈的控制信号。该车通过监测可以发现在车辆抖动的时候,点火波形会出现间歇性中断,从而可以判定故障来自点火系统,这样可以快速缩小故障范围,可以避免不必要的更换配件。由于维修人员在进行故障排除的时候,没有对故障进行准确定义,故障排除变得没有章法,故障检测毫无目的性,从而导致错误地更换配件,特别是更换怠速控制阀的作业无法理解。另外,该故障发生在"急加速或踩制动时",这样的工况变化导致故障的产生多数是线路接触不良或被磨破搭铁,能够引起发动机工作性能发生剧烈变化的多数是电控模块的电源线和搭铁线,以及主要传感器和执行器的控制线路。这是很多故障的经验,因此在遇到这样的故障的时候,依然要注意故障的监测和上述部位的检查。

该车的故障定义为"急加速或踩制动时发动机抖动严重"有些不妥,根据最终的故障点及故障发生的机理:点火控制模块搭铁虚接→点火控制模块间歇性停止工作→各缸点火线圈均间歇性失去点火控制信号而间歇性断火→发动机间歇性瞬间停止工作→发动机转速间歇性瞬间下降→发动机对车辆产生"发动机制动作用",由此可见,该车故障不应该是"发动机抖动"。

195. 广州本田雅阁轿车怠速不稳·EGR 阀作梗

(1)故障现象

一辆广州本田雅阁 2.2 轿车,在正常行驶中驾驶室内故障灯突然被点亮,出现发动机怠速不稳抖动,排气管微冒黑烟,而且有加重趋势的故障现象。

(2)故障诊断排除

首先读取故障码,在杂物箱找到故障诊断座两插孔,用"车博士"WU-2000B 故障诊断仪调出故障码为 12,其含义为"废气再循环传感器故障"。分析认为该传感器与发动机怠速关系不大,因此只是对废气再循环传感器的外围电路进行了简单检查,结果未发现异常。拆下 ECU 的 IG 熔断器清码后,故障依然存在。拆下节气门体检查,未见异常。清洗了怠速控制阀和怠速调整通道也未见好转,调整怠速螺钉也无济于事。但检查中发现怠速抖动是由于第 4 缸工作不良引起的,这与怠速时排气中有轻微黑烟有关。清洗喷油器后,故障依旧。换一个新的火花塞和高压线也不见好转。检查压力也属正常。检查所有真空管密封性良好。进一步分析,会不会是废气再循环阀有故障?拆下该阀发现积炭很严重,清洗后装复并再次清码,起动发动机试车,怠速稳定,故障排除。

196. 广州本田雅阁 2.4L 轿车行驶动力不足·VTEC 油压过低

(1)故障现象

一辆 2013 款广州本田雅阁 2.4L 轿车,在行驶 3.5 万 km 时出现行驶加速动力不足的故障现象。

(2)故障诊断排除

广州本田雅阁 2.4L 轿车采用 VTEC 系统,该系统可在发动机高速状态下使气门的开启时间延长,升程增大,从而达到改变气门正时和气门升程的目的,并使之与发动机的高速工况相适应。

VTEC 系统工作应满足发动机转速在 2300～3200r/min、车速大于 30km/h、发动机水温高于 60℃等条件。ECU 根据相关传感器监测到发动机转速、负荷、车速、水温等信号的变化,来控制电磁阀的工作,从而控制正时活塞上的油压,使其在油压的作用下,推动正时活塞和同步活塞移动,并将 3 个摇臂锁定在一起,从而使 VTEC 系统工作。当 ECU 关闭电磁阀时,液压被释放,弹簧的反作用力将同步活塞推回原处,各气门摇臂互相分开,VTEC 工作原理如图 2-63 所示。

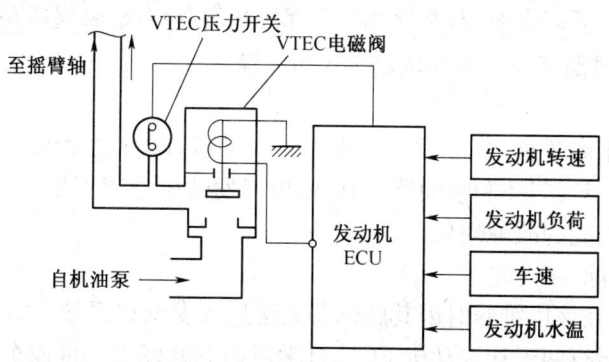

图 2-63 广州本田雅阁 2.4L 轿车 VTEC 系统结构与控制

根据驾驶人描述的故障现象,首先用故障诊断仪对 PGM-FI 系统和 A/T 系统进行检测,没有故障码。D挡和R挡的转速都是2500r/min,属正常。进行时滞试验:D挡为1.1s,R挡1.2s,各个挡的反应都正常。对发动机及自动变速器进行基本检查,结果也正常。用故障诊断仪对PGM-FI系统进行动态数据流的读取,结果进气压力传感器、节气门位置传感器、点火正时、喷油时间、VTEC电磁阀等与动力相关的数据都正常。

接着对汽车进行路试,发现故障在发动机转速为2300～2600r/min时最明显,此时只能通过加大油门才能使汽车提速。考虑到转速2300～2600r/min正是VTEC系统开始工作的条件,那么动力下降是否与VTEC系统有关呢?于是把原VTEC电磁阀的导线插头断开,并与新电磁阀相连,再给新电磁阀接一条地线,然后用电工胶布临时固定,以防止其出现短路现象。这样原车的电磁阀原封不动,只是导线接到新电磁阀上,这样做主要是为了让VTEC系统失效。试车后,发现VTEC系统失效前与失效后的区别不大,行驶时同样感觉加速缓慢、动力不足。因此,可以肯定VTEC系统有故障。

"加速缓慢、动力不足",这在电喷发动机当中是一种常见的、综合性的故障。在排除这类配置有VTEC系统的电喷发动机故障时,除了要考虑其他相关系统外,还必须考虑VTEC系统对加速性能的影响。特别是VTEC系统出现故障,而用专用电脑检测仪又无法读取故障码的情况下,往往VTEC系统的故障会被忽略,以致不能找出真正的故障原因,从而给维修增加一定的难度。

在上述检测无效的情况下,首先测量系统的油压,当发动机转速至3000r/min时,接通电磁阀,测量其工作油压为$2.0kgf/cm^2$($1kgf/cm^2=98kPa$),油压不正常(标准油压大于$2.5kgf/cm^2$),发动机机油压力为$3.5kgf/cm^2$,油压正常。为何VTEC系统的工作油压过低?通过拆检电磁阀总成,发现VTEC电磁阀的滤清器严重堵塞;检测电磁阀电阻为14.8Ω,通电试验,其工作正常。经过分析认为,系统工作油压低是由于滤网堵塞引起的。于是清洗电磁阀的滤清器,将电磁阀重新安装好,起动发动机,在检测条件下测量VTEC系统油压,其油压为$2.6kgf/cm^2$,VTEC系统工作正常,试车发动机动力恢复,至此故障排除。

> 点击:对于这个故障,如果事先知道VTEC系统的功能是改变发动机高速工况下配气相位的,问题就很好解决。众所周知,如果发动机的配气相位错误,将导致发动机动力不足、加速不良故障的发生。因此当车辆出现高速状态下动力不足、加速不良的故障时,自然而然地就会想到检查VTEC系统的性能。通过上述描述,说明"修车功能"的概念,对诊断汽车故障是十分有帮助的。也就是说在检查维修汽车故障时,首先应弄清楚该车部件或总成的功能,它若发生故障有何影响,与车辆故障又有何联系,那么检查诊断排故就会更快捷了。

197. 广州本田雅阁轿车行车油耗高·人为故障

(1)故障现象

一辆广州本田雅阁轿车,装备F22B1型电喷发动机,因行驶燃油耗高而到4S店维修,更换了火花塞、清洗了节气门体和喷油器,而后便出现发动机怠速不稳、急加速时进气管有回火以及发动机警告灯点亮的故障现象。

(2)故障诊断排除

据驾驶人反映,在该厂维修时因其解码器无法进入发动机系统,所以没有消除故障码,维修人员当时说轿车运行两天让发动机ECU自学习一下就好了。可该车现在都出厂运行6天了,上述故障依旧存在。

于是连接元征X-431电眼睛读取故障码,读取的故障内容有:进气支管绝对压力传感器电压过低和怠速控制阀电压过高。清除故障码后读取数据流,根据数据流的读取结果,排除了发动机有气缸不工作和发动机 ECU 供电电源、蓄电池出现故障的可能性。用万用表测量怠速控制阀的电源电压,为 14.5V,明显偏高。怠速控制阀的电源是由发动机 ECU 提供的,电压应为 12V。发现在怠速控制阀旁边有 1 个真空电磁阀,其导线侧插接器和怠速控制阀一模一样,拔下真空电磁阀导线插接器,测量其端子上的电源电压,为 12V。经仔细检查发现 2 个导线侧插接器确实插错了。由于怠速控制阀供电电压过高和节气门开度调整不当,引起进气支管绝对压力传感器电压过低。

将插错的真空电磁阀和怠速控制阀导线侧插接器进行调换后重新连接,装复试车,一切正常,故障排除。

198. 广州本田雅阁轿车发动机怠速过低·挡尘网积炭过多

(1)故障现象

一辆广州本田雅阁轿车,在使用中出现放松加速踏板减速时发动机便熄火,发动机怠速也较低,而且抖动很严重的故障现象。

(2)故障诊断排除

首先找到诊断插接器,用诊断仪读取故障码,结果无码输出,由此判断故障点可能在机械方面。于是对喷油器进行清洗,更换火花塞和空气滤芯,但故障依旧。检查配气正时,检查怠速电机及电路,也没发现问题。接着测量进气管真空度,发现该数值比正常值偏高,拆下节气门体清洗旁通空气道发现,安装在旁通空气道上的怠速电动机的进气挡尘网被积炭堵塞严实。当彻底清洗怠速电动机进气挡尘网后试车,上述故障现象消失,工作正常,故障排除。

199. 广州本田雅阁轿车 MAP 烧毁·维修出来的故障

(1)故障现象

一辆广州本田雅阁 2.3L 轿车,在例行维护时,顺便清洗节气门体,怠速电动机。之后起动发动机出现怠速转速达到 1800r/min 以上居高不下的现象,且在这个转速下运转了 20min。检查中发现 MAP(进气支管绝对压力传感器)被烧毁。

(2)故障诊断排除

①因 MAP 传感器烧毁、测量 MAP 传感器插头电压,发现 1、3 号两根线只有 1 号(黄/绿)一根线有 5V 电压,3 号(绿/蓝)线为搭铁线。

②再检查 TPS 传感器的插头电压,发现 1 号和 3 号两根线都有 5V 电压。

③至此发现原来是把 TPS 和 MAP 两个传感器的插头插错位了,才导致 MAP 传感器烧毁。

④更换新的 MAP,将两插头正确插接后,起动发动机试车,一切正常,故障排除。

> 点击:维护车辆讲究细心,如遇插头过多,最好找标签纸,将插头与元件都标明序号,最后安装时又方便也不会插错。

200. 广州本田雅阁轿车换气缸垫后向外喷水·螺孔存机油之过

(1)故障现象

一辆广州本田雅阁轿车,行驶 14 万 km 时,因故更换气缸垫后出现从散热器盖口处向外喷水的故障现象,检查曲轴箱机油呈乳白色,排气管口也向外滴水。

(2)故障诊断排除

根据故障现象分析,机油中有水是由于发动机水道与机油道相通所致;散热器盖口向外喷水是气缸内的压缩气体进入水道压力增大造成的;排气管口滴水是由于冷却水进入气缸在排气冲程经排气流出所致。而该故障又是在更换气缸垫后出现的,因此判断气缸垫没有安装到位或有所损伤所致。

接着拆下气缸盖进行检查,发现气缸垫完好,安装位置、拧紧力矩也符合要求,唯独发现气缸螺孔中有一些机油。用棉布清除机油,重新装复试车,喷水现象消失,故障排除。

> 点击:当气缸螺孔中存有机油时,虽然拧紧力矩达到要求,但由于机油不可压缩,因而造成气缸体、气缸垫、气缸盖三者之间并不紧密贴合,所以出现上述故障,实质是维修出来的故障。

201. 广州本田雅阁轿车发动机剧烈喘气·插头张冠李戴

(1)故障现象

一辆广州本田雅阁 2.2L 轿车,行驶 6.5 万 km,因事故进行钣金修理后出现发动机剧烈喘气,转速在 800~2000r/min 之间时故障灯点亮,开空调转速急下降的故障现象。

(2)故障诊断排除

①检查进气温度传感器,发现已烧毁。

②用 PGM 读数据流,发现怠速电动机调整过大(电压太高)。

③再进一步检查发现进气温度传感器插头特别紧,原来是进气温度传感器与怠速电机插头插错位了。更换新的进气温度传感器,按正确位置插接好后,试车发动机工作恢复正常,故障排除。

202. 东风日产轿车低温时发动机起动困难·喷油时间开关断路

(1)故障现象

有一辆东风日产轿车,在使用中出现发动机在低温时(水温约在 10℃ 以下)不易起动的故障现象。

(2)故障诊断排除

由于该车冷起动时是利用冷起动喷油器供给浓混合气,以保证发动机顺利起动,因此重点检查冷起动喷油器电路。检查发现冷起动喷油器良好,进而怀疑冷起动喷油器时间开关有故障。正常情况下,冷机起动开始时,时间开关触点闭合,时间开关"STJ"接地电压应为 0V,但在此时却一直在 10V 以上,当将时间开关"STJ"接地时,发动机可立即起动。由此判断冷起动喷油器的时间开关断路,使冷起动喷油器始终不能参加工作,造成冷起动不易(困难)的结果。更换一新的冷起动喷油器,装复试车,发动机能正常起动,故障排除。

203. 东风日产轿车发动机怠速不良·中央高压电缆受损

(1)故障现象

一辆 2011 款东风日产轿车,行驶 8.2 万 km 时出现加速工况不良,怠速也不良的故障。

(2)故障诊断排除

首先起动发动机进行路试车,确定故障症状。路试中感觉该车加速性和动力性尚可,只是起步和加速时发动机微微喘息。路试后立即进入基本检查,怠速运转有些不均匀,燃油切断时运行状态良好,怠速也不粗暴。把发动机转速急速往上升,点火提前角,CO、HC 的浓度都是正常值。用自诊断系统查故障码,用模式 2 检查空燃比,皆无异常。用模式 3 进行通常的自诊断,用模式4进行节气门位置传感器怠速接点检查,无异常。用模式5进行曲轴转角传感器以及点火信号实时检查,即使是在行驶中也未发现异常。既然是有故障现象,必然存在导致故障的原因,因此将重点检查点火系统。用示波器观察同一缸进、排气侧点火线圈初级信号电压波形,发现两点火线圈初级在断电后放电时间长度明显不同。由此判断该车还是点火线圈次级一侧漏电,从而使火花塞放电时间长度产生差别。检查分电器盖,拔下高压电缆,发现中央高压电缆与盖的结合部受损,引起接触不良,更换分电器盖和中央高压电缆后试车,故障症状消失。这时再测量同一气缸两火花塞点火波形,两波形完全对称,故障排除。

> 点击:电子控制发动机系统是容不得微小异常故障的,微小故障检查很麻烦,检测必须注意微小变化或波动。对于两点式点火方式,次级侧漏电故障较易发生,在检查此类故障时应注意。

204. 东风日产蓝鸟轿车发动机转速很难提升·ECU不良

(1)故障现象

一辆搭载 SR20 型发动机的东风日产蓝鸟轿车,在使用中出现发动机起动困难、转速难以超过 2400r/min 的故障现象。该车发生此故障后更换了几个空气流量传感器,但故障依旧。

(2)故障诊断排除

先检查空气流量传感器及其线路。该发动机是带三元催化器的车型,因此空气流量传感器插头为3线。检查时发现空气流量传感器插头已烂,只有3个插针插在传感器上,因此怀疑在更换空气流量传感器时有可能失误。

将3个插针拔出,包上胶布。打开点火开关,将12V橙色(OR)线插在空气流量传感器的B位,白色(W)线插在C位,另一条橙色(OR)线插在D位。整理好线束后,重新试验,但故障依旧。关掉点火开关,拔下ECU线束插接器,检查C端子与ECU17号端子之间的线束导通性;再检查D端子与ECU16号端子之间的线束导通性。

利用CONSULT-Ⅱ诊断,结果出现空气流量传感器的故障码。利用拔蓄电池负极的方法消除故障码后,重新进行自诊断,故障码依然存在。打开点火开关,再用CONSULT-Ⅱ在"数据监视"方式下读取空气流量传感器信号,得到电压值为5.11V,此值明显高于打开点火开关(停机)工况下的数值(即小于1.0V)。因此可以断定故障是由空气流量传感器输出信号太高引起的,但为什么空气流量传感器输出信号会太高呢? 驾驶人说已更换过几个空气流量传感器,但这次测试,输出电压仍为5.11V。该车即使在能着车的情况下,空气流量传感器输出信号值仍为5.11V,说明该故障不是因其他传感器输入信号不正确引起的。

诊断至此,大致确定该故障由ECU所致。用一条导线串联一个几欧姆的电阻,帮助C端子搭铁,测得D端子输出小于1.0V。这时试起动,非常容易着车。怠速时,检查D端子输出为1.3~1.7V,因此可以完全确定该故障由ECU内部控制不良所致。更换ECU后,起动发动机试验,每次起动均有效着车,最高车速恢复,故障排除。

205. 东风日产尼桑轿车发动机间歇性工作异常·传感器搭铁脚"弄假"

(1)故障现象

一辆东风日产尼桑轿车,在行驶16万km时出现发动机工作偶尔异常,即有缺缸现象。

(2)故障诊断排除

经初步检查,该车燃油系统工作正常,试车确有缺缸现象存在,但是偶然的,故障出现间隔无规律性。该东风尼桑阳光轿车发动机采用直接点火系统。这种点火系统的电子控制原理与双缸点火式相同,其特点是一个气缸用一只点火线圈,每个点火线圈都由一个功率晶体管控制,有几个气缸就有几条从 ECU 来的控制线,因而它也需要两个传感器,即应由曲轴位置传感器和凸轮轴位置传感器来确定点火时刻,如图 2-64 所示为四缸发动机的电路控制原理,其故障检测诊断如下。

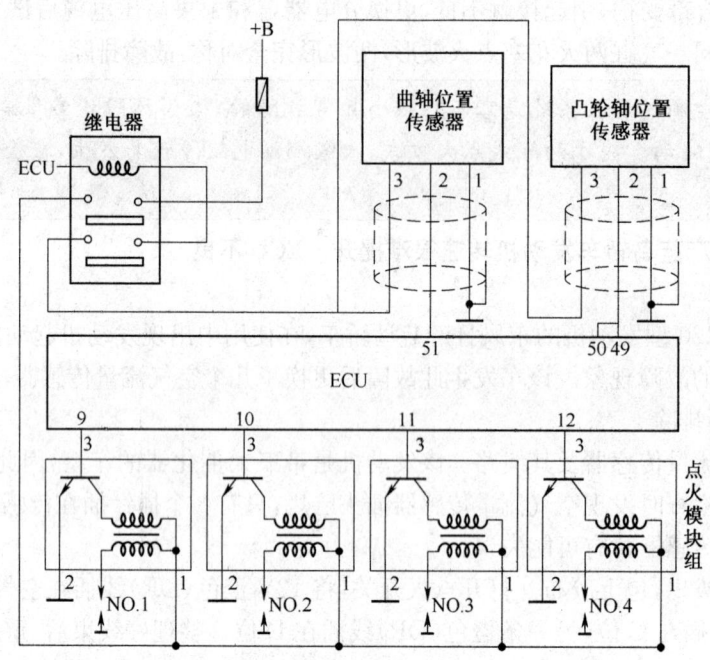

图 2-64 东风日产尼桑轿车发动机点火系统电路

①故障部位判断。首先检查点火系统,如果点火系统没有高压电火花,首先要判断是点火模块组的故障,还是 ECU 的故障或传感器的故障。

②点火模块组的检查。点火模块组包括点火线圈和功率晶体管两部分。首先检查点火线圈的次级电阻值,点火模块组的接脚 1 和高压线插孔之间的阻值应为 6kΩ。检查点火线圈电源是否正常,若电源异常应检查继电器和熔丝,然后再检查功率晶体管的搭铁是否正常。

③检查 ECU 给点火模块组的脉冲信号。先用一只二极管试灯串接一只 330Ω 的电阻,将点火开关关闭在"OFF"位置后,拔下点火模块组的电气插头,起动发动机时用二极管试灯测量 ECU 端子 9、10、11、12 有无控制脉冲信号给点火模块组,也就是说,二极管试火的正极接到点火模块组的 3 上,试灯负极接搭铁。当起动发动机时若试灯闪亮,表明 ECU 和传感器是良好的,故障应在点火模块组或继电器和熔丝;若试灯不闪亮,则说明 ECU 和传感器存在故障。

进一步仔细检查,发现凸轮轴位置传感器的搭铁脚有虚接现象,进行处理后试车检验,发动机工作恢复正常,故障排除。

206. 东风日产轿车发动机转速提高而行驶车速反降·密封不严

(1)故障现象

一辆东风日产轿车,装备 RE4F02A 型电控变速器,该车当发动机在 3500r/min 以下时,加速行驶均正常,而当发动机转速提高到 3500r/min 以上时,行驶车速不但不能提高,反而会降低,不知是什么原因?

(2)故障诊断排除

首先拔出变速器油尺观察,油面高度正常,油液品质良好;检查变速器壳体与周边线束未见异常现象;用故障诊断仪读取自动变速器故障码,没有故障码输出。怀疑变速器油路系统有故障,遂将轿车举升,起动发动机并控制变速器油温在 20℃～90℃ 之间,逐挡检测油压,发现除超速挡油压偏低外,其余各挡油压均属正常,故认定该变速器的主油路系统没有问题,故障点可能出在超速挡系统内。经解体变速器逐挡进行检查,发现超速挡离合器活塞有细微拉痕,且密封环已损坏,有一些颗粒状物质;超速挡离合器一摩擦片也损坏。据检查情况分析,摩擦片产生损坏可能是其本身质量存在问题,使用中出现部分碎裂脱落物,造成了超速挡离合器密封环的不正常磨损和活塞拉伤,致使发动机高转速时出现打滑现象,车速便不但不能提高反而降低。

当将变速器进行清洗,更换所损零件,装复试车,超速挡性能恢复,提升车速正常、故障排除。

207. 东风富康轿车发动机无法起动·活性炭罐堵塞

(1)故障现象

一辆东风富康轿车,在行驶 9 万 km 后出现发动机起动很困难,但只要起动后发动机运转各工况又属正常的故障。

(2)故障诊断排除

根据故障现象,先对起动系统进行了检查。蓄电池电量充足,起动机运转正常,高压火花强烈,起动电路没有问题。接着用自诊断系统进行诊断,显示故障码"34",其含义是活性炭罐电磁阀有故障。但在排除中发现,该故障码显示的活性炭罐电磁阀不一定是其本身有故障,常常是其他部件,尤其是与电子部件直接相连的线路和控制部件的故障,从而引起电磁阀工作不正常,所以应当进行详细的检查。该车应先检查活性炭罐有无堵塞,真空管是否连接牢靠、有无破损而造成无真空吸力等。

电磁阀的检查可用以下办法:拔下电磁阀线束插接器,用万用表测量其电阻,其值应为 27Ω,符合要求说明电磁阀线圈良好。拆下电磁阀时,可向电磁阀内吹气,若气流贯通,说明电磁阀关闭卡死在开启位置,碰到此情况,应更换电磁阀。

活性炭罐安装在进气道上(有些车没有)。当轿车停驶后,汽油蒸气便吸附在活性炭罐内,避免对环境污染。当发动机再次起动时,汽油再随空气进入气缸燃烧。活性炭罐的损坏形式有:炭罐堵塞、炭罐吸附能量饱和(罐内积满汽油)和炭罐电磁阀损坏等。

该故障车在速查时,电磁阀工作基本属于正常。接着拆下活性炭罐进行检查,发现炭罐已损坏堵塞,于是更换新活性炭罐,装复试车,发动机顺利起动,故障排除。

208. 东风富康轿车发动机不能起动·点火模块"寿终"

(1)故障现象

有辆东风富康轿车,在一次出车行驶 70km 后停车熄火,再次起动时,无论如何都起动不起来,点火开关扭转到"D"挡位时,起动机运转有力,但发动机就是无任何着车迹象。

(2)故障诊断排除

据故障现象分析,初步判断故障可能出在点火系统或供油系统,其检查步骤为:

①检查燃油供给系统是否正常。首先观察燃油表,确认燃油存储充足,起动时可听到燃油

泵工作声，各输油管道畅通，判断无任何油路故障。

②检查点火系统及高压电状况。检查点火系统各连接线路，没有发现脱落或短路断路现象。拔下点火线圈高压输出端橡皮套，手持旋具的绝缘柄端，使点火线圈输出端与缸体间保持3～6mm的距离。起动发动机，发现旋具端与缸体间没有高压电火花产生。TU3.2K发动机点火系的工作原理如图2-65所示，依次检测各元件的技术性能：

a. 检查点火线圈，拔下电线插头，测量线圈的电阻值见表2-5。

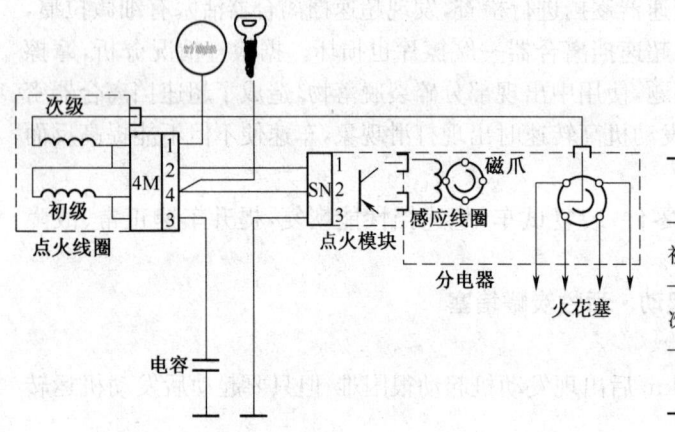

表2-5 线圈电阻值表

测量	欧姆表测量线号	电阻值(Ω)
初级线圈	3或4和2或1	≈0.8
次级线圈	1或2和点火线圈高压端	≈6500
绝缘	1、2、3、4或高压端和汽车接地	∞

图2-65 东风富康轿车TU3.2K发动机点火系图

可用试灯或电压表检查点火线圈的通电情况。当打开点火开关时，在点火线圈插接器的3线和接地线之间为12V。在热车状态下手摸点火线圈感觉烫手，很可能是线圈绝缘不良或已经烧坏。测量结果不发热，说明正常。

b. 检查电容接线良好；检查磁爪与感应线圈的间距在标准3～4mm之间。

c. 检查分电器盖和分火头绝缘状况，将分电器盖和分火头翻身放置在缸体上，将点火线圈的高压线露出导电线头，对准分电器盖内的绝缘四周和分火头内孔，打开点火开关，转动发动机，没有火花出现，由此判断各元件性能正常。

d. 检查晶体管点火模块，首先检查其装合层上涂的白色导热油脂，若缺少导热油脂，模块就不能工作。测量点火模块插接器2和3之间的电压为0V，而标准值则应为12V，由此结果判断点火模块已经损坏。

更换新的点火模块装复后，发动机一次性起动成功，故障排除。

209. 东风富康轿车起步易熄火·驾驶习惯不良

(1) 故障现象

有辆东风富康AX 1.6轿车，行驶2.5万km时，出现起步行驶时易熄火，且熄火后又难以起动，需等待一定时间（如15min以上）后才能起动发动机的故障现象。

(2) 故障诊断排除

进行试车时出现熄火现象，再次起动时起动机运转正常，但无高压电。用万用表测量点火线圈插接器的第三脚，起动时没有电压。由如图2-66所示电路可知，点火线圈低压电由双密封继电器提供，而双密封继电器又受控于发动机ECU。据此分析，是发动机ECU不控制双密封继电器吸合，从而不给点火线圈供电，导致不能起动的故障现象。

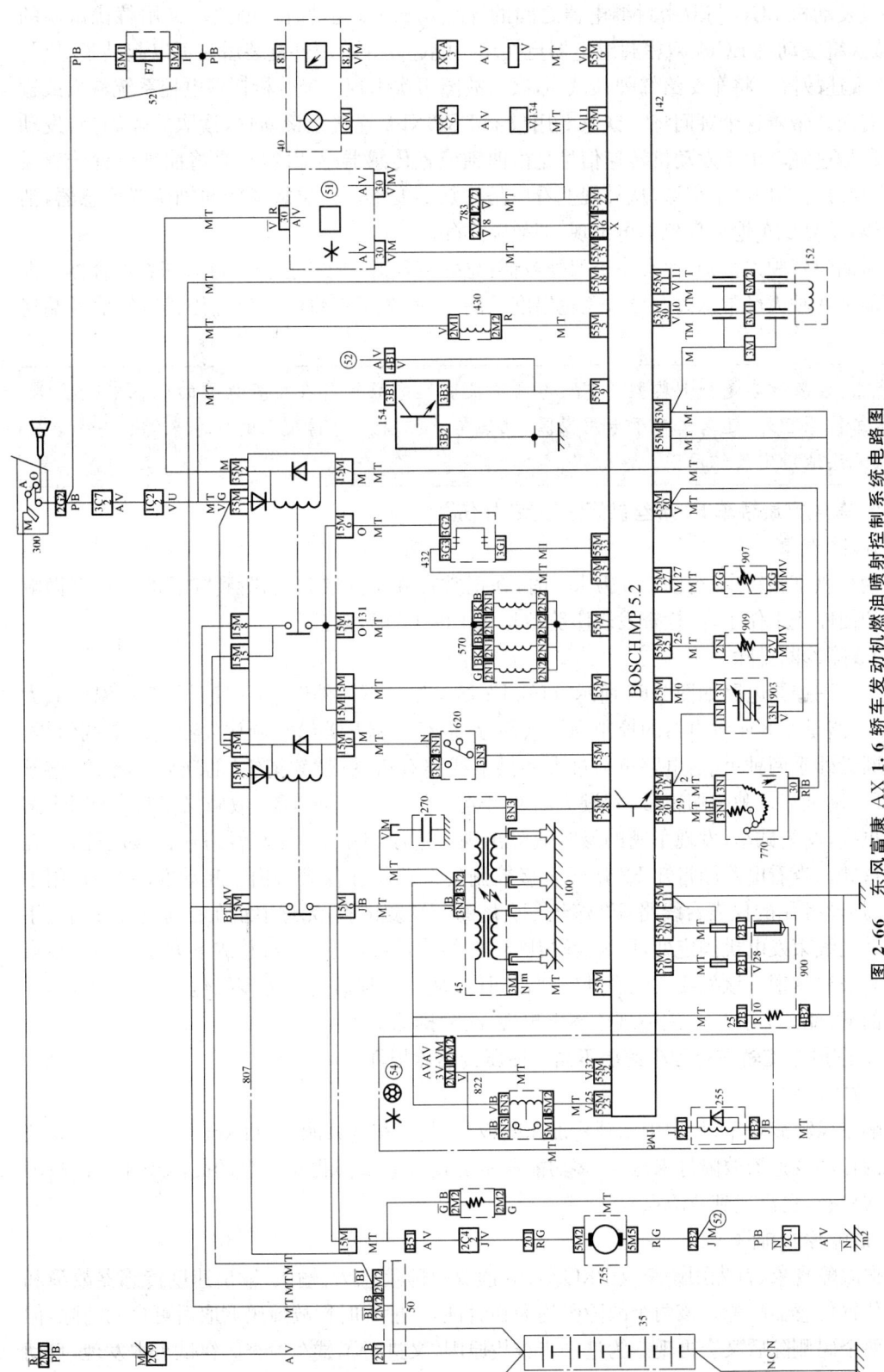

图 2-66 东风富康 AX 1.6 轿车发动机燃油喷射控制系统电路图

35—蓄电池 40—仪表板 45—点火线圈 52—驾驶室内熔断器盒 100—火花塞 112—发动机控制单元 152—发动机转速传感器 154—车速传感器 255—空调压缩机离合器 270—点火线圈电容 300—点火开关 432—怠速控制阀 570—燃油泵 620—惯性开关 755—节气门位置传感器 770—进气温度传感器 783—自诊断插座 807—双密封继电器 822—空调压缩机继电器 900—氧传感器 903—进气压力传感器 907—进气温度传感器 909—冷却液温度传感器

测量发动机 ECU 与双密封继电器之间的导线均通畅，晃动时不断路。又用替代试验的方法，依次将发动机 ECU、双密封继电器更换均不能起动。将原件复装后又可以起动了，反复试车，无上述故障。将车交给驾驶人试用，次日故障再次出现。经分析怀疑电控系统输入或输出信号有误。带着这个疑问将雪铁龙专用仪器 PROXIA 连接至诊断口，读取故障码为：发动机转速信号过晚。由于发动机转速信号是由曲轴位置传感器感知的，于是将曲轴位置传感器拆下，发现磁感部位严重变形，从外观上看应是受热而变形的。更换新的曲轴位置传感器，消除故障码，反复试车熄火现象不再出现，即故障排除。

事后询问驾驶人得知，他有一个驾驶习惯：总踩离合器，等红灯也挂着挡、踩着离合器。据分析可能是驾驶人经常踩离合导致飞轮温度升高，时间久了就将曲轴位置传感器的信号端烤变形了。

> 点击：该故障车是一例典型的驾驶习惯不良引起的故障。在排查故障的过程中除了掌握基本工作原理外，还需借助于专用仪器，收集与故障有关的驾驶人的信息来综合分析，从而准确无误地确定故障原因。

210. 东风富康轿车 F2 熔丝易烧·线束"外伤"

（1）故障现象

一辆东风富康轿车，行驶 0.5 万 km 时，在正常行驶中开空调，当听到"啪"的一声轻微响声后空调便停止工作了，经检查发现座舱熔丝盒中的 F2 熔丝烧了。

（2）故障诊断排除

该车空调控制电路如图 2-67 所示，可知 F2 熔丝给如下元件供电：一路是给空调温度放大器供电；一路是给 804 继电器的控制脚供电；一路是经空调开关给空调放大器提供空调信号。熔丝烧断无外乎两种可能：电路负荷过大和供电线路有搭铁或"软搭铁"的现象。将 F2 熔丝更换，开空调试车行驶一切正常，驾驶人将车开走。但一会又回来了，故障又出现。将 F2 熔丝再次更换，反复试车，发现车辆颠簸时故障出现。这应该是 F2 控制线路存在破皮处，并在晃动时搭铁。查看电路图得知 F2 熔丝直接控制的线路均在仪表台内。起动发动机后，用手晃动 F2 熔丝控制的仪表台线路，F2 熔丝不会熔断。反复试验，无意中站在右前轮位置用左手晃动发动机线束发电机固定处，F2 熔丝熔断。再寻找，发现在空气格总成下方的发动机线束绝缘皮有破损露铜。该处线束没有准确固定到位，从而磨损破皮。将该线包好，重新固定好，换上新的 F2 熔丝，再试车，故障现象不再出现，故障排除。

211. 东风凯旋轿车行驶车速提不高·油压传感器损坏

（1）故障现象

有辆东风凯旋轿车，使用中出现将加速踏板踩到底，车速只能在 100km/h 左右，而组合仪表板上的自动变速器故障灯未点亮，多功能显示屏也没有故障提示信息的故障现象。此故障经过三次检查，也没找到故障点。

（2）故障诊断排除

根据故障现象，首先用诊断仪 PROX1A3 读取故障信息为：输入/输出速度传感器故障和节气门位置传感器故障。该两个故障码均为临时性，一般临时性故障码调取后可自动清除，但该车这两个码删除后又会再现。为进一步查找原因，又进行了试车检查。在试车中发现，自动变速器无法稳定在 D_4 挡运行，一进入 D_4 挡马上强制降为 D_3 挡（该现象只有在自动变速器电

第 2 章 电喷发动机故障诊断排除

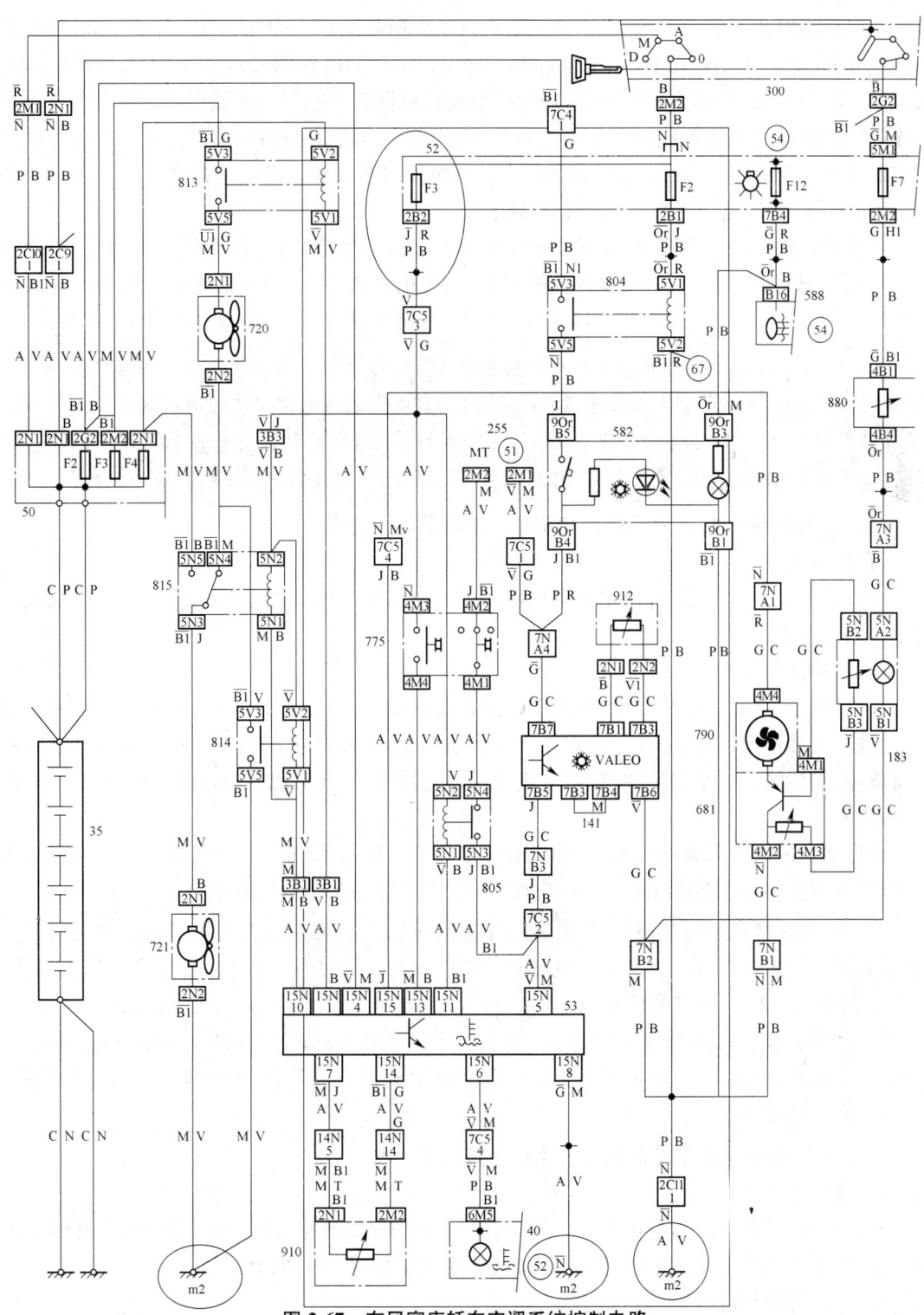

图 2-67 东风富康轿车空调系统控制电路

35—蓄电池 40—仪表板 50—发动机盖下熔断器盒 52—驾驶室内熔断器盒 53—冷却液温度控制器 141—空调调节控制器 183—鼓风机开关 255—空调压缩机离合器 300—点火开关 582—空调开关 588—后雾灯开关 681—鼓风机控制模块 720—电动风扇(单只或左边) 721—电动风扇(右边) 775—压力开关 790—鼓风机 804—空调继电器 805—温度控制继电器 813—低速电动风扇继电器 814—高速电动风扇继电器 815—电动风扇转换继电器 880—仪表照明变阻器 910—冷却液温度传感器 912—蒸发器温度传感器

控系统有故障时才可能出现)。试车中还发现自动变速器能够在 D_1、D_2、D_3 挡正常运行,就是不能进入 D_4 挡。于是用诊断仪 PROX1A3 对控制 D_4 挡的电磁阀 EV_1、EV_2 进行执行机构测试,结果均正常。分析认为,自动变速器电控单元是根据各传感器的参数来控制各换挡电磁阀工作的。因此继续用诊断仪对自动变速器各传感器的参考信息进行检测。测量时发现油压传感器的参数为 700kPa(7bar),并且该参数在发动机油门开大和自动变速器变换 D_1、D_2、D_3 挡时都不发生变化,由此判断油压传感器电路有故障。

接着检查油压传感器线路,正常。于是更换了油压传感器,再用诊断仪检测油压,怠速为 250kPa,发动机油门加大或自动变速器换挡时,油压也随之变化,原来检测到的两个临时故障码顺利清除,试车变速器能稳定在 D_4 挡运行,车速可轻松提升到 120km/h 以上,故障排除。

> 点击:轿车自动变速器电控系统是根据各传感器的信号来控制各换挡电磁阀工作的,从而实现换挡控制。该车由于油压传感器损坏,传递给自动变速器电控单元的油压信号无变化,致使换挡电磁阀 EV_1、EV_2 不能正常工作,不能实现对 D_4 挡的控制。有时传感器出现故障后,还可能干扰电控单元的正常工作,使电控单元记忆临时性(非真实的)故障码无法删除。

212. 东风雪铁龙轿车发动机加速不良·空滤器泥土覆盖

(1)故障现象

有一辆东风雪铁龙轿车,使用中出现发动机加速不良,油耗增大,排放超标,但发动机故障灯未亮的故障现象。

(2)故障诊断排除

在修理厂检修时,维修工首先检测了燃油系统的油压,显示正常,但还是更换了燃油滤清器,清洗了喷油器,故障仍存在。接着进行自诊断测试,调码显示正常。维修工仍认为电控元件有故障,先后测试了水温传感器、空气流量计,并做了新旧件对比实验,还检查并更换了火花塞,故障依旧。

根据该车故障现象询问驾驶人,他说故障是在几天风沙天气之后出现的。当检查空气滤清器时,发现滤清器已被泥土覆盖,用清水洗净吹干、装复后试车,故障排除。

> 点击:自诊断系统无故障码显示,是否不肯定电控元件没有故障呢?不是。前边说过,当某传感器输入的信号超出规定的范围时,ECU 才判断为故障,当然范围之内的信号误差 ECU 是不能认定的,就没有故障码显示。很多车型的喷油器、怠速控制阀、燃油系统电路等不在自诊断系统监视之内,出现故障后,同样无故障码显示,由于许多电控元件的故障自诊断系统无法监测,因此,维修时就不能过于相信自诊断系统的作用,而忽视了对这些传感器或执行元件的检测。

213. 东风雪铁龙轿车发动机提速缓慢·搭铁线不良

(1)故障现象

有辆东风雪铁龙轿车,行驶 8.5 万 km 后发动机加速提升很缓慢,缓踩加速踏板有时还可达到 130km/h,偶尔伴有"发冲"现象,但油耗量明显要高过 10% 以上。

(2)故障诊断排除

根据故障现象分析,该车发动机加速不良,行驶无力,其原因可能是点火系统工作不良或燃油系统堵塞造成的。首先检查点火线圈和分缸线,没有发现漏电、老化及破损;逐缸拆下火花塞,发现其电极呈灰白色,说明点火系统工作基本正常。然后,接上燃油压力表,在怠速时测得燃油压力为 0.23MPa,燃油压力也基本正常。

接着用东风雪铁龙专用诊断仪 PROXIA 进行检测,显示系统正常,无故障码储存。查看数据流,显示进气支管绝对压力、冷却液温度、点火提前角、喷油脉宽、氧传感器信号电压、炭罐电磁阀和蓄电池电压等参数都在正常范围内。又对该车做了一次例行维护,更换了燃油滤清器,清洁了空气滤清器、各真空管路、废气滤网、怠速控制电磁阀和节气门体后试车,故障依旧。接着又把喷油器和燃油泵拆下清洗,用压缩空气吹通了燃油管路,先后更换了点火线圈、分缸线、火花塞、燃油压力调节器、喷油器、双密封继电器、进气支管绝对压力传感器、曲轴位置传感器、氧传感器、节气门总成和发动机 ECU 等,情况没有任何好转。检查各气缸压力,在规定范围内,正时带也没有跳齿,进气支管没有漏气的地方,排气管也畅通,检查各线束及其插接器,也没有发现明显的破损、短路、断路和接触不良的现象。

根据故障特征和所检查的结果来看,首先应排除进排气系统和机械部分的故障,电子控制系统都更换新件试过了,出现问题的可能性不大,所以怀疑还是燃油系统出现了故障。该车在缓慢加速时车速可以上升到 130km/h 以上,难道是燃油压力在急加速时出现了比较大的波动?于是拆下后排座椅,在燃油泵和出油管之间接上一个油压表试车,发现在急加速时燃油压力在 0.18~0.20MPa 波动,车速上来后又维持在 0.22MPa 左右。拔下燃油泵导线侧插接器,在起动发动机的同时,用万用表测量燃油泵的供电电压为 12.5V,正常。换上新的燃油泵,并将汽油箱清洗干净后试车,但故障依旧。

进一步分析故障特征,认为是由于燃油泵的泵油量不足,在发动机大负荷时建立不起正常的燃油压力,才影响了发动机的动力,因此怀疑燃油泵电路有损坏。于是,连接上一个新蓄电池,给燃油泵单独供电,再起动发动机试车,发现发动机加速正常,燃油压力也达到 0.25MPa。拆下驾驶座椅,掀开地板皮,发现燃油泵线束中的一根搭铁线被固定座椅的螺钉挤断,并且已经烧得发黑了。重新接好该搭铁线后试车,故障彻底排除。

这时驾驶人才说,该故障是 3 个月前新铺地板后出现的,之后越来越严重才报修。

> 点击:该故障虽然排除,但费了不少周折,更换了一些不应更换的配件,关键是没有抓住故障现象的核心,缓加速可达到 130km/h,急加速燃油供应不上是故障点,实质是导线搭铁不良。检查故障时也缺乏对用户的调查询问,所以造成零件拆换一大片,费工费时,很不经济。

214. 东风雪铁龙轿车发动机"开锅"·风扇电阻失效

(1)故障现象

有辆东风雪铁龙 2.0 轿车,在使用中出现空调制冷效果差,风扇不转动,打开空调时发动机很快就会"开锅"。该车装备自动空调系统,压缩机可自动吸合,此故障经两家修理店检查修理,都没找出故障原因。

(2)故障诊断排除

经过路试确认故障,在不开空调时风扇可高速旋转,但无低速和中速。检查时拔下空调压缩机线束插头,连接故障诊断仪 X431,起动发动机后进入空调系统读取故障码,只有 1 个故障码,为"风扇高速运转电源继电器故障"。于是更换散热器附近的风扇高速运转电源继电器,但故障并未排除。

该轿车采用了多路传输系统进行各系统之间的数据传递。CAN 网络连接动力系统中的各控制单元,VAN 网络连接防盗系统、空调系统以及多媒体系统等,而不同网络的信息通过智能控制盒 BS11 收集并分配到不同的控制单元中,空调系统电路如图 2-68 所示。从图可知,

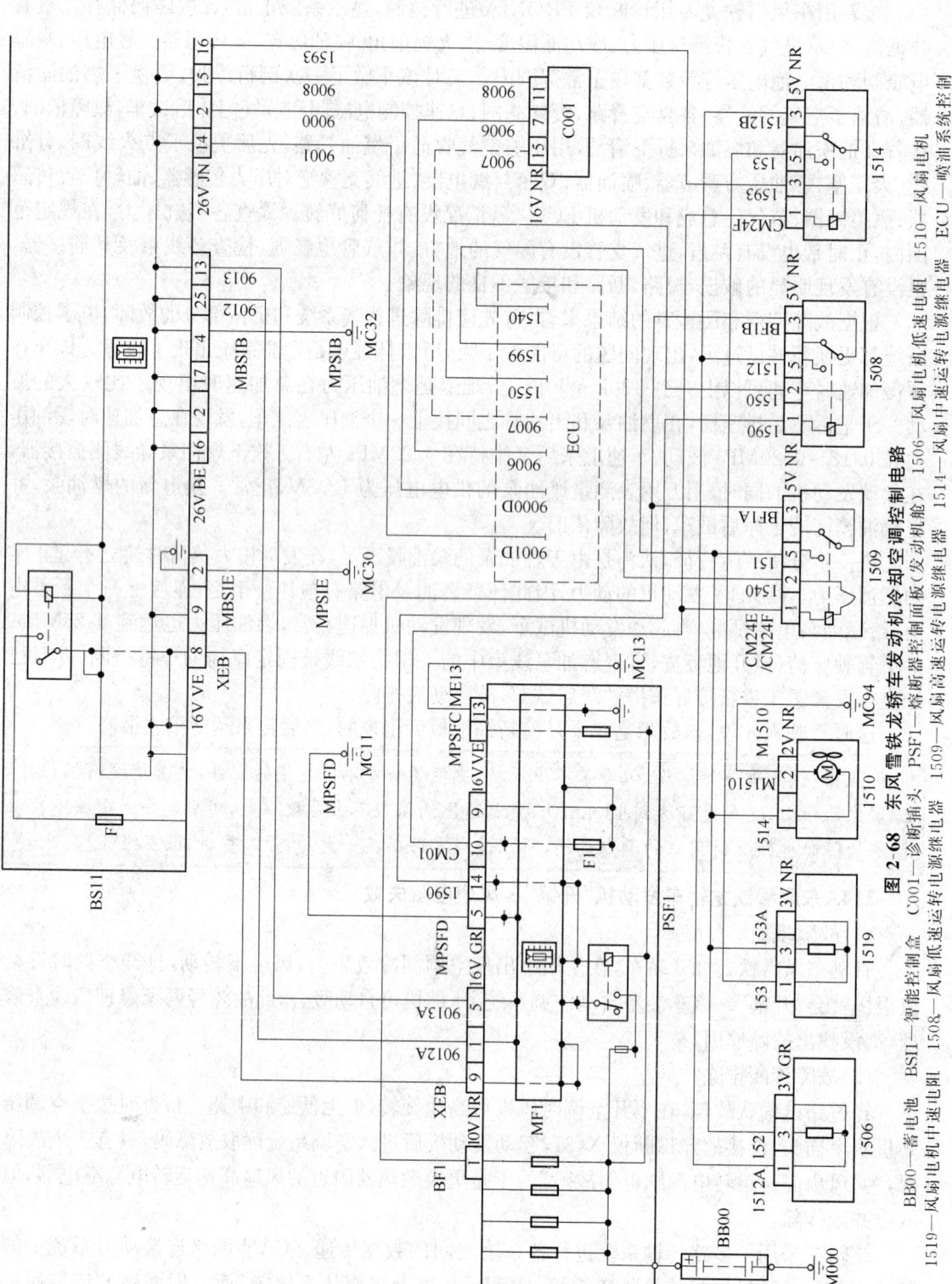

图 2-68 东风雪铁龙轿车发动机冷却风扇及空调控制电路

BB00—蓄电池 BSI1—智能控制盒 C001—诊断插头 PSF1—熔断器控制面板（发动机舱） 1506—风扇电机低速电阻 1510—风扇电机 ECU—喷油系统控制 1519—风扇电机中速电阻 1508—风扇低速运转电源继电器 1509—风扇高速运转电源继电器 1514—风扇中速运转电源继电器

其中 5 条红线表示网络数据传输线，BS11 的 26VJN 插头中的 2 号脚和 14 号脚连接 VAN 网络的数据传输线，16V VE 插头中的 8 号脚连接 VAN 网络的电源线。

通过故障诊断仪读取数据流，按下空调开关时诊断仪上能够显示空调开关闭合，而且风扇电机低速运转继电器 1508 能够激活，这说明发动机 ECU 已经接收到来自智能控制盒 BSI1 的 K 线信号，所以 VAN 网络、CAN 网络以及发动机 ECU 应该是正常的。由于该车只有一个故障码，故将检查重点放在 3 个风扇运转电源继电器上，特别注意检查风扇低速运转电源继电器 1508 和风扇电机低速电阻 1506。

① 风扇低速运转电源继电器 1508 吸合后，电源经过 PSF1 中的控制模块 MFI→1508 继电器触点→风扇电机低速电阻 1506→风扇电机 1510，此时风扇低速运转。

② 风扇中速运转电源继电器 1514 吸合后，电源经过 MFI→1508 继电器触点（此继电器在风扇中速运转时仍然吸合）→1514 继电器触点→1519 风扇中速电阻→风扇电机 1510，此时风扇中速运转。

③ 风扇高速运转电源继电器 1509 吸合后，电源经过 MFI→1509 继电器触点→风扇电机 1510，由于没有风扇电机低速电阻 1506 的限流，风扇此时高速运转。

通过上述检查分析，在右侧前照灯附近靠近散热器处找到了 3 个电源继电器 1508、1509、1514，在风扇电机左侧找到 2 个风扇电阻。起动发动机并打开空调开关，由于风扇电机之前能够高速运转，所以没有必要再检查 MFI 和 F1 熔丝了，拔下风扇低速电阻 1506 上的插头，用试灯测试 1512A 线，试灯能够点亮，这就说明了发动机 ECU 的控制信号和风扇低速运转电源继电器 1508 都没有问题。用导线短接 1512A 线和 152 线，风扇电机 1510 可以高速运转，判断风扇电机低速电阻 1506 损坏了。再检查风扇不能中速运转的故障，结果是风扇电机中速电阻 1519 损坏了。

更换电阻 1506 和 1519 后，插上空调压缩机插头，起动发动机并打开空调，风扇均能正常转动，空调制冷功能恢复正常，进行路试车，发动机水温正常，故障排除。

215. 迈腾轿车为何无法起动·J393 损坏

(1) 故障现象

有辆一汽大众迈腾 2.0TSI 自动挡轿车，配备了无钥匙进入系统。据驾驶人反映，插入按钮钥匙，车辆无法起动，仪表出现"未找到钥匙"的提示，只要插入主钥匙车辆就能正常起动，而且无钥匙进入系统在车外无法正常启用，但遥控功能正常。

(2) 故障诊断排除

首先使用故障诊断仪进行车辆诊断，防盗系统存储故障码 01 176（钥匙不可靠信号），其他系统一切正常。读取数据流，防盗数据一切正常，从而确定故障范围是无钥匙进入系统故障。分析故障码的生成原因，是由于插入副钥匙后（副钥匙不带 ID 芯片，相当于 1 个按钮），车内天线搜索不到车内的主钥匙，造成防盗器防盗锁死。所以再插入主钥匙接通 15 号电源时，防盗系统存储了"钥匙信号不可靠"的故障码，而读取数据流则显示一切正常。迈腾是一汽大众公司首款安装无钥匙进入系统的车辆，无钥匙进入系统由舒适系统控制单元 J393、各车门以及保险框等部位的天线等部件组成。下面简要了解无匙进入系统的工作过程。

1) 车门开启过程：主钥匙中的 ID 芯片必须位于车门外拉手附近的区域（约 1.5m）。通过接触门把手的接触传感器，电容的介质改变，舒适控制单元通道门把手内的登车及起动许可天线搜索钥匙 ID，通过验证，舒适系统开启门锁，拉动把手开启车门。

2)点火起动：如果用副钥匙起动发动机，则主钥匙的 ID 芯片必须位于轿车内部（就是说当打开车门后，车内的天线就开始搜索车内部的钥匙 ID）。如果在车内搜索到主钥匙的 ID 芯片，则进行解锁起动；如果车内天线搜索不到正确的钥匙 ID，车辆不会解锁，也无法起动。

了解迈腾无钥匙进入系统的工作原理，开始检查故障车辆的状态。虽然没有数据流，但可以通过故障诊断仪的执行功能对无钥匙进入系统各部件进行检查。使用 V.A.S5052A 进入引导性故障查询，检查车门把手的工作状态，可以看出舒适系统控制单元可以识别到车门把手上的接触传感器，这时天线应该搜索到钥匙的 ID 并指令解锁，但是在解锁状态下门锁却没有动作，而正常情况下车门应该有解锁动作。该车的遥控功能正常，说明舒适系统到门锁控制单元的电路没有问题，至此只能怀疑舒适系统 J393 损坏。为了确定 J393 是否真正损坏，继续使用故障诊断仪检查车内天线 R138，可以看到 R138 正常，至此，判断舒适系统控制单元 J393 确实损坏。

当拆下 J393，拆开控制单元外壳，可以看到内部明显有进水痕迹。更换 J393 并在线匹配，试车，故障排除。

> 点击：在未完全了解系统工作原理时，最好先找到相关资料加以研究，这样会得到事半功倍的效果。值得注意的是，在线匹配时应注意诊断插头的连接不要松脱以及不要转动点火钥匙，否则不小心就会造成 J393 锁死，从而造成返修。

216. 迈腾轿车发动机起动困难·低压燃油泵压力过低

（1）故障现象

有辆国产迈腾 1.8TSI 轿车，行驶里程 21 万 km。驾驶人反映该车有时起动困难，故障出现无规律的现象。

（2）故障诊断排除

能够造成起动困难的原因很多，检查起来比较烦琐，多次起动发动机，希望能使故障重现以简化诊断过程，未能如愿，于是只能先对车辆进行常规检查。

首先检查发动机电控系统，使用检测仪对车辆进行检测，发现在发动机控制单元中存储了 1 个故障码 08851，为燃油压力调节阀 N276 机械故障。由于此故障码为偶发故障，清除故障码后试车，此故障码没有再出现。

究竟是不是燃油压力调节阀 N276 出现问题导致发动机起动困难？为了更清楚地阐述诊断思路，此处有必要简单介绍一下迈腾 1.8TSI 轿车的发动机燃油系统的工作原理。如图 2-69 所示，该款发动机采用燃油缸内直喷技术，燃油系统通过燃油高压泵把低压燃油系统内 50~700kPa 的低压燃油转化为 3~1.1MPa 的高压燃油，以满足不同的需求。燃油压力调节阀 N276 装在燃油高压泵上，属高频电磁阀（不能进行通电测试），发动机控制单元根据装在高压油道上的高压燃油压力传感器 G247 监测到的信号，控制 N276 以精确调整占空比，从而得到所需的燃油压力。低压燃油系统的压力是由燃油箱中的电动燃油泵提供的。装在燃油箱上部的燃油泵控制单元 J538 根据 PWM（脉宽调制信号），控制电动燃油泵工作，使低压燃油系统压力维持在 50~500kPa。在发动机起动时，低压燃油系统的压力能达到 600kPa 以上，用以保证发动机的正常起动及工作。

第 2 章 电喷发动机故障诊断排除

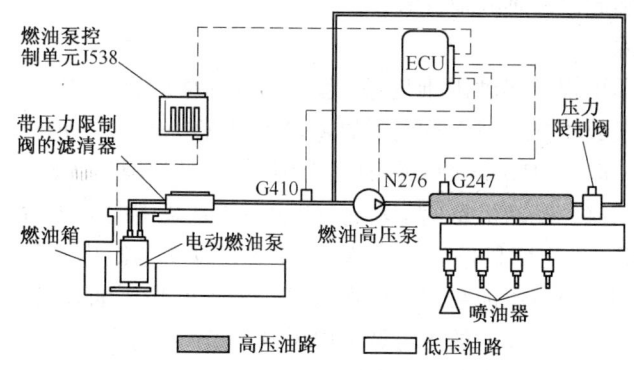

图 2-69 燃油泵示意图

G410—低压燃油压力传感器　G247—高压燃油压力传感器　N276—燃油压力调节阀

根据上述工作原理，可知发动机正常起动的燃油压力是由低压燃油系统提供的，所以如果高压燃油系统发生故障，一般不会影响发动机的起动。维修者曾经对正常车辆做过试验，即使拔下 N276 的插头，使高压燃油系统的压力接近于低压燃油系统的压力，也不会导致发动机起动困难，并且可以维持发动机运转，只是此时电子节气门（EPC）灯会点亮，车辆加速缓慢，加速踏板踩到底，发动机转速也才 3000r/min 左右，但车辆可以"跛行回家"。据此，分析该车故障与燃油压力调节阀 N276 以及高压燃油系统无关，认为是低压燃油系统存在问题。

为进一步验证低压燃油系统是否存在故障，在发动机怠速状态下，拔下 N276 的插头，此时发动机立刻熄火。分析熄火的原因：低压燃油系统不能建立发动机正常起动工作油压，由此说明低压燃油系统确实存在故障。将 N276 的插头插好。再次尝试多次起动和熄火，终于使发动机不能起动的故障重现。此时在低压系统中连接 V.A.G1318 燃油压力测试仪，多次打开点火开关以建立工作油压正常情况下发动机起动，发现燃油压力仅为 150kPa。而应被控制在 650kPa 左右，才能保证发动机的顺利起动。造成低压燃油系统压力过低的原因，应该是燃油泵控制单元 J538 或燃油箱内的电动燃油泵有故障。如果 J538 有故障，一般情况下会有相关故障码被存储。之前的检查中未发现此类故障码，因此初步判断电动燃油泵故障。

当更换电动燃油泵后，发动机能够顺利起动，此时测量低压燃油系统的压力为 600kPa，交车至今，该车没有再发生过此故障，故障彻底排除。

> **点击**：在维修诊断时勿被故障码所迷惑。虽然在该车的发动机系统检查到了燃油压力调节阀 N276 的故障码，但实质上并非 N276 自身的故障，它是由于电动燃油泵出现故障而导致了低压燃油系统压力异常，以致 N276 调节到极限也无法使压力正常，此时发动机控制单元便会存储有关 N276 的故障码。
>
> 检查迈腾 TSI 发动机低压燃油系统时，可拔下 N276 的插头，然后观察发现系统压力过低，不能维持发动机正常起动，如果熄火则说明低压燃油系统压力过低，应检查电动燃油泵是否正常；如果不熄火，则查看数据流 01-08-106 组的 1 区数值（高压燃油系统的压力值），若数值在 650kPa 左右，则证明低压燃油系统没有故障。

217. 迈腾轿车起动困难伴随故障灯点亮·高压油泵故障

（1）故障现象

一辆一汽大众迈腾 1.8TSI 轿车，搭载 BYJ 发动机，行驶里程 3.2 万 km。驾驶人反映发动机故障灯亮,且伴随起动困难故障现象。

(2)故障诊断排除

试车多次后,该车出现了起动困难现象,起动机需持续运转 5s 以上,发动机才能起动着车,且仪表板上发动机故障灯点亮。首先用故障诊断仪 V.A.S5052 进行检测,这时发动机控制单元内存有故障码 08851 P229300G-燃油压力调节器,且故障码无法清除。根据故障码的提示,检查相关的数据流。发动机怠速运转时,燃油高压系统中的油压为 0.58MPa、而正常的怠速油压应为 4.0MPa、油压明显偏低。迈腾 1.8TSI 发动机为缸内直喷发动机,燃油通过低压油泵输送至高压油泵,经高压油泵加压后送入高压油道。高压油泵是由进气凸轮轴末端的双凸轮来驱动的,压力通过油泵上的压力调节电磁阀 N276 进行调节。

高压系统中油压力可以根据发动机的负荷在 4～15MPa 之间变化。压力传感器 N247 实时反馈压力信号,并由发动机控制单元通过 N276 调压,使油压始终与发动机控制单元要求的压力相一致。油中的压力可以在 V.A.S5052 的发动机控制单元数据块 140 组 3 区看到。高压油泵工作原理如图 2-70 所示,发动机控制单元根据某一时刻的负荷计算出所需的燃油压力,控制 N276 工作,针阀克服弹簧压力向左移动,进油阀关闭,此时柱塞向上移动,在泵腔内建立起油压,当此油压超过油轨中的油压时,燃油阀开启,燃油泵入油轨。当柱塞向下移动时,进油阀打开,燃油阀关闭,燃油进入泵腔。当 N247 监测到油压即将超过设定压力时,发动机控制单元控制 N276 的针阀向右移动,进油阀打开,高压系统燃油泄入低压系统,直到压力达到设定值为止。这样高压系统燃油压力就能够时刻满足发动机控制单元的设定压力。由以上原理分析可知,导致燃油高压系统压力偏低的原因有 3 个:

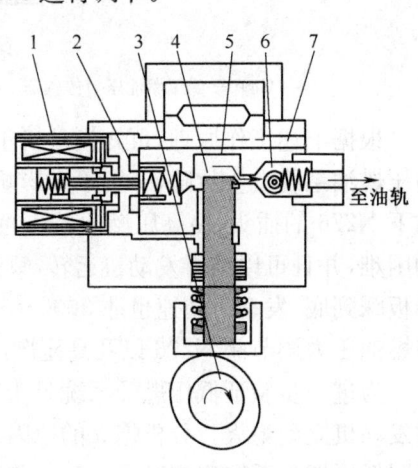

图 2-70 高压油泵工作原理
1. 燃油压力调节阀 N276 2. 进油阀
3. 进气凸轮轴上的双凸轮 4. 油泵柱塞
5. 泵腔 6. 出油阀 7. 来自低压燃油系统

① 进气凸轮轴末端的双凸轮磨损。
② 高压油泵内部机械故障。
③ N276 故障或其控制部分故障。

首先用 V.A.S5052 故障诊断仪对 N276 进行元件测试,N276 发出"嗒嗒"声响,这样就排除了 N276 控制电路的问题。再进一步对其控制信号进行检查,用 V.A.S5051 的示波器功能检测 N276 控制信号的波形,波形为脉冲信号,且符合电磁线圈的响应特性,说明油压控制系统工作正常。拆下高压油泵,检查发现凸轮无磨损迹象。因此,故障锁定在高压油泵本身。当更换高压油泵,起动发动机,此时故障码可以清除,发动机故障灯熄灭。用 V.A.S5052 读取怠速时 140 组的燃油压力为 4.0MPa 达到正常值。至此故障已排除。

点击:由于充分了解了高压油泵的工作原理,所以故障的诊断与排除进行得很顺利。维修人员在日常维修工作中要不断学习掌握新技术,跟上技术的高速发展,并注意维修资料的收集和整理。

218. 迈腾轿车发动机冷却液温度偶尔过高·风扇控制单元损坏

（1）故障现象

一辆一汽大众出品的迈腾轿车，刚行驶 7500km 出现发动机冷却液温度过高（开锅）的故障现象。

（2）故障诊断排除

维修人员接车后并未发现故障现象，用 V.A.S5052A 检测发动机控制单元，有故障码 06468 P1944-冷却风扇控制单元 1 温度过高。此时检查散热风扇运转正常，冷却液温度表指示也正常。为使故障重现，对此车进行了长时间的原地试车。到第三天，故障终于出现了，观察发现小散热风扇不转，大散热风扇运转也不正常，冷却液温度升高。将车举升，观察风扇插头未发现异常。将插头拔下，发现 4 号脚松动。将插头处理好后，散热风扇运转正常，冷却液温度也正常。

经过路试车，故障再次出现。此时拔下小散热风扇插头，用试灯代替风扇接入，试灯不亮，说明风扇控制单元没有输出电源。判断是风扇控制单元为故障点。当更换新件后试车，一切正常故障排除。

> 点击：对于偶发性故障要坚信故障的存在，一定要让故障重现。本案例中虽然用了很长时间试车，却准确找到了故障点，避免了遇到这类故障时常出现的返修。此外，由于插头松动，造成风扇控制单元早期损坏，如不仔细试车，也有可能放过故障点。

219. 迈腾轿车行驶加速无力偶有顿挫感·低压油泵杂质堵塞

（1）故障现象

有辆一汽大众迈腾 1.8TSI 手动挡轿车，行驶里程为 5.3 万 km。驾驶人反映，该车行驶途中偶尔有顿挫感，且加速无力的故障现象。

（2）故障诊断排除

接车后用故障诊断仪对该车进行检测，读取到故障码 08851 P2293。该故障码含义为：燃油压力调节阀 N276 机械故障。根据以往维修经验，于是判断导致该故障码的可能原因为：低压油泵的油压过低或泄压严重、相关电路中存在问题、N276 本身损坏、高压油泵本身机械故障或者发动机控制单元出现问题。随后在车辆怠速运转时利用故障诊断仪读取 140 组数据流，数据显示正常，说明燃油压力调节阀 N276 以及相关电路正常。删除故障码后试车，故障码重现。

既然电路正常，说明故障出在油路方面。沿油路逐步进行检查。在检查到低压油泵时，发现油泵滤网处被大量杂质堆积堵塞。

发动机控制单元根据空气流量计、车速、发动机转速、节气门开度以及加速踏板位置等信号计算喷油量，并控制低压油泵、高压油泵和喷油器工作供油，同时通过高压传感器信号监控高压油泵的工作情况。当高压传感器检测到的信号超出控制范围时，无论油压过高或过低，发动机控制单元都会认为燃油压力调节阀 N276 故障。

此车是由于低压油泵滤网被杂质堵塞，导致低压油泵向高压油泵供油不足，致使燃油压力过低造成故障。但是由于迈腾轿车没有低压传感器，所以无法直接监控低压油泵的工作情况。虽然发动机控制单元中储存的故障码为燃油压力调节阀 N276 故障，但是故障原因并不是 N276 产生的。倘若单纯地根据故障码更换配件，则不但无法排除故障，还使用户蒙受经济损失。所以,对于类似的故障就要求维修人员对车辆各个系统的结构和工作原理了如指掌,才能判断出故障点的真正所在。

当仔细清除低压油泵的杂质堵塞后试车,加速有力行驶顺畅,故障排除。

220. 迈腾轿车行驶加速无力·N276 调节阀机械故障

(1)故障现象

有辆一汽大众迈腾 1.8TFSI 轿车,据驾驶人反映,车辆行驶中加速无力,而且油耗高的故障现象。

(2)故障诊断排除

首先使用故障诊断仪 V.A.S5051 进行系统检查,在发动机系统内存有 2 个故障码,分别是 00369(气缸列 1 系统过稀)和 08851(燃油压力调节阀 N276 机械故障)。

查询数据流 01-08-140 组,其中 2 区油道压力调整规定值为－59.2。加油时达到 70,松开加速踏板,2N 短时数值为 0。然后又变为－59.2。3 区油道压力当前值为 700kPa、加油时保持不变,而油道的正常压力应为 4MPa 左右,这个检测结果说明油道的高压没有建立。

基于 PQ46 平台的迈腾轿车采用了先进的电控燃油直喷技术,燃油高压通过安装在燃油泵上的压力调节阀 N276 调节。在喷油过程中,发动机控制单元根据计算的供油始点向燃油压力控制阀 N276 发送指令使其吸合,此时针阀将克服针阀弹簧的作用力向左运动。同时进油阀在弹簧作用力下被关闭。随着泵活塞向上运动,在泵腔内建立起高压,当泵腔内的油压高于油轨内的油压时,出油阀便被强制开启,燃油便被泵入油道内。根据压力和调节阀 N276 的工作过程,经过分析,该车燃油高压不能建立的可能原因包括:凸轮轴驱动装置损坏,压力调节阀故障,压力调节阀控制电路故障,发动机控制单元故障。

对于压力调节阀电路的检查,不必采用传统的测量电路两端通断的方法来检查,可以使用故障诊断仪 V.A.S5051 的测试功能,进入发动机系统对 N276 执行元件自诊断。如果可以听到 N276 按照一定的吸合频率动作的声音,则说明发动机控制单元至压力调节阀的电路无断路现象。同时,根据维修经验,在此电路断路时,一般会存储故障码 08852(燃油压力调节阀 N276 断路),而该车只有压力调节阀 N276 机械故障的故障码,这从另一方面说明了电路是正常的。

检测至此,分析故障诊断仪 V.A.S5051 提示的故障码是准确的,应为压力调节阀内部机械故障,或是由凸轮轴驱动装置损坏而产生的机械故障。尽管该车无燃油高压,但出于安全的考虑,如避免高压信号失准因素等,在维修高压系统管路时仍要根据维修规范来操作:拆卸活性炭罐的连接插头,拔掉燃油泵熔丝 SC27、起动发动机,使用故障诊断仪在发动机数据流中 140 组的第三区观察燃油压力,以确认系统压力下降至 600kPa 时,关闭点火开关,再开始对高压系统进行检查。拆下燃油压力调节阀,与新件对比发现调节阀的压缩弹簧始终处于压缩状态,这说明泵活塞被卡滞在下止点位置,不能被凸轮轴通过圆柱挺杆进行有效行程的驱动,当然就不能建立相应的直喷所需的油压。由于燃油压力低,发动机高速运转无力。发动机控制单元监控到工作油压值范围超差,再综合对压力调节阀无电控断路故障码识别的逻辑分析,因此就存储了"燃油压力调节阀 N276 机械故障"的故障码。

当更换燃油压力调节阀 N276 后,并清除故障码。使用故障诊断仪读取数据流 01-08-140 组。2 区油道压力规定调节值为 0,加油时可以达到－770。3 区油道压力当前值为 3.9～4.0MPa、空挡加油时变为 10MPa。进行路试,车辆加速性能良好,确定故障排除。

第3章 轿车底盘故障诊断排除

1. 大众速腾轿车离合器打滑·源于铁套缺失

(1) 故障现象

一辆速腾 2.0L 轿车,行驶里程为 5000km,在使用中出现离合器打滑,当转速到达 3000r/min 时 5 挡车速仅能达到 45km/h。该驾驶人介绍故障时,强调离合器一直有打滑的迹象。平时该车行驶距离短、速度低,又是新车,以为磨合磨合就会好了。在跑高速时发现离合器打滑非常严重才来报修。

(2) 故障诊断排除

轿车离合器打滑的检验方法:手动使车辆处于完全制动状态,踏下离合器踏板,然后在 1 挡发动,再放开离合器踏板。此时如果发动机能够熄火,说明离合器无故障;反之,离合器有打滑,需拆卸、检查离合器。试车确定离合器打滑,同时能闻到离合器打滑的糊味。

造成离合器片打滑的原因通常从两个方面分析:

一是离合器无自由行程。分离机构顶死分离指,造成离合器分离指没有回位空间,压盘压紧力降低,离合器传递扭矩变化,严重时不能传递扭矩,造成离合器打滑。

二是驾驶人操作问题。行驶中没有完全放开离合器踏板,过多使用半脚离合状态,超载运行,爬陡坡,使离合器磨损严重。

造成离合器打滑的具体原因有以下几个方面:

①从动盘摩擦片磨损过度或铆钉外露,摩擦片粘油、碳化、烧损、破损。

②离合器压盘弹簧过软或折断,膜片弹簧破损,压盘工作端面磨损超过 0.3mm、变形,安装螺钉松动,分离指端平面超过 1mm。

③离合器踏板自由行程过小。

④飞轮工作面磨损大,超过 0.5mm。

⑤分离拨叉或分离轴承无游动余量。

⑥离合器总泵回油孔堵塞。

经检查,上述的①从动盘摩擦片、②离合器压盘弹簧、④飞轮等,确认正常。检查离合器踏板自由行程太小,同时离合器踏到底再松到很高程度,才能起步。拆下离合器分泵,轻轻按压离合器分泵的推杆,能按压到底,并能回位。轻踏离合器踏板,分泵推杆能伸出,放松离合器踏板,分泵推杆能回位。这与新车对比相同,大致判定离合液压系统正常。这时用手晃动分离拨叉,发现拨叉没有游动余量,同时拨叉烫手,不能回位。

拨叉为什么会烫手呢?在大多数情况下,离合器片、压盘与飞轮都是处于结合的状态,以保证动力的最大传递。此时,分离拨叉与分离轴承处于自由状态,不参与工作。当踩下离合器踏板时,离合器分泵的推杆推动分离拨叉,分离拨叉推动分离轴承,分离轴承前移克服压盘弹簧的压紧力推动从动盘移动,使从动盘逐渐和飞轮分离,达到切断动力传输的目的。此时,分离拨叉、分离轴承处于工作状态。当需要重新恢复动力传递时,为使轿车速度和发动机转速变化比较平稳,应该适当控制离合器踏板回升的速度,使从动盘在压紧弹簧压力作用下,向接合的方向移动与飞轮恢复接触。二者接触面间的压力逐渐增加,相应的摩擦力矩也逐渐增加。当飞轮和从动盘接合还不紧密,二者之间摩擦力矩比较小时,二者可以不同步旋转,即离合器处于打滑状态。随着飞轮和从动盘接合紧密程度的逐步增大,二者转速也渐趋相等,直到离合器完全接合而停止打滑时,轿车速度方能与发动机转速成正比。只有当离合器打滑时,离合器片才摩擦生热,产生的热量通过压盘、分离轴承,才能传到分离拨叉,造成分离拨叉温度异常。

分离拨叉为什么没有一定的间隙?带着这个疑问,仔细检查,发现固定换挡支架的固定螺栓拧入变速器壳体过多,正好挡住了分离拨叉,致使分离拨叉不能回位。这是造成离合器打滑的根本原因。

出现这个问题的症结在哪?通过与新车对比,发现固定支架橡胶内应有一个铁套,而该车没有此铁套,因此造成螺栓拧入过多,挡住分离拨叉,致使分离拨叉不能回位,导致离合器打滑。装上相同规格的铁套后试车,打滑现象消失,车速提高,故障排除。

2. 大众速腾轿车挂不上挡·总泵不给力

(1)故障现象

有一辆速腾轿车在使用中出现无故挂不上挡的现象,但熄火后每个挡位又都能很轻松地入挡,而且感觉很正常。

(2)故障诊断排除

从该车故障现象很自然地推想到是离合器出现问题。检查离合器总泵、分泵无漏油现象。离合器与刹车液使用同一油壶,新车油液颜色正常,液位高度正常。对离合器进行排空气,排出的油液未见气泡。但离合器踏板还是没劲。联想到宝来、高尔夫有过压盘支撑弹簧松脱断裂现象,怀疑是不是压盘有问题?拆解离合器,压盘、离合器片都没有异常磨损。重新装车后,对刹车油油壶进行加压。再起动,踩离合器挂挡,一切正常。判断是离合器总泵出现卸压,导致离合分离不开。更换离合总泵,装复试车,挂各个挡位均正常,故障排除。

3. 大众捷达王轿车挂挡行驶便嘎车·线束接地不良

(1)故障现象

一辆一汽大众捷达王 GTX 轿车,在行驶中挂 2 挡或 3 挡时,急加速出现嘎车的故障现象。

(2)故障诊断排除

检查发现该车怠速运转平稳,无负荷时原地空加速正常。按常规检查方法,拆下四个火花塞,发现 2 缸火花塞有积炭,表明燃烧做功不好,其他三个缸燃烧良好、无积炭。连接油压表,测试系统油压,怠速时系统压力为 250kPa,急加速时在 280~300kPa 之间摆动,熄火后,压力能保持在 200kPa 左右约 10min,说明系统油压正常。连接故障诊断仪对电控系统提取故障码,显示故障码"01250"(2 缸喷油器 N31 对地短路 SP)。清除故障码后利用故障诊断仪的"执行元件诊断功能"对喷油器进行诊断,能听到喷油器做功的声音,用手触摸感到振手,表明喷油器工作正常。更换 4 个新火花塞后重新起动,再用故障诊断仪提取故障码,故障诊断仪显示"系统正常,无故障记录"。利用故障诊断仪的"读取数据流功能"读取各数据,显示各数据参数均在规定范围之内。然后试车约 5km,2、3 挡急加速试验,发觉仍然嘎车。再用故障诊断仪对系统提取故障码,仍显示故障码"01250"(2 缸喷油器 N31 对地短路 SP)。再次拆下火花塞,发现仍是 2 缸有积炭,燃烧不好,其他缸工作正常。用气缸压力表测气缸压力,发现各缸压力基本一致,更换点火线圈及高压线后再进行试车,故障未见好转,由此怀疑喷油器工作不良。用万用表测喷油器电阻,电阻为 14Ω,正常,将各缸喷油器拆下,用超声波清洗机测试各缸喷油器,发现喷油量符合要求,雾化良好,密封也好,也没有明显漏油现象。用万用表测喷油器与发动机 ECU 之间线束的电阻,未发现喷油器与发动机 ECU 之间的线束有短路或断路之处,且线束各插接端子插接良好,各线路也没有破损之处。于是怀疑发动机舱线束有短路,更换发动机舱线束后,再进行试车,各挡急加速顺畅有力,不再噘车,故障排除。由此分析故障原因是由于发动机舱线束对地绝缘不良造成。

4. 大众捷达王轿车行驶换挡车辆闯动·氧传感器故障

(1) 故障现象

一辆一汽大众捷达王轿车,行驶 10 万 km 时,在使用中出现加速冒烟加重,怠速时排气管有"突噜"声,行驶中换挡时车辆闯动,使乘员十分不舒服。

(2) 故障诊断排除

首先用 V.A.G1552 故障诊断仪检测,显示空气流量计信号不可靠、2 个"SP"故障信息。大众公司的各种阅读仪上"SP"均表示偶然故障。故障发生的原因不外乎以下几种情况:发动机运转或点火钥匙打开的过程中拔下了某个电气插头;某个传感器或执行器的插头虚接。这时用"05"功能消除故障码,除"空气流量计信号不可靠"之外的故障码全部消掉且发动机工况明显变好。如果盲目地认为空气流量计有故障就更换或不采取任何措施,行驶一段时间后,上述现象会再次出现,则故障根本原因没有得到彻底解决。需要说明的是,捷达王的发动机管理系统是闭环控制,如果它发生故障或反应迟钝,可能造成空气流量计损坏的假象。处理该问题可做如下检测。在熔丝继电器座右侧的诊断插座连接 V.A.G1552 故障诊断仪,用其"08"读数据块的显示组号"07",发动着车之后,屏幕将出现:Read measuring value block? 1234 关注"2 位置"的 λ 传感器电压,将有三种情况:

① 电压不断在 0.1~1.0V 之间跳动,一分钟约变化 20 次,λ 调节正常。

② 电压在 0.1~0.3V 时残余氧较多,混合气稀;电压在 0.7~1.0V 时残余氧较少,混合气浓。

③ 电压保持在 0.45~0.5V 时,传感器不工作。

实测时"λ 电压"在 0.45~0.5V 之间且变化缓慢,说明氧传感器没有参与发动机的管理系统或它向 ECU 发出了错误的修正信号。这时首先要测试 λ 传感器的加热,用电阻表测 1~2 间的电阻,正常时为 1~5Ω,温度上升时,电阻迅速升高。如果是通路,再检测加热电源,将电压表接在"1"和接地点间,应为电源电压。如果两项检测都正常,还应检测传感器信号线路的电压,拔下传感器插头,电压表选择"2V"的量程,接在 ECU 侧的 λ 插头 3 和 4 端之间,打开点火开关钥匙,标准值为 450mV±50mV,如果数值不对且线路正常,应更换发动机 ECU。该车上述检测都没有发现异常,因此判断故障点是氧传感器发生了故障。更换新氧传感器后,起动发动机试车,一切恢复正常,故障排除。

5. 大众捷达轿车变速杆出现异响·ECU 终结使命

(1) 故障现象

一辆一汽大众捷达都市先锋轿车,行驶 0.2 万 km 时,当变速杆拨到"R"挡时,变速杆锁止电磁铁有"咔嗒、咔嗒"的异响声。

(2) 故障诊断排除

检查确认故障时,将变速杆拨到"R"挡,听到锁止电磁铁"咔嗒、咔嗒"响时,手摸变速杆有振动感,试将变速杆推到其他挡位,没有异常。变速杆锁止电磁铁位于变速杆的下部,由自动变速器电控单元(变速器 ECU)控制,其作用是在接通点火开关且踩下制动踏板时,解除锁止,变速杆可以推到其他挡位;否则,电磁铁处于锁止状态,防止变速杆滑到其他挡位。由此可知,锁止电磁铁"咔嗒、咔嗒"响与变速器 ECU 有关。

再连接大众公司专用故障诊断仪 V.A.G1551,输入 1(选择快速数据传输功能)-02(自动变速器地址码),按"Q"键确认后,结果显示"电控单元无应答"。根据该结果,应先检查其供电是否正常。电控单元共有 68 个脚,其 1 脚接地,45 脚接 30 号电,23 脚接 15 号电,60 脚经 14 号熔丝接 15 号电。经检查上述各路供电都正常,怀疑电控单元损坏。更换电控单元后,将变速杆拨到"R"挡,变速杆锁止电磁铁不再出现"咔嗒、咔嗒"响,用 V.A.G1551 检查也能被访问,故障排除。

> 点击:自动变速器电控单元控制着变速器所有电气及液压功能,由模糊逻辑控制,可满足不同驾驶人的驾驶要求,可识别上坡、带挂车、顶风及下坡等行驶阻力。
>
> 在应急状态,如果控制单元出现故障,1 挡液压、3 挡液压及"R"倒挡仍有效,这些挡位可通过操纵变速杆在滑阀箱内换挡。在变速杆位置"D",则通过液压以 3 挡起动。根据维修经验,如果电控单元损坏或去掉电控单元,变速器以应急状态起动行驶,一般驾驶人及乘客是不会有明显感觉的,所以该车用户是以"R"挡有异响故障,将车开到服务站维修的。

6. 大众捷达轿车更换制动总泵后制动不良·非正宗配件

(1)故障现象

一辆大众捷达轿车,因刹车失灵更换了制动总泵,使用一段时间后感觉刹车软,制动效果差。

(2)故障诊断排除

一汽大众捷达轿车的制动系统出现刹车软、制动效果差的现象,一般可能有以下几个原因:

① 制动系统内有空气。因空气的可压缩性大,所以感觉刹车软,效果不好。

② 制动系统有泄漏。系统不能保压,导致制动效果不好。

③ 制动钳的自由间隙过大,使制动时需补偿的间隙大,制动滞后,制动效果差。

④ 制动液品质不良,沸点低,制动时产生气泡。

⑤ 制动总泵内部密封不良,卸压。

⑥ 使用的制动液与原来的制动液不是同一品牌、同一型号,二者发生化学反应,产生腐蚀性物质,腐蚀了制动总泵和分泵的胶圈,导致总泵或分泵密封不良,产生卸压。

就该故障车的情况,首先应检查一下所使用的制动液是否为符合原厂要求的同一品牌、同一型号产品;如果不是,则需按厂家的要求更换所有的制动系统涉及制动液的部件,再添加符合要求的制动液,否则可能导致制动系统行驶中突然失灵,存在严重的安全隐患。如果制动液无问题,则检查制动系统有无泄漏,对制动系统进行彻底的排气。排气后仍不能排除故障,则很可能是新换的制动总泵存在质量问题,内部卸压,建议更换原厂配件的制动系统备件。本例最终更换原厂新件后试车,制动性能恢复正常,故障排除。

7. 大众捷达 G1X 轿车 ABS 制动作用过早·靶轮形变

(1)故障现象

一辆一汽大众捷达 GIX 轿车,在行驶过程中只要踩制动踏板,ABS 泵就工作,但 ABS 警报灯并不点亮。该车出现这个故障是在行驶过一段山石路后发生的,此前 ABS 一直很正常。

(2) 故障诊断排除

先用 V.A.G1551 故障诊断仪查询故障,发现没有故障码,进行 15km 路试,一切正常,故障没有出现。于是带着 V.A.G1551 故障诊断仪试车,故障还是没出现。为什么试车时故障就不出现了呢? 分析认为,如果在停车时用 V.A.G1551 进入自诊断功能,而车辆行驶时并不退出自诊断功能,那么 ABS 系统功能将截止。于是重新试车,此次没有连接 V.A.G1551,果然故障出现了。其故障表现正如驾驶人所述,只要在行驶过程中踩下制动踏板,ABS 就工作。用 V.A.G1551 查询故障并没有故障存储。ABS 泵提前工作,一定与某个传感器采集的信号有关。于是将两前轮和两后轮的轮速传感器同时换掉,重新试车,故障依旧。那么,故障是否可能出现在线路上呢? 接着按表 3-1 数据进行了检测。从表上的数据看,电路并无故障,此时把故障点放在 ABS 泵上。征得驾驶人同意,更换 ABS 泵并对其进行了排气。再次试车,故障依旧。问题出在哪里呢? 重新试车读取数据流(注意此时 ABS 功能中断),在显示组 002 中读取每个轮的轮速。这时发现显示区 2 的数据变化异常,与其他 3 个轮不协调。当其他 3 个轮的轮速为 47km/h,显示区 2 的轮速会突然下降到 35km/h 又回到 47km/h;当车速降到 7km/h 时,显示区 2 的轮速会突然下降到 3km/h。显示区 2 相对应的是右前轮,如此说来,应是右前轮的信号有误,可其线路和传感器并无故障。为此,只能检查一下右前轮轮速传感器与靶轮的间隙是否正确。拆下右前轮及制动盘,却发现靶轮的一个齿已经严重变形,原因终于找到。于是更换一个新靶轮,重新试车,故障排除。

表 3-1 检测数据及参考值

检查项目	点火开关位置	连接器针脚	标准值	测量值
蓄电池电压(泵电机)	OFF	25-8	10.1~14.5V	12.78V

8. 大众捷达轿车 ABS 制动系统工作异常·粉尘熔丝作怪

(1) 故障现象

一辆一汽大众捷达 AT 轿车,在使用中出现两个故障现象:ABS 制动系统工作异常和 ABS 故障灯报警。

(2) 故障诊断排除

检查该车在冰雪路面、潮湿路面行驶时轻踩制动,ABS 即可工作;当车在干燥路面行驶时,只有使劲将制动踏板踩到底,ABS 系统才工作,确认该车的制动系统有故障。用专用电脑检测仪检测 ABS 电子控制器无故障码输出。根据经验拆检四个车轮轮速传感器,发现上面吸附了许多粉尘。原来过多的粉尘导致轮速传感器的信号降低或有偏差,使 ABS 电子控制器误把良好路面判断成复杂路面,造成以上故障现象。清洗 4 个轮速传感器后装复试车,故障排除。

对于 ABS 故障灯报警,维修工诊断为 ABS 电控液压单元故障,更换后故障依旧。因为采用 V.A.G1551 故障诊断仪诊断后显示 01276 故障码,该故障码的内容是 ABS 液压泵 V64 信号对正极开路,所以就更换了 ABS 电控液压单元。但是 ABS 故障灯依然报警,且 01276 故障码未消除。进一步分析,捷达 ABS 系统有两个 30A 的熔丝,在中央继电器盒上方横罩,其中一个单独给 ABS 液压泵 V64 供电,这个故障是不是熔丝断了呢? 于是检查中央继电器盒上方 30A 的熔丝,发现有一个竟然没插。当将这一个保险插上后,再用 V.A.G1551 清除故障记忆,ABS 故障灯熄灭,故障现象消失。

9. 大众捷达轿车 ABS 指示灯无规律亮灭·制动间隙过小
(1) 故障现象

一辆一汽大众捷达都市先锋轿车,在行驶过程中其 ABS 指示灯无规律地点亮和熄灭。当 ABS 指示灯点亮时,ABS 不起作用;当 ABS 指示灯熄灭时,ABS 正常工作。

(2) 故障诊断排除

根据故障现象,鉴于当 ABS 指示灯熄灭时 ABS 工作正常,初步分析后认为,电控单元有故障的可能性不大,而可能的故障是:ABS 导线插接器松动,轮速传感器的铁芯与齿圈之间有脏物,轮速传感器的齿圈有断齿损伤及线圈有间歇性短路或断路现象。根据上述分析采取了下列故障诊断步骤:

① 对 ABS 导线插接器进行检查,未发现异常。

② 测量 4 个轮速传感器线圈的电阻值,2 只前轮轮速传感器和 2 只后轮轮速传感器线圈的电阻值分别为 $1k\Omega$ 和 $0.8k\Omega$,都在规定范围内。

③ 用举升机将轿车举离地面,然后一面转动车轮,一面用示波器检测其轮速传感器输出的电压波形。发现右前轮轮速传感器铁芯的前端粘附了很多铁粉,并且该轮速传感器输出的电压波形及其波幅和其他 3 只轮速传感器相差很大。在清除了右前轮轮速传感器铁芯前端的铁粉后,该轮速传感器输出的电压波形及其波幅和其他 3 只轮速传感器基本一样。由此判定,ABS 故障是由右前轮轮速传感器铁芯前端粘附铁粉所致。

④ 为了查明铁粉来源,检查了右前轮制动器制动摩擦片与制动盘的间隙。检查表明该间隙过小,以致右前轮制动器因制动过早而产生铁粉。

⑤ 调整右前轮制动器制动摩擦片与制动盘的间隙后进行试车。在历时 1h 的试车过程中,ABS 指示灯始终没亮,并且 ABS 工作正常,表明故障已排除。

10. 大众捷达轿车行驶向右跑偏·右下摆臂变形
(1) 故障现象

一辆一汽大众捷达轿车,行驶 9 万 km 后出现行驶时严重向右跑偏,且右前轮胎外侧磨损严重的故障。

(2) 故障诊断排除

经检测,该车的右侧轴距比左侧轴距短 5mm,前轮车轴偏角为 $0°17'$,这是该车向右跑偏的主要原因。检测右前轮的外倾角较大($30'$)。而该车标准的外倾角是 $-24'\pm20'$,说明外倾角过大是造成该车右前轮磨损严重的主要原因。

观察发现,该车右下摆臂已经变形,捷达轿车下摆臂为"Y"型结构,强度较弱,如经常受到较大冲击,可能产生变形,引发车轴偏角和左右轴距差,从而导致车辆在行驶中跑偏。更换该摆臂和调整轴距及有关部位后,试车故障排除。

11. 大众捷达轿车后轮抱死·停驶出来的故障
(1) 故障现象

一辆大众捷达轿车行驶 1 万 km,停驶 90 天后出现行车困难,后轮抱死的故障现象。

(2) 故障诊断排除

经查看,此车制动踏板偏高,手制动器基本正常。试车向后倒车加油时,车头上扬,不能后退。将后轮支起,用手转不动后轮。从后轮制动分泵中放出少量制动液,制动仍不能解除。由此排除制动分泵不回油的疑点,按后轮机械故障检查。

于是拆下后轮,用榔头敲击制动鼓,直到用手可以转动为止,再装复轮胎(左右后轮都如此法检修),然后进行路试车,待车辆行驶 2~3km 后,制动作用恢复正常,故障排除。

> 点击:该车故障主要是由于车辆停放时间过长且遇潮湿,或雨后行车未能及时排除水分,或是洗车后制动鼓内进水未做处理而停驶,造成制动鼓生锈,与制动蹄片的间隙消失,从而产生车轮抱死故障。

12. 大众捷达轿车 ABS 制动功能丢失·焊点开裂

(1)故障现象

一辆一汽大众捷达轿车,行驶 5.6 万 km,在使用中出现 ABS 制动故障灯时亮时灭的故障现象,继而便出现 ABS 制动功能丢失故障。到维修服务站检测维修,需要更换 ABS 电控单元及液压总泵,报价约 3500~4000 元。

(2)故障诊断排除

首先用全德 K6 故障诊断仪读取故障码,输出故障码为 01276,其含义为车速超过20km/h时制动,ABS 电控单元监测到液压泵电动机 V_{64} 不能正常工作。接着拔下 ABS 电控单元的插接器测量供电电压是否正常;4 个轮速传感器阻值是否相同;制动灯开关以及连接线是否正常,结果以上 3 项检查均属正常。下步再拔下 ABS 液压泵电动机插头,用蓄电池电压直接加在电动机上,这时电动机运转,由此表明 ABS 电控单元在制动时没有给液压泵电动机供电。装回 ABS 电控单元插头,在 ABS 电控单元连接液压泵电动机的插头一侧连接一大功率试灯,使用全德 K6 故障诊断仪的元件测试功能,进入 ABS 液压泵测试,观察试灯是否发亮,结果试灯不亮。再晃动 ABS 电控单元电动机插座里的 2 个铜插片,试灯随着晃动有时发光,由此判断 ABS 电控单元内部接触不良。于是拆开固定 ABS 电控单元的 4 个螺钉(可不必拆油管),取下 ABS 电控单元,在电动机插头背面刮开一小口,露出印刷线路板,观察到电动机插座焊点已开焊,将两焊点重新焊牢固,用胶封好,把电控单元装回到泵体上,各连接插头都插好,起动发动机观察,ABS 灯熄灭,进行路试,ABS 功能一切正常,故障排除。

> 点击:由于 ABS 液压泵电动机工作时电流较大,引起电控单元电动机插座焊点脱落(或许是部件质量问题),造成了上述故障。经过这样修复,为车主节省了一笔不小的维修费用。同时提醒驾驶人,您的爱车发生故障时,要选择信誉好的企业进行维修,这样,既可以保证维修车辆的质量,同时还可以省钱。

13. 大众捷达王轿车 ABS 故障灯偶尔点亮·传感器性能下降

(1)故障现象

一辆一汽捷达王轿车,在使用时出现 ABS 制动故障灯偶尔点亮的现象,其他功能正常。该车采用 MK20-1 型 ABS 系统,ABS 控制单元、ABS 液压控制单元和 ABS 泵是一个整体。

(2)故障诊断排除

首先用诊断仪读取故障码为"00287,右后转速传感器信号不良"。于是做了常规保养,清洗了一下转速传感器。试车,故障灯依旧是偶尔点亮。于是检查传感器自身电阻,测得结果符合标准数据。顶起车轮,转动有交流信号输出,再拔下 ABS 控制单元插头,此插头有 25 个针脚。1 号、17 号是右后转速传感器信号线,测量电阻符合标准值,说明传感器线路正常。既然都正常,再查看动态数据流,于是接上诊断仪进入数据流 001 组,有四组数值,分别是左前转速、右前转速、左后转速、右后转速的实际数值。试车在不同的车速时查看4个转速显示值,发现右后转速信号数据与其他3个数值偶尔不同步。把左边的转速信号接到右边试车,正常,由此判断右后转速传感器信号不良。将右后转速传感器更换,再行试车,一切正常,故障排除。

14. 大众捷达王轿车ABS制动警报灯不亮·熔丝接触不良

(1) 故障现象

一辆大众新捷达王轿车,行驶2500km,在使用中出现ABS制动警报灯不点亮故障。

(2) 故障诊断排除

用V.A.G1551故障诊断仪读取故障码为01276,含义是ABS液压泵V64信号超差。一般产生该故障的可能原因有:液压泵与控制单元连线对正极或对地短路、断路或液压泵本身故障。于是对线路进行了检测,线路一切正常,没有短路或断路。更换一个新的ABS泵,试车后故障没有再出现。

车辆行驶了1天,故障再一次出现。此次对线路又进行了仔细检查,仍未发现故障。难道又是ABS泵坏了?又更换了一个新的ABS泵。可刚过3天,该车故障又出现了。看来故障不单纯是ABS泵的问题,可线路并无故障,无论是液压泵,还是液压阀的供电电压一切正常。试着更换了一条新的ABS线束,故障依旧。进一步用V.A.G1551故障诊断仪对ABS泵做执行元件测试,发现ABS泵只是轻轻动作一下就不工作了,重复测试,只有一次ABS顺利地工作。这时有一位维修人员拔出了ABS泵的熔丝,发现熔丝与插座的触点处有烧蚀点。此熔丝位于蓄电池上的主熔丝盒内,拆检熔丝盒,发现插座与熔丝的连接处间隙太大。处理和调整后,重新安装熔丝并试车,故障没有再出现。回访得知车辆行驶正常,故障排除。

15. 韩国现代轿车转向发响·保养缺失油液不足

(1) 故障现象

一辆韩国现代2.0轿车,正常行驶时发动机处发出"沙沙"异响。行驶一段里程后,响声加剧且转向沉重。

(2) 故障诊断排除

首先将转向桥举升后起动发动机,边转动转向盘边用金属棒听诊,发现异响来自转向助力器。检查动力转向储油罐,发现储油罐已经无油。加足转向助力油后试车,异响稍有减轻,但转向仍很沉重。分解转向助力器查看,发现转向助力器轴承已经损坏。

汽车行驶中转弯时,转向助力器将产生很高的油压,并传送到转向器中起到助力作用。助力器自身的润滑靠助力油。该车由于长期未检查、加注助力油,致使油量不足,自身润滑不良而出现"沙沙"的响声。更换新的转向助力器,加足转向助力油试车,转向轻松灵活自如,其他正常,故障排除。

16. 北京现代索纳塔轿车制动时发动机易熄火·调整不到位

(1) 故障现象

有一辆北京现代索纳塔(SONATA)轿车,装备2.0L电喷发动机,在行驶中出现挂空挡滑行或踩制动时发动机极易出现熄火现象,若打开空调制冷,发动机怠速运转不提升反而会降低,且熄火故障发生更为频繁。

(2) 故障诊断排除

按故障特征分析,原因有二:一是怠速没有调整好;二是空调信号可能未输入至发动机电脑ECU,以致没有执行空调高怠速指令。于是连接故障诊断仪检测,无故障码存在。起动发动机后进入数据流功能检测,查看怠速及空调信号相关的动态数据:发动机转速 820r/min;节气门位置电压 720mV;怠速电动机位置电压 1650mV。稍稍踩下加速踏板,怠速开关信号由 ON 变为 OFF,这就表明系统对怠速工况的识别良好。按下仪表板的 A/C 开关,空调压缩机吸合运转,发动机转速有所下降且抖动,数据流显示如下:发动机转速 650~750r/min;节气门位置电压 720mV;怠速电动机位置电压 1350mV。从这些数据流可以看出,系统已识别到空调开启的信号输入,怠速电动机也有所反映,但怠速电动机位置电压却从原来的 1650mV 降至 1350mV,因而导致发动机怠速转速提升效果不佳。

该车发动机系统是利用电动机控制推杆直接控制节气门轴的方式来改变节气门开启角度的。对如何设定怠速电动机初始位置及节气门开度,维修手册中有明确的操作方法。具体是,热车后打开点火开关,在发动机不运转的情况下,拔掉怠速电动机插头,先旋转怠速固定螺钉至刚好没有接触到节气门杆的位置,然后起动发动机,并旋转怠速控制螺钉使发动机转速在 650~750r/min。接着继续调整怠速固定螺钉,直到接触到节气门杆后再旋进 1/2 圈,此时测量节气门位置传感器(TPS)信号电压应在 0.48~0.52V 之间。若不在此范围内可松开 TPS 固定螺钉进行调整,最后做线路复原及清码工作。

若借助数据流进行调整,其操作方法是:在发动机热车及无额外负荷的怠速工况下,顺时针旋转怠速控制螺钉,可以看到数据流中的怠速电动机位置电压值在减小,而节气门位置电压值则不改变。因此,该螺钉的作用是用于对怠速电动机与节气门初始距离的调整,即对怠速电动机的初始位置进行调整。所以在一定范围内旋转该螺钉不会影响节气门的实际开度,因为实际开度是由怠速电动机推杆的行程决定的。但如果初始调整值偏差过大,那么就有可能在工况改变时,使系统对怠速电动机的驱动指令超出调整。同样可知怠速固定螺钉是直接作用在节气门杆上的,它改变节气门的实际开度,即 TPS 位置信号。

调整时先将怠速固定螺钉旋至刚好顶到节气门轴杆的程度,然后顺时针旋转控制螺钉,直至怠速电动机位置电压为 820mV,再松开 TPS 两个固定螺钉,对照数据流的变化,转动 TPS 至节气门位置信号电压为 0.50V,锁紧螺钉,再次开启空调 A/C 开关时,怠速相应升至 1200r/min,此时可看到数据流中怠速电动机位置电压由 820mV 变为 1300mV,说明已恢复正常。调整后进行路试滑行及制动时,不再有熄火现象出现,故障排除。

17. 上海大众波罗(POLO)轿车转向沉重·J500 发难

(1)故障现象

一辆上海大众 2011 款 POLO 轿车,手动挡变速器,VIN 码为 LSVFA49J732012842。该车行驶里程为 4.5 万 km,在行驶过程中出现转向沉重,仪表板上的故障警告灯偶尔有全部闪亮报警的现象。

(2)故障诊断排除

首先试车,打开点火开关,仪表指示灯显示正常。起步后,发现转向确实沉重。行驶一段路程后发现仪表板上的动力转向故障指示灯点亮。连接金奔腾 CS-538"彩圣"轿车电脑解码器进入"辅助转向"系统读取故障码,显示 01309 辅助转向(J500)控制单元。清除故障码后着车,发现仪表板上的故障警告灯全部闪烁报警,再次连接电脑解码器已经不能进入"辅助转向"系统。后利用电脑解码器进入发动机系统进行检测,结果显示"系统正常"。进入车载网络控制单元后,发现了 2 个故障码:01312 动力系统数据总线;01760 辅助转向控制单元(J500)无通信。进入网关(J533)数据总线,也检测到 2 个相同的故障码。

接着检查辅助转向控制单元电路及线路，均正常。检查网关 J533，因网关 J533 与车载网络控制单元 J519 是一体的，只能更换车载网络控制单元 J519，替换后，故障依旧存在。根据前面所检测到的故障码的提示，该故障也可能与转向助力控制单元有关。于是将转向助力控制单元 J500 上的插头拔下，并观察仪表板，结果发现除了转向助力报警灯点亮外，其余的报警灯都熄灭了。将转向助力控制单元更换，用金奔腾 CS-538"彩圣"轿车电脑解码器对辅助转向控制单元编码后，故障排除。

> 点击：由于现代轿车的技术水平大幅提高，要求能对更多的轿车运行参数进行控制，因而轿车控制器的数量在不断地上升，从开始的几个发展到几十个以至于上百个控制单元。控制单元数量的增加，使得它们互相之间的信息交换也越来越密集。
>
> 该车采用新一代的 CAN-BUS 系统，为轿车的控制器之间进行数据交换，在系统内的控制单元间采用了铜缆（双绞线）串行连接方式，即各控制单元都串行连接在一起。控制单元间的信息传播采用广播式传输方式，这样在某个控制单元发出信息后，由接收控制单元自由选择是否接收信息。因 CAN 收发器安装在每个控制单元内部，它同时具备接收和发送的功能。该车的组合仪表、ABS、安全气囊及转向助力同属于驱动系统，都在 1 条数据线上。由于转向助力控制单元损坏，使得其他控制单元均无法通信，这种故障属于 CAN-BUS 系统在控制单元内线路的短路。

18. 上海通用别克轿车 ABS 系统"罢工"·电磁阀导线脱落

（1）故障现象

有一辆上海通用别克 GLX 型轿车，在使用中出现紧急制动时没有弹脚，ABS 不进入工作状态，同时仪表板上的 ABS 灯也点亮的故障现象。

（2）故障诊断排除

上海通用别克车型采用德尔福公司生产的第 7 代 DBC 系统，即 DBC7 防抱死制动系统，其目的是将强制制动的打滑现象减到最小。而在实施制动的过程中，DBC7 通过监视每个车轮的转速和控制每个车轮的制动液的压力来完成这种功能，从而保证行车的稳定性、安全性，改善转向性能。

该车故障灯被点亮说明有故障码存在，用 TECH2 调码显示：C1264 右前出口电磁阀功能失效。由于电磁阀及线路连接都在电子制动力控制模块（EBTCM）内部，如果出现故障必须更换总成，而且价格在万元以上。所以为了准确地判定故障，将故障码清除，再次路试，故障灯又被点亮，调取故障码仍显示该故障。

于是决定将 ABS 总泵分解检查，找出故障出在哪个部位。分解 ABS 总泵内部的电磁阀应注意不可损坏密封圈，并测量电磁阀各引脚线之间的导通情况，正常的引脚线之间是并联电路的关系。在测量的过程中发现有一根线不导通，用万用表的指针拨动此线，确认此线是右前出口电磁阀的一根导线且端部脱落。用一根较细的铜线将此线焊接上，然后用万用表测量其导通情况，结果导通良好。重新安装后，添加新的制动液，按照规定的排气程序排除系统内的空气，再次试车，一切正常，故障排除。

19. 上海通用雪佛兰鲁米娜轿车行驶加速不灵·真空软管断裂

（1）故障现象

一辆上海通用雪佛兰·鲁米娜多用途车，装备 3.1L 发动机，自动变速器。在使用中出现加速响应度不良，特别是当车速超过 70km/h 时更为明显，且车身有前冲的感觉，故障指示灯时亮时灭。

(2) 故障诊断排除

检查试车时,发现发动机怠速偏高,实测为 1300r/min。当车速达到 70km/h,用力踩下加速踏板时,几乎感觉不出加速感,并且故障灯点亮。过一会儿故障灯又自动熄灭,车身也有前冲现象,行车平顺性差。

对该车进行故障诊断,用一导线跨接传输故障。根据(DLC) A—B 插口,仪表盘出现故障码 22,表明节气门位置传感器 (TPS) 电压低。用数字表测量电压,检测电路如图 3-1 所示。拔下 TPS 接头,跨接灰/黑两接线,点火开关 ON,电压为 5V,说明工作电压正常。插上 TPS 接头,测量深蓝/黑色两线间电压,点火开关 ON,当节气门关闭时,电压为 0.46V,到节气门全开,电压逐渐增大到 4.65V,电压符合要求。

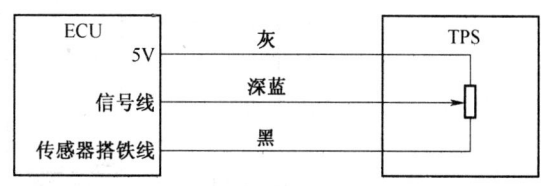

图 3-1 节气门位置传感器 TPS 电压检测

故障码 22 产生的条件是:当发动机运转时,信号电压低于 0.2V。电控模块(ECU)通过传感器监测发动机工况,如果某一传感器检测的参数与 ECU 要求不同,ECU 将发出信号(指示灯点亮),表明"发动机急需维修",并在存储器内存入一个故障码。显然,该车 ECU 已经监测出 TPS 信号电压不正确,并将故障码 22 存入存储器。但从 TPS 信号电压在 0.46~4.65V 变化的测试结果来看,信号电路和 ECU 性能完好,5V 标准电压线路没有断路和短路。由于数字表测量的 TPS 信号电压是一个点,而一个点数据无法看出信号的连续变化曲线。于是怀疑 TPS 中间的可变电阻出现问题,因为瞬间信号电压降落,数字表是难以测出的。

分析故障码 22 间断性产生,可能受到相关传感器及线路或真空管的影响。接着查看进气支管绝对压力传感器(MAP)。先打开空滤盖,发现空滤芯粘满灰尘,用压缩空气吹净。然后拔下 MAP 真空软管接头,发现接头处有一大半已断裂,但没有完全断开,看来问题就出在这里。

起动发动机,随着节气门开度增大,进气量增加,进气管真空度随之减少。此进气管真空度大小反映进气量和发动机负荷大小,是计算喷油量的主要参数之一。真空软管断裂,真空泄漏,真空度下降,在空负荷怠速时,MAP 感受真空度低于其正常怠速时真空度。MAP 不正确的信号电压传给 ECU,使怠速时喷油量加大,怠速值偏高。在加负荷、车速超过 70km/h 时,由于软管裂开,真空度下降,MAP 无法感知真空,ECU 就会以一固定的 MAP 值替代,并使用 TPS 来控制燃油量。当发动机在大负荷、满负荷工况下,要求发出大功率,喷油量应比部分工况时大,固定的 MAP 值导致节气门开度达到 70% 时,ECU 无法提供稍浓的空燃比的功率混合气指令,该车就会出现上述的故障现象。当将断裂软管剪去一段,重新接好真空管,并进行清码试车,怠速恢复正常,故障灯也能自动亮灭,其他一切正常,故障排除。

20. 上海通用雪佛兰鲁米娜轿车行驶无高速·点火线圈不使力

(1) 故障现象

一辆上海通用公司生产的雪佛兰·鲁米娜(Chevrolet Lomina)轿车,该车采用多点电控燃油喷射直接点火方式,点火系统控制原理如图 3-2 所示。在使用中出现发动机怠速工况正常,但行驶动力不足,挂 D 挡加速踏板踩到底,最高车速超不过 60km/h 的故障现象。

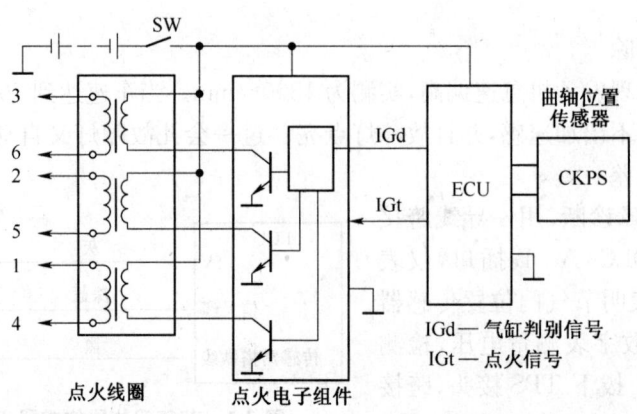

图 3-2 上海通用雪佛兰·鲁米娜轿车点火系统控制电路

(2) 故障诊断排除

通过试车检查感觉燃油压力不正常这一故障可能性较大。于是连接燃油压力表进行燃油压力测试。闭合点火开关 2s 后,油压为 320kPa;起动发动机怠速时为 280kPa,高速时为 300kPa。断开点火开关 10min 后,油压保持在 260kPa,由此判断油压在静态(车辆停止)时是正常的。连接好电眼睛,清除故障码,检测其动态数据流。当所测得的最高车速为 60km/h 时,蓄电池电压为 13.2V,进气量为 64g/s,水温为 92℃,发动机转速 3568r/min,氧传感器在 0.2～0.9V 之间不停变化,燃油压力为 280kPa,从测试数据流分析认为是正常的,但为何车速又上不去呢?

进一步检查蓄电池电压及线路连接,同时检查进气管道,无漏气现象,并且松开了排气管接口,以防三元催化转换器堵塞排气道,使排气不顺畅,而影响功率输出。起动发动机并预热 5min,待水温达到正常值后,加速发动机,转速仍在 3500r/min 左右。在怠速运转情况下,接着检查各点火线圈的高压输出电火花,连接好跨接线,一端搭铁,另一端距点火线圈高压端 6～8mm 试火,试火中发现 3、6 缸点火线圈和 1、4 缸点火线圈的高压端均有蓝色的高压火花出现,且伴有"啪啪"跳火声,而 2、5 缸点火线圈高压端仅能发出淡红色的纤细火花,由此判断点火线圈已损坏。更换新件后再试车,动力大增,车速恢复正常,故障排除。

21. 上海大众帕萨特轿车动力转向异响·滤网堵塞

(1) 故障现象

一辆上海大众帕萨特轿车,使用中出现怠速行驶时,转向器转向叶轮泵有轻微异响,左、右转向时又有"咯咯"的声音。

(2) 故障诊断排除

首先按常规检查动力转向液压油储量,储液罐内油液高度在上下标线之间。怠速运转时,旋开液压罐盖,观察油面呈沸腾状,熄火瞬间有乳化现象,判明其内有气泡存在。

驾驶人介绍,该系统从来没有维护过,故障是近几天才出现的,之前转向一直正常。观察油液颜色呈墨绿色,并未变质。接着检查液压系统各管道及接头,没发现渗漏现象。从检查情况来看,故障点恐怕不是系统内有空气所致,那么异响又是从何而来呢?

左右转动转向盘,转向功能并未丧失,于是怀疑异响可能是叶轮泵叶片或泵体有划痕或损坏。该车一直在指定维修中心养护,从未缺过油液,叶轮泵使用性能一直很稳定,即使叶轮泵内压力和流量阀有问题,也只会产生压力不足或超压现象,压力不足会出现转向沉重;超压会因动力缸左右压差过大,使车辆直线行驶时转向盘发飘或跑偏等现象出现,不会在几天之内就发生这么严重的异响。若转向分配阀有问题,将会因内部泄漏产生转向沉重;若阀回位不好,将出现转向盘回正不灵;若分配阀芯偏离中心位置,或虽在中心位置,但与阀套槽肩的间隙大小不一致,将会产生车辆直线行驶中转向发飘或跑偏,但这些现象该故障车上均不存在,说明此车转向系统各元件不存在问题。然而又考虑到此车不打转向时急速运行,叶轮泵处有异响,怀疑是由于液压油中的气泡从进油管中吸入,在叶轮泵内产生了气动噪声,那么储液罐中的气泡又是从何而来呢?

经过仔细观察沸腾的液压油,没发现什么迹象,转而怀疑储液罐有问题,于是用护士打针用的大号针管吸出储液罐中的液压油,将其放入干净的容器内,当吸出约 1/2 油液时,发现储液罐中的滤网斜躺在其中,判断异响声因此而产生。于是将滤网安装到正确位置上,加入刚才吸出的油液,起动发动机急速运转,左右转动转向盘时观察储液罐油面很平静,异响也消失,故障排除。

> 点击:为什么一个滤网位置安装不正确会产生如此大的异响?这是因为液压油中气泡是产生异响的直接原因。这个滤网在储液罐中的位置是安装在车身后侧的一个油管口上,这个油管口是出油口,安装位置如图3-3 所示。由于发动机急速运转时,转向叶轮泵将出油口液压油吸入,泵出后产生一定压力从储液罐回油口流出时,出油口与回油口之间的油压不同,自然产生气泡,如果储液罐回油口处安装一个滤网,将对回到储液罐中的液压油产生阻尼,使回油口与出油口的压力基本相等,即储液罐中的液压油油压平稳,便不会产生气泡。而该故障车的滤网偏倒,因而产生气泡导致异响出现。

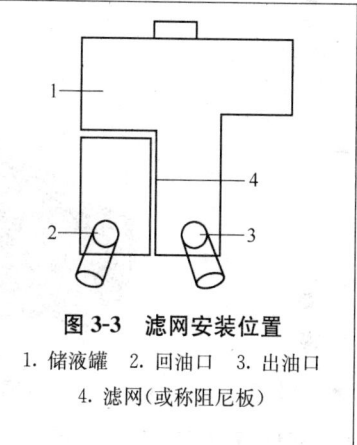

图 3-3 滤网安装位置
1. 储液罐 2. 回油口 3. 出油口
4. 滤网(或称阻尼板)

22. 奥迪 A6L 型 2.8 轿车挂 D 挡不起步·外部过滤器堵塞

(1)故障现象

有辆奥迪 A6L 型 2.8 型轿车,装备 01J 无级变速器,在使用中出现挂倒挡有时冲击,挂入 D 挡放松制动,车辆又不起步行驶,当提高发动机转速到 1200r/min 以上时,车辆又像离合器突然间接合,猛地向前冲的故障现象。

(2)故障诊断排除

使用检测仪进入数据流查看,无故障码,065 组数据为 0,此数据表明油路板工作正常。在查看第 10 组和 11 组数据时,发现第 10 组数据为 0.28A,而第 11 组数据为 0.25A(正常的数据值应在 0.27~0.28A),此数据明显低于正常值。于是清除自适值,此时第 11 组数据为 0.30A,试车正常。然后把第 11 组数据调整到 0.27A,锁止,试车仍正常,这表明该故障现象与电控系统无关。由于第 10 组和第 11 组的数据是根据冲压时间来锁止在正常值的,所以判断是变速器内的油封泄压或摩擦片的间隙过大造成此故障现象。

将变速器进行分解,发现摩擦片磨损过大,间隙达到 2.5mm。于是更换摩擦片,测量前进离合器间隙为 1.5mm,倒挡离合器间隙为 1.8mm。装复并做完自适应后,前进挡的故障消失,倒挡也无冲击等不良反应。此时第 10 组的数据为 0.28A,第 11 组数据为 0.27A,倒挡和前进挡均正常。可是行驶一段时间后,倒挡冲击又出现,但数据流都正常,摩擦片也刚换过,间隙在正常范围内。在行驶中查看油温时,发现油温达到 101℃。于是对变速器散热系统进行检查,发现变速器散热油管有很大的阻力。变速器散热系统如图 3-4 所示。变速器散热系统与变速器能否正常工作有着密切的关系,由于散热油管的外部过滤器被堵塞,散热油无法正常的回流散热,会导致外部过滤器的来油管油压过高,从而引起油路板内部油压过高,造成冲击。彻底清洗该油管并更换外部过滤器后试车,故障排除。

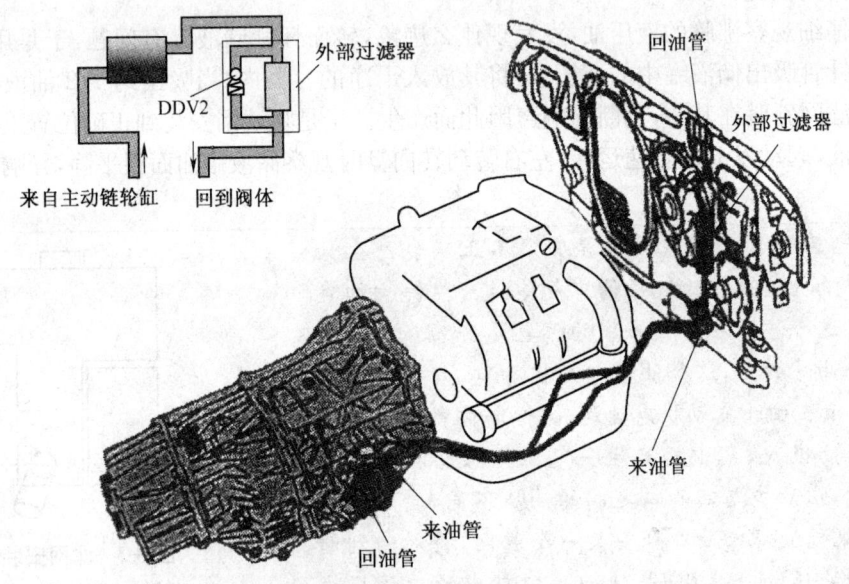

图 3-4 奥迪 2.8 01J 变速器散热管示意图

点击:维修自动变速器,切不可忘记清洗散热系统,该项目作业其实也是维修自动变速器质量和舒适性的一部分。

23. 奥迪 A6L 型轿车起步延长 3s·J540 编号错误

(1) 故障现象

一辆一汽奥迪 A6L 型 2.0T 新车,在起步行驶时急加油会有耸车的现象,即有延迟 3s 的感觉,就像变速器挂挡延迟,有时急加速(油)时出现耸车现象。而且这种现象只有在前进挡出现,倒挡没有此故障,但发动机和变速器控制器无故障码。

(2) 故障诊断排除

根据经验和实践分析,一般起步延迟现象故障大多数是变速器引起的,因此排查就从变速器着手。经分析变速器中可能性最大的是滑阀箱,于是换装一个同规格的滑阀箱试车,故障依旧。进一步仔细分析,感觉该故障现象与坡道起步功能有关,而坡道起步功能主要体现在手制动控制单元上。检查发现其 J540 编号与原车不对,判定此为故障点。当经重新编码后试车,行驶一切正常,故障排除。

24. 奥迪 A6 型轿车冷车制动不良·电动真空泵不使力

(1) 故障现象

一辆奥迪 A6 型 2.4 BDV 轿车,行驶 3500km 时出现冷车制动不良的故障现象。

(2) 故障诊断排除

该型奥迪车安装有电动真空泵用来弥补制动真空不足。当制动真空助力器上的制动助力压力传感器 G294 识别到进气管内真空度升高到大约 500mbar 时,发动机 ECU J220 将激活电动真空泵的继电器 J569,电动真空泵开始运转以建立系统工作所必需的真空度;当进气管内的真空度重新降低到大约 300mbar 时,电动真空泵停止工作。

当电动真空泵或制动助力压力传感器出现故障时,发动机 ECU 内都会存储相应的故障码。在维修工作中检测制动辅助真空系统时,可使用"车辆诊断和信号系统 VAS5052"读取发动机 ECU 08 显示组的数据进行分析。该显示组 4 个显示区分别显示制动灯开关信号、电动真空泵工作状态(启动或停止)、制动辅助真空度、系统状态。当发动机运转,未收到制动灯信号且真空度约高于 500mbar 时,将触发真空泵工作;若发动机 ECU 已经启动真空泵且刹车开关未工作,而在系统设定的时间内(最长约 20s)真空度仍高于 650mbar,便设定故障码"17887 制动系统有真空故障"。

注意:该故障码不要轻易删除,因为有时在短时间内难以让它重现。

首先进行制动系统常规检测,排除了行车制动器和驻车制动器出现故障的可能。待发动机冷却后,试车检查制动效能,感觉制动踏板比较沉重,而行驶几分钟后恢复正常。用 VAS5052 检测的发动机 ECU 存有故障码"17887 制动系统有真空故障",经测试发现电动真空泵不工作。进一步检查发现,电动真空泵插头处无电源,继而检查为熔丝熔断。更换熔丝后进行测试,熔丝再次熔断。于是断开电动真空泵的插头,用试灯取代真空泵进行测试,熔丝没有熔断。拆解电动真空泵,发现其驱动电机的转子与轴承烧结,致使电机的驱动电路中电流过大烧断熔丝。更换电动真空泵及其熔丝,试车制动性能恢复正常,故障排除。

25. 奔驰轿车换转角传感器后 ESP 和 ABS 灯亮·游丝线断

(1) 故障现象

一辆奔驰 ML350 轿车 (底盘号为 4JGBB86E47A243377),该车已行驶 1.8 万多 km (11324mile)。驾驶人要求将其自购的配件"转向盘转角传感器"更换掉。当更换完毕后着车,发现如图 3-5 所示仪表中的 ESP(电控行车稳定系统)灯和 ABS 灯点亮。一般来讲,一旦更换了转向盘转角传感器或是断过蓄电池后都需要将转向盘转角传感器的

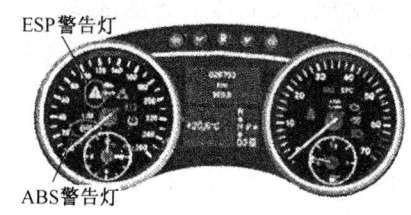

图 3-5 奔驰 ML350 仪表

位置重新初始化,或称为"零位偏差补偿"。对于奔驰车来说可以手动做初始化,方法是将转向盘先后向左和向右来回打方向,直至 ESP 灯熄灭。但是 ESP 灯熄灭后,ABS 示灯仍然未能熄灭,这说明 ESP 电控系统中还存在其他故障。

(2) 故障诊断排除

连接奔驰专用检测仪 Star-Diagnosis,选择 164.186 底盘,进入 ESP 系统后读得故障码 FC(Fault Code)如下:

①FC5410 行车路试:仅当车辆静止时,才允许操纵电控车辆稳定行驶系统(ESP OFF)

按钮。

②FC5116 L6/2(右前轮速传感器):检查传感器的安装位置。

③FC5174 转向盘转角传感器没有初始化。

④FC5173 转向盘转角:信号故障。

⑤FC5938 检查部件 N49(转向盘转角传感器)。

⑥FC5410 行车路试已激活。

其中,除了故障码 FC5410——行车路试已激活——是目前存在的现实故障外,其余皆为历史存储的故障码,即为曾经出现过的故障码,可以清除掉。

首先清除故障码,随后只剩下故障码 FC 5410 无法清除。而所谓的"路试激活"是对装配有 ESP 的车辆而言,每当更换完转向盘转角传感器、横摆角/横向加速度传感器后都是需要做的。而且一旦激活,就必须按照程序提示的信息完成一个完整的路试操作后才能解决问题。

在电脑上双击故障码 FC 5410,引导进行"行车路试"。

第一步,着车后转动转向盘,使其保持正前行驶位置,同时电脑显示−10°~10°范围内,实际值−0.5°,有效。点击"F3"进行下一步。这时,行车测试已激活。该过程通过操作位于控制面板上的"ESP OFF"开关按钮来启动。

拔下车辆上的诊断插头,仪表板上 ABS 灯亮,ESP 灯不亮。完全松开驻车制动,踩下制动踏板,轻拨挂挡杆,使其挂入 N 空挡位置,松开制动踏板,车辆处于静止状态。找一块足够大的平坦场地,以便车辆能够左右转圈儿。这时按下"ESP OFF"开关,仪表板上 ESP 灯简短的闪了几下后完全点亮。踩住制动踏板,将挂挡杆挂入前进挡 D 位,要求在 10s 内开始拐弯行驶。车速保持大约 10km/h,而且转向盘转过的角度一定要大于 90°转角。车辆大约转过 1/4 圈时,ESP 灯开始闪烁。但由于场地原因,还在左右打转向转圈的过程中,ESP 灯已经熄灭。踩刹车,让车辆停靠在较平整的路面上,然后挂入空挡,松开制动踏板。没有出现预期的 ABS 灯熄灭结果,而是仍然点亮。这说明路试程序执行失败了,后来又重复多次仍然没做成。想必其中还有一些没做到位或是做错了。

重新连接检测电脑,读取故障,这时除了 FC5410 仍为目前存在的现实故障码外,又多了两个故障码:FC5413 行车测试:转弯行驶时超时(规定时间为 20s),历史储存;FC5603 行车测试:未满足行车测试的检测前提,历史储存。

清除故障码后,又仔细推敲了一下路试程序的过程提示,重新找了一块更大的场地来做路试。这一次开始转圈行驶时,ESP 灯一开始闪,马上就踩了刹车,停住车后,ESP 灯和 ABS 灯相继熄灭,路试终于成功了。FC5410 也由目前存在的现实性故障码转变为可以清除掉的历史故障码。

回想一下前几次路试失败的原因可能就在驾驶车辆转圈行驶过程中,为了一味地追求将车辆停好在平直路面上,且还要将方向再回正。另外再加上转圈行驶时间过长,造成 ESP 警告灯在短暂地闪烁几次后彻底熄灭,从而导致路试程序失败。

路试的问题终于解决了,但在路试的过程中又发现了一个新的问题:喇叭不响,多功能转向盘上的按钮不起作用,仪表显示信息无法改变。但转向灯却没问题,远近光能变换,雨刮器也正常,说明灯光组合开关正常。同样位于转向柱旁的挂挡杆也能正常挂挡。

通过驾驶人了解到,该故障并不是在维修车辆的过程才出现的,而是车主买过来时就有故障。根据以往的维修经验,如果同时伴随着出现多个故障的时候,首先要看这些故障是否在时间上、部件的装配位置、电源的共用、系统的逻辑关系等方面存在一定的共性或关系。例如,在时间上是否同一时间发生的;这些故障所牵涉到的部件是否彼此都位于一个相对较接近的地方;是否同用一条火线、搭铁线或是信号线;是否同属一种数据总线,如PT-CAN(驱动总线)。

综上所述,没有先连接检测设备诊断,而是直接选择了查看"wis"电路图,从电路图中找答案,因为这几个问题至少是存在于同一个部位"转向盘"上。

从资料不难发现,部件A74/1多功能转向盘电控单元正好集中采集了"喇叭"和"多功能菜单选择按钮"的开关信息,而这些开关信息都是通过盘于气囊螺旋弹簧(俗称气囊游丝)中的LIN总线传输到了N80转向柱模块,包括由N80转向柱模块提供给A74/1多功能转向盘电控单元的常火线和接地线,也同样盘在了气囊游丝中,这三根线其中任何一根出现问题都可能会引发上述故障现象,因此气囊游丝成了重点怀疑对象。

拆下气囊游丝,用万用表依次测量如图3-6所示的黑、红、白三根线与气囊游丝另一端相对应的插脚,结果电阻全是无穷大,表明三根线全部断路。将气囊游丝更换掉后故障排除。

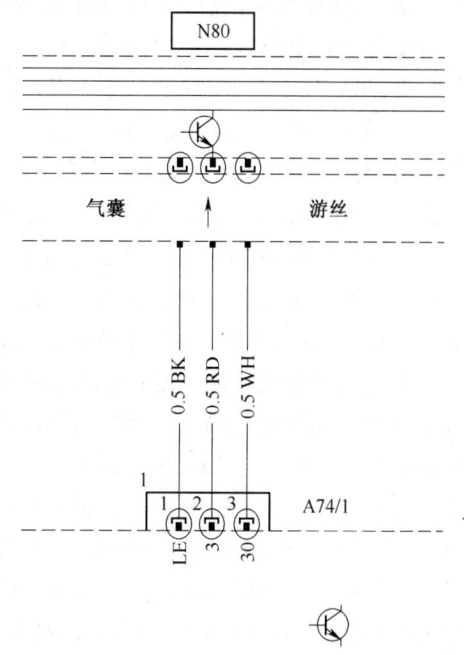

图3-6 气囊游丝电路图

N80—转向柱模块 A74/1—多功能转向盘电控单元

点击:奔驰ML车系在更换ESP控制单元、横向加速度传感器或偏移率传感器后,必须进行标定,并进行路试学习。

26. 宝马7系轿车无法挂挡·SZL开关损坏

(1)故障现象

一辆2013年生产的宝马745轿车,由于无法挂挡,EGS自动变速器灯闪烁且DSC动态稳定灯亮起。据驾驶人描述此车是临时停车后,起动车辆时才发现EGS自动变速器报警,仪表上挡位指示灯闪烁,且DSC灯也亮着。重新起动车辆,故障依旧。

(2)故障诊断排除

首先连接诊断仪器对车辆快速测试,读取EGS自动变速器故障为:5079.EGS串联通信超时不可信信号超时;50DC.EGS双重错误位置信息CAN串联线路不可信的信号或信号超时P1701。

读取DSC故障为5EF4 DSC转向角度传感器内部故障,且当前存在;又读取了SIM安全信息模块故障为93C8 SIM开关转向柱开关中心,故障也是当前存在。从自动变速器的故障码不难看出,此故障和变速器内部元件无关;电器方面有故障的可能性极大。从驾驶人那里了解到此车以前也出现过几次这样的现象,但是以前出现的时候只要重新起动车辆,故障就会自动消除。所以以前也没太在意,但是这次重新起动车辆却无法自动消除。

结合EGS自动变速器、DSC动态稳定控制系统及SIM安全信息模块的故障码,初步怀疑是 SZL 转向柱开关中心出现了问题。因 E66 车型采用了电子挡（怀挡），它的转向盘上的所有按钮信号，如雨刮器开关信号、转向开关灯信号、巡航开关信号、转向角度信号等，都是通过 SZL 发送至 SIM 安全信息模块，SIM 安全信息模块再发送至 ZGM 中央网关，中央网关通过处理后发送至各个总线上。变速器挡位开关信号是由 SZL 转向柱开关中心发送至 SIM 安全信息模块，SIM 安全信息模块发送至 ZGM 中央网关，由 ZGM 中央网关通过处理发送到 PT-CAN 至 EGS 自动变速器控制模块。若 SZL 转向柱开关中心损坏，EGS 自动变速器控制模块接收不到挡位开关 P 信号，就会报总线超时信号不可信，亮起故障灯，进入保护模式。而 DSC 动态稳定控制系统的转向角度信号也无法正常发送，DSC 动态稳定控制系统也会亮起故障灯。为了验证推断，对 EGS 自动变速器的故障进行了引导性查询。通过引导性查询仪器，操作转向盘上的挡位开关。分别挂入 P、R、N、D 挡，诊断仪器上均显示未操作。又对 DSC 动态稳定控制系统的故障进行了引导性查询，诊断仪器都无法读出转向盘的当前转向角度。最后给出的结论也是更换转向角度传感器（转向角度传感器集成在 SZL 上），此时基本上可以判断是 SZL 转向柱开关中心损坏导致了 EGS 自动变速器和 DSC 动态稳定控制系统报警。为了更加准确地判断故障，试将 EGS 自动变速器、DSC 动态稳定控制系统的故障码进行了删除，令人没有想到的是竟然可以顺利删除故障码。于是，将 SZL 转向柱开关中心的信号输出插头拔掉，看一下是否与车辆出现故障时的故障码一致，结果 EGS 自动变速器故障灯亮起，仪表上挡位指示灯闪烁，且 DSC 动态稳定控制系统故障灯也同时亮起。用诊断仪器再次读取 EGS 自动变速器和 DSC 动态稳定控制系统的故障码，与车辆出现故障时的故障码一模一样。至此可以准确地判断是 SZL 转向柱开关中心损坏。更换 SZL 转向柱开关中心并进行编程，反复试车，故障均未再现，至此故障彻底排除。

27. 宝马 7 系轿车自动变速器打滑·零部件磨损严重

(1) 故障现象

一辆宝马 750i 型轿车，在使用中出现车辆前进或后退时都有打滑的感觉，严重时发动机会在车辆起步时发生空转。

(2) 故障诊断排除

根据该车的故障现象，对变速器进行如下检查试验。

① 拉紧驻车制动杆，起动发动机并稳在一定的转速。

② 将换挡杆由 N 挡挂入 D 挡，同时用秒表进行计时。当感到有振动感时的时间为 1.7s，而标准要求时间应小于 1s。由此表明故障点可能是变速器的油泵压力过低致前离合器工作不良，超速挡单向离合器工作不正常。

③ 将变速杆由 N 挡挂入 R 挡，到有振动感的时间为 2.1s，而标准要求时间为小于 1.5s，表明故障点也可能是变速器油泵压力过低，后离合器工作不良，超速挡单向离合器工作不正常，制动器工作不良。

拆检自动变速器，果然发现变速器油泵磨损严重，超速挡单向离合器打滑。分别进行换件和维修后装复试车，打滑现象消失，故障排除。

28. 宝马轿车自动变速器间歇性进入失效保护·防盗系统的电磁干扰

(1) 故障现象

一辆宝马（BMW）轿车，装备 V12M70 型发动机。在使用中出现排气管冒黑烟，发动机怠速不平稳，当加速到 1000~1500r/min 时，排气管有"放炮"声；在正常行驶过程中，自动变速器间歇进入失效保护状态,并在仪表信息液晶显示屏上出现"TRANS PRO GRAM"字样。将换挡杆挂入 D、3、L 挡位时,发动机提速困难,即使将加速踏板全踩下,转速也只能达到 800～1000r/min。轿车在行驶时,发动机有时还会熄火,但熄火后可以立即起动着。将换挡杆挂入 N、P 挡位时,发动机加速良好。发动机故障指示灯有时会亮。对自动变速器控制系统、发动机电控系统、燃油系统均进行过全面检查,没有解决问题,不知是什么原因?

(2)故障诊断排除

据该车故障现象和检查情况,首先检查点火系统和防盗系统。该车在原厂设置的防盗系统基础上,又另外加装了一套市面上购买的防盗装置。宝马车系发动机控制系统以其 38 号线与防盗控制系统相连,以接受防盗系统的输出信号(断火)。如果某一侧发动机点火控制受防盗系统的影响,导致各气缸点火电压普遍偏低,甚至间歇断火,造成混合气燃烧不完全,一方面排气管冒黑烟,另一方面氧传感器因未燃混合气中含有大量氧气而输出混合气偏稀信号。两侧发动机输出的动力总和不足,加上自动变速器控制单元与发动机 ECU 互相影响,将导致自动变速器进入失效保护状态。

从节省维修费用角度考虑,也征得驾驶人同意后,将左、右两侧发动机控制系统的 38 号线剪断处理包扎好,解除该车的防盗功能。随后测量左、右两侧氧传感器的信号电压,均在 0.2～0.7V 正常范围内波动,左、右两侧发动机各缸点火电压均达到 6～9kV,左、右两侧进气系统的负压力均在 59～63kPa,符合技术要求。路试情况也良好,至此故障排除。

29. 宝马 7 系轿车转向沉重费力·车身控制模块故障

(1)故障现象

一辆宝马 740iL 型轿车,在行驶过程中出现转动转向盘很沉重费力的故障现象,但如果将发动机熄火后再重新起动,转向就可能变得轻松。

(2)故障诊断排除

首先检查转向液压油油位,属正常。起动发动机原地转动转向盘,感觉并不沉重。用元征 X-431 进行检测,发现该系统无故障记忆。

该车动力转向系统的控制原理是当轿车在原地转向时,车身控制单元就向转向液压控制电磁阀发出 1 个脉冲信号。当轿车行驶时,车身控制单元根据车速的变化发出不同频率的脉冲信号,以保证轿车的行驶稳定性和安全性。

在车身控制单元上找到通向转向液压控制电磁阀的 2 根导线,在这 2 根导线上分别引出导线接到万用表上,然后对该车进行路试。当轿车在原地或低速行驶时,万用表上有脉冲信号显示,而且驾驶人也感觉到转向不沉重。当轿车行驶到 60～70km/h 时,脉冲信号突然消失了。当驾驶人让该车减速,直至车速下降到 20km/h,脉冲信号一直没有,驾驶人同时也感到转向沉重。至此,可以确定故障原因是转向液压控制电磁阀没有接收到来自车身控制单元的脉冲信号。同时,分析认为假如车速信号异常,也会导致上述故障发生。检查车速信号,发现仪表显示的车速和实际车速相符,另外由车身控制单元控制的中央门锁工作正常(当轿车行驶车速超过 20km/h 时,中央门锁会自动锁上),由此断定车身控制单元有故障。

更换一只新的车身控制单元,装复试车,行驶转向恢复轻便,故障排除。

30. 丰田雷克萨斯轿车电控动力转向沉重·电磁阀卡滞

(1)故障现象

一辆丰田雷克萨斯轿车,动力转向控制系统是液力反应型渐进式动力转向机构,只要起动发动机,转动转向盘便会感到特别轻盈,用一个手指拨动转向盘不感到费力。该电控动力转向电路控制如图3-7所示。但该车在正常行驶和原地转向时转向盘都明显沉重,助力泵噪声很大,同时在转动转向盘时,观察油杯的液面变化不明显。

(2) 故障诊断排除

首先检查轮胎气压、转向系统的各球头磨损、相关悬架悬臂部分、转向器本身及相关管路渗漏状况、油杯液面高度及油质、转向助力泵皮带松紧度、前轮定位等,各项参数都在正常技术规范范围内。

拔下电磁阀线束插头,测量动力转向电磁阀阻值在10Ω左右,基本符合标准。起动发动机,转动转向盘,用发光二极管测试灯连接电磁阀线束插头两线插口,试灯点亮。用数字万用表电压挡测量,电压数值正常,说明动

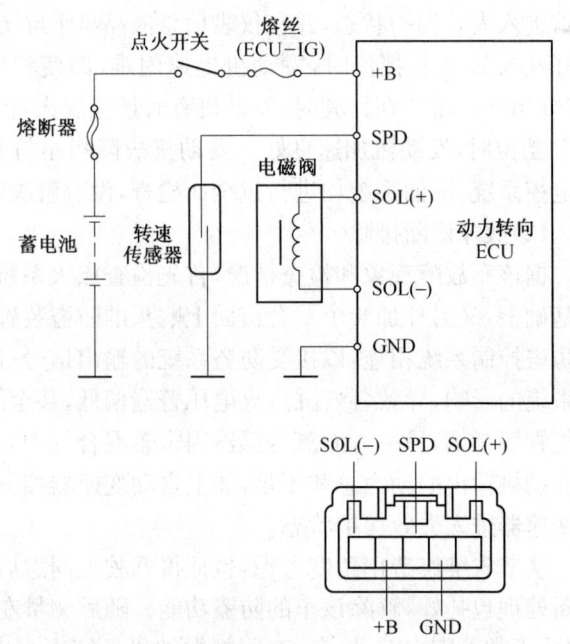

图3-7 丰田雷克萨斯轿车电控动力转向电路控制

力转向ECU、SOL(+)、SOL(-)之间的连接正常,说明动力转向ECU本身无故障。

在驾驶室内转向盘下方,找到动力转向ECU,拆下ECU的线束插头,用数字万用表检查ECU线束,"+B"端输入电压正常,且该车发电机发电量正常,说明连接ECU的"+B"线路无问题。架起该车的后轮,然后用手转动,同时用数字万用表电阻挡检查SPD端与GND端电阻值的变化,表的读数在0~∞之间不断波动,说明车速传感器信号输入ECU是正常的。

将车放在四柱举升机上,再次拔下动力转向电磁阀的线束插头,用试灯连接线束插头,同时左右转动转向盘,试灯仍亮;用手晃动其电磁阀线束,并稍用力拉伸、打折,试灯熄灭了,说明此线束有折断或虚接的地方。经检查,是SOL(-)到电磁阀间的线束有问题,重新接好SOL(-)到电磁阀间的线路后试车,转动转向盘,明显感觉轻多了,不管是在原地还是行驶时,左右转动转向盘都有明显的改善,但是仍然稍沉。有时感觉像转向助力突然失效一样,时沉时轻,说明动力转向系统还存在故障。

将动力转向电磁阀从转向机上拆下,直接用12V电源驱动电磁阀,用时通时断的方法来验证其技术状态,检验结果电磁阀能发出"咔嗒"的工作声,但声音很小,给人感觉动作无力,怀疑该阀可能发卡或开度不够。更换新电磁阀后,故障得以完全排除。在原地转动转向盘,用一个手指拨动感觉不费力,且在低速、高速等不同工况下都正常,故障排除。

31. 丰田雷克萨斯轿车制动力弱·信号线连接松动

(1) 故障现象

一辆丰田雷克萨斯轿车,在使用中出现制动软绵现象,行驶时必须时刻警惕,因制动距离较原来延长2m多,自诊断时有故障码52输出。

(2) 故障诊断排除

丰田雷克萨斯轿车制动液面报警灯开关电路如图3-8所示,造成故障的主要原因有:制动

液泄漏,制动液面报警灯开关接触不良,制动液面警报灯与ECU之间的线路或插接器不良、驱动力控制系统电脑发生故障等。

该款轿车制动液面报警灯开关电路在液面过低时,会向ECU输送电信号,而当制动液面过低或报警灯开关电路出现故障时,ECU将存储故障码52。

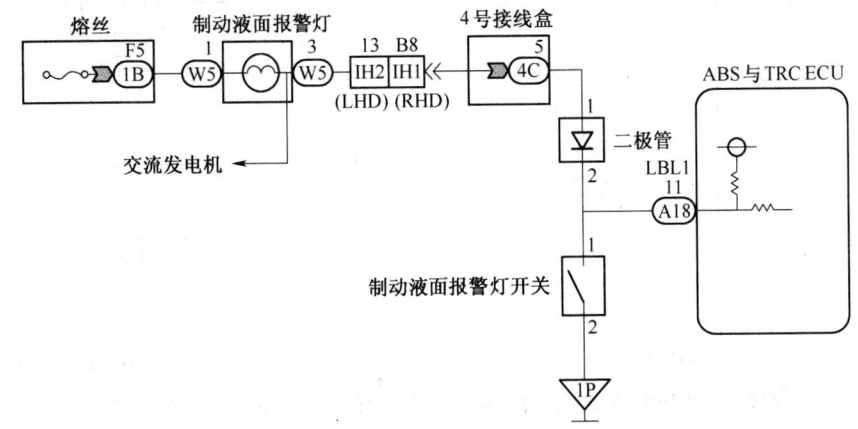

图3-8 丰田雷克萨斯制动液面报警灯开关电路

对该车故障检查诊断如下:

①检查制动液面高度,有无泄漏之处。若有,应进行修理并加足制动液,结果液面正常,其他未发现问题。

②检查制动液面报警灯开关。如不良应更换新开关;如开关良好,则应检查开关与制动液面报警灯相连接的所有线路和插接器状况,结果,线路和插接器均正常。

③接着检查驱动力控制系统(TRC),发现与TRC ECU连接的一根导线连接松动。紧固后试车,一切正常,故障排除。

32. 丰田雷克萨斯轿车TRC作用很弱·液压泵故障

(1) 故障现象

一辆丰田雷克萨斯轿车,在使用中出现驱动力控制系统(TRC)的作用很弱的故障现象。

(2) 故障诊断排除

此故障出在TRC液压泵电动机监视电路的可能性大,其电路工作如图3-9a所示。此电路用于向TRC ECU提供TRC液压泵电动机工作的信号,当电路出现短路或断路故障时,TRC控制功能将被停止,TRC ECU储存故障码56。

造成故障原因可能是:TRC液压泵电动机故障,TRC液压泵电动机与搭铁之间的线路或插接器不良,TRC液压泵电动机与TRC ECU之间的线路或插接器不良,TRC ECU故障。

检查TRC液压泵电动机的工作情况。拆开TRC液压泵电动机插接器,给液压泵电动机接上蓄电池电压,如图3-9b所示("+"接3号端子,"-"接1号端子),应能听到TRC液压泵电动机发出运转的声响。若接上蓄电池电压后,TRC液压泵电动机不工作,应更换TRC液压泵及电动机总成。检查正常。

检查TRC液压泵电动机搭铁情况。检查TRC液压泵电动机插接器(线束侧)1号端子与搭铁之间导通情况,如图3-10a所示,正常应导通(电阻为0Ω)。若搭铁不正常,应检查TRC液压泵电动机搭铁线路和插接器。搭铁正常。

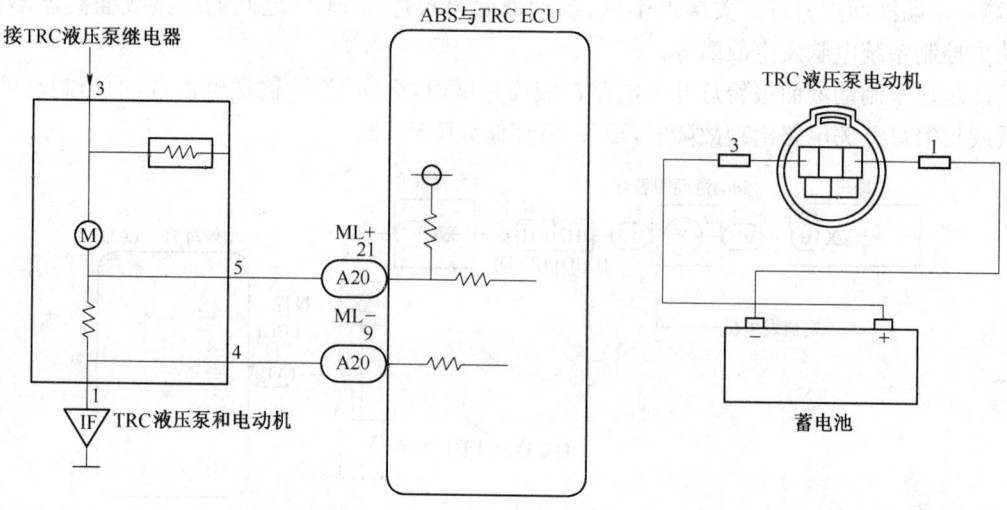

(a) TRC液压泵电动机监视电路　　(b) 检查TRC液压泵电动机的工作情况

图 3-9　丰田雷克萨斯轿车 TRC 液压泵电动机监视电路及工作情况

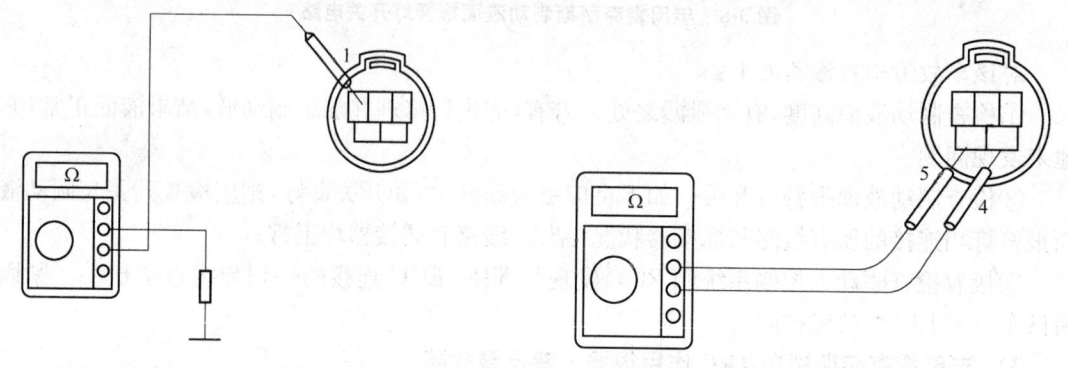

(a) 检查TRC液压泵电动机搭铁情况　　(b) 检查TRC液压泵电动机4-5端子之间导通情况

图 3-10　丰田雷克萨斯轿车 TRC 液压泵电动机搭铁及导通速查

检查 TRC 液压泵电动机插接器 4-5 端子之间导通情况。如图 3-10b 所示,拆开 TRC 液压泵电动机插接器,检查电动机侧 4-5 端子之间是否导通。结果不导通,由此判断 TRC 液压泵及电动机总成损坏。更换 TRC 液压泵及电动机总成后试车,一切正常,故障排除。

33. 丰田雷克萨斯轿车 TRC 功能失效·ECU 损坏

(1) 故障现象

一辆丰田雷克萨斯轿车,行驶 9 万 km,在使用中出现 TRC 系统控制功能失效,自检时又出现故障码 54 或 55。

(2) 故障诊断排除

该轿车出现故障码 54 或 55,很可能是 TRC 液压泵电动机继电器电路出现故障,ECU 中止 TRC 系统的控制功能并储存故障码 54 或 55。其主要原因有:TRC 液压泵电动机继电器不良,TRC 液压泵电动机继电器与 ECU 之间的线路或插接器不良,TRC ECU 故障,TRC 液压泵电动机与 ECU 之间的线路或插接器不良。雷克萨斯 TRC 液压泵继电器电路如图 3-11a 所示。

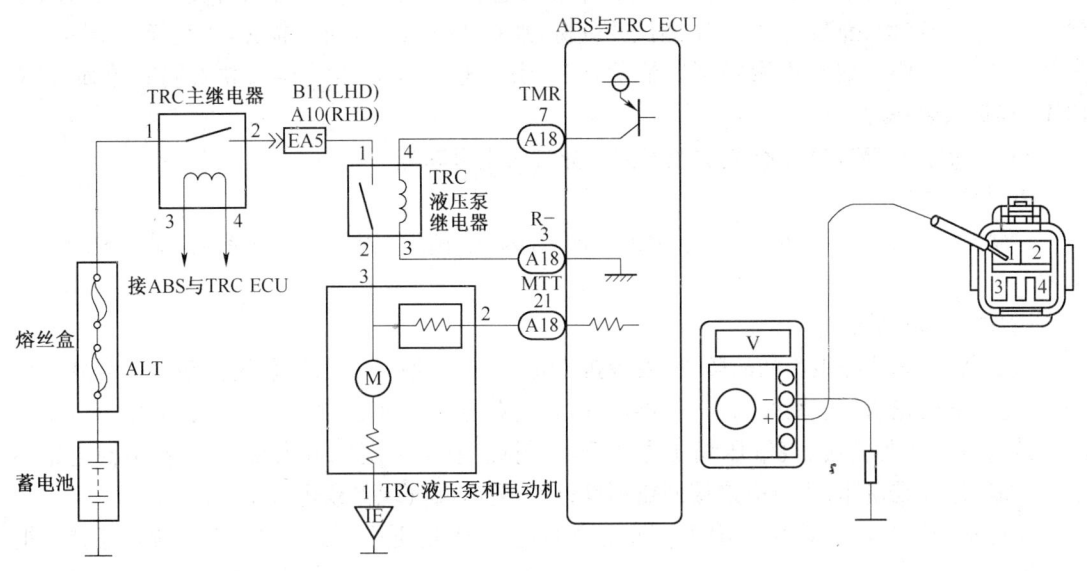

(a)TRC液压泵继电器电路　　　　　　　(b)检查TRC液压泵继电器电源电压

图3-11　丰田雷克萨斯轿车TRC液压泵继电器控制电路及检查

检查TRC液压泵电动机继电器电源电压。拆下TRC液压泵继电器,接通点火开关后,测量继电器插接器线束侧1号端子与搭铁之间的电压,如图3-11b所示,正常电压应为蓄电池电压。若电压不正常,则检查继电器与蓄电池之间的线路和插接器。检测结果属正常。

检查TRC液压泵继电器。首先检查TRC液压泵继电器各端子之间的导通情况,正常情况应为3、4端子之间导通(电阻很小),1、2端子之间不导通(电阻∞)。然后按图3-12a所示,在3、4端子之间加蓄电池电压,再检查1、2端子之间应导通。若上述检查有不正常,应更换TRC液压泵继电器。经检查均属正常。

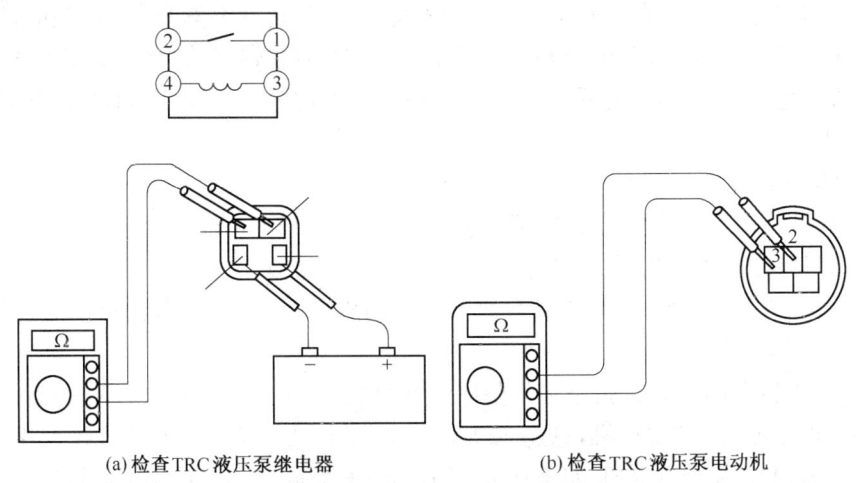

(a)检查TRC液压泵继电器　　　　　(b)检查TRC液压泵电动机

图3-12　丰田雷克萨斯轿车TRC液压泵继电器及电动机检测

检查TRC液压泵电动机。拆开TRC液压泵电动机插接器,检查2、3端子之间导通情况,如图3-12b所示,正常情况应导通(电阻很小)。若不正常,应更换TRC液压泵及电动机。若正常，应检查 TRC 液压泵电动机，TRC 液压泵继电器与 TRC ECU 之间的线路和插接器，结果线路和插接器均无问题。经三次测试并分析，判断 TRC ECU 可能损坏，于是换一个同车型的 TRC ECU 试验，结果故障码可以清除消失，其他也一切正常。经驾驶人同意更换 TRC ECU，换后故障排除。

34. 丰田雷克萨斯轿车行驶加速发闷·分缸线张冠李戴

(1) 故障现象

一辆丰田雷克萨斯轿车，在行驶中出现加速略显迟钝，有较重的发闷感觉，即行驶舒适性变差。

(2) 故障诊断排除

通过路试，确认除报修的故障外，发现排气管略有"放炮"，发动机怠速抖动。按常规修理程序，先拆下火花塞，发现除 3 缸工作不良外，其他各缸均工作正常。导致气缸工作不良的原因大致有以下四种情况：气缸压缩压力过低，密封性差；点火高压电火花过弱，蓄电池电量不足；喷油器过脏或损坏，或喷射连接回路不良；进气管有漏气现象或进气不畅。

先检查高压线，3 缸高压线确实有被击穿的痕迹，于是更换一组。为了彻底解决问题，把喷油器拆下一并在试验台上检测，均无泄漏，清洗后装车，缸压应该没什么问题。一切装好后，试车，还不如修理之前。原因是驾驶人贪便宜买了组副厂高压线，无奈只得重新换一套，装好后，情况略有好转，但还是不如修理之前。准备再拆下火花塞查看，刚一打开发动机盖，一股焦糊味扑鼻而来，经检查发现，两侧排气管上的三元催化转换器由于过热而烧得通红。熄火待冷却后，起动发动机，急加速进气管偶有回火现象，会不会是正时跳齿呢？拆下正时皮带罩检查，正时皮带完好，松紧度适当。怎么会越修越严重？莫非高压线插错了？为此，顺着分缸线一根一根查对，终于发现第 1 缸与第 5 缸的高压线插错位了。将两线各就各位后，起动发动机试验，加速性能完全恢复，故障排除。

35. 丰田雷克萨斯轿车行驶加速不良·变速器油温信号失真

(1) 故障现象

一辆丰田雷克萨斯轿车在行驶中突然加速不良，发动机转速突然升高，发动机故障灯突然点亮。关闭点火开关后重新起动，车辆又恢复正常，但发动机故障灯点亮。如果不关闭点火开关，则发动机加速不良，车辆只能低速行驶。该车辆多次维修后，加速依然有些迟缓，车速只能达到 100~120km/h。

(2) 故障诊断排除

对车辆进行检查，发现发动机故障灯点亮，怠速在 1200r/min。进行检测，故障码为 P0121—节气门传感器线路范围/性能故障，该故障码要求更换节气门体总成。查看定格数据（系统自诊断出故障码时的相应系统参数数据），发动机参数基本正常，而自动变速器油温为 83℃，偏低。

检查节气门体线路，正常。拆下节气门体，清除积炭。由于节气门体不可调整，翻板转动正常，故装回发动机。起动发动机，怠速 1200r/min。关闭点火开关，拔出 ETCS 及 EFI 熔丝 10s 以上，然后插上。起动发动机，怠速 1000r/min，有些偏高。建议该车试运行。

两天后，车辆行驶中故障再次出现，将车直接开到维修站维修。此时检查怠速为 1200r/min，故障灯点亮，检测故障码同样为 P0121。查看定格数据，变速器油温 65℃，明显偏低，其他参数正常。因此，对发动机及变速器线路进行全面检查。

丰田雷克萨斯轿车变速器油温传感器电路如图3-13所示,在检查中发现,ECU侧插接器E4端子17与插接器E5端子18之间电阻一会儿在2~3kΩ之间,一会儿又变大。而该电路为变速器油温传感器回路,故判定油温传感器故障。找一个同型号规格的油温传感器对比,发现其室温时电阻为

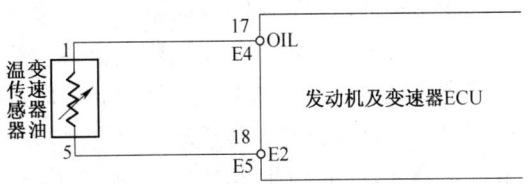

图3-13　丰田雷克萨斯轿车变速器
ECT油温传感器电路

2.7kΩ。于是,打开变速器油底壳,更换油温传感器。安装完毕后,发动机急速5min,测量ECU插接器端子OIL与E2之间电阻,为770Ω,正常。此时,诊断仪显示变速器油温为87℃,正常。由于变速器油温传感器故障,ECU接收到变速器油温低信号。为此,ECU提高发动机转速,相应降低车速,从而提高变速器油温。当超过控制范围时仍接收变速器油温低信号,就判定节气门体故障,记录此时车辆参数数据,并点亮发动机故障灯,车辆以低速的失效保护状态运行。同时,由于自动变速器油温实际上较高,造成了变速器油变质变黑。

将新的油温传感器安装完毕进行路试,车辆动力明显提高。因维修中变速器油刚刚更换,车辆故障现象消失,故障排除。

36. 丰田雷克萨斯轿车行驶高速丢失·老化密封圈罪魁

(1)故障现象

一辆丰田雷克萨斯高级轿车,将自动变速器换挡杆挂入D挡行驶中,按动超速挡O/D开关后,车速不能随着加速踏板的踩下而自动加速到150km/h以上。即便节气门全开时,最高车速也只能达到120km/h。

(2)故障诊断排除

经检查,在发动机和自动变速器达到70℃~80℃正常工作温度的情况下,检查了自动变速器内润滑油的数量和油质。其油液量的位置处于量油尺热态(HOT)标记的范围以下,即油面偏低;同时,发现油液的颜色已呈极深的暗褐色,并且伴有烧焦的气味。此外,在油液中还含有类似离合器制动摩擦片(带)的固体碎渣。

接着检查和测试引起该车车速降低故障的发动机、电控系统和自动变速器,使用万用表检测O/D挡电控系统中的线路和各电气元件,均工作正常;发动机和液力变速器分别做D挡和R挡的失速试验,也未发现异常。

根据已查出油量和油质存在的问题,初步判断该车车速降低的故障是发生在自动变速器内部的机件中。于是,将该车用举升架托起,先放掉自动变速器内油液,再将自动变速器从发动机后部拆卸下来,并分解、清洗内部的机件,发现在自动变速器内担负固定超速O/D挡中心轮的制动器摩擦片,传递超速O/D挡输出动力的直接离合器摩擦片,以及个别压板已有不同程度的烧蚀和损坏。

更换制动器和离合器上被严重烧蚀和损坏的摩擦片和压板,将自动变速器装到车上并按原厂要求的数量和牌号加注自动变速器油液后,起动发动机进行路试。在开始行驶的100km/h内,换挡杆在D挡位时,可以自动从D3挡换入超速O/D挡,并且车速能随着节气门开度的增大,加速到140km/h左右。继续试下去,随着节气门开度增大,车速反而逐渐降低了。当行驶到200km左右时,自动变速器不仅不能从D3挡换入超速O/D挡,而且还从D3挡降至D2挡。此后,即使将加速踏板踩到底,最高车速也只能达到该车未入厂修理前的速度

了。再次出现故障,再一次拆检,证实是直接离合器内活塞上的密封圈损坏所致。

由于离合器内活塞上的密封圈老化,密封不严造成油液渗漏,导致 O/D 超速挡中心轮的制动器和直接离合器上的摩擦片烧蚀和损坏,使活塞作用在离合器摩擦片的压紧力降低,从而导致直接离合器摩擦片在传递动力时打滑,发动机的转矩便不能完全传递到驱动轮上,这样即使节气门全开,挂上 O/D 超速挡,车速也不能达到设计值。

更换离合器内活塞上的密封圈,将轻度烧蚀的摩擦片修理并装复,重新加注自动变速器油,再次试车,加速性能恢复,故障排除。

> 点击:在现代轿车维修中,O 形密封圈、胶垫等易损件应换新件,不可重复使用,否则必将导致返工。

37. 丰田雷克萨斯轿车行驶急加速不良·调整缺位

(1)故障现象

一辆丰田雷克萨斯 ES300 型轿车,装备 3VZ-FE 型发动机,A540E 型自动变速器,行驶 16 万 km,近期出现行驶中急加速不良、油耗增多、排气管冒黑烟故障。

(2)故障诊断排除

首先跨接诊断座中的 TE1 和 E1 端子,打开点火开关,通过观察仪表板上的故障指示灯读取发动机电控系统故障码,故障灯以 2 次/s 的频率持续闪烁,这表明发动机电控系统正常。

导致油耗增加和加速不良等故障的常见原因有火花塞和点火线圈等点火系统部件工作不良,节气门体和怠速控制阀脏污以及燃油系统工作不良等,此车故障原因可能涉及多个系统。于是决定进行发动机的常规检查,对节气门体和怠速控制阀进行清洗,更换火花塞、燃油滤清器以及点火器,测量燃油压力正常,但装复后故障依旧。对点火系统线路进行检查,再起动时居然无法着车。

为什么对点火系统进行检查后就无法着车了呢？检查点火系统时,为了观察点火能量是否足够,进行了高压线跳火试验,开始时能看见很强的高压电火花,后来就观察不到跳火了。仔细观察点火器上连接的线路,发现点火器上的 5 条线路的外皮都因为老化的原因而破损,于是怀疑进行高压线跳火试验时操作不当,导致高压电打到点火器的破损线路上,从而损坏发动机 ECU。该车点火系统线路如图 3-14 所示,从图可知,发动机 ECU 向点火器输出电压信号 (IGT 信号),点火器控制点火线圈初级绕组接地。当需要点火时,发动机 ECU 断开 IGT 信号,点火器断开点火线圈初级绕组接地,从而使点火线圈次级绕组产生高压电。与此同时,点火器向发动机 ECU 发送约 5V 的脉冲电压(IGF)作为点火确认信号。根据分析,将点火开关拧到起动挡,用万用表测量点火器 2 号脚,结果无点火电压输出,看来发动机 ECU 没有将点火信号输送到点火器。测量点火器 2 号脚到发动机 ECU 24PIN 线束插头 A 的 18 号脚之间的线路,没有断路现象。

根据检查结果,结合进行跳火试验后就没有高压电的情况,决定解体发动机 ECU。当打开发动机 ECU 外壳后,从电路板的外观可以看到有 3 个电容击穿,还有 1 个电阻损坏。更换相同型号的电容和电阻后装复,起动发动机时 ECU 仍无点火信号输出。再次将发动机 ECU 拆下,通过 ECU 的线束插头 A 和印刷电路板检查点火信号。当查到点火功率三极管时,发现与其相连的印刷电路被高压电击穿,测量断点之前电路,有信号输出,检测三极管没有损坏。于是将被击印刷电路接好,起动发动机,测量点火器的 2 号脚有点火电压输出为 0.8~1.5V,但发动机仍不着车,更换点火器后发动机可起动,路试与原故障现象一样。接着再读发动机故

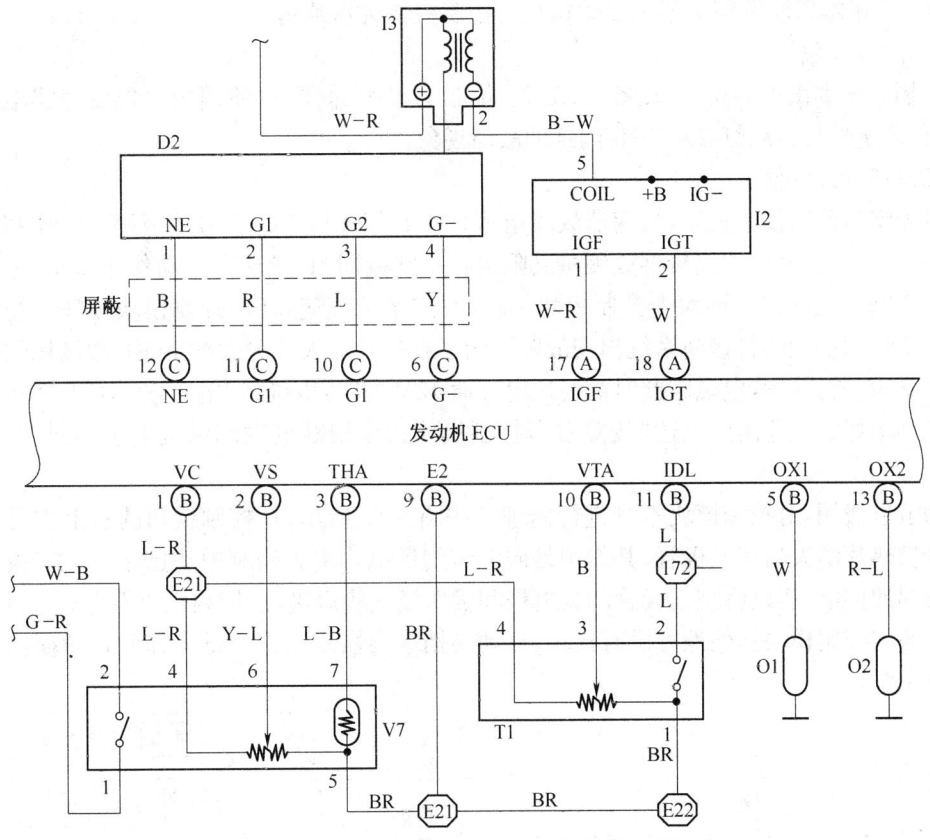

图 3-14 丰田雷克萨斯 ES300 轿车点火系统线路

D2—分电器　I2—点火器　I3—点火线圈　O1、O2—氧传感器　V7—空气流量计　T1—节气门位置传感器

障码,结果仍无码输出。进一步分析故障特征,并用万用表测量诊断座中的 OX1 端子、OX2 端子与 E1 端子之间电压,结果 OX1、OX2 的电压值均在 0.8~0.9V 之间变化,由此判断混合气过浓。

该车 3VZ-FE 发动机采用 L 型燃油喷射系统,首先检测系统中的空气流量计和节气门位置传感器。该车采用 6 线(7PIN)翼板式空气流量计,开启点火开关,测得空气流量计 4 号脚(VC)电压为 5.0V,5 号脚(E2)接地良好,6 号脚(VS)电压为 1.5V,可标准 VS 电压应是 3.7V,测得空气流量计 6 号脚(VS)输出电压在 1.0~2.0V 之间变化。当发动机转速在 3000r/min 时几乎无变化,而 VS 电压发动机 3000r/min 时标准值应为 0.3~1.0V,由此判断空气流量计损坏。细查空气流量传感器已调整过,且不可调回,使空气流量计始终输出负荷状态下的信号,ECU 收不到正确信号来控制喷油,为此只好更换空气流量传感器。

打开点火开关检查节气门位置传感器,测得 3 号脚(VTA)电压在 0.8~3.6V 之间变化,测 2 号脚(IDL),节气门关闭时电压为 12V,开时也为 12V,这是一种异常现象。测各端子电阻,4 号脚(VC)与 1 号脚(E2)之间电阻值为 4.4kΩ,3 号脚与 1 号脚之间阻值随节气门开大而增大,关闭时 2 号脚与 1 号脚之间导通,分析在规范内,判断节气门位置传感器正常,关键在于调整。经调整再测 2 号脚的电压,节气门关闭时电压为 0V,全开时为 11.2V,符合要求。之后起动发动机试车,故障现象完全消失,一切正常,故障终于排除。

38. 广州本田雅阁轿车不能自动换挡·控制模块进水惹祸

(1) 故障现象

一辆广州本田雅阁轿车,装备 2.2L 发动机,自动变速器,在使用中出现变速器不能自动换挡,仪表上挡位指示灯"D4"一直闪烁的故障现象。

(2) 故障诊断排除

首先将自诊断接头短接,变速器故障指示灯"D4"闪烁代码为 7 号故障码,即"换挡电磁阀 A 断路"。但从控制模块插接器处测量其阻值在正常范围内,且通电后动作正常,可见电磁阀 A 及其线路并无问题。再检查控制模块,发现有进水的痕迹,怀疑控制模块损坏。经检查最后确定是控制模块的自诊断系统出现故障。由于在打开点火开关大约 1s 内,控制模块对传感器及电磁阀进行检测,电磁阀此时需要通电。而 12V 的"通电确认"电压输入 CPU 时,因进水短路使其损坏。在监测到上述"故障"后,控制模块指令切断电磁阀供电电压,同时使故障灯报警。

为节省费用,对控制模块本身进行修理。如图 3-15 所示,在控制模块的右上方可以看到一个带散热片的大功率三极管,其作用是向电磁阀供电。由于控制模块已指令该三极管切断对电磁阀的供电,所以将该三极管的集电极和发射极直接短接,使控制模块不再对电磁阀进行控制。假定控制模块其他地方没有损坏,自动换挡应当恢复正常。试车证明自动换挡功能完全恢复正常。

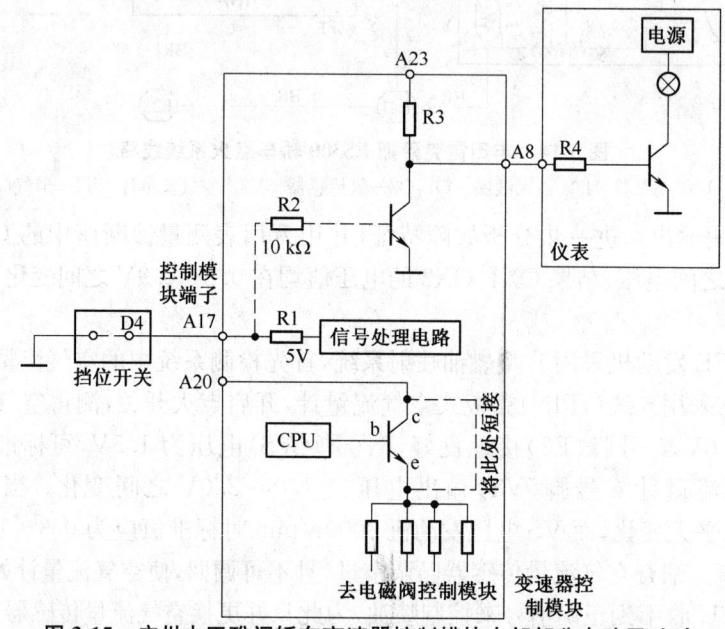

图 3-15 广州本田雅阁轿车变速器控制模块内部部分电路及改动

接着对一直闪烁的"D4"指示灯作改动:用一型号为 9013 的 NPN 型三极管,基极串联一个 10kΩ 的电阻 R2 后,接入通向挡位开关的 5V 信号电压,集电极则通过一个 5kΩ 的电阻 R3 与 12V 电源相连,同时与输入仪表的信号线并联。这样换挡杆在"D4"挡时,三极管基极由于没有电压输入而截止。12V 电源经电阻 R3 后输入仪表,使"D4"灯点亮。而换挡杆在其他挡位时由于 5V 信号电压使三极管饱和导通,输入仪表的电压对地短路,"D4"灯熄灭,结果证明改动成功,故障排除。

39. 广州本田雅阁 2.4L 轿车变速杆锁定"P"挡·涉水闯祸

(1) 故障现象

一辆广州本田雅阁 2.4L 轿车因涉水导致发动机浸水,水进入发动机气缸内,将连杆顶弯,因此曾在某修理厂对发动机进行大修,出厂时,修理工发现换挡杆在 P 位时无法挂入 D 位,车辆无法行驶的现象。

(2) 故障诊断排除

先用故障诊断仪 HDS 进行检测,发现节气门位置传感器信号不正常,怠速工况下正常开度应约为 9%,但该车的节气门位置传感器信号显示开度为 37%,与正常信号相差很大。

接下来对如图 3-16 所示节气门位置传感器进行检测。正常情况下,节气门位置传感器在全闭时各接脚之间电阻限值分别如下:1、3 脚为 5.70kΩ,1、2 脚为 5.66kΩ,2、3 脚为 1.06kΩ。而在检测中发现,该车节气门位置传感器相应阻值分别如下:1、3 脚为 9.89kΩ,1、2 脚为 9.98Ω,2、3 脚为 1.60kΩ。由于发动机进气系统进水,水从节气门轴进入节气门位置传感器内,造成滑动电位计阻值变大,不良信号导致自动变速器换挡模式错乱。因此为了保护自动变速器机械装置,ECU 发出信号,通过多路控制装置控制钥匙联锁电磁阀,使换挡杆锁定在 P 位上。不让车辆继续行驶,以保护发动机及自动变速器总成。由于节气门位置传感器不可单独更换,因此只能更换节气门体总成,更换后试车,换挡恢复正常,故障排除。

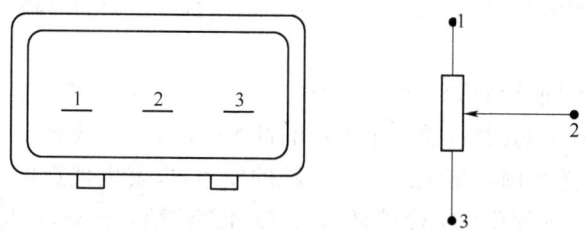

图 3-16 广州本田雅阁轿车发动机节气门位置传感器接脚示意图

40. 广州本田雅阁轿车挂倒挡要加大油门·主轴磨损严重

(1) 故障现象

一辆广州本田雅阁 2.3L 轿车,在行驶 8.1 万 km 出现挂倒挡时,要踩很大的油门才可能挂入行驶,而多数故障是驾驶人在使用倒挡上坡时发觉倒挡无力才会提出修理的。

(2) 故障诊断排除

据资料表明,该款车辆出现上述故障的可能原因是主轴磨损严重导致离合器油路窜漏。检查时,可在挂倒挡时用两个油压表同时测量 3 挡和 4 挡的油压,正常应该只有 4 挡有油压,3 挡没有油压。如果 3 挡有油压,则说明主轴内的密封件磨损泄油,更换主轴则可。该车测试后更换主轴,试车一切正常,故障排除。

41. 广州本田雅阁轿车挂 P 挡熄火·锁销开关不到位

(1) 故障现象

一辆广州本田雅阁(2.3L)轿车,该车在使用中出现停车挂"P"挡后熄火,有时不能拔出钥匙,只有在重新起动、倒车、前进、再停车挂"P"挡后,才有可能拔出钥匙的现象。

(2) 故障诊断排除

该车出现这种故障的可能原因是换挡联锁系统故障。经检查发现驻车锁销开关安装不到位,不能可靠地工作。因为当钥匙插入点火锁时,钥匙联锁开关闭合,只有驻车锁销开关闭合的时候(在"P"挡,且开关正确接合),钥匙联锁电磁阀才通电,之后将机械机构弹回,此时方可以拔下钥匙。重新安装驻车锁销开关后,故障排除。

42. 广州本田雅阁轿车挂倒挡时发动机熄火·变矩器不良

(1)故障现象

一辆广州本田雅阁(2.3L)轿车,该车在行驶里程至9万km时出现起步时踩制动,挂入前进挡或者倒挡,则发动机熄火的现象。

(2)故障诊断排除

该车发生上述故障可能的原因有:

①发动机怠速偏低。

②液力变矩器锁止离合器活塞烧蚀,与液力变矩器壳体烧结在一起,不能分离,从而导致动力直接传输。

如果在前进挡或者倒挡均引起挂挡熄火,则变矩器的故障率是比较高的;如果在前进挡熄火而倒挡不熄火,则不是变矩器的故障。检查怠速值,在正常范围(770±50)r/min。更换变矩器,故障排除。

43. 广州本田雅阁轿车行驶跑偏·导向梁变形

(1)故障现象

一辆广州本田雅阁2.3L排量轿车,在使用中出现行驶跑偏的故障现象。

(2)故障诊断排除

经反复观察,判断是前导向梁与车身大梁接合不稳定或材料变软变形造成的。原因是,当车辆在行驶过程中遇到大的沟坎,受到不平衡的冲击力时,会导致导向梁产生轻微位移,这样势必带动下悬臂移动,造成前后轴距改变等问题的发生,也就出现跑偏。此外,由于前导向梁与车身大梁的接合是通过胶孔与螺栓锁紧的,若接合部位稍有松动,也易产生跑偏的现象。因此,在调整前轮定位时一定要注意,否则静态下调校解决不了行驶中随时改变的位移。

检查该车各相关部位有无松动、位移变化,轮胎是否正常磨损。在完成这几项工作之后,再将前轮定位按技术要求调整好,试车,故障排除。

44. 广州本田雅阁轿车制动报警灯时亮时灭·制动主缸故障

(1)故障现象

一辆广州本田轿车在使用中出现制动器报警灯在冷机起动发动机之后会出现点亮现象,但行驶数分钟后又会自动熄灭。

(2)故障诊断排除

据本田汽车公司介绍,易出现该故障的车型主要有:CIVIC、Prelude/CR-V 以及 ACCORD 等,故障原因可能是制动主缸储液室的滤清器出现堵塞或浮子质量有问题。要确定更换哪个零件,可按以下步骤进行检查。

①首先检查储液罐内的制动液液位是否合适,然后松开驻车制动器。拆下制动液箱盖,用手指检查浮子能否上下自如地浮动。如果浮子出现了粘连,则应更换液箱盖。因为液箱盖和浮子是组合的一个整体(零件号为46662—s84—999)。

②如果浮子能够自如浮动,应重新安装液箱盖,保证浮子上升到制动液位置。如果浮子保持不动或下沉,则应更换液箱盖。如果它上升到适当位置,则应拆下液箱盖,脱开顶部的线束插头。然后在两个接线柱之间跨接一个欧姆表,用手上下推动浮子。浮子下降时,可以连续

推;浮子上升时,无法连续推。如果实验失败,应更换液箱盖。如果实验成功,则需换装零件号为 46666—s04—j02 的改进型液箱滤清器,便可排除故障。

45. 广州本田雅阁轿车转向沉重·润滑调整缺失
(1)故障现象

一辆广州本田雅阁轿车,行驶里程至 15.5 万 km 时,出现转动转向盘时感到很沉重费力,检查转向盘的转动力时,发现其值大于 30N。

(2)故障诊断排除

①检查储油罐是否缺油、转向油泵驱动皮带是否打滑,同时确认系统内无空气。若是缺油或皮带打滑,转向助力泵皆不能正常工作从而没有助力(也可能是油中混有气体,则由于气体具有可压缩性而起不到助力作用)。加满油或换油,更换调整皮带,排气便可排除相应故障。检测结果属正常。

②检查转向油泵的压力。在压力控制阀和截流阀全开的情况下测量怠速时的静态油压应小于等于 1500kPa。否则,应检查动力转向器与动力转向油泵之间的进油和回油管路是否堵塞、老化或变形。若没问题,则说明转向器转阀有故障。经检查结果也属正常。

③如果检测得到的动力转向油泵的压力正常,则在压力控制阀和节流阀全闭的情况下,测量怠速时的油泵卸荷压力,应为 7200~7800kPa。若压力过低,则检查流量控制阀与油泵总成是否正常。结果未发现异常。

④检查各球头销装配润滑状况时发现,球头销调整得很紧,也看不见润滑迹象。由此判断此为故障点。当按工艺要求拆卸装配后进行润滑,试车,转向灵便轻松,故障排除。事后驾驶人说,此故障是上次维修转向发飘后出现的,而且越使用越沉重,也许与该车经常行驶在多尘道路有一定关系。

46. 广州本田雅阁轿车前轮毂轴承异响·编码器装反
(1)故障现象

一辆 2011 款广州本田雅阁轿车,在使用中出现前轮毂轴承有异响的故障现象。在某修理厂更换了前轮毂轴承后,又出现 ABS 警告灯常亮故障。

(2)故障诊断排除

首先用常规检测方法进行检查。断开点火开关后,拔下 ABS 控制单元导线侧插接器,检查导线侧插接器上的常电源线和搭铁端子,均正常。接通点火开关,测量端子 16(ABS 激励电源端子)与搭铁的电压也正常。于是接上 ABS 控制单元导线侧插接器,测量轮速传感器的电阻,结果电阻均为∞。怀疑原修理厂在更换前轮毂轴承时不小心将轮速传感器导线弄断了,但在轮速传感器端测量其电阻,结果不是为∞。查阅 2011 款广州本田雅阁轿车的电路图得知,该车 ABS 采用的轮速传感器不同于其他车,它是在前轮毂轴承内部密封面上安装了一个磁环式编码器,代替其他轿车的齿环式轮速脉冲器。检查前轮毂轴承,发现编码器方向装反。当按技术工艺要求重新安装前轮毂轴承后试车,故障排除。

> 点击:维修车辆记住零部件的编码、标记、标识、记号、安装位置方向、电线的色彩粗细长度、组装先后顺序等是十分重要的,也是必要的一项基本功。

47. 广州本田雅阁轿车 ABS 泵异响·空气入侵
(1)故障现象

一辆广州本田雅阁轿车,装备 F20B1 型发动机,在使用中出现 ABS 灯常亮,且 ABS 泵工作时发出异响的故障现象。

(2)故障诊断排除

根据故障现象分析,出现上述故障的可能原因有二:一是进、出油阀工作不良;二是压力开关电路接触不良。用"修车王"故障诊断仪读取故障码,显示为13,其含义是高压系统漏油。

再检查ABS蓄压器有无泄漏,ABS油罐内是否缺油,均未发现异常。拆下6个进、出油电磁阀并用万用表测量,其电阻值均在标准范围之内;接下来给电磁阀直接通电,电磁阀无卡滞及密封不良现象,以上检查结果可以排除进、出油电磁阀不良的可能性。拆下压力开关,用万用表测量压力开关上的搭铁线,属正常;用一字旋具直接按压微动开关,用万用表测量两接线柱之间也显示导通。

以上检查都没有问题,是什么原因造成上述故障呢?根据故障现象和实践经验,怀疑可能是ABS泵内有空气,因此造成ABS泵工作时发出异响,遂按以下方法给ABS泵排气:

①按常规方法先把系统内的空气排净;

②起动发动机,连续踩踏制动踏板10次后熄灭;

③连续踩踏制动踏板,感觉制动踏板很硬后保持不动;

④踩住制动踏板不动,起动发动机,大约1s后松开ABS泵上的排气螺母,放气后拧紧排气螺母;

⑤重复②~④步骤,直到把ABS泵内的空气排净。

最后起动发动机试车,系统异响消失,ABS故障灯不再常亮,故障排除。

48. 广州本田雅阁轿车显示1号故障码·系统气体为主因

(1)故障现象

一辆2013款广州本田雅阁轿车,在使用中出现防抱死ABS制动灯点亮的故障现象。清除故障码后,ABS灯仍然点亮,当用导线跨接诊断接头,如图3-17a所示,读取得1号故障码,其含义为液压泵电动机运转时间过长,ABS指示灯会亮两次,第一次亮2s是灯泡检查,第二

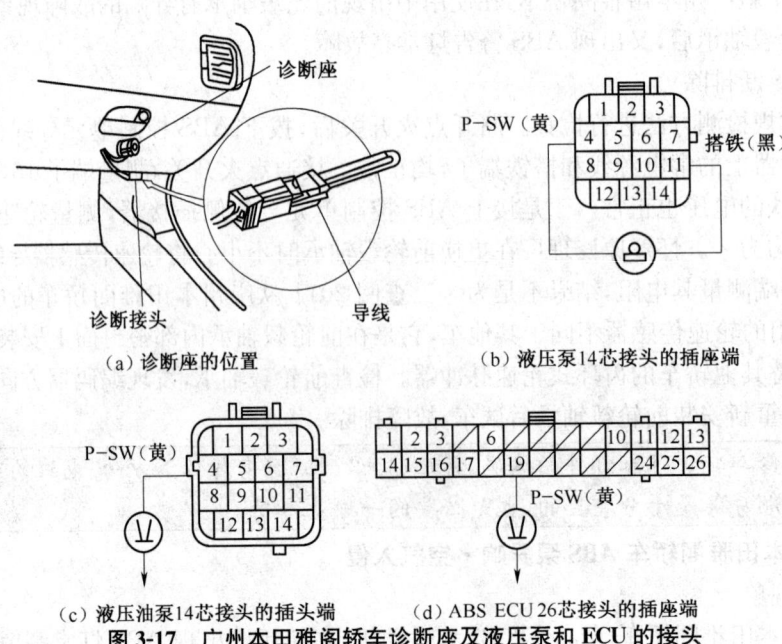

图3-17 广州本田雅阁轿车诊断座及液压泵和ECU的接头

次长亮表示故障码1。其工作原理是,当液压泵运转并使蓄压器中的压力超过某一定值时,压力开关便会打开。当接收到此信号后,ABS 的 ECU 会指令停止液压泵断电器的工作。如果液压泵连续运转超过 40s,压力开关仍没有打开时,ABS 的 ECU 就会既停止液压泵的工作(保护措施),同时又点亮仪表板上的 ABS 报警灯,并在 ECU 中记忆 1 号故障码。

(2)故障诊断排除

①1 号故障码检查步骤如图 3-18 所示,而可能的故障部位则有:压力开关被卡死在"OFF"位置;压力开关和 ABS 的 ECU 间的线路断路;压力开关和搭铁间的 P-SW 线路搭铁不良或断路;液压泵的输出流量过大或排出阀泄漏;ABS 系统中制动液泄漏或调压阀泄漏;ABS 的 ECU 故障等。

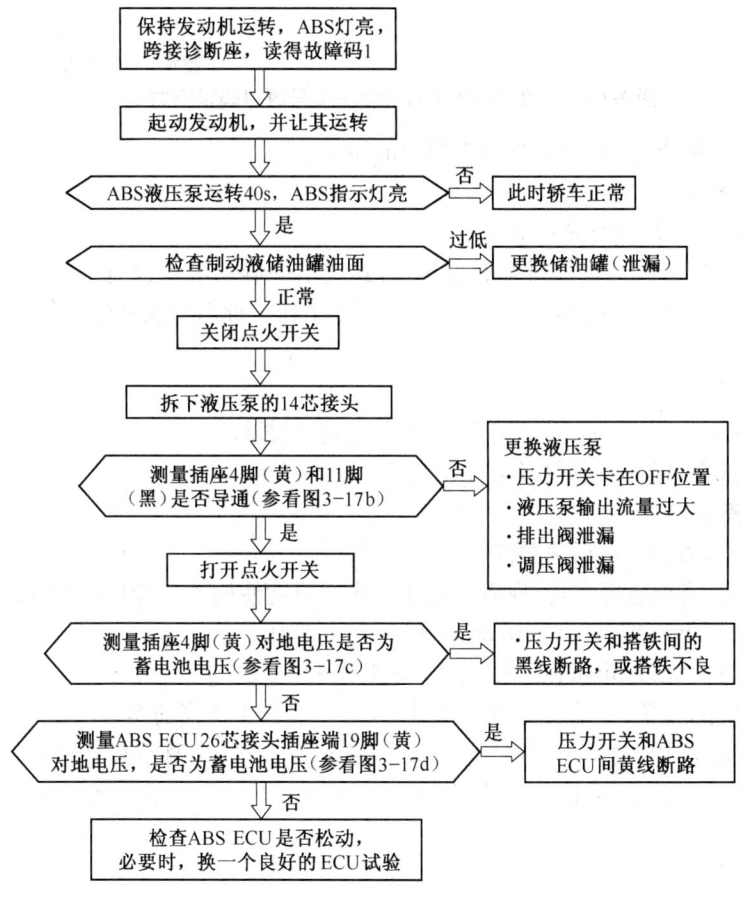

图 3-18　广州本田雅阁轿车 ABS 1 号故障码检查步骤

②检测 1 号故障码导致故障发生的原因时还应注意,由于液压泵的进油管内或泵体内混有空气,导致液压泵运转 40s 后仍不能建立起额定的油压,故而使 ABS 的 ECU 判断系统有故障(即产生 1 号故障码)。排除方法是从 ABS 系统中彻底排除空气,重新建立油压,然后将 ABS 的 ECU 复位,消除故障码。

③清除故障码的操作:

a. 找一根适配而干净的软管,一端接在排空螺钉上,另一端放在储液罐内,如图 3-19a 所示。

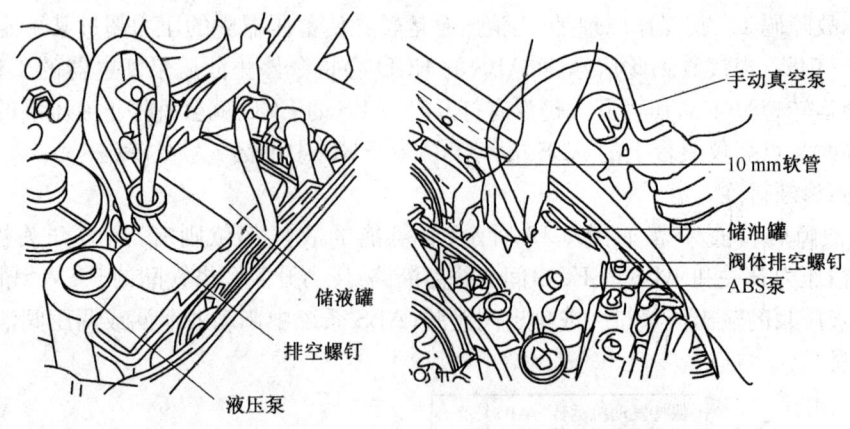

（a）排空的方法　　　　　　（b）特殊的排空方法
图 3-19　清除广州本田雅阁轿车 1 号故障码排空方法

b. 缓慢地打开排空螺钉，释放系统中剩余的压力。

c. 拧紧排空螺钉。

d. 起动发动机，拧开排空螺钉 3s。

e. 继续循环步骤 c 和 d 进行排空和拧紧，直到流出的制动液中没有气体并能正常建立压力为止。如果 40s 后还没有液体流出，液压泵会停止工作。此时应关闭发动机后再起动，可重新起动液压泵。

f. 关闭发动机。

g. 重复循环以下步骤 5 次，可把系统中的空气完全排除。
ⓐ缓慢打开排空螺钉，直到制动液停止从管中流出为止。
ⓑ拧紧排空螺钉。
ⓒ起动发动机，等待 10s 后再关闭。

h. 检查制动液储量是否充足，视需要添加。注意只能使用本田专用的 DOT 3 号制动液。

i. 清除故障码，拆下 15A ABS 熔丝 3s，然后装上即可。

j. 如果上述方法无效，可按以下特殊排空法进行排空操作：
ⓐ用一根干净的软管，一端接在排空螺钉上，另一端放在适当的容器内。
ⓑ用一只手动真空泵，把一根外径为 10mm 的软管一端接在真空泵的输出压力侧。
ⓒ拆下 ABS 阀体储液罐上橡胶盖，把上述 10mm 软管另一端紧密插入储液罐的加液口中。
ⓓ起动发动机运转。
ⓔ用手动真空泵对储液罐施压，直至感到有阻力为止（一般压 1~3 次即可），如图 3-19b 所示。
ⓕ当对储液罐施压时，车上另一人关闭发动机，并缓慢地打开排空螺钉，直到没有制动液从管中流出为止，并锁紧排空螺钉。
ⓖ循环重复步骤ⓓ~ⓕ5 次，直至把系统中的空气完全排除为止。
ⓗ拆下 15A 的 ABS 熔丝以清除故障码。

49. 广州本田雅阁轿车 ABS 装置失效·油管泄漏，缺油

(1) 故障现象

一辆广州本田雅阁（ACCORD）轿车在行驶时 ABS 灯亮，即 ABS 系统失效。

(2) 故障诊断排除

虽然 ABS 系统的故障现象、诊断难度都各不相同,但其原因一般可分为两大类:一是持续性故障;二是偶发性及无代码性故障。

引起的原因是线路接触不良、断路、电子元件本身损坏或其他原因。该车检查方法如下。

首先读取故障码,跨接工具箱底下的诊断接头,从 ABS 灯读到故障码为"1—"即只有主码,没有辅码。从 ABS 故障码表中查到该故障码的含义为:ABS 液压泵电机过度运转。电动机过度运转的原因为油压不足,压力开关故障,ECU 故障。

对于油压不足的可能原因为制动油不足,系统有空气,有泄油现象。根据分析,首先检查制动油,发现在 ABS 总成上的油壶几乎没油了,于是把油加满,再直接给油泵通电,发现油泵运转正常,即油泵没有坏,接着排放空气。但 ABS 灯依然亮着,故障并没有排除。接着检查压力开关,方法是:连接欧姆表在压力开关的两根线上,结果为断路;再给油泵通电,让系统建立油压,当油泵运转一会儿后,欧姆表显示为通路,说明油压已够,此时断开电源。然后再泄压,欧姆表显示又为断路,证明压力开关正常。于是进一步检查各电磁阀的电阻,均为 25Ω,且直接给电磁阀通电时可听到"嗒嗒"的声音,证明电磁阀没有卡死,也就说明电磁阀没有泄漏。难道 ECU 有问题? 一般来说 ECU 出问题的概率是比较小的,于是又排了几次空气试了试,发现 ABS 灯灭掉了,上路试试,ABS 系统的作用也正常了。原来是由于油壶里的油不够,导致系统油压不足而引起灯亮,加完油后,由于空气没有排干净,导致走了弯路。当车辆行驶 250km 后,ABS 灯又亮了,仔细检查,发现车子下面有油,才知道原来是 ABS 系统漏油。把 ABS 液压总成拿起来,发现是油壶到总成的油管接头漏油,把接头的密封圈更换后,故障排除。

50. 广州本田雅阁轿车 ABS 故障灯常亮·微动开关捣乱

(1) 故障现象

一辆广州本田雅阁轿车,装备 F22B4 型发动机,近一个月来出现 ABS 故障灯常亮的现象。

(2) 故障诊断排除

首先用"修车王"故障诊断仪读取故障码为"10",含义是"ABS 泵过度运转"。该车的 ABS 系统主要由电磁阀安全继电器、油泵继电器、轮速传感器、液压调节器(油泵电磁阀和滑动活塞组件)、蓄压器、压力开关、ABS 故障指示灯和 ABS ECU 组成。一般情况下,造成该故障的原因包括:一是 ABS 总泵线圈故障;二是 ABS 泵电机压力开关不良。

首先检查 ABS 蓄压器有无泄漏,ABS 油罐内是否缺油,经检查未发现问题。观察 ABS 故障灯点亮时,ABS 泵并没有工作。测量 ABS 泵线圈电阻值,属正常;直接给 ABS 泵通电,ABS 泵工作正常,因而可以排除 ABS 泵线圈不良的可能性。

接下来检查压力开关。根据如图 3-20 所示 ABS 系统的工作原理和电路,造成压力开关不良的原因可能是压力不足或压力开关不能闭合。找出压力开关导线(黄色),在 ABS ECU 和液压调节器处搭铁试验。点火开关处于"ON"位时,ABS 灯点亮;起动发动机,ABS 灯熄灭,ABS 泵运转;10s 后 ABS 灯点亮,ABS 泵停转。此时将黄色导线搭铁,ABS 灯熄灭;5s 后重新搭铁,ABS 泵停转。这样重复 1min 后,ABS 灯始终没有点亮。用万用表检测压力开关上的搭铁线,正常;拆开液压调节器上的压力开关护罩,用一字旋具直接按压微动开关,用万用表测量两接线柱之间不导通,初步确认故障应是微动开关引起。

由于没有单独的微动开关配件,只好把微动开关拆开检修。经检查,发现微动开关触点较脏。分析认为当起动发动机后,ABS 泵运转,产生高压制动液并送至蓄压器、电磁阀、压力开

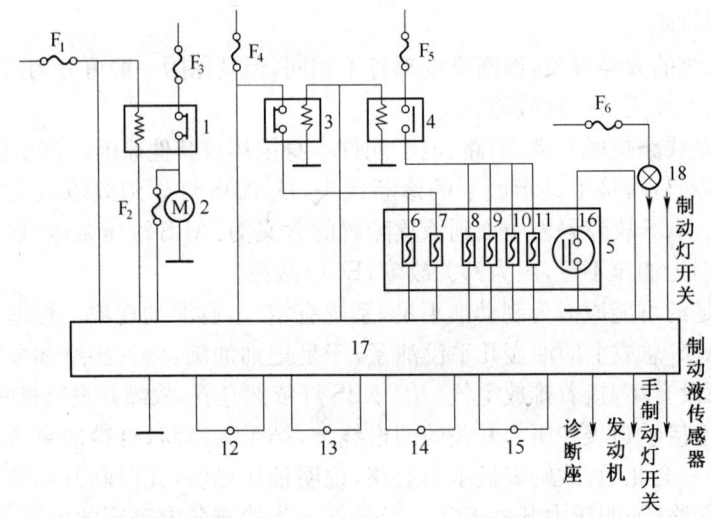

图 3-20 广州本田雅阁轿车 ABS 系统电路图
1. ABS 泵继电器 2. ABS 泵 3. 后轮电磁阀继电器 4. 前轮电磁阀继电器 5. 液压调节器
6～11. 电磁阀 12～15. 转速传感器 16. 压力开关 17. ABS ECU 18. ABS 灯

关等,但由于压力开关上的微动开关已损坏不能闭合,ABS ECU 检测到 ABS 泵工作一定时间后,液压仍不能升到规定值,误认为压力不足不能使用 ABS 系统功能,因而关闭 ABS 泵,停止安全继电器的供电,所以 ABS 故障灯点亮。用酒精清洗微动开关触点,装复试车,ABS 故障灯闪灭正常,故障排除。

51. 广州本田雅阁轿车转向费力跑偏·球头发卡

(1) 故障现象

一辆广州本田雅阁轿车,行驶 14.5 万 km 时出现转动转向盘感到很费力而且制动还向右侧偏驶的现象。

(2) 故障诊断排除

首先起动发动机进行检查,确认故障属实。将转向器上的调整螺栓旋出少许,原地转动转向盘,故障依旧。检查油管和转向助力泵,结果无异常,但发现油缸中油液不足,进行添加作业后,未见效果。

分析向右跑偏的故障原因,包括:两侧轮胎气压不一致(主要是前轮);制动摩擦副受到污染(油污);制动摩擦片磨损(或左右材质不一);比例阀失效或卡钳松动及失调;前轮定位要素失准;制动系统中空气进入或油路系统异常,如油管被压瘪或泄漏等。

对上述因素检查结果均正常。接着将转向器外球头拆出后,当扳动制动碟时,右侧比左侧费力很多,判断此为故障点,且原因在球头上。将球头拆出后发现下球头已经卡死,润滑不良,此球头的卡死可能是转向沉重费力的原因。将新的球头装上,起动发动机进行路试,原地转动转向盘,转向沉重费力现象消失,上路行驶踏制动方向不再偏驶,故障排除。

52. 广州本田飞度轿车转向系异响·按三种情况检排

(1) 故障现象

一辆广州本田飞度轿车,在使用中动力转向系统有时会出现"咔哒""嗡嗡"或"吱吱"的异常响声。

(2) 故障诊断排除

① 转向系统有"咔哒"异响。故障表现为当车辆转向时,动力系统有"咔哒"声或振颤声。

按以下方法步骤检排。

a. 检查万向节、横拉杆或球头销是否松旷。必要时,拧紧松动的紧固件或更换不良的零部件。

b. 检查转向轴是否有明显的摆动。如果有,则更换转向轴总成。检查齿条导向螺塞是否正确,并视情况进行调整。

c. 如果在发动机熄火时,左右转动转向盘有"咔哒"声或振颤声,这是由于转向控制阀触碰极限位器所致,是正常声音。

② 动力转向系统有"嗡嗡"异响。故障表现为当车辆转向时,动力转向系统有"嗡嗡"声。按以下方法步骤检排。

a. 检查是否由于油液脉动而引起(表现为原地转向时噪声将更明显)。若是,则属正常现象。

b. 检查噪声是否因液力变矩器或 ATF 油泵工作不良而引起。可以通过暂时拆下动力转向油泵皮带来判断,若拆下传动带后,噪声仍旧存在则是液力变矩器或 ATF 油泵工作不良。

c. 检查出油(高压)软管是否与其他机件相碰擦。如果是,则重新固定出油软管。

③ 转向油泵发出"吱吱"异响。故障表现为当车辆转向时,动力转向油泵发出"吱吱"声。转向油泵发出"吱吱"声是由于转向油泵传动带打滑所致,此时应调整传动带张紧力或更换皮带。

53. 广州本田飞度轿车换前轮轴承后 ABS 灯常亮·轴承装反

(1) 故障现象

一辆广州本田飞度轿车,因行驶时噪声大,检查发现左前轮轴承磨损,而更换后 ABS 灯常亮,经分析认为在作业时损坏了左前轮 ABS 传感器,但在更换传感器后故障仍没排除。

(2) 故障诊断排除

先用本田专用检测仪 HDS 对 ABS 系统故障码和数据流进行检测,故障码为 22——左前磁性编码器故障。

把车放上举升机,起动发动机,挂入"D"挡,让前轮空转,观察数据流,右前轮速度随轮速变化而变化,左前轮无信号输出,由此可见是由于左前轮问题造成 ABS 灯点亮。询问驾驶人得到该车刚换过左前轮轴承,拆解发现是由于轴承装反导致轮速传感器无法获取磁脉冲信号。

自 2003 年开始广州本田汽车公司生产的几款车型采用了新型 ABS 传感器结构,与传统的 ABS 脉冲传感器完全不一样。新型 ABS 的传感器内部采用集成 IC 芯片,磁性编码器是由磁性材料制成的磁环,类似轴承防尘套,安装在轴承上也可起到防尘作用。重新装配左前轮轴承后,试车,故障排除。

> 点击:在维修 ABS 系统读取故障码后,一定要了解故障的含义,是传感器还是磁性编码器。更换轴承时一定要注意不能把轴承装反(棕色一面朝向 ABS 传感器),也不可把磁性器弄变形。

54. 广州本田飞度轿车 ABS 功能失效·粉尘袭击

(1) 故障现象

一辆广州本田飞度(三厢)轿车,行驶里程为 10 万 km,出现 ABS 故障警告灯亮,ABS 功能失效的现象。

(2) 故障诊断排除

该车电路如图 3-21 所示。首先用广本专用诊断仪 HDS 进行故障码读取及数据流检测,

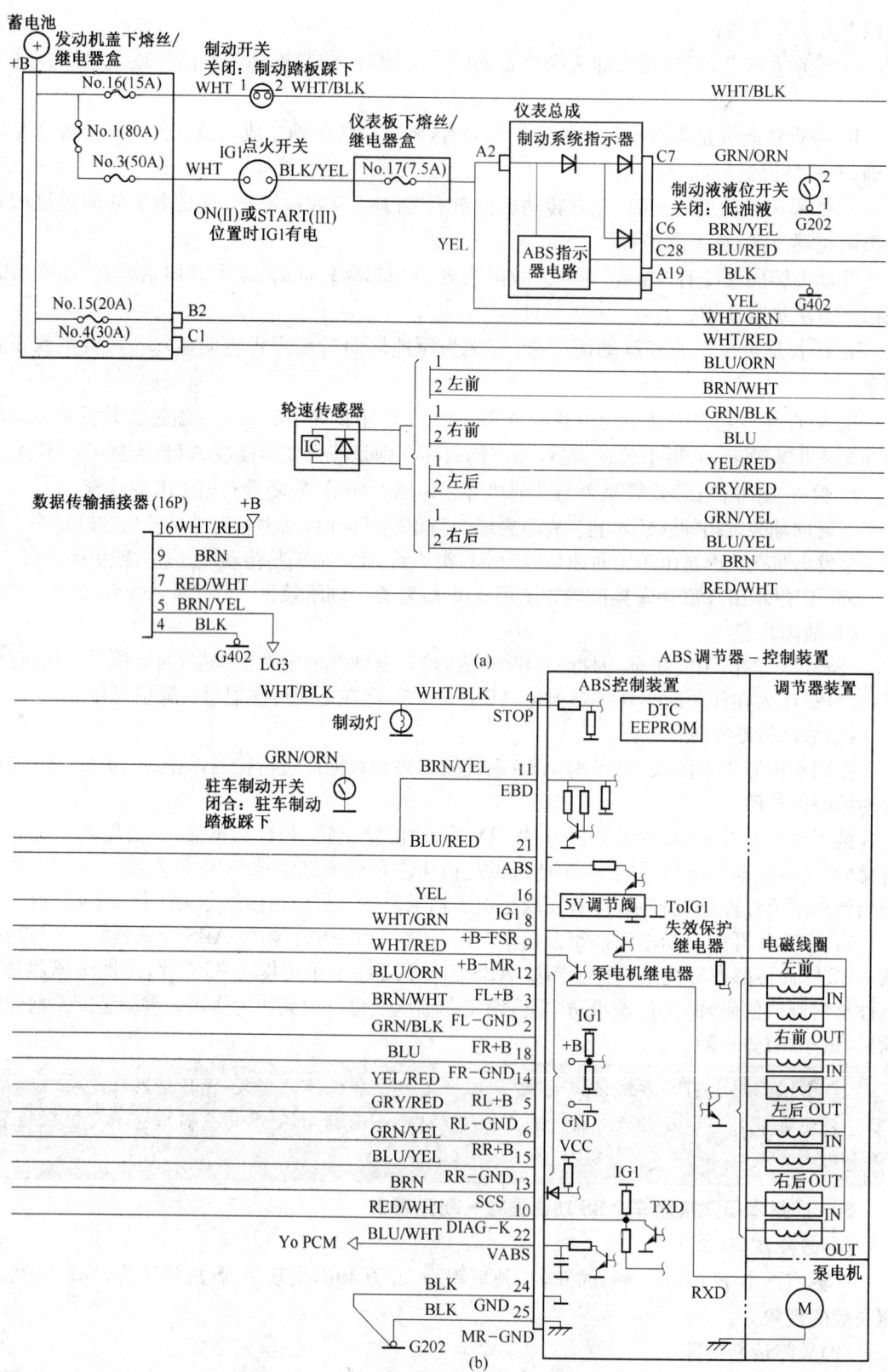

图 3-21 广州本田飞度轿车 ABS 和 EPS 电路图

故障码为 15-01,含义为右后轮转速传感器断路或短路。再进入数据流观察数据,用人工转动两后轮,发现左后轮转速传感器有信号输出,右后轮转速传感器没有信号输出。从 HDS 读取的故障码及数据流上分析,有可能右后轮转速传感器损坏,传感器与 ABS 控制单元之间线束存在断路或短路,制动毂里的 ABS 转子与传感器之间气隙过大或转子齿损坏。飞度 ABS 转速传感器用传统的万用表很难测量其好坏,因它属于内部集成电路 IC 芯片的有源传感器,只能用示波器测量动态工作波形或从 HDS 诊断仪上看数据流才能判断好坏。决定先更换转速传感器,清除故障码,进行路试,当车辆开始行驶时,ABS 系统故障灯再次报警。又用 HDS 进入数据流观察,右后轮没有信号输出。于是用万用表测量右后轮转速传感器与 ABS 控制单元 25 针插头之间线束,相关线束导通良好,说明故障不在线束。是不是制动毂里的转子齿损坏或与传感器之间间隙过大呢?拆下右后制动毂检查,发现转子齿上都是制动摩擦片粉末,轮速传感器与转子齿之间气隙完全被制动摩擦片粉末所挡住,由此导致右后轮转速传感器无法拾取脉冲信号,引起 ABS 功能失效,并点亮故障警告灯。将转子齿上的制动摩擦片粉末用压缩空气吹净并清洗干净,调整转速传感器与转子齿间隙,装复后清除故障码,路试,故障排除。

55. 广州本田飞度轿车 SRS 故障灯突然闪亮·SRS ECU 发难

(1)故障现象

一辆广州本田飞度轿车,行驶 11.5 万 km,出现安全气囊(SRS)故障警告灯突然点亮的故障现象。

(2)故障诊断排除

因为是安全部件,维修中必须十分重视。根据故障现象,首先连接故障诊断仪对安全气囊控制系统进行检测,结果发现右前碰撞传感器相关的故障码。将该传感器更换后,当时安全气囊故障警告灯熄灭,但车辆使用 5 天后安全气囊故障警告灯重新点亮。连接故障诊断仪读取故障码,结果同前。因而怀疑是相关的线束存在问题,于是对线束进行仔细检查,但没有发现任何问题。由于安全气囊系统结构相对比较简单,既然已经确定碰撞传感器没有问题,而且电线也正常,进而怀疑问题出现在 SRS ECU 上。更换 SRS ECU 后,起动发动机试车及使用正常,故障排除。

56. 东风富康轿车自动变速器锁挡·热变量电磁阀不良

(1)故障现象

一辆东风富康 1.6L 轿车,装备 AL4 型自动变速器,在行驶 10.5 万 km 时,当车辆行驶一定距离(如 60～80km)后,仪表板上的"＊"和"SPT"指示灯出现交替闪烁,自动变速器锁在 3 挡,在 D 位与 R 位起步时轿车有明显的冲击现象。

(2)故障诊断排除

先用车博士故障诊断仪调取故障码为 6,其含义是压力调节控制故障。读取数据流,在 D 位和 R 位发动机怠速时,主油压为 500 kPa,标准值应为 260kPa,显然不符。根据 AL4 型自动变速器控制原理,估计故障部位在主油压传感器、主调压阀和主调压电磁阀上。主油压传感器为压敏电阻式,工作时向自动变速器 ECU 提供主油压电信号,自动变速器 ECU 根据此信号对主调压电磁阀进行控制,调节主油压。若此信号数值与自动变速器 ECU 内储存的数值相差过大,自动变速器 ECU 会储存相关的故障代码并增加控制占空比使主油压升高,将自动变速器锁在 3 挡,以保护自动变速器,同时通过仪表盘上的"＊"和"SPT"指示灯交替闪烁加以提示。

检查主油压传感器,发现其输出电压信号能随主油压变化而无间断地变化,表明主油压传感器工作正常。拆下油路板,检查主调压阀自由落体及其间隙,均正常;测量主调压阀的电阻,约为1Ω,正常。将油路板清洗后装复,清除故障码后再次读取故障码,诊断仪显示系统正常,查看数据流,也没发现问题。于是对该车进行路试,1h后,上述故障又出现。原准备用油压表测试主油压,但此时自动变速器已被升压保护,不能读取正常的主油压。怀疑是油路故障,拆下自动变速器分解,发现油泵、滤网和油路板均正常。

到底是什么原因引起的呢?再次从该故障发生现象与条件着手考虑。该故障是在轿车行驶一段时间后,发动机中速和自动变速器温度上升后才出现的,针对此条件查阅维修手册,一个热变量电磁阀部件引起笔者的注意。该电磁阀装在自动变速器壳体后部,它工作时使自动变速器冷却器中自动变速器油(ATF)的流量从 6~8L 增加到 13L,以保证 ATF 及时冷却。其工作条件为发动机转速超过 2000r/min、ATF 温度≥108℃。这正是发动机中速热车时的状况! 于是检查热变量电磁阀的电阻,约为38Ω,其与自动变速器 ECU 的连线也正常。接着检查其工作情况,接上诊断仪进行路试,当故障出现时,读取数据流,发动机转速超过 2000r/min、ATF 温度超过 108℃,热变量电磁阀电阻约为 18Ω,明显与38Ω(标准值)相差太远,说明该电磁阀不良,冷态或热态时电阻值变化过大。更换该电磁阀后试车,上述故障未排除,维修进入困境。重新对该自动变速器的油路和电路进行检查,当检查到热变量电磁阀时,发现通电后其电阻又变为18Ω。为了再次确定故障原因,在热变量电磁阀线路中串接38Ω的电阻与灯泡,路试中发现当灯泡亮时(电磁阀开始工作),仪表盘上的"*"和"SPT"指示灯不再闪烁,上述故障消失。

更换上法国原厂热变量电磁阀后试车,一切正常。该车现已行驶 1 万 km 以上,车主反映良好,上述故障完全排除。

点击:根据 AL4 型自动变速器控制原理可知,热变量电磁阀常接有电源,当自动变速器 ECU 为它提供回路时,它便开始工作,同时自动变速器 ECU 检测其工作电流。因为电阻变小,其工作电流就会变大,当自动变速器 ECU 检测到其工作电流过大时,便认为其有故障,于是立即启用升压锁挡保护模式,并使仪表盘上的"*"和"SPT"指示灯交替闪烁,以提示驾驶人注意及时维修。

57. 东风富康轿车变速杆不易从 P 挡拔出·制动灯开关损坏

(1)故障现象

有辆东风富康 AL4 型轿车,在行驶 9.5 万 km 时,正常停车中突然出现自动变速器的变速杆不易从 P 挡中拔出的故障现象。将点火开关置于"ON"位置,踩制动踏板数次,制动灯不亮,检查制动灯泡也无损坏。

(2)故障诊断排除

该车这种故障原因主要有制动灯开关、变速器锁止继电器、自动变速器 ECU 等故障。

①制动灯开关故障

制动灯开关故障的现象是:实施制动时灯不亮,变速杆不能从 P 挡位拔出而换入行驶的(D、1、2、R)挡位,即锁止驱动器(力矩锁)被锁止不能解除。

制动灯开关的好坏确定,可用万用表测量,如制动灯开关输出端(踩下制动踏板时)无电压输出,而制动灯开关输入端却有 12 伏的电压,说明制动灯开关已损坏。

确认制动灯开关故障,只要更换制动灯开关便可排除故障,但故障发生在途中,无新配件

可换时,可采取以下措施:

a. 将点火开关转至"ON"位置,用电线将制动灯开关输入端和输出端短接,使驱动器线圈通电而解除锁止,即可将自动变速器变速杆拨至 N 挡位置(空挡)。

b. 直接用平口旋具向自动变速杆斜前下方伸进,强制将锁止驱动器的衔铁拨起而将锁止解除,同时另一只手迅速将变速杆拨至 N 挡。还可以拆开中央杂物箱盖,直接拨起锁止驱动器的衔铁而使锁止解除,将变速杆迅速拨至 N 挡。采取以上两临时措施,变速杆脱开 P 挡后要将车开到就近修理厂,及时更换质量合格的制动灯开关,不能勉强继续行驶。

② 变速器锁止继电器故障。

a. 采用专用故障诊断仪(PROXIA 或 ELIT)及电压表,测量接线盒端子 11 与 28 之间的电压应为 12V;踩下制动踏板时,端子 11 与 28 之间电压应为 0V。再用欧姆表测量接线盒端子 11 与变速杆锁止继电器端子 $5V_2$ 的电阻值应为 0Ω,否则应予更换。

b. 如锁止继电器损坏,可用导线短接变速杆锁止继电器输入端子 $5V_2$ 和输出端子 $5V_3$ 的方法,使 P 挡锁止继电器通电,解除锁止。但此方法将使锁止继电器功能丧失,事后必须更换锁止继电器。

③ 变速器 ECU 故障。

a. 故障现象表现为仪表板上的"SPT"和"*"灯交替闪亮,而检查制动灯开关、变速杆锁止继电器状况良好,用仪表检测时不显示任何故障信息。

b. 用上述机械方法,强行解除锁止,将变速杆迅速移至行驶挡位,使轿车驶到维修站更换变速器 ECU。

c. 如果 ECU 损坏严重,虽用机械方法解除变速杆在 P 挡锁止,但自动变速器仍无法工作,只有更换 ECU 才行。更换 ECU 后要用专用故障诊断仪调整节气门踏板开度(初始化)。

④ 其他故障。控制 P 挡锁止驱动器电路上的插接件、熔丝、导线故障都有可能造成变速杆不能从 P 挡位拔出。但这些故障可通过数字式万用表或目视方法检查出来,然后针对查出的故障进行排除。

本例轿车故障最终确认是由于制动灯开关损坏,电流无法通过制动灯开关来接通锁止驱动器,故变速杆不能从 P 挡拔出。更换制动灯开关后,故障排除。

> 点击:该车自动变速器 P 挡用电磁铁来控制锁止机构,即轿车熄火后挂入 P 挡时,P 挡上带锁止的电磁铁闭合,从而阻止自动变速手柄移动。该锁止驱动器的电源受制动灯开关控制(即与制动灯并联),当点火开关接通时,踩下制动踏板制动灯和 P 挡驱动器电磁线圈同时通电,在制动灯亮的同时驱动器电磁铁也张开,锁止随之解除,自动变速器变速杆便可从 P 挡拔出而自由挂挡。

58. 东风富康 1.6L 型轿车制动时车身抖动·制动毂起祸端

(1)故障现象

一辆东风富康 1.6L 轿车,行驶不到 10 万 km,最近此车在以 80~100km/h 的车速制动时,出现车身严重抖动现象,车辆的加速性、行驶稳定性都正常。

(2)故障诊断排除

首先起动发动机,发现车速在 80km/h 时踩制动踏板,车身抖动最厉害,转向盘也发抖,并且制动踏板还有轻微的振动。检查该车的车轮定位参数时,发现前轮前束值超过允许值

5mm。对前束调整后试车,制动时转向盘不再抖,但车身依然抖动。经询问车主,知道不久前,此车更换了两前轮制动卡钳、两后轮制动鼓、摩擦片、制动分泵及制动总泵,但车身抖动的问题还没有解决。

用制动系统压力检测仪检测制动压力,踩制动踏板时车身抖动,检测仪显示压力在3MPa左右摆动。采用切断制动力连接的方法进行故障诊断。用专门制作的专用螺栓堵死制动总泵的右前、左后轮出油口进行试车,制动时车身抖动;恢复右前、左后轮制动力,堵死总泵左前、右后轮出油口进行试车,制动时车身不再抖动。恢复左前轮制动力试车,车身依然不抖。由此可判断出此车故障在后轮。

对右后轮的制动毂进行测量。换下的原制动毂圆跳动量为0.10mm,超标,而新换的制动毂圆跳动量0.04mm,完全合乎要求。

通过检查,知道问题出在右后制动毂。但新换的制动毂标明是原厂配件,其圆跳动量也合乎标准,为什么还会出现制动抖动呢?经过分析,判断可能是由于国产件的材质稍差,一旦制动力施加其上,将会加大制动毂的变形,造成制动时车身抖动。

于是,更换一个新的进口制动毂,试车时再踩制动踏板,车身不抖动了,故障彻底排除。

由此可见,在选购汽车配件时一定要严把采购关,应尽量到正规的汽配店买零件,零件的质量关乎车的健康和安全,万万不可忽视。

59. 东风富康轿车后悬架无弹性·零件磨损惹祸
(1)故障现象

一辆东风神龙富康轿车在行驶14万km后,出现后悬架无弹性,诊断认为是后减振器失效,但更换新的原厂减振器后,故障依旧。

(2)故障诊断排除

根据该故障车现象分析,初步判定故障点不在减振器上。经过仔细观察后,发现该车后摆臂上翘,两后轮内倾,呈八字形。通过试车发现摆臂处发出"咯吱,咯吱"的响声,这是因为摆臂轴承缺油,轴承摩擦所致。分析认为,该故障是由于连接轴失效,摆臂轴承缺少润滑脂而损坏,引起摆臂连接轴上翘,使两后轮呈八字形。同时,摆臂连接轴与后轴管外端相碰而卡死,摆臂不能活动而使后轮失去弹性。拆下后摆臂连接轴检查,发现摆臂轴承及连接轴损坏。

另外,摆臂连接轴的磨损往往在外挡轴承轴颈处的上部和内挡轴承轴颈处的下部。所以,如果连接轴磨损不严重,可将轴转过180°后再用。

更换摆臂连接轴和轴承,装复后试车,故障现象消失,即故障排除。

60. 迈腾轿车电子驻车制动器无紧急制动·通道不匹配
(1)故障现象

有一辆迈腾1.8T自动挡轿车,当车速提高到一定值,按住EPB(电子驻车制动器)开关时,车速没有明显下降,只有顿挫感的故障现象。

(2)故障诊断排除

倾听驾驶人介绍故障现象后,首先使用V.A.S5051对系统进行检测,没有发现问题,故障存储器没有记录故障码。考虑到各个有关部件都是新件,不应该有问题,对匹配通道10做了更改。更改情况如下:02组把1改成0之后,正常,把0改成1、紧急制动消失;04组把1改成0之后,无反应;05组把6改成5之后,无反应,改成2之后也无反应,但改成8之后制动压力变大,使紧急制动更灵敏;10组把0改成1之后会有03182的故障记录(无解释)。当把05

组改成 8 之后,进行试车紧急制动效果正常良好,故障排除。

61. 迈腾轿车行驶中突然尖叫声从何而来·机油油气分离器膜片破裂

(1)故障现象

有一辆迈腾 1.8TSI 轿车,该车在行驶过程中突然发出尖锐的异响,因在故障发生时车辆处于高速公路上。所以冒险开车到维修站,但此期间车辆一直异响。

(2)故障诊断排除

接车后验证故障现象。起动发动机,车辆并未立即发出异响,但运转 7~8min 后,尖锐的异响开始产生并逐渐加大,直至令人无法忍受。产生异响的部位位于发动机的前部,发动机也同时抖动。用故障诊断仪进行检测,未发现故障码存在。

根据异响特点,认为是传动带摩擦产生的噪声。初步判断为某个传动带张紧轮卡死无法转动,而与传动带摩擦产生噪声。于是拆除发电机传动带试车,但异响依然存在。于是推断异响应该是真空管某处漏气,导致气流快速通过裂缝产生的异响。又沿进气管路进行检查。当断开曲轴箱通风管时,异响消失。再次插上曲轴箱通风管后异响再现。随后分解检查机油油气分离器,发现其内部损坏,内部膜片处破裂,判定此处是故障点,于是更换机油油气分离器后试车,异响不再出现,故障排除。

> 点击:此例故障是由于机油油气分离器内部膜片损坏,在进气道真空作用下造成气流快速流过破裂处而产生的噪声。由于金属较好的导声作用和气门室对声音的放大作用,造成从听觉上判断异响是由发动机的前部发出,从而造成诊断初期判断失误。

第4章 车身电控故障诊断排除

1. 一汽大众速腾轿车发动机怠速时电子扇常转不停·水泵作梗

(1)故障现象

有一辆大众2010款速腾1.6 MT轿车,该车行驶4.1万km,出现发动机怠速运转时电子散热风扇运转不停,高速时风扇又频繁起动,但发动机水温又处于正常工作温度。

(2)故障诊断排除

①目测水壶中冷却液位正常,观察仪表盘水温表显示正常。

②用替换法,更换同一型号的散热器并清洗冷凝器外部,保持散热良好,试车故障依旧。

③拆下节温器,用水煮法检查,正常;拆下水泵进行基本检查,正常;检查各冷却液散热管连接处,无渗漏现象;用打压法检查水壶盖,能正常开启或关闭;用吹气法检查散热器放气小水管,正常。

④接着连接故障诊断仪V.A.S5052,进入发动机系统,查询无散热控制器故障记录。速腾1.6发动机装有两个冷却液温度传感器,在气缸盖出水口装有G62,在散热器下方出水口装有G83,原地起动发动机怠速试验,读取08数据块131组第1区缸盖出水口G62温度为94.5℃时,电子扇开始运转,而这时131组第3区散热器出水口G83温度不到20℃。继续怠速运转,缸盖出水口G62温度已经达到了99℃,而G83的温度还不足25℃。从这个可疑点说明由于G62温度偏高,因此发动机ECU要不间断地指令散热器风扇进行降温,从而造成电子扇常转的故障现象。

⑤起动发动机怠速运转时,电子散热风扇工作时间过长现象最为严重,而加速到2000r/min时,故障现象好转。

⑥再利用红外测温检测仪测量G62和G83的温度,与V.A.S5052检测到的G62和G83温度对比,结果证明传感器工作正常,排除了传感器失效或误报数值造成的故障假象。

⑦利用G62和G83的数值进行分析,根据发动机冷却液循环原理,G62温度应该随着散热风扇的运转而下降,可是此车恰恰相反。怀疑冷却液循环失常,为了慎重起见,通过拆除节温器,用透明水管连接发动机上、下水管,分别进行怠速与高怠速试验,从透明水管观察到怠速时无循环,高怠速时循环正常,通过上述试验说明怠速冷却液循环不足是故障根源。

⑧根据冷却系统工作原理以及对其他相关部件的排查情况,对故障根源进行分析,怠速与高速的区别就是循环流量与压力的差别,流量与压力是由水泵在泵体里产生的离心力形成的。怀疑水泵有故障,拆检水泵,分析水泵结构,因为泵轮的长短、泵轮与缸体的配合间隙都会影响到冷却液循环流量。在水泵排查过程中发现同一备件号为L06A121011Q而不同批次的水泵有不同之处。以红色线为基准,原车水泵A叶轮比新水泵B叶轮低2mm,并且原车水泵A的叶轮有7个叶片,新水泵B的叶轮有8个叶片。

⑨将新水泵换上,发动机怠速运转,接通V.A.S5052读取数据块131组第1区G62为94.5℃;第三区G83为79.5℃,散热风扇开始运转。读第1区G62为93℃,第3区G83为61.5℃,散热风扇停转。故障现象消除。

> 点击：导致本例故障的原因是：由于水泵叶轮结构不同，造成原车水泵怠速时循环能力不足，产生回流，不能进行有效的大循环，从而散热能力不足。正是由于速腾水温控制系统的独特控制方式，发动机 ECU 识别 G62 的温度高，启动高温应急模式，散热风扇常转，从而防止了水温上升，这是速腾水温控制系统的一个特点。

2. 一汽大众速腾轿车右后视镜转向灯不灭·右侧车门控制单元"寿终"

(1) 故障现象

一辆大众速腾(SAGITAR)轿车，在使用中出现右后视镜转向灯常亮不灭，即便发动机熄火后锁住车门故障也依旧。

(2) 故障诊断排除

大众速腾轿车后视镜转向灯信号传递路线顺序为转向开关→转向柱控制单元 J527→CAN 总线→车载电网控制单元 J519→左、右车门控制单元→转向灯。于是进行 J519 执行元件自诊断，没有检测到故障码，系统功能正常。在做转向灯功能检测时，开左转信号灯，左转向灯闪烁正常；开右转及警报灯开关，右侧前、后转向灯正常闪烁，右后视镜上的转向灯常亮无变化。可以确定转向灯开关、J527、J519、CAN 总线都是正常的，问题应出在最后右侧前乘员门控单元处。将右侧门板拆下，找到 T16d、T20b 插头，将 T20b 插头拔下，用试笔检测线束 9 号脚没有信号；插回 T20b 插头，将 T16d 插头拔下，用试笔检测 13 号脚，这时应该没有信号；但是 13 号脚的信号一直存在，确定是右前乘员侧车门控制单元损坏。更换右前乘员侧车门控制单元后，试车恢复正常，故障排除。

3. 一汽大众速腾轿车开空调暖风却出冷风·V159 内部断路

(1) 故障现象

一辆大众速腾舒适型轿车，在使用中出现打开空调暖风挡位时，右侧出风口却吹出冷风的故障现象。

(2) 故障诊断排除

大众速腾轿车舒适型是采用全自动分区空调，操作空调面板可对车内前排左、右区设置不同的目标温度，全自动空调控制单元接收各温度传感器的反馈值，通过控制温度翻板位置及鼓风机转速等执行元件来实现目标温度。实验发现，在将左、右区设置为高温挡位时，右侧出风口仍出冷风，说明右侧温度风门自动调整响应失效；用 V.A.S5051 查询，发现在 08 空调控制单元内有一个故障码存储，"01810——右温度风门定位电动机 V159"，由此可将故障点缩小为：

①自动空调控制单元故障。
②右侧温度风门定位电动机 V159 电路故障。
③空调控制单元至 V159 线路故障。
④右侧温度风板机械卡死或脱开故障(风板的工作位置异常反馈也会引起 V159 报警)。

当读取数据流 08-08-13 组，第 1 区显示为 38，第 2、3、4 区皆显示为零，调整右侧温度开关旋钮至不同设定温度值，数据流都无变化。对于 13 组，1 区为右侧温度风门当前值；2 区代表空调控制单元对右侧温度风门规定值进行设置状态；3 区代表右侧温度风门冷止动位置标准值；4 区代表右侧温度风门热止动位置标准值。2、3、4 区皆显示为零，说明空调控制单元不能正常显示控制目标值所对应的数据块；集成在 V159 上的伺服电动机电位计 G221 的反馈值一直为38,也说明右侧温度风门实际风板位置在冷风温度位置未作调整。而对比观察12组的数据流在HIGH挡和在LOW挡都能按3区或4区设定的目标值变化,见表4-1。

表4-1 3、4区数据流变化情况

设 置	数据组	1区	2区	3区	4区
设置右侧LOW挡	013组	38	0	0	0
设置右侧温度HIGH挡	013组	38	0	0	0
设置左侧LOW挡	012组	29	25	25	231
设置左侧HIGH挡	012组	225	231	25	231

检查至此,可以判断故障应是空调控制单元的控制元件损坏,导致不能控制对右温度风门伺服电动机V159的调节。为此要先对空调控制单元是否对V159发出了控制指令进行验证。由如图4-1所示右侧温度风门伺服电动机及电位计线路可知,空调控制单元的16芯插头T16的11端子和12端子分别连接V159的两端子。将空调控制单元向外拉出,以控制单元的T16/11和T16/12为测量点,在空调工作状态下,将右温度设置旋钮设在高温挡,用示波器检测波形为正向脉宽控制;当将旋钮设置在低温挡时,波形为负向触发脉宽控制,符合直流电动机的控制模式,由此可初步排除自动空调控制单元的故障。接下来断开空调控制单元的T16插头连接,测量与11端子和12端子相连接的线束插脚之间的电阻为无穷大,说明V159线路断路;拆下杂物箱和右侧空间出风口,断开伺服电动机V159的插头连接,分别测量V159的6孔插头的5、6脚至空调控制单元的11、12端子之间的电阻皆小于0.5Ω,说明断路发生在V159内部。

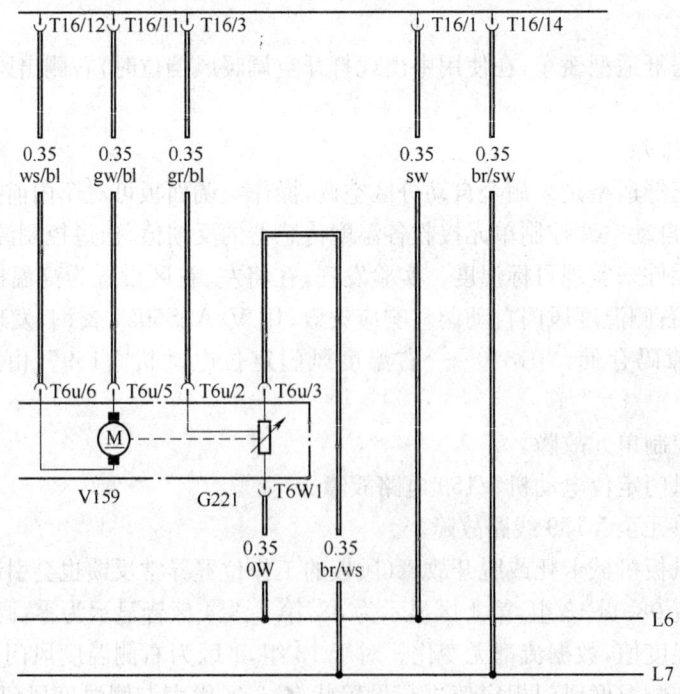

图4-1 右侧温度风门伺服电动机及电位计线路图

V159—右侧温度风门伺服电动机 G221—右侧温度风门伺服电动机的电位器

当更换集成有右侧温度风板位置传感器的 V159 时,风门即能自由进行调整,说明风门的机械调整机构也正常,观察 13 区数据流全部恢复正常,最后应用 V.A.S5051 的引导功能做基本设定成功,由此,故障彻底排除。

再测试空调控制单元 16 插孔 11 端子和 12 端子的输出波形较之前有了一定的变化。波形显示在空调控制单元发出相应的工作指令后便处于待工作状态,直至 V159 实际调整到规定位置,而且在正常工作状态时的波形所含的信息也有所不同。空调控制单元在识别到执行元件电路故障时,报故障码的同时,也进入故障应急工作模式:一方面控制数据流的非正常显示;另一方面是以规定的脉宽控制执行元件 V159 做重复再工作的尝试。

4. 一汽大众速腾轿车仪表板挡位指针偶尔异常·插脚松动

(1) 故障现象

一辆大众速腾轿车,在行驶过程中出现仪表板上挡位指示针偶尔异常的故障现象。

(2) 故障诊断排除

根据该车故障现象分析,怀疑仪表缺少 30 号正电,按线路图检查插头 36 插脚的第 2 针脚的 30 号线电压有时为 0V,检查中央控制单元(J519)上 K130 的 30 号继电器正常。检查熔丝(SB1—SB49)的 SB6(5A 仪表 3D 正电)正常。再用万用表检查转向柱控制单元(J527)的供电,SB2(5A)正常。转向柱控制单元(J527)T20d/19 有 12.49V 电压,表明转向柱控制单元 J527 有输出电压,转向柱控制单元的 T20d/19 针脚和仪表插脚的 T36/2 号插脚也没断路。此时拔下转向柱控制单元插头,发现插脚本身就不够紧。将转向柱控制单元拆出做进一步检查,确定转向柱控制单元是否正常,通过检测正常。重新装回转向柱控制单元,用电线轧带固定好插接件,并对电动转向控制单元(J500)进行设置和匹配后,试车,仪表功能恢复正常,故障排除。

5. 一汽大众奔腾 B70 型轿车天窗不工作·车身控制单元损坏

(1) 故障现象

一辆 2011 款奔腾 B70 型手动豪华轿车,行驶 9 万 km 时操作天窗开关,出现天窗电机不工作,天窗无法使用的故障现象。

(2) 故障诊断排除

奔腾 B70 型轿车天窗控制器与电机组合到一起,当点火开关打到 ON 时,电压由 BCM(车身控制单元)3F 端子进入,通过 BCM 2M 端子输出给天窗控制器,电源接通后,按下天窗开关,控制天窗电机接地,天窗开始打开或起翘。

分析可能的故障部位有:开关、天窗控制单元、BCM 及供电线路。

检查天窗供电线路故障。点火开关在 OFF 位置,拆下天窗控制器插头,万用表测量绿/黑色线与黑色接地线之间电压为 12.5V,说明常火供电线路和接地正常。

检查天窗开关故障。交叉验证天窗开关,天窗还是不能工作。

检查 BCM 供电情况。按电路图检查空调熔丝 A/C(10A)正常,点火开关在 ON 位置,熔丝上有电压 12.5V,说明点火开关工作正常。检查 A/C(10A)熔丝到 BCM 3F 端子线路的导通性,电阻 0.01Ω,小于 1Ω,说明线路正常。检查 BCM 2M 端子到天窗插头线路导通性,电阻 0.01Ω,说明线路没问题。检查 BCM 4P 端子,点火开关在 ON 位置电压为 12.4V,点火开关在 OFF 位置电压为 0V,表明钥匙提示开关及到 BCM 线路正常。点火开关在 ON 位置测量 BCM 3F 端子有 12.5V 电压输入;测量 BCM 2M 端子电压为 0V,由此表明 BCM 内部电路发生故障。

拆开 BCM，检查印刷电路板，采用万用表测量 3F 端子与 2M 端子之间的导通性，阻值为无穷大，说明两端子之间印刷线路已断路。正常时两端子是导通的，其阻值应小于 1Ω，BCM 2M 端子无电压输出至天窗控制单元，天窗也就不能工作（开或闭）。

更换 BCM 后，天窗可动作，随后进行天窗初始化设置程序，天窗起翘、打开工作自如，故障排除。

> 点击：奔腾 B70 型轿车天窗初始化方法步骤：通过手动或电动方式，操作天窗至软翘起打开的最大位置；长压保持天窗起翘打开按钮（SLIDE）超过 7s，天窗由软起翘最大位置向硬起翘最大位置运动，直至停止。此时天窗总成会发生抖动；松开天窗起翘打开按钮（SLIDE）；在 5s 时间内，再次按下天窗起翘打开按钮（SLIDE）超过 1s 时，天窗开始执行下述重新初始化流程，天窗起翘关闭→天窗内藏打开最大位→天窗内藏关闭。上述流程动作后天窗静止，天窗控制单元重新初始化成功结束。

6. 一汽大众奔腾 B70 型轿车燃油表不工作烧坏 BCM·插接器接触不良

（1）故障现象

一辆 2010 款奔腾 B70 型手动豪华型轿车，在行驶 11 万 km 时出现燃油表不工作，燃油报警灯点亮。经检查 BCM（车身控制单元）有问题，更换 BCM 后，故障现象消失。过 5 天后车辆燃油表又不工作，燃油报警灯常亮。

（2）故障诊断排除

据该车故障现象，分析可能的故障部位有：燃油表传感装置、BCM、燃油指示表及燃油报警灯、仪表线束或车身线束。

燃油表传感装置，由燃油水平决定的阻力发送给微处理器，微处理器在指定的时间内计算出平均阻力，然后根据这些计算向燃油表发送信号。

BCM 5A 端子是燃油油位信号 2 输出端子，连接到仪表 2D 端子；BCM 5B 端子是燃油油位信号 1 输出端子，连接到仪表 2M 端子；BCM 2A 端子是燃油油位信号 2 输出端子，连接到燃油传感器装置；BCM 2B 端子是燃油油位信号 1 输出端子，连接到燃油传感器装置。

燃油指示表及燃油报警灯，由仪表供电给 BCM 5B 端子，通过 BCM 由 2A 端子输出到车身线束进入燃油表信号发生器，根据实际燃油位置提供信号给仪表，仪表计算后显示油耗、油量及燃油报警灯点亮等。

①用万用表电阻挡测量燃油传感器，在最低位置的阻值为 126Ω，燃油传感器在最高位置的阻值为 16Ω，上下移动浮子时阻值平稳变化，无跳动，燃油传感器阻值测量无异常且线路无短路现象。

②测量仪表线束插接器 2D 端子至 BCM 5 号插接器 5A 端子红/黄色线导通性，电阻值为 0.01Ω，导通良好；测量仪表线束插接器 2M 端子至 BCM 5 号插接器 5B 黄/绿色线导通性，电阻值为 0.01Ω，说明仪表至 BCM 线路导通性正常。

③测量 BCM 2 号插接器 2A 端子至燃油传感器插接器黄/绿色线导通性，电阻值为 0.01Ω，线路导通良好；测量 BCM 2 号插接器 2B 端子至燃油传感器插接器红/黄色线导通性，电阻值为 0.01Ω，检查 2 条线对地电阻值无穷大，导线无断路、短路现象，说明线路正常。

④检查供电线路电压，打开点火开关，测量由仪表线束 2D 端子至 BCM 5 号插接器 5A 端子红/黄色线有 12V 电压；测量 BCM 插接器 2A 端子黄/绿色线与 2B 端子红/黄色线（线色与

电路图不一致)之间电压,结果无电压,说明 BCM 供电输出不正常。按电路图检查 BCM 供电线路熔丝都正常,按电路图测量有电压输入 BCM,BCM 2 号插接器 2A 端子无电压输出,说明 BCM 内部有断路问题。于是更换 1 块 BCM,燃油表油位指示正常,燃油报警灯熄灭。驾驶人把车接走,过了 6 天驾驶人又回来了,说燃油表又不工作,燃油报警灯又亮了。

⑤故障现象与上一次一样,测量 BCM 2A 端子无 12V 电压输出,再测量 5 号插接器 5B 端子与 2A 之间不导通;拆开 BCM 检查,发现内部印刷线路板上,5B 端子与 2A 之间的印刷线路铜箔被烧断,还得再更换 1 块 BCM。为什么 BCM 会连续烧坏?维修技师再次仔细排查线路。怀疑有短路隐患存在,检查相关线路的导线及插接器,没有检查到有短路隐患的地方,排除了因为短路烧毁 BCM 的可能。在检查到 5 号插接器时,发现 A、B 两端子插孔内有轻微的氧化、腐蚀,这个插接器 A 端子正是仪表给 BCM 供电的火线,因此确认是连接端子接触不良,发热将线路板熔化,产生断路。

更换 BCM 5 号插接器,同时为了弥补失误、减少损失,决定修复 BCM。用细导线焊接在线路板 5B 端子与 2A 之间,以代替印刷线路铜箔。焊接完毕后装复 BCM,打开点火开关,燃油表油位显示正常,燃油报警灯熄灭。半个月后回访用户,燃油表、燃油报警灯无异常,故障排除。

> 点击:该车的故障原因是插接器端子接触不良,导致连续烧坏 BCM(车身控制单元)。在第 1 次维修时进行了大量的检查,虽然找到故障点,但是没有找到引起故障的真正原因。一般情况都是发生短路才烧电器,维修人员忽视了插接器端子的腐蚀、氧化带来的危害。

7. 一汽大众奔腾轿车遥控器失效车门无法开闭·内部自放电过快

(1)故障现象

一辆一汽轿车厂出品的 B70 型轿车,在使用中出现遥控器失效,无法开启和关闭车门的现象。

(2)故障诊断性排除

奔腾自动挡 B70 型轿车钥匙是开启轿车的工具,现在轿车钥匙均使用有固定数字信息的磁性芯片,轿车点火开关的读识线圈将对钥匙的芯片进行读取。奔腾 B70 型轿车的遥控器采用可折叠型钥匙,结构分为以下部分:

机械钥匙:用来开启车门和行李箱,起动发动机;密码芯片:轿车电子防盗系统与发动机电脑进行通信,只有钥匙芯片中的代码得到识别后才允许起动发动机;指示灯:开启关闭车门时工作;电池:提供电能;线路板:控制相关电路的通断。

遥控器不正常工作可能是遥控器电池或内部故障导致。先做如下检查,然后确定更换电池或者遥控器。

检查用户所用电池是否为原厂电池,如非原厂电池,使用寿命将不能达到规定的要求,建议用户使用原厂电池,型号为:CR1620;按照维修手册要求,拆解遥控器。

通常对遥控器进行检测的方法如下:

①漏电电流检测。将数字式万用表调整到"μA"或"mA"挡,并串联在电路中,检测静态漏电电流。

a. 将分解后的遥控器用弯曲过的曲别针连接。

b. 使用数字式万用表分别连接到电池负极和线路板的"B—"端。

检测结果分析：线路正常测量值应为"0"。如检测时电流表有"μA"或"mA"级电流显示，即可确定线路板故障。可直接更换遥控器，并进行遥控器匹配。

②电阻检测。将数字式万用表调整到欧姆挡，在电源接口处测量线路板上"B+"与"B—"之间的电阻值。

检查遥控钥匙接收器与 BCM 之间线路，线路导通正常；检查遥控器，发现遥控器指示灯不亮，怀疑遥控器没电；更换新的遥控器电池后故障排除，但大约一周后遥控器又无法使用。按维修手册的要求重新匹配遥控器，能够匹配成功，说明遥控器与遥控接收器信号传输正常，怀疑遥控器亏电导致遥控失效。至此可以确定遥控器内部有放电现象。拆开遥控器外壳，首先进行漏电检测：发现该遥控器静态电流为 0.3mA；然后进行电阻检测：该遥控器正向电阻值正常数值为 11.3～11.8MΩ，反向正常数值为 3.4～3.5MΩ，而该车正向阻值 3.9MΩ，反向阻值 0.96MΩ。

通过以上检测，遥控器静态电流及正向、反向电阻均与标准值不符，说明遥控器内部自放电过快导致遥控器失效。需要更换遥控器。当按照维修手册中遥控器匹配的相关内容对新遥控器进行匹配后，试车验证，故障排除。

遥控进入系统与防盗锁止系统无关，更换遥控器时，只需更换遥控器总成，然后进行遥控器匹配即可，不需要更换钥匙前部的密码芯片，更不需要更换全车车锁。

该案例为遥控器总成故障中的遥控器失效，此故障为遥控器内部自放电过快导致，根据维修手册中遥控器匹配的相关内容，匹配新遥控器，故障即可排除。

8. 一汽大众迈腾轿车 EPC 灯报警·ECU 内部故障

（1）故障现象

一辆大众迈腾 1.8T FSI 轿车，装备手动一体变速器，在使用中出现电子油门警告 EPC 灯报警、发动机熄火的故障现象。

（2）故障诊断排除

根据驾驶人的介绍，第一次发生故障在外地，维修者将故障码清除后，发动机可以起动，故障现象消失。

用 V.A.S5051 故障诊断仪检查发动机 ECU 故障码为：0004000，G247 电器故障。对电路图进行分析，得知 G247 燃油高压传感器与 G40 凸轮轴位置传感器共用一根供电线，这根供电线是来自发动机 ECU 的第 T60ya/29 号脚。这两个传感器唯一的联系就在这根供电线路上，只有这根供电线路出问题，才会导致两个传感器同时报故障码。故障检测分析如下：

①检查两个传感器的插头均未发现腐蚀及进水现象，检查线束的短路与断路情况也都正常。

②检查发动机 ECU 插头及传感器均未发现异常。

③按常规先检查处理搭铁线，处理发动机线束的插头连接处。大众车系 ECU 的插头几乎都是压接连接，有时会出现虚接现象。为确保连接可靠性，将发动机 ECU 插头处用电烙铁进行焊接。

④拆装发动机线束插头 T60ya/29 后，发现发动机进入了防盗状态，此时无法起动发动机，但是在停放一会儿后又恢复正常，这是不正常的现象。

⑤为了验证是否每次拔插头都会出现此故障,多次拔下插头试验均未有故障出现,于是怀疑是不是要等一段时间才会出现,然后就等了一段时间,可是也没发现故障出现。

⑥根据以上情况分析,判断应该是发动机 ECU 内部有问题,所以决定更换发动机 ECU 进行试验。更换发动机 ECU 并匹配完毕后,经过多次试车,未发现有故障,确定为发动机 ECU 内部问题。此后,发动机工作正常,EPC 灯不再报警、故障排除。

9. 北京现代伊兰特轿车空调出风口关闭不严·变形的联动杆作怪

(1)故障现象

一辆已行驶 3.1 万 km 的北京现代伊兰特轿车,在使用中出现空调出风口关闭不严的故障现象。

(2)故障诊断排除

该车为新型轿车,根据配置不同装有两种空调控制装置,一种为带显示屏的全自动空调;另一种是手动空调。该车装配手动空调。

检查故障时,用手旋转风道转换开关,果然如驾驶人所述,不管在哪个挡位,下面均有冷风吹出,但前风挡除霜及面部风道转换均正常。

首先拆下空调控制面板,发现面板上没有一根拉线,全部为电线插头。该车与索纳塔及本田雅阁轿车的手动空调控制相似,虽然为手动调节,但也是自动控制,风门转换全部由伺服电机控制完成。检查后,确定该车共装有三个伺服器来控制三个不同功能。第一个为风门转换伺服器,根据人为操作达到所需位置并稳定,保证出风口按驾驶人所选择的出风口出风;第二个为冷暖转换伺服器,主要控制冷暖风门的关闭程序,使风道吹出的风符合驾驶人所调节的温度;第三个为内外循环伺服器,主要控制内外循环风口的开闭,以起到调节车内空气质量的作用。由此可以做出基本判断,问题肯定出在与第一个伺服器相关的电路、电气元件及机械部分。用手调节空调面板上的风口旋钮,观察其伺服器能够自由来回转动。用同型号的控制面板及伺服器试验并检查风口的关闭情况,发现正常情况下风口除开关旋到向下吹时,下面才出风,其他时间均没有风。结果表明,伺服器及控制器均正常,但下出风口依然无法关闭。问题只能在机械部分,把风门伺服器拆下后发现,伺服器带动圆周上有不同角度轨道的塑料转盘转动时,在轨道内滑动的风门联动装置带动各风门转动,实现各种不同出风口出风模式的转换。该车共有三个风门来控制风道转换:一个为前风挡除雾;一个为脚部出风;一个为正面吹风。用手依次转动各风门,找出脚部控制风门,其中两个能自由转动,只有一个卡死了。到底是什么原因导致风门卡死呢?凭以往的经验,卡死的原因只有风门处掉进杂物,或由于交通事故导致风箱总成变形。根据该车的情况,这两种可能均被排除(因为是新车)。向下转动风门转不动,向上转动能稍动一点,再往上就转不动了,被仪表台内杠上一固定线束的夹子头顶住,会不会就是这个夹子挡住风门转动了呢?用钳子把线夹取掉,风口便能关严。接着把所拆零件按原来位置装好(夹子不装),试车发现脚部出风口只能用手转动将其关严,于是只好把伺服器风门联动杆拆下检查,发现联动杆由于使用时受力(伺服器带动其转动关闭,风门又受到线夹阻碍无法转动)而变形,但此零件没现货,只得想办法修复。用加热法使塑料的联动杆变软,用力将其恢复原形状,冷却后装复试车,空调工作一切正常,故障终于排除。

10. 北京现代索纳塔轿车 ABS 警告灯常亮·接脚虚焊

(1)故障现象

一辆北京现代索纳塔轿车,该车已行驶 16.5 万 km,近来在行驶时仪表板上的 ABS 警告灯出现常亮的故障现象。据驾驶人介绍,该车经常在山丘行驶,最初ABS故障灯是有时亮有时不亮,现在是常亮。用Hi-DS汽车故障诊断仪检测读故障码,显示为ABS液压泵超出公差范围,左前轮轮速传感器故障偶发。

(2)故障诊断排除

首先在路试状态下读取数据流,发现左前轮轮速传感器不工作。将车辆驶回维修车间用举升机将车辆举起,检查左前轮轮速传感器线路接触不良,于是重新恢复和整理线路并清除故障码,ABS警告灯可熄灭,再上路试车进行制动试验时,ABS警告灯又亮了。又用汽车故障诊断仪读取故障码,仍是液压泵超出公差范围。根据多年的维修经验,在诊断过程中检测到ABS液压泵超出公差范围,一般都是电源线路接触不良或者是ABS控制单元内部故障造成的,还有液压泵电机损坏也可能导致ABS液压泵超出公差范围。再次主要针对电源线路进行检查,熔丝、插接器等一些外围电路都正常。对ABS液压泵电机测试也属正常。既然排除了电源线路不良和ABS液压泵电机损坏的可能性,那么就可以判断故障出在ABS控制单元内部。于是把ABS控制单元拆下进行解体,发现内部电路三极驱动管接脚虚焊,确认此为故障点。将该驱动管接脚细心焊接牢固,重新装车试验,ABS警告灯熄灭,故障排除。

11. 北京现代索纳塔轿车车速里程表失效·传感器损坏

(1)故障现象

一辆09款北京现代索纳塔轿车,装备2.0L电喷发动机,在使用中出现车速里程表不计数的故障现象。

(2)故障诊断排除

首先将车速表传感器从变速器上拔下,利用BOAN8901B数字式表和转换模块的信号进行驱动试验,其操作方法:将数字式表打到Ⅱ到ONT挡,调整输出频率到100Hz,再将转换模块的开关打到Ⅱ挡位,将红表笔接传感器的信号线,黑表笔接搭铁线(该传感器为霍尔式),观察车速表指针指示120km/h,从而判断该车速表传感器已经损坏。更换新表后试车,一切正常,故障排除。

12. 上海大众波罗轿车EPC灯常亮·节气门污染

(1)故障现象

一辆上海大众波罗(POLO)轿车,装备1.4L发动机,M/T变速器。该车在行驶3.2万km,进行常规维护保养时,驾驶人告之EPC灯常亮。经过维护后EPC灯仍不熄灭。

(2)故障诊断排除

经检查,确认存在上述所说故障现象。先使用V.A.G1552故障诊断仪进行检测,输入01→02查询发动机ECU的故障存储,读取到以下故障码:17550,负荷测定水平没有达到。再输入05并清码。使发动机运转,输入01→08→001→149读取发动机的怠速工况时的数据流。冷却液温度达到工作温度时85℃,发现003组的3区电子节气门阀开启角度为8°∠(标准3°∠),数值偏大。由于该角度偏大,造成在1区怠速转速达到890r/min(标准640~680r/min)。

根据上述检测结果,结合电子节气门的结构特点,认为开启角度过大,主要是因为节气门阀口处过脏,使其卡住不能关闭到位造成的。这不仅会造成发动机的怠速转速偏高,油耗量增加,而且发动机ECU会将此种情况与事先设定的标准数据进行对比,并先将此故障现象用故障码的方式储存在存储器内,以备维修时参考,再去驱动设置在仪表上的EPC灯(一旦EPC灯亮起,系统便进入应急运行状态,并且发动机在运转时极易熄火),由此提示驾驶人,目前发动机电控系统存在故障,应尽快去维修站检修。

维修时,首先拆下电子节气门,接着使用化油器清洗剂清洗节气门阀口处脏污,再用压缩空气吹干净,然后将其装回原位,并将导线插接器接牢,最后把钥匙转到 ON 挡,不起动发动机,使用 V. A. G1552 输入 01→04→060→Q→06 完成电子节气门与发动机的匹配,即对其进行基本设定。

另外,对仪表保养周期显示复位的操作步骤如下:先将钥匙转到 ON 挡,不起动发动机,用 V. A. G1552 输入 17→10→Q→02→00000→06→Q,保养周期显示被清除。

此时,EPC 灯会熄灭,但对于大多数车辆来说,在重新起动着车后稍过一会儿,EPC 可能又会亮起,对此不必担心。还需要再进行至少 2km 的路试,其目的是让发动机 ECU 对清洗后的电子节气门进行自适应学习。一旦发动机 ECU 认定电子节气门反馈信号正确无误,它就会自动将 EPC 灯熄灭,这时系统内的应急运行模式状态结束,发动机便进入正常的工作状态,故障排除。

13. 上海大众波罗轿车制动灯常亮·与 EPC 有关

(1)故障现象

一辆上海大众波罗(POLO)轿车,装备 1.4L BCC 发动机,手动变速器,在使用过程中出现制动灯常亮不灭,且仪表板上的 EPC 黄色灯也点亮的故障现象。

(2)故障诊断排除

经检测,发现制动灯开关失灵,连接 V. A. G1552 故障诊断仪,进入 01→02 故障查询,结果显示故障码 17087,其含义为制动灯开关 F 电路故障。更换新的制动灯开关总成后,故障排除。

据资料表明,波罗轿车 EPC 灯亮出现概率比帕萨特高,尤其是新车,往往行驶几千 km,EPC 灯即被点亮,这不是燃油质量问题,而是管理系统在扭矩匹配设定参数差异的原因。

14. 上海大众波罗轿车转向灯常亮·助力转向控制单元不匹配

(1)故障现象

一辆上海大众波罗(POLO)轿车,BCC 型 1.4L 发动机,手动 MT 变速器。该款新车配置电动液压助力转向系统 EPHS(Electrisally Powered Hydraulic Steering)。该车因交通事故,轿车左前角被撞,导致电动泵及助力转向控制单元受损。修复时,更换一套电动泵和动力转向控制单元(集成一体),试车,但仪表显示转向控制灯亮,行驶时转向感觉沉重,偶尔又突然变轻,觉得驾驶很危险。又经专业修理厂检修,更换了转向控制单元、转向传感器以及部分线束,结果仍然无效,转向灯常亮故障依旧。

(2)故障诊断排除

首先查看油尺,转向油不缺。起动发动机灯亮,试车,感觉转向沉重,尤其在短距离、速度较慢时,操作转向盘手感吃力,显然对于这款有电动液压助力转向装置的 POLO 车不合情理。正常情况下,当传感器失灵时,助力转向系统进入紧急运行状态程序,但转向功能尚能保证。经试车,始终没有感到突然变轻症状,如果有,则对行车安全是很危险的,属于操纵一时失控感。

先用 V. A. G1552 故障诊断仪诊断。连接诊断接口,输入地址码 44,Steering assistance 驾驶帮助→02 功能码 Interrogate fault memory 查询故障,显示屏出现一个故障码,内容是助力轿车传感器 G250 损坏。再退出→05 Erase fault memory,清除故障码,清除不掉,属永久性故障。查看线束插头，只见助力转向控制单元中间二根粗线的插头外壳有缺角，但不妨碍使用，其中线路连接完整无缺。用 Fluke 万用表测量传感器线路，如图 4-2 所示。G250 到 J500 三根线电阻值低于 0.5Ω 属正常。拔下传感器线束插头，中间棕色线搭铁，正极红色线电压为 11.85V，绿色信号线 0.75V，而 G250 是新的。但检测认定是坏的。带着疑问，准备换个新的试试，将一只编号相同的德国海拉 Hella 公司产品装上，用 V.A.G1552 测试，还是认定 G250 损坏，这是怎么回事？是否助力转向控制单元 J500 与 G250 不配套，对 G250 传感器线束电信号不认可？查资料，Polo 轿车在 2003 年 3 月 24 日前用 koyo 公司产品，G250 是圆柱形，24 日后是用 TRW 公司产品，G250 是扁平形。仔细辨认泵体的壳是 TRW 公司，塑料油壶的壳有大众标记，询问驾驶人，助力转向控制单元是在市面汽配市场上购进的，不是上海大众认定产品，可能不配套。那么现在又出现了 G250 是海拉公司产品，它又是否与 TRW 助力转向控制单元配套？只能订一个 TRW

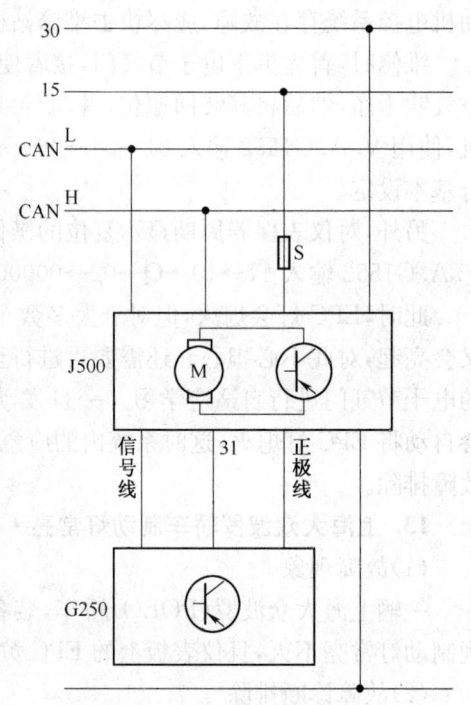

图 4-2 助力转向 G250 转向传感器电路

J500—助力转向控制单元　G250—转向传感器

公司的助力转向控制单元，装复，并加注指定转向液压油。起动发动机，经过排气，设定编码，仪表显示转向控制灯熄灭。查询故障，无。V.A.G1552 显示 6QO 423 156S Coding 1040，Lenkhifa TRW，V260。上路试车，反应灵敏。电机及泵转速随车速提高变慢，供油量减少，转向感到实在，路感很好，没有飘浮感觉，车速很慢时，电机及泵转速加快，供油量增加，打转向轻便，灵敏度高，没有发现其他异常感觉，至此故障排除。

15. 上海大众波罗轿车组合仪表偶尔不显示·仪表内搭铁"假搭"

（1）故障现象

一辆上海大众波罗（POLO）1.4L 轿车，在使用中发动机工作正常，而在凹凸不平道路上行驶时，会出现组合仪表突然没有显示的故障现象。当将发动机熄火后再次打开点火开关，仪表仍无显示，同时发动机也无法起动，而用手轻敲击仪表台时，组合仪表可恢复正常显示，发动机也可以起动，此故障发生是偶然的，但故障确实存在。

（2）故障诊断排除

组合仪表由集成度极高的电子控制和显示部件组成，内部集成了显示控制单元 J285、防盗控制单元 J362 以及相关的外围元件。该车组合仪表偶尔无任何显示，表明组合仪表电源有断路的可能。由于电源断路，造成仪表控制单元和防盗控制单元都不工作，导致组合代表没有显示。同时在起动发动机时，J537 无法收到来自组合仪表的防盗钥匙确认信号，J537 自锁，从而造成发动机无法正常起动。为了确认上述分析，用 V.A.G1552 故障诊断仪进入 01-02 查询故障，显示故障码内容为间歇性发动机控制单元 J537 自锁故障。

根据如图 4-3 所示组合仪表电路，对组合仪表相关线路进行了检查。由于轻微敲击仪表台后故障现象会暂时消失，表明电路线束有接触不良的问题存在。从电路图可知，提供给组合仪表的电源来自熔丝 S20 和熔丝 S27,其中 S27 为常火线,用于给组合仪表中的时钟以及故障存储器等提供电源;熔丝 S20 只有在点火开关打开时接收来自电源的电压。用 V.A.G1527 试笔检查熔丝两端均有电,并且插接牢固,说明熔丝之前的线路正常。

拆下组合仪表,检查组合仪表供电的 8 孔插座插接状况,发现组合仪表上的黑色 8 孔插座与组合

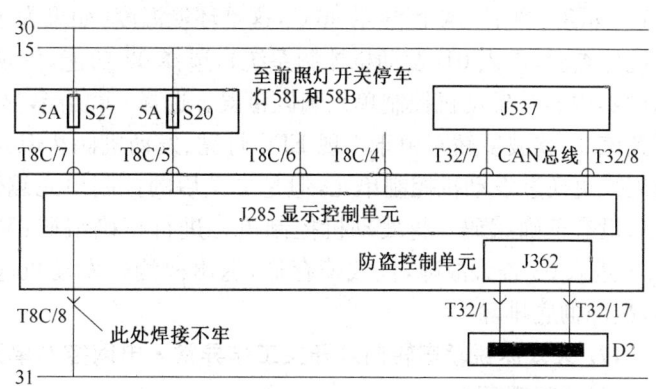

图 4-3 上海大众波罗轿车组合仪表电路

仪表印制电路板的焊点已松动,仔细观察是由于仪表内的搭铁结点(T8C/8)焊接不牢所致,由此造成组合仪表供电不能形成回路。打开点火开关,摇动该插座,故障特征再次出现。更换组合仪表,用 V.A.G1552 进入 01-07-00143 进行编码,然后对发动机进行防盗匹配和防盗钥匙的匹配,匹配好后试车,一切显示正常,故障排除。

16. 上海大众波罗轿车空调不制冷·控制单元编码有误

(1)故障现象

一辆上海大众波罗(POLO)轿车,行驶里程 6.3 万 km。因事故使车辆前部受损,更换水箱、冷凝器、保险杠后,空调系统加入 550g 制冷剂。在空调开关打开,鼓风机开关开到 2 挡后,冷却风扇高速运转,但空调压缩机不工作,没有制冷效果。

(2)故障诊断排除

该波罗轿车采用半自动空调系统控制,即压缩机取消电磁离合器的控制,而通过半自动空调控制单元 J301 对压缩机调压阀 N280 进行直接供电,来调节压缩机的排量。由于波罗轿车采用车载网络系统,当蓄电池电压小于 12.2V 时,空调将不工作。

首先检查空调系统的熔丝,S36、S29、S18、S177、S180、S269 均正常;用万用表检查蓄电池电压 13.6V。用 V.A.G1552 故障诊断仪进入 08(自动空调系统)选择 02(查询故障)显示有 3 个临时故障,即 G65(高压压力传感器)信号太弱;G68 对地短路/断路;00898 030 正极断路。选择 05(清除故障码),选择 08(读数据)进入 001 显示组,显示:

| 800kPa | 800kPa | ON | OFF |

第一、二区显示高压压力;第三区显示空调开关信号:ON 代表 A/C 开,OFF 代表 A/C 关;第四区显示压缩机电磁调压阀工作状态:ON 为工作,OFF 为不工作。从显示数据看,压缩机电磁调节阀不工作。10min 后再选择 02 查询故障,又出现了 00898 030 的故障码,仍为临时故障码,清除后即可。

对空调系统进行检查。当空调打开时,拔下 N280 插接器,用数字万用表检查两根供电端子之间的电压为 11.8V,可是把插接器插好后,压缩机并不工作;用 5W/12V 试灯串联在两孔之间,试灯并不亮,说明用万用表检查到的是 J301 供电控制产生的虚电。又认真检查前部空调线路,均正常,空调压力正常。线路没问题,电源电压也足够,为什么空调控制单元不控制 N280 工作呢? 是不是仪表控制单元或发动机控制单元不给 J301 提供空调可以工作的信号呢? 带着这一疑问,用 V.A.G1552 选择 17-仪表控制系统的 02 功能,没有故障存储;08 功能

001 显示组,观察第 4 区显示 36℃,这是环境温度,如果大于 5℃,空调就可以工作。退出空调系统检查后,进入 01(发动机控制系统),选择 02 功能,发现有一个永久故障,故障码为 18020 P1612,内容是发动机控制单元编码错误。选择 01 功能,显示发动机编码为 00031。查找资料得到该 02 款波罗轿车由于出现 EPC 灯亮、发动机偶然熄火的故障,上海大众曾要求各服务站为用户更换过发动机控制单元,但是更换后的控制单元编码应为 00071。原来是更换控制单元后没有正确编码。将发动机控制单元进行正确编码:V. A. G1552-01-07(编码)-00071-06-Q;再进入 02 查询故障,没故障存储,退出检测。发动机起动后,打开空调开关,空调制冷良好,故障彻底排除。

17. 大众途锐轿车转向灯开关工作异常·电网控制单元作祟

(1) 故障现象

一辆大众途锐轿车,装备 V8 型发动机,在使用中出现开左转向灯时,左前转向灯不亮,且左转向指示灯闪烁频率加快,仪表灯光报警,当更换熔丝后,又出现左前驻车灯常亮的现象。

(2) 故障诊断排除

该轿车采用了电网控制单元,使车内线路走向更紧凑,单独的存储器记忆故障类型更便于查找,通过 CAN 数据总线传递信息量大,用电设备根据优先等级由各自的控制单元关闭原则,可保证总是有足够的电量用于起动发动机。

经过检查,初步判断该车故障为电网控制单元问题所致。

转向灯控制,以左侧转向灯为例。如图 4-4 所示,当拨动左转向开关时,转向柱电子控制单元 J527 接收到转向开关 E38 左转向信号,将信号通过仪表网关控制单元 J533 的 CAN 总线传递给车载电网控制单元 J519 和舒适系统控制单元 J393。车载电网控制单元 J519 接通左前转向信号灯泡供电,舒适系统控制单元 J393 接通左后转向信号灯供电,于是左侧转向信号灯开始闪烁。

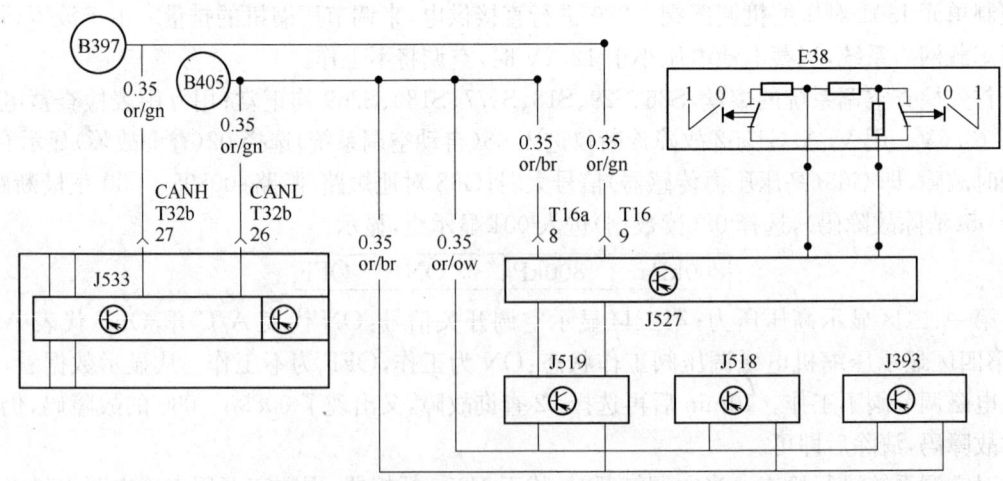

图 4-4 大众途锐轿车电气相关 CAN 数据总线连接

E38—转向开关　J527—转向器电子控制单元　J519—电网控制单元　J518—车辆起动控制单元　J533—仪表网关控制单元

检查转向灯泡及驻车灯泡均正常。用万用表电阻挡检查转向灯的搭铁线路和大灯远光的搭铁线路,转向灯搭铁回路正常。因为左前转向灯没有时,大灯的远近光可正常工作,故可判定转向灯泡的供电线路故障。使用万用表检查转向灯泡没有电压,又查电网线路连接正常,再检查电网控制单元之前各供电线路,发现左前转向信号灯和驻车灯供电的熔丝烧毁。更换新熔丝后转向信号灯工作正常。

对仪表灯光报警、左前驻车灯常亮故障,由于左前驻车灯的最终控制是由电网控制单元来直接决定的,于是怀疑电网控制单元内部故障,然后进行解体,沿线查找到左前驻车灯控制模块,发现与其相对应的还有1个型号一样的右前驻车灯控制模块。因电网控制单元无货,只好将控制两前驻车灯的2个控制模块用微型电烙铁取下互换,结果左侧驻车灯可以正常工作,而右侧驻车灯常亮,表明故障点在左侧驻车灯控制模块上。最终设法更换电网控制单元后,故障排除。

18. 大众开迪轿车电子动力控制灯雨天"耍赖"·线束"外伤"

(1)故障现象

一辆大众开迪多功能轿车,在使用中出现电子动力控制(EPC灯)在雨天常亮的故障现象,而晴天又是正常的。

(2)故障诊断排除

据驾驶人介绍,该车在行驶途中突然感到油门踏板失效。此时无论油门踩大踩小,车速都一样,还一冲一冲的。平路4挡车速也就是40~50km/h,空挡时发动机转速较高。这种情况,属于仪表板EPC(电子动力控制)灯点亮后,发动机进入了故障安全模式,油门踏板不起作用,可低速行驶到修理厂,也称"跛行回家功能"。

于是维修人员用解码器读码,读到故障码是18038/偶发,含义是油门踏板位置传感器信号太弱/偶发性故障。用解码器消码,EPC灯也熄灭了,试车后一切正常,将车交给驾驶人使用观察。可两个月后同样故障又发生了,维修人员按上次维修作业重复操作一遍后,试车一切正常,驾驶人又将车开走,使用8天后同样故障再次发生。维修人员先消了故障码,接着又检查了油门踏板位置传感器到发动机ECU间的线路,没有发现线路有断路或短路情况。试车30km也没有出现故障,维修人员认为这样已表明油门踏板位置传感器和线路没问题,不需要修。三天后,同样的故障又出现了。不过,这次驾驶人提供了一个重要线索:出现该故障时全都是下雨天。维修人员判断是因下雨天湿气大,引起油门踏板位置传感器或其线路发生断路或短路故障。用解码器消除这一故障码后,马上去试车。因为当时正好在下雨,果然在雨中行驶不足10km后,故障又一次发生了:EPC灯点亮,车辆又跑不起来,还是故障码18038/偶发。而消除故障码后,再试车时未出故障。几天后,故障又出现了,还是雨天出故障,晴天无故障。认真分析故障现象和修理过程,认为故障现象和雨天潮湿有关。为了证实这一想法,而当时又不下雨,就用洗车枪冲车,让发动机也运转着,但是过了半个小时,故障也未出现。熄火后,蒙上不透气的车罩,又放了一天,发动机舱内和乘客舱内潮气很大,可是在再次发动后,故障却未出现。实验否定了是雨天潮气引起故障的假设。

根据经验,频繁出现的偶发故障常常和线路有关。雨天必用的就是刮水器,于是就在原地开着刮水器(接通前风窗玻璃冲洗器)运转发动机,但未发生故障;又开着刮水器试车,7~8km后故障就出现。

拆开导风板和落水板仔细检查,观察到发动机ECU线束和刮水器工作臂靠得很近,怀疑刮水器工作时工作臂会和发动机ECU线束相刮碰。拉起线束查看时,发现线束有一小的磨损口,其中一根电线磨得已露铜线了,而这根电线正是油门踏板位置传感器G67到发动机ECU的信号线。找到了故障原因,对线束进行处理,然后开着刮水器试车20km,故障也未出现。将车又交给驾驶人使用运行3个月后回访,上述故障没有再出现,即故障彻底排除。

> 点击:在故障排除的过程中,发现有故障码,应对故障码产生的原因进行仔细分析,"追根溯源",肯定可以在第一时间发现故障的根本所在。维修该故障的正确流程如下:EPC灯亮→读故障码→发现故障码18038(油门踏板位置传感器信号太弱/偶发性故障)→仔细检查油门踏板位置传感器线路是否存在接触不良或偶发性断路或短路→发现刮水器工作时工作臂会和发动机ECU线束相刮碰,将油门踏板位置传感器G67到发动机ECU的信号线磨破漏铜→查明为什么刮水器工作时工作臂会和发动机ECU线束相刮碰并处理→故障解决。

19. 大众宝来轿车空调没暖风·螺旋柱体损坏

(1)故障现象

一辆大众宝来1.8L轿车,在使用中出现热车后打开空调暖风开关,但出风口却无暖风的故障现象。

(2)故障诊断排除

首先起动发动机进行故障检查,当水温升到90℃时,打开暖风开关,出风口出冷风;电脑查询08自动空调控制单元执行元件,全部正常,判断不是风板电机打不开。继续检查暖风的进水管和回水管,发现进水管特别热,回水管与进水管温差很大,由此得出结论,暖风水箱有堵塞现象。该车暖风水箱是由多根水管组成,为了增加循环,在每根小水管中加装一根螺旋柱体,由于螺旋柱体损坏将暖风水箱堵塞,导致没有暖风。将暖风水箱换新件后装复试车,暖风吹出恢复正常,故障排除。

20. 大众宝来轿车空调制冷效果不良·压扁的密封圈作祟

(1)故障现象

一辆大众宝来1.8L轿车,装备自动变速器,该车行驶6000km出现空调制冷效果不好、系统压力偏低故障。

(2)故障诊断排除

该车是自动空调,检查空调系统压力发现高压为1000kPa,低压为200kPa,当时气温为33℃,压力明显偏低,说明空调系统存在泄漏现象,但泄漏并不严重。制冷剂泄漏的常见原因有:各处管路的接头,各检测口和开关或压力传感器接头,密封圈密封不严;压缩机轴前部油封损坏;冷凝器被异物扎伤泄漏。

因制冷剂油和制冷剂是相互溶合的,所以在制冷剂泄漏的地方一般会留下油迹。根据这一点,可以通过目测确定可能的泄漏点,然后用制冷剂检漏仪进一步确定。

首先检查冷凝器前部没有油迹和损伤痕迹,于是用制冷剂检漏仪检查接头和压缩机,结果在压缩机进口处检测仪报警。将制冷剂回收后打开接头,发现密封圈压扁,这导致压力高时制冷剂微漏,制冷效果不好。测量压力没有变化,这说明仍然存在泄漏现象,但用检漏仪查不到故障点。于是决定拆下各接头检查,结果发现干燥瓶入口密封圈被压扁。更换该密封圈,重新加注制冷剂后试车,制冷效果恢复正常,故障排除。

21. 大众宝来轿车打开空调鼓风机异响·塑料薄膜惹祸

(1)故障现象

一辆一汽大众宝来1.6L型轿车,在使用中出现当打开空调鼓风机后有一种"扑啦、扑啦"

的异响,鼓风机的转速越高,异响的频率也随之加快。

(2) 故障诊断排除

根据异响的特点分析,可能有两种原因:第一,可能是鼓风机叶片拍打杂物产生异响;第二,因为异响很像是旗帜在风中飘动的声音,所以怀疑可能是鼓风机工作时产生的气流吹动某种柔软轻薄的物体产生的。

首先卸去流水槽盖板上的灰尘滤清器盖,拆下灰尘滤清器,便可以看到鼓风机的叶片轮。打开鼓风机开关使其转动,发现鼓风机叶片轮周围没有什么杂物,这说明异响不是第一种原因产生的。决定进行下一步拆检,拆下中央出风口后,再听感觉异响是从内部发出的,拆下整个仪表台,再拆下空调风道的中间连接件,发现调整温度翻板上贴有一层海绵,海绵上粘着一层黑色的塑料膜,而这层塑料膜有一半已与海绵脱开。在鼓风机工作时,这一半脱开的黑色塑料膜在气流中飘荡,从而产生异响。

扯下已脱开的塑料薄膜,起动发动机,打开空调试验,异响声消失,故障排除。

22. 大众宝来轿车冷却风扇常转不停·S16 熔断

(1) 故障现象

一辆宝来轿车(1.6L),手动空调装置,在使用中出现冷却风扇常转(低速挡)不停的现象。

(2) 故障诊断排除

该车冷却风扇直接受冷却风扇热敏开关 F18 控制,也由冷却风扇控制单元 J293 控制。当空调开关 E35 打开时,起动冷却风扇低速挡工作,所以故障原因可能是:热敏开关 F18 低速挡常闭;空调开关 E35 常闭;冷却风扇控制单元 J293 内部损坏;线路有短路或搭铁。

拔下热敏开关 F18 插头,风扇仍然转动,这说明不是热敏开关 F18 内部问题;更换一个新的冷却风扇控制单元 J293,风扇仍不停。用万用表检查线路正常,无搭铁或短路现象。于是查阅电路图,发现冷却风扇控制单元 J293 有一个电源熔丝 S16,此为专门设计的保护措施以防止高温,拔下该熔丝发现已烧断。更换熔丝 S16(10A)后,起动发动机试验,风扇运转正常、故障排除。

23. 大众宝来轿车发动机机油报警灯常亮·针脚接触不良

(1) 故障现象

一辆一汽大众宝来 1.8T 手动挡轿车,行驶 1.5 万 km 发生事故,修复后出现仪表板上的机油灯常亮(报警)现象。

(2) 故障诊断排除

经检查确认仪表板上的机油报警灯常亮,显示黄色并有一声报警音,提示为机油油位偏低,但检查机油油面并不低,于是判断可能是机油油位传感器 G266 有故障。但更换 G266 后试验仍然报警。进一步检查仪表与 G266 之间的线束未发现有异常,在重新装回 G266 和仪表的插头后,发现不再报警,由此表明故障原因是仪表的插头在作怪。在维修插头时,发现是其中绿色插头中的第 18 脚接触不良,导致机油油位信号不准,使仪表错误报警。将仪表插头重新安装插到位后,试车,故障排除。

点击:在拆装其他仪表时,发现在插接仪表插头后经常会出现一些莫名其妙的故障码或仪表有报警提示现象,这是因为仪表插头内的针脚很细,并且数量多,每个插头有 32 个针脚,共有蓝、绿两个插头,很容易出现个别针脚接触不良的现象,所以在拆装仪表后一定要检查是否有故障码或仪表报警提示,否则要重新安装。

24. 大众宝来轿车水温警告灯报警·风扇叶被塑料膜阻击,熔丝烧断

(1) 故障现象

一辆一汽大众宝来轿车,在使用中出现水温警告灯点亮报警的现象。

(2) 故障诊断排除

经试车发现,左侧大电动风扇不转,检查蓄电池上的 S164(40A)熔丝烧断。拔下大电动风扇的插头,用万用表测量电机的电阻(端子 1 和 3 之间)为 0.5Ω,测量串联电阻的阻值(端子 1 和 2 之间)为无穷大,而正常电机的电阻应为 2.5Ω,串联电阻应为 1Ω。对扇叶仔细检查发现,几个扇叶外圈都夹有塑料膜。由此表明,故障原因是扇叶被塑料膜缠绕,由于运转阻力大,电机大负荷运转,导致串联电阻烧断,失去风扇低速,最终又使 S164 号熔丝烧断,散热器风扇停转,引起冷却系统高温。清除塑料膜,更换电动风扇及 S164 号熔丝后,故障排除。

25. 大众宝来轿车诊断仪无法进入电控各系统·K 线搭铁虚接

(1) 故障现象

一辆宝来 1.6L 轿车行驶性能正常,只是在例行检查过程中发现无论用哪种仪器诊断都不能进入各电控系统,都显示 K 线与地不连接。

(2) 故障诊断排除

一般出现 K 线问题的原因有:诊断插口内 gr/ws 线脱出或断路;诊断仪器不匹配。通常即使有元件的诊断线损坏也不应影响诊断仪进入诊断其他系统,而此车的情况就比较特殊。于是将几个主要部件,如发动机 ECU、组合仪表、ABS 控制单元等与插头分开,用万用表通断挡分别测量与诊断插口间线路的连接情况,结果是诊断插口处电源、接地、信号都正常,为什么会有这样的事情出现?是不是有什么干扰了信号输出?或是驾驶人加装的某些设备出现问题?带着疑问决定拆除驾驶人另加的对讲设备、音响。当将音响拆到一半的时候,诊断仪忽然能进入发动机系统了,可就要读数据时又断开,之后无论怎样都进不去了。完全拆掉音响,发现音响线路已经被切断,而且从仪表线束里还单独引出一根黑色的线接地,为什么要单引一根线接地呢?是不是这根线连接有问题?当动手断开这根额外的地线后,一下子所有的系统都能正常检测了。当扒开线路看单独引出的黑色线接头处时,发现该接头虚接,重新接牢后,故障排除。

26. 大众宝来轿车倒车灯为何常亮·线路短路

(1) 故障现象

一辆大众宝来(BORA)轿车,在使用中出现只要打开点火开关,倒车灯就常亮不灭的故障现象。

(2) 故障诊断排除

大众宝来轿车倒车灯控制电路如图 4-5 所示。倒车灯电路的电流走向是:电流从蓄电池正极出来经过蓄电池熔丝支架上的熔丝 S176 到继电器盒,再由继电器到点火开关,这是常火线。倒车灯引的是通过点火开关的 15 挡后的电源。该电源经过仪表左侧的熔丝支架上的熔丝 S7,再经过水槽左侧的分线器中橙色插头 T10 的 3

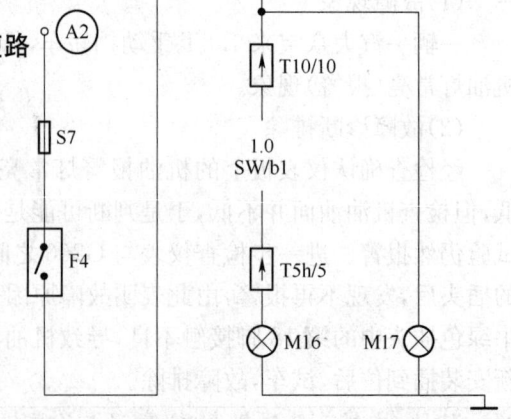

图 4-5 大众宝来轿车 1.8L 手动挡倒车灯电路
A2—正极连线 S7—熔丝支架上 7 号熔丝 F4—倒车灯开关 T10—插头 T5h—插头(5 孔) M16—左侧倒车灯泡 M17—右侧倒车灯泡

号端子,正电通过变速器上的倒车灯开关后,又从流水槽左侧分线器中的橙色插头 T10 的 10 号端子返回,经过线束中的 T5h 插头的 5 号端子,连通两个倒车灯,倒车灯通过线束中内部搭铁线搭铁而构成回路。

该故障车打开点火开关后倒车灯常亮,怀疑是变速器上的倒车灯开关损坏,于是将倒车灯开关的插头拔下,切断电源,倒车灯还是亮着,表明线路中有短路的地方。接着拔下倒车开关的熔丝 S7,倒车灯还是亮着,说明倒车灯开关以后的线路或别的相关线路有短路之处。沿着电路走向又剥开了流水槽左侧分线器中橙色插头 10,灯还是亮着。最后检查线束中的 T5h 插头,该插头在左侧 A 柱的主线束中包着,将其剥开,拔下 T5h 插头,倒车灯终于熄灭了。将左侧插头 T10 和 T5h 都拔下,用万用表测量 T10 的 10 号端子和 T5h 的 5 号端子都显示有 12V 电压,说明线束短路点在橙色插头 T10 和插头 T5h 之间的黑蓝色线上。

由于宝来轿车线束复杂,插头 T10 和 T5h 之间的线路较长,而且在仪表板之后,所以采用了跳线的方法,将这根黑蓝色线甩开,将插头 T10 的 10 号端子后面切开,再把插头 T5h 的 5 号端子前面断开,直接跳接一根线,外接线必须选用线径合适的黄色线,而且接点处须用热缩管包好。连接插头 T10 和 T5h,然后把原来的黑蓝色线的断开处做好绝缘处理,之后打开点火开关,倒车灯工作恢复正常,后灯不再点亮,挂倒挡后,白色倒车灯亮,一切正常,故障排除。

27. 大众宝来轿车充电指示灯常亮·电磁干扰

(1)故障现象

一辆一汽大众宝来(BORA)手动挡轿车,行驶 4.8 万 km 时出现仪表板上的充电指示灯常亮,为了排除此故障,不久前曾更换过发电机,但是故障依旧。

(2)故障诊断排除

首先测量发电机的发电情况,蓄电池端电压为 12.6V,发电机电枢端电压也为 12.6V。将发电机上的两线插头拔下,打开点火开关,测量 L 线和 DFM 线都有 12.6V 电压。发电机壳体与蓄电池负极接线柱之间的电阻为 0.5Ω,这说明搭铁正常。插上发电机的插头,用长柄旋具可以感觉到发电机胶带轮上有吸力(即有磁场)。起动发动机,测量发电机 L 线上的电压为 1.4V,用长柄旋具感觉不到发电机胶带轮上有磁力,这说明发电机不发电。

接着检查充电系统电路,没有发现异常。按照正常思维,此车故障应该是发电机、蓄电池或充电系统电路故障。更换蓄电池后试车,故障依旧,为了排除发电机故障的可能,更换发电机后试车,但是起动发动机后发电机仍然不发电,测量发电机 DFM 端子电压为 $5.0\sim6.0$V,不正常。难道发动机 ECU 有问题?于是更换发动机 ECU,但是故障依旧。

故障到底出在哪里呢?宝来轿车的发电机控制电路很简单,在发动机起动后,只要给 L 线提供励磁电压,发电机就可以依靠自身励磁发电。但该车的发电机不但不能自身励磁发电,也不能他励发电,但在发动机不起动时却有他励磁场。由此看来,故障点似乎应在调节器电刷处,难道是发电机运转后电刷接触不好吗?于是拆下电压调节器,起动发电机后直接给转子加电,但发电机仍然不能发电。重新测量线路,发电机壳体与蓄电池负极之间的电阻在发动机不起动时是 0.5Ω,起动发动机后是 0Ω。根据经验,电阻挡不可能测出 0Ω,除非有电压存在。直接用一根导线将发电机壳体与蓄电池负极相连,发电机仍然不发电,但将导线在车身上搭铁并来回划动时,偶尔发电机会发电,但拔下 L 线后发电机又不发电。

检修至此可以确定,发电机没有问题,线路正常。发电机有他励电流,但无磁场造成不发电。那么只剩下一个可能,就是发动机起动后有一个干扰磁场将发电机的他励磁场抵消,造成不发电。一般来说,发电机运转时能够产生较高磁场的部件有点火线圈、高压线以及火花塞等部件。于是先更换一套高压线,起动发动机后,急速时发动机可以发电,但在发动机转速达到 4000r/min 左右时,发电机又会停止发电。接着更换了 4 个火花塞,故障排除。

> 点击:高压线产生电磁干扰的事件并不少见,但是干扰磁场导致发电机不发电的事情却很少见。该车故障是高压线和火花塞电磁干扰的共同作用。

28. 大众宝来轿车防抱死 ABS 制动灯常亮·ABS 总成"内讧"

(1) 故障现象

一辆大众宝来 1.8T 轿车,装备 AT 自动变速器,该车的使用性能一直很好,但近来却出现制动防抱死装置 ABS 灯常亮故障。

(2) 故障诊断排除

首先利用 V.A.S5051 故障诊断仪分别对发动机电控系统(地址 01)、自动变速器(地址 02)及 ABS 控制系统(地址 03)进行系统检查,结果只在 ABS 控制系统中有故障存储,故障码为 01486(system control test activated),无法清除。而此故障码的含义为:ESP 系统检测起动。ESP 检测起动通常都是路试时检测 ESP 元件的可靠性,包括转向盘转角传感器 G85、横摆速率传感器 G202 及制动压力传感器 G201。当出现这个故障码时表明 ESP 系统检测没有完成。另外,ESP 系统检测起动多是在更换 ESP 部件后才需要做的基本设定(03-04-093),这个码一般是不会自动出现的。

从驾驶人处得知,此车最早出现的故障是行驶中 ESP(ASR)报警灯 K155 报警,到服务站检查,诊断是转向盘转角传感器 G85 机械故障,换新件后,ESP(ASR)灯熄灭,ABS 灯却常亮。根据获得的信息,首先对与 ESP 系统相关的部件进行了检测、读取数据,结果是各元件均是正常的,G85、G201、G200(横向加速度传感器)都能做零点平衡。但是重新做路试设定时仍无法清除故障码。对 ABS 控制单元断电,多次起动着车都未能使 ABS 灯熄灭。最后判定故障为 ABS 总成内部问题。更换 ABS 总成后,故障未再出现,即故障排除。

> 点击:应注意的是,更换带有 ESP 功能的 ABS 控制单元总成,除需对 ABS 做基本设定外,还要对 G85、G200、G201 做零点平衡,方法如下。
> G85 的零点平衡:在平直路面上短距离试车,以不大于 20km/h 的速度行驶;检查转向盘是否正中(可通过读取数据 004 组 1 区是否为 0°);停车做基本设定 03-04-060(此时 ABS、ESP 灯均点亮,06 退出)。
> G200 的零点平衡:应将车置于水平地面,打开点火开关 ON,做基本设定 03-04-063。
> G201 的零点平衡:不要踩制动踏板,进入 03-08-005 组检查一区是否在±700kPa,做基本设定 03-04-066。
> 如果只是单独更换 G85、G200、G201 任一部件,只需对此部件进行零点平衡即可。另外在做基本设定时,需要登录才行(03-11 输入 40168 之后再做)。

29. 大众宝来轿车防抱死 ABS 制动灯不灭·搭铁螺钉动摇

(1) 故障现象

一汽大众宝来 1.8L 轿车,装用自动变速器,在行驶中出现仪表 ABS 故障灯常亮不灭故障。

(2) 故障诊断排除

首先连接 V.A.G1551 故障诊断仪,查询 ABS 控制单元 J104 的故障码,结果发现该系统进不去,但发动机控制单元有 1 个故障码 18057,是指动力系统数据总线丢失(来自 ABS 控制单元信息)。查询自动变速器、安全气囊和网关(GATE-WAY)(地址码 19)都有同一个故障码 01316,含义是 ABS 控制单元没有通信。根据故障码分析,可能是 ABS 控制单元的两根 CAN 总线断路了,由于宝来轿车动力系统包括发动机和 ABS,自动变速器的拓扑结构是星形,有一个控制单元断开,其他控制单元可以正常通信,并且不支持单线工作模式。于是决定检查 ABS 控制单元 J104 的 CAN-H 和 CAN-L 是否断路。拆下空调滤清器盖板,拔下自动变速器控制单元插头,再拔下 ABS 控制单元,用万用表测量两根数据总线,发现两根线导通正常。查看如图 4-6 所示电路图分析,ABS 控制单元是通过 K 线进行自诊断通信的,现在地址码 03 进不去,可能是 ABS 控制单元 J104 到诊断接口的 K 线断路,或 ABS 控制单元的电源或搭铁断路,导致

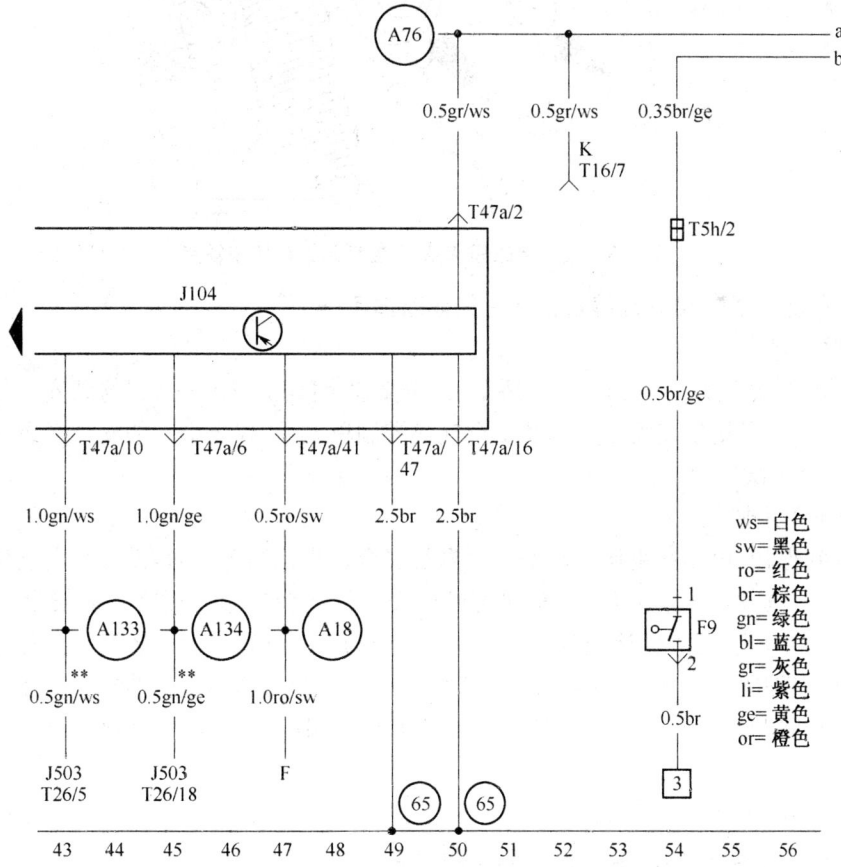

图 4-6 大众宝来轿车带 EDS/ASR 的 ABS 控制单元、手制动器指示灯开关、自诊断接口电路

F—制动灯开关　F9—手制动器指示灯开关　J104—ABS/带 EDS/ASR 的 ABS 控制单元,在发动机舱左侧　J503—带显示器的控制单元(用于收音机和导航系统),仅配有导航系统的车辆　T5h—插头,5 针,在左侧 A 柱下部附近,缠在线束内　T16—插头,6 针,在仪表板中后部,自诊断接口　T26—插头,26 针　T47a—插头,47 针　㊻—搭铁点,在左纵梁前部　Ⓐ18—连接 54,在仪表板线束内　Ⓐ76—连接自诊断 K 线,在仪表板线束内　Ⓐ133—连接左 ABS 脉冲,在仪表板线束内　Ⓐ134—连接右 ABS 脉冲,在仪表板线束内

控制单元无法正常工作。于是先检查 K 线,正常;再检查控制单元电源保险(S197 和 S178),正常;检查左纵梁前部的搭铁点㊽时,发现其固定螺栓松动。实车上该位置如图 4-7 所示搭铁点 C,而 ABS 控制单元 J104 只有两根搭铁线,正好都是在这个搭铁点上固定的。当拧紧搭铁线螺栓后,试车,故障排除。

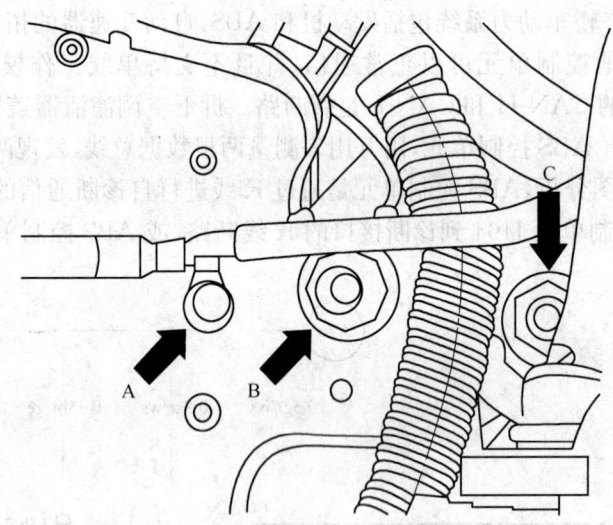

图 4-7　大众宝来轿车 ABS 控制系统电路搭铁点

30. 大众宝来轿车 SRS 故障灯常亮·编码新旧不一

(1)故障现象

一辆一汽大众宝来(BORA)1.8L 轿车,发生交通事故后,车内正、副驾驶安全气囊(SRS)全都爆出来,但经过更换双安全气囊及安全气囊控制单元后,仪表板上的安全气囊故障指示灯(SRS)常亮,且无故障码输出。

(2)故障诊断排除

通过询问得知,该车在更换过双安全气囊及安全气囊控制单元后,没有给安全气囊控制单元进行编码(一汽大众宝来 1.8L 轿车在更换过安全气囊控制单元后必须对安全气囊控制单元进行编码)。为此,用故障诊断仪 V.A.G1552 通过 1-15-07-00000 为新的安全气囊控制单元进行编码,但编码后起动发动机,仪表板上的安全气囊故障指示灯仍然常亮。怀疑安全气囊控制单元存在问题。将旧安全气囊控制单元装到车上,用 V.A.G1552 读取故障码,发现有 3 个故障码。

①00595——存储后撞车数据。

②00588——安全气囊 N95 电阻过大/SP。

③00589——N131 乘客安全气囊电阻值过大/SP。

通过 1-15 进入安全气囊控制单元后,读得原码为 12622。装上新的安全气囊控制单元读取故障码,没有故障码输出,通过 1-15 进入安全气囊控制单元后,读得原码为 00000。将新的安全气囊控制单元拆下与旧的安全气囊控制单元进行对比,发现两个安全气囊控制单元的型号不一样。

旧安全气囊控制单元的型号为:6Q0909601,ZNA2RBAGVW5006,COD 12622,

WSC00000；新安全气囊控制单元的型号为：1C0909601，ZNA2RGBAGVW5K43120，COD00000，WSC00000。由此可知，两个安全气囊控制单元的信号不一样，这可能就是导致安全气囊故障指示灯常亮的根本原因。经询问特约维修站得知，两个安全气囊控制单元的型号虽然不一样，但新安全气囊一样能用，只不过必须重新对安全气囊控制单元进行编码，将其编码为"12875"。

将新的安全气囊控制单元装上，用 V.A.G1552 将其编码为"12875"后，试车，SRS 故障指示灯自动熄灭，即故障排除。

> 点击：从该车故障排除来看，4S店（包括特约服务站）与多种品牌修理厂的故障诊断方式存在差异。4S店的维修人员一般以维修手册和制造商的技术通报来诊断故障，多种品牌修理厂的维修人员一般以经验来诊断故障，这是因为修理厂不容易获得原厂技术资料和得到某一车型的技术培训。两种维修企业有各自特点，新车上市后前者就能遇到并多次排除故障，后者要到索赔期结束以至几年后才能遇到；前者资料、仪器充足，诊断过程规范，后者缺少资料、仪器，诊断故障不尽规范，所遇周折多。因此，多种品牌修理厂一定要建立技术资料室，选派技术素质好、工作热情高的人员担任资料管理员，大力收集纸质、电子版、光盘等各种形式资料，电子版资料最好。

31. 大众宝来轿车拔出点火开关钥匙收音机不关机·电路图熔丝位置之错

（1）故障现象

一辆大众宝来 1.8T 轿车，在使用中发生将钥匙从点火开关中拔下后收音机音响不能自动关闭的故障现象。

（2）故障诊断排除

首先连接 V.A.G1551 故障诊断仪，检查舒适系统中央控制单元故障码，显示为 00849：点火开关 S 端子断路。点火开关内 S 的触点是用来识别钥匙是否插到点火锁内，具有钥匙不拔且打开车门，仪表内的蜂鸣器会发出"叮、叮"的报警声（防止钥匙锁进车内），以及拔下钥匙、中控门锁自动打开，拔下钥匙、音响自动关闭等功能。当钥匙插入点火锁时，就将点火开关内的 S 触点压下，使其导通；当拔下钥匙后，S 触点又重新打开。查电路图发现该信号经过熔丝 S237 到达收放机和仪表，电路图上标明 S237 是 S 触点，且是舒适系统、收录机、导航系统的熔丝。检查熔丝 S237 并没有熔断，于是用万用表检查线路，发现电路图错误地将熔丝 S10 和 S237 的位置标反了，拔下熔丝 S10 发现熔丝已断，S237 实际是发动机 ECU 电源熔丝，将熔丝 S237 拔下，然后起动，结果发现不着车。当更换 S10 熔丝后，一切工况恢复正常，故障排除。

32. 大众宝来轿车车速里程表不转动·线束故障

（1）故障现象

一辆大众宝来 1.6L 轿车，装备 BJH 发动机、手动挡变速器，该车在行驶了 210km 时发现车速表有时不转、里程表也不走的故障现象。

（2）故障诊断排除

车速表传感器 G22 是一个霍尔式传感器，从图 4-8 可知，它安装在变速器上，共有三根连线：1 号线通过熔丝 S7(10A) 连接 15 号电源；2 号线连接仪表；3 号线为搭铁线。用万用表检查线路，G22 插头电源正常，与仪表的连线也正常，但搭铁线断路，检查线束外表面无磨损、刺穿现象，于是断定故障原因是线束内部断裂。

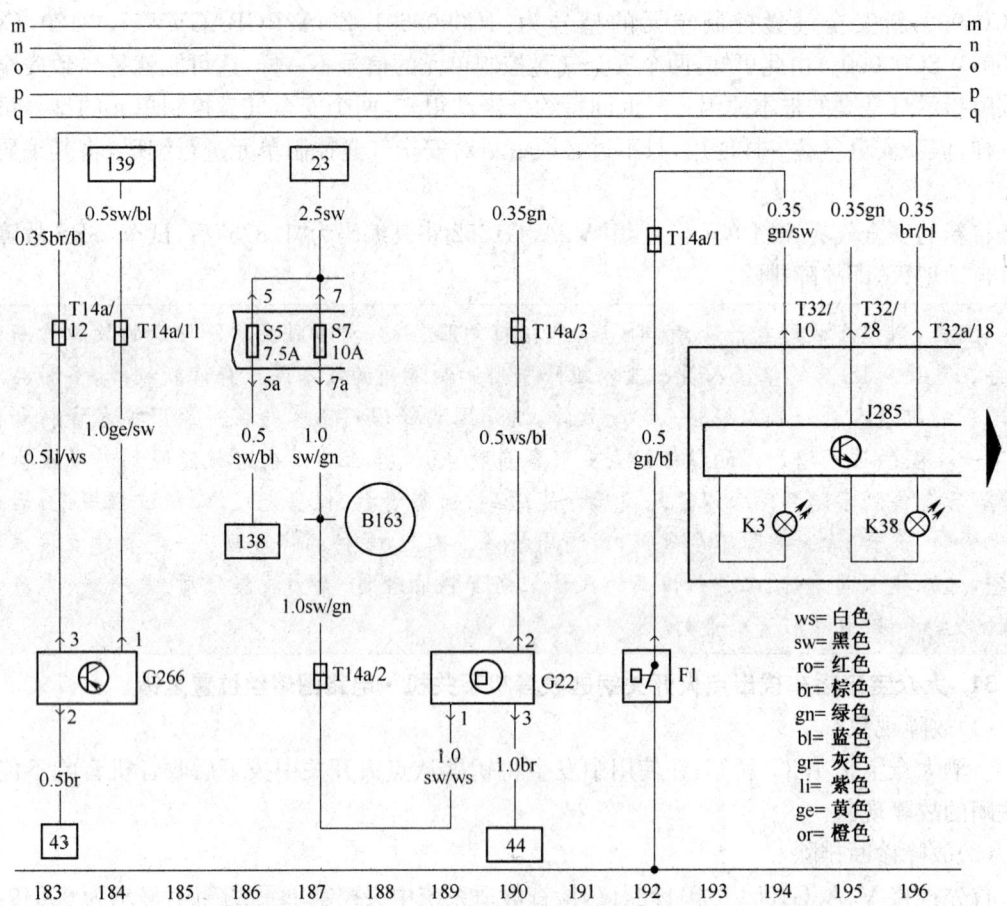

图 4-8 大众宝来轿车组合仪表、机油压力指示、机油油面温度警报灯、车速表传感器传感电路

F1—机油压力开关 G22—车速表传感器(在变速器上) T32—插头,32孔,蓝色 T14a—插头,14孔,在发动机舱左侧电缆线槽内 S5—熔丝支架上5号熔丝 S7—熔丝支架上7号熔丝 J285—带显示器的控制单元,在组合仪表上 G266—机油液面/温度传感器 K3—机油压力指示灯 K38—机油液面指示灯 (B163)—正极连接15,在发动机舱线束内

在 G22 后不远的地方,将线束剥开加装了一根搭铁线后,进行路试,仪表恢复正常,故障排除。

33. 大众宝来轿车多功能显示器显示两道杠·虚假的接触

(1)故障现象

一辆一汽大众宝来 1.8L 轿车,装备自动变速器,该车行驶到 1.2 万 km 时,出现仪表多功能显示器上的环境温度只显示两道杠,要在起动后几分钟才显示,而且有时间延长的趋势,打开空调则停顿时间会缩短。

(2)故障诊断排除

在正常情况下,仪表多功能显示器应该点火开关一打开环境温度就显示出来。查电路图发现仪表显示的环境温度信号来自外部温度传感器 G17,但手动空调和自动空调这部分电路却不同。装配手动空调的外部温度传感器 G17 插头 2 号线搭铁,1 号线接仪表绿色 32 针插头的第 26 号脚。装配自动空调的液晶显示器上不仅显示车内温度,同时也和仪表一起显示环境温度,外部温度传感器 G17 将信号先传至自动空调控制单元,再传到仪表多功能显示器。具体线路是外部温度传感器 G17 插头 2 号线搭铁,1 号线接自动空调控制单元 J255 的 12 针插头第 8 号脚,再从自动空调控制单元的 20 针插头第 1 号脚到仪表绿色 32 针插头的第 26 号脚。检查线路正常,又因为自动空调控制单元和仪表的插头都是很细的针,所以分析故障原因很可能是插头接触不良,随着温度的变化,插头接触时好时坏。

将各插头解体并用大头针挑拨,使其接触更紧,之后重新安装,试车,故障排除。

34. 大众宝来轿车雨刮器只有慢速·控制单元插接松动

(1) 故障现象

一辆一汽大众宝来 1.8T 轿车,该轿车出现雨刮器在各个挡位工作时速度都很慢的故障现象。

(2) 故障诊断排除

根据故障现象,观察雨刮器的运动显得无力并有些抖动。结合维修经验,首先检查雨刮片支撑臂与雨刮器电机摇臂之间的连接螺母,没有松动的迹象。测量雨刮器电机的电源电压,正常,于是怀疑是雨刮器电机的电刷严重磨损而导致故障的发生。

更换雨刮器电机试验,故障依旧。将原车雨刮器电机的第 4 脚和第 2 脚直接通电,电机运转正常,这说明雨刮器电机没有问题。将雨刮器电机接回原车电路中,不安装雨刮器摇臂等机械部件,观察雨刮器电机的运动还是有些抖动。查阅相关电路图,维修者认为剩下的可能就是雨刮器控制单元 J192 出现了故障。拆下驾驶人侧仪表板下饰板,发现雨刮器控制单元严重松动,已经快要从插座上掉下来。重新插好雨刮器控制单元后,故障排除。

35. 大众捷达轿车开空调无冷风·S42 熔断

(1) 故障现象

一辆捷达都市春天轿车,发动机排量为 1.6L,手动挡变速器。在夏季炎热天使用时,打开空调却没有冷风吹出。

该故障车去年更换过发动机舱内的线束,但当时空调工作良好,制冷效果也令人满意。经过检查故障是由于空调系统内没有制冷剂造成的。在对冷却系统检漏、更换密封胶圈、抽真空、充装制冷剂后,起动发动机,打开空调开关、鼓风机开关,但是空调压缩机、散热风扇却纹丝不动。

(2) 故障诊断排除

该车控制空调压缩机、散热风扇工作的是冷却风扇控制单元,其置于一个长方形黑色盒子内。莫非就是这个黑盒子内部损坏了造成上述故障?拆下此装置,更换新装置,空调压缩机还是不工作。于是,查阅该车型空调系统的资料,得知冷却风扇控制单元为 J293,如图 4-9 所示。对照该图检查了 J293 外围的所有线路,感觉没有问题。J293 能收到 J361(发动机控制单元)发来的正触发信号(压缩机电磁离合器、散热风扇还是不能工作),但是 J293 却收不到 J361 提供的搭铁信号。如果人为地在 J293 的 T10y/6 连接一根搭铁线,散热器风扇 V7、空调压缩机的电磁离合器 N25 能立即正常工作,怀疑发动机控制单元 J361 是否出现故障呢?但将 J361 拆开同样也没有发现问题(该车发动机性能良好)。打开空调开关,J361 接收到空调开关信号后,J361 根据发动机水温、转速等情况符合要求时,通过 J361 的 T121/68 的黄蓝色导线向 J293 提供一个正触发信号,稍后 J361 的 T121/75 针脚棕色导线会向 J293 提供一个搭铁信号。但上述设想并不成立。

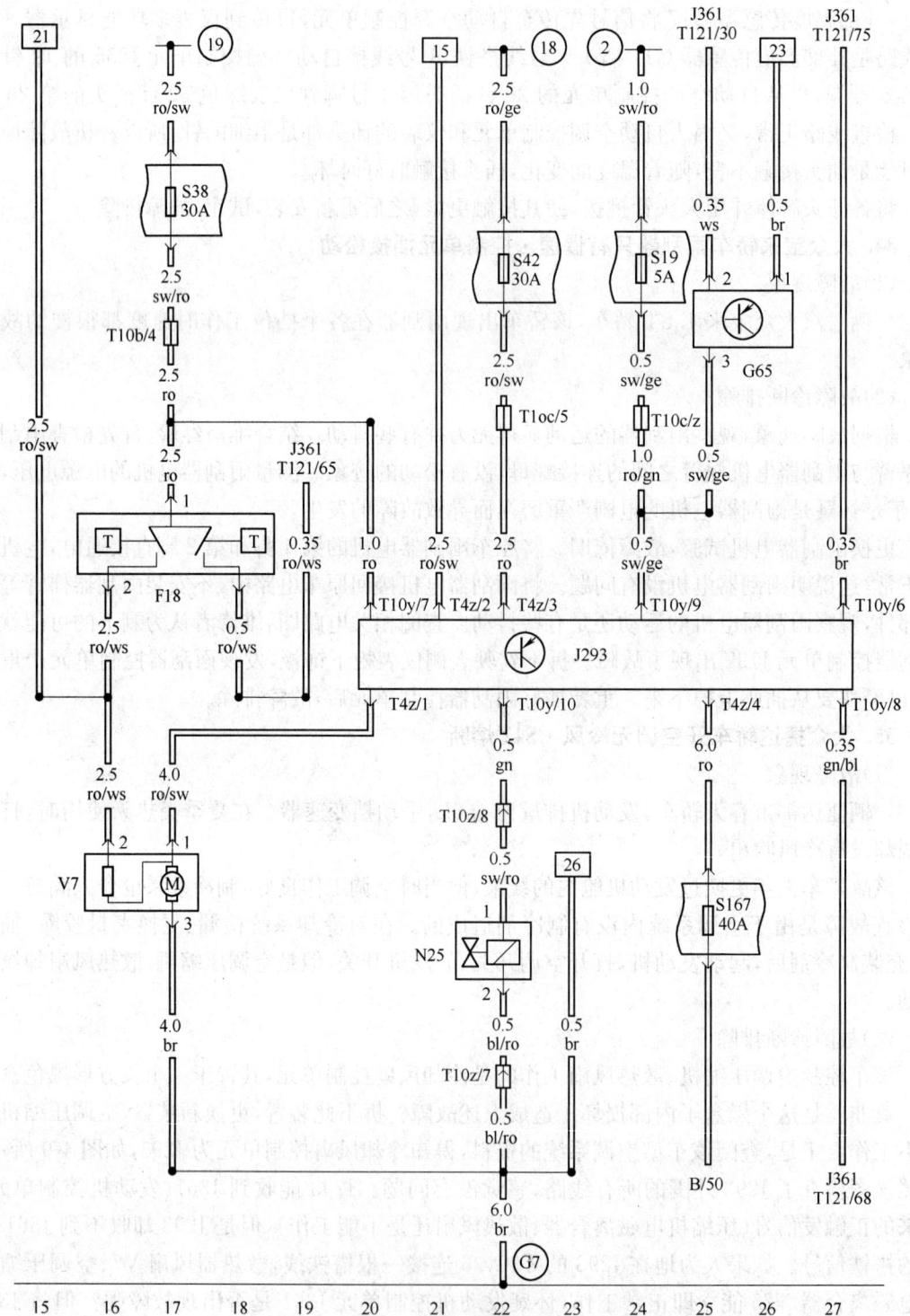

图 4-9 大众捷达轿车空调控制单元 J293 电路图

B—起动机　F18—双温开关　G65—高低压传感器　J293—空调控制单元　J361—Simos 发动机控制单元　N25—电磁离合器　V7—散热器风扇　T4z—4 孔插头空调单元上　T10b—10 孔棕色插头继电器支架上　T10c—10 孔黑色插头继电器支架上　T10y—10 孔插头　T10z—10 孔对接插头　②—正极连接(15)车身线束内　⑲—正极连接,车身线束内(18)螺栓连接(30)在继电器支架上　G7—接地点(流水槽左侧)

第4章 车身电控故障诊断排除

J293换了、J361完好无损、G65压力传感器电源接地线路良好(它的输出电压为3.5V符合要求)、J293外围线路检查并没有问题。故障会出现在哪里呢？于是与该车维修人员共同对照资料分析故障的原因。既然J293冷却风扇控制单元是新品,零件编号和原车件也是一致的(1GD 919506B),更换后故障现象和原来一样没有改变,所以零件本身不会有问题。G65线路的各项参数也符合要求。所以断定故障的原因应该在J293的外围线路上,应当认真仔细查之。

随后,重新对线路进行检查。当检查到J293线束插接器T4z/3红色导线时却没有12V电压,其他如T10y/9、T10y/7、T4z/4向J293提供电源的线路均有12V电压。T4z/3红色导线经过继电器支架黑色插头T10c/5改变为红/黑色导线,电流经由驾驶室内熔丝盒熔丝S42 (30A)。检查该熔丝已熔断。安装一新熔丝,再测量T4z/3有了稳定的12V电源。装好J293,起动发动机,打开空调开关、暖风开关,空调压缩机电磁离合器立即吸合,散热器风扇立即运转,稍后驾驶室内的空调出风口处源源不断地送出了凉风,故障排除。

36. 大众捷达轿车空调压缩机工作无规律·J13故障

（1）故障现象

一辆大众捷达前卫轿车,在使用中出现打开空调开关后,压缩机工作,但有时又不工作(运转)的故障现象。

（2）故障诊断排除

根据该车故障现象,经检查后确定空调系统电路控制部分存在故障。按如图4-10所示电路,首先检查位于蓄电池附近附加配电盒上的熔丝S51、S52,结果均正常;再检查有关元件,如除霜开关、高低压开关、外部温度开关等,均无故障,插头也无松动现象。

于是打开空调后测量高低压开关插头中的绿/黄色线,测量结果电压值为0V,正常值应为12V。根据电路图再次检查有关线路,最后确定是空调继电器J13的第5插脚内部接触不良,从而导致上述故障现象。更换空调继电器J13后,试验一切正常,故障排除。

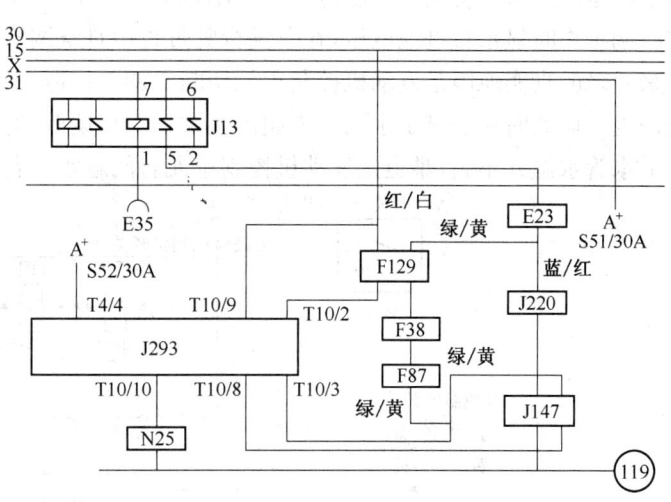

图4-10 大众捷达前卫轿车空调系统电路图

J13—空调继电器 E35—空调开关 E23—除霜开关 F129—高低压开关 F38—外部温度开关 F87—水温开关 J147—超速切断继电器 J220—发动机控制单元 J293—空调控制单元 N25—空调电磁离合器 119—搭铁点

37. 大众捷达轿车空调断续工作·水温传感器"病了"

（1）故障现象

一辆大众捷达前卫轿车,在使用中出现空调断续性工作,即空调运转一段时间(10～15min)后压缩机自动断开,再等待15min左右压缩机又重新吸合,导致空调一会吹冷风,一会不吹风,由于这种故障使空调无法使用,曾在检修中加注了制冷剂,更换过新压缩机,但故障依旧。

(2) 故障诊断排除

经过路试车，确认驾驶人反映故障存在，且驾驶人指出该车是在空调制冷剂泄漏并重新加注后出现这种故障。根据情况分析，故障与制冷剂加注有关，于是接上压力表观察空调工作情况发现空调制冷正常，但高压端指示偏高，怀疑制冷剂加多了造成压力过高，导致空调自动切断。

根据经验，决定使内部多余的制冷剂喷出，清理干净后重新抽真空并加注制冷剂试车，发现故障依然存在。但是压缩机停机出现的时间比以前长了，高压也没有那么高了，在1500kPa左右。看来故障可能出现在电路部分，为了防止压力开关出现故障造成这种现象，直接将压力开关短接，故障依然存在。根据如图4-11所示大众捷达前卫轿车空调系统控制电路，经过认真查找没有发现外围线路故障。此车空调压缩机经继电器由发动机控制单元控制，发动机控制单元接到空调开关的请求信号后，如果压力开关接通且水温正常，发动机控制单元则使压缩机吸合。根据原理分析，此车空调受风扇控制盒控制，风扇控制盒在得到发动机控制单元搭铁信号时压缩机就吸合，故障点可能出现在发动机控制单元和风扇控制盒上。为了判断故障的准确位置，找到风扇控制盒，其T4脚受发动机控制单元控制，当T4脚搭铁时控制盒M4脚输出电压至压缩机。将风扇控制盒T4脚引出，用万用表电压挡红表笔接电源，黑表笔接T4脚，在空调工作时显示蓄电池电压，在车辆行驶过程中且空调吹出热风的一刻，发现电压显示0V，看来故障的真实原因是发动机控制单元切断空调工作造成的。发动机控制单元为什么会切断空调呢？而此时仪表显示水温并未超出正常且有点偏低，驾驶人说发动机未装节温器，用手摸上下水管水温并不高，难道是发动机控制单元有问题？带着疑问连接诊断仪，起动发动机且开

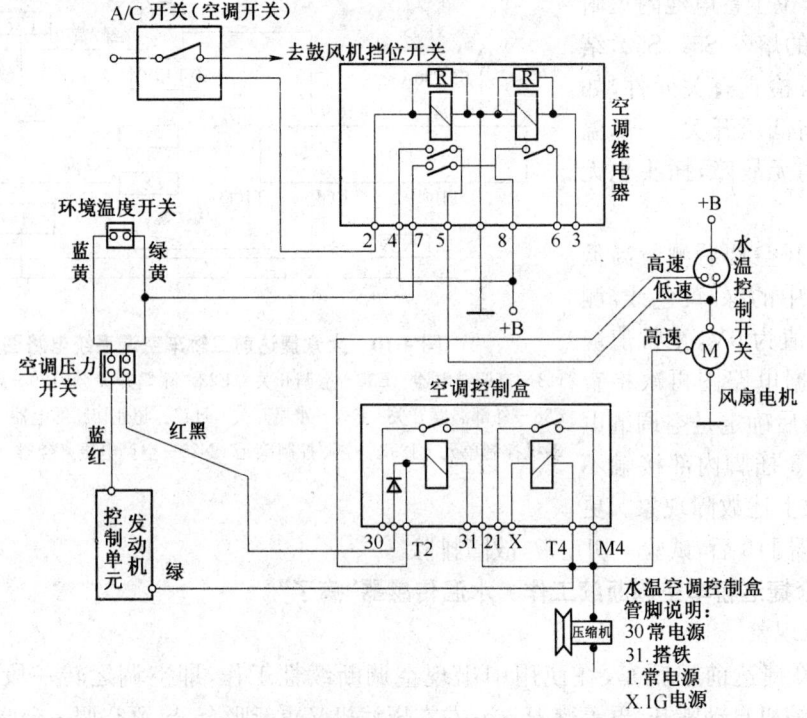

图4-11 大众捷达前卫轿车空调系统控制电路

空调,未读到任何故障码。接着读数据流,发现此时水温显示 106℃,而车辆刚起动不久属于暖机状态,仪表水温也显示低温,难道是水温感应塞出现故障? 捷达轿车水温感应塞为 4 线插头,发动机水温与仪表水温在一个感应塞里面。用万用表电阻挡测量,发现阻值一大一小,有明显差别。更换后试车,经过反复试验,空调始终工作正常,再没有出现上述故障。再用诊断仪读数据流,发动机水温恢复到正常状态,至此故障排除。

> 点击:该车故障很有特殊性,它的真实原因是由于水温传感器损坏使发动机 ECU 得到了错误的信号,由于发动机 ECU 保护功能的作用,造成空调系统断续工作故障的出现。而发动机 ECU 和仪表获得的水温信息不一致,这就带有很大的欺骗性,只通过水温表观察难以发现故障,只有通过数据流才可找到原因。

38. 大众捷达轿车散热风扇没高速挡·空调风扇控制器故障

(1) 故障现象

一辆大众捷达前卫轿车,在使用中出现散热风扇低速挡工作完全正常,但高速挡却不工作的现象。

(2) 故障诊断排除

大众捷达前卫轿车散热器风扇的工作是在发动机冷却液温度达到 96℃ 时低速挡旋转,温度达到 105℃ 时高速挡旋转。该轿车散热风扇控制电路如图 4-12 所示。根据故障现象,检查风扇电源的 19 号熔丝没有烧断,至双温控开关的线路没有断路,双温控开关 96℃ 输出插头有 12V 电压。用万用表电压挡测量 105℃ 输出插头有 12V 电压,表明双温控开关没有故障。再测量空调风扇控制器的 P 端子,冷却液温度达到 105℃ 时,此端子有 12V 电压,证明双温控开关 105℃ 输出插头至空调风扇控制器的 P 端子线路是正常的。用万用表电阻挡测量空调风扇控制器的 P 端子和 31 端子时,电阻为无穷大,由此判断有故障;用万用表电压挡测量空调风扇控制器的 30 端子与搭铁之间的电压时,有 12V 电压,当用导线短接 30 和 2 端子时,风扇高速旋转,至此确认为空调风扇控制器有故障。当时新件难以买到,于是便根据空调风扇控制器的原理,装用了一个 JD131-12V 起动继电器,如图 4-12 中虚线接线所示,改装后起动试车,故障排除。跟踪车辆使用两年多,没有发生类似故障。

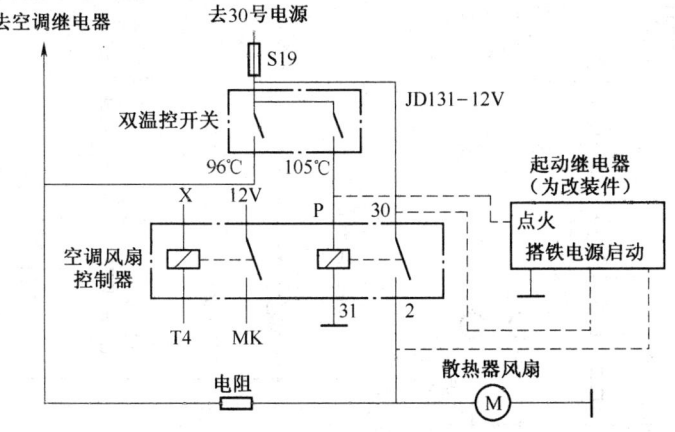

图 4-12 大众捷达前卫轿车散热风扇控制电路

39. 大众捷达轿车车内异味·装饰操作惹祸

(1) 故障现象

一辆大众捷达(2V)轿车,在贴太阳膜后,车厢内便出现异味现象。

(2) 故障诊断排除

打开车门，一股浓烈的胶皮味扑面而来。驾驶人反映该异味是因下雨而打开后除霜加热装置后出现的，有味后马上就把加热开关关掉了。

检查中央继电器盒 48 号熔丝，完好无损。黄色塑料有点热，把整个继电器盒翻过来看，发现连接 48 号熔丝的导线连接处，两根导线有 5cm 绝缘胶皮被烧化。是什么原因导致这么大的电流呢？把后除霜加热器接头断掉，加热开关拔掉，48 号熔丝拔掉，用万用表欧姆挡测量各段对地电阻为无穷大。各部分连接起来测 48 号熔丝处电流达 16A；再次断开，测加热线对地电阻值为 0.7Ω，比正常值 1Ω 降低了 0.3Ω 左右。

由欧姆定律知道，在电压不变的情况下，电阻越小电流将越大。正常电阻值应为 1Ω，那么电流值将是 12A，功率为 144W；如果电阻值降到 0.7Ω，电流将是 17A，功率为 204W，对于该车电流确实过大，导线承受不住如此大的电流，必然过热而使绝缘胶皮烧化引起异味，幸亏及时发现关掉开关，否则很易引起火灾。

产生该故障原因有二，一是在贴太阳膜过程中使用加热枪温度未掌握好，温度过高引起阻值变小；二是太阳膜的胶性物质导电和绝缘不良使阻值变小。更换后挡风玻璃，处理好 48 号熔丝及相关导线后使用，故障排除。

40. 大众捷达轿车制动灯 EPC 常亮不灭·开关质量差

(1) 故障现象

一辆大众新款捷达 CIX 轿车，在使用时出现制动灯 EPC 常点亮后，一挡起步便熄火，且燃油耗量增加的故障。

(2) 故障诊断排除

首先用故障诊断仪 V.A.G1552 进行检测，其操作是输入 01-02 查询发动机 ECU 的故障存储，读得故障码 16955，其含义为制动灯开关——F 信号不可靠。再输入 05 清码，无法清除，确认故障存在。制动灯开关内部电路如图 4-13a 所示，它有两对触点（常开、常闭），制

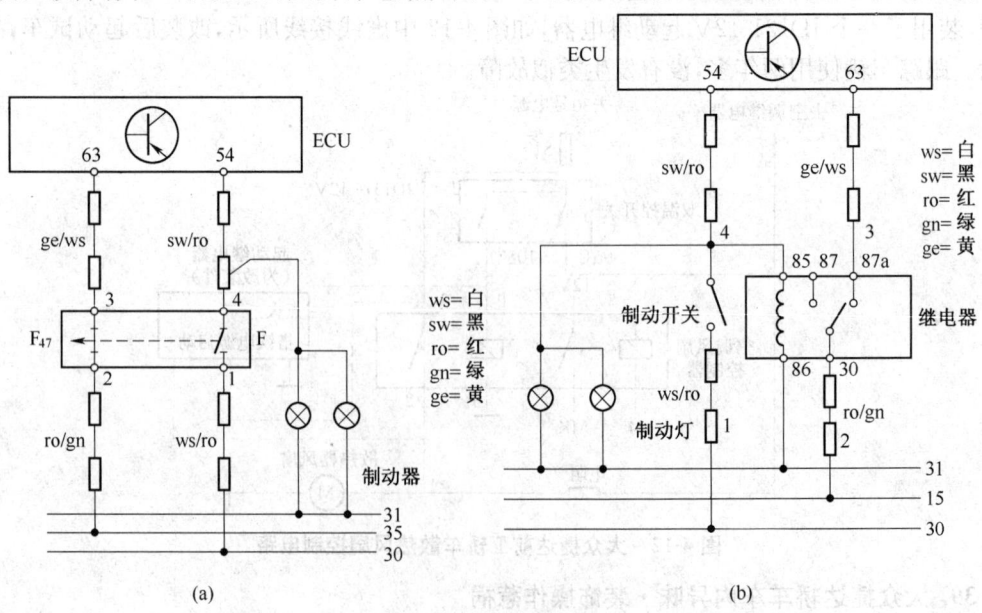

图 4-13 大众捷达轿车制动灯开关电路及改动后图示
F—制动灯开关；F_{47}—制动踏板开关

动时1、4触点闭合,2、3触点断开;不制动时1、4断开,2、3闭合。

该开关不仅控制制动灯,而且还给发动机ECU提供制动信号。即制动时,ECU便指令喷油脉宽减小乃至断油,使发动机转速平稳下滑。这就打破了传统的靠制动摩擦力来降低车速的方式,故能降低发动机功能的损耗。但由于该开关是塑料件,其工作是靠凸舌顶开触点,因相互摩擦,在使用过程中极易损坏,且市场购买此开关的质量欠佳,更易于损坏。在维修实践中按图4-13b所示电路进行改装,可以取代此开关。使用材料如①五脚继电器(含常闭触点),②两脚制动开关(即老款捷达车用的)。改动后使用效果良好。

41. 大众捷达轿车发电机充电指示灯不亮·电刷磨损

(1)故障现象

一辆大众捷达GIX轿车,在打开点火开关时,仪表板上的发电机充电指示灯不亮。在正常情况下,打开点火开关,发电机指示灯应该亮;而当发动机转速达到其怠速转速(850r/min左右)时,指示灯会自动熄灭。

(2)故障诊断排除

根据故障现象分析,可以初步判断发电机和充电指示灯之间有断路之处,按充电系统电路图及工作原理进行以下检查。发电机V带张紧度属正常,蓄电池才能充电,发电机接线柱及发动机、车身和蓄电池之间的搭铁不锈蚀,连接应可靠等。具体步骤有:

①断开发动机舱前的接头Tla。将检测线接到通向指示灯的蓝色导线,并将其接地。打开点火开关,如果指示灯不亮,说明发电机指示灯出现故障。

②断开蓄电池接地线,拆开仪表板,更换指示灯(发光二极管)。更换后打开点火开关,指示灯如果亮,则故障排除。

③如果更换后指示灯依然不亮,则用检测导线将继电器盘上的触头A2/1接地,这时如果指示灯亮,说明发电机到继电器盘触头A2/1的导线断路,修复导线后故障即可排除。

④如果指示灯还不亮,说明在继电器盘中的触头A2/1与U2/12间断路。用检测线将多孔接头的触头U2/12接地,如果指示灯亮,说明继电器盘有问题,需要更换继电器盘;如果不亮,说明印刷电路或继电器盘至组合仪表盘多孔接头U2/12的导线断路,需要更换印刷电路或继电器盘至仪表板多孔接头间的导线。

⑤如果在①检查中指示灯亮,说明发电机D+接柱和发动机舱内的接头间的导线断路。从发电机上拆掉D+导线,接上发动机舱内的接头,并将检测线接在发电机D+和接地点之间。打开点火开关,如果指示灯不亮,需修复发电机与发动机舱内接头间的蓝色导线。

⑥如果指示灯亮,则可能是发电机电刷磨损。关闭点火开关,拆解发电机,拆下电压调节器,检查发电机电刷。如果电刷磨损,需更换;如果电刷正常,则可能是励磁线圈断路。

⑦检查发电机转子。若转子有故障,则更换转子;若转子无故障,极有可能是整流二极管短路,需更换二极管或发电机总成。按照上述方法检查,发现该故障车是电刷磨损过甚,更换电刷后故障排除。

42. 上海帕萨特B5型轿车空调不制冷·综合症并发

(1)故障现象

一辆帕萨特(PASSAT)轿车,装备1.8T发动机,使用中出现空调不制冷故障。

(2)故障诊断排除

首先连接制冷剂加注机的高、低压表,起动发动机,打开空调系统,让其工作运行,发现空调系统的确如驾驶人所说的没有冷气吹出。用手摸节流阀处的高压管路,感觉发热,低压管路不凉。当询问驾驶人情况时,驾驶人说,购新车后不长时间,该车就出现了空调系统不制冷现象,曾先后更换过四次节流阀,每次换过后空调系统即恢复正常制冷,这次不到一个月又不制冷了。根据此次故障现象和驾驶人反映,这次又是节流阀脏堵。那么,为什么会频繁地造成节流阀脏堵呢?看来集液器已经失效了。驾驶人又说以前从未更换过集液器,于是决定将节流阀和集液器一同更换。当从高压端放出制冷剂时,系统内竟然没有制冷机油随制冷剂一同流出,联系到上述情况,断定造成节流阀频繁发生脏堵的原因是空调系统冷冻机油量不足,造成压缩机润滑不良,磨损量加剧,脏堵了节流阀;又由于每次单独地更换节流阀,没有及时地更换失效的集液器,也不补充足量的冷冻机油,所以造成节流阀频繁地被脏堵的故障发生。更换节流阀、集液器,并向空调系统加注 50ml 冷冻机油,抽真空,加注制冷剂后,起动发动机试验,高低压系统正常,制冷效果恢复,故障排除。

43. 上海帕萨特 B5 型轿车行驶中空调冷气突然"溜号"·转换插头松脱

(1) 故障现象

一辆上海帕萨特 B5 型轿车,在行驶中空调系统冷气突然出现"溜号"没了的故障现象。

(2) 故障诊断排除

将 V.A.G1552 连接在故障诊断插座上,选择地址码 08,输入功能码 02,读取故障码为 00792,是空调系统压力开关 F129 故障。首先检查空调系统各熔丝均正常,将空调系统压力表组连接在管路上,发现压力在正常范围内。

压力开关 F129 主要有 3 个功能:当系统压力过低时,切断空调压缩机;当压力太高时,切断系统工作,以保护压缩机;当制冷剂循环压力升高时,使散热风扇运转挡位提高。拆下右前大灯,拔下压力开关插头,根据线路分析,当空调开关打开时,2 号端子棕/白线应有 12V 电压,而用万用表测量却为 0V。由此得知,故障原因是由于棕/白线无 12V 电压所造成的。顺藤摸瓜,发现压力开关在发动机左前侧有一个 4 针转换插头。拆下转向助力泵储油罐饰罩,发现转换插头已松脱,而插头另一侧黑/蓝线则有 12V 电压。当将插头正确插接后,故障排除。

44. 上海帕萨特 B5 型轿车机油压力灯、安全气囊灯同时报警·气囊控制单元故障

(1) 故障现象

有一辆上海帕萨特 B5 型轿车,行驶里程 8 万多 km,在使用中出现机油压力报警灯与安全气囊故障指示灯报警,同时发动机转速表不能运行的故障现象。

(2) 故障诊断排除

首先用 V.A.G.1552 故障诊断仪读取发动机控制系统的故障代码,发现有两个偶发性故障代码:18044——安全气囊控制单元无信号输出;18048——仪表数据输出错误。用 V.A.G.1552 故障诊断仪读取仪表系统的故障代码为:01314049——发动机控制单元无通信;01321049——安全气囊控制单元无通信。

通过读取故障码可以初步判断故障在轿车多路信息传输系统。通过对轿车电气线路进行分析,电源系统引起故障的概率很小,故障很可能是节点或链路故障。用替换法试换安全气囊控制单元,故障得以排除。

45. 上海大众 CC 轿车安全气囊报警灯常亮·F138 的复位环损坏

(1) 故障现象

一辆大众 CC 轿车,在使用中出现仪表板上的安全气囊报警灯常亮的故障现象。

(2) 故障诊断排除

利用专用故障诊断仪 V.A.S5051 读取故障码,发现安全气囊和转向柱控制单元存储有故障码。在自诊断系统中调取 CC 整车电路图,安全气囊系统电路如图 4-14 所示。图中,J234 是气囊控制单元,J527 是转向柱控制单元,F138 为安全气囊卷簧和带滑环的复位环,N95 为驾驶人侧安全气囊引爆装置。

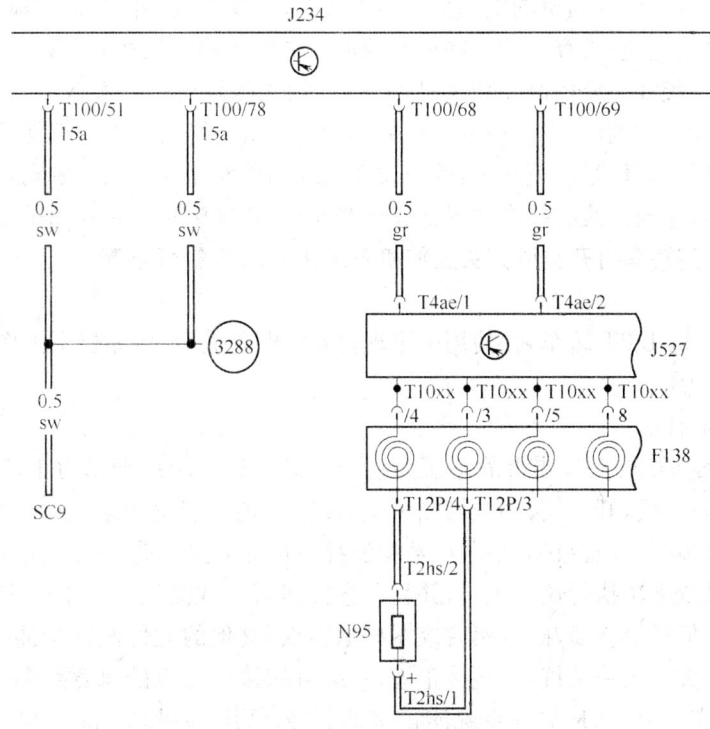

图 4-14 大众 CC 轿车安全气囊系统电路图

由此电路图可知,驾驶人侧安全气囊引爆装置 N95 通过安全气囊卷簧和带滑环的复位环 F138 连接到转向柱控制单元 J527,然后通过 J527 的引脚 T4ae/1 和 T4ae/2 分别与气囊控制单元 J234 的引脚 T100/68 和 T100/69 相连。在进入转向柱控制单元 J527 读取数据时发现没有收到信号,因此可以判断 F138 安全气囊卷簧和带滑环的复位环损坏,从而导致安全气囊故障,使仪表盘上安全气囊报警灯常亮。

由于大众 CC 轿车的 F138 安全气囊卷簧和带滑环的复位环是与转向柱控制单元 J527 集成在一起的,所以只能整体更换。在更换 J527 总成后,仪表盘上安全气囊报警灯在自检后熄灭,故障排除。

点击:在排查安全气囊故障的过程中需要特别注意的是,必须在拆下蓄电池负极电缆前读取故障码;安全气囊系统的检查工作必须在点火开关转到 OFF 位并将蓄电池负极电缆拆下至少 30s 后才能开始;在拆卸安全气囊系统的任何零部件之前,必须先将气囊组件的导线插接器断开;在拆卸、检查和更换气囊组件时,切勿将身体正面朝向安全气囊;拆卸或搬运气囊组件时,气囊装饰盖的面应当朝上,不得将气囊组件重叠堆放或在气囊组件上放置任何物品,以防止气囊被误引爆造成不必要的损失。

46. 奥迪 A6 轿车空调不制冷·链路短路

（1）故障现象

一辆奥迪 A6 型轿车，行驶里程 18.5 万 km，其电控自动空调系统在开关接通的情况下，出现鼓风机能工作，但是空调系统却不制冷的故障现象。

（2）故障诊断排除

通过观察，发现空调压缩机的电磁离合器不吸合，但发动机工作正常。检查电磁离合器线路的电阻值，符合规定值；检查空调控制单元的输出端没有输出信号；用 V.A.G.1552 故障诊断仪读取发动机系统和空调控制系统的故障码时，均无故障码；用 V.A.G.1552 故障诊断仪读取空调控制单元的数据流，发动机的转速数据为零。由于发动机工作正常，因此发动机控制单元接收的发动机转速信号应该正常，检查发动机控制单元和空调控制单元之间的通信线路，发现两者之间的转速通信线的接脚变形造成链路断路，修复接插器后故障排除。

47. 奥迪 A6 型轿车打开空调开关压缩机不工作·12 号针脚烧断

（1）故障现象

有辆奥迪 A6 型 1.8T 轿车，在使用中出现打开空调开关后，压缩机不工作（不吸合），空调不能制冷的故障现象。

（2）故障诊断排除

首先连接好空调压力表，测得静态压力在 700kPa 以上，制冷剂压力正常，排除无制冷剂的可能性。起动发动机，开空调，用试灯测量压缩机的连接导线，无电。接上修车王诊断仪，检测空调系统，无故障码，查看数据流，各项数据流都在正常值内。选择执行元件测试，第一项就是压缩机，发现系统无法执行这一项目，并且在选择执行元件测试。点击确定后，能听到压缩机有吸合的声音，但马上就断开了，然后仪器显示错误，其他的元件测试均能执行。怀疑空调系统堵了，负荷太大。用一试灯，一端接正极，一端直接接压缩机的电磁线圈接头。起动发动机后检查空调系统压力，此时空调系统能正常地制冷，低压 220kPa；高压 1400kPa，在正常范围内。检查到这里，仔细分析，觉得空调线路不存在问题，空调系统也不存在堵的现象。判断只有一个可能，那就是发动机 ECU 限制了压缩机的吸合。

通过查阅资料得知，发动机系统在负荷过大，水温过高的情况下会停止压缩机的工作。根据这一点，用仪器检测发动机系统有一个故障码：空气流量计（G70）信号过大，相关电路如图 4-15 所示，因此切断了空调压缩机。

接下来开始检查空气流量计数据为什么会超标？根据资料提示，空气流量计为 5 脚插头，其中 1 号脚为空脚；2 号脚，加热电阻线 12V；3

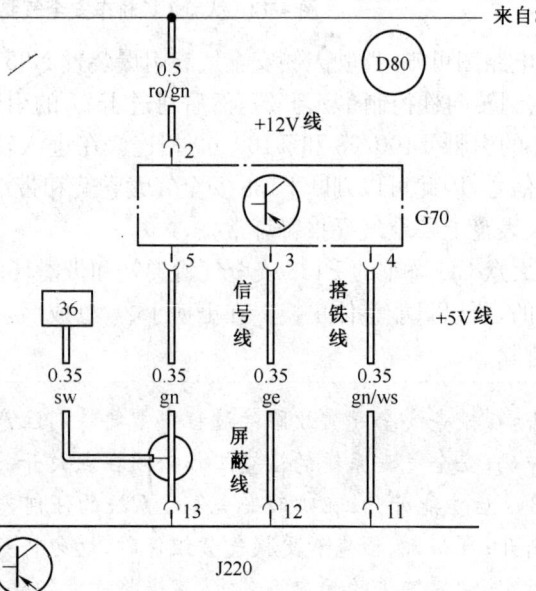

图 4-15 奥迪 A6 型轿车空气流量计相关电路图

号脚负极;4 号脚为空气流量计工作电源 5V;5 号脚为空气流量计信号输出线(正常急速下为 1.3V)。用万用表测量空气流量计插头 4 个脚的电压值,急速下:2 号脚(绿黄)为 12V;3 号脚(黄)为 12V;4 号脚(白绿)为 5V;5 号脚(绿)数据显示为:239g/s。测量结果与正常值大不一样:3 号脚应该为负极,在这里为什么却是 12V 呢? 查看电路图得知 2 号脚加热电阻电源,由熔丝盒 S229 号熔丝供电,其余 3 根线直接连接到发动机 ECU 内。断开蓄电池负极,拆下发动机 ECU,拔出插头,测量空气流量计 3、4、5 号脚分别对应发动机 ECU12、11、13 号脚之间的电阻,并且查看三根线是否有断路。测量结果为,空气流量计 3、5 号和发动机 ECU 插头 12、13 号脚之间存在短路。查看线路,整个发动机舱线束都固定在防火墙上。空气流量计及涡轮增压电磁阀、炭罐电磁阀的线束通过排气管上方,由于没有线卡固定,已经掉落在三元催化转换器上。拆开该段线束外层,发现里面的线束由于高温,已经完全熔在一起。处理好该段线束,并用线卡固定好。装回发动机 ECU,重新起动试空调,发现空调压缩机依然不运转。用仪器测量发动机系统,有 5 个故障码,分别是和 N80、N156、N205、G39、G70 相关的,能清除,但重新起动发动机后又会再次出现。出现这 5 个故障码,极可能是这 5 个电磁阀和传感器共用的电源出了问题。查看 S229 号熔丝,没有烧断,但插片已经生锈,更换一个后,故障码还剩一个 G70 的故障码。查看数据流 003 组,依然是 239g/s。用万用表测量空气流量计的各个引脚,与先前的数据一样。

经反复测量线路,可以完全排除由线路引起故障的可能性,那么只有发动机 ECU 板了,于是决定拆开 ECU 检查。断开蓄电池负极,拆下发动机 ECU,打开后发现 ECU 板上第 12 号针脚已经烧断了。

用微型烙铁仔细焊接一根线,与 ECU 板插头上相对应的线相连。装复后,打开钥匙,测量空气流量计的 3 号脚为 0.01V,正常。起动发动机,先用仪器测试发动机系统,无故障码。查看数据流 003 组,空气流量计的数据为 4.3g/s,也恢复正常。打开空调,空调压缩机运转,空调系统恢复正常。至此,该故障完全排除。

48. 奥迪 A6L 型轿车组合仪表 EPC 灯报警·踏板开关变量异常

(1)故障现象

一辆奥迪 A6L 型轿车,在使用中出现组合仪表显示 EPC 灯点亮报警。

(2)故障诊断排除

检查发动机故障存储器有一故障码输出,其含义为起动机锁止信号对地短路,经对故障码分析,发现起动时没有自动起动挡,只能拧着点火开关起动,判断可能是起动继电器有故障,于是更换了两个起动继电器,但故障依旧。根据故障导航提示,检测离合器踏板开关的变量不正常。试找来一只新的踏板开关,安装后试车,故障排除。

49. 奥迪 A6L 型轿车打开电视没图像电话无法连接·J533 网关故障

(1)故障现象

一辆奥迪 A6L 型 2.8 轿车,行驶 14 万 km 时出现打开电视没有图像,蓝牙电话也不能连接的故障现象。

(2)故障诊断排除

做 PDI 检查时,发现电视没有图像但有声音,CD 工作也正常,蓝牙电话不能和基座连接,一连接就显示请停车后再做匹配。接着用 5052 检查,发现 MOST 所有控制单元都无法通信,网关可以进入,然后作故障导航环路诊断,但是做不了,不知是电脑问题,还是其他问题,换了两块都没做下去，做一半就显示错误码。进一步分析，怀疑可能是 J533 有故障，于是换一新的 J533，安装后马上便可和 MOST 系统通信了。更换新的网关后故障排除。

50. 奥迪 A6L 型轿车收音机 CD 机放音乐时不连续·改动光缆惹祸

(1) 故障现象

一辆奥迪 A6L 型 2.4 轿车，来厂要求检查多媒体系统，反映 CD 出现断断续续出声并伴有杂音的故障现象。

(2) 故障诊断排除

按故障现象，用 5052 检测没有任何故障码输出，再做引导性故障查询和 3DB 衰减测试，显示所有控制单元工作正常，但最后显示光存储故障。再测试每个控制单元均正常，在测试 J523 时显示光信号较弱。接着拆下杂物箱，发现在 J523 输出的光缆处有弯曲角度过小的现象，同时发现光缆走的位置也不妥。重新安装光缆、改正位置后试验，故障现象消失，工作正常，故障排除。

51. 奥迪 A6 型 1.8T 轿车遥控器失灵·制动开关作祟

(1) 故障现象

一辆奥迪 A6 型 1.8T 轿车，在行驶 13.5 万 km 后出现用遥控器打开中控门锁不起作用的故障现象，而用钥匙打开车门后，进入车内再接通点火开关，可看见仪表不工作及各警告灯也不闪亮，再将钥匙拧到起动挡位置时，起动机也不转动。

(2) 故障诊断排除

据驾驶人介绍，这已是第 3 次出现上述故障现象，说明故障是偶发性的，而平时又是可以正常起动运转的。该故障发生的具体情况是：第 1 次在 45 天前，当时在 4S 店检修并更换了蓄电池；第 2 次发生在 10 天前，故障时在某修理站对蓄电池进行了充电，起动发动机测量充电电压很正常，关闭车上所有用电设备后测量蓄电池无过大的自放电电流；本次故障发生前一天行驶很正常，但进库停放一夜之后准备出行时，又一次出现上述故障现象。

根据故障现象，首先用万用表测量蓄电池电压只有 7V，判断原因有两个：

①电源系统 (蓄电池、发电机及线路) 可能存在故障。

②当关闭车上所有用电设备后蓄电池可能存在自放电故障。

接着关闭所有用电设备，测量蓄电池自放电电流是 0.04A，这是石英钟和各控制单元在睡眠状态下的正常用电量。进一步试验，将变速杆放在 P 位，踩下制动踏板，起动发动机后松开制动踏板，测量蓄电池两极柱之间的电压是 13.2V，属于正常。然后断开点火开关、拔下钥匙，可发动机并不熄火，当无意间踩下制动踏板时发动机突然熄火。根据这一现象反复进行试验，不接通点火开关而反复踩制动踏板，有时在慢慢抬起制动踏板时仪表板上的警告灯闪亮一下。

通过试验时的现象进行比较，再分析如图 4-16 所示奥迪 A6 型轿车电路可知，制动灯开关的 1 针是 30 号线经熔丝 S13 送来的常电源；2 针控制制动灯闪亮和送往发动机 ECU J220 及自动变速器 ECU J217 的制动开关信号；3 针是 15 号线经 S7 送来的钥匙相线；4 针是送往发动机 ECU J220 的信号线。制动开关 F 与制动踏板 F47 的信号触点状态相反，因为 1 针与 2 针之间是常开触点，3 针与 4 针之间是常闭触点。如果制动开关出现故障，可能会造成带有长期正电的 1 针与 4 针跨接，一旦跨接就好似将点火开关开到了 ON 位置。这样，许多电气设备都处于供电状态并不断消耗蓄电池的电能，蓄电池因电能耗尽在第二天早上便无法起动发动机了。但是当踩下制动踏板后，3 针与 4 针之间可以断开，所以使点火开关误接通的现象消失。分析得出当驾驶人踩下制动踏板后关闭发动机,然后松开制动踏板,此时制动开关内出现跨接故障而使蓄电池仍然放电,第二天早上因蓄电池电能放尽,使车门遥控功能失效,接通点火开关后仪表警告灯也不会闪亮。更换一只新的制动开关后使用,再未出现上述故障现象,即故障排除。

52. 红旗 CA7203 型轿车开空调发动机怠速便降低·21 号熔丝烧断

(1) 故障现象

一辆红旗 CA7203 型轿车,行驶 18 万 km 时出现开空调后,发动机怠速马上降低直至熄火的故障现象。

(2) 故障诊断排除

检查确认故障时,首先用 TL-800 进行发动机检测,无故障码输出。再测试怠速控制阀调整功能,当仪器显示怠速控制阀关闭时,发动机转速无变化,因此怀疑怠速控制阀没有动作。关闭发动机,拔下 6 针插头,用万用表测量 2 针、5 针插孔,无工作电压。再按照电路图进行检查,发现 21 号熔丝断了,更换熔丝后,使用 TL-800 进入怠速控制阀调整功能。当 A/C 开关关闭时,拧动节气门体怠速调整螺钉,使发动机转速调整到 750r/min。退出此功能,起动发动机,打开 A/C 开关,开起空调后发动机转速自动提升,且空调系统恢复正常工作状态,故障排除。

53. 红旗 CA7180 型轿车空调无暖风·插错真空管

(1) 故障现象

一辆红旗 (CA7180A2E) 轿车,行驶里程 8 万 km,该车在使用中出现发动机怠速时空调无暖风的故障现象。

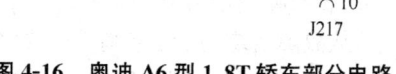

图 4-16 奥迪 A6 型 1.8T 轿车部分电路

(2) 故障诊断排除

根据故障特征进行试车,在发动机怠速运转时,打开风速开关,虽然发动机已达到正常的工作温度,但出风口吹出的是自然风。当踩下加速踏板,在发动机转速达到 2000r/min 时,出风口开始有暖风吹出;松开加速踏板 1~2min 后,出风口吹出自然风。通过用手触摸暖气水箱的进出水管,发现在怠速时两者之间的温度差别比较大。检查冷却液面属正常。初步判断可能是节温器损坏所致,于是对节温器进行了更换,但新的节温器装复后试车,却发现故障依旧。

难道是暖气水箱有堵塞现象?考虑到该车的行驶里程,出现此种情况的可能性不大。因此,着重对冷却液的循环状况进行检查。起动发动机使其怠速运转,然后将暖气水箱上的进出水管卡子松开并将其水管拔下,发现两水管均无冷却液流出,而当踩下加速踏板后,看到冷却液开始循环。此时猛然想到了暖气水阀,是不是在加速时它处于关闭状态呢?于是随手拔掉暖气水阀上的真空管,随即看到暖气水管口有冷却液流出。在此情况下,将暖气水管装复,通过试车,出风口一直有暖风吹出。由此确认故障原因在此暖气水阀上。

该车的暖气水阀采用真空式,由真空膜片的动作完成水阀的打开与关闭。其真空腔通过真空管经二位三通电磁阀分别与节气门后方的进气支管和大气相通。在电磁阀不通电时,真空腔经电磁阀与大气相通,因此不能吸动膜片移动从而使暖气水阀处于开启状态,此时,冷却液会经过暖气水箱循环,所以当打开风速开关后,出风口吹出的是暖风。当电磁阀通电(打开空调 A/C)后,电磁阀便将真空腔与进气支管接通,由发动机产生的负压(真空)吸动暖气水阀膜片移动,由此将暖气开关关闭,暖气水箱中的冷却液停止循环,所以,此时打开风速开关,出风口便吹出自然风。

根据暖气水阀的工作原理结合检修经过分析,确定该故障的主要原因在真空管路中。于是按照真空管路的走向,在暖风壳上找到二位三通电磁阀,拔掉其线束插头后,发现真空管中仍有真空产生。进一步检查电磁阀时,才发现电磁阀上的真空管插错了。

该车此前曾出过事故,修复后便出现了此种情况。至于为何在怠速时无暖风,是因为发动机在怠速状态时,节气门处于关闭状态,进气支管内的真空度大,其真空通过插错的真空管吸动暖气水阀膜片将暖气开关完全关闭,冷却液不再循环;而当踩下加速踏板时,节气门打开,进气支管内的真空度变小,膜片在弹簧的作用下将暖气开关打开一定的角度,冷却液开始循环,所以,便出现了该故障。

将电磁阀上的真空管重新插好,插上电磁阀线束插头,并将暖气水阀真空管接上,然后试车,一切正常,故障排除。

54. 红旗 CA7180 型轿车空调出风分配不均·鼓风机控制开关接触不良

(1)故障现象

一辆红旗 CA7180AE 型轿车,在使用中出现空调鼓风机第 1、2、3 挡风力都比同型号与同车况的小,且第 2 挡和第 3 挡风力又无差别,而第 4 挡风力又属正常的怪异故障。

(2)故障诊断排除

从故障现象分析,空调第 4 挡风力正常,其他挡异常,表明电路中的熔丝、鼓风机工作是正常的。该轿车的空调鼓风机是由点火开关的 75 端子经过 17 号熔丝供电,而后串联鼓风机变速电阻中不同电阻值的电阻,最后经鼓风机控制开关的滑动触点后搭铁而构成回路。由于第 1、2、3 挡风力不正常,所以故障很可能是鼓风机变速电阻或鼓风机控制开关有问题。于是将原变速电阻的插头拔下后再插上一个新的变速电阻进行试验,结果故障依旧存在。这样就可以判断出故障部位在鼓风机的控制开关了。由于第 1、2、3 挡使用次数多,滑动触点磨损严重,极易导致接触不良,使接触电阻过大,从而导致第 1、2、3 挡风力的减弱。更换一个同规格型号新的鼓风机控制开关后,试验空调功能恢复正常,故障排除。

55. 红旗世纪星轿车空调"怠工"·线缆磨破

(1)故障现象

一辆红旗世纪星轿车,在行驶 11 万 km 过程中一切工况都处于正常状态,唯独空调压缩机出现消极"怠工"的故障现象。

(2)故障诊断排除

对轿车空调系统故障的检查诊断可按三个步骤进行,即检查制冷剂是否足量,其质量是否符合标准;电气线路是否完整可靠,接触是否良好;各元件性能是否符合技术标准要求。

首先测量了空调系统常态压力和制冷剂储量,未发现异常。按下 A/C 开关发现中央继电器盒上空调鼓风机继电器有"嗒、嗒"的吸合声,但压缩机电磁离合器却不吸合。同时发现冷却风扇电机不工作。

根据故障现象分析,故障点可能发生在电气线路或元件上。从整车电气线路原理图可知,红旗世纪星轿车空调系统工作由两部分组成。一是申请部分,即空调信号控制回路,ECU 45 脚→恒温控制开关→三位压力开关→空调鼓风机继电器→A/C→接地。二是执行回路部分,当 ECU 接到空调工作申请信号后,ECU 9 脚将控制搭铁,使 75 号电源→S117 熔丝→压缩机继电器控制电路搭铁。此时流经 S117 熔丝的电流通过闭合触点分成两路,一部分供给压缩机电磁离合器;另一部分使冷却液风扇低速挡继电器吸合,控制散热器风扇以低速挡工作,对散热器及冷凝器进行散热。

针对该车情况,确定首先检查空调信号申请部分。先从 ECU 开始,用试灯测量 ECU 46 脚电压情况/cge/r 线,当 A/C 开关闭合时灯点亮,A/C 开关断开时灯熄灭,符合工作条件。取消恒温开关,用短接片将插片短接,此时压缩机仍不工作(不吸合),而恒温开关与 ECU 45 脚直接相通的红/黑线有电压,因此初步判断故障点是线路接地不良(或断路)所致。在拔下短接片时,意外使 ro/SW 线金属插头碰到悬架右侧的固定螺栓上,压缩机和风扇瞬间同时工作了,由此看来原判断是正确的。接着顺线查找,终于在三位压力开关和继电器盒之间发现断线点,发动机舱进驾驶室的穿线孔磨断了线缆。

红旗世纪星轿车空调系统最容易产生的故障就是偶尔不工作,主要原因是线路故障。而多数故障原因是恒温开关失效或插头在行驶中松动,造成接触不良。因此在维修带有恒温开关的红旗世纪星轿车时可先用短接片将恒温开关取消再行检查。

在实际工作过程中,A/C 开关控制空调鼓风机继电器(J11)接地,使 ECU 46 脚与地相通形成回路。对该故障车的断线磨损处进行整理包扎修理,装复后,起动发动机进行试验,空调工作恢复状态,故障排除。

56. 红旗 CA7180AE 型轿车前照灯既无远光也无近光·点火开关作祟

(1)故障现象

一辆红旗 CA7180AE 型轿车,在一次夜间行车时突然出现无论怎样拨动灯光开关,既无远光也无近光的故障现象。

(2)故障诊断排除

经检查故障,进行了如下维修,更换了中央继电器盒(更换原因是原中央继电器盒进水、5 号位 X 触点卸荷继电器烧蚀、无法正常插接继电器);更换变光开关(车灯开关),没有清除故障码;更换灯光线束或检修线束(原因有卸荷电使前照灯无法工作,但灯泡是完好的)。

红旗 CA7180AE 型轿车前照灯使用的为 X(卸荷电)线,而在变光时,远光使用的则是 30 号电源,因此该车无远光、近光的原因就可能有:点火开关处无卸荷电输出;车灯开关内部接触不良;电气线路和灯泡有故障。

为了确定故障原因,又进行了一次检查,结果发现一个新的故障现象。拆下车灯开关插头,测量灯与开关间线路,结果导通且内部不搭铁。如图 4-17 所示,检测点火开关与车灯开关间 sw/ge 线(X 线)时,试灯点亮,表明确实有卸荷电存在。但用短线接法将此线与近光灯线(ge)相连时,空调开关、门窗升降器开关等指示灯熄灭,可近光灯却不亮,相反,直接供 30 号电给近光灯线则近光灯亮,此现象表明 X 线有虚接情况,使用近光灯时电流不足。因此将点火开关拆下,将 30 号电直接供给 X 线(不通过点火开关),再打开近光灯开关则近光灯亮,于是判断点火开关内部出现故障。

更换一个新的点火开关,连接好所拆各导线后试验,远近灯光恢复正常,至此故障排除。

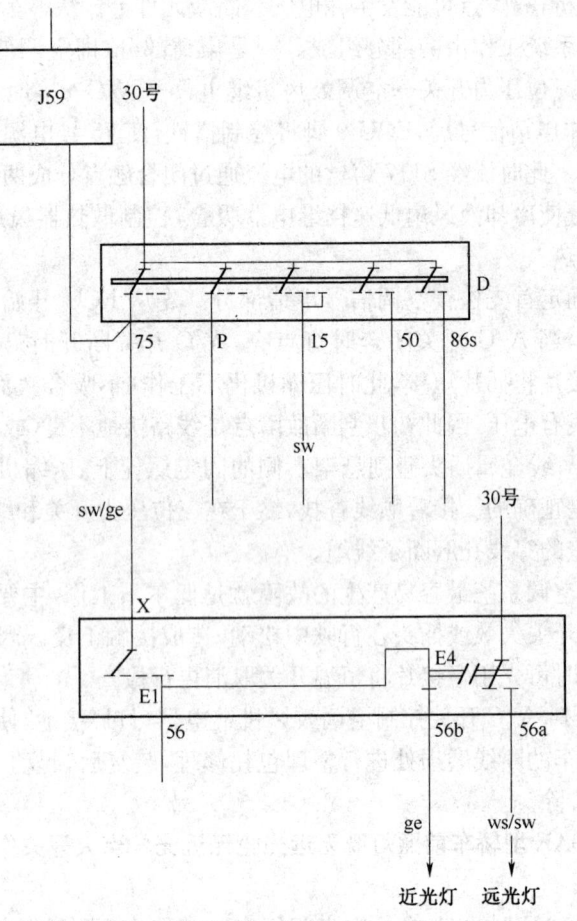

图 4-17　红旗 CA7180AE 型轿车远近光灯电路简图
D—点火开关　J59—X 触点卸荷继电器　E1—车灯开关　E4—前照灯开关(变光开关)

57. 红旗 CA7180 型轿车防抱死 ABS 制动灯不亮·继电器不合作

(1)故障现象

一辆红旗 CA7180AE 型轿车(二手车),在使用中出现 ABS 系统没有制动效果,ABS 警告灯也不点亮的故障现象。

(2)故障诊断排除

经检查试车没有 ABS 制动效果,没有看到 ABS 灯亮。打开发动机盖发现确有 ABS 控制单元,拆下仪表板总线,发现 ABS 灯座是空的,拧上一个指示灯泡后,长亮不熄。连接修车王 SY-2000 调取故障码,出现了 8 个故障码,清码后剩下两个故障码,内容为右后轮速传感器和 ABS 继电器故障。拆下右后轮速传感器,发现其头部撞坏,换上新件,调整至正常间隙,清除故障码后剩下一个 ABS 继电器故障码。找到此车电路图,ABS 电路极为简单,外接元件很少,在图纸上根本没有继电器。难道故障码不准确(如时代超人、帕萨特 B5 的 ABS 控制系统就没有继电器,因为它们三种车型的 ABS 控制单元很相似)？但它的 ABS 灯一直点亮,ABS

系统还是有故障。经再次检查外围线路，没有发现不良之处，最后故障点确定在 ABS ECU 上。此车 ABS ECU 是一个总成，包括 ABS 控制器和 ABS 电机，不单独销售。驾驶人认为太贵，负担不起，想修复它。维修时，从控制单元盒的外部能看到一个鼓包的位置，很像继电器的形状，用刀片将控制盒割开，原来里面真有一个 5 脚的小型继电器，于是找来废旧的铁将军防盗器，拆下里面的继电器，替换、装复，用玻璃胶封严，试车，前制动效果明显提升，ABS 警告指示灯也闪灭正常，故障排除。

58. 红旗轿车发动机热机加速时转速表跳动·转速传感器故障

（1）故障现象

一辆红旗牌轿车，在使用中出现冷车一切正常，但热车后便出现严重的加速不良症状，加速踏板踩到底，发动机转速最高能达到 3000r/min 左右，然后迅速跌至 2000r/min，之后又升上去，再跌下来，如此反复，转速表大幅度跳动，但怠速正常。熄火后停 30min，发动机加速到 4000r/min 以上都正常，再保持加速十几分钟，故障又出现。这时加速，发动机出现间歇性剧烈抖动，排气管出现"扑通、扑通"的不正常声音。

（2）故障诊断排除

首先从油路入手检查，因为故障现象很像是燃油供给不上造成的。连上燃油压力表，故障出现时油压也随转速在 350～400kPa 之间波动，更换电动燃油泵和汽油滤清器无效，故认为燃油压力无问题。又将喷油器和分配管清洗检查，没有异常，故障依旧，所以认为故障原因不在油路。

再从电路入手，检查发动机输出电压，故障出现时在 12～12.5V 快速变化。为了弄清是不是发电机的问题，将发电机＋B 柱连线断开，只用蓄电池给发动机供电，结果故障依旧。

再用数字万用表测量空气流量传感器的流量信号电压，正常时为 2.3V，故障出现时也随转速的变化而变化，但更换空气流量传感器后仍然无效。

又检查了氧传感器、水温传感器、爆燃传感器，都没发现异常。凸轮轴位置传感器与曲轴位置传感器也没发现异常。到底是什么元件损坏能对发动机影响这么大呢？更换分电器总成也无效，再换上新的转速传感器，刚出现的故障居然消失了。等到熄火后，换上旧的分电器再起动，竟不能着车，再换上新的分电器，也不能起动着车，无奈之下又换上原来的旧转速传感器却又能顺利着车。于是一起更换了新的分电器和转速传感器进行试车，行驶 15km 时发动机又熄火了，已经不能再起动车。

由于已坏了一只新转速传感器，怀疑是第二次换上的转速传感器坏了，又将旧的换上，顺利着车。冷车时正常，而热车不正常，能否用降温法来彻底找到故障。于是找来半块毛巾，蘸满水，加速至发动机出现故障时，用冷水给零件降温看效果如何。先后给空气流量传感器、点火器、点火线圈（千万注意不可将水弄到高压帽和各插接件中）、转速传感器等反复蘸水降温，不见效果。检修中，偶然在车内踩住加速踏板，将湿毛巾放在转速传感器上，用毛巾去压转速传感器，目的是把毛巾里的水挤出来，可就这稍稍用力一按，奇迹出现了，发动机立即变得加速有力，故障消失，而手一松，故障马上出现，由此判断还是转速传感器的故障。由于已经损坏了两个转速传感器，不敢再贸然换新的。于是试着修复该旧件。由于用手按着传感器顶端故障便消失，设想是不是传感器与信号齿的间隙偏大造成？拆下传感器的间隙调整垫片，在细砂纸上均匀地磨几下，再装上，拧紧固定螺栓试车，故障不再出现，经一段时间试车，证明故障排除。

> 点击：原来，在检查维修中损坏的两个转速传感器的额定电压为 5V，而原车的为 12V 霍尔式传感器，由于没有认真对零部件规格型号进行核对，造成维修排故走弯路和经济损失，经验有认真记取之必要啊！

59. 红旗世纪星轿车 ABS/SRS 指示灯常亮·故障综合"病症"

（1）故障现象

一辆红旗世纪星轿车，配置尼桑 V6 2.0L 发动机，出现 ABS 和主辅安全气囊指示灯常亮的故障现象。

（2）故障诊断排除

该故障车进厂检修发动机水温高，进厂时上水管已经因为高温胀裂，更换上水管后加注冷却液，起动发动机，检查发现高温的原因是节温器打不开，更换完节温器后，试车，水温升起后，电子扇运转正常，水温高故障排除。

驾驶人又反映喇叭不响，仪表指示灯不亮。检查发现喇叭和仪表熔丝烧断，更换熔丝后喇叭恢复正常，仪表指示灯亮了。交车时，驾驶人再指出该车发动机故障指示灯、ABS 指示灯和安全气囊指示灯在起动发动机后不灭，来的时候不亮。

于是连接金奔腾彩圣解码器进入发动机系统，发现爆燃传感器故障。检查线路发现爆燃传感器插头脱落，根据以往经验此款车不会因为爆燃传感器故障而导致故障指示灯点亮。再查，发现原来是车主无意中把熔丝盒内空着的几个熔丝座全给插上熔丝了，故此认为是发动机系统、ABS 和安全气囊系统都进入了自诊断状态。关闭点火开关后，拔掉各个故障指示灯激活的熔丝插座上的熔丝，再次起动发动机试车，结果 ABS 和安全气囊指示灯还是报警。

再次连接金奔腾彩圣解码器进入发动机系统读码：系统正常；发动机系统故障排除。

进入 ABS 系统，检查发现左后轮 ABS 传感器插头进水已锈蚀，清理线头后装复，清除故障码后读码：系统正常；ABS 系统故障排除。

进入安全气囊系统却显示：轿车 ECU 无响应。检查气囊系统的电源熔丝（红色熔丝插座）到气囊 ECU 5 端子（白红）连接良好，气囊 ECU 6 端子搭铁线（棕）接地良好，气囊 ECU 的 9 号端子 K 线（绿色）至诊断插座连接良好，气囊指示灯控制线 ECU 7 端子（红白）良好，检查主辅气囊的连接线良好（断开主辅气囊插接器时测量）。由于解码器无法连接，于是用短路电阻器（2.5Ω）分别跨接主辅气囊，可是故障指示灯照样常亮，到此可以断定气囊系统线路和主辅气囊都应该没有问题。剪断至故障指示灯的控制线，故障指示灯熄灭，到此基本可以断定是气囊 ECU 故障，始终输出信号导致气囊指示灯常亮。

更换气囊 ECU 后，起动发动机，气囊指示灯熄灭，用金奔腾彩圣解码器连接气囊系统正常，读码，系统正常。至此故障彻底排除。

60. 上海通用别克赛欧轿车 ABS 灯常亮·新半轴货不真

（1）故障现象

一辆上海通用汽车厂出品的别克赛欧轿车，维修更换半轴后出现 ABS 指示灯常亮的故障现象，检测时有故障码 41 输出。

（2）故障诊断排除

如果 ABS 模块检测到上述情况至少持续 0.2s，便将设置故障码 41，其含义为右前轮转速传感器开路。对所有相关系统连接和插座进行检查，结果均牢固可靠，也无损伤痕迹。将车辆举升,检查右前轮的相关部件,也没异常。

经过分析,重点检查线路和传感器。于是拆下 ABS 模块的线束插头,用万用表的电阻挡测量右前轮 ABS 线束插头 3 脚与 5 脚之间的电阻为 1600Ω 左右,与左前轮的电阻值相等,也符合在室温下的测量标准。用万用表的电阻挡分别测量右前轮 ABS 线束插头 3 脚、5 脚与蓄电池负极之间的电阻,电阻均为无穷大,表明右前轮 ABS 传感器的线路没有短路及断路。为了进一步验证右前轮 ABS 传感器,举升车辆后转动车轮时,用万用表的交流挡测量 ABS 线束插头的 3 脚与 5 脚之间的交流信号,没有交流信号。拆下右前轮传感器,检查右前轮传感器的表面,没有损坏的痕迹,用旋具在传感器的表面来回晃动模拟车辆的半轴,保持传感器与旋具之间的间隙为 0.5~1.0mm,此时万用表有交流信号,据此判断故障可能为右前轮传感器的齿圈损坏或传感器与齿圈之间的间隙不正确。

接着观察右前半轴上齿圈的凹凸齿也没异常;再用塞尺测量传感器与齿圈之间的间隙,左右一致;用磁力棒吸附左右前半轴上的齿圈,左边的吸力很大,而右边却没有吸力(不导磁),由此判断右半轴有问题,是故障点。这时驾驶人说右半轴是半月之前在外地才换的新半轴。后经鉴定所换半轴货不真。更换为上海通用原厂半轴后试车,ABS 指示灯工作正常,故障排除。

61. 上海通用凯迪拉克轿车 TCS 故障灯常亮·EBTCM 供电熔丝烧断

(1)故障现象

一辆通用凯迪拉克轿车,在大雪结冰道路上行驶后出现牵引力控制系统 TCS 故障指示灯常亮的故障现象。

(2)故障诊断排除

首先用 OTC 故障检测仪调取故障码,显示故障码为 64,其含义为节气门位置传感器信号错误。为此检查了节气门位置传感器和节气门控制单元之间的线路,没有发现问题。检查节气门控制单元与 EBTCM(电子制动与牵引力控制模块)间的线路,也正常。接着检测节气门控制单元的电源和搭铁情况,发现该控制单元的端子 F(与浅蓝-黑色导线相连)与搭铁的电压为 12.4V,端子 K(与黑色导线相连)和端子 J(与深绿色导线相连)均与搭铁相通,属正常。因为发动机工作正常,所以分析认为节气门位置传感器及节气门控制单元自身出现故障的可能性不大。于是只得拆开 EBTCM 的外壳检查,没有发现异常之处。接着又对 EBTCM 的电源和搭铁情况进行检查,结果发现 EBTCM 上的端子 38 和 39 间的电压为 0,表明 EBTCM 没有电源。为什么 OTC 故障检测仪还能读到故障码呢?由该车型的电路得知,EBTCM 的电流是经由一个 25A 的熔丝。检查该熔丝已经熔断,初步判定此为故障点,那又是什么原因造成电流过大而烧断该熔丝呢?为了排除 ASR(牵引力控制系统)电动机自身的原因,直接给 ASR 电动机供电,并在电路中串联一个电流表,该电动机工作时电流为 12A,也属正常。对该故障进行仔细分析认为,该车是通过控制发动机的输出功率来防止车轮打滑的,与一般车的不同之处是该车不是通过控制辅助节气门开度来控制发动机的输出功率,而是通过直接控制主节气门来实现的。由于最近大雪造成路面结冰,有可能是在车轮已经打滑的情况下,牵引力控制系统已经起作用了,而由于驾驶人不了解该工作情况,在车加不上速的情况下,还试图用力踩加速踏板,造成节气门拉索顺时针拉动节气门的力,大于 ASR 电动机阻止节气门逆时针转动的力,使得 ASR 电动机无法转动,从而产生比较大的瞬间电流使 EBTCM 供电熔丝熔断。而在 EBTCM 没有电源的情况下,OTC 故障检测仪可能通过停车灯开关获得了电源。

更换 EBTCM 的供电熔丝(25A)后,清除故障码,试车,TCS 指示灯可自动点亮或熄灭,其他一切正常,故障排除。

62. 上海通用别克轿车发动机故障灯偶尔点亮·8403集成块问题

(1) 故障现象

一辆上海通用别克 GLX 型轿车,行驶 15 万 km,在使用中出现发动机故障灯有时亮的现象。

(2) 故障诊断排除

使用故障诊断仪 TECH2 检测,有故障码 P0480(冷却风扇继电器 1 控制电路)。观察风扇运转属正常,用 TECH2 故障诊断仪的特殊功能分别驱动风扇的低速、高速运转,发现风扇只有高速,没有低速。检查风扇线路发现线路已被改动过,但风扇一直保持高速运转。将线路恢复后再用 TECH2 故障诊断仪分别驱动风扇的低速、高速运转,还是没有低速,且高速时只有右边风扇运转。用手摸继电器 12、继电器 9、继电器 10,并用 TECH2 驱动风扇的低速、高速时,继电器 9、继电器 10 有"嗒、嗒"声,继电器 12 没有"嗒、嗒"声(在测试时将继电器 9 和 12 对调过证明继电器是好的)。分析故障码 P0480(冷却风扇继电器 1 控制电路)是指继电器 12 控制电路。用试灯分别测继电器 12 的 86、87 脚供电,正常。将继电器中心整体拆松,在继电器中心后面用试灯测试 A3(深绿色)线,风扇控制线路如图 4-18 所示,重点检查 A3(深绿色)线到 ECU C1 插头 6 脚线路,用万用表检查线路正常,检查 C1 插头 6 脚插针良好,判断 ECU 损坏。

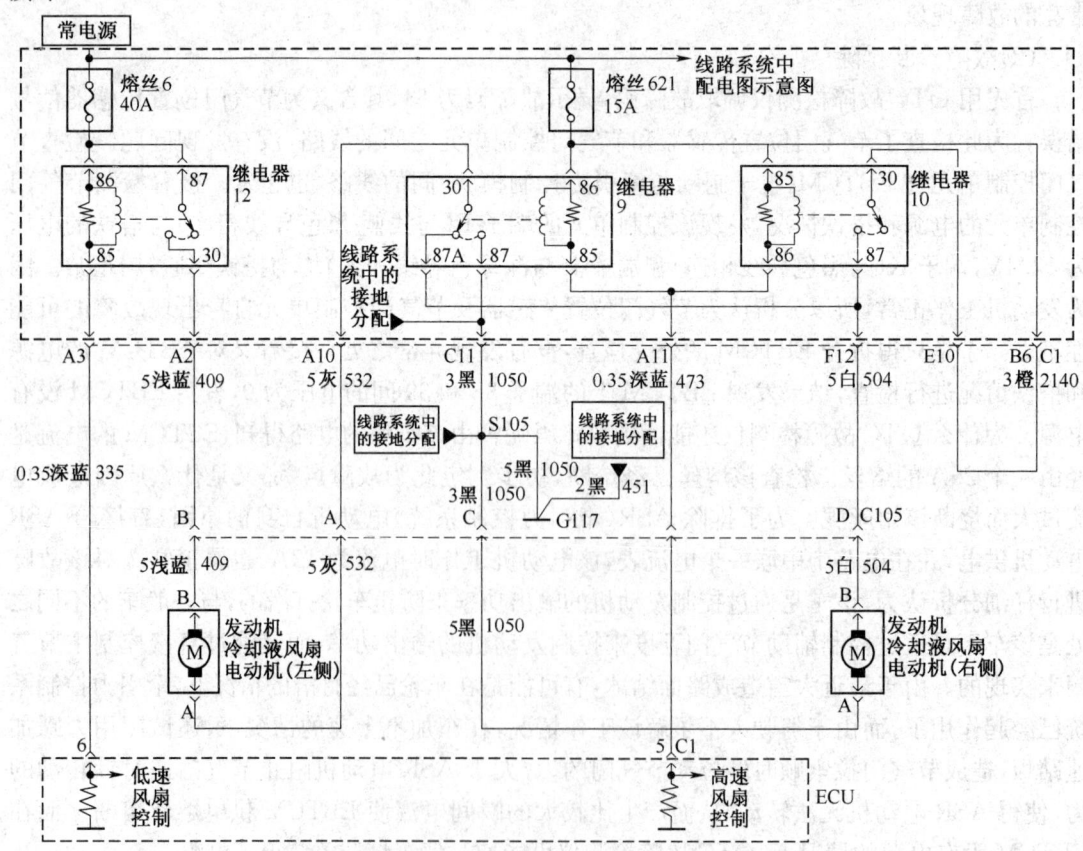

图 4-18 上海通用别克 GLX 轿车发动机风扇控制电路

更换 ECU 费用高,故之前为节省费用才采取线路改动的方法。在发动机工作时,ECU 会根据不同的工况来调整冷却风扇的运转,使发动机工作温度保持在一定的范围内,动力性、经济性、排放达到最佳状态。如果冷却风扇一直高速运转,发动机工作温度长期过低,对发动机动力性、经济性、排放会造成一定的影响。改动风扇线路方法总的来讲弊大于利,最好的方法还是恢复原线路。现 ECU 已部分损坏,更换 ECU 是最快最好的方法。另一方法看 ECU 是否能修复,但需要一定时间,由于驾驶人积极配合,只有尽最大的能力了。将 ECU 拆下,卸下外盖的 4 颗螺钉,拆下电路板上的 6 颗螺钉,取下电路板,型号为 84093,该电路板采用双面电路板结构,使用了 19 块集成电路。由于没有线路图,想找出 C1 插头的 5 脚(风扇高速)、6 脚(风扇低速)的连接线路是很麻烦的,而采用以下方法可以很快找到:用万用表的二极管挡黑表笔接 C1 插头的 5 脚,红表笔分别与带有散热片的集成块各脚接触,当接触到 84093 的 2 脚时万用表会"嘀、嘀"响,同样方法找出 6 脚与 84093 的 1 脚相连。在电路板上共采用 4 块 84093 集成块。电阻测量 84093 的 1 脚与其他脚已断路,正常值应如表 4-2 所示。市场无法买到 84093 集成块,后在物资回收站找到 09384093 集成块,经比较结构一致,测量阻值接近。更换后,风扇高、低速工作正常,试运行效果很好。

表 4-2　1、2 脚与其他脚之间阻值　　　　　　　　　　　　　　　　　　　(Ω)

管脚	3脚	5脚	6脚	7脚	8脚	9脚	10脚	11脚	13脚	15脚	16脚	17脚	18脚	19脚	21脚
1脚(黑)	1.5	1.45		1.56		1.56		1.3	1.97	1.38		1.57		1.56	1.57
2脚(黑)			0.57	1.6		1.6					1.58	0.57			

63. 上海通用别克君越轿车室外温度显示偏低·J120 不"卫生"

(1)故障现象

一辆 09 款上海通用别克君越 2.4 轿车,在使用中出现空调面板上的室外温度显示值不稳定,有时与环境温度接近,多数时间显示值比实际温度值偏低,大约低 10℃~20℃,有时显示 -40℃的故障现象。

(2)故障诊断排除

确认故障后,先试换了一个环境温度传感器,试车,结果故障依旧;怀疑是传感器与线束插头接触不良,经处理连接件端子后让驾驶人试用观察,结果故障还是不能排除,更换空调控制面板,经试车故障还是出现。因故障不是经常出现,要在行驶时偶尔才能发生,且每次维修查排故障驾驶人都急于提车,于是这一故障反复修理多次。查阅空调控制系统电路图,结果没有发现室外温度传感器,查阅其他系统电路图,才发现室外温度传感器信号直接送给了仪表,再由仪表通过数据线送给空调控制模块,其电路如图 4-19 所示。

因室外温度传感器和空调面板已经试换过,且无效,故障部位只剩下仪表及其余传感器之间的连接线路了。从电路图可知,在温度传感器和仪表间,还经过了一个插接件 J120。断开 J120 检查,发现里面的多个插针有锈蚀,该锈蚀会造成线路接触不良,接触电阻变大甚至断路。室外温度传感器是一个负温度系数热敏电阻,环境温度高时电阻变小;环境温度低时电阻变大。如果线路出现接触不良,仪表监测到的传感器阻值会变大,相当于监测到了比实际温度偏低的温度值,所以显示温度值会比实际温度值降低;当完全断路时,仪表监测到的阻值是无穷大,显示的最低温度值是 -40℃。

清理干净锈蚀的插接件后,空调面板上的室外温度显示正确且稳定,故障排除。

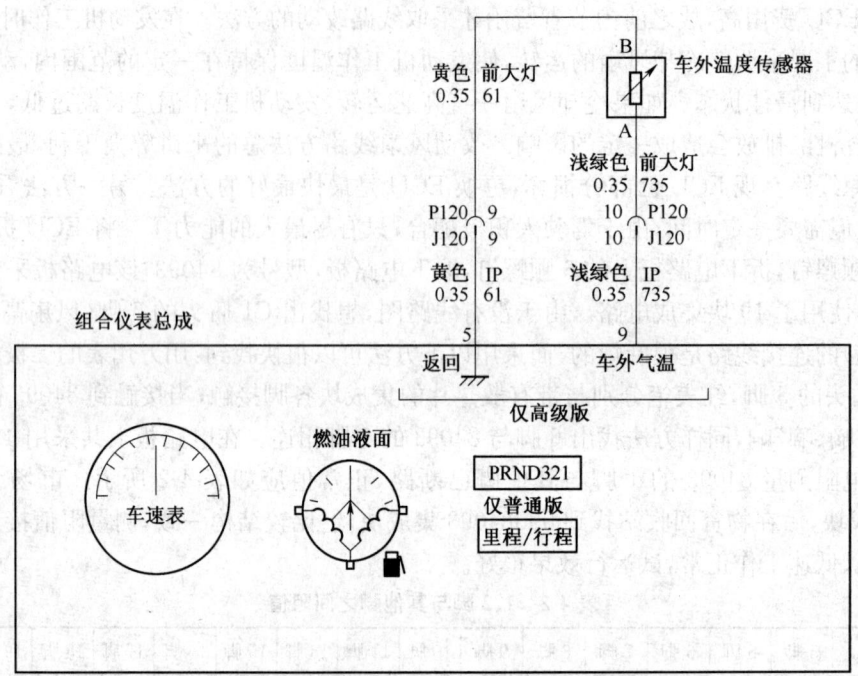

图 4-19　上海通用别克君越轿车室外温度传感器电路

64. 上海通用别克 GS 轿车空调鼓风机不转动·点火开关虚接

（1）故障现象

一辆上海通用别克 GS 轿车，空调系统控制方式为 CJ2，该车在行驶 12.5 万 km 时出现空调不制冷，也听不见鼓风机转动声音的故障现象。

（2）故障诊断排除

检查诊断故障时，打开点火开关，操纵空调控制面板上的开关按钮，空调面板的显示屏上不显示压缩机吸合的图标，且鼓风机不转，操纵其他空调控制按钮也没有反应。用 TECH2 故障诊断仪控制压缩机，压缩机能够吸合，用 TECH2 故障诊断仪观察空调压力开关的电压值符合标准，用支管压力表检查空调系统的压力也符合标准。通过上述检查，可以判定空调系统的制冷功能没有故障。根据图 4-20 所示空调控制模块的参考电路，拆下空调控制面板，不拔下空调控制线束，打开点火开关，测量控制线束插头中的橙色线 C1（B）处的电压为 8V，测量仪表板右侧熔丝盒中的 B1－B2 熔丝上的电压也为 8V，由此判断为异常即故障点。检测控制模块上的线束插头中橙色线 C1（B）处的电压为 8V。由于 B1－B2 熔丝是由点火开关供电，于是怀疑点火开关内部的触点有接触不良或虚接。当拆下转向柱护套，用万用表检测点火开关后部的橙色线，电压为 8V，据此判断点火开关损坏。

更换新的点火开关后，再检查 B1－B2 熔丝上的电压即为 12V，操纵空调面板上的按钮开关，各开关工作正常，空调鼓风机正常运转，制冷效果恢复，故障排除。

65. 上海通用别克轿车空调间歇性不制冷·压力开关卡滞

（1）故障现象

一辆上海通用别克轿车，装有 R134a 自动空调。驾驶人反映该车空调有间歇性不制冷的现象，该故障多出现在高速，怠速有时也出现，天气越热，故障出现的频率越高，故障发生后过

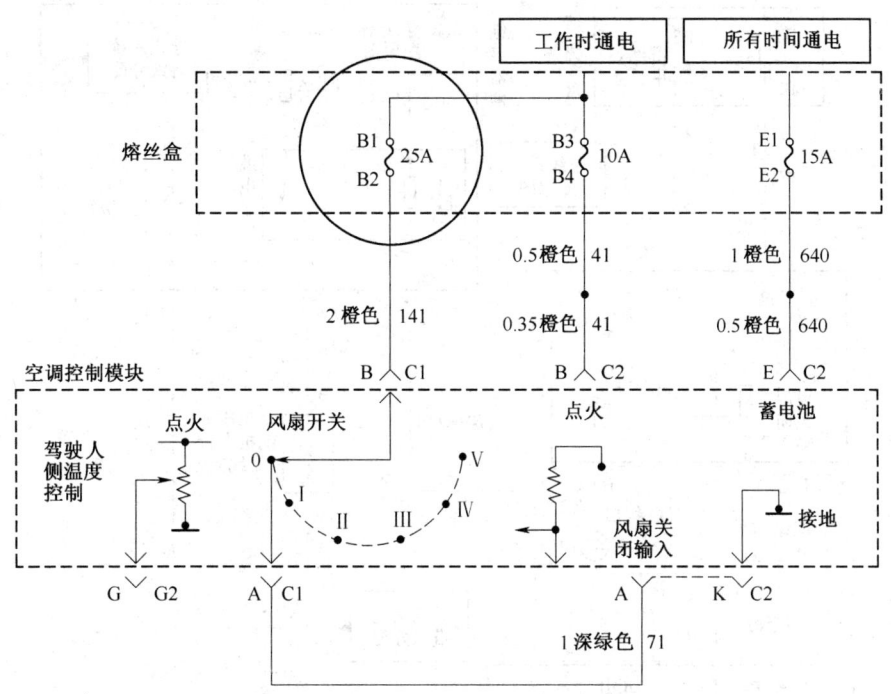

图 4-20 通用别克 GS 型轿车空调控制模块电路图

一段时间,空调又可自动恢复正常。

(2) 故障诊断排除

连接故障诊断仪并进行路试。在试车过程中空调制冷突然明显减弱,于是马上停车观察空调压缩机的吸合情况,结果发现压缩机没有吸合,行驶 10min 后空调系统又恢复了正常。

根据自动空调的控制原理,造成压缩机不吸合的可能原因除压缩机本身外,还有发动机控制模块(ECU)、空调开关的请求信号、压力传感器信号以及车内/车外温度传感器等因素。连接空调压力表,测量空调管路压力,结果显示高压为 2000kPa,低压为 350kPa 左右,这说明空调系统压力正常。打开发动机舱内右侧的继电器盒,找到压缩机继电器。检查断电器的吸合线圈,经过反复通电测试未发现异常。

用万用表检测压缩机继电器的控制搭铁线(继电器吸合时为低电位,断开时为高电位),经过反复试验发现,当空调不制冷时 ECU 的控制搭铁线没有搭铁。因而可以认定该车空调系统间歇性不制冷的故障并非由执行部分所引起,故障原因可能是 ECU 本身故障、空调相关信号或线路故障。

检测 ECU 到压缩机继电器之间的相关线路,如图 4-21 所示,发现故障出现时 ECU 第 39 号线没有搭铁信号。接上故障诊断仪 TECH2,监测空调系统空调开关请求信号、压力传感器信号以及车内/车外温度传感器信号,结果发现压力传感器数据在故障出现时异常,而其他传感器数据没有明显变化。

更换压力开关,间歇性不制冷故障消失,系统恢复正常。分析其原因,应该是压力开关出现间歇性卡滞,导致 ECU 控制压缩机离合器间断吸合。

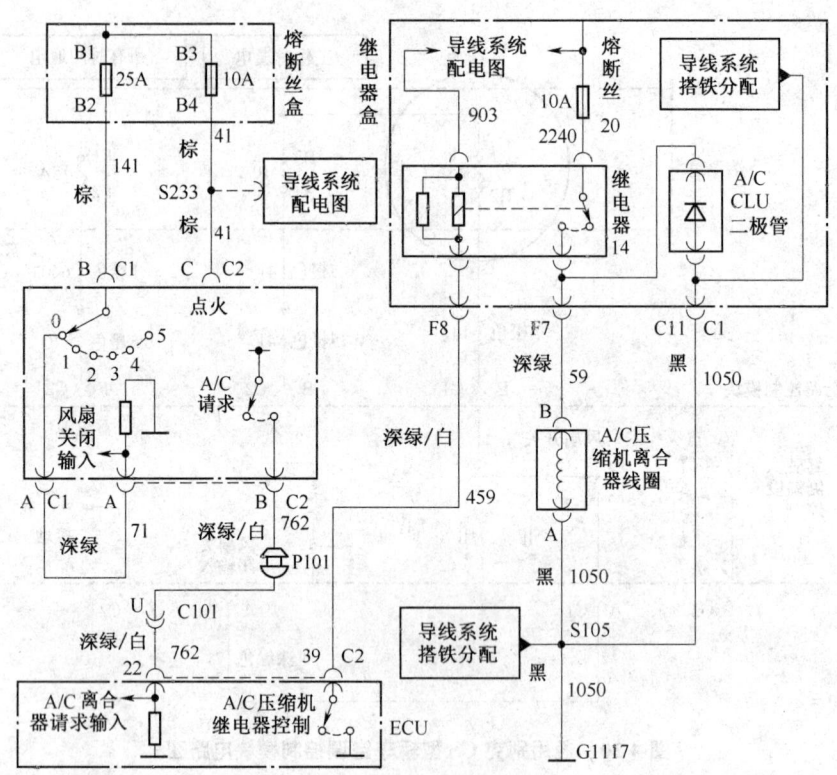

图 4-21 通用别克轿车空调系统控制面板(HVAC)电控部分电路图

66. 上海通用别克 GL8 轿车空调不制冷·二极管被击穿

(1)故障现象

一辆上海通用别克 GL8 轿车，前部空调为 C60，后部空调为 C34。该车在行驶 6.5 万 km 时，出现空调不制冷的故障现象。

(2)故障诊断排除

检查验证故障时发现空调压缩机不吸合，查空调系统熔丝，发现发动机舱内空调压缩机熔丝(10A)已被熔断，于是便更换熔丝，但打开空调后熔丝立即熔断，这说明线路中有短路的地方，导致电流没有经过空调压缩机离合器线圈就直接接地。

接着按照如图 4-22 所示别克 GL8 轿车空调压缩机控制电路检查线路。拔下熔丝盒中空调压缩机离合器继电器，用搭铁的试灯探测空调压缩机离合器继电器插座的 85 脚和 30 脚，试灯可点亮，属正常状态。再检查离合器继电器插脚 86 号脚的对地电阻为无穷大，符合标准。测量离合器继电器插座的 87 号脚对地电阻为 0.2Ω，不符合标准；断开蓄电池负极，再次测量 87 号脚对地标准电阻为 3.5Ω 左右。又拆下熔丝盒，测量熔丝盒线束 C1 插头的 F8 脚对地电阻为 3.5Ω，测量 C1 插头的 C11 脚对地电阻为 0.2Ω，符合标准。空调压缩机离合器继电器插座的 87 号脚与熔丝盒线束 C1 插头的 C11 脚之间只有 1 个压缩机离合器保护二极管，且线路均在熔丝盒的内部，通过以上的测量数据，分析判断压缩机离合器保护二极管可能已经被击穿，从而形成了短路。此二极管并联在压缩机线路中，在压缩机离合器断开时为线圈产生的感应电压提供 1 个接地通路，从而避免反相高压电击穿离合器线圈，起到保护离合器线圈的作用，如果不安装此二极管就会导致离合器线圈的频繁损坏。

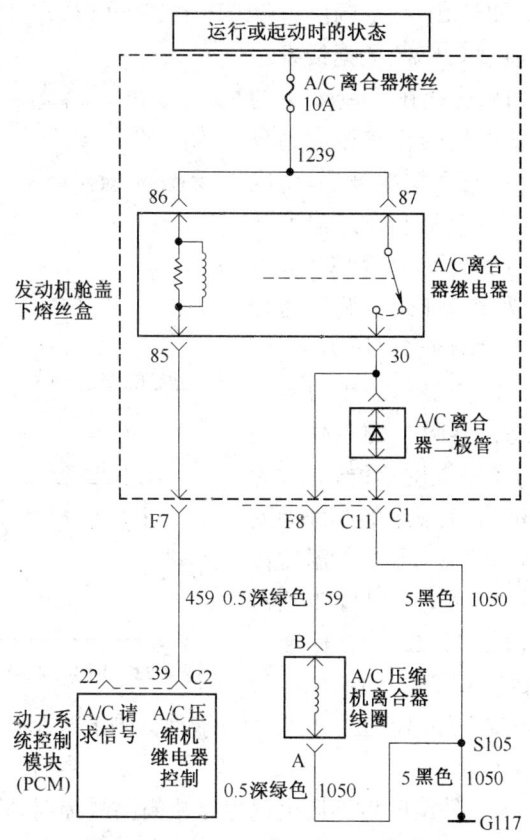

图 4-22　别克 GL8 轿车空调控制电路

为确认此二极管是否击穿,拔下二极管,用万用表检测,结果正向导通为 0V,反向导通也为 0V,判断二极管确已被击穿。二极管在熔丝盒中的安装可参考熔丝盒盖上的说明进行(有方向要求),且此二极管和熔丝盒插孔结构设计也可保证二极管无法装错。

更换新管后,再检查全车各搭铁点均未发现不良情况,发电机电压正常,制冷功能恢复,故障排除。

> 点击:对于出现此二极管损坏的车辆,在更换二极管之前应检查充电系统的充电电压情况和全车主要搭铁点状况,避免瞬时电流过大而导致二极管的重复烧坏。

67. 上海通用别克 GS 轿车空调压缩机离合器"罢工"·C120 损坏

(1)故障现象

有辆上海通用别克 GS 轿车,空调系统控制方式为 CJ2。该车在行驶 5.6 万 km 时出现打开空调开关,空调离合器没有丝毫的行动(即不吸合)的故障现象。

(2)故障诊断排除

首先检查空调系统熔丝,没有熔断且安装可靠。用 TECH2 故障诊断仪检查发动机控制单元(ECU)和空调控制模块(HVAC),没有故障码存储。用 TECH2 故障诊断仪控制空调压缩机,压缩机离合器能够立即吸合,工作一段时间后,空调出风口的温度也基本正常。从以上检查可以看出,空调系统的制冷功能是正常的。于是把重点放在空调压缩机离合器"罢工"的检查上。空调压缩机离合器工作必须满足以下条件:节气门开度<90%,发动机转速<4700r/

min,发动机水温<124℃,285kPa<空调压力(ACP)<2700kPa,车外温度(OUT-T)>4℃。空调控制模块(HVAC)通过Class2数据线发送空调请求信号给ECU,如果连接在Class2上的控制单元出现故障,ECU中均会存储相应的故障码。因为该车的ECU中有存储故障码,所以应该先重点检查空调压力传感器和车外温度传感器。在不起动发动机的情况下,用TECH2观察数据流中的空调压力为510kPa,空调压力传感器信号电压为1V。连接空调支管压力表,压力表显示的数值与TECH2中显示的压力值一致,压力值符合压缩机离合器吸合的条件。用TECH2观察数据流中的车外温度数值,显示为-38℃,观察空调面板显示屏上显示的车外温度也是-38℃,这是异常值。别克GS车外温度传感器电路如图4-23所示,检测车外温度传感器在5℃~10℃时的电阻值为12kΩ,符合标准要求;测量传感器线束插头的A脚和B脚,电压为

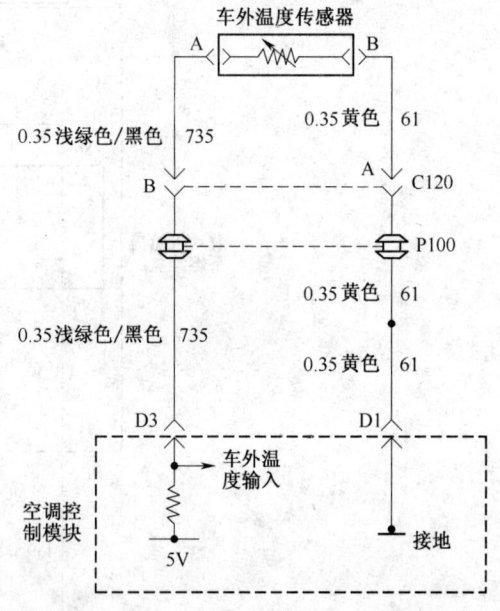

图4-23 别克GS轿车车外温度传感器电路

5V,这些数据均正常。导致车外温度数值异常的可能性只剩下与车外温度传感器相关的线路以及空调控制模块和相关线路。

在一般正常情况下,当车外温度传感器出现短路或断路故障时,将设置故障码,空调控制单元使用9℃作为车外温度的替代值,允许空调继续工作。当车内温度传感器出现短路或者断路时,空调控制单元使用24℃作为车外温度的替代值,允许空调继续工作。当空调控制面板显示车外温度为-38℃时,说明车外温度传感器的线路并没有断路,而是阻值过大。断开车外温度传感器的线束插头,按动空调开关,压缩机离合器仍然不吸合。用TECH2观察数据流中的室外温度数值,仍然显示-38℃,这说明车外温度传感器插头之前的线路有故障。从车外温度传感器电路图可看出,该线路上带有1个线束插头C120,拆下蓄电池后发现插头C120已被蓄电池液腐蚀,由此判断此处是故障点。由于C120的损坏,导致车外温度传感器的线路阻值增大,使车外温度降低,因此ECU误认为车外温度过低,禁止空调压缩机工作。

更换C120插头后,打开空调开关时空调压缩机离合器可吸合与断开,然而在空调面板显示屏上却仍显示车外温度是-38℃。此时从该车维修手册中知晓,空调面板显示屏上的显示值会随车辆行驶而刷新,即车辆以32km/h的速度行驶约0.5min后,显示值刷新一次;车辆以72km/h的速度行驶约1.0min后,显示值刷新一次;如果车辆使用超过3h,当车辆起动后,空调面板显示屏上将显示当前环境温度;如果室外温度下降,则空调面板显示屏上的显示值会即时更新;如果车辆行驶少于3h,当车辆起动后,空调面板显示屏上将显示以前车辆运行时的温度。该故障车起动发动机上路行驶一段时间后,空调面板上显示屏上的显示值恢复正常值,即故障排除。

68. 上海通用别克陆尊轿车发动机故障灯常亮·C305插头"水灾"惹祸

(1)故障现象

一辆上海通用别克陆尊轿车,行驶3500km时出现发动机故障指示灯常亮的故障现象。

(2) 故障诊断排除

首先用诊断仪读取发动机 ECU 内存故障码为 P1639，其含义是 5V 参考电路故障。此电路提供 5V 参考电压给发动机 ECU、空调系统压力传感器以及燃油箱压力传感器。发动机 ECU 检测该电路的电压应为 5V，一旦发现电压超出正常范围 10s 以上，发动机 ECU 将设置 P1639 故障码，并亮起发动机故障灯，提醒驾驶人马上检修车辆。

通过对如图 4-24 所示上海通用别克陆尊轿车控制电路简图的分析认为，可能发生该故障的部位有 3 处：发动机 ECU 故障、空调压力传感器故障（目前上海通用生产车辆未安装燃油箱压力传感器，线束空留着）及线路故障。于是首先测量空调系统压力传感器插头，测量时发现应该为 5V 的针脚 B 实际电压为 12.4V，判断问题就出在这里，排除了空调压力传感器出现故障的可能性。再分析造成这种现象的原因大概有两方面：提供 5V 电压的系统控制模块内部出现故障；出现线路与电源线短接的故障。于是将系统控制模块的连接插头断开，继续测量空调压力传感器插头的 B 脚，电压仍为 12.4V，由此也排除了系统控制模块出现故障的可能性。因为该段线束与车身线束是一起布置的，查找线路比较烦琐，于是想将该线束另一端的连接插头(C305，位于车辆底部中部偏左)继续断开，以便进一步缩小检查的范围。而在断开该插头时发现该插头内积满了水，且有的针脚已经布满了绿色的锈迹，此时再测量空调压力传感器插头 B 脚电压为 0，将控制模块的连接插头接好，再测量电压为 5V，数据正常，可以断定故障点为 C305 插头。清除 C305 插头水锈并做防水处理后，消除故障码试车，故障排除。

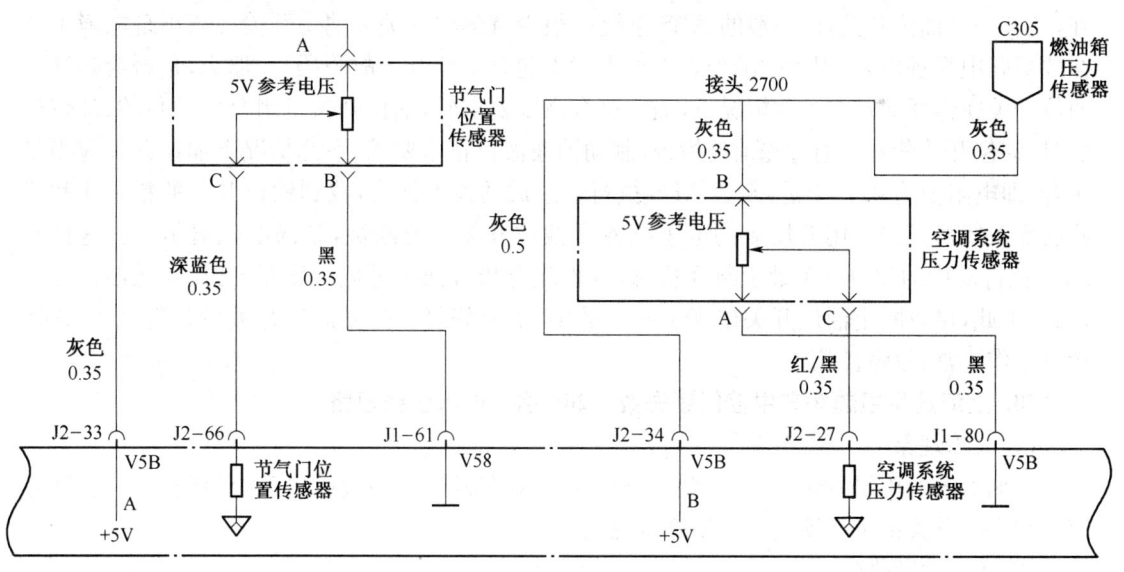

图 4-24 上海通用别克陆尊轿车控制电路简图

69. 上海通用别克轿车行驶时 ABS 指示灯亮·油位开关故障

(1) 故障现象

一辆别克林荫大道(ParkAvenue)轿车，突然出现 ABS 指示灯在轿车运行时常亮的故障，且实施制动时 ABS 失效的现象。

(2) 故障诊断排除

根据对各类车型 ABS 故障检修的经验，当 ABS 故障指示灯在车辆运行中点亮时，说明 ABS 的电控系统出现了问题。一般比较常见的故障有轮速传感器信号故障，线路电源、搭铁等断路、短路故障，ABS 执行器内部故障（如压力开关故障）以及 ABS ECU 故障等。

针对 ABS 故障指示灯点亮的故障现象，通常首先要读取故障码以明确故障发生的部位。于是，利用美国红盒子 SCANER（实耐宝 SNAP-ON）检测仪进行 ABS 故障码读取，结果检测仪得到的信息是"ABS 系统关闭"，无故障码显示。

通过查阅相关维修资料，发现在别克林荫大道轿车的 ABS 系统故障码列表中包含如下几类故障码：

①轮速传感器信号故障；

②压力调节阀/截止阀（位于 ABS 执行器内部）故障；制动压力故障；

③ABS 泵电动机（包含在 ABS 执行器中）故障；

④电源/搭铁故障；ABS ECU 故障。

由于读取故障码时，没有故障码显示，所以，基本可以确定上述 4 方面的故障不存在（如果存在，就应该能够显示出来）。那么，导致 ABS 失效的故障究竟在哪里呢？

本着由简单到复杂，由外围到内部的检修原则，对 ABS 整个系统的各个元件、线路、插接器、液压管路、液位等都逐一进行了检查，没有发现任何异常。考虑到 ABS 指示灯点亮一般都与电控部分有关，所以，回过头来又仔细分析该车型 ABS 系统的控制电路图[该车型在米切尔(Michell)维修资料中的局部电路图，部分注释译成中文]。

在查看 ABS 执行器总成（PMV）的内部电路时，发现该执行器内部除了有一个压力开关外，还有一个油位开关，而一般的 ABS 系统中很少有油位开关。油位开关如果出现故障不会在故障码中显现出来（因为故障列表中根本就不包含油位开关故障码）。那么，是否会是这个油位开关在作怪呢？在正常情况下，油位符合高度要求时，油位开关是闭合（接通）的；油位过低时，油位开关断开。通过先前的检查，制动油液液位符合要求，在此情况下油位开关应当是闭合（即电阻值为 0）。于是，断开 ABS 执行器总成的线束插头，找到油位开关的粉色线和浅蓝底黑条线两条线。用万用表的电阻挡测量油位开关的通断性，结果电阻值是∞。这说明 ABS 执行器中的油位开关处于断开状态，这也就意味着油位过低。然而，已经知道油位是正常的，由此，可以断定油位开关出现了断路故障，需要修复。修复油位开关后装复试车，ABS 指灯工作正常，故障排除。

70. 上海通用凯越轿车中控门锁失效·205 插头进水生锈短路

(1) 故障现象

一辆上海通用凯越轿车，刚行驶 3000km，在对车辆进行贴膜后出现中控门锁失效，即遥控器和手动开关都不能锁止门锁的故障现象。

(2) 故障诊断排除

首先依次检查中控门锁的电源输入信号、中控模块、遥控模块、输出控制信号、各门锁执行器。检查中控锁的电源和搭铁。输入开锁信号，不工作时对地断路，对电源断路，工作时对地导通。输入闭锁信号，不工作时对地断路，对电源断路，工作时对地导通，依此判断门锁开关和线路正常。然后对左前门锁和防盗开关检查，结果表明开关和线路正常。更换新的中控模块后进行测试，故障依然存在；更换新的遥控模块后，故障依旧。对门锁输出控制电路和各执行器采用直接供电法测试，即用蓄电池电源连接中控模块插头的 2 号脚，然后把 3 号脚搭铁，上锁正常；3 号脚连接电源，2 号脚搭铁，开锁正常，这表明输出电路和各门锁执行器正常。再对各系统分开测试正常。在反复测试中发现，中控模块中的继电器有"啪、啪"的动作声音传出，但模块并不能输出控制电压。另一个奇怪的现象是,开锁时开锁信号线搭铁,同时闭锁信号线也搭铁;闭锁时,开锁和闭锁两信号线依然同时搭铁。直接测量两信号线的电阻,两信号线是短路的。然后依次断开两信号线上的门锁开关,左前门锁和防盗开关、遥控模块两根线依然短路。下一个重点就只有两根线上的接线点,当拆开线束发现实际的分线比电路图上的分线多出两根,这多出的两根线通到哪里?有什么作用?如图 4-25 所示电路图上没有表示出来。经拆开整个线束才发现,多出的两根线通往 205 插头,而插头的另一端并没有连线,是两根悬空的线。分析是在车辆贴膜过程中,贴膜的水进入了 205 插头,使两根悬空线的插件生锈短路,从而造成整个中控门锁不能工作。经除锈处理后,中控门锁工作正常,故障排除。

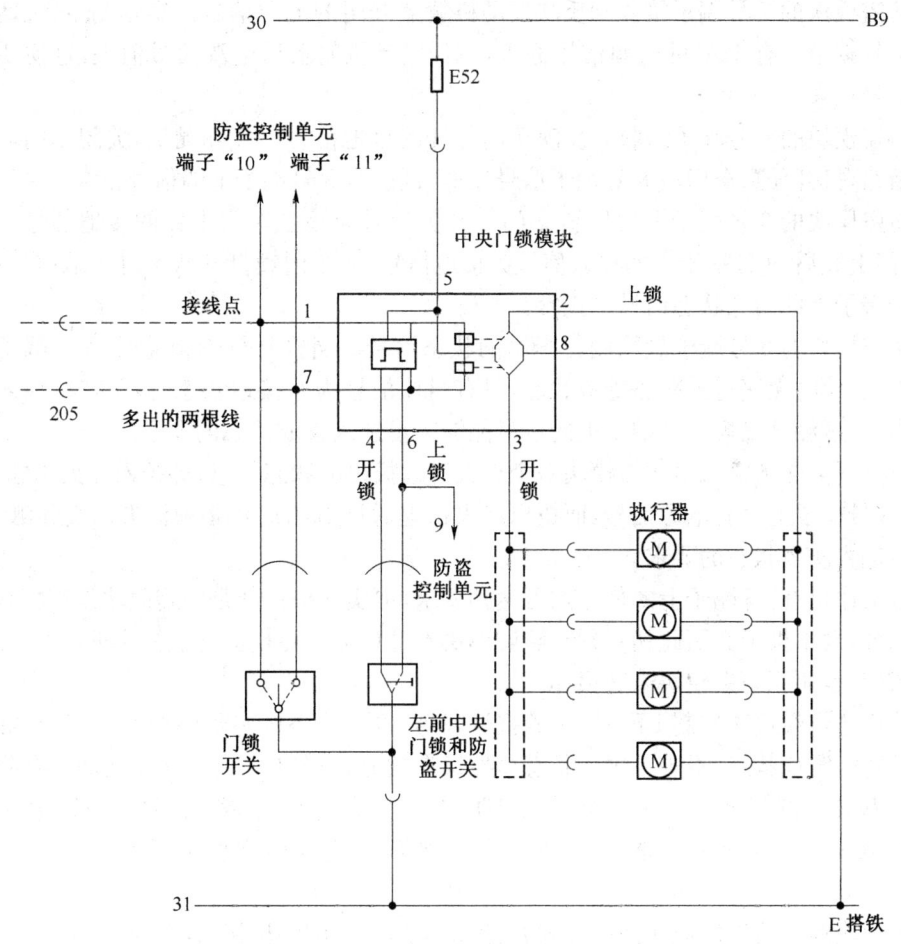

图 4-25 上海通用凯越轿车中控门锁控制电路

71. 上海通用别克凯越轿车防盗系统无鸣叫信号·行李箱锁芯损坏

(1)故障现象

有辆上海通用别克凯越(EXCELLE)轿车,使用中出现能进入防盗系统,但触发相关防盗开关时却无报警鸣叫信号的故障。

(2)故障诊断排除

确认故障后对防盗系统的功能进行检测,当按动遥控器锁闭车门后,LED 安全警报灯只能闪烁一下,但不会连续闪烁。该车也能出现进入警戒状态的确认模式,即按动遥控器锁车门后,LED 安全警报灯闪烁一次,防盗蜂鸣器鸣叫一声,同时转向灯闪烁一次。测试该车的其他防盗功能后又发现,在经过警戒状态的确认模式后,人为地打开发动机舱、行李箱以及车门等来触发防盗开关,该车却不能控制防盗蜂鸣器鸣叫,即触发防盗开关后无报警功能。

防盗模块有进入警戒状态的确认动作,但触发防盗开关后却无报警功能信号,此为自相矛盾的现象。

经过分析研究,该车的 LED 安全警报灯不闪烁现象,可能并没有真正进入防盗警戒状态。于是查阅该车防盗系统控制原理电路如图 4-26 所示,防盗模块要进入警戒状态,模块的各个输入信号须满足:

①防盗模块的 7 号端子接收到反映发动机舱盖开闭的电源信号。实际测量,关闭发动机舱盖后 7 号端子上有 12V 的电源信号输入,打开发动机舱盖后电源信号消失,这说明 7 号端子上的信号正常。

②防盗模块的 8 号端子未收到反映车门打开的接地信号。实际测试,关闭车门后 8 号端子对地断路,打开任意车门后 8 号端子信号接地,这说明 8 号端子上的信号正常。

③防盗模块的 9 号端子上的防盗车门锁开关信号应该是车门上锁的接地信号。实际测量,当车门上锁后,9 号端子上的输入信号为接地信号,而车门锁打开状态时接地信号消失,这说明 9 号端子上的门锁状态信号也正常。

④防盗模块的 5 号端子是检测行李箱的状态信号。当打开行李箱盖时,5 号端子上有接地信号输入,此时无法进入防盗警戒状态,只有当该信号为非接地状态时,防盗模块才能进入警戒状态,经过测试发现 5 号端子上的信号能够满足进入警戒状态的要求。

⑤点火开关必须输入给防盗模块一个点火钥匙拔出的状态信息,即插入点火钥匙后,防盗模块的 18 号端子上会有电源信号,而拔出点火钥匙后该电源信号必须消失。实际测量,该信号也满足进入防盗状态的要求。

通过上述检查,各端子上的信号均可达到要求,但实际操作却是防盗模块没有控制安全报警灯的闪烁,也不报警。因此初步判断防盗模块本身损坏。更换新防盗模块进行匹配试验,结果故障依旧,表明原防盗模块未必损坏。

再分析防盗模块能控制 LED 安全警报灯闪烁一次,防盗蜂鸣器鸣叫一声,就能够认定已经进入了防盗警戒状态(不进入警戒状态遥控锁车门时,虽然门锁会动作,但是没有防盗蜂鸣器鸣叫声和转向灯闪烁的确认),至于触发防盗开关后不能发出警报,除了防盗模块本身损坏和各个触发开关失效的可能之外,另外的可能就是进入防盗警戒后又立即解除了防盗警戒。

防盗模块解除防盗警戒状态的方式有:按动了遥控器解锁按钮,或左前、右前、行李箱 3 个锁芯中的某一个防盗开关上输入了一个接地的解锁信号,只要上述 2 个条件的其中一条满足,就会解除防盗警戒状态,因此重点怀疑防盗模块的 4 号、12 号以及 20 号端子上是否有不正常的接地信号。经过多次测量,终于发现连接行李箱锁芯的 4 号端子有时会发出一个接地信号。于是断开 4 号端子的线路,再次遥控进入防盗警戒状态,结果 LED 安全警报灯果然能正常闪烁,此时人为地触发发动机舱盖和车门等部位的防盗开关,警报蜂鸣器也能发出正常的警报声。拆开行李箱锁芯,原来该锁芯已经被人为损坏(被盗窃过),锁芯内部防盗开关因为变形已经常通。更换行李箱锁芯后,装复相关部件进行试验,防盗系统功能恢复正常,故障排除。

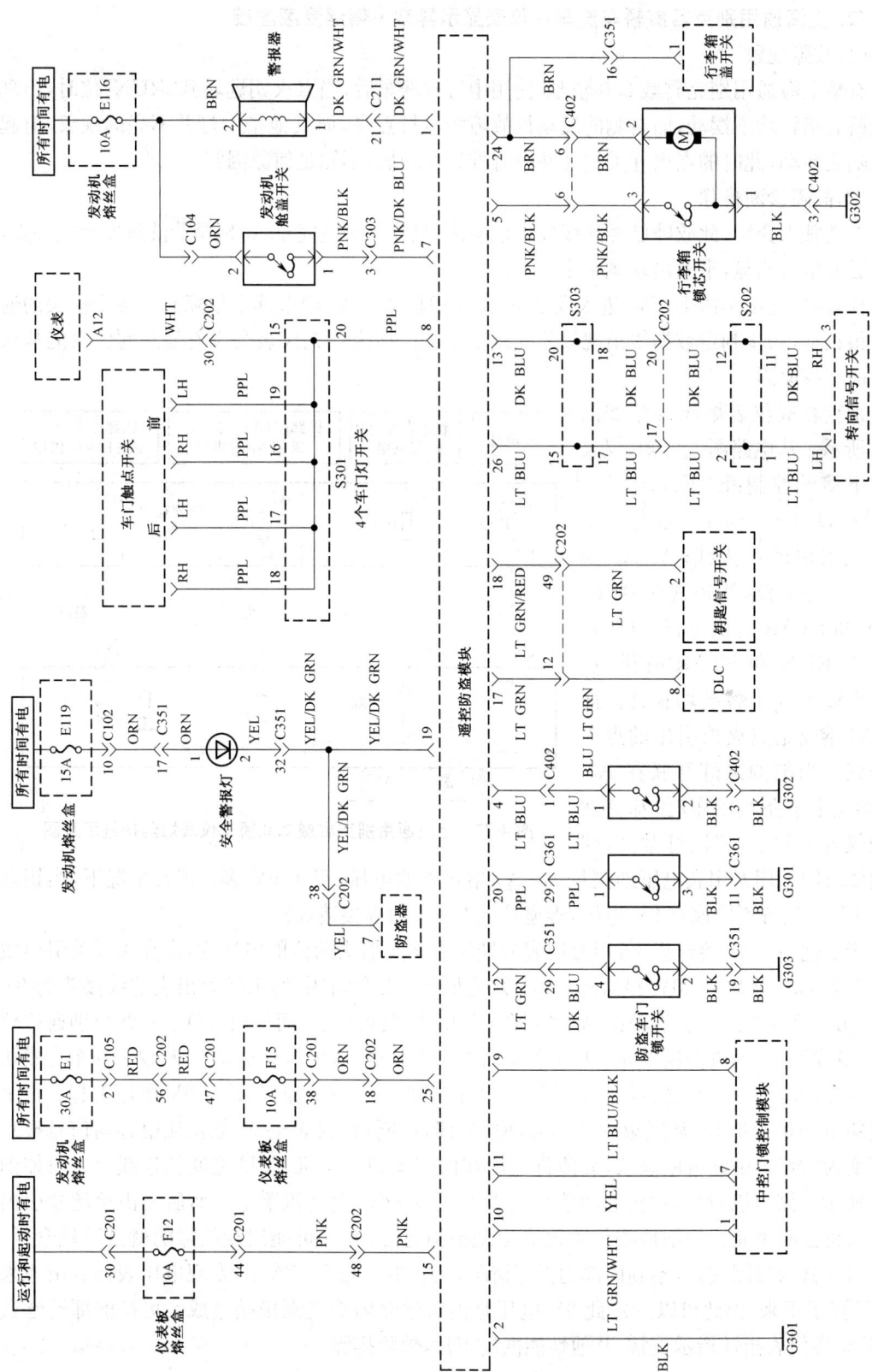

图 4-26 上海通用别克凯越轿车防盗系统控制电路

72. 上海通用别克君威轿车洗车后仪表显示异常·熔丝受潮虚接

(1) 故障现象

有辆上海通用别克君威 2.0 轿车,使用中每次洗车后,当点火钥匙转到"RUN"位时,出现仪表所有指针均不摆动,而右侧的发动机故障指示灯点亮,而其他指示灯并不亮的现象,但起动机随之转动,此时的点火开关钥匙并没有拧到起动挡,不知是何原因?

(2) 故障诊断排除

据驾驶人介绍,此故障已经连续发生过多次,只要每次洗完车,特别是清洗过发动机外表,故障必发生且明显,平时出现概率小。

检查时,连接车博士 V30 进入发动机、车身模块和仪表,均未读出故障码。各个模块的通信也很正常,初步判定数据线出现故障的概率不大。那为什么仪表会没有显示呢?只能从仪表方面查找原因。

别克君威仪表熔丝线路如图 4-27 所示。从电路图上可知,仪表由以下熔丝控制:E1-E2,A3-A4,A7-A8,D5-D6。E1-E2 是由蓄电池直接引出的首火线;A7-A8 为点火 0 位输入线,当钥匙在 OFF、RUN 和 STAR 时供电;D5-D6 是钥匙在 RUN 和 STAR 时供电。经检查以上 3 个熔丝均正常。而 A3-A4 熔丝是点火挡引出的点火信号线。当把测试灯并联在 A3-A4 熔丝上准备起动车时,却突然发现仪表正常了,把试灯拿开,仪表故障依旧。

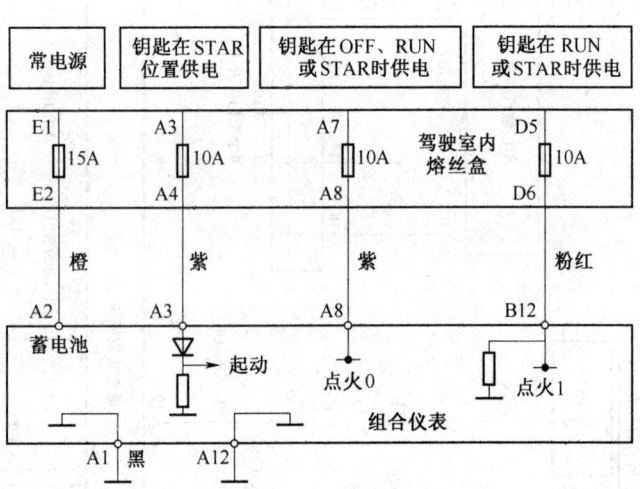

图 4-27 上海通用别克君威 2.0 轿车仪表熔丝接线示意图

用万用表电压挡测量 A3-A4 熔丝处的电压,显示 9V 多。正常情况下,当钥匙停在 RUN 位置不应该有 9V 电压,难道是点火开关内虚接造成?

于是把 A3-A4 熔丝拔下,用万用表分别测出熔丝插头两侧的电压为:由点火开关引出线为 0V,起动时为 12V,20W 试灯点亮,证明点火开关没有问题;而由熔丝出去的线接头为 9V 电压,由此判断故障出在这根由 A3-A4 熔丝引出线(紫色)上。而这根紫色信号线分别通往仪表、车身模块、发动机控制单元。拔下发动机控制单元插头,仍然显示 9V。从仪表和车身模块处读其数据流,发现起动信号显示"是",正常时应为"否"。看来问题是这 9V 电压引起。把手工具箱下防护罩拆开,从线束内找出起动信号线,剪断后,仪表正常,数据流由起动信号显示"是"变为"否"。由此可以确认,故障肯定出在由熔丝到发动机 ECU 之间的连线上。由如图 4-28 所示线路可以看出,这根起动信号线进入了熔丝盒(发动机罩下),而后又由熔丝盒引出到发动机控制单元。仔细检查线束没有出现破损之处,唯一可能出现故障的就是熔丝盒了。因为熔丝盒为封闭式,看不到内部的损坏情况,只能用压缩空气吹干,发现电压表读数由原来的 9V 降了下来,由此可以判定此 9V 电压是由熔丝盒内部受潮虚接造成。更换前部熔丝盒后,检验各仪表指针指示正常,其他性能恢复正常,故障排除。

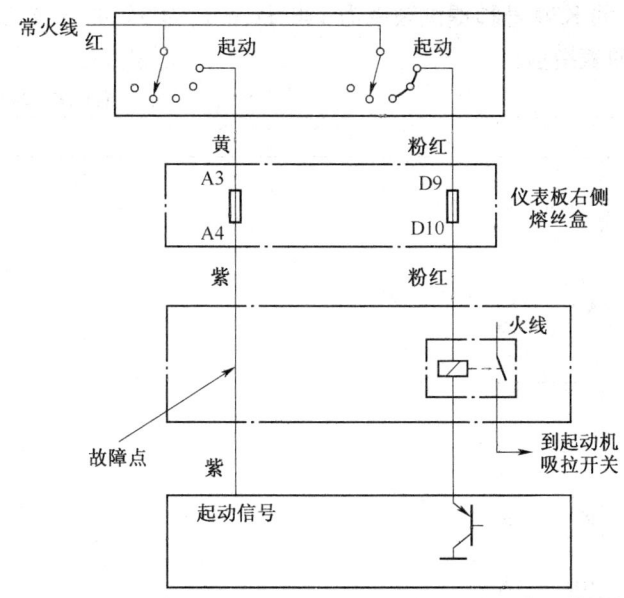

图 4-28　上海通用别克君威 2.0 轿车手动挡起动系统简图

点击：该车故障较特殊，特点是仪表的异常显示，很容易引起维修操作者误解。仪表指示灯全部不亮，只亮一个黄色的发动机故障灯，可能要从仪表的电源和搭铁下手查找原因，根本没有想到起动信号线串电会影响整个仪表的显示，原因可能是当仪表接收到点火开关送出的信号导致数据分析出现问题，而进行的自我保护措施所致。

73. 上海通用雪佛兰轿车发动机故障警告灯不时报警·人为制造干扰源

(1) 故障现象

一辆上海通用雪佛兰轿车，驾驶人在氧传感器附近自行加装了一个高音喇叭，电源线取自点火开关，事后发现发动机故障警告灯不时地报警的故障。

(2) 故障诊断排除

首先提取故障码为 13（氧传感器不良），测量氧传感器的输出电压，其值在 0.1～0.9V 之间不断地变化，表明氧传感器工作正常。但按喇叭时，氧传感器输出信号就发生混乱，发动机运转也瞬时失常。将高音喇叭拆除后试车，一切正常，故障排除。

点击：这是人为制造干扰源的典型事例。汽车电器元件的安装位置和线路布置有一定设计要求，随意加装报警装置及防盗装置等元件，会引发电控系统工作异常。

74. 上海通用别克凯越轿车燃油表始终处于缺油位·ECU 损坏

(1) 故障现象

一辆上海通用别克凯越轿车，装备 1.6L 电喷发动机，在使用中加足燃油后，出现燃油表始终指示缺油位置，即指针一点也不动的故障现象。

(2) 故障诊断排除

上海通用别克凯越 1.6L 轿车燃油表油位信号是由发动机 ECU 的 K51 号脚送出 5V 参考电压（此脚也是燃油信号测量端），其控制电路如图 4-29 所示。此 5V 电压的电流经过电阻后，由 ECU 的 K34 号脚提供搭铁（油面高时电压低，油面低时电压高），再经过 ECU 的内部处理，组合仪表向 ECU 的 K30 号脚提供频率为 128Hz、幅度为 5V 的方波信号，由 ECU 控制搭铁时间，从而驱动燃油表指示。

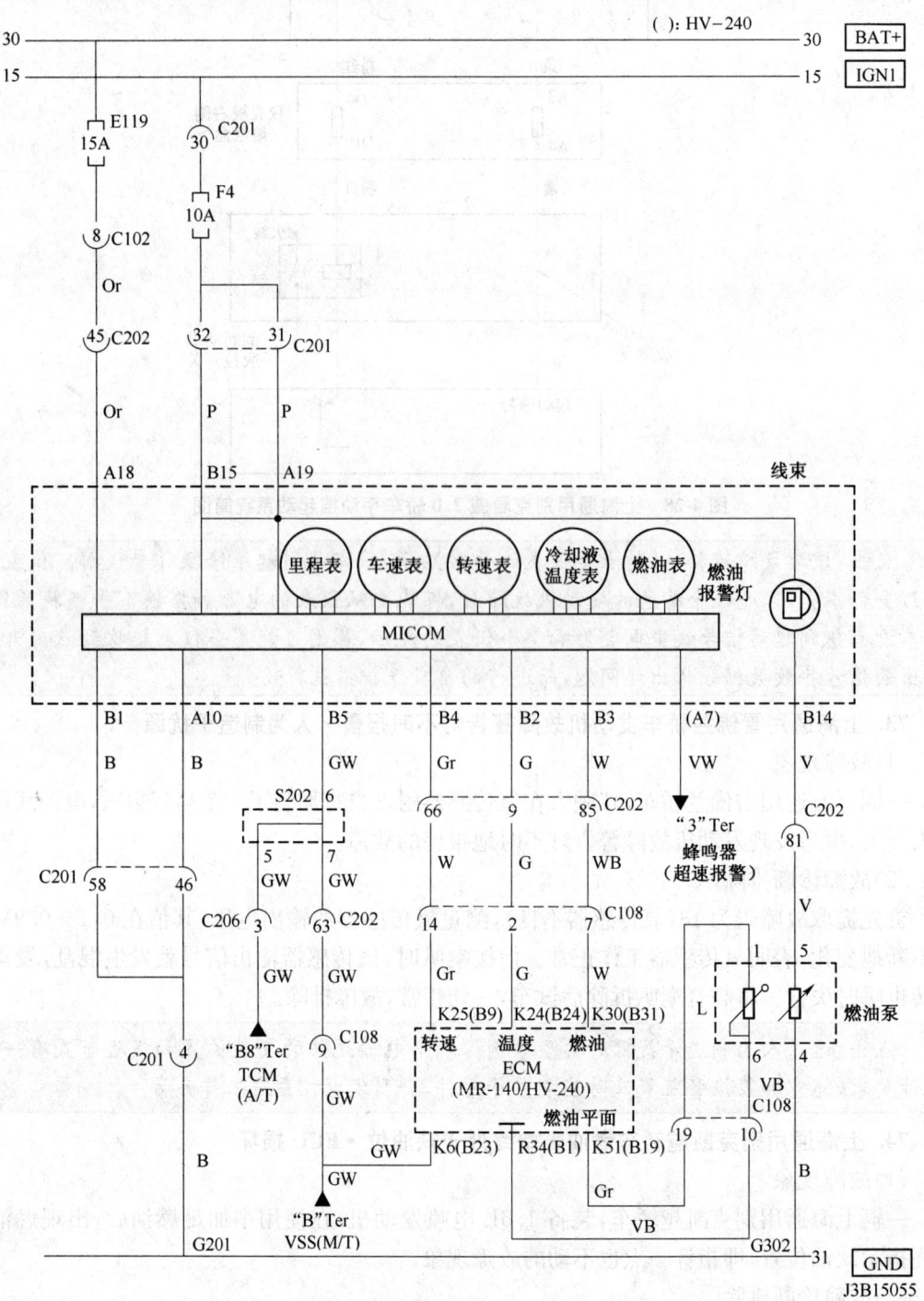

图 4-29 上海通用别克凯越轿车车速表和燃油警告灯电路

首先拆下传感器，接上燃油泵插头，用手直接向上抬传感器的浮子，发现燃油表指针不随浮子的上升而上升，怀疑浮子里面的电阻在汽油的浸泡下内部短路。于是，用导线直接将燃油泵插头的1号脚(蓝色线)与6号脚(紫/黑色线)短接起来,但燃油表指针仍不动。

再对线路进行检查,发现燃油表的信号不是直接送到仪表板,而是先送给ECU的K51号脚,由ECU处理完后再由K30号脚送到仪表板。

进一步检测ECU送给油位传感器的参考电压。断开燃油泵电气插头,用万用表测量1号脚与6号脚间的电压为0,断开C108插头(位于左侧翼子板,靠近熔丝盒)测量10号脚与19号脚间的电压也为0。根据电路原理,K51号脚应有5V参考电压。此参考电压由ECU输出,而此车ECU无输出电压,由上述检测结果判断ECU已经损坏。当更换一块新的同规格型号ECU装复后检验,燃油表指针恢复正常指示,故障排除。

75. 福特林肯轿车行驶稳定控制故障灯闪亮·S152接点断开

(1)故障现象

一辆福特林肯轿车,在使用中出现仪表盘上行驶稳定控制系统故障指示灯闪亮,操作4×4开关,仪表盘上的4×4高和4×4低指示灯不点亮,仪表信息中心显示行驶稳定控制系统和空气悬架系统有故障。

(2)故障诊断排除

首先用WDS诊断仪进行检测,调出的故障内容有:U1900-20-ABS(ABS网络通信故障)、U1900-60-IC(仪表网络通信故障)、U0102-FF-TCM(TCM网络通信故障)、4×4模块不能通信和空气悬架系统不能通信。由于上述故障码都与网络有关,所以就用WDS进行了网络测试,测试的结果为网络失效,同时检测到的故障码是上述故障码。清除故障码后重新检测,上述故障码还是存在。

福特林肯领航员车的车载网络有4种,分别是CANBAS高速网络、CANBAS中速网络、ISO9141网络和SCP网络。CANBAS高速网络上有PCM、TCM、ABS模块和ICM(仪表模块)。CANBAS中速网络上有DCSM(座椅模块)、VDM(空气悬架模块)、VSM(安全模块)、PLM(动力举升门模块)、DATC(自动空调模块)、PAM(倒车模块)、ICM。

4×4模块集成在CANBAS高速网络的PCM模块内部,所以怀疑CANBAS高速网络存在故障。用示波器对CANBAS+与CANBAS-进行检测,结果都有信号输出,说明该网络在工作;再用万用表测量CANBAS+与CANBAS-间的电阻是60Ω,正常。在CANBAS高速网络与CANBAS中速网络上分别有2个终端电阻,都是120Ω,2个终端电阻都是并联的。

网络故障一般有网络线路故障和网络上的模块故障。按照一般的检查方法对该车进行检查。先检查熔丝盒的熔丝属正常。接着检查线路,将CANBAS高速网络上的模块分别断开,并检测故障码,但检测到的故障码除了断开的模块不能通信以外,其他故障码均为上述故障码,由此判断不是模块的问题导致上述故障。将CANBAS高速网上的所有模块都断开,分别测量每个模块的CANBAS+与CANBAS-两根线与检测插接器上的CANBAS+与CANBAS-的通断性,也正常。测量CANBAS+、CANBAS-与搭铁线和电源线间的电阻,均为∞,正常。由此也排除了网络线路出现故障的可能。对CANBAS高速网络上的模块数据进行测试,结果每个模块的数据都能显示,对有关执行器做主动测试,执行器也能按照命令动作,说明各模块正常。经过上述检查能够确定CANBAS高速网络的线路正常,CANBAS高速网络上的各模块正常。

由于空气悬架模块不能与WDS进行通信,于是检查空气悬架模块的线路。按照线路图检查空气悬架系统的熔丝,正常。拔下空气悬架模块导线侧插接器,检查空气悬架系统的供电线路,发现各地线正常,点火开关控制的电源线正常,但缺了两根常电源线。对照电路图发现这两根常电源线是由 F1.30 熔丝过来的。测量 F1.30 熔丝,正常。检查熔丝后面的线路插接器,发现对应的线路也有 12V 电源电压,在经过该插接器后两根常电源线就并到主线束中了。在主线束中有两个接点分别是 S152 和 S117,S152 接点将该电源电路分成 3 路,一路到空气悬架模块,另两路都通到 PCM。测量通向 PCM 相应的两根导线,发现一根有 12V 电源电压,另一根却没有电压,而通向空气悬架模块的导线在主线束里面由 S117 又分成两路,分别接到空气悬架模块的两个端子上。由于空气悬架模块缺少电源线,导致空气悬架模块不工作,还有 PCM 所缺少的那根电源线刚好是给其内部的 4×4 模块提供电源的。

直接给空气悬架模块的一根电源线上跨接 12V 电源,此时空气悬架模块上的另一个电源端子也有了 12V 电源,PCM 上的 4×4 模块供电端子也收到了 12V 电源,由此确定为 S152 接点断开。由于不能确定网络故障与此故障是否是同一个原因引起的,就先将跨接线接上,并装复各模块后用 WDS 进行检测,发现没有故障码,网络测试也正常。切开主线束包裹层,重新焊接好 S152 接点后,故障彻底排除。

76. 长安福特福克斯轿车红色警告灯点亮·未写入旧模块编码,针脚虚接

(1) 故障现象

一辆长安福特福克斯 1.8L 自动挡轿车,驾驶人反映该车曾发生过交通事故,造成电子转向助力泵损坏,更换转向助力泵后,仪表板上的红色警告灯点亮,信息中心显示"助力泵未配置",之后车辆还出现了行驶过程中易熄火的故障。

(2) 故障诊断排除

由于该车更换过助力泵,按要求应对其进行设定。在完成设定后,红色警告灯熄灭,信息中心的提示消失。随后进行试车,没过多久该车在行驶中再次熄火,且红色警告灯再次点亮,信息中心显示"模组配置失灵"。连接故障诊断仪进行检测,发现了"模组配置失灵"的故障码。根据故障码的提示,怀疑该车未安装旧模块读取数据。经检查,新模块的确未被写入数据。装复并重新进行设定后,故障警告灯熄灭。

继续试车,警告灯不再点亮,但发动机突然熄火。根据该车的故障现象,发动机熄火故障应另有原因。考虑到曲轴位置传感器直接影响发动机的点火和喷油,于是决定对该传感器及相关线路进行检查。经仔细检查发现,曲轴位置传感器插头的针脚存在虚接现象。当取下插头对相应的针脚进行处理后,试车,故障排除。

77. 长安福特蒙迪欧轿车制动时前照灯指示灯点亮·G300 线松动

(1) 故障现象

一辆长安福特蒙迪欧轿车,在行驶中出现踩制动时前照灯指示灯点亮,并伴随发动机熄火的故障现象。

(2) 故障诊断排除

首先使用故障专用诊断仪 WDS 进行检测,没有故障码输出。于是怀疑油路可能有故障,检测油压属于正常。维修工多次模拟驾驶人所述行车状态,当点火开关转到"Ⅱ"挡位置时,变速杆挂到"D"挡,踩制动踏板时,故障现象突然再现。再用 WDS 进行检测,仍没有故障码输出。经分析和维修工作经验,估计该故障应该由与 GEM 模块有关的接触不良而导致。接着检查 GEM 模块有关的线路接地点,发现行李箱左侧的 G300 接地线是松动的。重新整理紧

固,试车故障得到排除。

78. 福特林肯城市轿车制动 ABS 指示灯常亮·触点烧蚀

(1) 故障现象

一辆福特林肯城市轿车,在使用中出现制动防抱死 ABS 指示灯常亮的现象。此故障灯常亮将近 15 天之多,制动使用又正常。

(2) 故障诊断排除

该轿车在发动机右侧有一个专门的 ABS 诊断插头,于是用诊断仪读取故障码,读得故障码及含义为:31—左前轮速传感器信号不良;32—右前轮速传感器信号不良;41—左前轮速传感器故障;42—右前轮速传感器故障;63—油泵电机转速传感器故障。

用举升机把车升起观察,看到右前轮速传感器的线在一固定点处马上就要断了。而左前轮速传感器线的保护层也出现了几道严重的裂纹,随时都有断的可能。于是更换了该两个传感器,这时 ABS 指示灯自动熄灭了。在试车过程中,由于驾驶人有意感受 ABS 的作用,不断地紧急制动,若干次后故障灯又亮了。立即停车检测,再次读取故障码,只有一个 63 号故障码。油泵电机转速传感器和油泵电机是一体的,从维修资料上了解,此传感器的信号经过两路直接传到 ABS 控制模块,一路经粉/红线到控制模块的 31 脚,另一路经橙/红线到控制模块的 49 脚,经测量这两路都没有问题。又根据资料测量了油泵电机的电阻也符合要求。现在只剩下 ABS 控制模块和 ABS 电机继电器没检查,由于控制模块的故障率比较低,便从继电器入手。拔开继电器后发现触点已烧蚀,由于该触点烧蚀,当控制模块判断应启动 ABS 时,便给ABS 电机继电器通电让油泵电机工作,可是触点接触不良,油泵电机未能转动,控制模块收不到油泵电机的转速信号,便误以为转速传感器故障,因此设立故障码 63。

修复触点,经过各种速度下的制动试验,ABS 灯都未再亮,故障至此彻底排除。

> 点击:对驾驶人提个醒,车辆制动方面的故障是要及时诊排的,行车安全第一,人命关天,特别是轿车,ABS 灯常亮半月有余才修,经检查制动确实出现故障了,驾车安全值得重视啊!

79. 宝马 7 系轿车发动机转速表失灵·线束断开维修惹祸

(1) 故障现象

一辆宝马(BMW)740iL 型轿车,在使用中出现仪表的发动机转速表指针,在发动机运转后异常摆动;在车辆行驶过程中仪表板的黄色 ABS 警告灯间歇性点亮;前风挡玻璃的雨刮器失效。

(2) 故障诊断排除

试车时观察仪表板,当发动机起动运转后,转速表指针从 0 位立即摆到 7000r/min,然后小幅跳动几下便停滞在 6000r/min 刻度处,此时无论发动机实际转速如何变化,指针再也不动作。此故障现象是在某家修理厂更换了一根真空助力管和调整了发动机怠速后出现的。查看了发动机外表状况,没有发现不良迹象,而且根据原理分析,这两项作业也不会直接导致转速表问题,除非当时碰到线束,产生了接触不良问题,因此要先检测一下发动机转速输出状况。在连接 GT1 原厂诊断仪之前,有必要对仪表板功能进行自检。方法是按住仪表右侧按钮的同时,打开点火开关,使仪表显示屏进入自诊断菜单。继续按动右侧按钮以进入"TEST.NR.02"功能项,再按一下左侧按钮,此时仪表所有灯光及液晶显示均点亮,各仪表指针(包括转速、车速、燃油、水温)在整个量程范围内均从左至右匀速摆动两次(转速表指针第一次应摆到 7000r/min,第二次应摆到 6000r/min),自检结果说明,转速表本身性能良好。

使用 GT1 进行电控单元自诊断,选择 7 系 E38,结果无法自动进入自诊断主菜单,GT1 提示是否进行"人工选择",确定后选择"740iL/TU 四门车、欧款"得以进入自诊断主菜单。点击"快速扫描"功能,当 GT1 扫描完毕,发现 GT1 未找到发动机和 ABS 控制模块,IKE 仪表系统则显示无故障信息储存,而 ZKE 中央车身电子系统显示有故障信息储存。于是选择 ZKE 控制模块,查询故障储存器,显示故障码:

73——雨刮器电机继电器断路;

75——雨刮器电机转换继电器 1/2 级断路。

执行清除故障储存器功能,两个故障码都无法清除掉,说明故障真实存在。为获得更多的诊断信息帮助,点击 GT1 界面上的"功能选择"按钮,进入车辆维修信息资料库,选择"车身"→"雨刮与清洗功能"→"雨刮清洗控制",再点击"文件"按钮,GT1 显示雨刮系统电路图,可以看到雨刮器电机是由两个继电器进行控制的:继电器Ⅰ的线圈控制端与 ZKE 控制模块的 15 脚相连,线色为棕/蓝;继电器Ⅱ的线圈控制端与 ZKE 控制模块 16 脚相连,线色为棕/白。而这两个继电器之间的关系是当继电器Ⅰ触点闭合后,通过红/蓝线为继电器Ⅱ提供雨刮器电机的工作电源,而继电器Ⅱ的常闭触点和常开触点则直接与雨刮器电机的高、低挡线路相连,线色分别为黑/棕和黑/绿。至于雨刮器的间歇功能,分析只要 ZKE 控制模块间歇地控制继电器Ⅰ的断开及闭合,便可实现此功能。

点击电路图中的继电器Ⅰ的元件标号,标号框变为红色,这说明可继续点击"文件"按钮,以进入有关继电器Ⅰ的文件资料。在该界面上,看到了继电器Ⅰ的元件位置图和实物图,即位于机舱右侧熔丝盒内。打开熔丝盒盖,拉出 DME 等 3 个控制模块,在熔丝盒底处有一个小继电器座,上面共插有四个继电器,中间的两个即是雨刮器继电器Ⅰ和Ⅱ。由于进水,继电器座的电插头均严重腐蚀,线头也掉了四根。用普通继电器座替代,对线路进行修复并更换了相关继电器。试车,雨刮器功能恢复正常。

由于在前面的自诊断过程中,GT1 无法进入发动机和 ABS 系统,尝试着选择 7 系 E32 底盘系列,结果自动进入了自诊断主菜单。首先点击"1. ENGINE ELECTRONICS DME/DDE",进入发动机 ECU,可看到所显示的 VIN 码与本车辆相符,点击"Read fault memory"功能项,无故障信息储存。想继续查看动态数值,然而 E32 的自诊断系统似乎无此功能,发动机转速输出状况也就无从得知。

继续在主菜单上点击"50. ANTI LOCK BRAKING SYSTEM ABS",进入 ABS 系统,点击"Read fault memory"功能项,显示故障码:

33 Wheel speed sensor wire front left fault,其含义为左前轮 ABS 传感器线束故障。执行"Clear fault memory"功能项,该故障码被成功清除。在随后的试车过程中 ABS 故障灯再次点亮,将车辆举升起检查,原来左前轮 ABS 线束在传感器的根部断开。

继续点击 IKE 和 ZKE 系统,居然无法正常进入。而对于仪表转速表指示异常的问题,分析如下:发动机 DME 和仪表 IKE 控制模块的自诊断均无故障储存,而前期的维修人员有可能是在打开点火开关的状态下,拔了某电气插头,影响了 IKE 对发动机转速信号的处理。根据维修宝马车系的经验,将蓄电池电缆断开,几分钟后再连接上。试车,仪表转速表指示立即恢复正常,至此故障彻底排除。

80. 宝马 5 系轿车 SRS 警告灯点亮·座椅占用识别传感器不良

(1)故障现象

一辆宝马(BMW)528i 型轿车,在使用中出现起动发动机后仪表上红色的安全气囊(SRS)

警告灯点亮的故障现象。

(2) 故障诊断排除

对于安全气囊系统的检修,应首先进行电控系统的自诊断。使用宝马GT1原厂诊断仪,在主菜单中选择"诊断"功能,继续选择"车型系列",进入电控系统界面。双击"AB安全气囊"进行系统扫描,然后切换到该控制系统的诊断界面,可看到配置的是MRS2乘员安全保护系统。选择"专家模式"功能项,点击"读取故障存储器",显示:

25 前乘客座椅占用识别传感器

宝马车系的安全气囊系统,在前乘客座椅皮套下面,铺设了一张薄膜,实际上是一种压敏电阻式传感器,能够感知到座椅所承受的重量及受力面积,以识别座椅上是否坐人。

对于座椅占用识别传感器的工作原理,可以查询GT1资料库作进一步的认识。选择"AB安全气囊"的"座椅占用识别传感器"元件,点击"文件"功能,可看到安全气囊控制模块是通过"A113座椅占用电子探测装置"元件接收到座椅占用识别传感器的压力信号。该元件也位于前乘客座椅下方,实际上是一个微型信号处理器。用于对座椅占用识别传感器信号运算和传输,因此也被称为前乘客座椅识别传感器控制模块,它与座椅占用识别传感器一起,组成了一个被称为SBE的电控子单元。

根据车辆配置情况,如果安装了前乘客安全气囊,那么SBE需通知安全气囊控制模块,前乘客座椅是否被占用,SBE通过一个串行接口向气囊控制模块传送前乘客座椅的状态信号,气囊控制模块以此进行数据分析,以便选择性地触发安全气囊,即如果前乘客座椅未被占用,则阻止前乘客座椅安全带拉紧装置的触发和前乘客安全气囊的弹出。

为判断该故障码性质,执行"清除故障存储器"功能,安全气囊灯熄灭。按照以往经验,该故障码极有可能再次出现。当使用运行4天后故障果然再现,决定更换前乘客座椅占用识别传感器。拆卸前乘客座椅总成,翻开座椅皮套,拆下识别传感器薄膜。在更换前,对新的传感器薄膜进行测量,使万用表的200kΩ挡位,测量传感器2针插头间电阻,为136kΩ左右。用手指按压传感器的压敏作用面,可看到阻值随压力的增加而变小至20kΩ左右。将传感器薄膜仔细铺在座椅上,用双面胶固定好,再套上座椅皮套,装复座椅总成。使用GT1清除故障存储器,安全气囊警告灯恢复正常,故障彻底排除。

在宝马车系的安全气囊系统中,座椅识别传感器不良是最常见的故障类型之一。通常的检修方法是进行更换处理。由于传感器是以薄膜的形式铺设在座椅皮套下面,频繁受压或移动座椅,易使传感器过早损坏,以及产生接触不良问题,因此更换时应格外的细心。

81. 宝马5系轿车中控门锁失灵·设置问题

(1) 故障现象

一辆宝马(BMW)530i型轿车,在2年的使用期间里,车身防盗系统只出现过一次误报警问题,当时用诊断仪清除故障码后,一直正常使用。本次出现中控门锁失效(包括车内手动按钮和点火钥匙的遥控功能);车门打开后车内照明灯不会点亮;车身防盗系统出现间歇性误报警现象,也就是说将四个车门用车钥匙锁止,2~3h后防盗喇叭有可能就会鸣响,很是令人烦恼。

(2) 故障诊断排除

根据故障现象一一进行试验。首先打开车门,车内棚灯、踏步灯及门边灯均不点亮,让人直觉地感到是照明系统的供电线路方面出了问题。关上门后,按动位于换挡杆附近的中控门锁按钮，四个车门的中控锁没有反应，继续按动点火钥匙上的遥控键，中控锁同样也无反应。因以上这些功能均由车身控制模块进行控制，于是连接 GT1 原厂诊断仪，对电控系统进行故障查询。选择 5 系 E39 底盘系列，点击后 GT1 显示车辆相关信息："2002.09 款，底盘号 CJ57398"，可以看到底盘号与 VIN 码的后 7 位相符，说明该车车身电气系统未经非法改动。继续进行电控模块快速扫描，看到 ZKEⅢ 中央车身电控系统有故障码存在。直接点击进入 ZKE 电控模块，查询故障储存器，显示有 6 个故障码，其中 4 个是有关驾驶座位调整电机线路的故障信息，这与中控门锁故障无关，因而未在考虑的范围内。还有一个故障码内容为 185：运输模式进入工作状态。

点击该故障码，GT1 转换至车辆运输模式功能说明及操作：该模式是指车辆在制造厂生产出来后，为了便于运输，一些电控系统被设置而功能受到某种程度的限制。在把车辆销售到客户前，需要用专用仪器将运输模式删除掉，以使车身电气系统的各项功能恢复正常。此时，GT1 界面的右方还提示"是否执行删除运输模式"。于是点击"是"键，GT1 开始自动对相关的各控制模块执行运输模式的删除程序。完成后，GT1 提示须继续执行全车电控系统的清除故障储存器功能，以使车辆状态恢复正常。将 GT1 切换至电控模块自诊断主菜单，按动"快速删除"键，执行清除所有电控模块故障储存器功能。完成后，查看各控制模块已无故障码信息。关闭点火开关退出 GT1。

试车，将驾驶侧车门打开，车内相关的照明灯均随之正常点亮；按动车内的中控门锁按钮，四个车门也可随之闭锁或解锁；按动点火钥匙上的遥控键，中控门锁依然无反应，这说明点火钥匙的遥控功能还处于未登录状态，可以通过手工匹配的简单方法来解决这个问题。具体操作步骤如下：

首先关上四个车门，用车内的中控门锁按钮将车门闭锁；然后用点火钥匙打开点火开关再关闭。拔出点火钥匙后在 10s 内，按住点火钥匙的车门"解锁"遥控键的同时，按动车门"闭锁"遥控键三次后松开。等待 1～2s，四个车门的中控锁将开启和关闭一次，这是 ZKE 中央车身电控系统控制模块以激活中控锁的方式，表示遥控功能同步设定成功，否则说明遥控同步设定未完成，可重复操作直到成功。至此，本车故障全部检修完毕，故障排除。

82. 宝马 7 系轿车雨刮器失灵·自身故障

(1) 故障现象

一辆宝马 740iL 型轿车，在使用中出现前风挡玻璃雨刮器失效的故障。

(2) 故障诊断排除

起动发动机，操作转向柱上的刮水器开关，雨刮器电机没有任何转动的迹象。对于这种新款的宝马车型，电气元件都已高度集成化，因此检修的程序应先进行电控系统自诊断。连接 GT1 原厂诊断仪，选择 7 系 E65 底盘，进入自诊断主菜单，可看到车款为 2005 年。双击"WIM 刮水器模块"系统，执行单独的电控模块快速扫描功能。点击"控制模块"按钮，进入 WIM 电控模块自诊断菜单，读取故障储存器，GT1 显示无故障信息储存。继续执行"部件控制"功能，该功能共有车窗清洗、刮水器电机及前照灯清洗 3 个元件执行项目。分别点击并激活"刮水器 1 挡"和"刮水器 2 挡"子项目，雨刮器仍然没有反应。

为了排除刮水器开关的故障因素，将 GT1 切换至自诊断主菜单，双击"SZL 中控开关转向柱"系统，快速扫描后，进入 SZL 电控模块自诊断菜单，读取故障储存器，GT1 显示无故障信息储存。观察刮水器开关的实际信号输出状态，选取"诊断应答"功能的刮水器开关项目，在子项目中分别点击"滚花轮""轴向按钮"、"组合操纵杆",然后点击"显示"按钮,GT1 显示刮水器开关 3 个部件的动态数值。用手按动刮水器开关,GT1 所显示的动态数值可随之变化,如滚花轮所显示的雨刮器应运转的挡位等。测试的结果证明,刮水器开关的功能良好。

接下来,检查外部线路连接及刮水器电机的工作状况。为了对系统有更多的了解,点击"功能选择"按钮,进入 GT1 文件资料库。选择"整车"→"车身"→"普通电气系统"→"刮水与清洗"→"车窗刮水",再点击"文件"按钮,GT1 显示相关的资料信息,但没有详细的电路图可查。通过阅读刮水器的功能资料信息,得知 E65 底盘所装备的刮水器,实际上已集成为一个电控模块,即 WIM 刮水器模块。该模块通过总线的方式,接收来自刮水器开关的数据信号,并直接对雨刮器电机进行控制。确定外部已无继电器等辅助元件,拆下雨刮器进行检查,测量电源、搭铁及数据线均连接良好,故判定故障在雨刮器本身。更换新总成,故障彻底排除。

83. 宝马 X5 轿车遥控器工作异常·更换后窗玻璃不当
(1) 故障现象

一辆宝马 X5 轿车,在使用中出现两把遥控钥匙中有一把不能工作,另一把在距离非常近时可以工作,只要距离超过 1m 就无法打开门锁,偶尔在 1m 以内也不能工作的故障现象。

最初修理人员认为是遥控器电量不足,要求车主先用没有遥控器的钥匙开几天,等遥控钥匙充足电后(新款宝马车的遥控钥匙是插在点火开关上自行充电的,不能更换电池),再做一下遥控器匹配,结果没有作用,两把钥匙的遥控功能均失效,且维修了几次都没修好。

(2) 故障诊断排除

该车型遥控器的匹配方法如下:通过中控锁解除车辆的联锁,关闭驾驶人侧车门和前排乘客侧车门,在车内短时(最多 5s)接通和断开总线端 KL、R(系统准备进行初始化设置),将遥控器保持在朝向后窗天线的方向,按住遥控器上的"解除联锁"按钮,同时在 10s 内连续按动"联锁"按钮 3 次(在钥匙内产生 1 个新的代码),然后松开 2 个按钮(基本模块通过对中控锁"联锁"和"解除联锁"发出初始化设置成功的信号)。

于是便先做了一下遥控器匹配,但做过之后两把钥匙仍不能遥控。仔细查看了设定方法,也没能找到原因。想到老款宝马车型的遥控器如果电量不足的话,匹配时必须离后面的接收器近一点才可以成功,遂在后座椅上进行操作,结果两把遥控器都匹配成功了,至此维修工作总算有了一点进展,但还是与以前一样,只要离车远一点,遥控器就不能工作。

为什么必须在近距离遥控器才能匹配成功,会不会是遥控天线放大器坏了,不能放大遥控器信号呢?因此决定拆下后窗天线检查,检查中发现该车有明显的事故后处理过的痕迹,据车主反映更换过后风挡玻璃,但更换的不是原厂配件,有时下大雨时后面有点漏水。在与同一年款、同一排量的车进行比较后,发现故障车上少了 1 个插头(只有插口没有线束)。

将另外一辆相同的车停在该车附近,并将其天线插头用两条导线接到故障车上,经试验遥控器工作正常,至此故障终于找到,就是风挡玻璃的问题。该车在其他厂维修时已经匹配好了 1 个遥控器,就差查看一下天线,给车主造成了很大的不便。更换后风挡玻璃后,一切正常,故障排除。

84. 奔驰 S500 轿车空调工作不连续·蒸发器电阻作梗
(1) 故障现象

有辆奔驰 S500 型轿车,当车辆行驶 2h 后,出现空调不制冷的故障现象。故障出现时空调风是缓慢变小的,直至没有风。该故障维修过 2 次,检查更换过空调滤清器、风机调节器等,但故障都没有排除。

(2) 故障诊断排除

该车采用的是 AAC(Automatic Air Conditioner)自动空调。它将冷气系统和暖风系统有机地结合起来,进行自动温度控制。它可以根据安装在车内外的各种传感器(包括车内温度、室外温度、日照强度、烟雾浓度、制冷剂温度、制冷剂压力、空调蒸发器温度、发动机冷却液温度等传感器)的输出信号,由 AAC 自动空调控制模块进行平衡温度的运算,对进气转换风门、送气转换风门、加热继电器、热水阀、鼓风机和压缩机等进行自动控制,如图 4-30 所示。按照驾驶人的设定,使车内的温度、湿度等小气候保持在最适当或最佳状态,即人体感觉最舒适的状态。AAC 自动空调控制模块要靠收集诸多传感器的信号来计算并发出指令实现制冷功能,这些传感器的信号准确与否对制冷功效相当关键。

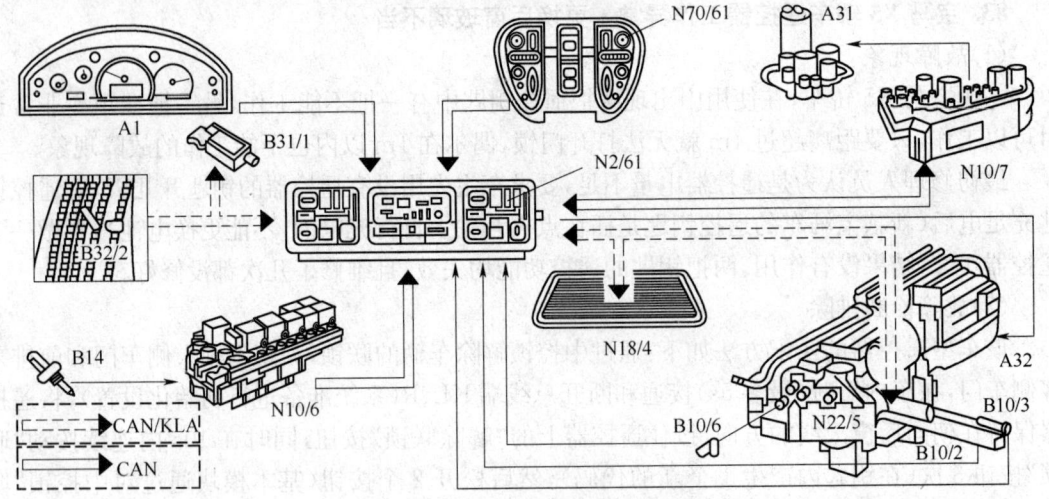

图 4-30 奔驰 S500 型轿车空调系统结构框图

A1. 仪表　A31. 热水阀　A32. 热交换器　B10/2. 左加热器腔温度传感器　B10/3. 右加热器腔温度传感器　B10/6. 蒸发器温度传感器　B14. 室外温度传感器　B32/2. 阳光传感器　N10/6. 左前信号收集和执行控制模块　N10/7. 右前信号收集和执行控制模块　N22/61. 室内温度传感器(空调控制模块处)　N22/5. 步进电机控制模块　N70/61. 室内温度传感器(车顶控制面板模块处)

该车影响 AAC 工作的几个主要传感器可对照如下数据检查:

①测量车内、车外环境温度传感器电阻值随温度的变化情况。正常情况时其阻值随温度升高而逐渐减小。当温度为 25℃时,阻值为 11.5~13.5kΩ;温度为 50℃时,阻值为 3.5~4.5kΩ。

②测量蒸发器温度传感器电阻值随温度的变化情况。正常情况时其阻值随温度升高而逐渐减小。当温度为 0℃时,阻值为 16.5~17.5kΩ;温度为 50℃时,阻值为 1.4~1.6kΩ。

③测量阳光传感器光电管电阻值随光照程度改变的情况。正常情况下用布遮住传感器表面,其阻值趋于∞,当用灯光照传感器表面,其阻值约为 4kΩ。

④制冷剂压力感应器电阻值见表 4-3。

表 4-3　制冷剂压力感应器温度与电阻值关系

温度(℃)	20	40	50	60	70
电阻(kΩ)	13	5.4	3.8	2.5	1.8

接上DAS诊断仪读取故障码如下。

a. Evaporator temperature sensor electrical fault(Stored)。其含义为蒸发器温度传感器电路故障（记忆性故障码）；

b. AAC control unit fault, if the MB number is A220 830 37 15 or the software is older than 18/02, replace the control unit. Otherwise ignore the fault code, erase it(Current and stored)。其含义为空调控制模块故障，如果其奔驰配件号为A220 830 37 15或者其软件版本低于18/02即2002年第18个星期的话，更换空调控制模块，否则忽略该故障码。

于是进入AAC控制模块菜单的第一项Control unit version，即控制模块版本，发现其奔驰配件号为A220 830 49 15，而控制模块版本为43/01，配件号不在更换的范围，但软件版本低于18/02(当前和记忆性故障码)。由于该车有两个故障码，打印故障码并清除。起动发动机开空调再试，等同样故障出现，将空调温度调到最低，风量调到最小，按住Reset键不放，直到空调显示屏出现数值以后松开。拨动温度按钮翻到左边编号Nr 05蒸发器温度值，右边数值从+11℃不断下降到+0.0~1.9℃来回变化，蒸发器温度低于5℃属于正常范围。再拨动按钮到Nr第98项，蒸发器温度传感器电流值为350mA。踩住加速踏板，急加油后释放加速踏板，其值迅速上升到500mA且瞬时短暂降为0mA，便又恢复到350mA。说明空调压缩机电磁离合器接合几秒钟便断开。发动机转速增加，空调压缩机响应正常。

驻车试验无问题后，上高速路进行试车，途中突然无冷风吹出。于是停车，打开发动机盖，发现低压管路结了厚厚一层霜，蒸发器结霜。拆掉仪表板下底板和驾驶位马鞍侧绒板，拔出蒸发器温度传感器，测量其电阻值在实际温度中不正确。更换新的蒸发器温度传感器试车，又遇到同样的故障。蒸发器温度传感器是新的，但新的配件不一定就没问题。测量新的蒸发器温度传感器的电阻值为16kΩ，与标准值接近。难道是新的蒸发器温度传感器与该车空调控制模块匹配上有出入。可能空调控制模块所认定的临界值与实际蒸发器温度传感器临界电阻值有误差，给空调控制模块的电压信号滞后，使空调压缩机不能及时停止工作。对照故障码和该车空调控制模块软件版本，表明需要更换，由于该车为04款的W220，已过保修期，而空调控制模块价格较昂贵。为节省维修成本，在不影响车辆其他电器使用功能前提下只有改装线路，给蒸发器温度传感器加电阻，给空调控制模块一个虚拟的临界电阻值，使空调控制模块提前收到它认为已经是0℃的信号，发出指令给压缩机，断开电磁离合器，停止工作。具体做法是：将空调控制模块的线束插头拔出，对照电路如图4-31所示，找到11脚线（棕/白）和15脚线（灰/红），在两条线当中的任一条线串联一个1kΩ的电阻R。通过改造，该车故障消失，跟踪该车使用1500km，再无类似故障发生，故障排除。

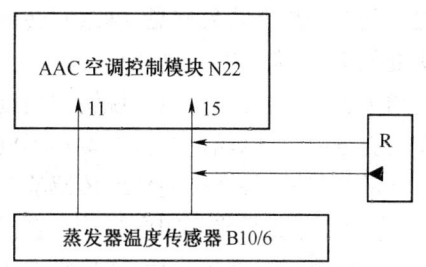

图4-31　AAC空调控制模块电路图

85. 奔驰轿车空调制冷异常·过量制冷剂作祟

(1)故障现象

一辆奔驰E280型轿车，在使用中出现空调制冷异常，压缩机一会儿工作，一会儿不工作。当不工作时，空调控制面板EC指示灯常亮。该车的冷却风扇在开启空调时均不同步运转，需满足下列条件方能运转：即制冷剂压力大于1600kPa—低速运转；制冷剂压力大于2000kPa—高速运转。

(2) 故障诊断排除

首先连接 STAR 诊断仪进入空调系统读取故障码，发现有故障码 B1233，含义为"制冷剂温度传感器 B12/1 线路故障"。元件位置如图 4-32a 所示，电路如图 4-32b 所示。拆下储液罐，看到了制冷剂温度传感器。实际结构当中，制冷剂温度传感器的针脚非常细，由于该车的左前方撞击过，导致传感器插接器锁止卡子折断，引起接触不良。经过清洁及用玻璃胶密封后，开启空调，发现压缩机仅工作了 5s 便停止工作了，设在干燥罐上的卸压阀便开始排放制冷剂。难道制冷剂加多了吗？连接制冷剂回收机，发现空调压缩机运行时高压压力达 2800kPa，于是赶紧回收了 300g 制冷剂。至此故障现象彻底消失，故障排除。

86. 奔驰 S430 轿车 ESP 警告灯异常闪烁·转向定位失准

(1) 故障现象

一辆奔驰 S430 型轿车，在使用中出现 ESP 警告灯闪烁异常的现象。该车是由右舵车改成的左舵车，其他方面都正常，只是在车辆行驶到 40～50km/h 的时候 ESP 系统警告灯就闪烁，同时能感觉到 ABS 泵在运转，车速慢下来后又正常；再加速也跑不快，仍然会闪烁。反复几次后，ESP 警告灯持续亮起，同时中央的显示屏上也提示 ESP 故障。该车已经在其他修理厂检查并维修过，更换了一个转向角度传感器，问题没有任何好转。

(2) 故障诊断排除

因为是改舵车，线路方面出问题的可能性较大，转向角度传感器的故障码并不一定是真实的故障，所以决定按照常规的检测步骤进行检测。连接 STAR-DIAGNOSIS 进入车辆底盘系统选择 ESP 控制模块，读取故障码，内容仍然为转向角度传感器未初始化。按照正常的初始化方法将转向盘向左转到死点，再向右转到死点，然后回到中间位置，但是故障码仍然是当前故障，无法消除。反复做几次初始化后，ESP 故障指示消失，故障码变为存储故障，消除后没有故障存储。

进行路试，只行驶了几百米，故障便再次出现。连接诊断仪重新检测，故障码仍然是转向角度传感器未初始化，当前故障。为了检验转向角度传感器是否真的有问题，进入数据流检测当前传感器的实际值，将转向盘打正后读到的实际值竟然是−30°，难道真的是新换的传感器也有问题？出于稳妥起见，继续对转向角度传感器进行检查，将转向盘打到零度后，不管车轮所处的方向，向左右打到死点，向两个方向打转向盘的量是一样的，显示在诊断仪器中左右转向角度也是一样的，也就是说转向角度的对中初始化并没问题。这时候如果把方向打正再向左右打方向，那么向左右打的量却不同，而且相差较大。这就是问题所在，在正舵时向左右打方向的量不同，导致转向角度传感器初始化后零点并不在转向盘打正的位置，而是在偏左的位置，进一步分析后终于明白为什么会出现这种奇怪的 ESP 故障。

转向盘进行初始化后，零位是在正方向偏左的位置，这时候转向盘打正行驶（车轮也是正前方向的），但转向角度传感器的实际值是−30°左右，那么 ESP 控制模块就认为现在车辆在向左转向，与此对应，有一个靠车速和转向角度计算得出的标准横向加速度和偏转率，而实际上两个传感器采集到的实际值都几乎为零变化，这就和正常运行车辆出现转向不足时的情况一样，所以 ESP 控制模块认为现在车辆处于转向不足状态，就会对车辆的左后轮进行制动，对转向不足进行修正，同时 ESP 系统工作灯闪烁提示驾驶人车辆处于安全临界状态。因此才会出现上述的车辆正常行驶，却不正常制动并伴有 ESP 灯闪烁的奇怪现象。

那么，故障肯定是出在轮胎定位或转向器定位上。检查后发现，转向器的左右转向拉杆在

第4章 车身电控故障诊断排除

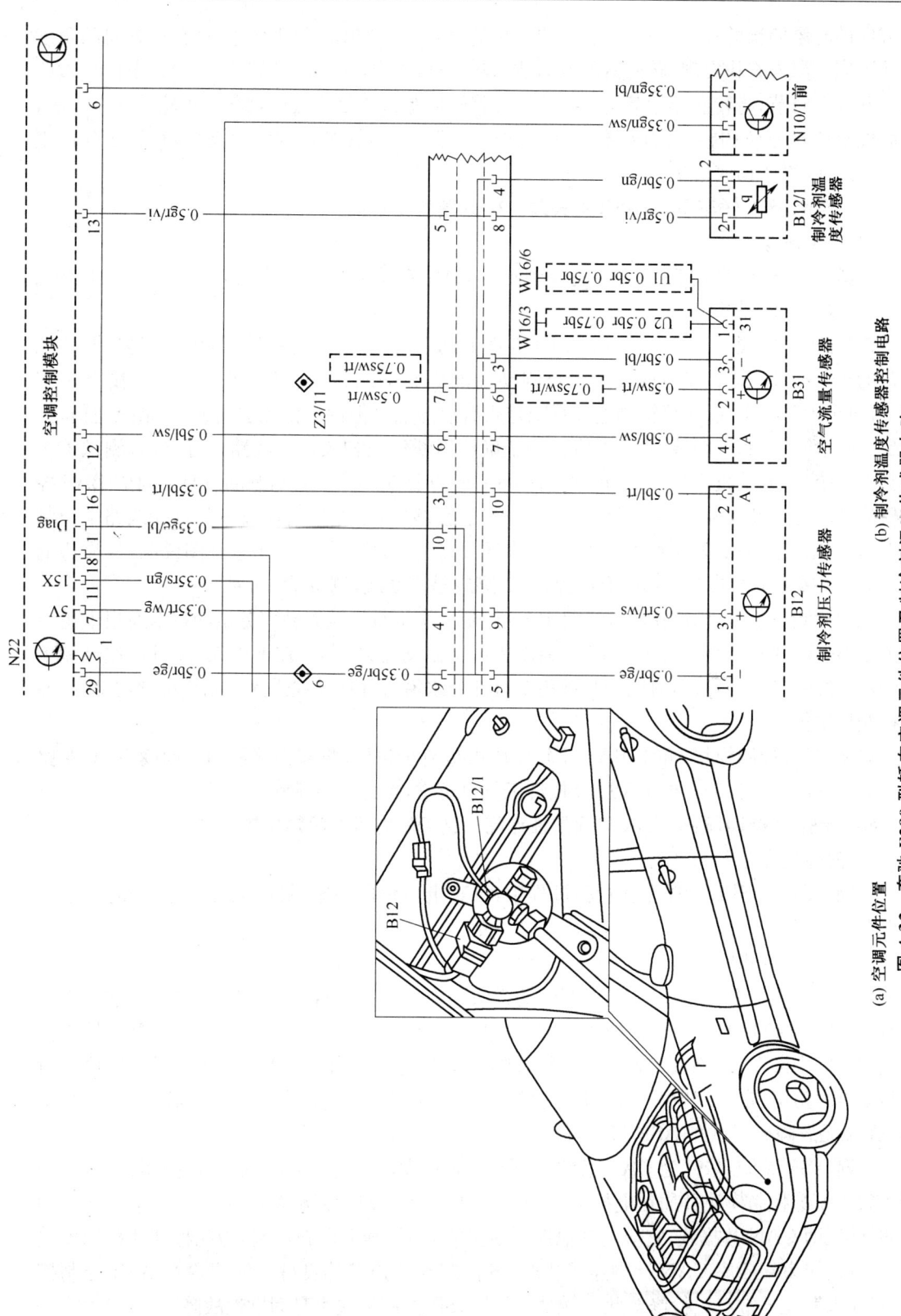

图 4-32 奔驰 E280 型轿车空调元件位置及制冷剂温度传感器电路
(a) 空调元件位置 (b) 制冷剂温度传感器控制电路

正方向的时候伸出的长度差别很大,左边伸出的多,右边伸出的少,所以向左右打方向的角度自然不同。深入查找发现,转向器的万向节与转向柱的万向节连接位置不对,万向节已经被改过。断开万向节,将转向器调节于中间位置并将转向盘打正后连接好,此时,车轮是向左歪的,最后经过四轮定位调整,所有数据正常后试车,故障消失,诊断仪检测没有故障码,实际值正常,至此故障终于彻底解决。

87. 奔驰 S320 轿车 BAS/ASR 灯失效·BAS 模块受水灾

（1）故障现象

一辆奔驰 S320 型轿车,在正常行驶中出现 BAS/ASR 故障灯点亮,其功能也失效的故障。

（2）故障诊断排除

首先路试,发现仪表上的 BAS/ASR（制动辅助系统/加速防滑系统）报警灯点亮,同其他正常的车子相比,制动较为迟缓。检查制动油液面和油质是否良好,结果正常。接下来用 STAR-DIAGNOSIS 诊断仪检测电控系统是否有故障点。但诊断仪无法同 BAS 系统通信,提示要检查诊断线路、电源线、搭铁线等。为了确认诊断仪及相关诊断线路良好,试着测试该车的其他系统,如发动机系统,结果正常。将 38 针诊断接头中第 8 脚与制动总泵下面的 BAS 控制模块之间的诊断线检查一遍,结果良好。这说明故障点不在诊断仪及相关诊断线路上。测量 BAS 控制模块的电源线和接地线,将点火开关打到"ON"位置,按照电路图说明,最靠边的 1 只 6 脚插接器上的第 3、4 脚应有电源,第 1 脚应是搭铁线,测量结果正常。

经过检测分析,可以确认故障点是 BAS 控制模块本身。从奔驰服务站的技术通报上也看到关于 BAS 系统的说明：由于 BAS 控制模块位于制动总泵下方,在下雨天,前风挡玻璃流下来的水刚好从其旁边经过,时间一长难免要有部分水沿着外接导线进入控制模块盒内部,故而将控制模块损坏。

更换 BAS 控制模块,并将 BAS 控制模块用塑料袋包好,将有插接器的一面朝下,装车路试,制动系统正常,仪表上的 BAS/ASR 灯工作也正常,至此故障排除。

88. 奔驰 600SEL 轿车 ASR 灯间歇性点亮·副 DK 电机中间轴齿轮卡滞

（1）故障现象

一辆奔驰 600SEL 型轿车在行驶过程中,仪表上黄色的 ASR 灯间歇性点亮,同时车辆动力性明显下降。

（2）故障诊断排除

对于此类电控系统故障排查,最有效的方法是先进行自诊断。将诊断仪连接车辆 38 针诊断座,选择 W140 底盘牵引力防滑系统,查得故障码含义为"CAN 总线与 EA/CC/ISC 控制模块之间通信中断"。清除故障码后,ASR 灯随即正常熄灭。由于 EA/CC/ISC 控制模块同时参与牵引力防滑、定速巡航及发动机怠速的控制,因此有必要查询发动机系统状况,结果显示 LH 系统无故障码。试车 ASR 灯不再点亮。

查询 ASR 系统,依然为 CAN 总线问题。于是在发动机舱左侧找到 ASR 控制模块,它与 ADC、EGA 等控制模块并插在电控单元储存盒中,拔出 ASR 控制模块,可看到其中有两个独立的针脚,即 CAN 数据线,它应与其他控制模块的 CAN 线并联在一起,为此将其他控制模块拔下,测量线束端插座 CAN 针脚连接状况,各控制模块连接均良好。继续检查 ASR 控制模块,目视未发现异常点。检修至此,开始怀疑是 ASR 控制模块本身间歇性故障。

从车辆配置情况来看,该车为右舵车款,采用 12 缸 V 型发动机,其中左列进气支管安装的是主电子节气门(DK 电机),且该节气门轴与加速踏板采用机械拉杆连接;而右列进气支管安装的是副电子节气门(副 DK 电机),完全由控制模块进行控制。根据以往维修经验,W140 底盘的 DK 电机是故障率较高的元件,这是因为某些车型的 DK 电机采用的是环保线,当线皮氧化脱落后,便会造成 DK 电机损坏。通过检查,发现本车的两组 DK 电机线束均完好无损,而 DK 电机的工作状态也可以通过 LH 发动机数据流看到,且系统无故障码显示,因此也没有充分的证据怀疑 DK 电机存在问题。认为关键还是如何理解 CAN 总线通信故障产生的原因。首先,DK 电机是由 EA/CC/ISC 控制模块驱动的,当牵引力防滑系统需要通过 DK 电机对发动机扭矩输出作出调整时,是通过 CAN 总线将命令传至 EA/CC/ISC 控制模块,然后再对 DK 电机进行控制。另外,还注意到两个相关信息:一是当 ASR 灯异常点亮时,仪表上黄色的 ABS 灯却是熄灭的,这说明 ASR 故障并非由车轮转速传感器之类的问题引发,或者说 ASR 与 ABS 之间是有明确的功能定义的,同时这也能帮助缩小故障范围;二是行驶在较颠簸的路面,或开启冷气空调的状况下,ASR 灯容易点亮,但已经检查了线束连接确实是良好的。

根据系统工作原理,对重要元件进行彻底检查。先将副 DK 电机拆下,打开护盖,可以看到电机通过一个中间轴齿轮,与节气门轴齿轮联动,由于潮湿,中间轴齿轮与轴之间沾有锈迹,用手转动齿轮,却无法转动节气门轴,这说明中间轴齿轮与轴之间有卡滞现象。用去锈水处理后装复。接着拆检主 DK 电机,没有发现异常点。至此,有理由相信,ASR 灯亮与副 DK 电机中间轴齿轮卡滞有直接关系,试车,一切正常,故障排除。

89. 奔驰 S600 轿车 ASR 灯点亮·按故障码指示分而治之

(1)故障现象

一辆奔驰 S600 型轿车,在使用中经常会出现一系列的 ASR 灯亮,然后加速不良的故障。每次出现这个故障的原因不一定相同,而且时有时无,使很多维修人员不知从何下手检查诊断排除此种故障。

(2)故障诊断排除

当 ASR 灯亮时,在进入 ASR 控制系统后,会出现故障码 30CAN:没有接收到来自 EFP N4/1 的信息或 EFP 故障。

ASR 控制系统基本原理如图 4-33 所示。当 N4/1 控制模块控制的五大部分中任何一部

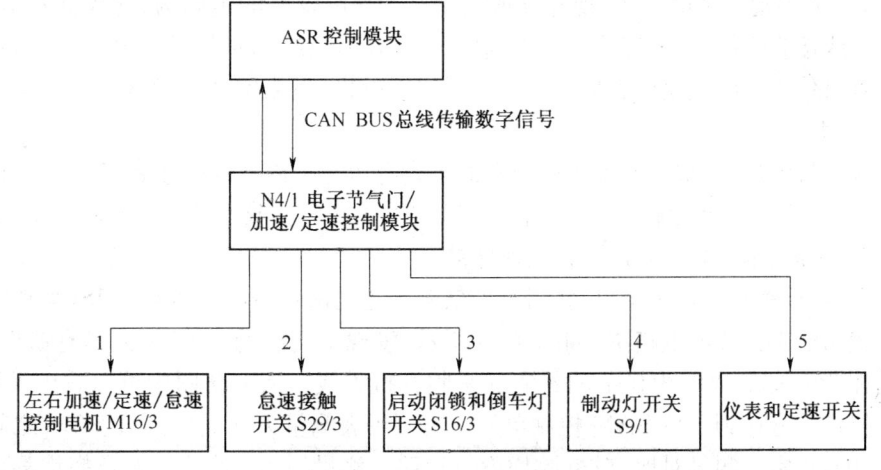

图 4-33 奔驰 S600 型轿车 ASR 控制电路原理

分出现故障,在 ASR 控制模块中都将出现"30 CAN"这个故障码。其中,1、2 号控制线路出现故障将使得发动机 ASR 灯亮,并出现加速不良的故障,而且在奔驰 S600 型轿车故障中也是最常见的故障之一,其不同故障码及处理方法如下。

①故障码:"DK 电机故障或线路故障 M16/3",ASR 灯亮,加速不良故障。主要检查怠速控制电机,确定是左侧还是右侧电机的故障,然后更换即可,不用做任何的匹配工作,只需将故障码清除。

②故障码:"怠速接触开关 S29/3",只有 ASR 灯亮,加速不良故障。原因为接触开关位置与前 DK 电机怠速位置不匹配所致。可先更换怠速接触开关,若不能排除,则将 S29/3 固定在打开位置,这时该开关电阻值为固定的 1000Ω 不变化。

③故障码:"启动闭锁和倒车灯开关 S16/3"。该故障一般为变速器挡位开关失效所致,ASR 灯不会亮,也不会影响轿车工作,不过还是要及时更换挡位开关,否则时间一长,将导致自动变速器发生换挡冲击故障。

④故障码:"制动灯开关或线路不良 S9/1",ASR 灯和 ABS 灯同时亮,若线路良好情况下,更换制动灯开关即可。

90. 奔驰轿车遥控器不解锁·钥匙失效

(1) 故障现象

有辆奔驰 R300 型轿车,行驶 2 万 km 时出现遥控器不能解锁的故障现象。

(2) 故障诊断排除

验车时,按遥控器时红色指示灯闪烁,表明遥控器电池电量正常,按下遥控器上的上锁键或解锁键,车子均不能正常上锁或解锁。但在验车时发现与驾驶人描述故障不太相同的是,用遥控器对准门把手上的红外接收器时按上锁键或开锁键,车辆能够上锁或解锁,说明红外功能正常。起动着车后车内功能一切正常,仪表无任何报警。

奔驰 R300 型轿车遥控钥匙的工作原理是:使用遥控器解锁时,遥控器同时发出两个信号:红外线信号和无线电信号。红外信号的走向为:遥控器发出信号,门拉手上的红外接收器接收信号后,把信号发送到左前门门控模块,然后门控模块把信号传递到 EZS(电子点火开关)进行验证,经过验证后合法的信号被传递到门控模块及 SAM(车身控制单元),从而由门控模块或后 SAM 促动门锁电机,实现开锁或闭锁。无线电信号的走向为:遥控器发出信号,位于车顶的天线接收到信号,并把信号传送到后 SAM,后 SAM 再把信号送至 EZS 进行验证,验证后的信号再传送至门控模块和后 SAM,再到门锁电机,最终实现开锁或闭锁。其功能原理图如图 4-34 所示。

根据该车故障现象,重点要检查遥控器的无线电功能。首先连接诊断仪 STAR-D 进行快速测试,各个系统均没有故障码。进入后 SAM 查看无线电接收实际值,显示 0,显然不正常。再进入 EZS 查看数据,见表 4-4,没有发现异常。

拆开车顶,检查天线插头牢靠,之后顺着信号的走向测量线路。查找 WIS(奔驰的维修信息系统),找出后部天线的电路图,如图 4-35 所示,发现中文版的 WIS 上面没有遥控器天线。实际上遥控器天线在 WIS 中显示的其实就是收音机天线。从电路图中可以看出天线经过 1 个插头直接把信号送到了后 SAM 控制单元。用万用表测量天线插头到后 SAM 之间的导线电阻为 0.3Ω,正常。测量对地、对电源均没有短路。测量后 SAM 的供电及搭铁都正常。由于天线信号无法测量,只好借用 1 辆同款车,把天线插头拔掉,找了 1 个长导线把天线连到故

第 4 章 车身电控故障诊断排除

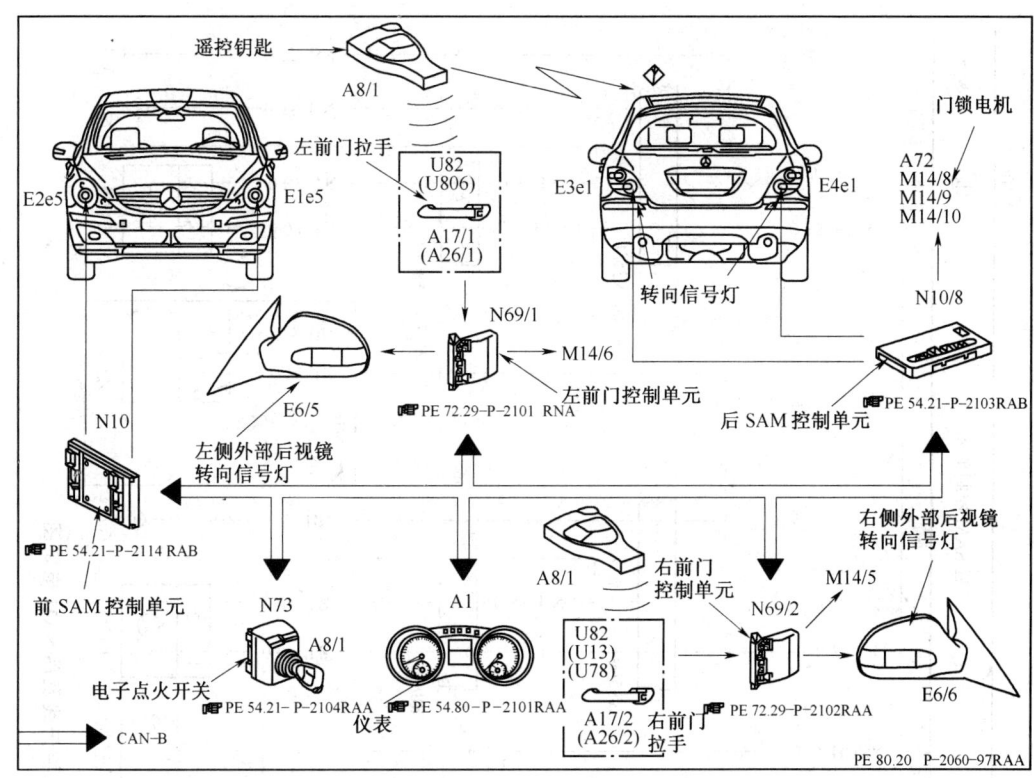

图 4-34 奔驰 R300 轿车遥控器功能原理图

障车通往后 SAM 的线束插头上(天线位于车顶,这样相当于换上 1 个正常的天线),按下遥控器,车辆依然没有反应。这就说明是钥匙无线电功能损坏或者是后 SAM 损坏,无法接收无线电信号。

表 4-4 EZS(电子点火开关)数据

控制单元_EZS11				
编号	名 称	标准值	实际值	单位
896	系列号		7011813441806-113	
510	供电	[11.00…14.50]	14.30	V
619	上一把使用过的钥匙或钥匙轨道		1	
620	倒数第二把使用过的钥匙或钥匙轨道		2	
880	控制模块 EZS(电子点火开关)已初始化		是	
881	控制模块 EZS(电子点火开关)的运输保护功能已解除		是	
882	控制单元 EZS(电子点火开关)已个人化		是	
883	控制模块 EZS(电子点火开关)已激活		是	
886	控制模块 EZS(电子点火开关)的版本		标准装备	
889	EZS(电子点火开关):已给出旋转许可		是	
891	ME(发动机电控系统):允许起动		是	
892	A80(直接选择智能伺服模块):允许起动		是	
893	自动变速器:允许起动		是	

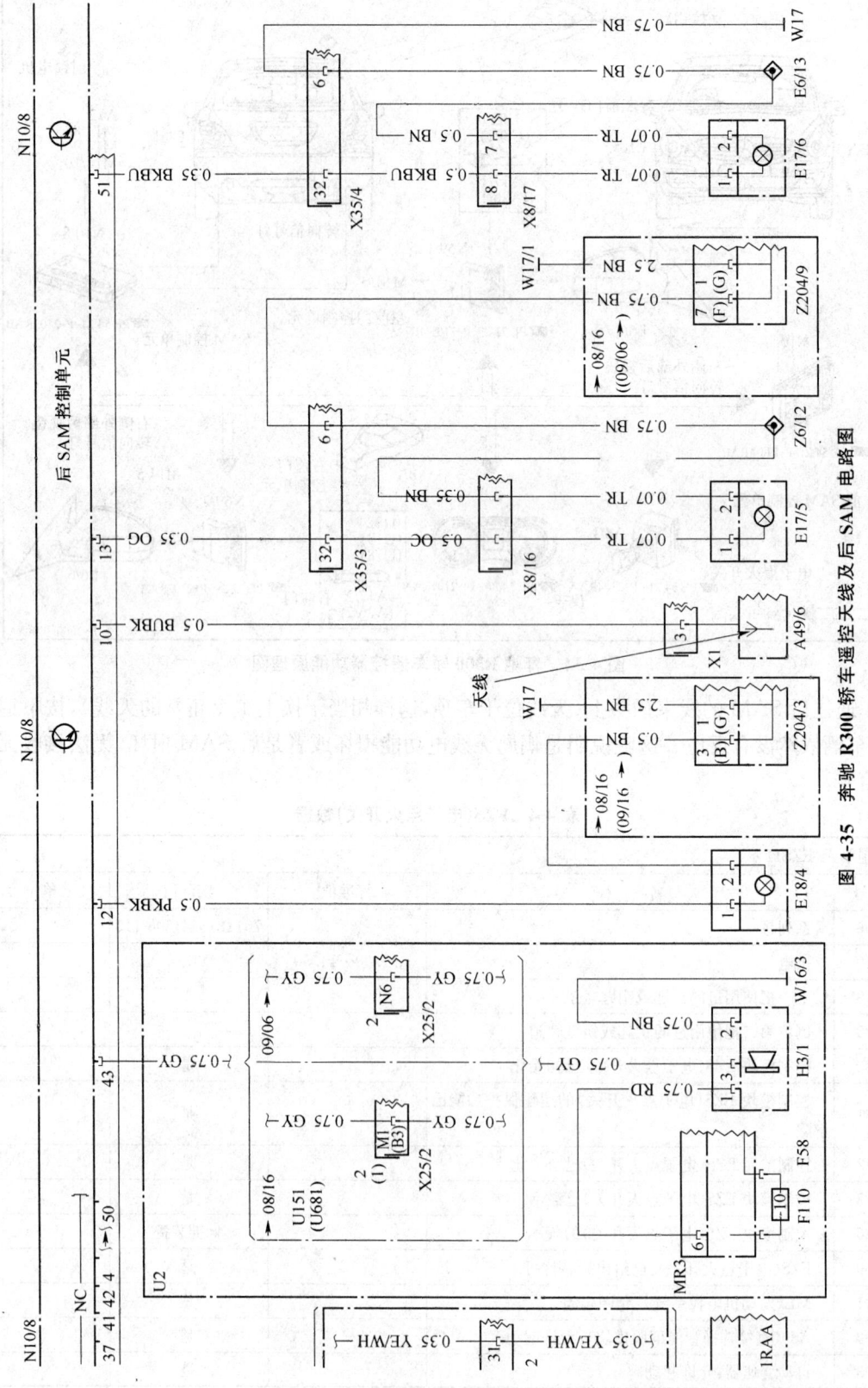

图 4-35 奔驰 R300 轿车遥控天线及后 SAM 电路图

本着先易后难的原则,准备先让车主把另一把钥匙拿过来试试,如果还不行就换后 SAM。车主把另一把钥匙取来后试验,开锁闭锁均正常。确定遥控器的无线电功能失效,于是订货更换 1 把遥控钥匙,更换后一切正常,故障排除。

91. 丰田雷克萨斯轿车多个故障灯点亮·触点"分家"

(1) 故障现象

一辆丰田雷克萨斯(LEXUS)轿车,在使用中出现发动机、TRC、OFF、VSC 故障灯都点亮的故障现象。

(2) 故障诊断排除

检查 ECT 系统,读取历史故障码 P0705,含义是变速器挡位传感器输入线路故障,其挡位开关电路如图 4-36 所示。

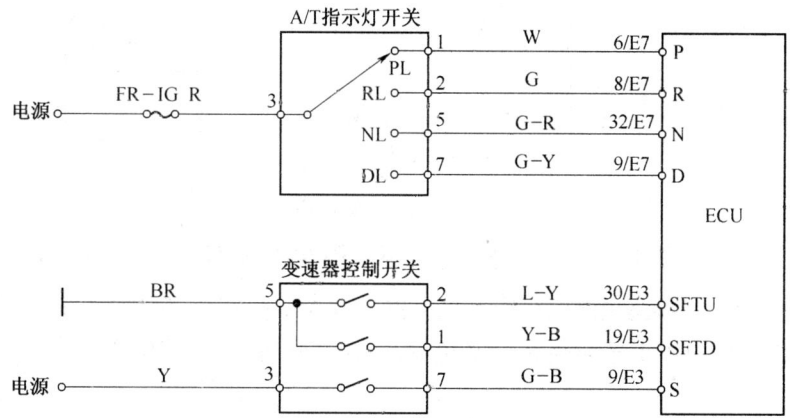

图 4-36　丰田雷克萨斯 LEXUS 型轿车挡位开关信号线路

查找资料,P0705 故障码的检测条件为下列两者之一:一是 P、R、N、D、S 各挡位开关同时处于 OFF 状态;二是两个或多个 P、R、N、D、S 各挡位开关同时处于 ON 状态(除换挡杆位于 S 挡时,D、S 挡位开关同时处于 ON 状态为正常状态以外的其他状态)。

根据定格数据,说明当点火开关转到 ON 位置时,ECM 就检测到挡位信号均缺失,给出待定故障码 P0705。行驶途中,在 D 挡时车辆颠簸,D 挡信号再次缺失,于是给出当前故障码 P0705,点亮发动机故障灯,进而点亮 TRC、OFF、VSC 故障灯。之后,虽然 D 挡信号重新恢复,但故障灯一直点亮,一直到点火开关关闭为止。

由于 P0705 不是性能码,而是线路故障码而且可以清除掉,说明故障码是瞬间线路故障造成的。这种故障,维修难度比较大,但问题范围明确。

根据线路图,对 ECU 插头的挡位信号进行测量。

换 P 挡时,插头 E7 的 6 号端子 P 由 0V 变为 12V。

换 R 挡时,插头 E7 的 8 号端子 R 由 0V 变为 12V。

换 N 挡时,插头 E7 的 32 号端子 N 由 0V 变为 12V。

换 D 挡时,插头 E7 的 9 号端子 D 由 0V 变为 12V。

换 S 挡时,插头 E7 的 9 号端子 D 仍为 12V,插头 E3 的 9 号端子 S 由 0V 变为 12V。

向前推 S 挡时,插头 E3 的 30 号端子 SFTU 由 12V 变为 0V。

向后推 S 挡时,插头 E3 的 19 号端子 SFTD 由 12V 变为 0V。

这说明挡位开关信号测试正常。因为故障码可以清除,说明此时不存在故障,当然也就查不出异常之处。

由于变速器指示灯开关位于车身下的变速器上,相对来说容易发生故障。于是升起车,对变速器指示灯开关插头进行检查。

拆下变速器指示灯开关插头,发现插头上沾满黄色泥水,但插头上的线头没有锈蚀。用化油器清洗剂清洗变速器指示灯开关及插头,然后用压缩空气吹干,继而装回。

起动发动机,换挡挡位指示灯均正常。换P挡,将点火开关转到起动位置,起动机没有反应。换N挡,将点火开关转到起动位置,起动机也没有反应。查看起动机系统电路,如图4-37所示。

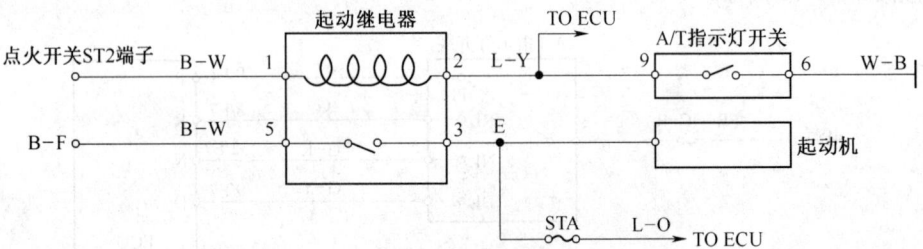

图4-37 丰田雷克萨斯LEXUS型轿车起动机系统电路

拔下蓄电池前方的起动继电器,短接继电器3号与5号插座,起动机可以转动。将点火开关转到起动装置,继电器1号插座有12V电源。将换挡杆置于P挡位置,2号继电器插座对地不导通。

拆下A/T指示灯开关插头,检查插头6号端子对地导通情况,良好。检查插头9号端子与起动继电器2号插座之间导通情况,结果为断路。经检查,插头9号端子与线头之间焊点断裂。于是,用一段导线加长线头,然后重新焊好9号端子及线头。

再次检查,可以起动发动机,但挡位指示灯P、R、N、D均不亮。参照A/T指示灯开关线路,认为A/T指示灯开关3号端子SB出现问题。拆下A/T指示灯插头,测量端子SB,电压为0。用手抽一下SB端子的线,轻松将线从插头上抽出来,该线头又是在焊接点处断裂。于是,加长SB端子的线路,然后重新焊上。

再次检查,P挡指示灯不亮,R、P、N、D挡指示灯可以点亮。将A/T指示灯开关插头拆下,检查发现1号端子P线头焊点断开。处理好1号端P,将插头其他端子插座也取下检查,发现其他线头端子也被焊过。但2号、5号、6号、7号端子线头接点铜丝多,焊接点大,强度高,没有损坏。而1号、3号、9号端子电线的过程中,电线中的铜丝被扯断比较多,焊接点处的铜丝较少,强度不足,在日常使用的过程中逐渐折断,但折断点没有完全断开,依旧会接触上,造成瞬间线路断路的现象。

修复各点装复后,进行清码和调码检查,P0705故障未再出现,起动发动机进行路试,效果良好,一切正常,故障排除。

92. 丰田凯美瑞轿车ABS系统报警·屏蔽网受到破坏

(1)故障现象

一辆丰田凯美瑞轿车,在行驶9.5万km时出现ABS系统报警的故障现象。

(2)故障诊断排除

首先提取故障码为31(前右轮速传感器)、32(前左轮速传感器)、33(后右轮速传感器)、34(后左轮速传感器)。分析认为4个轮速传感器及相关线路同时损坏或不良的可能性极小,故障点可能是ECU发生故障或受到干扰,因整车的其他控制系统工作正常,ECU发生故障的可能性也较小,最后将故障点锁定在电磁干扰方面。经查找,发现轮速传感器的屏蔽线缆严重磨破。由于该车ABS传感器为电磁式,低速区工作时所产生的信号电压极其微弱,而ABS则需要借助于高灵敏的信号电压才能通过ECU调节车轮制动力的大小。为保证信号的准确性,轮速传感器上设有屏蔽网,一旦该屏蔽网受到破坏,汽车上的高频电磁波就会对轮速传感器的正常工作产生干扰,导致ABS失灵或产生误动作,故障自诊断系统便发出报警。修复故障点,清除故障码,试车一切正常,故障排除。

93. 广州本田雅阁轿车开空调压缩机不吸合·ECU故障

(1)故障现象

一辆广州本田雅阁轿车,装备F22B型电喷发动机,因空调不制冷,检修时充足制冷剂后,压缩机却不吸合。

(2)故障诊断排除

首先起动发动机,按下空调面板上的冷气开关,散热器后方的冷却风扇和冷凝器风扇可随之运转,只是压缩机不吸合。找到压缩机电磁离合器继电器,短接30与87号端子,离合器能够吸合;在该继电器座上的85与86号端子间串接一试灯进行检查,得知故障的直接原因是发动机ECU未发出执行吸合指令。为了验证冷气开关信号是否已到达ECU,在前乘客脚底板下找到ECU,发现其针脚与现有的电路图不符。但同为一种车系,仍可使用。

从图4-38所示电路图可知,空调冷气开关需借助暖气风扇开关进行搭铁,即只有暖气风扇运转,空调冷气开关才起作用。这一搭铁信号经恒温开关、空调压力开关至ECU,而ECU获此"空调请求信号"后,才有可能触发电磁离合器继电器吸合。此时冷气开关的闭合会令两个散热风扇继电器的控制端线路经一个二极管后搭铁,使风扇同步运转。按动冷气开关,测量"空调请求信号"线,可在12V与0V间变换。测量ECU的电磁离合器继电器控制线路,它与

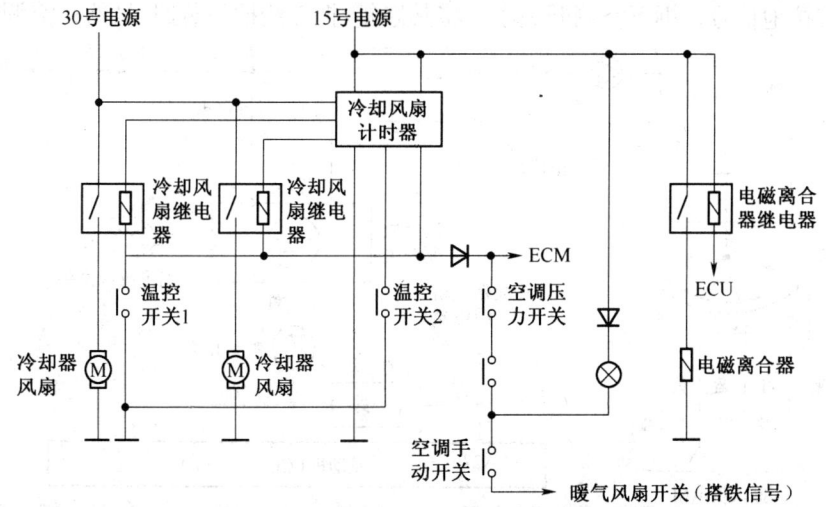

图4-38 广州本田雅阁(ACCORD)轿车空调电路控制

继电器的端子连接良好。

发动机 ECU 对压缩机离合器的控制是有条件的,如节气门角度开启的速率、发动机温度等,其中水温信号为影响因素之一,通过试车和必要的测量工作,得知发动机的水温传感器信号处于正常的电压值范围内,发动机系统自诊断也无故障码输出。通过分析认为,该车故障应在 ECU 本身,于是更换新件,装复后试车,空调制冷效果正常,故障排除。

> 点击:更换 ECU 的费用是昂贵的,必要时可用以下方案:将 ECU 针脚的空调请求信号线与电磁离合器控制线接在一起,系统可同样工作。根据电路图的控制特点,这样连接方法对 ECU 无大碍,因为外部线路有二极管串联,对风扇控制没有影响。

94. 广州本田雅阁轿车空调无法开启·温控开关失效

(1)故障现象

一辆广州本田雅阁 CD5 轿车,在使用中出现打开空调,鼓风机不能将风迅速送出,在某修理厂检修后便出现空调根本无法开启的新故障。

该车曾因空调制冷效果差,修过杂物箱后部温控开关,更换了一个新的暖水阀开关,随后便出现若长时间开空调,出风口处就冒雾气,之后出风口的风越来越小,到后来只有鼓风机运转声,却无风送出的故障。经检查又判为温度控制开关失效,待装回时却发现空调根本无法开启。

(2)故障诊断排除

该轿车空调温度控制开关是由其相连的温度感应探头探测蒸发箱表面的温度,并将该温度信号输入到电子控制盒内,控制盒根据已设定的温度信号值来接通或断开信号输出线(黄线)与空调开关信号输入线(蓝/红线)的连接,从而达到空调压缩机停机除霜的目的。当温控开关失灵,空调制冷就不会自动调节,以致蒸发器上逐渐结冰堵住风孔,使鼓风机的风不能通过蒸发器并从出风口送出。拆下温控开关后,发现三线插头上蓝/红线与黑/黄线人为短接,通过如图 4-39 所示空调系统电路可以看出,黑/黄线是来自仪表板熔丝盒的 8 号熔丝的电源线,而蓝/红线是空调开关接通后通过鼓风机开关的接地线,显然此两线短接后容易烧蚀空调开关的微型触点。用试灯测量此两线,果然发现黑/黄线电压正常,而蓝/红线却在空调开关接通的状态下没有接地信号。拆下空调开关小心将其修复,把三线插头装回,虽然在空调开启状态下

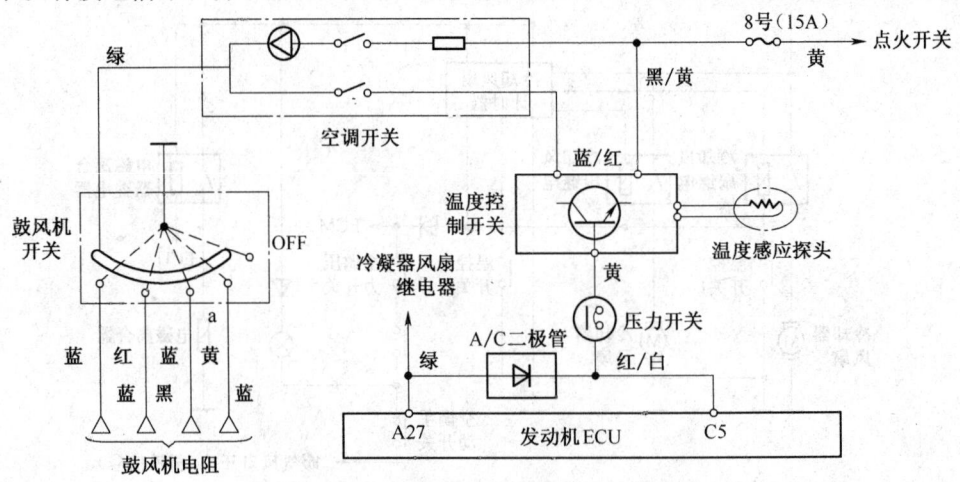

图 4-39 广州本田雅阁 CD5 轿车空调系统电路

蓝/红线有接地信号输入温度控制开关,但该开关上的黄线仍无接地信号输出到空调压力开关,以致空调信号到达不了发动机 ECU,压缩机和散热风扇也得不到发动机 ECU 的开启指令了。当将温度控制开关上的黄线与蓝/红线短接,空调系统随即工作,由此判断原车的温控开关已经失效。当更换一个新件后试车,空调工作恢复正常,故障排除。

> 点击:以前的该车维修者不知其工作原理情况,误将黑/黄线与蓝/红线相接,或者将黄线与黑/黄线在插头没拔下的状态下短接,前者损坏空调开关,后者可导致温控开关内部烧损。

95. 广州本田雅阁轿车换防冻液后无暖风·方法不当生"气阻"

(1) 故障现象

一辆广州本田雅阁轿车,装备 2.3L 电喷发动机,在冬季来临之时更换了发动机防冻液后,就出现开空调没有暖风,发动机在怠速工况时无暖风现象特别明显,当发动机转速达到 2000r/min 以上时,才感到有些热风的故障现象。

(2) 故障诊断排除

据故障现象,表明发动机低转速时,冷却系统循环不良。经检查,冷却液储量合适,但反复排气均不理想。经多次检查发现,寒冷天换防冻液时,由于防冻液温度较低,而发动机温度又较高,当防冻液加入后,发动机水道内部产生蒸气,虽然排气口可以排除一部分气体,但仍有一部分气体占用一部分空间,便使冷却系统产生"气阻"。当发动机转速较低时,水泵叶轮总有搅动不到的情况下,易产生此故障现象。更换防冻液时,应尽量在发动机温度低时进行。该车经反复排除冷却系统空气后,故障排除。

> 点击:在更换添加发动机防冻液时,一定将暖风调到主挡位,使发动机转速调升到 2000r/min 以上,目的是使小水箱进液循环充分,避免上述故障发生。

96. 广州本田雅阁轿车前照灯远光常亮·继电器开关粘连

(1) 故障现象

一辆 09 款广州本田雅阁 2.4L 轿车,在使用中出现前照大灯远光常亮的故障。据驾驶人介绍,此车前几天在停放一夜之后,早上起动车辆时出现全车无电的现象,后经维修人员更换蓄电池,起动发动机时发现大灯远光灯一直常亮的故障现象。

(2) 故障诊断排除

经检查,发现反复切换远、近光的时候,有时远光灯会一直亮着,不受大灯开关的控制。仔细检查外围线路、灯光开关,发现左右远、近光灯泡被人改动过,均换成了 100W 的灯泡(原车灯泡为 60W),怀疑是功率大烧坏了灯光开关。随后更换了灯光开关总成并换上原厂标准的 60W 灯泡,几次试验之后发现一切正常,以为故障已经排除了,于是交驾驶人使用。可刚使用 5 天,又是早晨起动发动机时出现全车没电的故障。驾驶人反映,车子在晚上仍出现远光灯不灭现象。分析如图 4-40 所示电路,发现灯光信号经过组合灯开关 1 号脚送到继电器模块,继电器模块将来自 22 号熔丝的火线通过内部继电器送到 1 号和 6 号熔丝(左、右近光灯),变光信号从组合灯开关 4 号脚通过 CAN 总线送到 MICU(多路集成控制装置)27 号脚,再由 MICU 通过 CAN 送到继电器模块执行整个变光、会车和行车灯控制,由此推测远光灯常亮可能与继电器控制模块损坏有直接关系。随后发现在远光灯常亮时,轻敲一下继电器模块后远光灯便熄灭,经过反复试验确定是继电器模块内部继电器开关不顺畅或粘连造成的。由于雅阁 2.4 轿车有一个灯光延时控制,驾驶人习惯晚上停车之后从不关大灯,因此造成远光灯常亮,

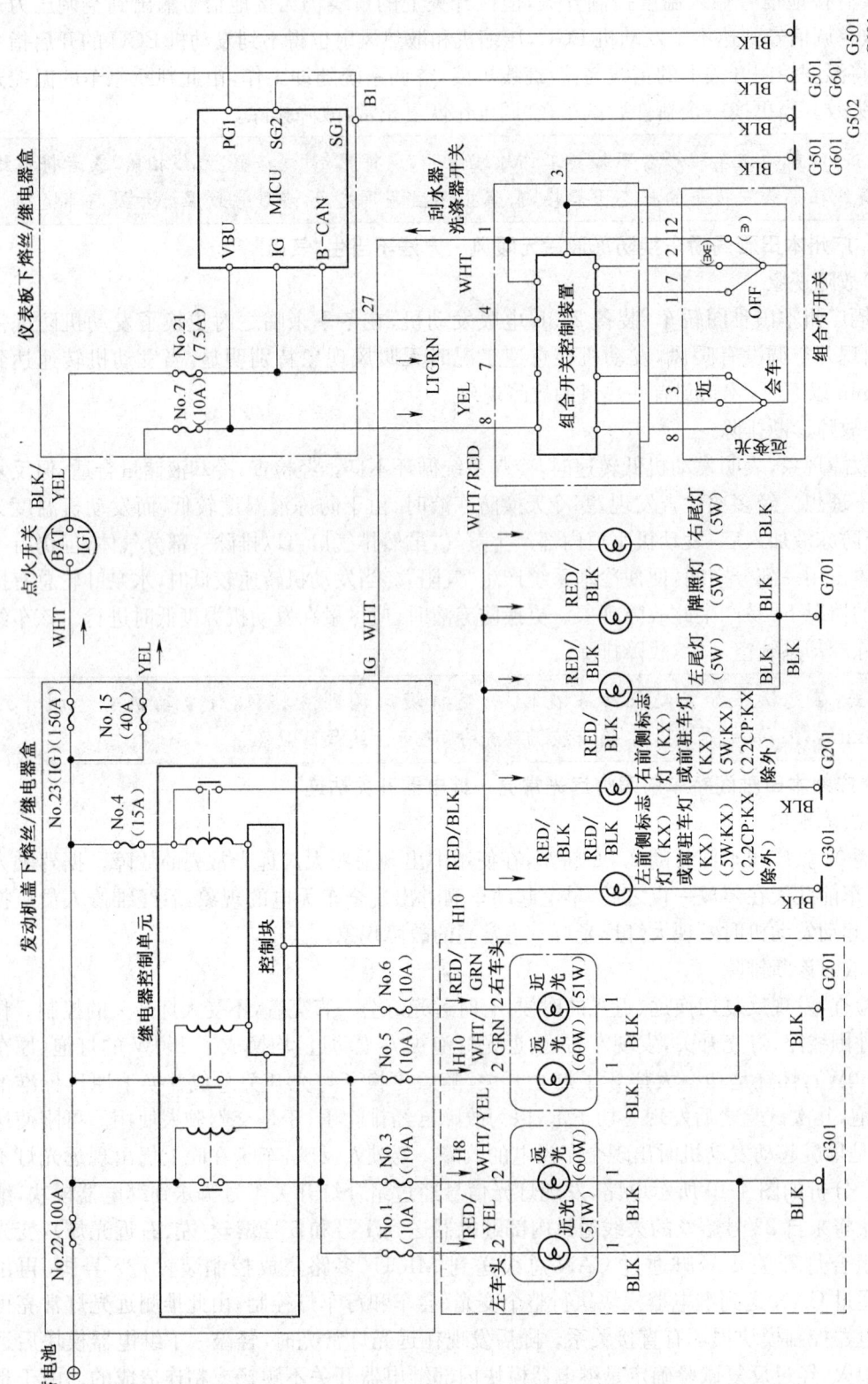

图 4-40 广州本田雅阁 2.4L 轿车灯光控制电路图

将蓄电池电量耗尽。因远光灯继电器不可以单独更换，只有更换整个继电器模块，随后试车使用证明，故障排除。

97. 广州本田雅阁轿车变速器挡位指示灯闪烁·随意串联开关惹祸

(1) 故障现象

一辆广州本田雅阁 3.0L 轿车，在使用中出现自动变速器挡位指示灯"D4"闪烁，由"P、N"挡挂入所有驱动挡时冲击明显，行车时跳挡也不太正常的故障现象。

(2) 故障诊断排除

该车从外观看很新，初步检查没有发现线路有改动的痕迹。首先短接诊断接头，显示故障码为5，即挡位开关短路。先检查是否加装防盗器，结果未装。接下来对照电路图从挡位开关插接件处测量输入控制单元的信号电压，挡杆在"D4"位置及"P、N"位置时与其他挡位信号电压不同，在这三个挡位("P、N"两挡信号合一)由控制单元输出约 4.7V 电压(实测值，该信号线为蓝/白色)，挡位开关在相应挡位时接地，而其他挡位则由仪表输出 12V 的信号电压至控制单元，挡杆在该挡位时由挡位开关接地，控制单元由此确认其挡位。但在实际检测时发现挡杆在"P、N"两挡时，信号接地正常，而在其他挡位时，电压却为 0.46V，与正常值 4.7V 相差太大。在关闭点火开关的状态下，测量"P、N"两挡的蓝/白信号线对地电阻，为110Ω，而正常值为无穷大，产生故障的初步原因已经确定，接下来需要确定对地电阻形成的原因。

从电路图分析，与"P、N"挡位开关有关的线路为起动系线路，在"P、N"挡时，挡位开关接地，点火开关在起动挡时将电源输入起动机继电器，由此构成一个完整的回路。接下来将位于车左侧的熔丝/继电器架上的起动机继电器拔下，蓝/白色线电压立即升至正常值，看来此故障与起动机继电器有关，但起动机继电器本身没有故障。在检查线路时也始终未能发现异常之处，甚至将熔丝/继电器座分解也未能有进一步的发现。

从经验上看，车况很好的新车，如果不改动线路，应该不会出现问题。在确定控制单元正常的情况下，怀疑是否存在人为改动线路的情况。将左侧熔丝/继电器架上的所有线束的插接件一一断开，最终发现在断开点火开关线束插接件时，蓝/白线对地电阻立即消失。该插接件上的几根导线均是点火开关上的导线，顺线束检查发现，在其中一条线径很粗的红色导线上串联了一个国产空调开关，拆除此段线束，并将被剪断的导线恢复原状，故障彻底排除。

98. 广州本田雅阁轿车天窗不能开启·二极管"寿终"

(1) 故障现象

一辆广州本田雅阁 HG7230(ACCORD 2.3VTI)型轿车，行驶里程 14 万 km，出现天窗打不开的故障现象。

(2) 故障诊断排除

广州雅阁轿车天窗的电路如图 4-41 所示，按下天窗开关，天窗不动作，而且也听不到天窗电动机转动声响。于是从仪表板熔丝盒中拔下天窗继电器的熔丝检查。

经检查，天窗继电器的熔丝完好。拔下天窗开关的插头，用电压表测量天窗开关的插头 A、B 端子与搭铁之间的电压，均为 12V。测量 C 端子与搭铁之间的电压，为 0V。将天窗开关的插头 A、B 端子轮换搭铁，可以听到继电器和天窗电动机的动作声响，而且天窗也能开启和关闭。由此表明故障点在天窗开关或天窗开关至搭铁之间的导线上。

接着拆开天窗开关，检查天窗开关的触片和触点，都属正常。闭合天窗开关，再用欧姆表测量天窗开关的插座 A 端子(接欧姆表正极)与插座 C 端子(接欧姆表负极)、插座 B 端子(接

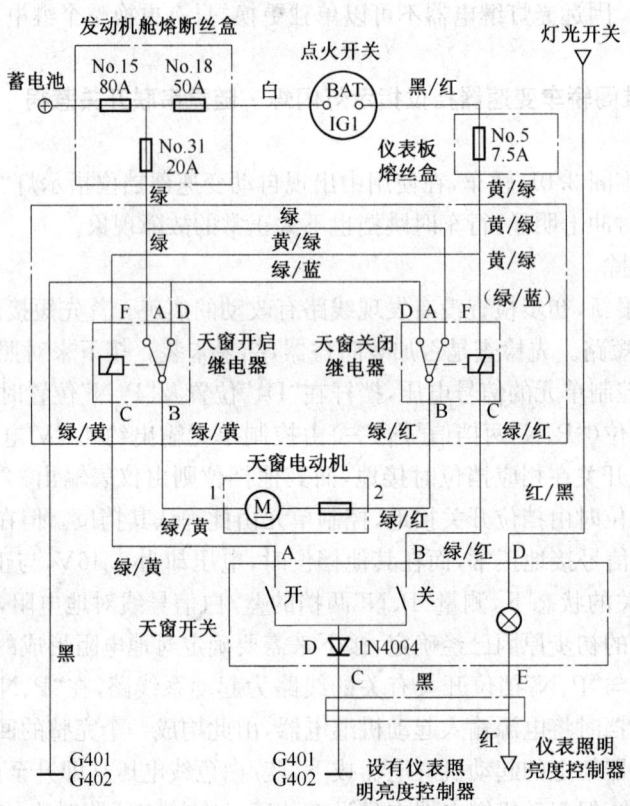

图 4-41 广州本田雅阁轿车天窗电路图

欧姆表正极)与插座 C 端子(接欧姆表负极)之间的电阻,均为无穷大,这说明插座 A 端子与 C 端子、插座 B 端子与 C 端子之间存在断路情况。在检查天窗开关电路时,发现有一个二极管 D 串联在天窗开关与搭铁之间,怀疑故障点可能在二极管 D 上。于是用欧姆表测量 D 的电阻值,结果正、反向均为无穷大,判断 D 已损坏。更换一个型号为 IN4004 的二极管后,试验天窗恢复正常开启与关闭,故障排除。

99. 广州本田雅阁轿车喇叭时响时不响·47 号熔丝烧蚀

(1)故障现象

一辆广州本田雅阁轿车,装备 2.3L 电喷发动机,在使用中出现喇叭变音后就伴有时响时不响,特别是需用时它便不响,制动时制动灯不亮和挂不上挡的故障现象。

(2)故障诊断排除

经检查分析,上述故障都是由电喇叭故障所致。该轿车由于电喇叭与制动灯、排挡锁共用 1 个电源电路,而且都通过熔丝盒中的 47 号熔丝(20A)供电。当喇叭电路出现短路时,由于通过电流过大,将 47 号熔丝烧蚀。这样通过此熔丝共用电源的电器必然不能正常工作,也就出现了上述故障现象。当将短路的喇叭电路修复并更换新的 47 号熔丝后,试车检验电喇叭及各电器恢复正常,故障排除。

100. 广州本田雅阁轿车点火钥匙无法拔出·锁芯故障

(1)故障现象

一辆 08 款广州本田雅阁轿车,该车点火钥匙与遥控器为一体式,使用中常出现停车后无法拔出,并伴有发动机起动困难的故障现象。

(2)故障诊断排除

经检查,判断为点火锁故障。对点火锁进行检修,其故障点是锁芯片不能同时回位,由此导致车钥匙拔出困难。接着对芯片进行调整、锉磨,装复后故障排除。但打开点火开关,又出现仪表指示灯不亮,遥控失效,再用钥匙开车门玻璃不能自动升降,用金奔腾解码器匹配也不起作用,经查询该问题可采用如下方法解决:

①将所有车门关闭,把点火开关打开,按锁键。

②在4s内,将点火开关关闭再打开,按开键。

③在4s内,将点火开关关闭再打开,锁键和开键各按一次。

④门锁应动作一次,将点火开关关闭,匹配完成,检查遥控器所有功能恢复。

⑤解码器不是对所有车辆都适用的,有些车型需要用解码器匹配,而有的则用手动操作才可匹配解码。

101. 广州本田轿车发动机故障灯偶尔点亮·线束接触不良

(1)故障现象

一辆广州本田1.6L轿车,使用中正常行驶时,仪表板上的发动机故障指示灯偶尔会点亮。

(2)故障诊断排除

首先用自诊断系统读取故障码为6号码和10号码。其中6号码含义为发动机冷却液温度传感器信号不良,10号码含义为进气温度传感器信号不良。更换冷却液温度传感器,再将备用熔丝拔掉,消除故障码,同时10号故障码也清掉,但在行驶一段里程后,故障指示灯又亮。再跨接诊断插接器,读取的故障码依然是6号码。检查冷却液温度传感器,其电阻正常,那么故障可能出在线路方面。

接通点火开关时,冷却液温度传感器的信号电压为4.85V,当冷却液温度为40℃时为3.2V,但在行驶中拉动信号线,检测值却为0,故障灯又亮起。再测试又出现6号故障码,说明冷却液温度传感器的线束有问题。分析认为冷却液温度传感器有关线路如果不良,就会造成间歇性故障灯亮起的故障,尔后其信号电压又传送过来,所以又会出现故障码。经仔细检查,发现冷却液温度传感器线路内接触不良,仅从外表很难判断,更换该线束后,故障排除。

102. 广州本田飞度轿车左侧转向灯不亮·接线松动

(1)故障现象

一辆广州本田飞度轿车,装备手动挡变速器,行驶6万km时出现转向灯不亮的故障现象。

(2)故障诊断排除

检查时打开右侧转向灯,工作正常,打开危险警告灯开关时系统也能正常工作,唯独打开左侧转向灯开关时转向灯不亮。根据该车如图4-42所示转向灯相关线路检查,该转向灯用的是15号熔丝,危险警告灯开关是14号熔丝。经检查左右转向灯泡均良好,熔丝也正常。由于该车加装了防盗器,在用防盗器的遥控器遥控车门锁时转向灯均点亮,因此怀疑是安装防盗器造成的。于是决定断开防盗器确定故障原因。但在将防盗器拆除后,故障依旧。而且驾驶人介绍,防盗器已经安装了1年有余,可转向灯的故障却是近日才出现的。

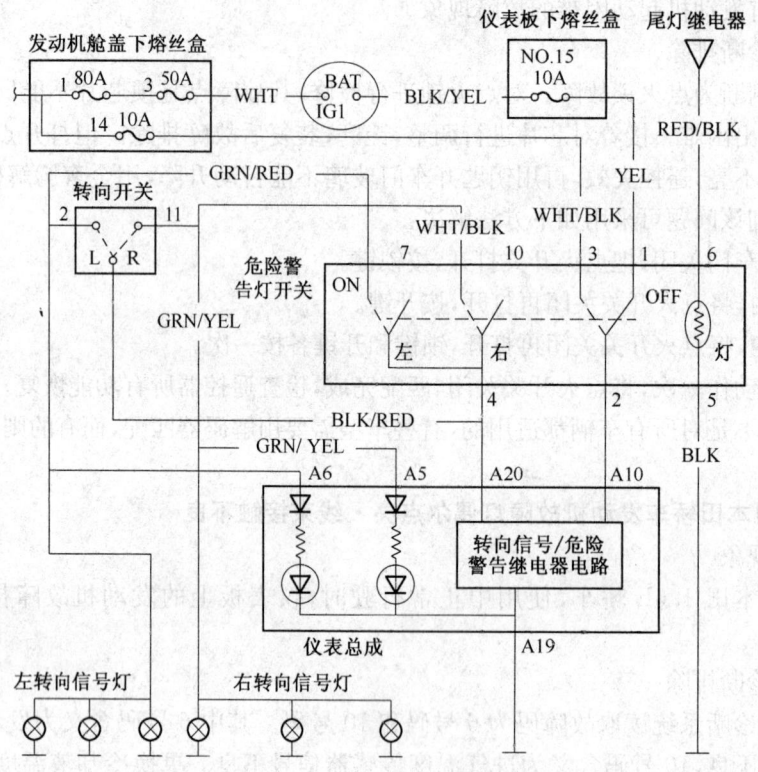

图 4-42 广州本田飞度轿车转向灯相关电路

再仔细分析转向灯相关线路图和车辆的实际故障特征,判定故障出在危险警告灯开关到蓄电池之间的线路上。用数字万用表测量危险警告灯开关处的几个端子时,发现 1 号端子在打开点火开关时没电,正常情况下此端子应有 12V 电压。但检查位于仪表板下的熔丝盒内的 15 号熔丝正常,用数字万用表测量熔丝处也有 12V 的电压。根据以上的检测结果,可以判定故障出在仪表板下熔丝盒到危险警告灯开关 1 号端子的黄色导线上。

通过对此线进行检查,找到故障原因是加装防盗器时相关人员把主机固定在此线的后部,这样在长时间的颠簸后,导致此线松动,从而造成上述故障的出现。当对防盗器的主机进行正确固定后,检查试验转向灯工作正常,故障排除。

103. 广州本田飞度轿车开空调发动机怠速不稳·保养缺失

(1) 故障现象

一辆广州本田飞度轿车,行驶至 10.5 万 km 时出现原地空负荷怠速运转时一切正常,但当打开空调时发动机怠速不稳,车辆在行驶过程中加速无力的故障现象。

(2) 故障诊断排除

根据该车的故障现象,先对车辆进行了常规检查,发现该车的节气门、怠速控制阀过脏,喷油器堵塞,这是由于该车的用户未能对车辆进行正常保养,致使上述部位的零件脏污,从而影响了发动机 ECU 对发动机电控系统的控制。对节气门、怠速控制阀及喷油器进行清洗并利用故障诊断仪对节气门重新设置后,试车正常,故障排除。这里要注意,此款车发动机节气门体在进行重置后,需要将发动机怠速运转 10min。

104. 广州本田轿车燃油表失准·标记安装之错

（1）故障现象

一辆广州本田 CRV 轿车维修保养后，出现行驶里程越多，燃油表指针却越往上指示，保养以前指针在油表 1/2 刻线偏下处，而保养后却上升到了 1/2 刻线靠上处的故障现象。

（2）故障诊断排除

由于在保养作业中更换过燃油滤清器（与燃油泵及燃油液位传感器一体装在油箱中），于是怀疑燃油液位传感器损坏，造成测量失准。先拆下整个总成，连接好 5 针脚插头，如图 4-43a 所示。打开点火开关后，用手轻轻地来回拖着浮标上下移动，发现燃油表指针能够随着浮标的上下移动而上下指示。为了进一步确定燃油液位传感器的好坏，在端子 1 和端子 2 之间串联一个 12Ω 的电阻器，如图 4-43b 所示，发现燃油表指针能够指示"F"的位置（最好不要用液位传感器直接搭铁的方法来检查，以免烧坏熔丝）。再让浮标处于液位传感器的中间位置上下滑动，用万用表测试，发现阻值为 67.6～73.6Ω；再偏下一些，阻值在 113.5～121.2Ω 之间变化；到底时阻值在 130～132Ω 之间变化。一系列数值表明燃油液位传感器的滑动电阻及触点良好。用万用表测试端子 1 和端子 2 之间，也有蓄电池电压。既然各项测试都表明整个总成没有故障，那么更换燃油滤清器后，浮标卡在某个位置不能动的可能性就很大，这样就使燃油表指示不准确。再检查燃油位置传感器没有问题后，按原来的位置安装到油箱中，插牢 5 针脚插头，打开点火开关，发现指针回到燃油表 1/2 刻线靠下的地方，驾驶人认为与保养前差不多。再开关几次点火开关，指针也能上下摆动指示，于是装好后试车。但还不到 20min，驾驶人说他出门就加满了油，但油表指针却不向上指示。

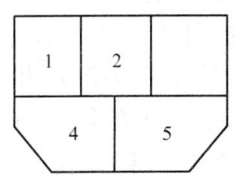 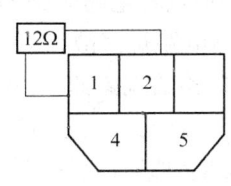 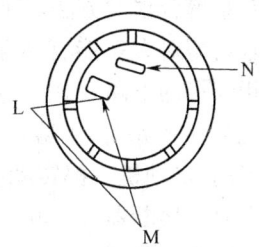

（a）燃油泵总成插头　（b）燃油泵总成插头串12Ω电阻　（c）燃油箱标记和燃油泵总成标记对齐

图 4-43　广州本田 CRV 轿车燃油泵插座及燃油箱安装标记

为什么仅仅做保养就出现这种问题？那么问题出在哪？既然指针不动，是不是浮标又卡在哪个位置？拆下燃油泵总成，对照刚才装的位置，把手伸进油箱中，发现浮标与油箱的相对位置不对。因此，两次燃油表指针的位置不对，都因浮标卡在油箱中两个不同的位置。从油箱中抽出大部分燃油后，拆下集滤器壳体上盖调整 180°后，依旧让燃油出口对准输油管再装入油箱中，把抽出的燃油逐渐加入到油箱中，发现指针随液位上升而向上指示。从中也发现了更换汽油滤清器时应注意，将燃油箱（M）上的标记、上盖与油箱的对齐标记（L）与燃油泵总成上的标记（N）应对齐，如图 4-43c 所示。

由于从油箱中抽出过燃油，有部分损耗，完工后驾驶人试车时再加满油，却发现指针又指示不到"F"的位置。再重新审视整个故障排除过程，可以判定各个环节都不会有问题。因为有一些高档车，尤其是配有多路控制装置的高档车，在对燃油液位传感器断电维修后，要拔下相关的熔丝一定时间后，才能指示正确液位。于是从仪表板下找出熔丝盒，拔下 9 号熔丝

(10A),等30s后再重新装复,打开点火开关,燃油表指针立即指示"F"的位置,至此,故障彻底排除。

105. 东风日产轿车小灯不亮·线路改动之过

(1)故障现象

一辆东风风神 EQ7200-Ⅲ型蓝鸟(日产车系)轿车,在使用中出现小灯不亮的故障。

(2)故障诊断排除

首先检查熔丝,发现熔丝已熔断。更换后,打开行车灯开关,小灯、仪表灯、牌照灯全部工作正常。以为该故障排除,未料到第二天该故障又出现。驾驶人反映发动机一运转小灯就不亮。于是起动发动机,但小灯未熄灭。维修人员决定试车,就在起步的时候,小灯突然熄灭,毫无疑问熔丝又熔断了。可以确认故障点一定有短路的地方,必须找出短路之处才可彻底排除。同时分析该故障与行车起步的哪个环节有关呢?决定分步骤再试一次。换好熔丝后,试试先踩离合器,当离合器踩到底时,小灯随即熄灭,因此确定该故障与离合器有关系。经检查,发现在离合器踏板臂下方有一线束被碰破(该线正是小灯的电源线),每当踩下离合器时,小灯线路通过踏板臂搭铁,造成小灯熔丝片烧断。由于故障部位很隐蔽,故不易被发现。另外,发现该线束的位置被改动过。原车线束是在离合器上方通过的,该车却相反,这样离合器踏板臂与线束相碰,很容易磨破线束。当将线束的插头拨开,包扎好破损处,并按原车的走向布置将线束移到了离合器的上方,至此故障排除。

本例表明,在更换熔丝之前一定要确认哪个地方发生了短路,将短路的地方找到并解决,再更换熔丝。关键的问题是电路短路故障应该如何检测,不要认为这个问题简单,其实很多维修人员都没有掌握合理的方法。下面介绍如何进行电路短路的检测(按照通常的电路短路类型进行检测),希望对大家能有所帮助。检测电路短路故障可以按照图4-44所示进行。图a是未与电脑相连接的电路,图中各点处发生短路的现象如下:A点处发生短路时,电路熔断器4熔断;B点处发生短路时,主熔断器3熔断;C点处发生短路时,点火开关在ON位置时,无论开关5是否接通,电动机1都转动;D点处发生短路时,点火开关置于ON位置,开关5接通,继电器2吸合时主熔断器3熔断。检查时,可以通过下面的步骤找到短路点的具体部位:取下电路熔断器4和主熔断器3的熔片或者熔丝,拆下电路中所有电气接头;在熔断器盒里接上电压表或有电源试灯,从电源一侧开始依次插上各个插头,如果插上某个插头时,电压表读数发生变化或测试灯亮,则短路点在该插头与使试灯熄灭的插头之间;沿车体导线轻轻晃动可疑导线,找出确切的短路位置。

图b是与电脑相连的电路,图中各点发生短路时现象如下:A点处发生短路时,熔断器9熔断;B点处发生短路时,点火开关接通时,线圈8工作正常;C点处发生短路时,点火开关接通,电脑内晶体管烧毁;D点处发生短路时,电脑会认为开关6已接通;E点处发生短路时,电脑会认为传感器11的电阻为0,带故障自诊断功能的电脑会输出与传感器11有关的故障码。A、B、C三个短路点的部位可通过下列步骤找出:取下熔断器9中的熔片或熔丝,拆下电路中所有电气插头;在熔断器盒里接上一只电压表或有电源试灯,从电源一侧开始依次插上各个插头,如果插上某个插头时,电压表读数发生变化或测试灯亮,则短路点在该插头与使试灯熄灭的插头之间。再通过下列步骤找出D、E两个短路点的部位,在电脑插脚上接一个电压表或测试灯;分别插上开关6和传感器11的插头,如果电压表指示0或者测试灯熄灭,则表明发生短路。

对地短路的测试,可按图 4-45 所示进行。测试时,取下熔断器熔片或熔丝,分断蓄电池和负载;将欧姆表或电源测试灯的一根引线接熔断器靠负载的一端,另一根引线接地;由熔丝盒处开始每隔一定距离来回拨动一下线束,如拨动时欧姆表有读数或测试灯亮,则表明该处附近有对地短路点。

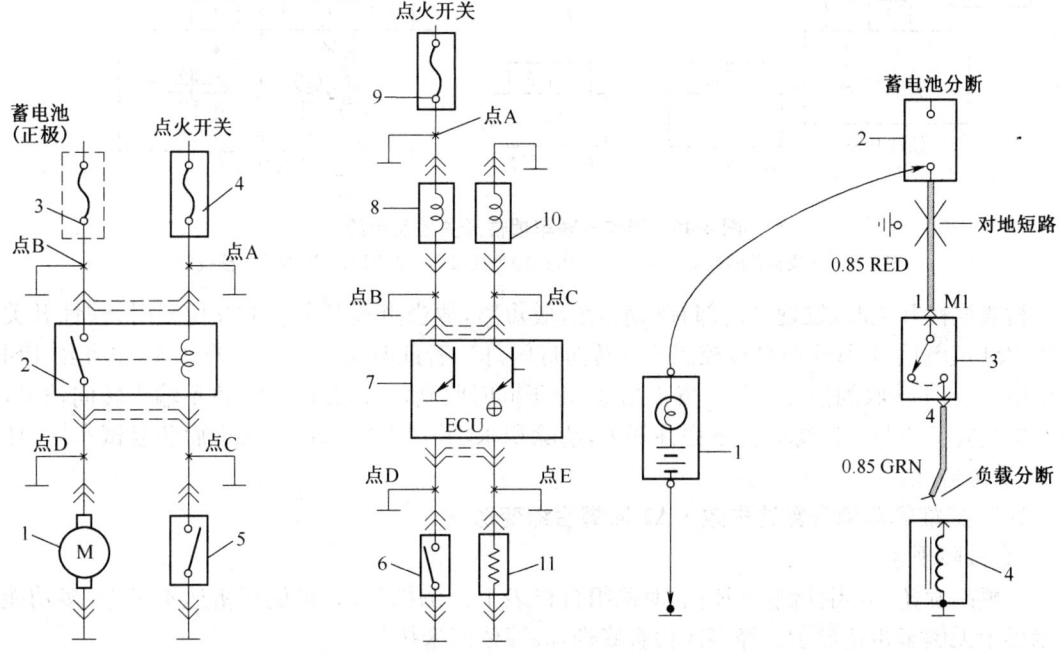

(a) 未与控制单元相连的电路　　(b) 与控制单元相连的电路

图 4-44　电路短路的检查
1. 电动机　2. 继电器　3. 主熔断器　4、9. 熔断器　5、6. 开关
7. 控制单元(ECU)　8、10. 线圈　11. 传感器

图 4-45　电路对地短路的检测
1. 电压表或有电源试灯　2. 熔断器　3. 开关
4. 电磁线圈

> 点击:该例故障排除,有两点启示:一是维修作业一定要规范,保持原车线路走向和布置,不可随意改动或拉接线束,以免引起后患;二是故障点没有确定之前不能毫无目的地大拆大卸,应认真分析检测,进行逻辑性推理,结合实际,参阅相关资料,直至找到故障点。

106. 毕加索轿车转向灯危险警告灯同时闪烁·惯性开关水灾

(1) 故障现象

一辆毕加索 1.6L 轿车,在使用中出现打开点火开关后,危险警告灯闪烁,同时车外转向灯也闪烁。当关闭危险警告开关,一切正常,再关闭点火开关后又打开时,故障重现。

(2) 故障诊断排除

该车相关线路控制如图 4-46 所示,由线路图可知,危险警告灯工作信号先由危险警告灯开关传给智能服务器(BSI),再由 BSI 根据接收到的信号进行控制。由于点火钥匙关闭后使用危险信号灯工作正常,由此可以判定 BSI 正常,接着测量危险警告灯开关 1、2 脚,正常。经进一步分析线路图,发现该车的惯性开关对转向灯线路也起一定作用。这是因为当车辆一旦发生碰撞后,惯性开关的 2、3 脚将相通。正常情况下 1、2 脚相通,而 2、3 脚相通时车辆就会熄灭,随之门锁会自动打开,危险信号灯将闪烁。

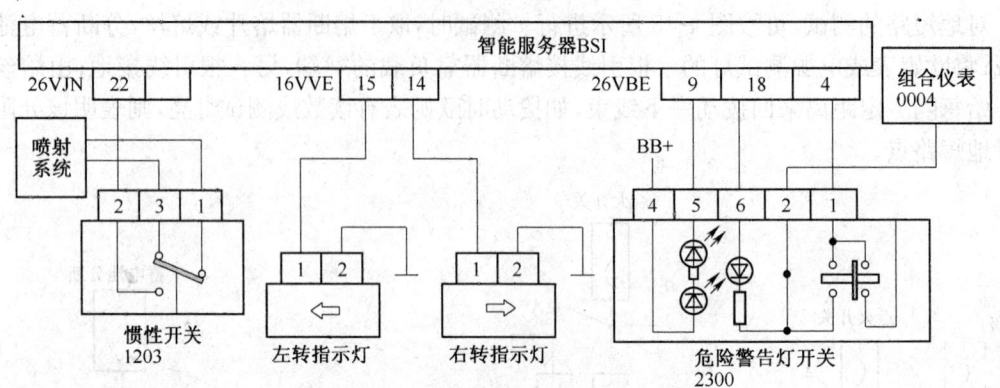

图 4-46　毕加索轿车惯性开关控制电路

26VJN—26 线黄色插接器　16VVE—16 线绿色插接器　26VBE—26 线蓝色插接器

检查惯性开关时,发现其内部有积水而造成短路,故当点火开关在 ON 位置时,惯性开关就为 BSI 供电信号,BSI 便自行控制所有转向灯闪烁。若此时按下危险报警开关,也发给 BSI 一个信号,BSI 接收到信号后就会发出指令,由于同时收到信号,此时 BSI 将不输出转向信号,所有的危险警告灯不闪烁。拆下惯性开关,清除积水,并用电吹风将其吹干后装复试车,一切正常,故障排除。

107. 凯旋轿车倒车雷达失效·A2 插脚后缩变形

(1) 故障现象

一辆凯旋轿车,当挂倒挡(R 挡)时侧组合仪表上无倒挡显示,且倒车雷达不工作,多功能显示屏上无倒车雷达显示。经多次检查修理,故障依旧未排除。

(2) 故障诊断排除

确认故障后,先用 PROXIA3 诊断仪对全车电控单元进行整体测试,使诊断仪进入自动变速器电控单元读取故障记录,故障记录为:P(P 表明该故障为永久性的、检测时仍然存在的故障)多功能挡位开关倒挡信号故障。为了缩小故障的范围,接着用诊断仪进行参数测量,测量中发现在变速器换倒挡时,变速器电控单元没有收到 R 挡信号。初步判断引起该故障最可能的原因是:多功能开关调整不当或触点损坏;多功能开关与自动变速器电控单元之间导线或插接器故障。考虑到拆装和检测的方便,先对自动变速器电控单元的插接器进行检查,各插脚与插座接触状况良好。再检测多功能开关的插接器和多功能开关,检测中发现多功能开关和自动变速器电液盒 1635 插头 33V GR(33 通道灰色)中的 A2 插脚后缩变形。将 A2 脚修复后,检测多功能开关内的 P、P/N、R 等触点导通正常,见表 4-5。

表 4-5　多功能开关各触点导通情况表

序号	挡位	P	P/N	R	S1	S2	S3	S4
1	P 挡	○	○	×	×	○	×	×
2	R 挡	×	×	○	×	○	○	×
3	N 挡	×	○	×	×	×	×	×
4	D 挡	×	×	×	×	×	×	○

注:○表示导通;×表示不导通。

分析认为,由于上述 A2 插脚后缩变形,造成断路点,当挂倒挡时,智能控制盒(BSI)收不到倒挡信号,BSI 就不能将倒挡信号通过如图 4-47 所示 CAN 舒适网线中的粗导线 9024B 和

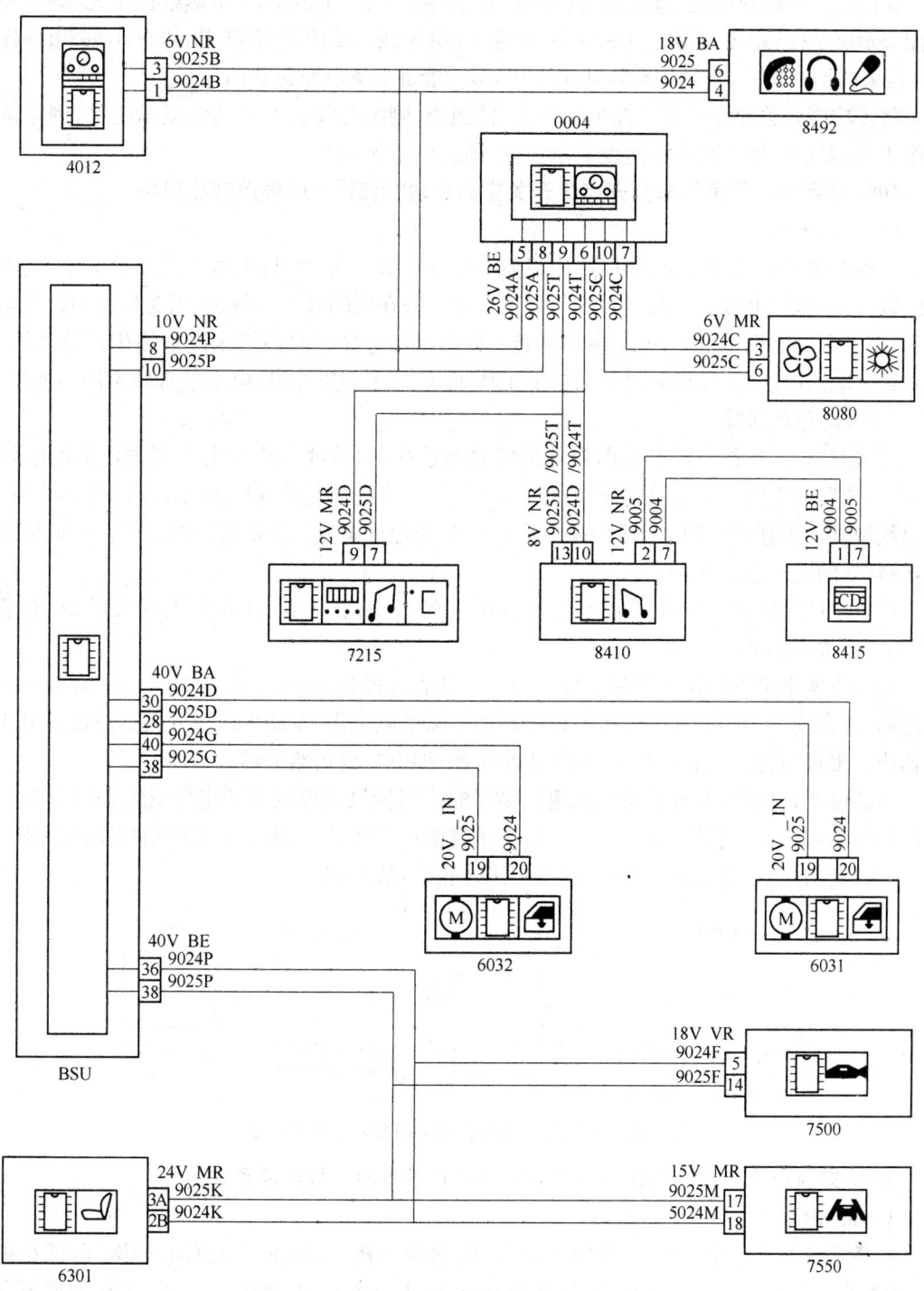

图 4-47 凯旋轿车数据总线 CAN 舒适网电路

4012—侧组合仪表　8492—免提电话控制单元　0004—组合仪表　8080—空调电控单元　7215—多功能显示屏
8410—收放机　8415—CD 换碟机　BSU—智能控制盒 BSI　6032—驾驶人车窗控制盒　6031—乘员车窗控制盒
7500—倒车雷达电控单元　6301—座椅、后视镜控制盒　7550—横向轨迹跟踪电控单元

9025B 传递给侧组合仪表，造成侧组合仪表上无倒挡显示。同时倒车雷达电控单元 7500 和多功能显示屏 7215 也不能通过 CAN 舒适网线（粗导线 9024F、9025F 和 9024D、9025D）收到 BSI 传来的倒挡信号，于是倒车雷达不工作，多功能屏上无倒车雷达的显示。

将多功能开关和变速器电控单元装复，挂倒挡，侧组合仪表上的挡位显示正常，倒车雷达工作正常，多功能屏上倒车雷达也显示正常，即故障得到排除。

108. 东风日产风度轿车打开点火开关空调自动"上班"·风扇控制器损坏

（1）故障现象

一辆东风日产风度轿车，在使用中只要一打开点火开关，空调压缩机就开始工作，电子扇始终以高速运转（上班），空调开关不起作用。此车曾在别的修理厂修过，当时检修的故障是制冷不良，空调压缩机不工作，电子扇不运转。修理工经过多方面检修未能最终确定故障原因。后来经过电路改装，压缩机和电子扇都能工作了，但却出现压缩机、电子扇常转不停的现象。

（2）故障诊断排除

经检查发现，通往空调电磁离合器的线是新连接的，该线也作为电子扇继电器的触发电源，而电子扇的电源线则从风扇控制器直接连过来。先把加装的继电器拆除，如图 4-48 所示，把原线恢复。再查看空调，空调压缩机不工作，检查通往电磁离合器的导线，没有电，而熔丝完好，熔丝处的电压也正常。

检查空调继电器，87a 端子没有电。常压电源 30 端子有电，打开点火开关后 86 端子有电，85 端子搭铁没电。

该车空调继电器搭铁由控制面板上的空调开关直接控制，而空调开关接收压力开关的信号之后，才会使继电器搭铁。使压缩机电磁离合器通电工作，发动机压力开关始终没有电压信号输出。更换压力开关后，空调压缩机正常工作，但电子扇仍然不转。

查找电子扇电源，发现是通往风扇控制器的。测量风扇控制器的电源、搭铁和信号线，所提供的电压都正常。直接给电子扇供电，电子扇能正常运转，看来必定是风扇控制器损坏。更换风扇控制器，电子扇工作正常，空调机也工作正常，故障排除。

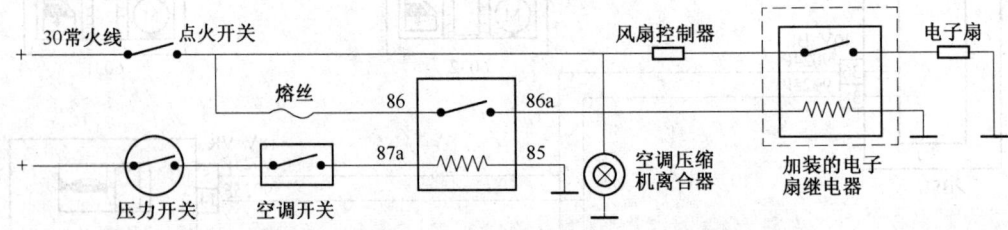

图 4-48 东风日产风度轿车空调和电子扇电路简图

109. 东风日产蓝鸟轿车开空调发动机转速抖动下滑·导线断路缺缸

（1）故障现象

一辆东风日产尼桑蓝鸟 U13 轿车，多点喷射发动机，因耗油较大而进行修理，试车中发现，此车怠速较高并且转速不稳，转速在 900r/min 上下游动，怠速时开空调，出现转速下滑抖动的故障现象。

（2）故障诊断排除

检查油压为 250kPa，正常。测量节气门信号电压为 0.8V，怠速下信号电压明显偏高，联想到开空调转速下降抖动现象，说明怠速工况控制不良，没有提速。那为什么发动机转速又高而不稳,节气门信号偏大是否为节气门在怠速下关闭不严而有一定开度呢?于是重点放在检查节气门位置信号偏大的问题上。检查节气门位置传感器初始位置时发现,此传感器是个固定死的位置,不可调节。检查节气门拉线时,发现节气门拉线调整得过紧,由此判断故障点就在这。将节气门拉线调松后,转速便下降到720r/min左右,再测节气门位置信号电压为0.5V,属于标准怠速下的节气门信号电压。针对发动机抖动,检查了各缸的工作情况,结果发现第1缸跳火不良。拆下该缸火花塞检查,发现积炭很严重,检测气缸压缩压力属正常。检查1缸的分缸高压线电阻值为无穷大,判为断路,表明发动机抖动是由于缺缸,缺缸的原因是高压线断路所致。更换高压线后试车,发动机运转平稳,开启空调转速提升,其他正常,故障排除。

110. 东风日产尼桑轿车电子风扇常转·集成脚烧蚀

(1)故障现象

一辆东风日产尼桑(NISSAN)轿车,行驶6.5万km后出现电子风扇常转的故障现象。

(2)故障诊断排除

根据故障现象分析,冷却液温度传感器线路阻值过小或发生断路,可导致电子风扇不停转动,以保护发动机。但检查结果冷却液温度传感器及其线路均属正常状态。从继电器线圈一侧检查,发现搭铁端始终处于搭铁状态。将电脑拆下后,电子风扇停止转动,由此可见故障原因系电脑内部短路引起。检测印刷电路板发现左侧面一个10号端子集成块的一脚出现严重烧蚀,而该脚正好是控制电子风扇继电器搭铁的,测量该脚对地阻值始终为短路状态。10号端子集成块为四通道功率块,其内部结构如图4-49a所示。图a的四通道功率块在工作时是各自独立、互不干扰的,如其中一组损坏但又无法更换整个集成块时,只能采取修复的方法来解决。为此设计一个简单电路,它由一只型号为9013

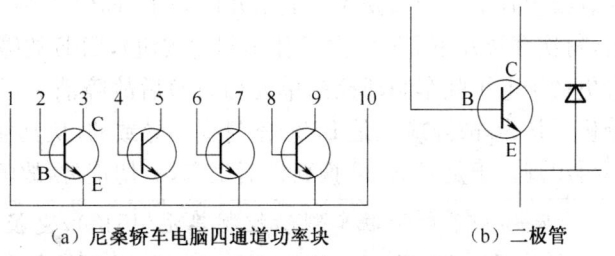

图4-49 东风日产尼桑轿车电脑四通道功率块及二极管示意图

的晶体管或其他较大功率的晶体管及一只1N4007型二极管组成,如图4-49b所示。接入电路,试车正常,故障排除。

111. 迈腾1.8TFSI轿车排气系统警告灯点亮·进气管开裂

(1)故障现象

一辆迈腾轿车,装配1.8TFSI发动机,行驶里程5.1万km行驶中驾驶人突然发现发动机排气系统警告灯点亮,而后不能熄灭。同时,发动机加速性能明显下降。

(2)故障诊断排除

驾驶人将车开到服务站检查。连接V.A.S5052检测有2个故障码,分别是00369-混合气调整浓度过稀和00257-空气流量电流超限。再进入功能导航程序,读取相关数据,发现发动机进气量明显偏小,正常值一般为2~4g/s,而该发动机检测值仅为0.8g/s。

经分析引起此故障的原因可能有:①空气滤清器脏污或堵塞;②电路故障,如搭铁电阻过大;③空气流量计故障;④空气流量计后进气系统漏气。

初步检查进气管路各部件及其连接情况,未发现异常。分析电路图,空气流量计G70共有 5 根线,依次为空气流量信号线、传感器搭铁线、经 SC2 熔丝提供的 12V 正电源线、搭铁线和进气温度信号线。结果电路一切正常。更换新的空气流量计后路试,故障依旧。

进一步考虑故障可能是部分空气没有经过空气流量计而直接进入燃烧室,即空气流量计后部管路漏气的可能性较大,并且必须先行排除这种可能。于是,接下来对所有进气管路,包括增压器、中冷器、燃油蒸发系统、曲轴箱通风系统进行仔细检查,但未发现问题所在。

于是起动发动机让发动机怠速运转,同时用手扳动各管路,希望有所发现。当扳动发动机后方增压器进气管与空气流量计之间的连接软管时,发动机明显抖动了一下。于是,拆开进气管查看,发现原来是进气管下部开裂,故障点终于找到了!当更换进气管(零件号:1K0 129 654 Ar)后,故障排除。

112. 迈腾轿车行驶中 EPB 故障警告灯为何会亮·E538 损坏

(1)故障现象

一辆一汽大众迈腾 1.8T 手自一体自动变速器轿车,在行驶中按电子驻车制动器按钮时 EPB 故障警告灯有时会亮的故障现象。

(2)故障诊断排除

首先用 V.A.S5051 进行检测,有 03200 的故障码,但无故障含义。用 V.A.S5051 副导型故障查询也没有查询到故障意义,而且故障码不能清除。但用 V.A.S5051 引导型功能对 EPB 系统做了基本设定后,故障码便自行清除了,试车时故障没再出现,就把车交给了驾驶人。没想到第 2 天驾驶人又把车开回来了,EPB 故障警告灯又亮了,而且故障出现的比较频繁,每次多按几下 E538(电子驻车制动按钮),EPB 故障警告灯就会亮起,并伴随着警报声。试着更换了电子驻车制动控制单元(J540)后故障消失,但只要多按几下 E538、故障就又出现。分析后认为,故障应该是 E538 本身损坏导致的,从其他车上拆了 1 个 E538 换上后试车,故障不再出现。于是对 E538 换新件后试车,一切正常,故障排除。

点击:换了电子驻车制动控制单元(J540),更换 E538 后需对 ABS 和 J540 重新编码(ABS 编码为 03-07-318,J540 编码为 53 07-57)并对制动压力传感器(G251、G200、G202、G85)进行基本设定。

参 考 文 献

[1] 谭克诚. 汽车发动机电控系统的诊断与维修[M]. 北京:机械工业出版社,2011.

[2] 谷朝峰. 一汽大众车系维修案例精选[M]. 北京. 机械工业出版社,2012.

[3] 周晓飞. 福特福克斯维修手册[M]. 北京:化学工业出版社,2012.

[4] 毛彩云. 汽车新技术及典型故障诊断维修[M]. 北京:机械工业出版社,2010.